CPIM 자격인증
준비를 위한 필독서

개정 증보판
제조혁신 전문가
Operations Innovation Professional

심창섭 지음

기업경쟁력의 핵심은 사람입니다.

도서출판
가람

저자 서문

먼저 이 책이 제조혁신전문가란 이름으로 첫 선을 보인 2019년 이래 많은 제조혁신 및 공급사슬관리 분야 전문가들이 산업 현장에서 또한 강의실에서 애용하고 있음을 감사드린다. 특히 CPIM(Certified in planning and inventory management) 자격을 도전하는 분들의 필독서로 자리 매김한 것도 참 감사한 일이다. 5년만에 개정판을 준비하였다. 개정판에는 기존 자료 중 오탈자 등 교정 사항을 반영하였고, 최근 새로운 주제인 공급사슬금융(supply chain finance, SCF)과 기술의 진보에 따라 공급사슬관리 분야에 활용할 수 있는 떠오르는 10가지 신흥기술(emerging technology)에 대한 내용을 새롭게 추가하여 작성하였다. 이 두 부문의 내용을 추가한 것이 이번 개정판의 가장 큰 특징인데, 이는 변화하는 경영환경에 대응하기 위한 지식 탐구분만아니라 CPIM 자격인증을 준비하는 많은 국내 독자들을 위한 것이다.

저자는 지난 30여 년간 제조업 분야에서 생산계획, 구매관리, 자재관리, 물류 등의 현업부서에서 실무 업무를 담당하면서, 또한 글로벌 솔루션 기업에서 전사적자원관리(ERP, enterprise resources planning), 고급 계획일정수립(APS, advanced planning & scheduling), 공급사슬관리(SCM, supply chain management), 수요관리(demand management) 등과 관련된 다양한 기업용 솔루션 구축 및 비즈니스 프로세스 컨설턴트로서, 그리고 기업의 최고경영자로서 공급사슬관리와 운영관리(operational management) 분야의 혁신과 발전을 위해 노력을 해왔다.

해당 분야의 교육훈련과 컨설팅이란 이름으로 수많은 국내외 제조기업들과 접촉하고, 또한 많은 기업들의 흥망성쇠를 지켜보면서, 과연 기업경영에 있어 지속적인 생존과 발전을 위한 올바른 접근은 무엇인가? 라는 물음에 대한 답을 찾고자 고민해 왔다. 이에 대한 답은 전문가들에 따라 여러 가지가 있을 수 있으나 저자의 경험과 연구를 통해 세 가지로 요약해 볼 수 있었다.

첫째 제품의 우수성(product leadership), 둘째 브랜드에 대한 고객 충성도(brand loyalty), 그리고 셋째가 운영의 탁월성(operational excellence)이다. 기업이 망하지 않고 생존하며 지속 성장하려면 이 세 가지 요소에서 적어도 하나 이상이 경쟁사보다 뛰어나야 한다. 이 세가지 요소 중 저자가 주로 몸담아 온 분야인 공급사슬관리 및 운영관리 측면에서 가장 기여할 수 있는 요소가 운영의 탁월성(operational excellence)이다. 오랜 기간 기업 경영혁신에 관련된 연구를 해오면서 운영의 탁월성을 달성하기 위한 핵심적인 요소가 사람(people), 업무절차(process) 그리고 정보 기술(technology)이라는 사실을 깨닫게 되었으며, 그 중 사람(people)이 운영의 탁월성의 핵심 사항이요, 더 나아가 기업경영 성공의 핵심이라 굳게 믿게 되었다.

지식기반의 정보화 사회를 넘어 4차 산업혁명 시대가 도래한 이 시점에서도 역시, 기술이 발달하면 할수록 기업의 업무 성과와 투자된 정보기술의 활용도는 전적으로 조직 구성원들의 업무 능력을 높이는 전문 교육 정도에 달려있다고 확신한다. 인재 양성에 대한 체계적이고 전문적인 교육훈련과 변화관리를 통해 뿜어져 나오는 조직 구성원의 열정이야말로 기업의 지속 성장과 high performance를 만들어 내는 원동력이 될 것이다.

이 책은 공급사슬관리 및 운영관리 분야의 글로벌 전문가를 양성하기 위한 제조혁신 전문가 교육과정이다. 단순한 이론 지식이 아니고 실제로 기업에 적용할 수 있는 아주 실용적인 응용 교육과정이다. 저자가 그 동안 진행해 왔던 강의와 컨설팅을 통한 통찰력과 기업의 요구사항을 담아 작성하였다. 특히 이 분야의 대표적인 고전이라 할 수 있는 Introduction of material management를 현대적으로 재해석하였고 생산운영 및 재고관리의 국제 자격인증 과정인 CPIM(Certified in planning and inventory management) 자격인증을 준비하는 수험생들에게 도움을 주고자 기획 하였다.

이 책은 제조 기업의 계획과 통제 전반에 걸쳐 각 부문별로 상세히 다루고 있다.

제 1장에서는 공급사슬(supply chain) 상의 중요한 조직체(entity) 중의 하나로써 제조와 관련된 공급사슬관리(SCM)의 개념과 그 역할을 살펴본다.

제 2장에서는 제조계획 및 통제(MPC, manufacturing planning and control)에 큰 그림을 학습한다. 이 큰 그림에 대한 각론들이 제 5장부터 하나씩 상세하게 소개된다. 제조의 기본적인 소개와 더불어 제조환경, 제조 프로세스 유형, 그리고 제조 프로세스의 레이아웃(layout) 등을 관계를 살펴본다. 개정판을 출간하며 2장에 제조혁신 및 공급사슬관리에 활용되는 신흥기술(emerging technology) 10가지를 개념과 출현 배경, 핵심 장점, 그리고 적용 사례를 기술하였다.

제 3장에서는 품질(quality)에 관한 사항과 지속적인 개선(continuous improvement) 활동에 대해 살펴본다.

제 4장에서는 린(lean)에 대한 개념과 제조에 적용 방안 등을 살펴본다.

제 5장은 제조계획통제의 첫 부문인 수요관리(demand management)에 대해 탐구한다. 수요예측에 대한 기법과 예측 업무 프로세스 그리고 예측의 정확도 관리 방안 등을 학습한다.

제 6장은 판매운영계획(S&OP)과 기준일정수립(master scheduling)으로 대표되는 기준계획(master planning) 프로세스와 그 산출물들을 살펴본다.

제 7장은 기준일정 수립의 산출물을 받아서 종속수요의 소요량을 계산해 내는 자재소요량계획(MRP, material requirement planning)을 살펴본다. 자재소요량계획을 위한 투입 요소와 작동 원리 등을 예제를 통해 배우게 된다.

제 8장에서는 우선순위 계획의 실현 가능성을 검증하는 절차인 생산능력관리(capacity management)에 대해 다룬다. 우선순위 계획들의 각 단계별로 능력계획의 이름을 달리 부르게 되는데, 예를 들면, 판매운영계획 산출물의 타당성을 검증하는 절차를 자원계획(RP, resource planning)이라고 하며, 기준일정수립의 산출물 검증은 개략능력계획(RCCP, rough-cut capacity planning), 그리고 자재소요량계획의 수준에서 생산능력을 검증하는 것을 능력소요량계획(CRP, capacity requirements planning)이라고 부른다.

제 9장에서는 실행 부문의 한 축인 구매(purchasing)에 대해 다룬다. 자재소요량계획을 통해 산출된 외부 조달 용도의 계획주문(planned order)을 구매주문(purchase order)으로 변환하여 공급업체에게 발행하고 이 후의 후속조치 활동에 대한 프로세스를 다룬다. 구매 프로세스를 다룬 9장에서 최근 화두가 되고 있는 공급사슬금융(Supply chain finance)의 개념과 중요성, 구성요소 및 작동원리를 설명하였으며 사례연구를 통해 공급사슬금융의 성공사례와 실패사례를 기술하였다. 마지막으로 공급사슬금융을 가능케 해주는 핀테크(fintech)에 대해 설명을 추가하였다.

제 10장은 총량 재고관리(aggregate inventory management)를 배운다. 재고란 무엇이며 왜 중요한지 등, 재고에 대한 기본적인 내용과 더불어 재고가 재무제표에 어떻게 영향을 미치는지를 알아본다. 또한 효율적인 재고관리를 위한 재고 성과지표에 대해 살펴본다.

제 11장은 품목 재고관리(item inventory management)이다. 주문 시 로트의 크기 결정 방법과 올바른 주문 시점을 결정하는 방법들 그리고 ABC 재고 통제 및 재고 실사와 같은 좀더 세부적이고 기술적인 내용들을 다룬다.

제 12장은 제조계획과 통제의 마지막 항목은 생산의 실행(execution)과 통제(control) 방법들을 배운다. 주로 생산활동통제(PAC, production activity control)에 관한 분야로써 자재소요량계획을 통해 산출된 내부 제조 용도의 계획주문을 제조주문으로 변환하여 생산을 진행하면서 일어나는 생산 현장의 업무를 살펴본다.

마지막 제 13장은 제조가 완료된 후 완제품이 고객에게 전달되는 과정에 관한 프로세스인 물적유통(physical distribution)에 대해 다룬다.

전체 13장으로 구성된 모든 내용들이 제조혁신 전문가로 도약하기 위한 학습자에 맞도록 짜임새 있게 구성되었다. 특별히 각 장마다 공급사슬관리와 운영관리 분야에서 전세계적으로 권위있는 기관인 APICS(최근 ASCM으로 확대 개편되었음)에서 발행하는 용어사전을 참고하여 산업계에서 표준으로 통용되는 용어들을 별도 정리하였다.

이 교재 내용과 관련 교육과정이 한국 경제를 지탱해 온 제조업의 경쟁력 향상에 기여하는, 명실상부한 글로벌 제조혁신 전문가(Operations innovation professional) 인재양성에 보탬이 되기를 바라는 마음이 간절하다.

2024. 12.

심 창 섭

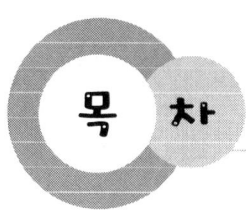

제조혁신 전문가(Operations Innovation Professional)

제1장 공급사슬관리 소개(Introduction of Supply Chain Management) | 7
- 1.1 제조업의 공급사슬(The manufacturing supply chain) ··· 10
- 1.2 제조에 대한 소개(Introduction to manufacturing) ··· 25

제2장 제조설계, 계획 및 통제(Manufacturing Design, Planning, and Control) | 53
- 2.1 제조환경 및 프로세스 선택(Manufacturing environments and process choices) ········· 56
- 2.2 제조계획과 통제(Manufacturing planning and control) ······································ 74

제3장 품질과 지속개선(Quality and Continuous Improvement) | 91
- 3.1 전사적 품질경영과 기타 품질도구(Total quality management and other quality tools) ············ 94
- 3.2 6 시그마(Six sigma) ·· 114
- 3.3 제품과 프로세스(Products and processes)의 지속개선(continuous improvement) ······· 118

제4장 린(Lean) | 121
- 4.1 린(Lean) ·· 124
- 4.2 지속개선을 위한 린(Lean for continuous improvement) ····································· 135

제5장 수요관리(Demand Management) | 141
- 5.1 수요관리 프로세스(Demand management process) ··· 147
- 5.2 수요의 특성(Characteristics of demand) ··· 154
- 5.3 예측하기(Forecasting) ·· 159
- 5.4 예측을 추적(Tracking the forecast) ··· 178

제6장 기준계획(Master Planning) | 189
- 6.1 판매운영계획과 생산계획(S&OP and production planning) ································· 193
- 6.2 기준일정수립과 기준생산일정(Master scheduling and master production schedule) ······ 210
- 6.3 기준일정수립과 판매(Master scheduling and sales) ·· 231

제7장 자재소요량계획(Material Requirements Planning) | 239
- 7.1 자재소요량계획 환경(MRP environment) ··· 244
- 7.2 자재명세서(BOM, bills of material) ··· 247
- 7.3 자재소요량계획 작동원리(MRP logic) ··· 258

7.4 우선순위 계획의 관리와 활용(Using and managing the priority Plan) ············ 274

제8장 생산능력관리(Capacity Management) | 283

8.1 생산능력 관리 개요(Capacity management overview) ············ 288
8.2 생산능력소요량 계획(Capacity requirement planning) ············ 294

제9장 구매(Purchasing) | 313

9.1 구매업무 참여자와 목표(Purchasing participants and objectives) ············ 318
9.2 구매업무 프로세스(Purchasing process) ············ 326
9.3 공급사슬금융(Supply chain finance) ············ 342

제10장 총량 재고관리(Aggregate Inventory Management) | 355

10.1 총량 재고관리(Aggregate inventory management) 개요 ············ 360
10.2 재고 비용(Inventory cost) ············ 373
10.3 재무제표와 재고(Financial statements and inventory) ············ 378
10.4 재고 정책(Inventory policies) ············ 396

제11장 품목 재고관리(Item Inventory Management) | 405

11.1 재고 통제(Inventory control) ············ 408
11.2 주문 수량(Order quantity) ············ 413
11.3 독립수요 주문 시스템(Independent demand ordering system) ············ 424
11.4 재고실사 보고서(Auditing Inventory Report) ············ 435

제12장 실행과 통제(Execution and Control) | 441

12.1 제약이론(Theory of constraints) ············ 446
12.2 지속개선을 위한 제약이론(TOC for continuous improvement) ············ 460
12.3 생산활동통제(PAC, production activity control) ············ 464
12.4 생산 일정수립 및 구현(Scheduling and implementation) ············ 467
12.5 생산능력 통제(Capacity control) ············ 477

제13장 물적유통(Physical Distribution) | 489

13.1 물적유통 개요(Physical distribution overview) ············ 494
13.2 유통재고(Distribution inventory) ············ 507
13.3 운송(Transportation) ············ 514
13.4 창고업무(Warehousing) ············ 528

▸ 참고문헌 | 539

▸ 색인 | 541

Operations Innovation Professional

1장

공급사슬관리 소개
Introduction of Supply Chain Management

1장 공급사슬관리 소개
Introduction of Supply Chain Management

1.1 제조업의 공급사슬
   1.1.1 공급사슬관리 환경
   1.1.2 공급사슬의 형성

1.2 제조에 대한 소개
   1.2.1 제조 및 자재관리의 역할
   1.2.2 경영환경
   1.2.3 전략과 측정지표의 역할
   1.2.4 제조업 비즈니스 모델

핵심주제와 학습목표

- 공급사슬(supply chain)과 공급사슬관리(SCM, supply chain management) 정의
- 공급사슬에서 제조(manufacturing)의 역할
- 교차기능 혹은 교차부서 간(cross-functional)의 통합과 교환거래(tradeoffs)
- 제조 조직의 목표
- 내부전략 및 외부전략의 영향
- 국제연합 글로벌 협약(UN global compact)
- 제조전략과 제조 및 성과지표의 연계

1.1 제조업의 공급사슬(The manufacturing supply chain)

1.1.1 공급사슬관리 환경(The supply chain environment)

우리가 공급사슬(supply chain)이라고 부르는 행위 그 자체는 원시 사냥꾼이 동물 가죽을 의류로 교환한 것과 같이 원시시대에도 유사한 거래가 있었다. 마르코 폴로(Marco Polo)가 동방에서 원자재를 가져다가 유럽에 판매하기 위한 목적으로 무역 루트를 찾고자 동쪽으로 왔던 것도 어찌 보면 공급사슬 행위이다. 그러나 당시에는 그 규모도 크지 않았고 복잡성도 훨씬 덜했다. 무엇보다 '공급사슬(supply chain)'이라는 용어를 사용하지 않았다.

기업 간 혹은 기업 내의 부서들은 수요 및 제품 설계 요구사항을 다른 당사자와의 공유나 협조 없이도 충분히 수익을 창출할 수 있었다. 구매자와 공급업체 영업 직원이 제조업체와 공급업체 조직 간의 유일한 접촉점이었다. 구매자는 자재에 대한 최저 가격 및 최적의 납품 선택사항을 협상하는 책임이 있었고, 판매자는 가장 높은 판매 가격과 가장 편리한 납품 선택사항을 제공해야 했다. 이러한 이익의 상충성을 감안할 때, 공급사슬 관계가 승자와 패자와의 적대 관계로 여기는 것이 당연했다.

1970년대와 1980년대의 적시생산(JIT, just in time) 혁명은 이러한 공급사슬 파트너들 간의 적대적 관계를 송두리째 바꿔 놓았다. 도요타와 같은 혁신 업체는 공급업체와 신뢰할 수 있는 파트너 관계를 맺고 초기 원자재 공급업체에서부터 마지막 고객까지 공급사슬에 연결된 조직들은 공동 운명을 가지고 있다는 생각을 하였다. 도요타의 경쟁자들은 도요타가 입고되는 원자재들에 대해 입고 검사와 같은 신성한 의무를 제거하고 있다고 들었을 때 비웃었으나, 도요타의 차량이 더 낮은 가격대로 판매되며 더 높은 품질을 가짐에 따라 점점 주의를 기울이지 않을 수 없게 되었다. JIT와 린(lean)이 모든 생산 환경에 적용되는 것은 아니지만 공급사슬관리 개념의 대부분이 성공적으로 광범위한 산업 분야에 적용되었다.

공급사슬은 주문 비용이나 고객의 운영을 위한 초기 비용을 줄이는 방법을 찾는 것과 같이 파트너 간의 비용 절감 공유를 구체화한다. 비용 절감을 공유하는 것은 혁신을 장려하고 신뢰를 구축하는 데 도움이 된다. 마찬가지로, 첫 번째 조직 부서와 조직체(entity)는 초기 단계부터 제품과 서비스의 설계에 다른 당사자를 참여시킬 필요성을 인식하기 시작했다. 그들의 목소리는 공급업체, 제조업체 및 유통 기능이 제품의 효율적인 제조 및 운송을 위해 설계되도록 보장하면서 고객의 실제 요구사항을 여러 공급업체 계층과 관련시키는 데 도움이 되었다. 결과적으로 고객의 관점에서 더 많은 가치를 제공하면서 적은 비용으로 판매할 수 있는 제품이 탄생하였다.

공급사슬관리를 탄생시킨 또 다른 혁명은 컴퓨터와 인터넷으로 대표되는 정보기술(information technology)의 발달이었다. 수작업에 의한 일정수립(scheduling) 방법은 컴퓨터화 된 생산 일정수립으로 대체되었으며 전산화된 시스템은 무한 생산능력(capacity)을 가정으로 이루어진 간소화된 주문의 개방형 순환(open-loop) 일정수립에서 폐쇄형 순환(close-loop) 일정수립으로 발전하여 필요한 것을 생산할 수 있는 충분한 생산능력이 있는지 확인이 용이해졌다. 이를 제조자원계획(MRP II, manufacturing resource planning)이라고 하며 비즈니스 거래 처리를 실행하기 위한 소프트웨어 시스템인 전사적자원관리(ERP, enterprise resource planning) 시스템의 핵심 모듈이 되었다. 전사적자원관리 시스템은 다양한 기능 부서를 위한 모듈을 추가하여 계속 확장되었다. 각 부서가 이전에는 연결이 끊어져 있던 활동을 조정할 수 있는 공유 데이터베이스를 보유하고 조직의 다양한 부분과 공급사슬의 상충되는 요구 사이의 상충 관계에 대한 전체론적 시각을 제공하였다.

전사적자원관리 및 전자 데이터 교환(EDI)과 같은 데이터 전송 방식의 전자화로 인해 기업은 내부적으로나 거래 파트너들과의 의사소통 방법에 있어 느린 종이 기반 양식을 신속한 정보 교환으로 대체할 수 있었다. 이에 따라 정보(information)가 재고(inventory)를 대체하게 되었다. 적시에 제공되는 제품 수요에 대한 정보를 통해 조직은 실제 요구사항을 더 빨리 알기 때문에 재고를 크게 줄일 수 있다. 이러한 경향은 전사적자원관리 또는 공급업체가 원격으로 호스팅(hosting)하는 클라우드(cloud) 기반 응용 프로그램과 같은 기타 고급 시스템을 통해 외부 조직 간의 인터넷 연결로 이어진다.

20세기 후반 들어 정보기술의 발달, 특히 인터넷의 등장으로 전자적 의사소통이 혁명적인 속도로 발달하고 동시에 기업 환경 역시, 거래가 한 국가 틀을 넘어 글로벌화 된 지구촌 시대가 도래함에 따라 공급사슬 프로세스(supply chain process)가 태동하게 되었다. 이 같은 글로벌 현상을 작가인 토마스 프리드만(Thomasom Friedman)은 그의 저서에서 '평평한 지구'(flatting of the globe)라는 표현으로 '세상이 평평하다'(the world is flat)라고 표현하고 있다. 이러한 변화된 환경에서 공급사슬 프로세스가 역동적으로 발전과 진화를 거듭하고 있다.

세계화와 혁신기술 발달이라는 기업 환경 변화에 민첩하게 대처하고 더 나아가 이 변화를 잘 활용한 애플, 도요타, 월마트, 자라, 삼성과 같은 기업들이 등장하기 시작했다. 이들이 업계 리더가 될 수 있었던 이유는 사업의 글로벌화와 정보기술의 발달 그리고 구매의 힘이 제조자에게서 유통이나 소비자로 넘어간 기업 환경의 변화에 민첩하게 대응하기 위한 방편으로 운영의 탁월성을 꾀하는 전략으로 공급사슬관리에 우위를 점하였기 때문이다. 즉, 공급사슬의 효율성에 따라 기업의 수익성에 지대한 영향을 미친다.

제조업체가 생산 규모를 확대하고 공급업체 및 유통 업체에 대한 설계 및 마케팅 변경을 전달하는 더 빠른 방법을 개발함에 따라 연구 및 개발에서부터 성장단계와 성숙단계 궁극적인 쇠퇴기에 이르기까지 제품의 수명주기는 급속히 단축되었다. 경쟁이 마우스 클릭만으로 이루어지므로 더 이상 지역에서 경쟁 업체가 없는 조직이 없다. 조직은 신속하고 저렴하며 더 나은 성과를 올릴 수 있는 핵심역량(core competencies)이라고 하는 최고의 역량에 집중할 필요가 있으며 이외의 비핵심역량 업무는 외부에 맡기는 아웃소싱 및 외주 추세가 증가하고 있다.

공급사슬관리(SCM, supply chain management)는 다른 학문이나 과학 기법들과는 달리 간단하지 않으며 최근에 등장한 젊은 학문이다. 아울러 공급사슬관리의 이론적 측면과 실무적 측면 모두에 지속적인 관심을 요구한다.

공급사슬관리의 정의와 개념은 공급사슬관리를 다루는 학자나 관련 협회 등에 따라 그 주장이 다양하다. 업계에 가장 범용으로 사용되고 있는 APICS Dictionary에 근거한 공급사슬(supply chain)과 공급사슬관리(SCM)의 정의는 다음과 같다.

> **공급사슬(Supply chain)**
> 정보(information), 물적 유통(physical distribution), 현금(cash)의 공학적인(engineered) 흐름을 통해 제품 및 서비스를 원자재에서 최종 고객까지 전달하는데 사용되는 글로벌 네트워크
>
> **공급사슬관리(SCM, Supply chain management)**
> 순 가치를 창조하고, 경쟁력 있는 인프라를 구축하고, 세계적인(world-wide) 물류체제(logistics)를 이용하며, 수요와 공급을 동기화하고, 성과를 글로벌하게(globally) 측정할 목적으로 공급사슬 활동을 설계(design), 계획(planning), 실행(execution), 통제(control), 관찰(monitoring) 하는 것

공급사슬의 각 단계를 거칠 때마다 부가가치가 증대하며 각 조직체들의 연결고리에 물류(logistics)의 역할이 발생한다. 흔히들 물류(logistics)와 공급사슬관리(SCM)를 혼동하여 사용하는 경우가 많은데 적어도 APICS의 정의에 의하면 공급사슬관리는 생산자를 중심으로 공급업체와의 관계, 생산자 내부 프로세스, 그리고 고객과의 관계를 아우르는 광의의 프로세스이다. 물류는 이러한 전반적인 광의의 프로세스에서 각 프로세스를 연결하는 사슬(chain)과 사슬(chain) 사이에서 발생하는 기능이다. 구체적인 물류의 기능을 보면 운송(transportation), 창고/보관(warehouse), 재고

(inventory) 및 자재취급(material handling), 포장(packaging), 역물류 활동(reverse logistics) 등이 있다. 따라서 물류는 공급사슬을 부드럽게 연결시켜 시간가치(time value)와 장소가치(place value)를 증대시키는 공급사슬관리의 일부분에 해당된다고 할 수 있다.

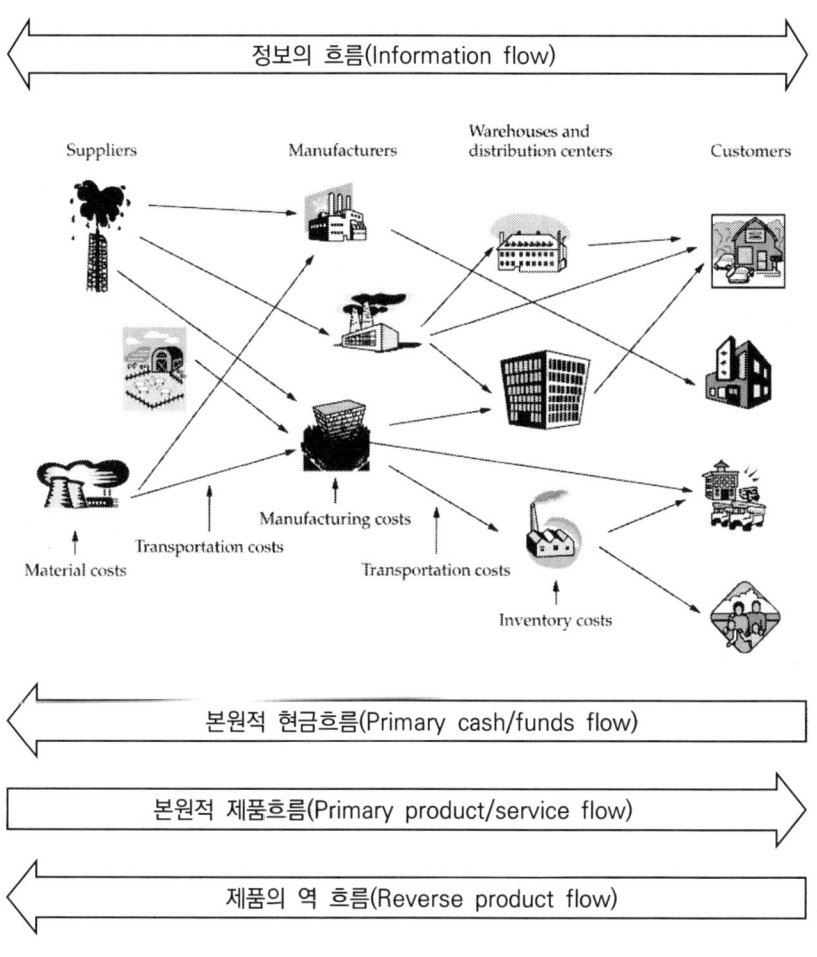

도표 1-1 공급사슬 기본 구성요소인 3 조직체(3 entities)와 4 흐름(4 flows)

도표 1-1은 공급사슬이 상류 파트너(upstream, 원자재 공급업체 쪽)와 하류 파트너(downstream, 최종 고객 쪽) 사이에 있는 다양한 조직체(entities)들이 상호 어떻게 구성되는지를 보여준다. 또한 공급사슬이 공급, 통합, 제조, 유통, 도매 및 소매와 같은 특정 기능을 제공함을 보여준다. 이것들을

편대(echelon)라고 한다. 하나의 편대는 특정 공급사슬 기능을 제공하는 많은 조직체(entity)를 포함할 수 있지만 여전히 단 하나의 단계를 지칭한다. 주어진 공급사슬은 특정 제형을 갖거나 갖지 않을 수도 있다. 편대가 비용보다 더 많은 가치를 창출하는 경우, 부가가치가 있다고 판단되어 이는 공급사슬의 일부가 된다. 반면 창출하는 부가가치보다 더 많은 비용이 발생하는 경우 이는 제거해야 한다. 예를 들어 통합 창고는 추가 운송 비용보다 창고 비용 절감이 더 커야 그 존재의 의미가 있다. 위 도표에서 왼쪽(공급업체 방향)으로 갈수록 이를 상류(upstream)라 부르고 오른쪽(최종 고객 방향)으로 갈수록 하류(downstream)라고 부른다.

공급사슬이 작동되기 위해서는 무엇보다 공급사슬 각 단계별로 존재하는 조직(organization) 혹은 조직체(entity)의 역할 정의가 중요하다. 예를 들어, 당신의 조직이 자동차 완성차 공장의 부품을 공급하는 공급업체 역할을 하는 제조업체인 경우, 당신 조직에 원자재 부품을 공급하는 공급업체가 상류(그리고 심지어는 공급업체의 공급업체까지도)이고 당신 조직 입장에서 볼 때 자동차 완성차 공장은 하류 고객이 될 것이다.

> **상류(Upstream)**
> 회사 내부나 공급사슬에서 상대적인 참조를 위해 원자재 공급업체(raw material supplier) 방향으로 이동을 표시하기 위해 사용된다.
>
> **하류(Downstream)**
> 회사 내부나 공급사슬에서 상대적인 참조를 위해 최종 고객(end customer)의 방향으로 이동을 표시하기 위해 사용된다.

따라서 제품을 위한 기본적인 공급사슬이 형성되기 위해서는 적어도 3 조직체(entity) 및 4 흐름(flow)이 존재해야 한다. 3 조직체란 공급업체(supplier), 생산자(중심기업, nucleus firm), 고객(customer)이며 4 흐름은 본원적 제품과 용역(product & service) 흐름, 본원적 현금(cash) 흐름, 정보(information) 흐름, 제품 역 흐름(reverse product)이다.

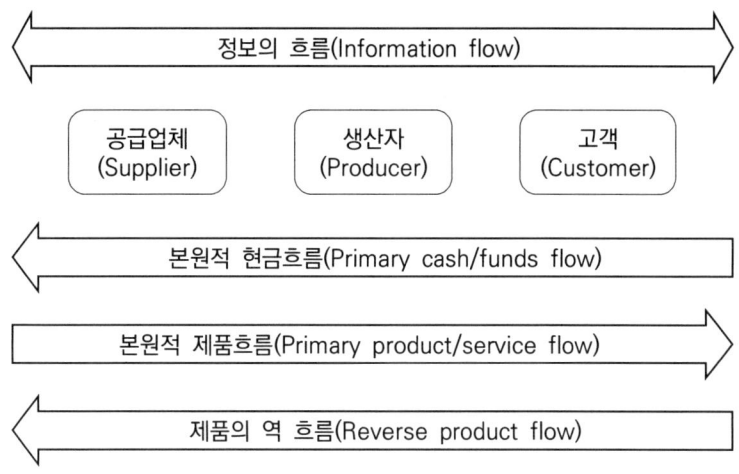

도표 1-2 3 조직체(3 entities)와 4 흐름(4 flows)

공급사슬을 수행하는 3 조직체(entities)에 대해 좀 더 살펴보면 다음과 같다.

> **공급업체(Supplier)**
>
> 제품이나 서비스를 제공 및 판매하는 조직체다(seller도 포함. 즉 사업을 하고 있는 구매자에게 제품을 공급하는 경우를 말하며 고객 또는 시장에 물건을 파는 vendor와는 다름). 원자재(raw materials), 에너지(energy), 서비스(service), 구성품(component)을 제공한다. 흔히 이 부분을 공급사슬의 흐름에서 상류(upstream)라고 지칭한다.
>
> **생산자(Producer)**
>
> 위의 공급업체가 생산하여 납품한 일련의 부품을 이용해 완제품(finished goods) 혹은 가공된 서비스를 생산한다. 예를 들면, 제품, 전력, 전문 서비스, 정부서비스, 교육서비스 등을 제공한다.
>
> **고객(Customer)**
>
> 일련의 과정을 거쳐 완제품을 제공받는 입장이다. 소매점(retailer), 도매점(wholesaler), 유통점(distributor), 최종 사용자(end user). 흔히 이 부분을 공급사슬의 흐름에서 하류(downstream)라고 지칭한다.

좀더 간단한 제과점 공급사슬 예를 들면 다음과 같은 공급사슬이 형성된다.

공급업체의 공급업체(양계장 주인) → 공급업체(달걀 판매상) → 생산자(빵 제조공장) → 소매점(슈퍼마켓) → 소비자 실제 산업 현장의 공급사슬은 그 조직체가 무한이 반복되므로 본서에서는 3 조직체 중 제조업이 중심(nucleus firm)으로 구성된 공급사슬관리에 초점을 맞춰 설명하고자 한다. 앞서 설명한 바와 같이 공급사슬은 조직이 속한 산업이나 조직의 유형에 관계없이 3 조직체와 4 흐름이 존재하면 모두 공급사슬 관계를 가지게 되며 더불어 공급사슬관리가 필요하다. 즉 제조업뿐만 아니라 서비스 산업에도 심지어 공공기관과 같은 비영리 조직에도 공급사슬이 존재한다는 것이다.

> **서비스 산업(Service industry)**
> 1) 좁은 의미에서, 형태가 없는 제품(예를 들어, 의학적 혹은 법률적 조언)을 제공하는 조직을 뜻한다.
> 2) 넓은 의미에서, 농업, 광업, 제조업을 제외한 모든 조직들을 일컫는다. 소매거래; 도매거래; 운송 및 공익사업들; 금융, 보험 및 부동산; 건설; 전문적이고, 개인적이고, 사회적인 서비스들; 지방, 시 도, 정부들을 포함한다.

4 가지 흐름이 3 조직체들을 서로 연결시킨다. 흐름의 방향(도표에서 화살표의 방향)이 중요한 의미를 가지고 있으며 각각 흐름의 방향이 다르다.

- 정보(information)의 흐름
  정보는 모든 방향(양방향)으로 흐른다. 내부 공급사슬뿐만 아니라, 외부(정부, 시장, 경쟁자)로도 흐른다. 송장, 판매지시서, 제품 사양, 인수증, 발주서, 청사진, 규정/규제 등이다.
- 본원적(primary) 제품(product)의 흐름
  공급사슬의 상류(upstream)에 해당하는 공급업체로부터의 물리적 자재와 서비스를 포함하여 이것들을 공급사슬 하류(downstream)의 소비자(consumer 혹은 end user)들이 소비할 수 있는 상품으로 탄생시키는 일련의 흐름이며 자재, 구성품, 공급, 서비스, 에너지, 완제품 등의 흐름이다. 본원적이란 표현은 최근에 등장한 역물류(reverse logistics)와 구분하기 위해 사용하게 되었다.
- 본원적(primary) 현금(cash)의 흐름
  고객으로부터(하류) 원자재 공급업체(상류)쪽으로 발생하는 현금 흐름이며 판매된 제품에 대한 가격 지불 받는 것(account receivable)과 납품된 원자재 공급에 대한 대금지불(account payable) 등이다.
- 제품의 역(reverse) 흐름
  수리, 재활용, 혹은 폐기를 다루며 이것들을 역 공급사슬(reverse supply chain)이라 하며 역물류에 의해 다루어진다. 기존의 순방향 물류를 위한 본원적 공급사슬과는 다른 별도의 독립된 공급사슬을 필요로 한다. 수리를 위한 반품, 대체, 재활용, 폐기 등이다.

각각의 조직체(entity)들은 기업의 내부에서 부서로 존재하거나 기능적인 부문으로 존재한다. 이럴 경우를 내부(internal) 공급사슬이라고 부른다. 뿐만 아니라 회사를 넘어 외부의 조직체까지 공급사슬이 이어지게 되는 데 이를 외부(external) 공급사슬이라 부르며 일반적으로 공급사슬을 지칭할 때는 외부 공급사슬을 의미하는 경우가 보편적이다.

1.1.2 공급사슬의 형성(Forming a supply chain)

공급사슬을 구성하려면 먼저 조직이 보다 상호적으로 각 기능을 발휘할 수 있도록 내부적으로 방향성을 정렬해야 한다. 이 단계가 완료된 이후 조직은 공급사슬 선 상에 있는 공급사슬 파트너들과 외부적으로 통합이 될 수 있다. 즉 기업내 각 부문별로 되어있는 기능 조직(functional organization)의 통합이 먼저 이루어져야 진정한 의미의 공급사슬인 조직의 외부 조직과 통합을 이룰 수 있다.

교차기능(cross-functional organization) 조직이 되기

내부 통합을 꾀하고자 하는 노력을 흔히 교차기능 조직(cross-functional organization)을 달성한다고 말한다. 교차기능 조직이 되기 위해서는 상호 의사소통 능력을 높이고 큰 그림을 보아야 한다. 각 부서들이 기업의 공급사슬 전략에 따라 하나의 몸처럼 일사불란하게 움직이도록 하는 것이 내부통합의 목표이다.

그러나 안타깝게도 공급사슬관리가 고도화되어 있지 않는 많은 기업들은 아직도 교차기능 조직으로 운영되지 못하고 있다. 이런 기업들의 특징은 각 부서별로 각자의 다른 방향으로 행동하거나 설사 같은 방향으로 움직인다 하여도 민첩하지 못하고 시차(time lag) 문제가 발생하여 내부적으로 채찍효과(bullwhip effect)가 발생하게 된다. 이런 경우를 기능별 중심 조직(functionally oriented organizations) 이라고 부른다. 즉 전체 최적화보다는 각 부문의 이해 관계에 따라 부분 최적화를 지향한다는 것이다.

그럼 내부 통합 이전 단계인 기능별 중심의 조직에 대해 그 특성과 상태를 살펴보자.

조직은 역사적으로 기능적으로 조직화되어 연구 개발, 구매, 생산, 유통 및 마케팅 및 판매와 같은 부서로 조직되었다. 이 부서들은 종종 곡물 보관 시설인 사일로(silo)와 비교되었는데 각각 벽으로 둘러싸인 세계에서 그러한 부서 간의 의사소통이 단절되고 느렸을 뿐만 아니라 각 부서는 이것이 다른 부서에 어떻게 영향을 미치는지에 관계없이 자체 부서의 성공을 위한 성과를 최대화하기 위한 강력한 인센티브를 제공받았다. 이러한 각각 부서 중심의 인센티브가 종종 서로 반대로 움직이게 하여, 최적화 과정에 항상 서로 다른 것들에 대한 문제점들을 만들어 내어, 결과적으로 시스템이 조직의 전체최적화를 달성하지 못하게 한다.

20세기 들어 기업들이 공급사슬관리를 통해서 우선적으로 내부 공급사슬을 효과적으로 관리하고자 하는 노력의 이면에는 기존의 전통적 부서 중심의 기업 구조로는 운영의 탁월성을 달성하기가 어렵다고 판단되었기 때문이다. 부서 중심의 전통적인 조직 구조는 부분 최적화에 초점이 맞춰져 있다. 기업의 전체 최적화보다는 다른 부서의 비용으로 나의 부서의 성과를 좋게 만드는 꼴이다. 업무 프로세스를 고객에게 초점을 맞추고 올바른 제품을, 올바른 시간에, 올바른 장소에, 올바른 상태로, 고객에게 납품할 수 있도록 각 부문을 조정하여 공급사슬의 실패가 발생하지 않도록 하는 것이 전체 최적화이다. 공급사슬관리에서는 부분최적화의 합이 결코 전체최적화가 될 수 없다는 사실에 주목한다. 다른 모든 부서가 뛰어난 성과를 발휘했다손 치더라도 어느 한 부서의 실수로 인해 고객에게 올바른 제품이 제대로 전달되지 못하면 기업 전체 측면에서 이 공급사슬은 실패한 것이다.

부서 중심의 전통적인 기업 조직에서는 업무적으로 그리고 부서 업무 성과를 평가하는 핵심 성과 지표들이 부서 간의 갈등을 야기하는 구조로 되어 있다. 각 부서별로 보면 지극히 당연한 업무 성과 지표인데도 불구하고 기업 전체로 보면 교환거래(tradeoffs) 성격의 내용이 필연적으로 존재한다. 아래 표에서 부서 지향적인 조직이 가지고 있는 전형적인 상충관계를 살펴볼 수 있다. 부서 중심의 조직의 특징은 다른 사람 혹은 다른 부서의 비용으로 나 자신의 성과만의 극대화를 꾀하는 것으로 부분최적화의 전형적인 모델이다.

	마케팅(Marketing)	생산운영(Operation)	재무(Finance)
각 부서별 전통적 목표 (Conventional objective)	판매증가와 고객만족	제조비용 절감, 가동율 극대화	수익 극대화, 현금 흐름 증대, 재고투자 감소
고객 서비스 (Customer service)	판매극대화, 고객을 만족시킴, 유연한 품목믹스	주문 변경에 대한 대응성이 덜함, 긴 생산간격	서비스는 수익성이 있어야함
생산 효율 (Production efficiency)	잦은 변경 요청, 불안정	높은 가동율, 규모의 경제, 안정성	비용 통제
재고 투자 (Inventory investment)	고객 서비스를 위한 안전재고 및 유통재고 요구	높은 가동율을 위한 완충재고; 안전재고 요구	안전재고 및 유통재고 최소화

도표 1-3 기능 지향적 조직(functionally oriented organizations)에서의 교환거래(tradeoffs)

예를 들면 판매/마케팅 부서에서는 고객만족과 판매 극대화를 추구하고 제조운영에서는 제조 효율성 증대 즉, 제조 비용 절감이 가장 우선시되는 관리 항목이며 재무 부서의 입장은 재고를 최소화하여 이익 증대와 현금 흐름을 개선시키는 것이 가장 우선하는 목표이다. 이 세 부서의 입장만 보더라도 전체를 보지 않고 각 부서의 최적화만 꾀하다 보면 부서간 충돌이 일어나고 결국 전체 최적화를 달성하지 못하게 된다. 공급사슬관리를 외부로 확장하여 통합하고자 할 때 반드시 내부 사슬이 먼저 통합이 되어야 한다는 사실을 명심하자.

🔍 부분 최적화를 탈피하고 전체 최적화를 추구하기 위해서 어떻게 해야 하나?

각각의 부서나 개별 조직체들이 아무리 탁월한 성과를 달성했다고 할지라도 최종적으로 고객이 올바른 제품을, 올바른 시간에, 올바른 상태로, 올바른 장소에서 받지 못하였다면 그 공급사슬은 실패한 것이다. 따라서 전체최적화를 위한 가장 좋은 방법은 업무 프로세스를 제품(product) 중심 혹은 주문(order) 중심에서 고객(customer)을 중심에 놓고 고객의 만족을 위해 재배열하는 것이 필요하다. 그리고 이 업무 성과를 평가하기 위한 핵심성과지표를 부서 단위가 아닌 교차기능(cross-functional)을 평가할 수 있도록 재정립하는 것이다. 이를 위해 사용할 수 있는 좋은 도구가 가치사슬 분석(value chain analysis)이다.

예를 들어 생산설비 또는 작업자 활용도는 재고 수준의 변화와 함께 평가될 수 있다. 이는 생산설비나 작업자를 계속 사용하기 위한 방안은 재고를 증대시킴으로 재고관리와 상충될 수 있기 때문이다. 교자기능 조직이 되면 앞에서 논의한 절충점을 없앨 수는 없지만 참여한 플레이어는 의사 결정의 전체적인 영향을 더 잘 이해할 것이며 따라서 모든 당사자의 요구를 균형 있게 유지하는 제3의 안에 동의할 수 있다. 중기 균형 조정을 위한 판매운영계획(S&OP)과 단기 균형 조정을 위한 기준일정수립(master scheduling)과 같은 이 책의 뒷부분에서 설명하는 방법 중 일부는 재고 및 기타 고객 서비스 비용 및 생산 효율성 간의 합의 경로를 달성하는 데 도움이 된다. 일부 조직은 린(lean) 생산과 같은 시스템을 구현하거나 이러한 목표 중 다수에 대해 더 나은 결과를 달성하기 위해 실행에 대한 제약이론을 동시에 적용할 수도 있다.

> 📎 **가치사슬 분석(Value chain analysis)**
> 회사가 최초 출발점에서 시작해 최종 고객에게 계속 납품을 하면서 제품과 서비스를 생산하고 배송하기 위해 사용하는 연결된 모든 부분(모든 사슬과 그에 관련된 업무 프로세스)들을 점검 검토하는 것을 말한다.

요즈음처럼 기업의 규모가 거대한 상황에서 내부 조직의 교차 기능적 관점을 취한다는 것은 내부 조직 구조, 인센티브 및 성과 측정에 공급사슬관리(SCM)의 개념을 적용하는 것을 의미한다. 또한 공급사슬에서 가치를 부가하는 것과 가치를 부가하지 않는 것에 대한 전략적 수준의 분석을 포함할 수 있다. 가치사슬 분석은 조직이 제품과 서비스를 생산하고 제공하기 위해 사용하는 모든 연결 프로세스를 점검한다. 프로세스 시작 지점부터 최종 고객에게 전달되는 과정에 연계된 모든 업무 활동들을 살펴본다.

더 많은 교차기능을 갖기 위해 조직 구조를 변경하는 것은 종종 기능(functional) 영역보다는 프로세스(process) 흐름에 더 중점을 두는 형태를 취한다. 프로세스가 기능을 수행하는 것보다 중요하다고 생각되면 조직은 전반적인 시스템 관점의 큰 그림을 얻을 수 있다. 이를 통해 프로세스의 각 측면을 부가가치로 삼아 최종 결과와 모든 비용을 고려한다. 예를 들어, 신제품 출시 프로세스는 연구 개발을 시작으로 조달 관리, 생산, 유통 및 마케팅 및 판매(주문 관리 포함)를 포함한다. 명확하게 정의된 이 프로세스는 한 부서에서 할 수 있는 일이 아니다.

공급사슬의 각 프로세스를 연결시켜 주는 통일된 역할을 일반적으로 물류관리(logistics management)라고 불리우며 그 기능을 물류(logistics)라고 한다.

> **물류(Logistics)**
> 1) 공급사슬관리 맥락에서, 출발지점과 유통의 지점들 사이에서 상품의 보관, 취급 그리고 순방향 및 역방향으로의 이동을 통제하는 공급사슬관리의 하부 요소이다.
> 2) 산업 맥락에서, 적합한 장소와 적합한 수량으로 원료와 제품을 얻고, 생산하고, 유통시키는 기술 및 학문이다.
> 3) 군사적 관점에서(더 넓은 의미로 사용되는), 사람의 이동 또한 포함할 수 있다.

공급사슬 관리자는 물류의 경계를 초월한 통합 역할을 담당한다. 기업 내부적으로 기능 중심의 프로세스를 타파하고 전체 프로세스에 대해 조정할 수 있는 어느 정도의 권한을 갖는다. 예를 들어, 이 역할은 신제품 설계 시 생산 및 유통의 용이성을 포함하도록 요구할 수 있다. 마찬가지로, 이 직책에 있는 담당자는 전체적인 재고 목표를 유지하는 역할을 담당한다. 필요한 경우, 이와 같은 통합 역할은 다음과 같은 다른 지원기능(support function)과도 작동할 수 있다.

조직이 내부 부서 간의 교차 기능 통합을 통해 내부통합이 이루어졌다 하더라도 기업을 넘어 외부적으로 통합하기란 참 어려운 일이다. 공급사슬 측면으로 보면 서로 연결된 조직체이지만 법적인 조직체가 서로 다른 조직이기 때문이다. 이러한 어려움에도 불구하고 외부통합을 꾀하기 위한 좋은 방법을 살펴보자.

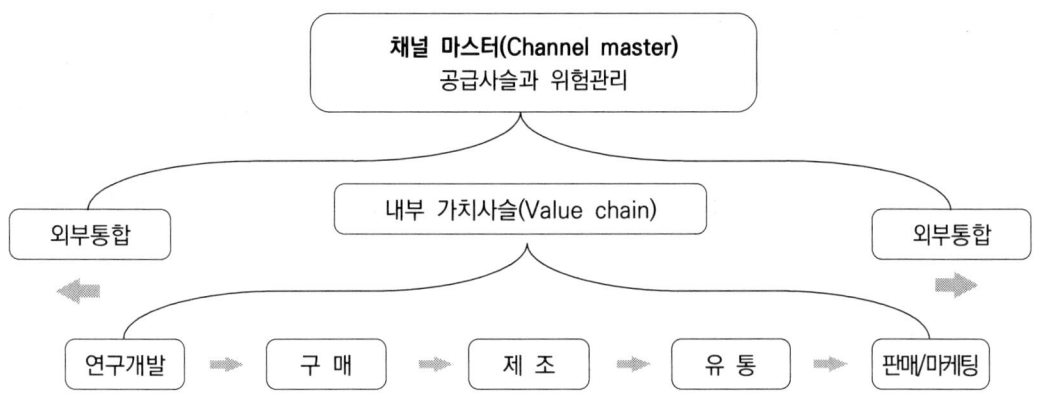

도표 1-4 내부 교차 부서/기능(cross-functional)과 외부와 통합(integrating externally)

첫 번째 단계는 목표를 염두에 두고 공급사슬 내의 다른 조직이 이러한 혜택을 볼 수 있도록 돕는 것이다. 종종 이런 일이 일어나기 위해서는 공급사슬에서 핵심 파트너가 필요하다. 이를 채널 마스터(channel master), 오케스트레이터(orchestrater) 또는 중심 회사(nucleus firm)라고 하며 이 역할을 맡는 조직체는 브랜드 인지도가 가장 높은 조직이나 종종 규모가 큰 조직이 된다. 제조업체는 특히 구매 제품이나 소매업체의 제품이 판매나 수익에 크게 기여하기 때문에 공급업체에게 영향을 줄 경우 제조업체가 이 역할을 맡을 수 있다. 다른 경우, 제조를 아웃소싱 하는 경우 제품 설계자가 채널 마스터가 된다. 대형 소매업체 또는 온라인 판매자가 특히 유통 기능을 통제하는 경우 가장 큰 영향을 줄 수 있다.

채널 마스터는 공급사슬관리의 이점에 대한 인식을 제고한 후 조직 간의 현재 신뢰 수준에서 허용되는 수준으로 의사소통을 통합한다. 정보 공유가 없으면 공급사슬관리가 무의미하다. 그러나 신뢰는 빨리 얻지 못하며, 전통적인 사고방식으로는 일부 사람들이 경쟁 우위를 유지하기 위해 비밀로 유지해야 하는 정보를 공유하는 것을 반대한다. 조직은 이 신뢰를 개발하고 시간이 지남에 따라 더 많은 정보를 공유하기 위한 정책과 전략을 개발해야 한다. 시작 정보의 종류에는 온 디맨드(on-demand) 및 주문, 프로모션 및 마케팅 캠페인이 포함된다. 정보 공유의 주요 이점은 조직의 네트워크가 공급 과잉 또는 공급 부족 문제를 피할 수 있다는 것이다.

종종 공급사슬 관리자는 위험관리에 필요한 큰 그림 관점을 가지고 있기 때문에 조직 및 또는 공급사슬 관점에서 위험관리에 관여하게 된다. 공급사슬에서 위험관리가 필요한 이유는 내부를 넘어 외부로 연결된 공급사슬이 글로벌화 되고 복잡한 시스템이기 때문에 어떤 부분에서 오류로 인해 공급 중단이 발생할 수 있는 확률이 높고 이로 인한 손실이 클 수 있기 때문이다. 이로 인해 고객이 우리의 제품과 서비스에 불만족하거나 혹은 고객을 잃어버리는 것으로 이어질 수 있다. 위험을 처리하는 방법을 식별, 분석 및 작성하는 계획은 위험이라는 사건이 발생한 후에 단순히 대응하는 것보다 비용이 훨씬 적게 든다. 보험(insurance)은 부가가치가 있는 위험관리의 좋은 예이다. 다른 예로는 악천후 및 기타 지역 행사로 인한 혼란의 위험을 줄이기 위한 지리적 다양성, 작업이 탄력적이도록 하는 중복성(예: 동일한 부품을 두 개의 다른 공장에서 만들 수 있음) 및 딱 하나가 아닌 복수의 소스에서의 공급량 확보 등이 포함된다. 그러나 탄력성에 대한 투자는 규모의 경제를 줄일 수 있기 때문에 비용 증대라는 반대 급부가 있을 수 있다.

공급사슬 관리자와 같은 역할을 통합할 때 조직에서 생산 및 재고관리를 위한 지휘 체계를 명확하게 지정하는 것이 매우 중요하다. 이 같은 방법은 전술 혹은 운영에 대한 합의된 의견이 좀더 잘 실행될 수 있으며 계획자와 다른 전문가들이 필요 시 결정에 대한 문제점과 도전들을 어떻게 처리해야 하는 지를 이해하게 된다. 생산 및 재고관리 전문가는 업무 프로세스와 현안을 가장 잘 알아야 되고 더 나아가 좀더 부가가치 있는 큰 토론에 의견을 제시할 수 있어야 한다. 이 유형의 조직 구조에는 주어진 관리자에게 서로 상충되는 지시가 주어지는 "두 명의 보스"라는 현실적인 문제가 실제 존재한다. 반대로 공급사슬관리 직책에 실제 권한이 주어지지 않으면 프로세스 간소화 및 최종 결과 효율성이라는 전반적인 목표를 달성하지 못하게 된다.

> **위험관리(Risk management)**
> 불행한 사건들이 일어날 확률 및 그 영향을 최소화하고, 감시하고, 통제하거나 혹은 기회(opportunities) 실현을 극대화하기 위해 자원들의 경제적이고 조정된 적용에 의해 뒤따르는 위험들의 식별화(identification), 평가(assessment), 우선 순위화(prioritization)

외부와 통합하기(Integrating externally)

앞서 언급한 바와 같이 우리가 일반적으로 말하는 공급사슬관리는 우리 조직 내부의 공급사슬이 최적화된 후 우리 회사를 넘어 외부 공급사슬 파트너들(공급업체, 고객)로 확대 연결하는 외부 공급사슬을 일컫는다.

이 외부 공급사슬관리의 필요성을 가장 잘 설명해 주는 것이 바로 '채찍효과(bullwhip effect)'이다. 채찍효과란 공급사슬의 하류(downstream)인 고객 쪽에서의 작은 수요 변화(증가 혹은 감소)

가 상류(upstream)로 갈수록 그 변화의 폭이 점점 더 커진다는 것이다. 호수에 돌을 던지면 그 물결이 점점 더 커져가는 것에 비유하여 이 채찍효과를 물결효과(ripple effect)라고 부르기도 한다. 즉, 즉각적인 고객의 주문에만 기반한 수요나 판촉 정보 및 예측을 전달하지 못하면 공급사슬관리가 해결하고자 하는 주요 문제인 채찍효과라는 좋지 않은 상황이 조성될 수 있다.

상류로 갈수록 진폭이 더 커지는 현상과 더불어 각 조직체들을 거쳐 상류로 갈수록 시간 지체(time lag) 현상도 경험하게 된다. 시간 지체 현상이란 최종 고객 접점인 하류에서 감지된 변화가 공급사슬상의 각 파트너들을 통해 상류로 전달되어 가는 도중에 벌써 하류 쪽에서는 최초와는 다른 방향으로 변화가 일어나게 되고 상류 조직체들은 이를 한참 후에 알게 되는 것을 말하는데 정보 공유가 실시간으로 이루어 지지 않아 뒷북을 치는 것을 말한다. 채찍효과는 월마트(Walmart)와 프락터 앤 갬블(P&G)사 사이에 아기 기저귀 제품을 통한 실증적 연구로 증명이 된 바가 있다.

> **채찍효과(Bullwhip effect)**
> 공급사슬의 하류(downstream)에서 일어난 수요의 작은 변화에 의해 야기된 상류(upstream) 공급 위치에서의 극심한 변화를 지칭함. 재고가 결품 상태에서 과잉 상태에 이를 때까지 빠르게 바뀔 수 있다. 이는 제품을 공급사슬 하류로 이동시키는데 있어 고유한 운송 지연과 함께 주문들에 대해 공급사슬 상류로 의사소통하는 일련의 연속적인 특성에 의해 발생하는 것이다. 채찍효과는 공급사슬을 동기화함으로써 제거될 수 있다.

채찍효과를 방지하는 좋은 방법은 리드타임 감소, 주문 묶음 단위 감소 등 여러 가지 접근 방법이 있으나 그 중에서 가장 효과적인 것은 공급사슬 상에 있는 파트너들 간의 정보공유(information sharing)이다. 주문(order)만이 아닌 수요(demand)와 판매촉진(sales promotions) 내용을 의사소통 하는 것이 필요하다.

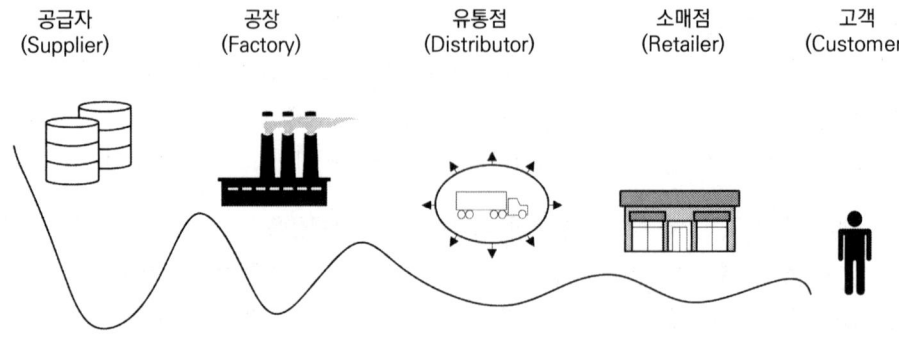

도표 1-5 채찍효과(bullwhip effect)

공급사슬관리는 공급업체(supplier)와 고객(customer) 간의 관계에 대해 경쟁적 우위를 확보하기 위해 발달된 기업경영 방법으로 최근 20세기 말 이후에 커다란 관심사로 대두되었다. 이제는 학문으로 자리매김을 하여 많은 대학에서 공급사슬관리론을 가르치기도 한다. 그동안 진행되어온 공급사슬관리 발달 단계를 좀 더 큰 틀에서 특징을 살펴보면 시간이 흐름에 따라 이 경영 기법이 조금씩 진화하고 있음을 알 수 있다. 앞서 설명한 바와 같이 내부 통합이 이루어지고 그 후 외부로 통합을 꾀하는 방식의 형식상의 진화도 있지만 질적인 진화도 이루어지고 있음을 여러 사례를 통해 알 수 있다.

최초로 공급사슬관리가 경영혁신 기법으로 소개되었을 때는 주로 공급사슬상에서 발생하는 원가 혹은 비용(cost)을 줄이기 위해 노력을 집중한 특징이 있다. 저자는 편의상 이를 제1세대 공급사슬관리라고 부른다. 이 당시 제품 가격 책정은 일반적으로 원가(cost)에 적정한 마진을 붙여 판매가격을 결정하였기 때문에 원가 절감은 기업의 가격 경쟁력에 아주 중요한 요소였다. 경쟁사보다 좀더 저렴한 가격으로 제품을 공급하는 것은 영업에 있어 큰 장점이다. 공급사슬관리에서 원가절감은 항상 중요한 부분이다.

그러나 제2세대 공급사슬관리에서는 원가절감(cost reduction)을 통한 가격 경쟁력 확보보다는 이익증대(profit increase)에 좀더 초점을 맞추는 방향으로 진행되었다. 이익을 많이 내기위해서는 원가 절감도 필요하지만 판매가격(price) 증대도 큰 몫을 한다. 어느 기업이나 경쟁사에 비해 높은 가격에도 불구하고 고객이 우리 제품을 구매한다면 참 행복할 것이다. 유사한 제품을 경쟁사에 비해 높게 팔 수 있는 방법을 강구하는 것이 제2세대 공급사슬관리의 특징이며 이에 대한 좋은 접근 방법으로 등장한 것이 가치기반의 판매(value-based selling)이다. 고객이 우리 제품에 대해 좋은 가치를 부여한다면 제품 원가에 관계없이 좀더 나은 판매가격을 확보할 수 있다. 가치기반의 판매는 고객이 우리 제품이나 서비스에 대해 얻고자 하는 가치를 올바르게 파악하는 것에서부터 시작된다. 모든 고객이 값이 싼 물건만을 선호하는 것은 아니다. 어떤 고객은 좋은 품질, 어떤 고객은 빠른 납기, 어떤 고객은 우수한 고객 서비스 등등 각 고객별로 요구사항이 다를 수가 있다. 이를 잘 포착하여 공급사슬관리에 반영하는 것이 제2세대 공급사슬관리의 특징이다.

현재 우리가 경험하고 있는 공급사슬관리는 제3세대라고 할 수 있는데 3세대 공급사슬관리는 1세대, 2세대 공급사슬관리의 중점 사항에 추가하여 공급사슬관리 상에 노출된 위험에 대비하는 위험관리(risk management), 환경(environmental)과 사회적 책임(social responsibility) 그리고 재난 구조와 인도주의 활동에 따른 특수한 형태의 공급사슬관리 활동들을 포함한다. 특히 제3세대 공급사슬관리는 최근에 대두되고 있는 4차 산업혁명으로 지칭되는 기술의 비약적인 진보가 공급사슬관리를 크게 변화시킬 것으로 예상된다.

1.2 제조에 대한 소개(Introduction to manufacturing)

앞서 살펴본 제조업의 공급사슬은 제조업 자체보다는 주로 제조 산업의 공급사슬에 관련된 내용을 큰 그림(big picture)으로 살펴보았다. 이번 주제에서는 공급사슬의 한 조직체며 생산자(producer)인 제조기업을 중심기업(nucleus firm 혹은 channel master)으로 제조와 자재관리의 역할을 살펴보고자 한다.

제조(manufacturing)라는 핵심 프로세스가 고객에게 가치를 창출한다. 이 주제의 나머지 부분에서는 조직이 생산운영 환경을 고려한 다음 전반적인 전략을 결정하는 방법을 보여준다. 이 전략은 생산운영(제조 또는 서비스) 전략 또는 제조 비즈니스 모델로 더욱 다듬어지고 구체화된다.

1.2.1 제조 및 자재관리의 역할(Role of manufacturing and materials management)

생산 및 재고관리에 종사하는 전문가는 조직, 공급사슬 및 대규모 공동체에서 수행하는 중요한 역할을 이해하는 것이 중요하다. 제조의 역할과 이를 지원하는 자재관리의 역할은 제조 조직의 핵심 사항이다.

제조(manufacturing)의 역할

철광석이나 금이 함유된 광석도 시장 가치를 지녔지만, 최종 소비자가 사용하는 고급 강판이나 금반지보다는 가치가 훨씬 적다. 가치(value)가 적은 원자재(raw material)를 비용이 투자된 인프라와 수많은 기술을 이용한 제조라는 가공처리 과정을 통하여 무언가 소비자에게 효용(utility)을 줄 수 있는 유용한 제품(products)으로 만드는 것이 제조(manufacturing)이다. 즉 제조는 원자재와 노동력을 수요가 있는 제품 혹은 서비스로 변환시킴으로써 사회적으로 가치(value)를 더하고 부(wealth)를 창출하게 된다. 고객은 자신에게 효용을 주는 제품 또는 서비스에 대해 일정 금액을 기꺼이 지불하려고 한다. 기업이 인식된 가치를 더 많이 제공하거나 더 적은 비용으로 재화를 판매할 수 있다면 더 많은 이익을 창출할 수 있다. 이 이익은 조직이 창출한 부가가치의 척도이며, 완료된 판매는 고객이 이 가치를 인식했음을 증명하는 것이다. 즉, 가치란 고객이 지불하고자 하는 것이다.

조직은 이러한 제조 처리 과정을 통해 조직의 주주와 작업자 그리고 사회를 위해 간접적으로 부를 창출한다. 국가의 부는 국가 총 생산량 또는 주어진 기간 동안의 재화와 용역의 총 생산량으로 측정된다. 국가의 천연 자원은 단지 부존 자원으로서의 잠재적 원천일 뿐이다. 대부분의 자원은 고객의 수요를 충족시킬 수 있는 형태(form)로 수요 시점에서 이용 가능하게 하기 위해 추가 가공처리(manufacturing processing) 및 서비스가 필요하기 때문에 부의 원천에 불과하다. 마찬가지로 적절하게 훈련된 작업자와 올바른 시설 및 장비를 이용하여 원자재에 가치를 부가할 수 있는 역량은 이 역량이 활용될 때 얻을 수 있는 또 다른 잠재적 자원이다.

재화 또는 서비스 비용이 고객이 지불할 의사가 있는 것보다 더 클 경우, 일차적으로는 잘못된 것(즉 불량품)이 생산되었거나 재화를 생산 및 공급하는 데 사용된 프로세스 및 공급사슬에 비용이 너무 많이 소요되어 가치가 없는 절차로 전락한다. 운영 선택 사항을 전략에 다시 연결하면 올바른 것을 생산할 확률을 높일 수 있다. 린(lean)과 낭비(waste) 제거에 중점을 둔 개선 시스템에서 논의된 방법은 고객의 관점에서 가치를 더하는 프로세스의 요소만을 유지하는 방법을 결정하는 데 도움이 될 수 있다.

제조란 해당 산업의 특성에 따라 여러 종류의 산업으로 세분할 수 있지만 크게 자동차나 전기, 전자와 같은 조립 산업(discrete industry)과 정유, 석유화학, 철강 등과 같은 프로세스 산업(process industry)로 나눌 수 있다. 업의 특성에 따라 제조 프로세스나 용어가 다소 다르게 사용될 수 있는데 본서에서는 주로 조립산업 중심으로 설명을 하도록 하겠다. 업종에 따라 다소 차이는 있지만 제조란 기본적으로 원자재(raw material)를 조달하여 제조라는 처리과정(processing)를 걸쳐 완제품(finished goods)을 만드는 과정을 일컫는다. 원자재는 회사가 만들어 판매하는 완제품에 직접 사용되는 자재들을 말하며 구매주문(purchase order)을 발행하여 외부에서 조달한다.

자재관리(material management)의 역할

제조업에서 생산 재고관리 분야에 종사하는 전문가들을 종종 자재관리자(material managers), 물류관리자(logistics managers) 혹은 운영관리자(operations managers) 등으로 부른다. 간혹 공급사슬 관리자(supply chain managers)로 부르기도 하는 데 이 공급사슬 관리자 용어는 일반 자재관리 업무를 넘어선 좀더 광범위한 역할을 지칭할 때 좀더 적절한 표현이다. 이처럼 부르는 용어는 다르지만 자재관리라는 역할은 제조업에서는 매우 중요한 기능이다.

운영관리(Operations management)
1) 투입재(inputs)들을 완제품과 서비스들로 변환시키는 활동들에 대한 계획, 일정수립, 통제
2) 설계공학, 산업공학, 경영정보시스템, 품질관리, 생산관리, 재고관리, 회계 및 운영에 영향을 주는 기타 기능들의 개념 연구를 통해서 제조 혹은 서비스 조직들에 대한 효과적인 계획, 일정수립, 사용, 통제에 초점을 맞추는 연구 분야

자재관리(Materials management)
생산 자재의 구매 및 내부 통제로부터 재공중재고(WIP)의 계획 및 관리, 완제품의 입고, 출하, 유통에 이르기까지 자재 흐름의 전체 주기를 지원하는 관리 기능 집합.

특별히 노동력(labor), 자본(capital), 자재(materials)와 같은 회사의 중요한 자원에 대한 올바른 시점(timing)과 가용성(availability)의 통제는 운영관리 및 자재관리의 핵심 사항이다. 자원의 올바른 활용이 기업 수익성에 큰 영향을 미친다. 낮은 재고를 유지하면서 필요한 시점에 필요한 만큼의 자원이 가용하도록 하는 것은 쉬운 일이 아니다. 운영관리와 자재관리는 공급만 고려해서는 안되고 동시에 수요를 고려해야 하기 때문이다. 즉 고객서비스를 최대로 높이는 것은 비용을 낮추려는 목표와 상충되는 교환거래(tradeoffs)이기 때문이다.

자재관리자 입장에서 고객 서비스란 다음 정의 중 두 번째인 사전에 정의된 시간 내에 수요를 충족시킬 수 있는 능력을 의미한다. 납품에 대한 고객의 기대치는 수요 리드타임으로 표현할 수 있다.

> 🔹 고객서비스(Customer service)
> 1) 회사가 고객의 요구(needs), 문의(inquiries), 요청(requests)들을 다루는 능력.
> 2) 고객이 명시한 시간에 고객에게 제품을 전달하는 측정
>
> 🔹 수요 리드타임(Demand lead time)
> 잠재 고객들이 상품이나 서비스가 전달될 때까지 기꺼이 기다릴 수 있는 총 시간을 말한다.

특히 자재관리자는 제조계획 및 통제(MPC, manufacturing planning and control)와 물류(logistics) 두 가지 주요 조직 기능을 수행한다. 제조계획통제(MPC)는 사용 가능한 생산능력에 대한 관련 검증과 함께 상위 수준(high level) 계획, 기준일정수립(MS, master scheduling), 자재소요량계획(MRP, material requirement planning) 및 생산 활동과 통제(PAC, production activities and control)를 포괄하는 포괄적인 용어이다. 자재관리자는 물리적 공급에 해당되는 입고처리 및 출고되는 물리적 배송을 담당한다. 이들은 구매, 창고 및 원자재, 재공품 및 완제품 재고를 모니터링하고 통제한다.

이 기능에 대해서는 이 교재의 뒷부분에서 자세히 설명한다.

제조의 목표

결국 제조의 목표는 조직의 자원을 현명하게 최적으로 사용하는 것(best use of resources)과 고객 만족의 목표 수준을 맞추는 것(meet customer service targets), 이 두 가지를 동시에 추구해야 한다. 구체적으로 보자면 제조의 목표는 아래 6가지 항목에 대해 '올바른(right)' 행위를 추구하는 것이다.

- 올바른 제품과 서비스(right goods and services)
- 올바른 수량(right quantity)
- 올바른 품질(right quality)
- 올바른 시점에(right time)
- 올바른 장소(right place)
- 올바른 가격(right cost)

이 모든 것들을 완벽하게 지키는 것은 많은 양의 안전재고 또는 사용되지 않는 초과 제조 능력과 같은 값 비싼 투자가 필요하기 때문에 항상 비용이 발생한다. 따라서 자재관리자의 역할은 조직이 고객 서비스를 수익성 있고, 지속 가능하며, 실현 가능한 방식으로 조직 자원과 수요와의 균형을 맞추는 행위이다.

기업이 이러한 목표를 달성하기 위하여 조직이 어떻게 계획을 해야 하는지에 대해 우선 사업환경 혹은 경영환경(business environment)부터 살펴보기로 하자.

1.2.2 경영환경(Business environment)

기업을 둘러싼 환경에 대한 분석은 기업 전체의 조직전략에 주요한 입력 요소이다. 조직전략이 운영전략(operation strategy) 형성에 직접적으로 영향을 주게 됨으로 경영환경에 대한 분석과 이해는 매우 중요하다. 일반적으로 경영환경은 기업을 둘러싼 산업과 관련된 외부 힘(external forces)과 기업 내부 힘(internal force) 둘로 나눠볼 수 있다. 외부 힘은 전략을 세우는데 영향을 미치지만 기업이 통제할 수 없는 사항들이고 내부 힘은 기업이 통제 가능한 사항들이다.

외부의 힘(external forces)에는 글로벌 경쟁(global competition), 정부와 규제(government and regulatory), 경기(economy) 상황, 글로벌 사건과 추세(global events and trends) 등이 있다. 인터넷을 필두로 발달해 온 정보기술의 역할로 이제는 대부분의 기업들의 활동 무대가 세계화 되면서 글로벌 경영환경 시대에 도달하였다. 불확실성과 위험의 기회나 정도가 훨씬 커졌다. 이 글로벌화 된 경영은 여러 나라에 걸쳐 비즈니스가 이루어지므로 각 국가들의 통제와 규제에 영향을 받는다. 세금 문제나 자금의 흐름, 작업자와 제품의 안전에 관한 규제, 작업자 권리, 환경보호 문제, 반부패 문제, 법률적 책무 등이 대표적인 예이다. 경기가 상승 국면인지 하강 국면인지에 따라 수요에 영향을 주고 노동 시장에도 영향을 준다.

고객과 내부의 힘(customer and internal forces) 역시 기업전략에 영향을 미치는 수 많은 사항을 포함하고 있다. 고객의 기대치(customer expectations)를 맞추는 것을 고객만족(customer satisfaction)이라고 하며 고객의 기대치를 넘어서는 순간 고객감동(customer delightment)이라 부른다. 고객이 우리 물건을 구매하도록 하기 위해서는 적어도 고객의 기대치를 맞춰야 하고 이 기대치를 넘어서서 고객이 감동을 하면 영업하기가 수월할 것이다. 고객 기대치에 관련한 대표적인 용어가 주문자격요인(order qualifiers)와 수주요인(order winners)이다.

시장에서 주어진 가격으로 제공되는 제품 또는 서비스 기능은 해당 분야의 경쟁 업체를 위한 기준선이 된다. 고객의 기대치는 빠른 설계, 제품 요구사항, 가격, 특정 리드타임(주문에서 도착까지의 시간), 품질, 배송 빈도, 의존성, 제품 및 수량 유연성, 미학 등의 여러 형태를 취할 수 있다.

이것들 중에서 기업이 시장에서 경쟁력 있는 경쟁자로 나타나야 하는 경쟁적 특성. 예를 들어, 회사는 가격 이외의 특성을 놓고 경쟁할 수도 있지만, 경쟁하기 위해 "자격을 얻으려면" 비용과 관련 가격이 고객이 고려할 수 있도록 일정 범위 내에 있어야 하는데 이를 주문자격요인(order qualifiers)라고 부른다. 반면 수주요인(order winners)은 경쟁자가 갖고 있지 않은 독특한 기능 또는 품질이거나 고객이 뛰어난 가치로 간주할 만한 가격, 제품 기능, 품질 및 관련 서비스의 조합일 수 있다.

주문자격요인과 수주요인을 파악하고 활용할 때 주의할 점은 첫째, 수주요인이 영원하지 않고 시간의 흐름이나 고객의 요구사항이 바뀌면 언제든지 바뀔 수 있다는 것이다. 또한 서로 다른 고객 그룹별로 우선순위나 최상의 가치에 대한 생각이 다를 수 있다. 둘째로 새로운 제품, 기능 및 서비스(빠른 프로세스 또는 신속한 납품과 같은)는 경쟁자가 이를 채택하면서 순식간에 수주요인 범주에서 주문자격요인 범주로 이동하게 된다. 이는 특히 혁신적인 제품의 경우 제품 수명주기가 줄어드는 이유에 대한 설명이기도 하다.

> ### 주문자격요인(Order qualifiers)
> 어떤 기업이 시장에서 하나의 경쟁자로서 생존 가능하도록 반드시 보여줘야 하는 경쟁력 있는 특성들이다. 예를 들어, 회사는 가격 이외의 특성들에서 경쟁하려고 할 수 있지만, 경쟁을 위해 "자격을 얻으려면", 비용 및 관련 가격은 고객들에 의해 고려되도록 반드시 특정 범위 내에 있어야 한다.
>
> ### 수주요인(Order winners)
> 고객들이 다른 경쟁 회사들을 물리치고, 해당 회사의 상품과 서비스들을 선택하게끔 이끄는 경쟁력 있는 특성들을 뜻한다. 수주요인들은 회사에게 있어 경쟁력 있는 이점들로 여겨질 수 있다. 수주요인들은 보통 다음의 전략적 계획들 중 하나(드물게 두 개 이상)에 초점을 맞춘다: 가격/비용, 품질, 납품 속도, 납품 신뢰성, 제품 설계, 유연성, 판매 후속 서비스, 그리고 이미지.

조직은 사명 선언문(mission statements)을 작성하여 자신이 시장에서 인식되기를 원하는 방식과 행동 방식을 안내하는 비전을 제시할 수 있다. 조직의 사명(mission) 및 비전(vision) 선언문에서 비롯된 거버넌스 스타일과 정책을 때로는 기업의 사회적 책임이라고 한다.

기업의 사회적 책임(CSR, corporate social responsibility) 및 지속가능성(sustainability) 또한 이미 기업 경영환경에 큰 영향을 미치는 요소가 되었다. 조직은 법률 및 각종 규제의 제약하의 주어진 환경에서 운영 방법을 선택할 수 있다. 기업의 사회적책임이라는 큰 물결이 이미 경영의 중요한 축(bottom line)으로 자리 매김하였다. 비록 사회의 요구와 이윤에 대한 요구를 균형있게 하는 자발적인 노력이지만 많은 기업들이 이미 기업의 사명(mission)과 비전(vision)에 기업의 사회적 책임과 지속가능성을 반영하고 있음은 놀랄 만한 소식이 아니다.

예를 들어, 수명주기가 다한 제품을 회수한 다음 재사용 또는 적절한 폐기, 전력 소비를 줄일 수 있는 LED 조명이나 풍력, 태양광을 이용한 발전, 전기 자동차 보급 등이 이러한 환경의 영향을 잘 설명해 주고 있다. 이러한 예는 기업의 사회적 책임 요구사항을 준수하고자 하는 자재관리자에게 몇 가지 빠른 성과(quick wins)를 얻을 수 있음을 보여준다. 동시에 경제적 이익과 사회적 이점을 동시에 제공하는 방안을 찾도록 한다.

기업의 사회적 책임에 대한 기본 아이디어는 지속가능성이다.

지속가능성(Sustainability)
미래 세대의 필요(needs)들을 훼손하지 않고, 현재의 이익을 제공하는 활동들에 대해 조직이 초점을 둠.

지속가능성을 강조하기로 결정한 조직은 공정한 임금, 지역 작업자에 동등한 기회 제공, 환경에 대한 최소한의 영향 등을 제공함으로써 운영되는 사회에 이익을 주는 책임 있는 경제 성장을 위해 노력할 것이다. 이러한 투자에 대한 대가로 직원 및 고객 충성도 증가, 긍정적인 언론 보도 등의 형태로 전략적 우위를 확보할 수 있다.

사회적 책임 정책을 수립하고 이행하기 위해서는 비용이 들기 때문에 많은 조직은 정책이 완전하고 구현하기가 쉽고, 공공부문이나 투자자 및 다른 사람들이 쉽게 이해할 수 있도록 표준 또는 프레임 워크를 사용한다. 그러한 틀 중 하나가 유엔 글로벌 협약(UN global compact)이다. 즉, 각 기업들이 자체적으로 사회적 책임과 지속가능성에 대한 활동들을 설계하고 계획하여 실행할 수도 있지만 유엔(UN)에서 개발하여 보급하고 있는 유엔 글로벌 협약관리 모델(UN global compact and management model)을 활용하는 것도 좋은 방법이다.

유엔 글로벌 협약은 유엔이 추진하고 있는 지속균형발전에 기업들의 동참을 장려하기 위해, 1999년 코피 아난 전 유엔 사무총장이 제안하여 2000년에 발족된 유엔 산하 전문기구다. 4가지 분야에 10가지 원칙을 제정하여 보급하고 있으며 기업이 경영활동을 하면서 이 원칙들을 지원하는 자발적인 운동이다. 이사회의 승인을 받고 최고 경영자가 서명하여 유엔 글로벌 협약의 인권, 노동, 환경 및 반부패와 관련된 10가지 보편적 원칙을 준수하겠다고 자발적으로 약속한다.

> **유엔 글로벌협약(UN Global Compact)**
> 기업들이 기업 활동의 영향 범위 내에서 인권, 노동관행, 환경, 반부패 분야들 속의 핵심 가치들의 집합들을 포용하고, 지원하며, 제정하는 자발적인 운동.
>
> **유엔 글로벌협약 관리 모델(UN Global Compact and Management Model)**
> 유엔 글로벌협약과 원칙들을 확약, 평가, 정의, 이행, 측정, 의사소통의' 프로세스를 통해 기업들을 선도하는 틀.

인 권	원칙 1 국제적으로 선언된 인권보호를 지지하고 존중 (Support and respect the protection of internationally proclaimed human rights) 원칙 2 인권 침해에 연루되지 않도록 적극 노력 (Ensure non-complicity in human rights abuses)
노 동	원칙 3 결사의 자유와 단체 교섭권의 자유를 인정 (Uphold freedom of association and right to collective bargaining) 원칙 4 모든 형태의 강제 노동을 배제(Eliminate forced and compulsory labor) 원칙 5 아동 노동을 폐지(Abolish child labor) 원칙 6 고용 및 업무에서 차별을 철폐 (Eliminate discrimination in employment and occupation)
환 경	원칙 7 환경문제에 대한 주의 깊은 접근을 지지 (Support a cautionary approach to environmental challenge) 원칙 8 환경적 책임을 증진하는 조치를 수행 (Promote greater environmental responsibility) 원칙 9 친환경적인 기술의 개발과 확산을 장려 (Encourage the development and diffusion of environmentally friendly technologies)
반부패	원칙 10 부당취득 및 뇌물수수 등을 포함하는 모든 형태의 부패에 반대 (Work against corruption in all of its forms including extortion and bribery)

도표 1-6 유엔 글로벌협약 10가지 원칙(UN global compact ten principles)

확장된 공급사슬(extended supply chain)에서 공급업체 조직의 조치는 특히 조직이 채널 마스터(channel master)이거나 네트워크에서 가장 눈에 잘 띄는 파트너인 경우 조직에 긍정적 또는 부정적으로 반영될 수 있다. 이러한 이유로 글로벌 협약은 공급업체가 이러한 원칙을 준수하거나 그 방향으로 합리적인 진전을 보이도록 해야 할 필요성을 강조한다. 공급업체가 노동 비용이 낮은 저개발 국가에 위치해 있을 때, 이러한 규정 준수는 더욱 중요하고 어렵다.

유엔 글로벌 협약 관리(UN global compact management) 모델은 10가지 원칙을 조직 및 공급업체 내 전략 및 일상 업무에 통합하는 것을 지원한다. 이 모델은 실용적이고 확장성이 뛰어나고 지속적인 개선을 보장하는 피드백 순환을 포함하고 있다. 모델의 순환 단계는 다음과 같다.

- 확약(commit)
이 첫 번째 단계는 경영진 및 이사회를 포함한 회사 리더가 수행한다. 그들은 이사회 승인 프로세스, 문화, 전략 및 일상 업무와 같은 공식적인 거버넌스 구조에 원칙을 통합하는 투명한 방식을 채택한다.
- 평가(assess)
이 단계에서 조직은 인권, 노동, 환경 및 반부패와 관련된 위험 및 기회 측면에서 현재 상태를 평가한다. 위험 및 기회 분석은 재무 비용 또는 잠재적 이익뿐만 아니라 양적 및 부정적 영향을 측정하기 어려운 기타 요인을 고려한 다음 이러한 이점 및 비용을 가중시킨다. 이를 통해 조직은 가장 큰 순익 증가 또는 최악의 위험 완화를 기반으로 개선 영역을 우선 순위화 할 수 있다.
- 정의(define)
여기에서 평가 결과를 사용하여 조직의 전략 및 관련 정책, 목표 및 측정치를 작성하거나 수정한다. 이 단계에서는 최종 결과물을 미리 정의하여 추후 성공 여부를 결정하는데 활용한다.
- 구현(implement)
이 단계에서 새로운 전략은 필요한 역량 및 자원, 작업자 참여 및 교육, 조직 및 공급업체 또는 유통 업체를 위한 새로운 정책 및 절차, 준수 평가 계획 및 실행 계획과 같은 자본 개선 프로젝트와 같은 전술로 전환된다. 놓친 목표를 맞추지 못하거나 이 정책을 준수하지 않거나 합리적인 기간 내에 준수할 수 없는 공급업체 또는 기타 파트너는 교체할 수 있다.
- 측정(measure)
이것은 모니터링 및 통제 단계이다. 여기에는 새로운 정책과 절차가 준수되고 있는지 여부를 결정할 수 있는 방법이 있는지 확인하기 위한 측정 기준 조정이 포함된다. 또한 개인, 팀 및 외부 공급업체 성과 평가에 사용되는 측정 지표를 조정하여 모든 사람이 주어진 목표를 향해 노력할 동기를 가질 수 있도록 하는 것이 중요하다.
- 의사소통(communicate)
마지막 단계는 기업의 사회적 책임 투자에 대한 많은 부분에서 비롯된다. 지역 사회와 인력, 언론 및 기타 이해 관계자들이 참여함으로써 조직은 성공을 축하하고 조직의 명성을 향상시킬 수 있다. 의사소통에는 듣기가 포함되기 때문에 이 단계의 핵심 부분은 이러한 다양한 이해 관계자의 의견을 듣고 지속적인 개선 목표와 새로운 수준의 확약을 파악하는 것이다.

이 관리 모델의 의도는 피드백 순환(feedback loop)에 의해 생성된 학습이 더 개선되고 혁신적인 새로운 프로젝트의 관점에서 진전의 상승을 이루는 나선을 만들어야 한다는 것이다.

UN 글로벌 협약 관리모델은 이러한 유형의 노력, 즉 거버넌스(governance), 투명성(transparency) 및 참여를 위해 필요한 세 가지 핵심 요소를 갖추고 있다. 첫 단계인 이사회에 의한 견제와 균형은 물론 경영진의 '최고위층'을 포함하는 기업 지배 구조에 대한 필요성을 강조한다. 이해 관계자가 조직의 활동과 진행 상황을 합리적으로 평가할 수 있도록 성공의 목표와 구체적인 측정 항목을 공유할 때 투명성이 제공된다. 참여는 최종 단계에서 구체화되지만, 조직이 지속적인 관계를 형성하도록 이 참여가 진행되는 것이 중요하다. 이러한 관계는 종종 고객 기대에 대한 중요한 정보원이 될 수 있다.

일단 조직이 운영할 환경을 이해하고 그 일반적인 임무가 무엇인지를 결정하면 이러한 입력 값들을 고려하여 전략을 수립할 수 있다. 측정 방법은 전략 구현 방법이기 때문에 다음에서 논의된다.

1.2.3 전략과 측정지표의 역할(Strategy and role of metrics)

전략(strategy)이란 이해관계자들을 만족시키고, 시장 점유율 증대 및 유지, 고객 확보를 위한 경쟁에서 이기기 위해 조직이 어떻게 계획하는지 등을 포함한 어떻게 기업 경쟁력을 제공할 지에 대한 조직의 계획이다.

> 전략적 계획(Strategic plan)
> 조직의 사명, 목적, 목표를 지원하기 위한 조치를 안내하고 결정하는 방법에 대한 계획. 일반적으로, 조직의 명확한 사명, 목적, 목표, 그리고 이런 것들을 달성하기 위해 필요한 특정 행동들을 포함한다.

경쟁우위(competitive advantage)는 저비용 공급자(low-cost provider) 방법 혹은 차별화(differentiation) 방법, 최적비용(best-cost) 제공자 방법 혹은 특정 틈새시장(niche market) 등 다양한 방법들에 의해 창출될 수 있다. 제품 차별화(product differentiation)는 그 중의 하나이다.

> **제품 차별화(Product differentiation)**
> 가용성, 내구성, 품질, 신뢰성 등과 같은 비 가격적인(nonprice) 기반에서 경쟁 제품과 구별되는 제품 생산 전략.

전략은 종종 경영계획(business plan)에서 재무적인 목표로 표현된다. 즉 경영계획의 특징은 계획이 금액($)으로 표시된다는 점이다. 경영계획은 생산계획 프로세스(또는 판매운영계획 프로세스)를 통해 동기화된 전술 기능 계획으로 변환된다.

> **경영계획(Business plan)**
> 장기간의 전략과 매출, 비용 및 이익을 목적으로 하며, 예상 재무상태표, 현금 흐름표(자금의 원천과 활용)를 수반한다. 이는 보통 금액($)으로 기술되며 제품 군 단위의 그룹으로 이루어진다. 경영계획은 이후 생산계획 프로세스(혹은 판매운영계획 프로세스)를 통해 동기화된 전술 기능 계획들로 변환된다. 통상 금액($)과 수량(units)과 같은 서로 다른 단위로써 표현되는 경우가 빈번하나 반드시 서로 간에 동조가 이루어져야 한다. 2) 창업자가 신규 사업계획을 세우기 위해 작성한 사업 내용(조직, 전략, 자금조달 전술)으로 구성된 문서.

도표 1-7은 통합 측정 모델(integrated measurement model)의 예이다. 통합 측정 모델은 조직전략(organization strategy)과 밀접한 관계를 가지고 있으며 조직의 전략은 조직의 모든 부문에서 우선순위 설정에 영향을 미친다. 결론적으로 말하면 회사에서 통합 측정 모델을 어떻게 수립하느냐에 따라 각 개인, 부서, 회사 전체가 어떤 방향으로 움직여야 하는지를 결정한다. 올바른 측정 모델이 회사의 모든 구성원으로 하여금 올바른 방향으로 일사불란하게 나아가게 하는 것이다. 측정 모델 앞에 붙은 통합(integrated)이란 단어도 매우 중요한 두 가지 의미를 담고 있다.

첫째는 각 단계별로 측정 지표들이 계층구조를 가진다는 것이다. 개인 수준, 부서 수준, 사업부 수준, 기업 전체 수준별로 측정 지표들이 나뉘어서 관리가 되어야 한다. 즉 최고 경영층에서 다루는 지표와 중간 관리층의 지표와 각 개인 수준의 지표가 달리 다뤄져야 한다는 것이다. 최고 경영자가 개인 수준의 측정 지표를 관리하는 것은 의미가 없을 뿐만 아니라 물리적으로 그렇게 많은 지표들을 관리할 시간적 여유도 없다.

통합의 두 번째 의미는 각 수준별로 수립된 측정 지표들이 서로 정렬(alignment)이 되어야 한다는 것이다. 하위 지표들이 호전되면 이들의 취합인 상위 지표가 당연히 좋아져야 한다. 이 정렬이 틀어져서 상이한 방향으로 움직일 경우에는 회사가 한 방향으로 일사불란하게 나아가지 못함을 의미하며 공급사슬관리 측면에서 보면 전체 최적화를 이루지 못하는 결과를 낳는다.

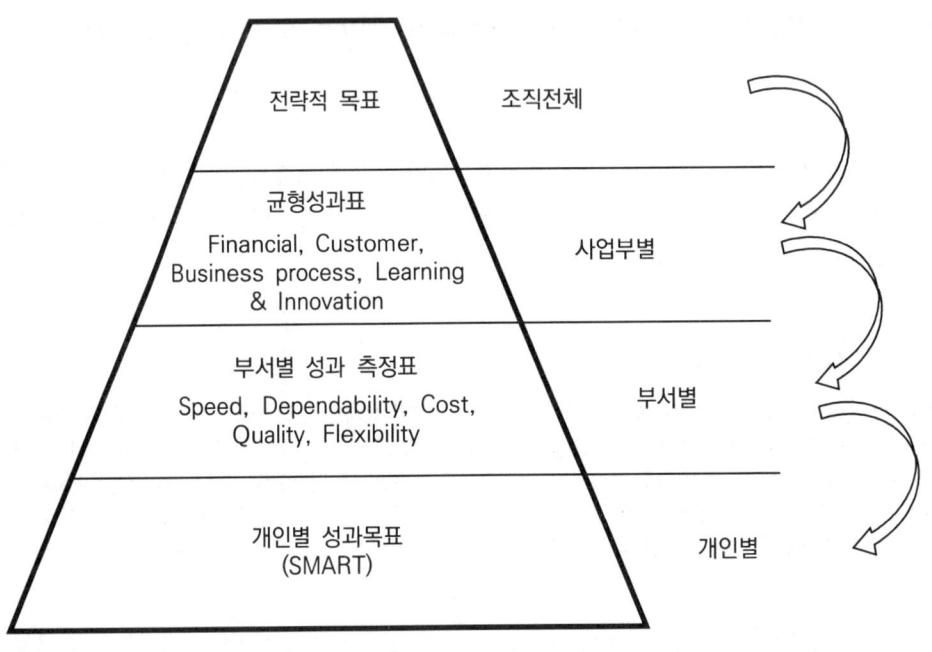

도표 1-7 통합 측정 모델(integrated measurement model)

전술(tactics)과 운영(operations)은 반드시 전략(strategy)과 연계되어야 한다.

전략은 모든 전술적 및 운영적 선택의 기초이다. 예를 들어, 제조업은 시장에서 가장 유연한(민첩한) 선수가 되기로 결정함으로써 간헐적으로 필요한 품목의 공급을 위한 저비용 리더가 되는 전략을 채택할 수 있다. 이는 수요를 충족시키고 다른 주문을 위해 다시 생산을 할 수 있을 만큼 빠르게 생산 규모를 확대하여 주문 제작을 할 수 있음을 의미한다. 그들은 신속성과 유연성을 운영 우선 순위로 강조하여 장비를 신속하게 교체할 수 있고 여러 가지 비 수요 품목의 대규모 재고를 생성할 필요가 없다. 이러한 운영 결정이 경쟁 업체가 달성할 수 있는 총 비용보다 낮은 경우 전략은 효과적이라고 할 수 있을 것이다.

기업 최상의 전략인 조직 전체의 전략(overall strategy)이 사업부 단위의 각 부문별 목표로 쪼개지게 되는 데 사업부 단계에서는 균형성과표(balanced scorecard)로 목표관리를 수행할 수 있다. 성과 측정이 전략과 연계되도록 보장하는 또 다른 도구는 균형성과표(balanced scorecard)이다.

독립 사업부별(divisional) 단계에서는 다양한 우선 순위의 균형을 맞추는 것이 중요하기 때문에 균형성과표를 활용하여 성과를 측정한다. 균형성과표의 핵심은 균형이라는 단어에 방점이 찍혀 있다. 기존에 전통적인 성과지표의 초점이 재무적인 부문에만 맞춰져 있어 자칫 회사가 장기적인 지속가능성을 무시하고 너무 단기적인 접근에 치중하는 것을 방지하기 위해 고안되었다. 균형성과표를 고안한 캐플란(Kaplan)과 노턴(Norton)은 재무적인 측면만 부각된 성과측정이 조직을 장기적인 목표를 희생시키면서 단기 경영 쪽으로 유도하였다고 믿었다. 균형성과표의 4개의 사분면에는 고객(customer) 관점, 비즈니스 프로세스(business process) 관점, 재무(finance) 관점, 학습 및 혁신(learning and innovation) 관점이 포함된다. 그것은 공식적으로 전체 목표, 전략 및 측정을 부드럽게 연결한다. 각 사분면에는 각각의 목표와 측정값이 있다. 물론, 이 네 가지 영역 중에서 여전히 재무적 관점의 측정이 제일 중요한 사항이지만 조직이 장기적 관점에서 중점을 둘 수 있도록 아래와 같은 세 가지 다른 관점을 추가했다.

- 고객 관점은 조직이 고객의 변화하는 요구에 집중할 수 있도록 도와준다.
- 비즈니스 프로세스 관점은 조직이 프로세스의 비용과 효율성을 측정하고 지속적으로 향상시킬 수 있도록 지원한다.
- 학습과 혁신의 관점은 미래 성장과 인력의 숙련도 성숙화에 대한 투자를 촉진한다.

이것은 다분히 장기 목표(long-term goals)에 초점을 맞추기 위한 관점이라고 할 수 있다.

균형성과표(Balanced scorecard)
조직 혹은 공급사슬 성과를 측정하기 위해 사용되는 재무(financial) 및 운영(operational) 측정 목록이다. 균형성과표의 4 관점에는 고객관점, 업무 프로세스 관점, 재무적 관점, 그리고 학습 및 혁신 관점이 있다. 이것은 공식적으로 전체 목표, 전략 및 측정들을 연결한다. 4가지 관점은 각각의 목적 및 측정을 가진다.

점수표(scorecard) 자체는 각 영역과 관련된 핵심성과지표를 나열하는 간단한 도구이며 핵심성과지표는 전략적 핵심성과지표에 여러 가지 전술 지표가 연결되고 각 전술 지표에는 몇 가지 핵심성과지표가 작동하여 드릴다운 되도록 설계되었다. 각 핵심성과지표에는 주어진 기간 또는 기간 집합에 대한 목표, 측정, 대상 및 실제 결과가 있다. 일부 조직에서는 목표와 좀더 진취적인 목표 또는 좋은 목표, 더 나은 최상의 목표와 같은 여러 종류의 목표를 설정한다. 점수표는 작업장(workcenter)이나 공급업체(supplier) 성과와 같은 특정 영역을 관찰하고 통제하는 데에도 사용할 수 있다. 각 조직은 필요 시, 그 필요에 맞게 이 균형성과표를 고객 맞춤식으로 사용 가능하다.

아래 표는 XYZ 공장의 성과를 측정하기 위해 개발된 균형 성과표의 간략한 예이다.

고객(Customer) 관점			
목적	측정	목표	실제
고객 납기약속 맞춤	XYZ 공장 납품성과	99%	98%
고객의 품질 기대치 맞춤	XYZ 작업장별 불량 건수	0	1

혁신과 학습(Innovation and Learning) 관점			
목적	측정	목표	실제
XYZ 공장 경기 불황을 견딤	하부공급사슬 적응성 (SCOR metric)	20% 주문 감소	15% 주문감소
병목을 해소하기 위한 작업자 유연성	3대 이상의 기계에서 교차훈련 비율	50%	28%

비즈니스 프로세스(Business Process) 관점			
목적	측정	목표	실제
XYZ 공장 생산능력 극대화	병목 작업장(02) 가동율	90%	85%
재공중 재고 재작업 필요성 최소화	재작업이 필요한 수량	0	2

재무적(Financial) 관점			
목적	측정	목표	실제
XYZ 공장 효율성 극대화	전반적인 공장 효율	100%	94%
완제품 재고 최소화	A 품목의 재고 유지비용	<$50,000	$62,000

도표 1-8 균형성과표(balanced scorecard) 예

사업부 단위 하위에는 기능별 전략들이 자리잡고 있다. 회사에서 흔히 말하는 부서별 분야이다. 즉 제조와 관련해서는 운영전략(operations strategy)이 여기에 해당한다. 이 기능 부문에서는 대표적으로 아래 표와 같은 5가지 범주에 해당되는 성과목표를 관리하게 된다. 조직은 5가지 모든 범주에서 주문자격요건으로 될 수는 있지만 고유한 상충 관계로 인해 일반적으로 이들 중 둘 이상 또는 두 가지 모두에 대해 수주요건을 가질 수는 없으므로 전략이 지시하는 항목을 전문화해야 한다.

아래 도표 1-9는 제조업체를 예를 들어 5가지 성과 목표의 범주를 설명하고 이들이 어떻게 상호 절충점을 만들 수 있는지에 대한 예를 보여준다.

범주	설명	교환거래
속도 (Speed)	시장 출시 시간, 리드타임, 산출물, 배송	빠른 장비는 유연성이 떨어질 수 있음. 속도는 비용이 듦
신뢰성 (Dependability)	납기약속 수행, 정시 납품탄력적 운영 또는 제품 내구성	사용되지 않은 여분의 능력을 사용하면 유연성과 서비스 붕괴로부터 회복 능력이 향상됨
유연성 (Flexibility)	특별한 중단없이 생산량을 높이거나 낮추거나 생산을 변경할 수 있음	유연성으로 규모의 경제가 감소될 수 있음; 전문화 대 일반화
품질(Quality)	사용에 적합	엄격한 사양 한계로 인해 속도나 유연성이 제한될 수 있음. 장기적으로 비용 절감
비용(Cost)	경쟁대비 낮은 가격으로 물품과 서비스를 제공	경쟁력 있는 가격이 반드시 필요; 최저 가격은 우선순위를 제한

도표 1-9 기능별 성과 목표의 범주(Categories of Functional Performance Objectives)

이 성과 목표가 다시 하위 단계인 개인들의 성과 목표로 쪼개진다. 앞서 언급한 바와 같이 개인의 성과목표는 기능 부문별 성과목표와 그리고 사업부 성과 목표와 최종적으로는 회사 전체의 성과와 밀접하게 연결되어야 한다. 이러한 밀접 관계가 확실한지를 점검하는 방법 중의 하나가 여러 성과 목표 중에서 중요한 소수의 지표를 - 흔히 이를 핵심성과지표(key performance objectives)라고 부른다 - 통해 연결성을 확인하는 것이다.

모든 성과 목표들은 'SMART' 원칙을 가져야 한다. 즉 구체적이고(specific), 측정가능 하고(measurable), 성취가능 하고(achievable), 관련성이 있고(relevant), 시의적절(timely) 해야 한다. 모호하거나 측정할 수 없는 성과 목표인 경우 그 목표가 성공했는지 실패했는지 객관적으로 식별할 수 있는 방법이 없다. 뿐만 아니라 성공이라는 기준이 임의로 변경될 수도 있다. 비현실적인 목표는 사람들을 혼란에 빠뜨리므로 의도하지 않은 부작용이 있기 때문에 달성 가능한 목표가 중요하다. 관련성이 없는 목표는 사용자가 실제 전략적 우선 순위(한정된 수의 핵심성과지표에 대한 필요성)로 향하는 것을 방해한다. 적절한 시기란 3-5년 전략 계획이나 단기 계획 기간 종료 전에 지정된 시간대에 달성해야 한다는 의미이다.

SMART 목표는 전략을 실제 결과로 변화시키는 역할을 한다. 전술과 운영이 반드시 전략과 연계되어야 하고 전략의 수익성 결정을 위한 What-if 분석도 수행된다. 즉, 전략과 목표가 SMART인지 확인하는 한 가지 방법은 what-if 분석 또는 다른 유형의 시뮬레이션을 수행하여 전략의 수익성 여부를 결정하는 것이다. 이러한 유형의 시뮬레이션은 또한 전술적 및 운영적 의사 결정을 평가하는 데 사용될 수 있다.

> **What-if 분석(What-if analysis)**
> 예측, 제조 계획, 재고 수준 등의 변경 결과에 답을 함으로써 각 대안 전략들을 평가하는 프로세스.

측정 지표들은 성과를 측정하고 통제를 가능케 하는 역할을 한다. 측정항목은 성과 기준인 측정값(metric)과 성과 표준인 목표(target), 그리고 실제 측정(actual measurement)이다. 성과 측정에는 일련의 측정값과 그 측정에 대한 목표를 결정한 다음 측정치를 수집하고 결과를 목표와 비교하여 상대적 성공 수준을 결정해야 한다. 또한 개인에게 동기를 부여하고 관리자에게 활동을 통제하거나 궤도에서 다시 방향을 조정하는 데 필요한 정보를 제공한다.

핵심성과지표는 조직의 노력에 집중하고 전략에 대한 중요한 연결고리를 제공한다. 핵심성과지표는 전략적, 전술적, 운영적 차원에서 설정되어야 한다. 핵심 요점은 핵심성과지표로 선택된 지표가 전략에서 설정한 우선 순위와 직접 관련되어야 한다는 것이다(예: 조직이 저비용 리더가 되는 것을 돕는 것).

통합측정 모델에서 보듯이 측정은 다양한 조직 단계별로 이루어지며, 이러한 측정은 서로 관련되어 있어야 한다. 하위 측정값은 비용 총합과 같이 상위 수준으로 합해질 수도 있고, 두 개 이상의 측정이 어떤 방식으로 결합되어 복합 측정을 형성할 수도 있다. 중요한 점은 핵심성과지표(KPIs)는 다른 부서 또는 전략적 사업 단위 성과 측정치와 모순되어서는 안 된다.

이 방법으로 측정치는 세 가지 단계의 관리 간의 연결을 형성한다.

- 전략적(strategic)
  전략은 조직의 장기적인 방향을 설정한다. 이 수준의 성과 측정은 수익성, 생산성, 학습 및 성장, 시장 점유율과 같은 장기 목표와 관련된다.
- 전술적(tactical)
  전략은 전략을 개별 중간 계획으로 전환한다. 전술적 수준에서의 성과 측정은 전략을 실현하는 데 필요한 중기 목표에 대한 진전을 보여준다. 여기에는 예산, 생산계획 및 재고 회전율이나 완전 주문 충족과 같은 제조 기준이 포함될 수 있다.
- 운영적(operational)
  운영은 조직의 일상 활동이다. 이 수준의 성과 측정은 일일 작업 진행과 관련된다. 제조 측정 기준에는 활용도(utilization), 효율성(efficiency) 및 작업장 주기 시간(cycle time)이 포함될 수 있다.

핵심성과지표(key performance indicators)

잘 설계된 측정 기준과 목표는 개인 및 팀이 운영 목표를 향해 작업하도록 동기를 부여하며 이는 차례로 전략적 목표를 달성하는 데 도움이 된다. 잘못 설계된 측정 기준과 목표는 개인 및 팀이 다른 영역 또는 공급사슬의 다른 부분의 목표를 희생시키면서 자신의 목표만을 최적화하도록 동기를 부여하게 된다. 이것이 부분 최적화를 유도하는 원인이 된다.

측정이 유용성을 갖기 위해서는 세 가지가 필요하다.

첫째, 성과 기준이 있어야 한다. 성과 기준은 측정 항목 자체이며 측정할 항목과 측정 방법을 지정하는 비율 또는 기타 지침일 수 있다. 둘째, 성과 기준이라고 하는 목표값 혹은 목표가 있어야 한다. 세 번째로 필요한 것은 실제 결과 또는 측정이다. 결과는 표준과 비교되어 상대적인 성과를 결정한다.

시스템 전반에 대한 전체 전략 및 최적의 결과를 지원할 수 있도록 측정을 설계하는 한 가지 방법은 핵심성과지표(key performance indicator)를 사용하는 것이다.

> ◈ 전술적 계획(Tactical plans)
> 조직의 전략적 계획을 지원하는 중간단계의 목표와 목적들을 달성하기 위해 생산 수준(level), 생산 능력 수준, 인력 수준, 자금 조달 수준 등을 명시하는 기능들간의 활동을 동기화하는 기능 계획 (예: 생산계획, 판매계획, 마케팅계획)
>
> ◈ 성과 기준(Performance standard)
> 성과 측정 시스템에서 기준에 대한 수용, 목표, 기대 가치.
>
> ◈ 핵심성과지표(Key performance indicator)
> 특정한 조직 목표를 향한 진행 상황을 정의 및 평가하는데 사용되는 재무적 또는 비재무적 측정값으로, 일반적으로 조직의 전략 및 사업 이해관계자들과 관련되어 있다. 핵심성과지표는 타부서 혹은 전략별 타 사업 단위의 성과 측정치와 모순이 되어서는 안된다. 전반적인 성과나 상태를 측정하는데 사용되는 측정이다. SCOR 1단계 측정치들은 KPIs로 여겨진다.

성과를 측정하는 지표를 설계할 때는 많은 고민을 통한 심사숙고 과정이 되어야 한다. 왜냐하면 성과지표들, 특히 핵심성과지표(KPIs)들이 사람을 움직이게 하는 동인(drivers)이기 때문이다. 잘못 설계된 성과지표를 사용할 경우 어떤 일이 벌어질까? 여러가지 문제점들이 나타나겠지만 대표적인 것이 관리자가 업무 중에 계속 잔소리를 해야 한다. 개인들이 관리자가 원하는 방향이 아닌 다른 곳으로 향하여 일을 하기 때문이다.

성과를 측정하는 지표들을 몇 개나 사용해야 하는지도 중요한 사항이다. 이에 대한 정답은 앞서 언급한 것처럼 각 단계에 따라 관리할 지표 수가 각각 다르다는 것이다. 최고 경영층 단계인 전략적(strategic) 지표는 아주 소수이고, 중간 관리자 단계인 전술적(tactical) 지표는 중간, 그리고 개인 단계인 운영적(operational) 지표는 매우 많다. 이런 전제하에 각 단계별 지표의 수에 대해서는 상식을 따르는 것이 좋다. 관리해야 할 지표가 너무 적으면 목표 달성에 기여하지 못하는 결과가 나올 수 있다.

6 시그마에서 자주 언급하는 "측정할 수 없으면 관리할 수 없고, 관리할 수 없으면 개선할 수 없다"를 명심할 필요가 있다. 반대의 경우, 즉 만약 너무 많은 지표를 가지고 갈 경우에는 어떤 문제가 있을까? 지표들을 활용한 의사결정을 제 때에 내리기 어려울 것이다. 모든 것을 중요하게 관리

하겠다는 말은 거꾸로 보면 상대적인 중요성을 관리할 수 없다는 의미로 볼 수 있다. 따라서 성과지표들은 각 단계별로 감당할 만한 수를 유지하는 것이 현명하다.

이 모델은 전체 공급사슬로 확장될 수 있는데 전략은 모든 공급사슬 파트너의 상호 합의에 의해 결정되어야 한다. 파트너는 각자의 전략 및 전술을 공유 목표에 맞게 설정한다. 또한 성과지표를 취합하여 전체 공급사슬 비용, 네트워크의 총 재고량, 총 리드타임 등을 표시할 수 있다. 이러한 측정치는 각 공급사슬 파트너가 요약된 비용 및 기타 측정치를 공유하는 데 동의하는 경우에만 사용할 수 있다. 이익은 궁극적인 고객뿐만 아니라 각 참가자에게 이익이 되는 빠르고, 저렴하고 효율적인 네트워크가 될 수 있다. 확장된 전체공급사슬(entire supply chain)을 위한 성과지표를 수립하는 것은 더욱 어렵다. 공급사슬 상에 있는 공급사슬 파트너들이 서로 다른 조직이므로 입장이 다를 수 있기 때문이다. 이럴 경우 활용할 수 있는 방법이 전체공급사슬을 감안하여 설계된 SCOR 지표를 이용하는 것이다.

SCOR 지표는 APICS Supply Chain Council에서 보급하고 있는 공급사슬운영 참조모델(SCOR model)의 일부로써 공급사슬 성과에 대한 지표를 1단계부터 3단계까지 정형화하여 제공하고 있다. 특별히 SCOR 모델의 1단계 지표를 핵심성과지표(KPIs)로 부르고 있다. 이는 공급사슬관리를 위한 표준 교차 산업 진단 도구이다. SCOR 모델은 계획(plan), 조달(source), 제조(make), 납품(deliver) 및 반품(return)을 포함하여 고객의 요구를 충족시키는 것과 관련된 비즈니스 활동을 기술하고 있다. 이 모델을 사용하면 조직의 프로세스 및 목표의 현재 상태를 분석하고 운영 실적을 정량화하며 조직의 실적과 벤치마크 데이터를 비교하는 작업이 포함된다.

> **공급사슬운영 참조모델(SCOR, Supply Chain Operations Reference model)**
> 공급사슬관리를 위한 표준 교차 산업 진단 도구이다. 공급사슬운영 참조모델은 계획(plan), 조달(source), 제조(make), 납품(deliver) 및 반품(return)을 포함하는 고객의 수요를 충족시키는 것과 관련된 사업 활동들을 설명한다. 이 모델의 사용에는 회사의 프로세스 및 목적들의 현재 상태를 분석하는 것과 운영 실적을 정량화하는 것과 회사 성과를 벤치마킹한 데이터와 비교하는 것을 포함한다.

1.2.4 제조업 비즈니스 모델(Manufacturing business model)

만족시킬 수 있는 일련의 전략적 목표가 주어지면 제조업은 이러한 목표를 달성할 수 있는 비즈니스 모델을 개발할 것이다. 비즈니스 모델은 조직의 전략이 경쟁 우위를 제공하는 방법을 보다 상세하게 표현한다. 서로 다른 유형의 고객은 종종 서로 다른 필요와 우선 순위를 가지므로 비즈니스 모델은 주요 고객 그룹과 이를 충족시키는 데 필요한 제품 및 서비스 매개 변수를 식별한다. 이 모델은 또한 신제품을 효율적으로 생산할 수 있도록 제품 및 프로세스 설계 단계를 진행하는 방법을 나타낸다. 프로세스 설계의 주요 부분은 프로세스의 투입물과 산출물과 관련이 있다. 마지막으로 고객에게 제공되는 지원 서비스도 정의된다. 다음은 운영 비즈니스 모델의 각 요소에 대해 설명이다.

본서에서 초점을 맞춰 설명하고 있는 제조업(manufacturing industry)의 비즈니스 모델은 크게 4가지 특징적인 요소로 구성되어 있다.

고객(customers)과 제품 및 서비스(product-service)를 정의

첫째는 고객(customers)과 제품 및 서비스(product-service)를 정의하는 것이다. 즉 어떤 제품을 만들어서 누구에게 팔 것인가? 에 대한 근본적인 질문의 답이다.

먼저 고객에 대해 살펴보자. 공략할 시장 혹은 고객을 찾을 때 활용하는 좋은 방법 중의 하나가 고객 세분화(customer segments)이다. 유사한 요구사항이나 욕구를 가진 고객을 그룹핑하는 것이다. 세분화의 궁극적인 목적은 이익을 극대화하는 것이지만 좀더 현실적인 목적은 적은 비용으로 최대의 수익을 얻도록 각 세분화된 고객별로 그들의 요구사항에 맞는 가치제언(value proposition)을 하기 위해서이다. 목표시장을 겨냥한 정교한 맞춤식 마케팅을 위해서는 세분화가 꼭 필요하다. 예들 들어 어떤 세분화 집단은 단납기를 가장 우선시하는 요구사항인 반면 어떤 세분화 고객군은 낮은 가격을 가장 우선 시 할 수도 있다. 각각 세분화된 시장의 요구사항을 정확히 파악하여 각각에 맞게 대응을 해야지 이것이 어긋날 경우 많은 비용을 들이고도 좋은 효과를 거둘 수 없다. 세분화 방법과 깊이의 정도는 아주 다양하지만 일반적인 방법으로 B2B(business to business)로 표현되는 산업용(industrial) 시장, B2C(business to consumer)로 표현되는 일반소비자(consumer) 시장, 연구소(institutional), 정부(government) 등으로 나누어 볼 수 있다. 세분화된 시장에 어떻게 다가갈 것인지에 대한 판매채널(sales channels)도 고려가 되어야 한다.

제품-서비스(products-services)란 -제조회사인 경우는 제품, 서비스 회사인 경우는 서비스가 제품임- 정의에 대해서는 고객에게 어떤 제품 혹은 서비스를 제공할 것인지에 대한 사항이다. 바꿔 말하자면 어떤 제품을 만들어야 팔릴 것인가? 라는 제품기획을 일컫는다. 오늘날의 시장에서는 제품이 더 이상 단순 제품이 아니라 오히려 제품-서비스 패키지를 말한다. 제품 정의에는 제품 포지셔닝(product positioning), 제품 라인 수(number of lines), 가격(price)/시장 점유율(market share)/이익(profit), 품질(quality), 브랜드 이름 또는 일반(brand name or generic), 포장(packaging), 반품 정책(returns policy) 등 많은 세부 항목들이 다루어진다.

특정 고객세분화가 정의되면 해당 고객군 별로 우선 순위가 정의된다. 여기에는 상이한 제품 포지셔닝(품질 대 가격)이 포함될 수 있으며, 따라서 상이한 제품 설계 또는 상이한 포장이 가능할 수 있다. 이것은 제품에 대한 또 다른 중요한 결정으로 이어진다. 조직에는 몇 개의 제품 라인이 있어야 하며 얼마나 많은 제품 다양성을 갖춰야 하나? 이러한 질문에 대한 답변은 수익성 및 시장 점유율은 물론 생산 타당성 및 재고 비용과 관련이 있다. 각기 다른 제품 라인을 통해 서로 다른 고객층을 대상으로 마케팅을 할 수 있으므로 잠재적으로 시장 점유율이 증가할 수 있다. 제품 라인이 여러 개인 경우 생산이 복잡해지며 종종 재고 비용이 증가한다. 각 대안별 순이익을 연구해야 하며 비즈니스 모델은 모든 비용과 복잡성을 고려한 후 조직에 가장 높은 수익을 가져다줄 대안을 제안한다.

제품(products)과 프로세스(processes)를 설계

제조업 비즈니스 모델의 둘째 사항은 제품과 프로세스를 설계하는 것이다. 이는 앞서 말한 제품 정의가 결정된 뒤 기획된 제품의 개념을 어떻게 신제품으로 개발하는가? 더 나아가 설계가 끝난 신제품, 그리고 기존에 생산하고 있는 제품들을 생산현장에서 어떻게 대량 생산을 할 수 있는지를 고려하는 사항이다. 제품 기획을 아주 잘 하였다 하더라도 그 개념이 실제 제품화되는 신제품 설계 과정이 효율적이어야 되고 마찬가지로 양산 단계에도 비용-효과적인 방법으로 생산이 이루어져야 경쟁력이 있는 것이다. 제품과 프로세스 정의에서 다루어야 될 내용들은 다음과 같다.

- 제품과 프로세스가 세분화된 고객에게 가치를 더 할 수 있는 6개의 '올바른(rights)'을 충족시키는가?
- 올바른 프로세스(right processes): 도구(tooling), 장비(equipment), 자재(materials), 공정 단계(steps), 확장성(scalability)
- 참여적인 설계/공학(participative design/engineering)
- 고정 및 변동 비용(fixed and variable costs)

- 제조 또는 구매(make-or-buy)
- 제조환경(manufacturing environment), 프로세스 유형(process type), 프로세스 레이아웃(process layout) 선택

조직이 고객 세분화와 제공해야 할 제품 매개 변수를 확인한 후 다음 단계는 전략과 일치하는 제품 및 관련 프로세스를 개발하여 여섯 가지 "올바른(rights)"에 대한 고객 요구사항을 충족시키는 것이다. 비용, 품질, 리드타임 등의 측면에서 우선 순위의 적절한 조합은 세분화된 특정 고객 그룹에 가치를 제공하게 된다. 특정 제품과 관련된 이 세분화의 필요를 확인하는 것은 소비자의 요구와 경험에 관한 소비자의 직접적인 의견을 수집하는 방법인 고객의 소리(voice of customer)와 같은 기술을 포함할 수 있다. B2B(business-to-business) 고객의 경우 조직이 고객의 일반적인 요구사항부터 정밀한 엔지니어링 사양에 이르기까지 부응해야 할 다양한 유형의 요구사항이 있을 수 있다. 고객은 협업적인 제품 설계 방법에 참여할 수도 있다.

생산 프로세스(production process) 설계는 제품 설계에 통합된 주요 사항이다. 제품의 기능이 결정되면 필요한 도구들, 장비, 자재 및 생산 프로세스 단계도 결정되어야 한다. 어떤 경우에는 제품 프로토 타입(prototype)이 먼저 개발되고 이후 단계에서는 본격적인 생산 방법을 결정한다. 다른 제품의 경우 본격적인 생산은 제품을 설계하는 동시에 설계할 수 있다.

제품 및 공정 설계 초기에 기술담당, 제조 전문가 및 기타 관련자를 초대하면 나중에 설계를 변경하거나 재 작업하지 않아도 된다. 설계 변경에 따른 재 작업은 상당한 비용을 추가 할뿐만 아니라 제품 시장 출시 시간이 크게 지연되어 경쟁사가 시장 점유율을 확보할 수 있는 기회를 준다. 이와 같은 문제점을 해결하기 위한 방법 중의 하나가 참여설계/동시공학(concurrent engineering) 이라고 한다.

제품 설계 활동에서 회사의 모든 기능 영역, 관련 부서가 동시에 참여하는 것을 의미하는 개념이다. 경우에 따라서는 공급업체 및 고객도 포함되는 경우가 많다. 모든 주요 이해 관계자의 의견을 반영하여 조기에 설계를 향상시키는 것이 목적이다. 이러한 프로세스는 최종 설계가 이해 관계자의 모든 필요를 충족시키고 품질을 최대화하고 비용을 최소화하면서 시장에 신속하게 출시할 수 있는 제품을 보장한다.

> **참여적인 설계/공학 혹은 동시공학(Participative design/engineering or concurrent engineering)**
>
> 제품 설계 활동에서 회사의 모든 기능 영역들의 동시 참여를 의미하는 개념. 공급업체들과 고객들도 또한 포함되곤 한다. 목적은 모든 주요 이해관계자들의 의견을 조기에 반영하여 설계를 향상시키는 것이다. 이러한 프로세스는 최종 설계가 이해관계자들의 모든 요구를 충족시키도록 보장해야 하며, 품질 최대화 및 비용 최소화를 하면서 제품이 시장에 빠르게 납품될 수 있도록 보장한다.

좋은 제품 및 공정 설계는 비용 효과적이어야 한다. 즉, 비용 목표를 달성하기 위해 제품을 적절한 양과 지정된 품질 수준으로 생산할 수 있어야 한다. 이전에는 제품의 대부분의 수익 마진은 고정 비용과 변동 비용을 합산하여 결정하였다.

> **원가 혹은 비용(Costs)**
>
> 고정비용(Fixed cost): 생산량에 따라 달라지지 않는 지출; 예) 임대, 재산세, 특정인의 급여
> 변동비용(Variable cost): 생산량 한 단위의 변화에 직접적으로 변하는 운영비용; 예) 소비된 직접 자재, 판매 수수료(e.g., direct materials consumed, sales commissions).

고정 및 변동 원가를 결정한 후 판매량을 추정하고 비용에 대한 인상을 추가했다. 오늘날 마케팅은 일반적으로 가격 및 예상 판매량에 대한 연구를 기반으로 목표 가격을 결정한다. 가격이 높으면 일반적으로 판매량이 줄어들기 때문에 이익을 극대화하는 가격과 수량 조합을 찾는다. 그런 다음 조직은 허용할 수 있는 최대 비용을 결정한다.

조직은 보통 어떤 시점에서 어떤 구성 부품이나 제품을 자체적으로 직접 만드는 것(make)이 좋을지 아니면 아웃소싱/구매(outsourcing/buy)하는 것이 좋을지를 결정한다.

> **제조 또는 구매(Make-or-buy)**
>
> 특정 품목을 자체 생산할 것이냐 혹은 외부로부터 구입할 것인가를 결정하는 행위. 결정에 있어서 고려 요인들은 비용, 생산능력 가용성, 소유권, 전문 지식, 품질 고려, 숙련도 요구사항, 수량, 시점을 포함한다.

이 의사 결정에서 고려해야 할 요소에는 단순한 비용뿐만이 아니라 위 용어 설명에서 열거한 여러 요소들이 동시에 검토되어야 한다. 조직 내에서 제품이나 부품을 제조하는 것이 전략적으로

바람직하나 비용이 너무 높을 경우 새롭고 보다 효율적인 프로세스를 설계하는 것이 가능할 수 있다. 다른 경우에는 아웃소싱이 최선의 선택이 될 것이다. 사전은 다음과 같이 아웃소싱 및 관련 용어인 외주를 정의한다.

> **아웃소싱, 외주(Outsourcing, subcontracting)**
> 아웃소싱: 이전에 내부적으로 공급되었던 상품 및 서비스들을 외부의 공급업체가 제공하는 프로세스. 아웃소싱은 대체방식(공급업체의 내부 능력 및 생산의 교체)을 포함한다.
> 외 주: 다른 외부 제조업자에게 생산 작업을 보내는 것

용어 정의상으로 볼 때 아웃소싱(outsourcing)이 좀 더 넓은 의미이며 외주(subcontracting)는 특별히 제조 부문을 아웃소싱 하는 것을 의미한다.

고객의 요구사항이 필요한 수준의 품질을 정의하는 한편 초기 프로세스 및 제품 설계가 완료된 후에는 비용 절감 선택이 품질에 영향을 미치는지 판단하기 위해 다시 검토해 보는 것이 중요하다. 투입으로 사용되는 자재, 작업자의 훈련 수준, 그리고 프로세싱을 수행하는 데 사용되는 장비 등이 주어진 프로세스에 대해 생산의 통제 수준을 결정한다. 불량으로 인한 폐기 및 재 작업은 자원을 소비하지만 사용 가능한 최종 제품이 아니라 생산에 기여하지 않기 때문에 필요한 수준의 품질을 제공하는 것이 비용을 통제하고 정시 생산을 보장하는 데 큰 도움이 된다.

> **폐기(Scrap)**
> 규격을 벗어난 자재로써 재작업이 불가능한 특성을 지닌다.

폐기란 규격 외의 자재이며 재 작업을 유발하는 낭비를 초래한다. 불량 폐기가 낮으면 정시 생산과 또한 주문이 정시에 충족될 가능성이 높아 고객 만족도를 향상시킨다.

일단 원하는 이익 마진을 유지하기 위해 올바른 수준의 효율로 올바른 품질 수준을 제공할 수 있는 프로세스가 개발되고 나면, 프로세스가 여타 모든 계획 매개 변수를 수용할 수 있는지를 재 확인하는 것이 중요하다. 이러한 매개 변수에는 필요한 처리량 또는 생산량뿐만 아니라 불량으로 인한 폐기의 예상 수준 또는 품질 테스트에서 사용된 제품의 주문수량 등의 수정자(modifier)가 포함된다. 재고 완충 또는 안전재고의 미리 결정된 수준이나 사용되지 않은 생산능력의 일정 비율을

유지하기 위한 수정자가 있을 수도 있다.

대부분의 경우, 신제품 및 관련 프로세스 설계는 프로젝트 관리를 사용하여 구현된다. 이는 기존에 진행중인 작업과 달리 새로운 설계를 수립하고, 공장 레이아웃 재배치 및 기타 필요한 작업이 특수 교차 기능 팀을 필요로 하는 일회성의 노력이기 때문이다. 프로젝트 관리는 고유한 프로세스를 구축하는 동시에 비용과 일정을 통제하기 위해 수행되는 작업을 수행하는 데 적합하다. 프로젝트 관리는 제조의 특별한 형태인 주문설계(engineer-to-order) 방식으로써 제조의 방법 중 하나이기 때문에 다음 주제에서 더 자세히 논의한다.

자재의 흐름(materials flow)을 설계

셋째는 자재의 흐름(materials flow)을 설계하는 것이다. 앞서 설명한 바와 같이 제조란 원자재를 구매하여 제조라는 처리과정을 통해 완제품을 생산하는 일련의 과정이기 때문에 반드시 자재의 흐름이 있다. 구매 기능을 통해 외부 공급업체로부터 원자재를 획득하여 검사 후 원자재 창고에 입고 보관하는 인바운드(inbound) 자재 흐름과 생산지시에 의해 원자재를 생산현장으로 불출하는 생산물류에 따른 자재의 흐름, 제조 공정 과정 동안 생산현장에서 머무는 재공중 재고(work in process) 자재 흐름, 제조가 모두 완료된 완제품이 다시 생산현장에서 완제품 창고로 입고되는 자재 흐름, 그리고 고객의 주문에 의해 완제품창고에서 고객으로 배송되는 아웃바운드(outbound) 자재 흐름 등 연속적인 자재의 흐름이 존재한다.

자재흐름의 설계는 생산에서 사용하기 위해 원자재를 구매하여 생산에 투입하고 재공중 재고를 걸쳐 최종적으로 완제품이 완성되면 다시 고객에게 납품되는 유통에 이르기까지를 다룬다. 자재 흐름은 또한 역 물류(반품, 단종 처분 또는 재 제조)를 고려할 필요가 있다. 원자재 획득에 대한 설계는 공급업체와 공유할 수요관리의 정보를 미리 결정하여 사전에 자재를 주문할 수 있으며 자재 구매 및 조달을 포함해야 한다.

제조 과정에서 원자재 흐름은 생산 및 일정 계획을 감안하여야 한다. 효율적인 일정관리를 통해 고객이 제품을 필요로 하는 정확한 시점에 생산이 이루어지고 이에 따라 원자재도 꼭 필요한 시점에 도착하도록 해야 재고 보관비용을 줄일 수 있다. 특히 리드타임을 잘 고려하여 일정관리를 하여야 고객이 주문 취소로 인해 발생하는 비용을 피할 수 있으므로 고객이 제품을 필요로 하는 시점에 제품을 생산될 수 있도록 일정을 설계해야 한다. 생산 프로세스는 효율성을 증진시키기 위해 자재가 이동하는 거리를 최소화함으로써 자재 흐름을 수용할 수 있도록 설계되어야 한다.

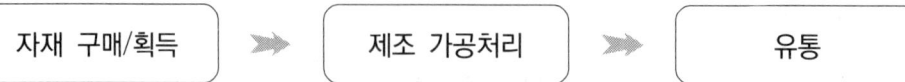

도표 1-10 자재흐름(Materials flow)

유통의 필요성과 특수화된 역물류 기능 또한 프로세스 설계에 최우선적으로 고려되어야 한다. 이 모든 주제는 나중에 자세히 다루지만 설계 단계에서 계획해야 할 필요가 있다.

고객 서비스(customer service)와 지원(support)을 설계

제조업 비즈니스 모델의 넷번째 사항은 고객 서비스와 지원(customer service & support)이다. 이는 판매 중 혹은 판매 이후 고객 지원 서비스를 말한다. 이를 위해서는 고객 우선순위(customer priorities) 설정, 고객과 쌍방향 의사소통(two-way communication)을 통한 문제 해결, 콜센터 (call centers) 운영, 그리고 판매, 공급사슬 관리자, 기준일정 관리자와 상호 관계 유지가 중요한 요소들이다.

우리는 앞서 고객 서비스를 적절한 가격, 시간, 장소 및 품질로 올바른 제품 및 수량을 충족시키는 것으로 일찍 정의했다. 고객 서비스는 이러한 분야에서 성공을 측정하기 위한 측정 기준 외에도 사전 판매 및 판매 후 서비스 제공과 같은 고객과의 대화를 의미한다. 때로는 고객 서비스 및 현장 서비스와 같이 조직의 생산 또는 유통 기능을 지원하는 활동을 설명하는 데 사용된다.

고객 서비스와 지원은 소비자의 입장에서 볼 때 콜센터가 필요할지 모른다. 델컴퓨터(Dell Computer) 는 고객 반품을 승인하기 전에 콜센터에 전화하도록 요구하는 반품 정책을 설계했다. 이를 통해 고객 서비스를 통해 컴퓨터를 올바르게 설정하는 방법 알려주어 문제점을 미리 해결함으로써 많은 효과를 얻을 수 있었다. B2B 고객만 있는 조직은 콜센터가 필요하지 않을 수 있지만 B2B 고객과의 관계를 유지하기 위해 판매 담당자, 공급사슬 관리자 또는 기준일정관리자와 같은 다른 사람에게 권한을 부여할 수 있다. 이러한 의사소통은 어느 당사자에 의해서든 시작될 수 있다. 예를 들어, 고객이 설계 문제를 해결하기 위해 전화를 걸거나 혹은 생산 일정관리자가 예상되는 생산상의 문제점에 대해 연락을 취할 수 있다. 아이디어는 양 당사자가 자신의 우선 순위를 알리거나 최종 대안을 찾도록 충분히 빨리 의사소통 하는 것이다. 진정한 양방향 의사소통은 고객 충성도를 향상시키면서 지속적 개선을 위한 고객 요구사항에 대한 정보를 조직에 제공할 수 있다.

조직은 고객우선 관리 철학인 고객관계관리(CRM) 프로세스를 사용하여 고객 서비스 의사소통을 개선할 수 있다. 아울러 동일한 이름인 고객관계관리(CRM) 비즈니스 어플리케이션 솔루션을 이용하여 공유 데이터베이스에서 계정 및 주문 관리에 대한 정보를 확인하여 누구라도 고객의 문제를 신속하게 파악할 수 있다. 고객관계관리는 나중에 다룬다.

> **서비스(Service)**
> 때때로 고객 서비스나 현장 서비스와 같이 조직의 생산 또는 유통 기능을 지원하는 활동들을 설명하는데 사용된다.

Operations Innovation Professional

2장

제조설계, 계획 및 통제
Manufacturing Design, Planning, Control

2장 | 제조설계, 계획 및 통제
Manufacturing Design, Planning, Control

2.1 제조 환경 및 프로세스 선택
   2.1.1 제조 환경
   2.1.2 제조 프로세스 유형
   2.1.3 제조 프로세스 레이아웃

2.2 제조 계획과 통제
   2.2.1 제조계획통제 구성요소별 개요
   2.2.2 전사적자원관리와 제조계획통제
   2.2.3 공급사슬관리 활용 신흥기술

핵심주제와 학습목표

- 제조 환경(manufacturing environments), 제조 프로세스 유형(process types), 제조 프로세스 레이아웃(process layouts)
- 수량(volume)과 다양성(variety) 메트릭스를 통한 위 3가지 내용의 연관성
- 제조 계획 및 통제(MPC, manufacturing planning and control) 개요
- 전사적자원관리(ERP, enterprise resource planning) 시스템의 진화
- 공급사슬관리(SCM)에 활용되는 신흥기술(emerging technology) 10가지

2.1 제조환경 및 프로세스 선택(Manufacturing environments and process choices)

제조 회사에서 조직의 전략을 수립할 때, 그리고 앞서 설명한 제조업 비즈니스 모델의 4가지 특징적 요소를 고려할 때 같이 검토되고 결정되어야 할 중요 항목이 제조 프로세스(manufacturing process)와 제조철학(manufacturing philosophy)이다. 이러한 제조 프로세스와 철학이 제조 환경(manufacturing environment), 프로세스 유형(process type), 프로세스 레이아웃(process layout) 세 가지를 구체화한다. 이 세 가지는 서로 밀접한 관계를 가지고 있으며 이를 잘 설명해 주는 것이 도표 2-1이다.

도표 2-1에서 다양성(variety)이란 제품 종류의 수를 말하는데 제품설계에 대한 고객의 영향 정도라고도 표현할 수 있다. 즉, 제품별로 고객의 영향이 많으면 그 제품은 표준품이 아니고 그 고객만을 위한 것이 되기 때문에 제품 종류 수가 많아진다. 그리고 양(volume)이란 절대적인 양을 말하는 것이 아니라 상대적인 개념으로써 한 제품당 생산량이다. 절대적으로 본다면, 예를 들어, 삼성전자나 엘지전자가 중소규모 가전회사보다 연간 생산 수량이 훨씬 많을 것이다. 그러나 상대적 개념의 양이란 조직의 규모와 관계없이 해당 조직의 생산 설비를 1년 동안 충분히 가동할 만큼의 량인지, 아니면 특정 제품의 수요가 적어서 그 제품 생산만을 위해서 전용 설비를 배정할 수 없고 다른 제품들과 설비를 공유해야 하는지를 가름하는 기준이 된다.

예를 들어 아래 도표에서 제품 종류가 다양하면서 단위당 수량이 적은 쪽에 위치한 주문설계(ETO, engineering-to-order)의 경우 빌딩 건축과 같이 일반적으로 프로젝트 관리를 이용하는 프로세스 유형과 고정된 위치 레이아웃을 사용하는 특징을 가진다. 제조가 일반적으로 고정된 한 곳에서 이루어진다. 특히 주문설계의 경우, 제품 설계에 대한 고객의 직접적인 영향력이 다른 제조 환경에 비해 가장 높다.

> **제조 프로세스(Manufacturing process)**
> 원자재 혹은 반제품 상태에서 완제품 상태로 자재를 변환시키는 일련의 작업들. 제조 프로세스는 프로세스 레이아웃(고정위치, 공정별, 셀방식, 제품별)과 조화를 이루어 정렬될 수 있다. 제조 프로세스는 재고의 전략적 활용과 위치에 관련된 제조환경(주문설계, 주문생산, 주문조립, 재고생산 등)에 기반하여 지원하도록 계획될 수 있다.
>
> **제조 철학(Manufacturing philosophy)**
> 모든 직원에게 목표, 계획 및 정책을 알리는데 도움이 되는 지침 원칙, 추진력, 깊이 몸에 밴 사고방식의 세트. 제조 조직 내에서 의식적이고 잠재 의식적인 행동을 통해 강화된다.

2.1.1 제조환경(Manufacturing environment)

생산환경(production environment) 또는 제조전략(manufacturing strategy)이라고도 불리는 제조환경(manufacturing environment)은 제조의 기본적인 중요 선택사항이다. 각기 다른 환경 선택에 따라 고객의 리드타임이 달라질 뿐만 아니라 재고 비용이 달라질 수 있다. 즉 재고생산(MTS)인 경우 최대 장점은 고객에게 납품하는 리드타임이 제일 짧다는 것이다. 미리 생산을 해 두었기 때문에 고객이 바로 매장에서 구매해 가거나 혹은 납품 리드타임만이 필요하다. 반면, 재고생산 제조환경의 가장 큰 단점은 재고의 위험이다. 고객이 주문을 하지 않았음에도 예측을 하여 미리 생산해 두었기 때문에 판매의 불확실성이 존재한다. 주문생산(MTO)의 경우 고객이 주문을 한 후에 생산이 시작되므로 이론적으로 완제품 재고는 존재하지 않는다는 큰 장점을 가진다. 반면 고객이 주문 후 제품을 받을 때까지 생산에 걸리는 리드타임을 감수해야 한다.

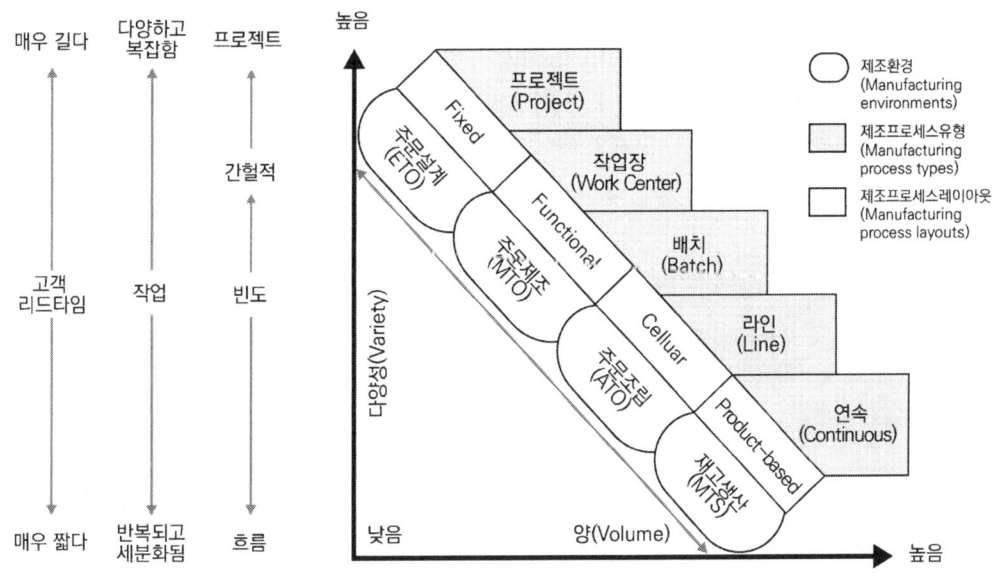

도표 2-1 수량(volume)과 다양성(variety) 메트릭스

이처럼 어떤 제조환경을 채택하느냐에 따라 상호 교환거래(tradeoffs) 현상이 발생하므로 조직이 추구하는 경쟁전략에 따라 제조환경이 달라지게 된다.

구체적으로 제조환경(manufacturing environment)이란 주문설계(engineer-to-order), 주문

생산(make-to-order), 주문조립(assemble-to-order), 재고생산(make-to-stock) 등을 지칭한다. 각 제조환경 주요 차별점을 보면 다음과 같다.

- 주문설계(ETO)는 고객 주문이 들어오면 그 시점부터 설계가 시작된다. 설계 내용에 따라 원자재 구매와 제조가 이루어진다. 보통 일반적이지 않으며, 설계부터 높은 고객 관여와 긴 리드타임이 소요되며 프로젝트성 주문이다. 발전소 건설이나 댐 건설 혹은 유조선 건조 등이 좋은 예이다.
- 주문생산(MTO)은 고객 주문이 들어오면 그 시점부터 생산이 시작되는 것이다. 원자재는 미리 재고를 가지고 있다. 완제품이나 반제품 재고가 없다. 엘리베이터 제작이 좋은 예이다.
- 주문조립(ATO)은 고객 주문이 들어오기 전에 미리 반제품을 생산해 놓고 고객 주문이 들어오는 시점에 조립을 시작하는 것이다. 원자재 및 반제품 재고를 유지하며 종종 모듈화 부품을 반제품 형태로 유지하고 있다가 고객이 해당 모듈을 선택하면 이를 조립하는 것이다. 주문생산보다는 리드타임이 짧으며 주로 완제품에 대한 선택사항(option)이 많은 제품에 적용된다. 노트북 컴퓨터 생산에 잘 적용할 수 있다.
- 재고생산(MTS)은 고객 주문이 들어오기 전에 미리 예측하여 완제품을 생산해서 재고로 보관하고 있다가 주문이 들어오면 바로 출하하는 방법이다. 따라서 리드타임은 가장 짧으나 완제품 재고 문제가 야기될 수 있다. 고객의 관여가 간접적이다. 고객이 백화점이나 슈퍼마켓 등 시장에서 바로 구매할 수 있는 제품들은 대부분 재고생산 제품이다.

> **주문설계(Engineering-to-order)**
>
> 고유한 공학적 설계, 뚜렷한 사용자 정의 또는 새로 구매된 자재를 필요로 하는 고객사양 제품. 각고객 주문은 고유의 부품번호와 자재명세서 그리고 고유의 작업경로를 가진다.
>
> **주문생산(Make-to-order)**
>
> 고객의 주문을 받은 후에 상품이나 서비스가 만들어질 수 있는 제조환경. 최종 제품은 일반적으로 표준 품목과 고객의 특별한 요구를 충족시키기 위해 맞춤 설계된 품목의 조합이다. 고객 주문이 도착하기 전에 원자재는 미리 계획을 하여 조달해 둔 상태이며 고객 주문이 들어온 후 최종 제품의 생산을 시작한다.
>
> **주문조립(Assemble-to-order)**
>
> 고객의 주문을 받은 후에 상품이나 서비스가 조립 생산되어질 수 있는 제조환경. 조립 혹은 마지막 공정에 사용되는 핵심 구성품들(벌크, 반제품, 중간 조립품, 가공, 구매, 포장 등)은 일반적으로 고객 주문을 예상하여 사전에 계획되고, 재고로 보유한다. 주문이 도착하면 맞춤 제품의 조립이 시작된다. 이 전략은 여러 최종제품(옵션 및 액세서리들의 선택에 기반한)을 공통된 구성품으로 조합할 수 있는 경우에 유용하다.

> **재고생산(Make-to-stock)**
> 고객의 주문을 접수하기 전에 미리 예측, 계획하여 생산을 완료한 후 고객의 주문을 기다리는 제조환경. 일반적으로 고객 주문들은 기존 재고들로 채워지고, 생산 주문들은 해당 재고들을 보충하는데 사용된다.

각 조직이 제조환경을 어떤 것으로 할지에 대한 결정요소는 다음과 같다.

- 제품의 양과 다양성(product volume and variety)
- 리드타임 기대치(lead time expectations)
- 고객으로부터의 제품 설계 의견 반영의 양(amount of product design input from customers)
- 고객과의 근접성(proximity to customer)
- 제품 수명주기(product life cycle)
- 제조 공정의 논리적 흐름(logical flow of manufacturing process)

양(volume)과 다양성(variety) 그리고 리드타임(lead time)에 의해 구분되는 기본 환경

먼저 제품의 수량-다양성 매트릭스(volume-variety matrix)이 어떻게 제조환경에 영향을 미치는지 살펴보자. 도표 2-2에서 가로축은 한 제품당 생산량(volume)를 표시하고 세로축은 다양성(variety)으로 표시하는 제품의 종류 수를 말한다. 양과 다양성 이 두 가지 조합을 가진 그래프에서 큰 사각형으로 표시된 부분이 제조환경을 의미한다. 왼쪽 위 부분부터 오른쪽 아래 부분으로 순서대로 주문설계, 주문생산, 주문조립, 재고생산이라고 부른다.

즉 제품 다양성이 크고(종류수가 많음) 각 제품당 수량은 크지 않은 소위 말하는 다품종 소량인 경우는 재고생산(MTS)보다는 주문조립(ATO)이나 주문생산(MTO) 환경이 더 적절하다. 반면에 소품종을 대량으로 생산하는 경우에는 재고생산(MTS)이 더 효율적이다.

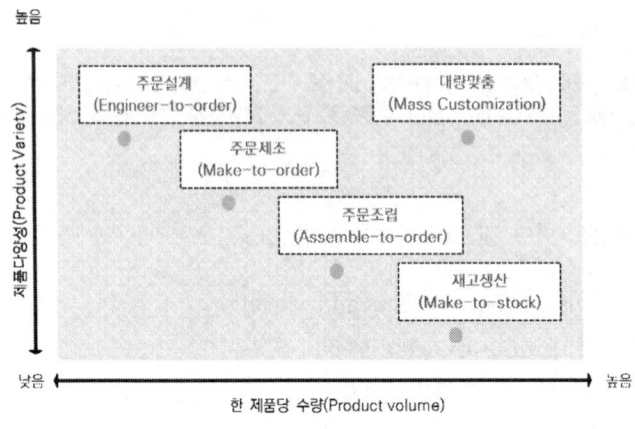

도표 2-2 수량 및 다양성에 따른 제조환경

고객이 기대하는 리드타임에 따라 제조환경을 구분할 때 주문설계(ETO)가 리드타임이 제일 길다. 고객의 주문을 받으면 그 때부터 설계가 이루어지고 설계가 이루어진 다음 필요한 원자재를 구매하고, 생산, 조립하는 과정이기 때문이다. 그 뒤를 이어 주문생산(MTO), 주문조립(ATO), 재고생산(MTO)이다. 재고생산은 고객 주문 전에 이미 완제품 수요예측을 통해 원자재 구매를 하여 반제품을 걸쳐 완제품까지 생산해 놓은 상태이기 때문에 고객이 기대하는 리드타임은 배송에 걸리는 리드타임만이 필요하다. 도표 2-3에 표시된 것처럼 재고생산이 기대 리드타임이 가장 짧다.

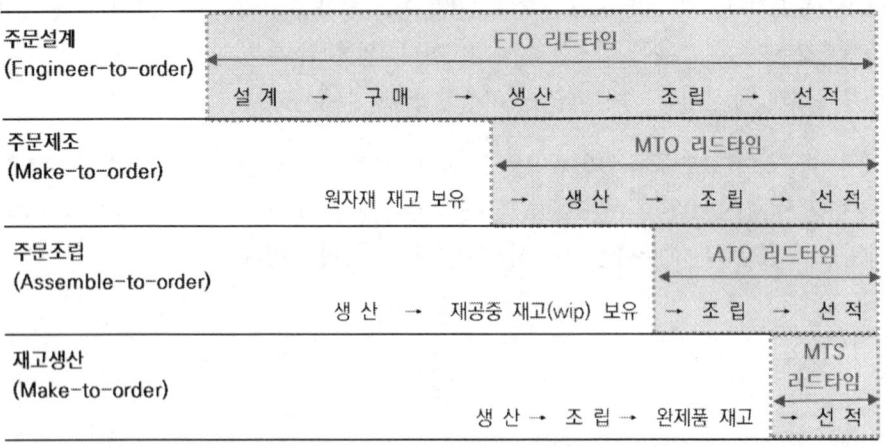

도표 2-3 제조환경(manufacturing environment) 별 리드타임

제조환경별 상이한 리드타임에 대한 정의는 아래와 같다.

> **납품 리드타임(Delivery lead time)**
> 고객의 주문을 접수했을 때부터 제품을 배송할 때까지의 시간
>
> **리드타임 유형들(Types of lead times)**
> - 공급업체 리드타임: 공급업체가 주문을 접수한 시점과 주문이 출하된 시점 사이에 정상적으로 경과하는 총 시간
> - 조달 리드타임(Procurement lead time): 제품을 설계하고, 장비를 수정 혹은 설계하고, 시장조사를 실시하고, 필요한 모든 자재들을 획득하는데까지 요구되는 시간. 조달 리드타임은 신 제품을 생산하기 위한 주문을 수용하기로 결정이 내려질 때 시작되고 생산이 시작될 때 끝난다.
> - 구매 리드타임(Purchasing lead time): 구매 품목을 획득하는데 소요되는 총 리드타임으로서 주문 준비 및 주문서 발생시간, 공급업체 리드타임, 운송시간, 인수 및 검사시간, 적치 시간이 포함됨.
> - 제조 리드타임(Manufacturing lead time): 구매 리드타임을 제외하고 제조에 소요되는 총 시간. 주문생산의 경우, 생산 프로세스에 대한 주문 발행부터 최종 고객에게 선적될 때까지 걸리는 시간이다. 재고생산의 경우, 생산 프로세스에 대한 주문 발행부터 완제품 재고를 수령할 때까지의 시간이다. 주문 준비, 대기, 가동준비, 가동, 이동, 검사, 적치에 소요되는 시간 등이 포함됨.

> **구성품/조립품(Components)**
> 더 높은 수준의 조립, 화합물 또는 기타 품목으로 들어가는 원자재, 부품, 혹은 부분조립. 이 용어는 또한 완제품을 위한 포장재도 포함할 수 있다.
>
> **모듈화(Modularization)**
> 제품 개발에서, 유연성과 다양성을 위해 표준화된 부품 사용. 동일한 품목을 사용하여 다양한 완제품을 제조함으로써 제품 개발 비용을 절감한다. 이것은 계획용 자재명세서를 개발하는 첫 단계이다.

제품 설계에 대한 고객으로부터의 의견 유무와 혹은 고객 의견 반영의 양에 따라 제조환경이 결정되기도 한다. 예컨대, 재고생산(MTS)은 고객으로부터 제품 설계에 관한 의견 없이도 제조사가 미리 생산을 할 수 있지만 주문생산(MTO)은 고객으로부터 제품설계 사양에 대한 정보를 받아야만 생산을 할 수 있다. 왜냐하면 고객의 주문별로 제품의 사양이 다르기 때문이다. 이를 절충한 방법이 주문조립 혹은 변형된 하이브리드 제조환경들이다.

앞서 살펴본 네 가지 전형적인 제조환경과 더불어 이를 변형하여 사용하는 하이브리드 및 하위 유형(hybrids and subtypes)의 제조환경들이 있다.

- 대량맞춤(mass customization)은 대량생산 프로세스와 거의 동일한 비용으로 개별 사용자 맞춤 실현하고자 하는 방법이다. 다품종을 대량으로 생산하고자 고안된 방법이며 이 대량맞춤을 실행하기 위한 기법이 지연전략(postponement)혹은 지연된 차별화(delayed differentiation) 정책이다.
- 주문구성(configure-to-order)은 주문 후 반제품 구성품을 주문생산과 거의 동일한 리드타임으로 만드는 방법으로 주문조립(ATO)과 아주 유사하다.
- 지연(postponement)은 최종적 차별화 시점을 지연시킴으로써(예, 유통센터에서) 차별화 이전까지는 표준품으로 생산하는 방식이다.
- 주문포장(package-to-order)은 주문 전까지 표준품으로 대량 보관하고 있다가 주문이 오면 주문에 맞는 포장을 해서 납품하는 방식이다.

> **대량 맞춤(Mass customization)**
>
> 대량 생산으로 인해 낮은 제조원가를 가진 동시에 다양성이 큰 제품을 만들어 고객이 다양한 완제품 중에서 정확한 모델을 지정할 수 있도록 한다. 예를 들어, PC를 한 라인에서 저렴한 비용으로 조립할 때 PC 속도, 메모리 크기, 하드 디스크 크기 및 속도, 이동식 저장 장치 특성 및 기타 여러 옵션을 고객이 지정하는 개인용 컴퓨터 주문 등이 있다.
>
> **지연(Postponement)**
>
> 최종 차별화(조립, 생산, 포장, 명찰 부착 등)를 프로세스에서 가능한 가장 늦은 시간까지 의도적으로 지연시키는 제품설계 혹은 공급사슬전략. 이것은 공급사슬에서 과도한 완제품 재고를 없애면서, 예상 위험을 줄여주도록 제품 차별화를 소비자에 가깝게 바꾼다.
>
> **주문포장(Package-to-order)**
>
> 제품 또는 서비스를 위한 포장을 고객 주문 수령 이후에 하는 제조 환경. 제품은 여러 다른 고객들에게 공통적이지만 포장이 최종 제품을 결정한다.

제품흐름(VATI) 분석

제품흐름 분석(product flow analysis)은 원자재가 완제품으로 변환될 때 제조 프로세스의 논리적 흐름을 그림으로 표시한 것인데 그림의 형태가 영어 알파벳 V, A, T, I처럼 생겨서 소위 VATI 분석이라고도 부른다.

이 분석의 결과가 특정 제조환경(manufacturing environment), 프로세스 유형(process type) 및 프로세스 레이아웃(process layout)을 결정하지는 않지만 자재의 논리적 흐름이 영향을 미치는 요소일 수 있으므로 여기에서 소개한다. 제품흐름 분석은 이 책의 뒤 장에서 논의될 제약이론(TOC, theory of constraint)에도 유용하므로 여기에서 미리 살펴보자. 이 분석은 제약이론에서 원자재로부터 최종 제품(논리적 제품 구조)에 이르는 부품 및 제품의 일반적인 흐름을 결정하는 절차인데 일반적인 부품 흐름이 결정되면 시스템 통제 지점(시작 작업, 수렴 지점, 분기 지점, 제약 및 출하 지점)을 식별하고 관리할 수 있다.

각 흐름의 유형은 다음과 같다.

V 형태의 공정이 이루어지는 공장은 하나의 기본적인 원자재가 투입되어 여러 공정을 거치면서 다수의 완제품을 생산한다. 대표적인 예로는 원목을 가지고 여러 가지 목재 제품을 만드는 제재소, 정유회사, 철강회사 등 주로 프로세스 산업의 회사들이다.

A 형태의 공정은 수많은 원자재 부품들을 조립하여 최종적으로 하나의 완제품을 만드는 공장이다. 대표적인 예로는 자동차, 항공기 엔진 등 조립산업이다.

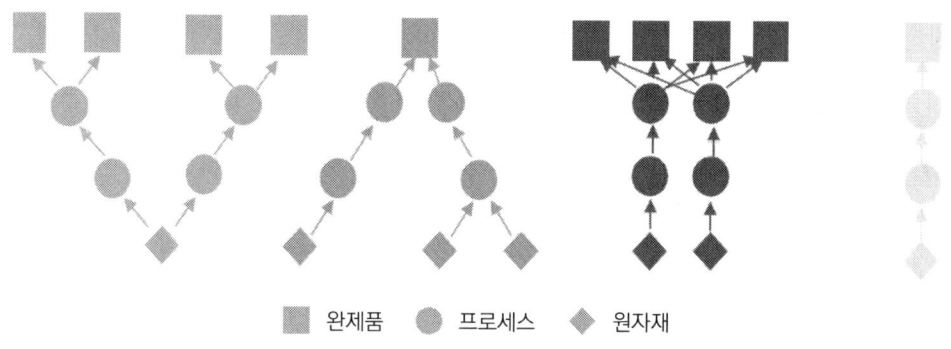

도표 2-4 제품흐름 분석(Product Flow Analysis - VATI Analysis)

T 형태의 공정은 원자재를 단일 논리 흐름으로 조립하여 몇몇 반제품을 생산한 다음 이 반제품 상태의 조립품을 결합하여 최종적으로 다수의 완제품을 만드는 공장이다. 흔히 이 반제품을 모듈(module)이라 부르기도 한다. 선택사항이 많은 주문조립(ATO) 제조환경에 적합하며 대표적인 예로는 개인용 컴퓨터 제조가 있다.

I 형태는 공정이 기본적인 선형 형태로 이루어져 있어 한 유형의 완제품을 생산하는 공정으로서 연속흐름 공정이나 대량 생산라인 공정에서 사용된다. 생산흐름 공정이 가장 단순하며 대량 생산을 하는 장치산업에서 주로 사용된다. 대표적인 예로는 식음료 산업이나 조립라인이 있다.

> **제품흐름 분석(VATI analysis)**
>
> 제약 이론에서 원자재로부터 완제품(논리적 제품 구조)에 이르는 부품 및 제품의 일반적인 흐름을 결정하는 절차. V 논리 구조는 하나 또는 몇 개의 원자재로 시작되며 제품은 작업경로 과정에서 분기점을 통과하면서 여러 제품으로 확장된다. A 논리 구조의 모양은 수렴 지점에 의해 지배된다. 많은 원자재가 가공되어 몇 가지 완제품으로 조립된다. T 논리 구조는 공통 조립품, 하위 조립품 및 부품으로부터 조립되어 수많은 유사한 완제품으로 구성된다. I 논리 구조는 생산 흐름 중 가장 단순한 것이고, 다른 제품간에 자원이 공유되고 흐름은 직선 순서(예: 조립 라인)로 되어 있다. 일반적인 부품 흐름이 결정되면 시스템 제어 지점(게이팅 작업, 수렴 지점, 분기 지점, 제약 및 출하 지점)을 식별하고 관리할 수 있다.

제조환경에 대한 제품 수명주기(product life cycle) 영향

제품 수명주기도 제조환경에 영향을 미친다. 판매회전이 빠른 제품에 대해 재고를 보유한 제조업체는 해당 품목이 잘 팔리는 동안 수익성 있게 재고 비용을 부담할 수 있다. 그러나 시간이 흐름에 따라 어느 시점에서 소비자의 취향 변화 등의 이유로 더 이상 제품을 강하게 원하지 않게 된다. 수요가 산발적인 제품 재고를 계속해서 늘리면 수익이 급속히 떨어질 수 있다. 제품을 단종하는 대신 조직은 주문조립 또는 맞춤형 제조환경으로 전환하여 잠시 동안은 수익을 유지할 수 있다. 이것이 제조가 제품의 수명주기를 이해하여 적절한 계획을 수립해야 하는 이유 중 하나이다.

제품 수명주기란 신제품이 출시되어 판매되다가 단종되는 주기를 지칭하며 도입기(introduction), 성장기(growth), 성숙기(maturity), 쇠퇴기(decline) 등으로 구분한다. 간혹 학자에 따라서는 도입기 이전에 개발기(development)나 쇠퇴기 이후 퇴장기(phase out) 단계를 포함하는 경우도 있다.

도입기(introduction)는 개발이 끝나고 판매가 시작되는 기간이다. 출시되는 제품의 인지도를 높이기 위해 마케팅 비용이 가장 많이 지출되는 단계이다. 제품 설계와 가용성이 중요한 항목이며 판매량은 아주 미미하다. 이익이 마이너스 단계이며 많은 제품들이 여기서 다음 단계로 넘어가지 못하고 사라진다. 이 때는 판매량에 대해서는 여러 가지 불확실성이 크므로 생산량을 실제 주문에 따라 조절하는 주문생산(MTO) 방식을 선호한다.

성장기(growth)는 도입기를 성공적으로 거친 제품의 시장점유율이 급격히 증가하는 단계이다. 개발 단계에서 예상했던 수요와 다르게 됨에 따라 그리고 품질과 서비스 수준이 어려움에 처하게 됨에 따라 제조와 물류 유통 팀들이 어려움을 겪는 단계이다. 규모의 경제가 창출되면 단위당 비용은 급격히 떨어지고 경쟁사가 시장에 진입하여 가격을 떨어뜨릴 때까지 높은 이익이 발생한다. 이 단계에서 경쟁자가 출현하며 제품 설계가 안정화되는 경향을 갖는다.

성숙기(maturity)는 제품이 더 이상 새로운 것이 아니며 경쟁사도 많이 생겨 시장이 포화된 단계이다. 판매는 오랜 기간 동안 꾸준하고 판매량도 여전히 충분히 많으며 이익이 가장 많이 나는 단계이다. 가격 쟁쟁력이 중요하기 때문에 원가 절감 및 신속하고 안정적인 납품 서비스도 중요하다. 성장기와 성숙기의 구분 기준은 성장율 그래프의 기울기를 보고 판단할 수 있다. 성장기와 성숙기는 전형적으로 재고생산(MTS) 방식을 취하는 경우가 많다.

쇠퇴기(decline)는 제품의 수요가 지속적으로 감소하는 단계이다. 즉 판매 성장율 기울기가 마이너스로 변환되었음을 말한다. 가장 큰 이유는 고객의 선호도가 변하기 때문이다. 여전히 이익은 나고 있지만 대폭 줄어드는 단계이므로 주문생산과 같이 비용이 덜 드는 제조환경으로 전환이 필요하다. 제품이 단종되는 경우 서비스 부품이나 예비부품의 확보도 마케팅의 중요한 활동 중 하나이다. 아래 그림에서 특이점은 도입기와 쇠퇴기에는 재고생산(MTS) 전략을 사용하지 않고 주로 주문생산(MTO)으로 제조환경을 변경하는 것이다. 수요 변동에 따른 재고 비용의 위험을 줄이고자 하는 노력의 일환이다.

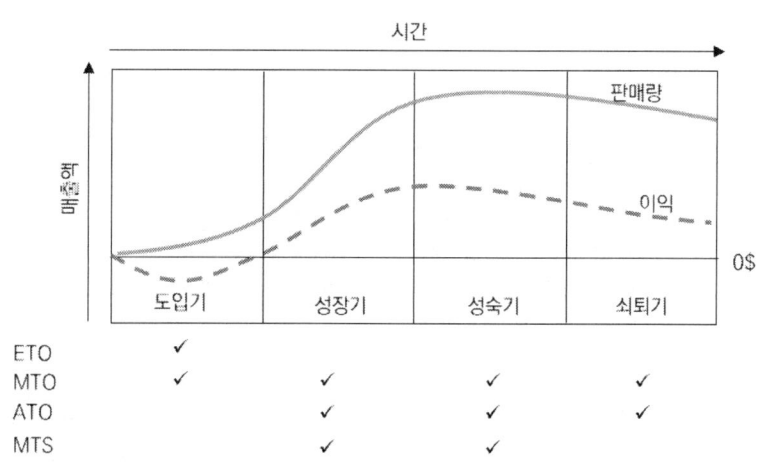

도표 2-5 제품수명주기(product life cycle)와 제조환경

> **제품수명주기(Product life cycle)**
> 1) 신제품이 처음부터 끝까지 거쳐가는 단계들(즉, 한 제품이 도입부터 성장, 성숙, 쇠퇴를 통해 지나가는 단계들).
> 2) 초기 연구 및 개발부터 고객에 대한 제품 판매 및 지원이 철회될 때까지의 시간.
> 3) 제품이 생산되고 수익성있게 판매될 수 있을 때까지의 기간.

2.1.2 제조 프로세스 유형(Manufacturing process type)

제조 프로세스는 실제로 제조가 이루어지는 공정 프로세스에 따라 분류한다. 제조 프로세스 유형은 앞서 양-다양성 매트릭스 그림에서 본 바와 같이 프로젝트(project), 작업장(work center), 묶음(batch), 라인(line) 그리고 연속(continuous) 다섯 가지로 대별된다.

첫째, 프로젝트 프로세스 유형은 일반적인 제조라고 보기 어려운 프로젝트 성 작업에 대한 프로세스이다. 즉 제조 과정이 프로젝트 관리를 통해 이루어 지고 산출물은 고유한 결과물이며 크고 복잡한 특징이 있다. 제품이 주로 고정된 한 장소에서 제작되고 독창적이며 명확한 완료 마감 기한이 있다. 기간이 오래 걸리므로 계약상 마감시간이 있어야 하고 일정과 비용(예산) 그리고 작업 범위에 대한 통제가 매우 중요하기 때문에 간트(Gantt) 차트와 같은 일정 관리를 위한 프로젝트 관리 도구를 이용한다. 이 프로세스 유형은 나중에 설명할 고정 위치 레이아웃(fixed position layout)을 사용한다. 건축물, 선박, 항공기, 댐 건설 등 크고 복잡한 산출물을 위해 사용되는 방법이다.

> **프로젝트 관리(Project management)**
> 프로젝트의 목표, 제조된 제품, 또는 서비스의 달성을 확실하게 하기 위해 규정된 활동(prescribed activities)들을 체계화하고(organizing), 계획(planning), 일정관리(scheduling), 지시(directing), 통제(controlling), 관찰(monitoring) 및 평가(evaluating)를 조정(coordinating)하는데 숙련(skills)과 지식(knowledges)을 활용하는 것.

둘째, 간헐적 프로세스(intermittent process) 유형이다. 작업장(workcenter)과 묶음(batch) 프로세스 유형이 여기에 속한다. 간헐적 프로세스는 다양한 작업경로 및 다양한 로트크기를 가지고 있으며 이 때문에 작업 흐름이 불균형을 이루고 높은 재공중 재고(wip)와 긴 리드타임을 가진다. 제조계획통제(MPC)가 복잡하고 다른 유형에 비해 생산관리자의 수고가 더 많이 필요한 유형이다. 동일 작업장에서 다양한 유형의 제품들이 생산되므로 작업장에는 유연한 장비, 즉 범용(general purpose) 장비와 복수의 숙련을 가진 작업자들의 배치가 계획의 특징이다. 이점으로는 주문 수량 또는 주문을 신속하게 변경 가능하고 상대적으로 신제품 도입에 유연성을 가진다. 간헐적인 프로세스는 나중에 설명할 고정위치(fixed position), 기능(functional) 또는 셀(cellular) 레이아웃을 사용할 수 있다.

간헐적 프로세스는 작업장(work center)와 묶음(batch) 유형 두 가지로 세분된다. 작업장(work center) 형태의 간헐적 프로세스는 종종 잡샵(job shop)이라고도 부르며 작은 로트와 신속한 가동준비(setup)를 필요로 한다. 반면 묶음(batch) 형태의 간헐적 프로세스는 작업장 프로세스보다는 좀더 적은 회수의 가동준비와 좀더 긴 가동 시간 그리고 짧은 이동을 특징으로 한다.

> **간헐적 생산(Intermittent production)**
> 작업(jobs)들이 로트(lot) 단위로 기능 부서(functional departments)를 통과하는 제조 형태. 각 로트는 다른 작업 경로(routing)를 가질 수 있다.

셋째, 다양성-양 그래프에서 더 높은 양, 더 낮은 다양성으로 이동함에 따라, 흐름 프로세스가 선호된다. 작업 현장의 레이아웃(기계, 벤치, 조립 라인 등의 배열)은 제품 "흐름(flow)"을 용이하게 하기 위해 고안된다. 그 특징을 살펴보면 정해진 생산 라인을 갖는 표준화된 제품을 생산한다. 거의 일정한 속도로써 생산이 이루어지며 재공중 재고가 낮고 리드타임이 짧다.

일부 프로세스 산업(정유, 철강, 화학 제품, 오일, 페인트 등)은 흐름 작업의 극단적인 예이다. 작업장의 사용 순서를 일컫는 제품의 작업경로(routing)가 일정하다. 흐름 프로세스는 나중에 논의될 제품 기반(product based) 레이아웃을 사용한다. 작업 장비(워크 스테이션) 간의 자재 흐름이 종종 자동화되어 처리량이 많은 만큼 재공중 재고가 낮고 예측이 가능하다. 재공중 재고가 적어 납기가 짧다는 것을 의미한다. 따라서 생산 활동 통제 및 재고관리가 간단하다. 주로 대량으로 생산하는 특정 제품만 취급하기 때문에 신제품이 출시될 경우 새로운 생산라인이 필요하다. 아울러 장치산업으로서 동일 제품을 반복 생산하므로 생산량 변경이 어렵고 생산량이 반드시 높은 자본 비용을 정당화할 수 있을 만큼 커야 한다.

> ### 흐름 프로세싱(Flow processing)
>
> 프로세스 시스템 개발에서, 작업은 한 작업장(workstation)에서 다른 작업장으로 거의 일정한 속도로 지연없이 흐른다. 단속적인(discrete) 단위들을 생산할 때, 그 프로세스를 반복 제조(repetitive manufacturing)라고 부른다; 시간이 지남에 따라 비단속적(non-discrete)인 단위들을 생산할 때, 이 프로세스를 연속 제조라 부른다. 물리 화학적 반응은 연속흐름(continuous flow) 프로세스에서 발생한다.
>
> ### 흐름 생산 공장(Flow shop)
>
> 기계 및 작업자가 보통 중단되지 않고(uninterrupted), 표준화된(standard) 자재 흐름을 처리하는 제조 조직 형태. 작업자들은 일반적으로 각 생산 가동에 대해 동일한 작업들을 수행한다. 흐름 생산 공장은 대개 대량 생산 공장으로 일컬어지거나 연속 제조 레이아웃을 가지고 있다고 한다. 설비 레이아웃(기계, 벤치, 조립 라인 등의 레이아웃)은 제품의 "흐름"이 용이하게 하도록 설계되었다. 몇몇 프로세스 산업(화학, 오일, 페인트 등) 흐름 생산 공장의 전형적인 예이다. 각각의 제품은 자재 사양이 다양함에도, 생산 공장을 통해 동일한 흐름 패턴을 사용한다. 생산은 주어진 속도로 설정되고, 제품들은 일반적으로 대량(bulk) 생산된다.

흐름 프로세스 유형(flow process type)에는 라인(line) 흐름과 연속(continuous) 흐름이 있다.

단속적인 단위(discrete units)로 취급하는 조립사업에서의 흐름은 라인이라고 표현하고 액체 또는 벌크 고형물(liquids or bulk solids)과 같은 비단속(non-discrete units) 산업에서는 연속흐름이라고 표현한다.

라인(line) 흐름은 동일한 개별 제품 또는 제품군을 반복적으로 생산하는 방식이므로 반복적인 흐름(repetitive flow) 이라고도 한다. 여기에 해당되는 제품 예는 가전제품 또는 자동차와 같이 단속적인 개별 단위(discrete units) 제품이다. 반복제조는 생산 라인, 조립 라인 또는 셀을 사용하여 재고 및 제조 리드타임을 최소화한다. 작업 주문(work order)이 더 이상 필요하지 않으며, 대신에 생산 일정수립 및 관리가 생산 속도(production rate)를 기반으로 이루어진다.

연속(continuous) 흐름은 쪼개거나 분리할 수 없는 액체 혹은 기체 형태로 주로 파이프라인을 통해 이동되면서 생산이 이루어진다. 연속의 의미는 재료 흐름이 생산 공정 중에 분리되지 않고 연속적임을 말한다. 작업경로(routing)가 고정되어 있어 동일 작업장에서 1년 내내 동일한 제품을 생산하는 경우가 일반적이다. 따라서 생산 제품을 변경하면서 발생하는 가동준비(setup) 시간이 거의 발생하지 않는다.

조립 제조(Discrete manufacturing)
자동차, 가전 제품 또는 컴퓨터와 같은 구별되는 품목(distinct items)들의 생산

반복 제조(Repetitive manufacturing)
동일한 단속적 제품(discrete products) 또는 제품군(families of products)의 반복된 생산. 반복 방법은 생산 라인, 조립 라인 또는 셀을 사용함으로써 가동준비(setups), 재고(inventory), 제조 리드타임(manufacturing lead time)을 최소화한다. 작업 지시(work order)가 더 이상 필수적이지 않다. 생산 일정관리 및 통제는 생산율(production rates)을 기반으로 한다. 제품은 표준품이거나 혹은 모듈로부터 조립될 수 있다.

조립 라인(Assembly line)
원자재와 부품들이 조립되는 순서에 따라 장비 및 작업장을 배치하는 조립 공정.

생산 라인(Production line)
특정 수의 제품 또는 제품군의 제조에 쓰이는 장비들의 세트.

연속 생산(Continuous production)
제품을 생산하는데 포함되는 단계들에 따라서 생산 장비가 구성되고 순서화되는 생산 시스템. 이 용어는 자재흐름이 생산 프로세스 동안 연속적임을 나타낸다. 작업경로들이 고정되어 있고, 가동준비는 거의 변경되지 않는다.

2.1.3 제조 프로세스 레이아웃(Manufacturing process layout)

제조환경(manufacturing environment)과 제조 프로세스 유형(manufacturing process type)과 밀접하게 관계된 또 하나의 개념이 제조 프로세스 레이아웃(manufacturing process layout)이다. 제조 프로세스 레이아웃(manufacturing process layout)은 물리적인 개념이며 실제로 작업장 내 설비의 배치 및 배열에 관한 사항이다. 이는 작업장에서 생산이 가장 효율적으로 이루어 질 수 있도록 설계되어야 한다. 따라서 이 레이아웃 선택도 앞서 살펴본 다양성-양 그래프에 따라 가장 적합한 방식이 결정된다.

고정 위치 배치(fixed position layout)는 주문설계(ETO), 그리고 프로젝트 프로세스 유형에 해당하는 설비 배치이다. 대부분이 부품의 이동보다는 작업자가 작업 현장으로 이동하는 특징이 있다.

또한 제품이 완료된 후 고객에게 바로 현장에서 인도되는 경우가 대부분이므로 납품을 위한 높은 이동 비용을 회피할 수 있다.

고정 위치 레이아웃의 예로는 제품의 빈번한 이동 비용이 매우 높은 조선 또는 항공기 조립이 있다. 고정 위치 레이아웃은 이동이 불가능하거나 빈번한 움직임이 비경제적인 품목을 제조하기 위해 프로젝트 제조와 함께 사용된다.

> **고정위치 제조(Fixed-position manufacturing)**
> 프로젝트 제조와 유사하게, 이 제조 유형은 제품이 전체 조립 기간 동안 한 위치(one location)에 유지되거나 상당한 작업과 시간이 소요된 후에는 위치 간에 이동할 수 있는 크고, 복잡한 프로젝트들에 주로 사용된다. 고정 위치 제조의 예로는 제품의 빈번한 이동이 매우 높은 비용을 초래하는 조선업(shipbuilding) 혹은 항공기 조립 (aircraft assembly) 등이 있다.

기능적 레이아웃(functional layout)은 주로 주문생산(MTO) 혹은 주문조립(ATO) 제조환경에서 사용되는 설비 배치 형태이며 프로세스 레이아웃(process layout) 혹은 잡샵 레이아웃(job shop layout)이라고 부르기도 한다.

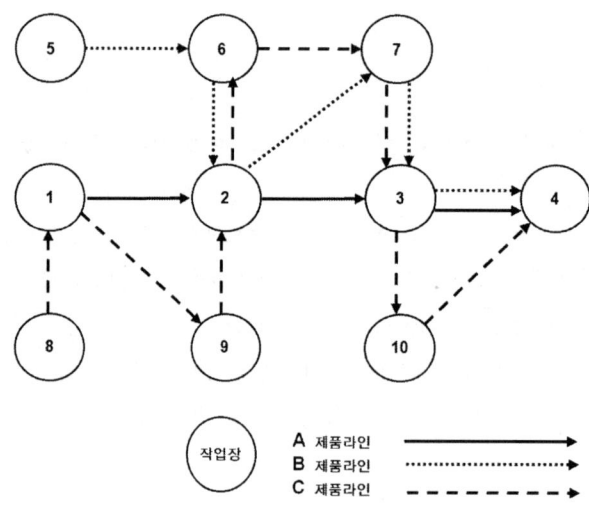

도표 2-6 기능적 레이아웃(functional layout)

작업장이 각 기능별(예: 드릴링, 선반작업, 제재소, 열처리, 프레스, 도금 등)로 이루어져 있기 때문에 붙여진 이름이다. 작업장(workcenter) 프로세스 유형과 묶음(batch) 프로세스 유형인 간헐적 제조 프로세스 유형에 맞는 레이아웃이다.

따라서 각 작업장은 특정 유형의 기능이나 활동을 전문으로 하며 이러한 활동을 수행하는 데 필요한 전문 기술 세트 및 장비를 갖는다. 그러나 작업장은 전문화 영역 내에서 다양한 제품의 작업을 처리할 수 있을 만큼 유연해야 한다. 기능적 레이아웃은 조립 라인 설치를 정당화하기에 생산량이 충분치 않을 때 경제적인 선택이다.

> **기능적 레이아웃(Functional layout)**
> 유사한 특성(similar nature) 또는 기능(function)의 작업이 함께 모여진 설비 구성. 부문별 전문 분야(예: 톱, 선반, 절삭, 열처리, 압축)에 기반한 조직 구조.
>
> **주문생산 공장(Job shop)**
> 1) 유사한 장비가 기능별로(function) 구성된 조직. 각 작업은 공장(shop)을 통해 구별되는 작업경로를 따른다.
> 2) 각 고객의 사양에 맞게 제품을 생산하는데 사용되는 제조 프로세스 유형. 생산 운영은 광범위한 제품 설계를 처리하도록 설계되었으며 범용장비(general-purpose equipment)를 사용하여 고정된 공장 위치에서 수행된다.

기능적 레이아웃과 제품 기반 레이아웃의 장점을 이용한 혼합 형태기 셀방식 레이아웃(cellular layout)이다. 흔히 작업셀(work cell) 혹은 셀방식 제조(cellular manufacturing)라고도 부른다. 소량 다품종이라서 간헐적 프로세스에 사용되는 기능적 레이아웃을 사용해야 되지만 제품 기반의 레이아웃을 응용하여 각각의 생산 공정 순서가 일정하도록 하여 제품이 흐름처럼 생산되어 재공중 재고도 줄이고 리드타임도 줄이고자 활용하는 레이아웃이다.

고정 위치 레이아웃과 기능 레이아웃이 크게 프로세스 기반 레이아웃으로 간주된다면 셀방식 레이아웃은 제품 패밀리 레이아웃이라고 할 수 있는 하이브리드 방법이다. 구체적인 생산 라인 형태로는 U자형 혹은 C자형 라인이 있다. 결국 셀방식 레이아웃은 기능적 레이아웃을 제품 레이아웃으로 변환한 형태라고 할 수 있다.

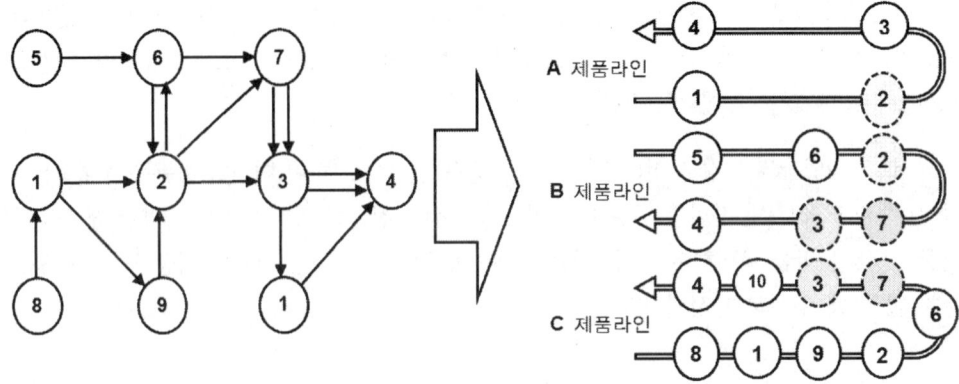

도표 2-7 셀방식 레이아웃(cellular layout)

> ### U자형 생산라인(U-lines)
> 문자 'U'모양(letter 'U')을 갖는 생산 라인. 이 모양은 작업자가 많이 걷지 않고도 여러 개의 비순차적(nonsequential) 업무들을 쉽게 수행할 수 있도록 해준다. U자형 생산라인에서 작업 장소의 수는 보통 라인 균형화(line balancing)에 의해 결정된다. U자형 생산라인은 의사소통을 증진시킨다.

도표 2-7에 나타난 것처럼 기존의 기능적 레이아웃을 U자형 혹은 C 자형 라인으로 변형하여 제품별로 고정된 작업경로(routing)를 이용하고자 할 때 어떤 작업장은 특정 제품 전용으로 사용하고, 물량에 비해 생산능력이 큰 작업장(예컨대, 2번, 3번, 4번, 7번 작업장)은 여러 제품이 같이 공유할 수 있도록 설계하여 충분한 물량이 전제인 제품 기반(product-based) 레이아웃의 요건을 상쇄하도록 한다.

생산활동통제 및 일정수립을 크게 단순화한다. 생산된 각 부품은 라인의 다음 단계에서 즉시 사용되기 때문에 동일한 문제로 여러 단위가 생산되기 전에 품질 문제가 감지된다. 또한 셀 레이아웃은 낱개(one piece) 흐름을 수용하도록 설계되었다.

셀방식 레이아웃의 효과는 공정 상에서 작업 전 대기시간을 감소시키고 생산활동통제를 단순화한다. U자형 작업공간은 사람과 자재의 이동을 감소시키고 문제가 발생할 경우 즉각적 피드백을 받을 수 있다. 보다 적은 묶음 크기로 생산유연성이 확대되고 결과적으로 품질을 향상시키는 여러가지 장점들이 있다.

제품 기반(product-based) 레이아웃

제품 레이아웃, 제품 라인 또는 플로우 프로세스 레이아웃이라고도 부른다. 제품 기반 레이아웃을 사용하면 특정 제품에 초점을 맞출 수 있다. 제한된 범위의 유사 제품에 대해 설정된 시스템이다. 집약 공장(focused-factory) 생산 또한 이 범주에 속하는 것으로 간주된다. 제품 기반 레이아웃은 각 워크스테이션을 적절한 순서로 배치하여 작업장 간의 자재 취급을 최소화하는 특정 제품 전용 흐름이다. 이로 인해 재공중 재고가 거의 쌓이지 않는다.

제품 기반 레이아웃은 효율성을 극대화하기 위해(단위당 최저 비용) 두 가지 유형의 흐름 시스템(라인 또는 연속)과 함께 사용되지만 높은 수준의 전문화에는 수요가 충분히 많아야 정당화되는 큰 자본 지출이 필요하다. 장치산업이 대표적인 제품 기반 레이아웃의 예이다.

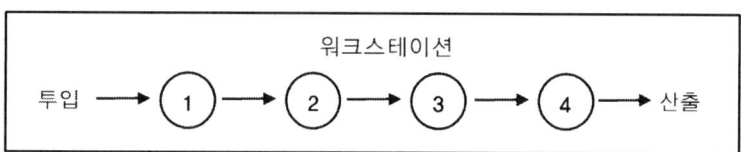

도표 2-8 제품기반 레이아웃(product-based layout)

제품 레이아웃(Product layout)

흐름 공정 레이아웃(flow process layout)의 다른 이름. 제한된 범위(limited range)의 유사 제품들에 대해 설정된 시스템이다. 집약 공장생산(Focused-factory production) 또한 이 범주에 들어간다.

2.2 제조계획과 통제(Manufacturing planning and control)

제조에서 수요와 공급을 균형시키는 방법에 대해 살펴보자. 사실 제조계획과 통제는 이 교재 전반에 걸쳐 개별적인 기능별로 심도 있게 다룬다. 단지 이번 장에서는 제조계획과 통제의 개략적인 개념을 큰 그림으로 설명한다. 왜 계획이 필요한가? 이 물음에 대한 답이 제조계획과 통제의 필요성을 대변해 주는데 기본적인 답은 고객의 요구를 충족시키면서 자원의 가용성을 보장하는 것이다. 자원의 가용성이란 자재(material), 생산능력(capacity), 장비(equipment), 작업자(workers) 등을 말한다. 다른 표현으로는 수요와 공급이 항상 균형을 이루어야 한다는 것이다. 왜냐하면 수요와 공급에서 어느 쪽이 많고 적음을 떠나 일단 그 균형이 깨지면 큰 비용이 발생하기 때문이다. 수요 공급을 일시적으로 균형시키기는 쉬워도 항상 유지하기는 참 어렵다. 이것이 모든 기업에서 제조계획과 통제가 끊임없이 이루어지는 이유이다.

제조계획과 통제에는 우선순위(priority) 계획과 생산능력(capacity) 계획이 있다. 우선순위는 수요와 관련되며 판매운영계획(S&OP, sales and operation planning), 기준일정수립(master scheduling) 그리고 자재소요량계획(MRP, material requirement planning)을 활용하여 생산 단계 별로 수행된다. 생산능력은 공급과 관련되며 자원계획(RP, resource planning), 개략능력 계획(RCCP, rough-cut capacity planning) 및 능력소요량계획(CRP, capacity requirement planning)을 사용하여 수행된다. 도표 2-9은 이 시스템들이 어떻게 연속적으로 서로 균형을 이루도록 배열되어 있는지 보여준다. 우선순위 및 생산능력 계획의 전반적인 목표는 자원과 요구의 균형을 맞추는 것이다.

우선순위란 무엇을 주문하고 생산할 것인지 그리고 언제 주문하거나 생산할 것인지를 말하며, 수요를 만족시킬 뿐만 아니라 가장 효율적인 방식으로 수행하는 것이다. 또한 원자재 및 구성 요소의 구매 및 납기 일정을 계획하는 것도 포함된다. 생산능력이란 요구되는 제품을 생산하기 위해 필요한 자재와 능력을 기존에 가지고 있는 가용한 것과 배정된 작업 물량을 제시간에 완료하기 위해 필요한 요구 능력을 비교하여 고려해야 함을 의미한다.

제조 계획에는 재고 정책의 지침에 따라 상품을 생산하고 자재를 주문하는 방법도 고려해야 한다. 통제는 수립된 계획이 올바르게 실행되고 있는지 확인하는 데 사용된다. 제조에서의 통제는 주로 주문의 발행 시기와 투입 자원의 산출량을 조정함으로써 이루어진다. 또한 관리에는 적절한 시점에, 적절한 장소에, 적절한 양의 재고가 있는지 확인하기 위한 재고관리도 포함된다.

> **제조계획통제(MPC, manufacturing planning and control)**
> 생산계획(판매운영계획), 기준생산일정, 자재 소요량 계획, 능력 소요량 계획의 계획 기능들을 포함하는 폐쇄형 순환(closed-loop) 정보 시스템. 계획이 실현 가능성을 가지고 현실적으로 받아들여지면, 실행이 시작된다. 실행 기능에는 투입-산출 통제(input-output control), 상세 일정수립(detailed scheduling), 발송(dispatching), 예상 지연 보고들(부서 및 공급업체)과 공급업체 일정관리가 포함된다.

제조계획통제는 우선순위(priority)를 수립하고 생산능력(capacity)을 확인하기 위해 필요하다.

2.2.1 제조계획통제 구성요소별(components of MPC) 개요

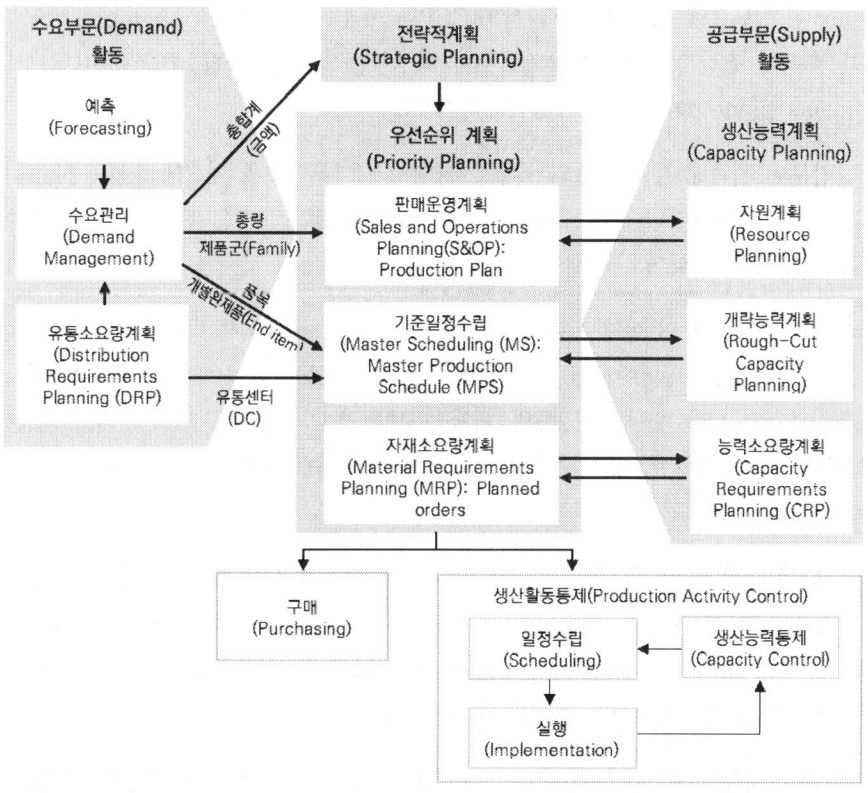

도표 2-9 제조계획통제(MPC, manufacturing planning and control) 개요

제조계획과 통제 개요를 보여주는 도표 2-9의 각 부분별 내용을 개략적으로 살펴보자.

먼저 왼쪽 부분에 위치하는 기능은 수요관리(demand management)이다. 수요관리는 수요예측과 수요계획을 포함한 보다 넓은 범위를 지칭한다. 가운데 계획 계층구조에서 경영계획을 포함한 전략적 계획(strategic planning) 단계와 판매운영계획(S&OP) 그리고 기준일정수립(master scheduling) 등 모두 세 단계의 계획을 지원한다. 즉 독립수요에 대한 계획을 지원한다고 볼 수 있다. 유통소요량계획(DRP, distribution requirements planning)도 수요관리 부분에 포함되어 있는데 이는 유통소요량계획의 결과로서 수요가 제조 쪽으로 연결된다는 의미이지 이는 수요관리와는 별개의 기능이다.

오른쪽 부분은 공급(supply) 활동이다. 주로 생산능력(capacity) 관리에 관한 기능으로써 가운데 부분에 위치한 우선순위 계획의 실현 타당성을 검증하는 역할을 한다. 판매운영계획(S&OP)의 결과를 검증하는 단계를 자원계획(RP, resource planning)이라고 부른다. 기준일정수립(master scheduling)의 타당성을 검증하는 절차를 개략능력계획(RCCP, rough-cut capacity planning)이라고 부르고 자재소요량계획의 결과에 대해 실현 가능성을 확인하는 절차를 능력소요량계획(CRP, capacity requirements planning) 혹은 상세능력계획이라고 부른다.

도표의 가운데 위쪽 부분이 수요와 공급을 균형시키는 우선순위 계획(priority planning)이다. 각 계획의 목적과 계획구간의 길이, 그리고 각 특징에 따라 전략적 계획, 판매운영계획, 기준일정수립 그리고 자재소요량계획 등이 순차적으로 존재한다.

계획의 주요 단계를 보면 먼저 전략적 계획(strategic planning)은 경영계획을 포함하여 통칭으로 부르는 경우가 많으며 2년에서 5년 이상의 먼 미래를 제품 수량이 아닌 금액으로 계획하는 아주 장기 계획이다. 그 다음 단계는 12개월 내지 36개월의 긴 계획 구간에 대해 제품군(product family) 별로 그리고 월별로 제품 수량의 수요와 공급을 균형시키는 계획인 판매운영계획(S&OP)이 있다.

그 다음 단계는 판매운영계획의 결과물인 생산계획(production plan)을 개별 제품별로 그리고 주별로 상세하게 쪼개는 작업에 해당되는 기준일정수립(master scheduling)이다. 기준일정수립의 결과물을 기준생산일정(MPS, master production schedule)이라 부르며 판매운영계획과 기준일정을 포함한 전체를 기준계획(master planning)으로 부른다.

기준계획은 완제품을 포함한 독립수요에 대한 계획이고 그 다음 단계가 기준생산일정(MPS)을 달성하기 위하여 원자재, 부자재를 어떻게 조달해야 하는지를 계획하는 자재소요량계획이다. 자재 소요량계획의 산출물은 계획주문(planned orders)이다.

> **기준 계획(Master planning)**
> 다음의 활동들을 포함하는 사업 프로세스 집합이다: 수요관리(demand management 예측 및 주문 서비스 포함); 생산 및 자원계획(production and resource planning); 기준 일정수립(master schedule) 및 개략 능력 계획 (rough-cut capacity plan).

도표의 가운데 아래쪽 부분은 위쪽 부분에서 세운 계획의 실행(execution)에 해당된다. 즉 계획 단계의 최종 산출물인 계획주문을 실행하는 절차이다. 통상 계획주문은 구매품과 제조품 둘로 나누어지므로 구매품에 대한 계획 주문은 구매부서에서 실행을 하게 되고 제조품은 생산현장에서 실행된다. 특히 생산현장에서 이루어지는 절차들을 생산활동통제(PAC, production activity control)라고 부른다.

제조계획통제(MPC) 시스템은 다음과 같은 핵심 사항을 담고 있다.

- 제조계획과 통제의 업무가 상부에서 아래로 향하는 탑다운(top down) 방식이다. 따라서 맨 위 부분인 전략적 계획과 경영계획이 하위 모든 계획과 통제의 첫 시작점이 된다.
- 제조계획통제는 피드백을 받아 계속 순환하는 폐쇄형 순환(closed-loop) 시스템이다.
- 제조계획통제는 반복적(iterative)인 시스템이다. 각 단계별로 반복적인 업무이나 각 단계에 따라 그 반복의 주기가 다르다. 예컨대, 맨 위부분부터 밑으로 볼 때, 전략적계획은 연간 혹은 분기별, 판매운영계획은 월별, 기준계획은 주별 그리고 생산활동 통제는 일별로 그 주기가 점점 짧아진다.
- 제조계획통제 시스템은 여러 이해관계 당사자(stakeholders)들을 위한 최적 결과를 찾는 과정에서 교환거래를 균형시키는 역할을 한다.
- 마지막으로 제조계획통제 시스템은 주요 고객으로부터의 수요에 대한 시점과 우선순위 관리를 해야 하는 반면 공급측면에서는 주어진 생산능력의 가용성과 타당성 관리를 동시에 해야 한다.

위에서 언급한 여러 이해관계 당사자(stakeholders)들을 위한 최적 결과를 찾는 과정에서 교환거래를 균형시키는 작업을 위해서는 컴퓨터 프로그램의 도움이 필요하다. 고급 계획 및 일정수립 시스템(APS, advanced planning and scheduling)을 사용하여 복수의 공장 또는 여러 공급사슬 파트너의 활동을 거중 조정할 수 있다.

> **고급 계획 일정수립(APS, Advanced planning and scheduling)**
>
> 단기, 중기 및 장기간의 물류 및 제조에 대한 분석 및 계획을 다루는 기술들. APS는 고급 수학적 알고리즘 또는 논리를 사용하여 유한 생산능력 일정수립(finite capacity scheduling), 조달(sourcing), 자본 계획(capital planning), 자원 계획(resource planning), 예측(forecasting), 수요관리(demand management) 등에 대한 최적화(optimization) 또는 시뮬레이션을 수행하는 컴퓨터 프로그램을 설명한다.
>
> 이러한 기술들은 실시간 계획 및 일정수립(real-time planning and scheduling), 의사결정 지원(decision support), 납기약속(available-to-promise) 및 납기가능 약속 능력들(capable-to-promise capabilities)을 제공하기 위해 다양한 제약 조건과 업무 규칙들을 고려한다. APS는 종종 여러 시나리오들을 만들고 평가한다. APS 시스템의 다섯 가지 주요 요소는 (1)수요계획, (2)생산계획, (3)생산 일정수립, (4)유통계획, (5)운송계획이다.

2.2.2 전사적자원관리(ERP)와 제조계획통제(MPC)

고급계획일정수립 시스템 이외에도 제조계획통제를 효율적으로 하기 위해서는 정보기술의 도움이 필요한데 요즈음에 대표적으로 제조계획통제를 위해 사용하는 도구가 전사적자원관리(ERP, enterprise resources planning)이다.

아래 정의의 첫 번째 부분에서 지적하듯이 전사적자원관리(ERP) 시스템은 소프트웨어가 아니라 내부 지식을 활용하는 일련의 비즈니스 프로세스라는 것을 보여준다. 정의의 두 번째 부분은 시스템이 조직의 모든 데이터를 한 곳에서 수집하여 이 정보를 활용하여 비즈니스의 모든 측면을 실행할 수 있도록 도와준다. 중앙 집중화된 저장 위치는 전사적자원관리 시스템의 핵심 부분이다.

이 단일 데이터 원본은 조직의 모든 기능 영역에서 발생한 거래처리의 영향을 실시간으로 반영할 수 있으며 동기화되지 않은 여러 중복 레코드 존재와 같은 문제점을 방지한다. 데이터의 무결성을 확보하여 조직의 전체 통합에 크게 기여한다. 예를 들어, 인사부는 다음 해의 휴일 일정을 반영하여 작업 현장 일정을 갱신할 수 있으며 이 일정을 생산 일정을 수립하는데 활용한다.

> **전사적자원관리(ERP, enterprise resources planning)**
>
> 조직이 조직의 내부 지식을 사용하여 외부 이점(external advantage)을 추구할 수 있도록 조직을 효과적으로 계획하고 통제하는 데 필요한 비즈니스 프로세스를 조직, 정의 및 표준화하기 위한 프레임 워크. ERP 시스템은 기준정보 파일 자료, 비용 및 매출 정보 저장소, 재무 세부 정보, 제품 및 고객 계층 구조 분석 및 과거 및 현재 거래 데이터를 포함한 광범위한 데이터 뱅크를 제공한다.

전사적자원관리 시스템은 1960년대 자재소요량계획(MRP, material requirement planning)에서 출발하여 폐쇄형 순환 자재소요량계획(closed-loop MRP) 그리고 1980년대 제조자원계획(MRPII, manufacturing resources planning)을 거쳐 계속 진화해 온 결과로 1990년대 이후 급속히 보급되기 시작했다.

	MRP	Closed-loop MRP	MRP II	ERP
출현 시기	1960 년대	1970 년대	1980 년대	1990 년대
자재소요량계획(MRP) 프로세서	●	●	●	●
폐쇄형순환(Closed-loop) 피드백		●	●	●
모범사례(Best practice) 프로세스			●	●
공용(Common) 데이터베이스			●	●
판매운영계획(S&OP)			●	●

도표 2-10 자재소요량계획(MRP)으로부터 전사적자원관리(ERP)로 진화

자재소요량계획(MRP)과 제조자원계획(MRPII)의 차이점은 자재소요량계획은 주로 자재관리나 구매를 위해 공급부서에만 사용한 반면 제조자원계획은 판매와 공급의 균형을 관리하는 판매운영계획(S&OP)이 가능해졌다는 것이다.

> **폐쇄형 순환 자재소요량계획(Closed-loop MRP)**
>
> 생산계획(판매운영계획), 기준생산일정, 능력소요량계획의 추가 계획 프로세스들을 포함하는 자재소요량계획을 중심으로 구축된 시스템. 이 계획 단계가 완료되고, 계획들이 현실적이고 달성 가능한 것으로 받아들여지면, 실행 프로세스가 가동된다. 이러한 프로세스들은 공장 및 공급업체의 예상 지연 보고(anticipated delay), 공급업체 일정수립(supplier scheduling) 뿐만 아니라 투입 산출 능력 측정(input-output capacity) measurement) 및 상세한 일정수립 및 발송(dispatching)의 제조 통제 프로세스들을 포함한다. 폐쇄형 순환이라는 용어는 이러한 각 프로세스들이 전체 시스템에 포함될 뿐만 아니라 실행 프로세스들(execution processes)에 의해 피드백이 제공되어 계획이 항상 유효하게 유지될 수 있음을 내포한다.
>
> **제조자원계획(MRP II, Manufacturing resource planning II)**
>
> 제조 회사의 모든 자원을 효과적으로 계획 관리하는 방법. 이 방법은 이상적일 경우 단위들의(units) 운영계획 및 재무계획을 다루고, what-if 질문에 답할 수 있는 시뮬레이션 기능을 가지고 있다. 이것은 서로 연계된 다양한 프로세스들로 구성된다: 경영계획, 생산계획(판매운영계획), 기준생산일정, 자재 소요량 계획, 능력 소요량 계획 및 생산능력과 자재를 위한 실행 지원시스템 등. 이 시스템의 산출물은 경영계획(business plan), 구매 약정 보고서(purchase commitment report), 선적예산(shipping budget) 및 재고 추정 금액(inventory projections in dollars) 등과 같은 재무 보고서 등과 통합된다. 제조 자원계획은 폐쇄형 순환 MRP의 직접적인 성장과 확장(extension)이다.

1990년대에 시작하여 조직의 소프트웨어 시스템은 인적 자원, 연구 및 개발, 물류(운송 및 유통)를 비롯한 다양한 비즈니스 기능에 더 많은 모듈을 통합함에 따라 전사적자원관리(ERP) 시스템으로 불리게 되었다. 가장 큰 목표는 단일 공유 데이터베이스를 사용하여 모든 회사 업무 기능을 완벽하게 통합하는 것이다. 그 결과 실시간 결산이 이루어지고 경영층이 신속한 의사결정을 내릴 수 있게 되었다. 제조 관점에서 중요한 발전은 전자데이터교환(EDI)을 사용하여 상류 공급업체와 하류 유통센터 및 고객의 요구사항과 거래를 더욱 통합한 것이다.

예를 들어, 배송을 위한 유통센터의 주문이 이제 유통소요량계획 모듈을 거치며, 이러한 주문이 기준일정수립을 위한 공장의 총소요량에 자동으로 포함된다.

> **전자데이터 교환(EDI)**
>
> 표준화된 문서 형식을 사용하여 구매주문서(purchase orders), 선적 승인서(shipment authorizations), 선적 통지서(advanced shipment notices) 및 송장(invoices)과 같은 거래 문서들의 서류없는(paperless) 전자적 교환.

전사적자원관리(ERP)에는 공유된 데이터베이스를 통한 단일 소스(single sources) 기능이 있기 때문에 정보 기술 부서가 오류를 수정하고 중복을 제거하는 것과 같은 정확성을 보장하기 위해 데이터를 관리할 수 있다. 데이터 보안과 관련된 정책을 데이터 거버넌스(data governance)라고 하며 전사적자원관리 시스템의 모든 부분은 제조 관점에서 데이터 기록의 정확성을 보장해야 하기 때문에 제조계획통제에 사용되는 데이터의 무결성을 유지하는 것이 종종 전사적자원관리 시스템 구현의 성공 여부와 차이점으로 간주된다.

데이터 거버넌스에는 중요한 데이터의 보안을 유지하고 정보에 대한 접근이 역할별로 올바르게 작동되는지를 포함한다. 예를 들어, 인사담당은 급여를 볼 수 있지만 다른 사용자는 그렇지 못해야 한다. 현대적인 전사적자원관리 시스템의 또 다른 발전은 외부와 합의한 정보를 공유하면서 데이터를 보호하는 것이다. 이처럼 고도로 발달된 시스템의 단점은 기업이 비즈니스 프로세스를 리엔지니어링(예: 린 제조) 하기로 결정할 경우 전사적자원관리 시스템을 갱신하는 것이 비용면에서 바람직하지 않을 수 있다는 것이다. 새로운 버전의 전사적자원관리 소프트웨어는 매우 비싸고 시간이 오래 걸릴 수 있다. 일부 최신 버전의 전사적자원관리 소프트웨어는 클라우드에서 온라인으로 호스팅되어 서비스로서의 소프트웨어(SaaS, Software as a service)를 제공하므로 계속적으로 임대 사용을 하면서 솔루션 공급자가 직접 갱신을 관리할 수 있다.

> **데이터 거버넌스(Data governance)**
>
> 데이터의 접근성(accessibility), 활용성(usability), 안정성(reliability) 및 보안(security)에 대한 전체적인 관리. 데이터 레코드 정확성을 보장하는 데 사용된다.

2.2.3 공급사슬관리 활용 신흥기술(Emerging technology)

클라우드 컴퓨팅(Cloud Computing)

◆ 개념 및 등장 배경

클라우드 컴퓨팅은 인터넷을 통해 데이터 저장, 처리, 그리고 다양한 정보기술(Information technology) 자원을 제공하는 기술로, 사용자는 물리적인 하드웨어를 구매하거나 유지 관리할 필요 없이 필요한 정보기술 리소스를 유연하게 사용할 수 있도록 해준다. 2000년대 초반 인터넷의 발전과 함께 등장했으며, 2006년 아마존 웹 서비스(AWS)가 최초로 상용화된 이후 빠르게 확산되었다. 클라우드는 오늘날 기업들이 정보기술 인프라를 쉽게 확장하거나 축소할 수 있는 유연성을 제공해 주며, 데이터 분석, 협업, 고객 관리 등 다양한 비즈니스 애플리케이션에서 중요한 역할을 하고 있다.

◆ 핵심 장점

클라우드 컴퓨팅의 가장 큰 장점은 유연성(flexibility)과 확장성(scalability)이다. 공급사슬관리(SCM)에서 클라우드 컴퓨팅은 실시간 데이터 접근과 분석을 가능하게 하여, 변화하는 시장 상황에 신속하게 대응할 수 있다. 기업들은 클라우드를 통해 글로벌 팀이 협업할 수 있는 플랫폼을 제공받고, 데이터의 중앙 집중화를 통해 정보의 일관성을 유지할 수 있다. 또한, 클라우드는 초기 비용이 낮고, 유지보수 비용을 줄일 수 있어 비용 효율적이다.

◆ 적용 사례

마이크로소프트의 Azure 클라우드 플랫폼을 사용하는 글로벌 제조 기업들은 전 세계의 공장에서 수집된 데이터를 실시간으로 분석하고, 이를 통해 공급망의 효율성을 높이고 있다. 예를 들어, GE Aviation은 클라우드 기반의 분석 툴을 활용해 항공기 엔진의 상태를 실시간으로 모니터링하고, 예방 정비 계획을 세움으로써 운영 효율성을 극대화하고 있다. 클라우드 컴퓨팅을 통해 기업들은 더 나은 의사결정을 내리고, 운영 비용을 절감할 수 있다.

인공지능(Artificial Intelligence)

◆ 개념 및 등장 배경

인공지능(AI)은 인간의 지능적 행동을 모방하거나 학습하여 문제를 해결할 수 있는 컴퓨터 시스템을 의미한다. 인공지능은 데이터 처리와 패턴 인식을 통해 학습, 추론, 예측을 수행하며, 이를 통해 자율적인 의사결정을 가능하게 한다. 1950년대에 처음 개념이 제시되었으며, 1980년대에 초기 인공지능 연구가 진행되었다. 이후 2000년대에 들어서면서 기계 학습(machine learning)과 빅데이터(big data) 분석 기술이 급격히 발전하면서 인공지능이 다시 주목받게 되었다. 오늘날 인공지능은 공급사슬 관리에서 예측 분석, 최적화, 자동화에 널리 활용되고 있다.

◆ 핵심 장점

인공지능과 기계 학습의 가장 큰 장점은 예측 가능성(predictability)과 자동화(automation)이다. 공급사슬 관리에서 인공지능과 기계학습은 대규모 데이터를 분석하여 미래의 수요를 예측하고, 재고 관리 및 물류 최적화를 자동으로 수행할 수 있다. 이는 비용 절감과 효율성 향상에 직접적으로 기여한다. 또한, 인공지능은 반복적인 업무를 자동화하여 인적 오류를 줄이고, 더 복잡한 문제를 해결하는 데 도움을 준다.

◆ 적용 사례

인공지능은 발전 속도가 매우 빨리 이미 공급사슬 여러 분야에서 실지로 활용되고 있다. 대표적인 사례를 살펴보면 다음과 같다.

제너럴일렉트릭(GE)은 AI 알고리즘을 활용하여 항공기 엔진 및 터빈의 센서 데이터를 분석, 고장을 사전에 예측하고 유지보수 일정을 최적화 하는 예지 보전(predictive maintenance) 업무에 활용하고 있다.

BMW는 머신러닝 기반의 이미지 분석 기술을 도입하여 생산 라인에서 결함을 자동으로 탐지하고 품질을 실시간으로 모니터링 하는 품질통제(quality control)를 수행하고 있다.

지멘스(Siemens)는 AI를 통해 주문, 재고, 생산 데이터를 분석하여 생산 계획을 최적화하고 낭비를 줄이며 생산성을 극대화하고 있다.

ABB는 AI로 구동되는 협동 로봇을 사용하여 인간과 협력 작업을 수행하며, 생산성을 높이고 작업자의 안전을 보장한다.

아마존(Amazon)은 AI를 통해 물류센터의 재고를 관리하고 있다. 인공지능 기반의 예측 분석 시스템은 고객의 구매 패턴을 분석해 필요한 재고량을 정확하게 예측할 수 있다. 이를 통해 재고 과잉이나 부족을 방지하고, 고객에게 더 빠르고 정확한 서비스를 제공할 수 있다. 또한, 아마존은 로봇과 인공지능을 결합해 물류창고 내의 작업 자동화를 추진하고 있다.

블록체인(Blockchain)

◆ 개념 및 등장 배경

블록체인은 2008년 비트코인의 창시자인 사토시 나카모토(Satoshi Nakamoto)에 의해 처음 개념이 제시된 분산형 디지털 장부 기술이다. 블록체인은 비트코인(Bitcoin)의 기반 기술로 시작되었으나, 이후 다양한 산업에서 데이터의 신뢰성과 투명성을 확보하기 위한 기술로 주목받게 되었다. 블록체인은 중앙 권한 없이도 거래의 신뢰성을 보장하며, 모든 거래 기록이 네트워크에 참여하는 모든 노드에 공유되고, 투명하게 기록된다.

◆ 핵심 장점

블록체인의 가장 큰 장점은 투명성(transparency)과 보안성(security)이다. 공급사슬 관리에서 블록체인은 모든 거래 기록이 수정 불가능하게 저장되므로, 데이터의 무결성을 보장하고, 각 단계의 투명성을 높인다. 이를 통해 신뢰할 수 있는 공급망 네트워크를 구축할 수 있으며, 거래 당사자 간의 신뢰성을 강화하고, 위변조 가능성을 줄인다.

◆ 적용 사례

월마트는 블록체인 기술을 활용해 식품의 공급망을 추적한다. 농장에서 소비자에게 이르는 전 과정을 기록해, 식품 안전 문제 발생 시 신속하게 원인을 추적할 수 있다. 블록체인은 공급망의 투명성을 높이고, 위변조 가능성을 줄이며, 리콜 과정에서 신속하게 문제를 해결하는 데 도움을 준다. 이러한 투명성은 소비자 신뢰를 증대시키고, 품질 관리를 강화하는 데 중요한 역할을 한다.

사물인터넷(IoT - Internet of Things)

◆ 개념 및 등장 배경

사물인터넷(IoT)의 개념은 1999년에 처음으로 사용되었다. IoT는 물리적 세계와 디지털 세계를 연결하여 실시간 데이터를 수집하고, 분석할 수 있는 기술로 발전해 왔다. IoT 기술은 센서, 무선통신, 네트워크 기술의 발전에 의해 촉진되었으며, 2010년대 들어서 다양한 산업에서 중요한 기술로 자리 잡았다.

◆ 핵심 장점

사물인터넷의 핵심 장점은 실시간 모니터링(Real-time monitoring)이다. 공급사슬 관리에서 IoT는 물류, 재고, 장비 상태 등을 실시간으로 추적할 수 있게 하여, 문제 발생 시 즉각적인 대응이 가능하도록 한다. 이는 운영 효율성을 크게 향상시키고, 불필요한 지연을 최소화하며, 공급망에서의 투명성을 높여준다. 또한, IoT는 예측 유지보수(Predictive Maintenance)에도 활용되어 장비의 가동 중단을 최소화할 수 있다.

◆ 적용 사례

DHL은 IoT 기술을 사용해 물류 차량의 위치, 온도, 습도 등의 데이터를 실시간으로 모니터링한다. 이를 통해 물품의 상태를 지속적으로 파악하고, 필요한 경우 즉각적인 조치를 취할 수 있다. 특히, 온도에 민감한 의약품이나 식품을 운송할 때, 온도 변화가 감지되면 즉시 경고가 발송되고 대책을 세울 수 있다.

센서 및 텔레매틱스(Sensors and Telematics)

◆ 개념 및 등장 배경

센서 기술은 20세기 중반부터 발전하기 시작했으며, 텔레매틱스는 1970년대에 원격 통신 기술과 컴퓨터의 융합으로 발전했다. 텔레매틱스는 처음에는 군사 및 항공 분야에서 사용되었지만, 1990년대부터는 차량 관리와 물류 분야에서도 사용되기 시작했다. 오늘날 센서와 텔레매틱스는 다양한 산업 분야에서 실시간 데이터 수집과 분석을 가능하게 하고 있다.

◆ 핵심 장점

센서와 텔레매틱스의 핵심 장점은 정확한 데이터 수집(data collection) 및 원격 관리(remote management)이다. 공급사슬 관리에서 이 기술들은 차량과 장비의 상태를 실시간으로 모니터링하고, 데이터를 기반으로 예측 유지보수를 수행할 수 있게 해준다. 이는 운영 비용 절감과 장비 가동률 향상에 기여한다. 또한, 텔레매틱스는 차량의 위치, 경로, 속도 등을 추적하여 물류 효율성을 높이는 데도 사용된다.

◆ 적용 사례

제너럴일렉트릭(GE)는 산업 장비에 센서를 장착하여 실시간 상태 모니터링을 수행한다. 이를 통해 기계의 성능을 지속적으로 추적하고, 필요 시 예방 정비를 실행하여 예기치 않은 가동 중단을 최소화한다. 텔레매틱스는 물류 차량의 위치를 추적하고, 최적의 경로를 제안하는 데도 활용된다.

3D 프린팅(3D Printing)

◆ 개념 및 등장 배경

3D 프린팅은 디지털 설계도를 바탕으로 재료를 층층이 쌓아 물체를 제작하는 기술이다. 이 기술의 기원은 1980년대 초반으로 거슬러 올라가며, 1984년에 찰스 헐(Charles Hull)이 SLA(Stereolithography) 기술을 개발하면서 상업용 3D 프린터의 시초가 되었다. 이후 2000년대 들어서면서 다양한 재료와 기술의 발전으로 3D 프린팅은 제조업 전반에서 활용되기 시작했다. 특히 맞춤형 생산과 프로토타이핑에 있어 3D 프린팅은 기존의 제조 방법에 비해 큰 장점을 가지게 되었다.

◆ 핵심 장점

3D 프린팅의 가장 큰 장점은 맞춤형 생산(custom production)과 신속한 프로토타이핑(rapid prototyping)이다. 공급사슬 관리에서 3D 프린팅은 필요할 때 신속하게 부품을 제작할 수 있어, 리드 타임을 단축하고 재고 부담을 줄이다. 또한, 복잡한 부품을 단일 구조로 제작할 수 있어, 제조 효율을 크게 높일 수 있다. 3D 프린팅은 또한 재고를 줄이고, 부품 공급의 유연성을 높이며, 생산 비용을 절감하는 데 기여한다.

◆ 적용 사례

제너럴일렉트릭(GE)은 3D 프린팅 기술을 사용해 항공기 엔진 부품을 제작하고 있다. 기존의 제조 방법으로는 여러 부품을 조립해야 하는 복잡한 엔진 부품을 3D 프린팅으로 단일 구조로 제작함으로써, 생산 시간을 줄이고 부품의 무게를 줄이는 데 성공했다. 이로 인해 항공기 엔진의 연료 효율이 높아지고, 전체적인 운영 비용이 절감되었다. 또한, GE는 3D 프린팅을 통해 부품의 커스터마이징을 더욱 쉽게 할 수 있어, 다양한 고객 요구에 맞춘 제품을 신속히 생산할 수 있다.

웨어러블 기술 및 증강 현실(Wearable Technology and Augmented Reality)

◆ 개념 및 등장 배경

웨어러블 기술은 2000년대 중반부터 다양한 센서를 활용한 헬스케어 기기로 등장했으며, 증강 현실(AR, Augmented reality)은 1990년대 초반에 초기 연구가 시작되었다. AR은 초기에는 군사 훈련과 같은 특수 분야에서 사용되었으나, 스마트폰과 웨어러블 기기의 발전과 함께 산업 전반에 적용되기 시작했다. 웨어러블 기기는 사용자의 건강 데이터를 모니터링하거나 작업을 지원하는 데 사용되며, AR은 실제 환경에 디지털 정보를 겹쳐 보여주는 기술로, 산업 현장에서의 작업 효율성을 높이는 데 중요한 역할을 하고 있다.

◆ 핵심 장점

웨어러블 기술과 증강 현실의 가장 큰 장점은 작업자의 효율성(efficiency)과 안전성(safety) 향상이다. 공급사슬 관리에서 AR과 웨어러블 기기는 실시간 정보를 제공하여 작업 정확성을 높이고, 작업자의 안전을 보호할 수 있다. 특히 유지보수와 교육에서 유용하게 사용되며, 작업자의 부담을 줄여주고, 복잡한 작업을 시각적으로 쉽게 이해할 수 있게 한다.

◆ 적용 사례

보잉은 항공기 조립 작업에서 AR 기술을 활용한다. 작업자는 AR 안경을 착용하고, 이 안경을 통해 배선 경로를 실시간으로 확인할 수 있어 작업 속도와 정확성을 크게 향상시켰다. 이 기술은 특히 복잡한 항공기 내부의 전기 배선 작업에서 오류를 줄이고, 효율성을 높이는 데 기여한다. 웨어러블 기기를 통해 작업자는 작업 도중 손을 자유롭게 사용할 수 있으며, 필요한 정보를 실시간으로 확인할 수 있어, 작업의 안전성과 효율성이 크게 향상되었다.

로봇 프로세스 자동화(Robotic Process Automation – RPA)

◆ 개념 및 등장 배경

로봇 프로세스 자동화(RPA)는 2000년대 초반부터 비즈니스 프로세스를 자동화하기 위한 소프트웨어 솔루션으로 등장했다. 초기에는 단순한 업무 자동화에 사용되었지만, 최근에는 인공지능과 결합되어 더 복잡한 작업을 처리할 수 있게 되었다. RPA는 사람이 수행하는 반복적이고 규칙적인 업무를 소프트웨어 로봇이 자동으로 수행함으로써, 업무 효율성을 극대화하는 데 기여한다.

◆ 핵심 장점

RPA의 가장 큰 장점은 반복 작업의 자동화(automation)와 효율성(efficiency) 증대이다. 공급사슬 관리에서 RPA는 단순하고 반복적인 작업을 자동화하여 인적 오류를 줄이고, 운영 효율성을 높인다. 이를 통해 인력은 더 부가가치가 높은 작업에 집중할 수 있다. 또한, RPA는 작업 속도를 크게 향상시켜, 운영 비용을 절감하고, 전체 프로세스의 정확성을 높인다.

◆ 적용 사례

페덱스는 RPA를 도입해 물류 처리 과정에서 반복적인 작업을 자동화했다. 예를 들어, 고객의 주문 데이터를 자동으로 입력하고 처리하는 데 RPA를 사용함으로써, 데이터 입력 오류를 줄이고 처리 속도를 높였다. 이로 인해 페덱스는 물류 처리 효율을 크게 향상시킬 수 있었고, 고객에게 더 신속하고 정확한 서비스를 제공할 수 있게 되었다. RPA는 물류뿐만 아니라 고객 서비스, 재무 관리 등 다양한 영역에서 활용되며, 전반적인 운영 효율성을 높이는 데 기여한다.

자율 및 자동 안내 차량(Autonomous and Automated Guided Vehicles – AGVs)

◆ 개념 및 등장 배경

자율 주행 기술은 1980년대 초반부터 연구되기 시작했으며, 2000년대 들어서면서 인공지능과 센서 기술의 발전으로 빠르게 발전했다. AGV는 1950년대에 처음 등장했으며, 주로 공장에서의 물류 이동을 자동화하기 위한 목적으로 사용되었다. AGV는 사전에 정의된 경로를 따라 자동으로 움직이며, 물류 및 제조업체에서 인건비를 절감하고, 작업 효율성을 높이는 데 중요한 역할을 해왔다. 최근에는 자율 주행 기술과 결합하여 더욱 고도화되고 있다.

◆ 핵심 장점

자율 주행과 AGV의 가장 큰 장점은 자동화된 물류 관리(automated logistics management)와 비용 절감(cost savings)이다. 공급사슬 관리에서 이 기술들은 물류창고와 제조 현장에서의 자재 운송을 자동화하여 인력 의존도를 줄이고, 작업의 효율성을 크게 향상시킨다. 특히, 자율 주행 차량은 위험한 환경에서의 작업을 안전하게 수행할 수 있어, 안전성도 높일 수 있다.

◆ 적용 사례

테슬라는 자율 주행 기술을 사용해 물류 센터 내에서 자재 운송을 자동화하고 있다. 이로 인해 인건비를 절감하고, 작업 효율성을 크게 향상시켰다. AGV는 공장에서 자재를 적재 위치로 자동으로 운반하며, 공정 간 이동 시간을 줄이는 데 기여하고 있다. 또한, AGV는 대규모 창고나 공장에서의 자재 흐름을 최적화하여, 물류 효율성을 극대화하는 데 큰 역할을 하고 있다.

드론(Drones)

◆ 개념 및 등장 배경

드론은 20세기 초반 군사용 목적으로 개발되었으며, 21세기 들어 상업적 용도로 확대되었다. 특히 2010년대 이후 배터리 기술과 무선 통신 기술의 발전으로 상업용 드론의 활용이 본격화되었다. 드론은 특히 접근이 어려운 지역에서의 물류 및 배송에 탁월한 효율성을 보여주고 있다. 드론 기술은 점차 발전하여 다양한 산업 분야에서 응용되고 있으며, 특히 물류, 재난 구호, 농업, 건설 등에서 활용도가 높아지고 있다.

◆ 핵심 장점

드론의 가장 큰 장점은 신속한 배송(rapid delivery)과 접근성(accessibility)이다. 공급사슬 관리에서 드론은 접근이 어려운 지역으로의 물품을 신속하게 배송할 수 있어, 배송 시간과 비용을 크게 줄일 수 있다. 또한, 재난 상황이나 긴급 상황에서의 대응 능력을 높이는 데도 중요한 역할을 한다. 드론은 또한 교통 체증을 피할 수 있으며, 연료 소비를 줄여 환경적 지속가능성을 높이는 데 기여할 수 있다.

◆ 적용 사례

UPS는 의료 물품을 드론을 통해 긴급하게 배송하며, 특히 재난 지역에서의 신속한 대응을 지원한다. 드론은 접근이 어려운 지역에도 신속하게 물품을 운송할 수 있어, 물류와 재난 구호 등 다양한 분야에서 활용되고 있다.

Operations Innovation Professional

품질과 지속개선
Quality and Continuous Improvement

3장 | 품질과 지속개선
Quality and Continuous Improvement

3.1 전사적 품질경영과 기타 품질도구
    3.1.1 품질
    3.1.2 품질비용
    3.1.3 전사적품질경영의 목표
    3.1.4 전사적품질경영의 핵심 구성요소
    3.1.5 품질기능전개
    3.1.6 품질통제를 위한 7가지 기본 도구들
    3.1.7 근본원인 분석
    3.1.8 벤치마킹

3.2 6 시그마
    3.2.1 6 시그마의 목표
    3.2.2 6 시그마의 방법론
    3.2.3 DMAIC

3.3 제품과 프로세스의 지속개선
    3.3.1 지속개선의 목표

핵심주제와 학습목표

- 전사적품질경영(TQM, total quality management) 목표
- 품질과 4가지 품질비용(cost of quality)
- 경영진 확약, 성과측정, 종업원 참여 및 권한부여, 고객 중심
- 품질기능전개(QFD, quality function deployment),
- 제품과 프로세스를 위한 지속개선
- 품질통제를 위한 7가지 도구들: 흐름도(flowcharts), 원인결과도표(cause-and-effect diagrams), 관리도(control charts), 통계적 프로세스 통제(statistical process control), 체크표(check sheets), 도수분포도(histograms), 파레토도표(pareto charts), 산포도(scatter diagrams)
- 기타 품질 관련 도구들: 근본원인 분석, 벤치마킹(benchmarking)
- 6 시그마(six sigma) 목표와 방법론
- DMAIC를 포함하는 6 시그마 프로세스
- 지속개선 프로세스 개선에서 단계

3.1 전사적 품질경영과 기타 품질도구
(Total quality management and other quality tools)

품질(quality)이라는 단순한 단어 앞에 전사적(total)이란 수식어가 붙고 뒤에 경영(management)라는 단어가 붙으면서 전사적인 품질경영(TQM)이라는 개념이 등장하였다. 단순한 신조어 등장이 아니라 품질이라는 용어가 일부 부서가 아닌 전사적으로, 대상이 조직원 전체로, 그리고 경영층의 화두로 격상하게 되었다. 전사적품질경영(TQM)은 고객만족을 통해 장기 성공을 꾀하고자 하는 경영 접근 방법이다. 전사적품질경영(TQM)을 잘 이해하기 위해서는 우선 품질에 대한 정의와 좋지 않은 품질로 인한 비용을 살펴보는 것이 좋은 접근이다.

> **전사적 품질경영(TQM, Total quality management)**
>
> 품질 향상(quality improvement)에 대한 일본식 경영 방식을 설명하는 용어. 그 이후로 TQM은 많은 의미를 가지게 된다. 간단히 말해서, TQM은 고객 만족을 통한 장기적인 성공에 대한 관리 접근 방식이다. TQM은 프로세스, 상품, 서비스 및 그들이 일하는 곳의 문화를 개선하는 데 있어 조직의 모든 구성원이 참여하는 것을 기반으로 한다. 이 접근법을 이행하는 방법은 Philip B. Crosby, W. Edwards Deming, Armand V. Feigenbaum, Kaoru Ishikawa, J.M. Juran, Taguchi Genichi 같은 훌륭한 리더의 교육에서 찾을 수 있다.

3.1.1 품질(Quality)

> **품질(Quality)**
>
> 요구사항에 대한 부합 또는 사용의 적합성(fitness for use). 품질은 다섯 가지 주요 접근 원리를 통해 정의할 수 있다. (1)탁월한 품질(transcendent quality)은 이상적이고, 가장 일반적으로 말하는 우수함의 조건이다. (2)제품 기반(product-based) 품질은 제품 속성을 기반으로 한다. (3)사용자 기반(user-based) 품질은 사용 적합성이다. (4)제조 기반(manufacturing-based) 품질은 요구사항에 부합하는 것이다. (5)가치 기반 품질(value-based quality)은 수용 가능한 가격에서의 우수함의 척도이다. 또한 품질에는 두 가지 주요 구성요소가 있다. (1)부합도의 질(quality of conformance) - 품질은 무결함으로 정의되며, (2)설계의 질(quality of design) - 품질은 제품의 특성 및 기능에 대한 고객 만족도로 측정된다.

품질(quality)에 대한 정의는 위에 명기한 바와 같이 여러 가지 표현으로 나타날 수 있다. 이 5가지 정의에 의거하여 품질에 대해 언급할 때 다음과 같은 중요 접근이 있다.

첫째, 탁월한 품질(transcendent quality): 이는 다소 막연한 표현이지만 대부분 사람들에게 품질의 정의를 물으면 답하는 아주 탁월한 이상적인 품질을 말한다. 그러나 현실적으로 어느 정도가 탁월한지 정확하게 측정하기가 어렵다.

둘째, 제품기반 품질(product-based quality): 이는 제품 등급과 관련이 되는데 예를 들면 저가품과 기능이 많은 고급품의 경우를 말한다. 제품을 설계할 때 세분화된 목표 고객과 판매량을 위한 조직의 전략에 맞춰야 한다. 심지어 어떤 경우는 낮은 등급이 다른 정의에 의해 고품질이라고 표현될 수도 있다.

셋째, 사용자 기반 품질(user-based quality): 사용자의 기대치, 기능, 미학, 사양 준수, 서비스 등이 기준이 된다. 특히 제품 사용 시 그 성능의 일관성을 평가하는 신뢰성(reliability), 얼마나 오래 쓰는지에 대한 내구성(durability), 고장 시 수리가 잘 되는지에 대한 유지 보수성(maintainability) 등이 중요 기준이 된다.

넷째, 제조 기반 품질(manufacturing-based quality): 요구사항에 대한 부합성 및 적합성 품질

다섯째, 가치기반 품질(value-based quality): 이는 돈에 대한 가치이며 경쟁 및 인식과 관련된다.

아래 도표 3-1은 제품개발주기와 각 단계별 품질이 관련이 있음을 보여주고 있다.

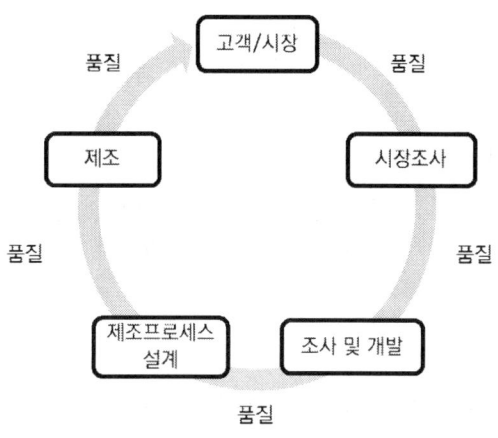

도표 3-1 제품개발주기와 각 단계별 품질

3.1.2 품질비용(Cost of poor quality)

고품질을 달성하는 것은 상당한 돈과 시간 투자가 요구된다. 그러나 많은 품질관리 선구자들은 한결같이 품질에 투자를 하지 않은 것은 장기적으로 더 많은 비용이 발생한다고 주장한다. 품질에 대한 투자는 단기적으로 비용이 증가되더라도 장기적으로는 더 나은 정책이라는 것이다. 이는 좋지 않은 품질로 인해 발생하는 품질비용이 막대하기 때문이다.

품질비용은 크게 두 범주로 나뉘어지는데 불량 비용(cost of failure)과 품질통제 비용(cost of controlling quality)이다. 불량 비용(cost of failure)은 다시 외부불량 비용(external failure cost)과 내부불량 비용(internal failure cost)로 나누어 볼 수 있다.

> **품질 저하의 비용(Cost of poor quality)**
> 품질이 낮은(poor-quality) 제품 또는 서비스를 제공하는 데 드는 비용. 비용에는 4가지 범주(내부실패 비용, 외부실패 비용, 평가비용, 예방비용)가 있다.
>
> **품질비용(Quality costs)**
> 예방 활동과 관련된 전반적인 비용과 제품 생산 전(before), 생산 도중(during), 생산 후(after) 회사 전체의 품질 향상에 드는 비용.

> **외부실패/불량 비용(External failure costs)**
> 제품이 고객에게 도착한 후에 발견되는 문제점과 관련된 비용. 여기에는 일반적으로 보증(warranty) 및 반품(returns)과 같은 비용이 포함된다.
>
> **내부실패/불량 비용(Internal failure costs)**
> 제품이 고객에게 도달하기 전에 잘못되는 비용. 내부불량 비용에는 일반적으로 재작업(rework) 폐기(scrap), 등급 하향(downgrades), 재검사(reinspection), 재시험(retesting), 프로세스(process) 손실이 포함된다.

외부불량 비용은 고객에 도착한 후 발견되는 불량으로 4가지 품질 비용 중 가장 중대하면서 비싼 대가를 치러야 하는 불량이다. 내부불량 비용은 제품이 고객에 도착하기 이전에 발견된 불량이며 주로 재작업, 폐기, 등급을 낮추거나 재검사, 그리고 프로세스 손실 등을 포함한다. 외부불량 비용에 이어 두 번째로 중요하며 불량비용이 전체 품질 비용의 약 80% 이상을 차지한다.

실패/불량 비용(Costs of failure) - 예방을 하지 않는 경우, 품질 비용의 80%	품질통제 비용(Costs of controlling quality)
외부실패(external failure) 비용 • 제품이 고객에게 도착후에 발생 • 보증, 반품 • 가장 큰 비용 발생(고객을 잃음)	평가비용(appraisal costs) • 사양에 대한 적합성 • 프로세스 준수 • 완제품 검수 • 교정(calibration) • 린(lean)에서는 낭비로 여김
내부실패/불량(Internal failure) 비용 • 출하되기 이전에 발생 • 재작업, 폐기 • 긴 리드타임 또는 지연된 주문	예방비용(prevention costs) • 불량감소 및 평가 비용 감소 • 예방적 정비 • 교육, 훈련, 공급업체 인증

도표 3-2 품질비용(Cost of poor quality)

> **현장 서비스(Field service)**
> 판매 후 또는 임대 기간 중 고객을 위해 제품을 설치하고(installing), 유지보수(maintaining) 하는 기능. 현장 서비스에는 또한 교육(training) 및 구현 지원(implementation assistance)이 포함될 수 있다.

품질통제 비용은 품질 불량으로 인한 비용을 줄이기 위한 목적으로 수행되는 품질통제 활동에 소요되는 비용을 말한다. 품질통제 비용은 예방비용(prevention cost)과 평가비용(appraisal cost)으로 분류된다. 두 비용 중 평가비용은 부가가치가 없고 예방비용은 부가가치가 있는 비용이므로 가급적 평가비용에 관련된 예산을 줄여서 예방 분야를 위해 사용하는 것이 바람직하다.

평가비용은 원자재 검수나 장비 교정, 제품 시험, 품질 검사 등과 같은 행위로서 아무리 강화를 한다손 치더라도 이미 발생한 불량을 양품으로 만들지 못한다는 의미에서 부가가치가 없다고 평가한다. 반면에 예방비용은 예방정비, 품질계획, 통계적 프로세스 통제, 그리고 다양한 유형의 지속개선 활동들을 지칭하며 이 행위를 강화하면 불량을 사전에 방지할 수 있다는 의미에서 부가가치가 있는 행위라고 말한다.

품질통제(Quality control)

특성에 대한 표준과 실제를 비교하고 그 차이에 대한 시정 조치(corrective actions)를 취함으로써 품질 적합성을 측정하는 프로세스

예방비용(Prevention costs)

실패 및 평가 비용 감소에 초점을 둔 개선 활동으로 인한 비용. 일반적인 비용에는 교육(education), 품질 훈련(quality training), 공급업체 인증(supplier certification)이 포함된다.

예방 유지보수(Preventive maintenance)

장비 고장을 예방하는 조정(adjustments), 교체(replacements), 기본적인 세척(basic cleanliness)을 포함하는 활동들. 그 목적은 생산 품질이 유지되고 납품 일정이 충족되도록 보장하는 것이다. 더욱이 잘 관리되는 시스템은 오래 지속되고 문제가 줄어들게 된다.

3.1.3 전사적품질경영(TQM, total quality management)의 목표

전사적품질경영의 목표는 고객만족을 통한 장기적인 성공에 있다. 장기적을 강조한 이유는 품질 예방 비용이 증가한다고 해서 품질 불량 비용이 즉각적으로 감소하는 것이 아니기 때문이다. 장기적으로 효과를 발휘하게 된다. 또한 고객이 요청한 제품 및 서비스 사양에 적합한지 확인하고 프로세스가 변동성을 가진 중심 집중 경향을 가져서 통제 가능할 정도로 변동을 최소화하는 것도 중요 목표이다. 종 모양의 정규분포 곡선에서 높고 폭이 좁은 종 모양은 거의 변동이 없음을 의미하고 낮고 폭이 넓은 종 모양은 변동이 심하다는 표시이다. '사양 내' 그리고 '요구사항 준수'는 상한선 및 하한선 내를 의미하며 반대 한계 근처의 몇몇 구성품은 여전히 조립에 실패할 수 있음을 의미한다.

3.1.4 전사적품질경영(TQM)의 핵심 구성요소

전사적품질경영의 핵심개념은 다음과 같다.

경영진이 챔피언(management champions)으로서 절대적인 약속 및 예산 지원 그리고 미션, 비전, 문화 창출을 해야 한다. 성과 측정도 증거 기반 시스템으로 이루어져야 한다. 다만 고객을 잃는 것에 대한 정확한 비용을 측정하기 어렵다. 종업원의 참여(involvement)와 권한부여(empowerment)를 통해 교차훈련, 문제해결, 근본원인 분석에 활용한다. 전사적품질경영은 조직내 모든 사람의 책임이다.

고객에 초점을 맞추며 아래와 같은 고객의 요구에 부응해야 한다.

- 품질(quality)
- 유연성/민첩성(flexibility/agility)
- 신뢰성/복원력(dependability/resilience)
- 서비스(service)
- 속도/리드타임(speed/lead time)
- 안정성(stability)
- 가격(cost)

위 요구사항들은 서로 교환거래에 있기 때문에 모든 항목을 다 만족하기 어렵고 그 중 일부 혹은 고객이 수긍할 만한 조합들을 찾는 것이 현명하다. 엄격한 품질 방법론과 지속개선을 통해 대부분 혹은 모든 것을 한꺼번에 개선시킬 수도 있다.

◆ 지속적인 프로세스 개선(Continuous process improvement) 단계

① 개선할 프로세스 결정. 관찰이나 파레토(Pareto) 또는 근본 원인 분석과 같은 도구의 결과를 기반으로 할 수 있다. 예를 들어 제약이론(TOC)의 현금창출력 계산에 의해 식별된 경제적 우선 순위일 수도 있고 자신의 통제하에 있는 프로세스일 수도 있다.
② 현재 있는 그대로의 상태의 데이터를 수집하고 엮기. 여기에는 프로세스의 흐름도 또는 가치 흐름도 등이 포함될 수 있다. 프로세스의 입력, 출력, 라우팅 및 경계 결정; 사용된 구성 요소의

목록; 공급업체, 고객 및 환경 요인에 대한 정보를 제공한다.

③ 데이터를 분석하고 향후 되고자 하는 상태를 만듦. 이것은 문제를 작은 덩어리로 분해하고, 근본 원인을 찾고 현금창출력, 투자 및 운영 비용(TOC의 현금창출력 회계에서처럼)과 같은 잠재적 결과를 계산하여 하나 이상의 대안을 개발하는 것과 관련될 수 있다.

④ 대안 중에서 가장 좋은 방법을 선택. 여기에는 가능한 한 작업을 단순화하고 가능하면 작업을 결합하며 보다 효율적인 순서를 찾거나 순차적이 아닌 병렬로 일부 작업을 수행하는 등, 이 단계에서 가능한 한 낭비를 최소화하는 방법을 찾는 것이 포함된다. 또한 5S 활동, 교차 훈련 등의 개선 제안을 포함할 수도 있다.

⑤ 실행을 함. 관련 작업자를 교육시키고 새로운 방법이 표준 관행이 되도록 필요한 정책, 절차 및 기타 문서를 수정한다.

⑥ 새로운 방법을 유지. 여기에는 작업 모니터링 및 통제, 해결 방법 수정 또는 오래된 방법 사용이 포함된다. 또한 새로운 방법이 얼마나 잘 작동하는지(또는 제대로 작동하지 못했는지), 성공적인 개선을 위해 혁신자에게 공로를 인정하는 증거를 수집하는 것도 포함된다.

3.1.5 품질기능전개(QFD, quality function deployment)

품질기능전개는 고객이 원하는 고객의 요구사항을 신제품 설계나 혹은 기존 제품 개선 그리고 프로세스 설계에 체계적으로 반영하기 위한 방법론이다.

> **품질기능전개(QFD, Quality function deployment)**
> 고객의 모든 주요 요구사항이 식별되고 결과적으로 제품 설계 프로세스 및 생산 관리 시스템(production management system)의 설계 및 운영을 통해 충족되거나 넘어서도록 보장하기 위한 방법론(methodology). QFD는 의사소통(communication) 및 해석(translation) 도구 모음으로 볼 수 있다. QFD는 신제품에서 고객이 원하는 것과 제품이 제공할 수 있는 것 사이의 차이(gap)를 제거하려고 시도한다. QFD는 종종 고객의 주요 요구사항을 명확하게 식별한다. 이런 고객의 기대(expectations) 사항을 고객의 소리(VOC)라고 한다.

도표 3-3 예제에서 볼 수 있듯이 조직으로 하여금 다양한 고객의 요구들 사이의 교환거래를

관리하는데 도움이 된다. 예를 들어 도표 3-3에서 보듯이 현관문 두께를 더 두껍게 하여 도둑 침입을 더 잘 막고 격리가 더 잘되기를 원하는데 이에 대한 반대 급부로 더 무겁고 더 비싸게 되며 보다 견고한 하드웨어가 필요하다. 품질기능전개(QFD)는 단지 고객의 실제 요구만을 고려하는 것이 아니라 이러한 요구들에 대응하기 위한 다양한 기술적인 결과를 평가한다. 또한 고객이 요구한 제품의 사양과 특징들에 대해 경쟁자들과 비교하여 조직이 경쟁력을 유지하도록 돕는다. 품질기능전개는 가치분석(value analysis)의 한 유형이다.

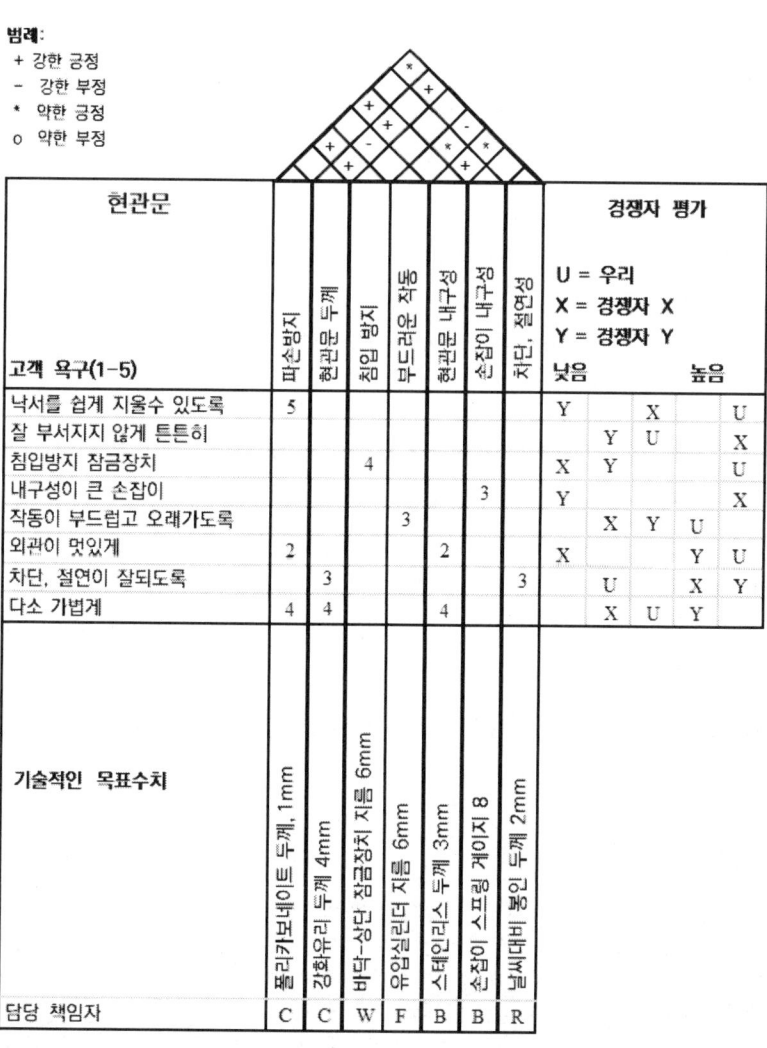

도표 3-3 품질기능전개(Quality function deployment)

가치분석(Value analysis)

필요한 기능(required function)을 식별하고 그 기능에 대한 가치를 확립하며 최종적으로 가장 낮은 전체 비용으로 기능을 제공하는 기법을 체계적으로 사용한다. 현재 제품 설계를 생산하는 방법보다는 품목의 기능(functions)에 중점을 둔다.

가치분석(value analysis)을 통해 교환거래(tradeoffs)를 관리하고 모든 주요 고객 요구사항 파악 및 이를 충족한다. 품질기능전개의 첫 출발은 고객이 원하는 것을 살펴보는 것이다 즉 고객의 소리(voice of the customer)를 올바르게 수집할 수 있어야 하고 이를 바탕으로 품질의 집(house of quality) 개념을 활용하여 품질기능전개 방법론을 전개해 간다.

고객의 소리(VOC, voice of the customer)

고객이 상품 및 서비스에 대해 원하는 기능 및 특징을 담은 실제 고객 설명. 엄격한 정의에서 품질 기능 전개(QFD)와 관련하여 고객이라는 용어는 공급 조직체(entity)의 외부 고객을 나타낸다.

고객의 소리는 품질기능전개 뿐만 아니라 제품 기능 및 빠른 배송과 같은 관련 서비스에 대한 고객의 요구사항에 대한 정보를 수집하는 데에도 사용된다. 고객의 소리는 조직의 제품과 경쟁 업체 제품에 대한 고객 피드백을 수집할 수 있다(고객이 경험이 있는 경우). 고객 인터뷰 또는 설문 조사 사용이 필요할 수 있다. 설문 조사에는 구조화된 응답이 있는 섹션이 있을 수 있다(예: 고객이 리커트 척도라고 하는 1~5 범위에서 선택하도록 요구하는 경우). 그러나 진정한 고객의 소리 수집을 위해 설문 조사는 일반 질문에 응답하기 위한 빈 칸을 포함하는 것과 같은 구조화되지 않은 응답도 허용해야 한다. 일단 고객 속성이 수집되면 결과가 취합되고 품질의 집(house of quality)을 구성할 수 있다.

품질의 집(HOQ, house of quality)

고객 정의의 특성과 이를 지원하고 생성하는 데 필요한 제품의 기술 기능을 관련시키는 구조화된 프로세스. 이 기술은 다음과 같은 6단계 프로세스를 통해 이러한 매핑을 달성한다. (1)고객 속성(customer attributes) 식별 (2)기술적인 기능(technical features) 지원의 식별 (3)기술적인 기능 지원과 고객속성의 상관관계 (4)고객 요구사항 및 기술적 특징에 대한 우선 순위 할당. (5)경쟁 상태 및 경쟁 제품 평가 (6)제품의 최종 디자인에서 사용(배치)될 기술적 특징의 식별. HOQ는 QFD 프로세스의 일부이며 설계자는 고객의 요구사항과 제안된 설계가 이러한 요구를 충족시키는 정도를 고려해야 한다.

3.1.6 품질통제를 위한 7가지 기본 도구들(7 tools)

품질통제와 품질관리에 도움을 주는 도구들이 여러 가지 있다. 이들 중 대표적인 7가지를 품질통제를 위한 7가지 기본 도구(basic seven tools)라고 부른다.

> **품질통제를 위한 7가지 기본 도구들(B7)**
>
> 조직에서 프로세스를 개선하기 위해 이해를 돕는 도구. 도구들은 체크표(check sheet), 파레토 도표(pareto chart), 원인결과도표(cause-and-effect diagram, Fishbone 도표 또는 Ishikawa 도표), 흐름도(flowchart), 도수분포도(histogram), 관리도(control chart), 산포도(scatter diagram)로 이루어졌다.

첫째, 체크표(check sheets)는 특정 이벤트가 발생한 회수를 기록하는데 사용하는 도구이며 기록 자체적으로 용도가 있을 뿐 아니라 다른 도구들을 사용하기 위해 부차적인 자료 기록 용도로도 많이 활용되는 도구이다. 즉 체크표를 통해 기록된 자료를 다른 도구를 이용하여 해석하는 용도이다.

아래 그림은 다양한 종류의 제품 반품 이유를 기록하는데 사용한 체크표 예이다.

	제 품				
	ASS-S	ASS-B	ASD-S	ASD-B	합계
포장불량	//	//	/	/	6
깨짐	///	///	///	//	11
흠집	////	/////	///	//	14
합계	9	10	7	5	31

도표 3-4 체크표(check sheets)

> ✏️ **체크표(Check sheet)**
>
> 간단한 데이터 기록 장치. 체크표는 사용자가 결과에 대한 사용자의 해석을 용이하게 하도록 설계되었다. 체크표는 종종 데이터 표(data sheets)와 체크리스트(checklists)와 혼동되기도 한다.

둘째, 파레토 도표(Pareto charts)이다. 이탈리아 경제학자 빌프레도 파레토(Vilfredo Pareto)에 의해 고안된 개념인 파레토 법칙(Pareto's law)을 기반으로 하는 도구이다. 파레토 법칙은 일상 생활에서 존재하는 80대 20룰에 근거한 중요한 소수(significant few)와 사소한 다수(trivial many)를 말한다. 이 파레토 법칙을 재고관리에 효과적으로 이용하는 예가 ABC 재고관리다.

아래 도표 3-5에서 처음 두개 항목이 전체의 70%를 차지하고 있음을 보여준다.

> ✏️ **파레토 도표(Pareto chart)**
>
> 파레토 분석 결과를 표시하는 막대 그래프. 80-20 규칙의 관계를 표시할 수도 있고, 표시하지 않을 수도 있지만 다수의 부분에 비교된 소수가 현저한 영향을 미침을 보여준다.

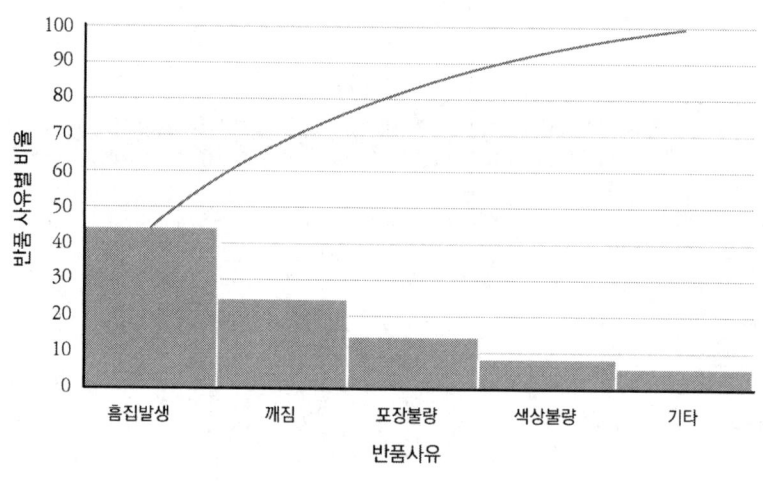

도표 3-5 파레토 도표(pareto charts)

셋째, 원인결과도표(cause-and-effect diagrams)이다. 어떤 문제점이나 증상에 관한 결과에 대해 영향을 끼친 원인과 세부원인들을 보여줌으로써 근본원인을 찾아가는데 도움을 준다. 증상에 대한 가능한 근본원인(root-causes)을 브레인스토밍을 통해 점점 세분화할 수 있다. 그 형태가 물고기 뼈처럼 생겼다고 하여 물고기뼈 도표(fishbone chart)라고 부르기도 하며 이 도구를 처음 사용한 사람의 이름을 따서 이시가와 도표(Ishigawa chart)라고도 부른다.

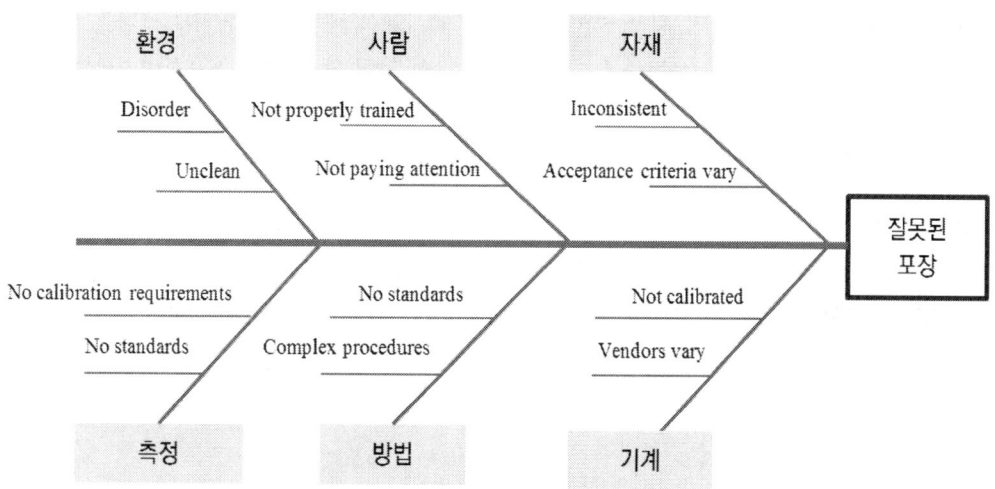

도표 3-6 원인결과도표(cause-and-effect diagrams)

아래 내용은 세조 과정에서 발생 가능한 번동에 내한 근본 원인들의 예이다.

- 환경(environment): 먼지, 온도 변화, 습기, 빛
- 사람(people): 작업자 훈련, 경험
- 자재(materials): 좋지 않은 품질 혹은 변동성 높은 자재
- 측정(measurement): 잘못 조정된 도구(miscalibrated tools), 잘못된 것 측정
- 방법(methods): 오류 프로세스 단계, 단계간의 흐름
- 기계(machine): 형편없이 유지 보수된 장비 혹은 잘못된 장비

> **원인결과 도표(Cause-and-effect diagram)**
>
> 프로세스 분산(process dispersion) 분석 도구. 이시가와 도표(Kaoru Ishikawa가 개발했기 때문에)또는 물고기뼈 도표(전체 도표가 물고기 뼈와 유사하기 때문에)라고도 한다. 이 도표는 효과(증상) (symptom)로 이어지는 주요 원인(main causes)과 그것들의 하위 원인(sub-causes)을 보여준다.

기본 7가지 도구에는 포함되지 않지만 원인결과 도표와 더불어 근본원인(root-causes)을 찾을 때 유용하게 사용하는 분석 도구가 바로 '다섯 번 왜'(5 why)이다. 문제점의 원인에 대해 적어도 왜(why)를 5번 물으면 근본원인이 나온다는 것이다. 달리 표현하면 한두 번 물음에 대한 답은 피상적인 원인이라는 것이다.

한 가지 실례로, 대형 자동차 회사 중 하나인 어떤 회사에서 좌석 위치가 너무 낮다는 고객 불만 사항을 조사하기 위해 고객과 인터뷰를 실시하였다. 다섯 가지 왜 방법을 적용하여 근본원인을 분석한 결과 좌석의 위치가 낮은 것이 아니라 사이드(side) 창문 턱이 높다는 것을 발견하고 이를 시정함으로써 고객 불만 문제를 해결하였다.

넷째, 흐름도(flow charts)이다. 프로세스도 혹은 순서도라고도 알려져 있는데 업무 프로세스를 표현할 때 많이 사용한다. 상대방에게 구두로 서술형으로 설명하는 것보다 의사소통을 훨씬 명확히 할 수 있는 장점이 있고 업무 흐름을 살펴보면서 개선점을 찾을 수 있다. 이 흐름도는 표현에 대한 규칙을 가지고 있다. 먼저 흐름의 시작과 끝은 타원형으로 표시하고 프로세스는 사각형 그리고 의사결정은 마름모꼴로 표시한다. 도표 3-7은 현관문 제조업체의 작업 및 포장 공정의 순서도를 보여주는 예이다.

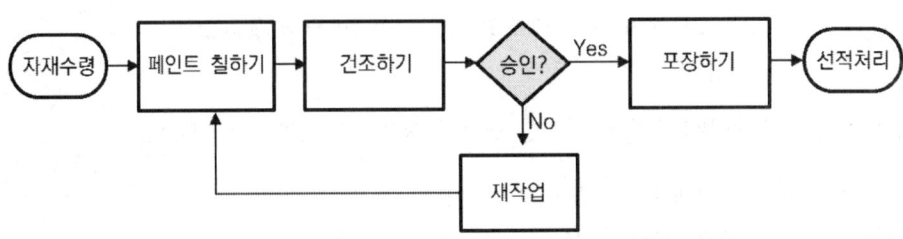

도표 3-7 흐름도(flow charts)

> 🎵 **흐름도(Flowchart)**
> 흐름도 작성 프로세스의 산출물. 프로세스와 관련된 작업, 운송, 저장, 지연, 검사 등을 보여주는 도표. 흐름도는 프로세스를 보다 잘 명확하게 이해하기 위해 작성되었다.
>
> 🎵 **프로세스 흐름 도표(Process flow diagram)**
> 운영 프로세스를 구성하는 다양한 단계, 이벤트, 업무의 그래픽(graphical) 및 점진적인(progressive) 표현. 제품을 제조하거나 서비스를 수행할 때 실제 발생하는 상황을 보는 이에게 알려준다.

다섯째, 도수분포도(histograms)이다. 수직 막대도표(vertical bar charts)로 표현하며 주로 빈도 분포(frequency distribution), 그룹 또는 클래스(groups or classes), 클래스 당 항목 수 (number of items per class)를 이용한다. 도수분포도(histograms)는 실제 데이터 시각화에 좋은 도구이다. 일반 막대그래프와 다른 점은 도수분포도는 X 축에 표시되는 품목의 그룹이나 클래스가 연속적이며 서로 위치 변경이 불가능하다는 점이다.

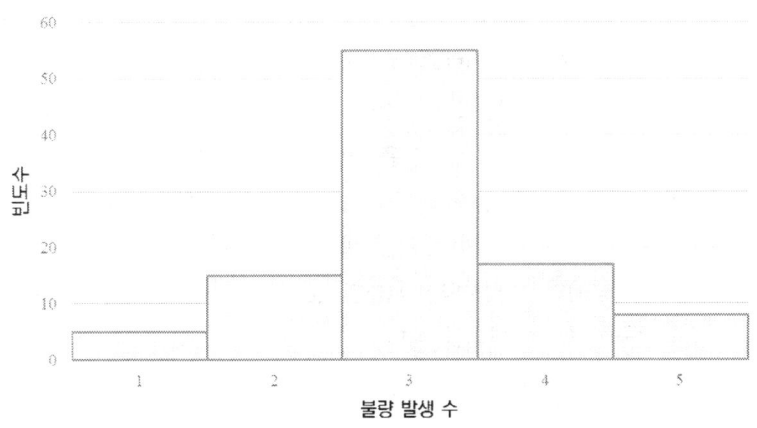

도표 3-8   도수분포도(histograms)

도수분포도(Histogram)
품목의 그룹 또는 클래스가 X축에 표시되고 각 클래스의 품목 수가 Y축에 표시되는 빈도 분포를 나타내는 연속적인(contiguous) 세로 막대 그래프이다. 도수분포도의 그림적 특성(pictorial nature)으로 사람들은 단순한 숫자 표에서 보기 힘든 패턴을 볼 수 있다.

여섯째, 통계적 프로세스 통제(statistical process control)를 이용한 관리도(control chart)이다. 통제도 내용에 앞서 통계적 프로세스 통제에 대해 살펴보자. 통계적 프로세스 통제는 품질 통제 혹은 프로세스 통제에 통계적 기법을 활용하는 것이다.

통계적 프로세스 통제(SPC, Statistical process control)
통계적인 기법(statistical techniques)을 적용하여 작업을 모니터하고 조정함. 통계적 품질 통제(statistical quality control)에는 통계적 프로세스 통제뿐만 아니라 샘플링 검사(acceptance sampling)를 포함하지만 통계적 품질 통제와 종종 같은 개념으로 사용된다.

> **프로세스 능력(Process capability)**
>
> 기술(engineering) 사양을 준수하는 부품을 생산할 수 있는 프로세스 능력. 프로세스 능력(process capability)은 통계적 통제 상태에 있는 프로세스의 고유한 변동성과 관련이 있다.

장치 산업에서는 일정 수준의 품질이 뒷받침되는 상태에서의 생산능력이 중요한데 이를 측정할 때 프로세스 능력이라는 표현을 한다. 프로세스가 이 변동성 내에서 관리가 되느냐 아니면 관리 한계를 벗어 나느냐가 중요한 측정이다. 즉 변동성이 적으면 관리 한계 내에 존재하고 반대로 변동성이 크면 관리 한계를 벗어난다. 따라서 변동성을 줄이는 것이 품질을 향상시키는 핵심 방법이다. 도표 3-9에서, 높고 퍼짐 정도가 적은 진한 색상의 그래프가 낮고 넓게 퍼진 옅은 색상의 그래프보다 더 좋음을 의미한다. 모든 프로세스는 어느 정도 변동성을 가지고 있기 때문에 상위사양한계(USL, upper specification limit)와 하위사양한계(LSL, lower specification limit)라는 사양 한계(specification limit)를 설정하여 관리를 한다.

프로세스를 수행할 능력이 가능한가(capable)?

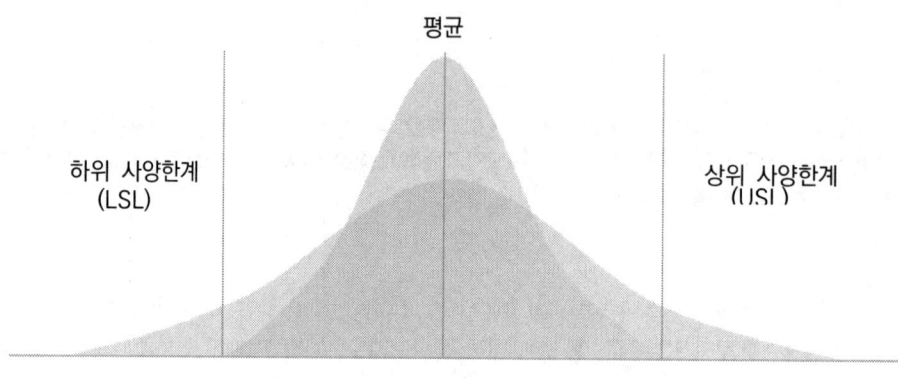

도표 3-9 사양한계를 가진 종 모양 커브(bell curves)

> **허용오차(Tolerance)**
>
> 수명주기 동안 상품이나 서비스의 기능에 대해 수용 가능한 것으로 간주되는 설계 엔지니어가 설정한 명목 값(nominal value)으로부터 허용되는 이탈.

퍼짐(Spread)

활동의 변동성(Variability of an action). 종종 특정 차원의 표준편차(standard deviation)나 또는 범위(range)로 측정된다.

사양 한계와 유사한 개념으로 통제 한계(control limits)가 있다. 사양한계의 하위 및 상위 사양 한계(LSL and USL)는 고객 또는 기술 팀에 의해 설정된다. 사용된 프로세스와는 독립적이며(결과, 어떻게 달성하는지가 아님) 흔히 고객의 소리(voice of the customer)로 표현한다. 반면 통제 한계(LCL and UCL)는 표준편차의 통계적 관찰에 의해 설정된다. 이는 프로세스 사양(사양내에서 결과를 산출할 수 있는지?)을 의미하며 프로세스의 소리(voice of the process)로 표현한다.

정규분포(normal distributions)와 표준편차(standard deviations)의 관계를 살펴보면 정규분포는 종 모양(bell curve)으로 샘플을 평활화하여 패턴을 일반화할 때 사용한다. 범위 및 평균으로부터 떨어진 정도인 표준편차를 보여주게 되는데 1 표준편차(1σ)는 확률적으로 전체 면적의 68.3%를 차지하고 2 표준편차(2σ)는 95.4%, 그리고 3 표준편차(3σ)는 99.7%을 나타낸다. 이는 통계적으로 고정된 값이며 만약 계산되어 나온 1 표준편차 값이 크면 클수록 이는 더 넓은 변동 폭을 의미한다.

아래 도표 3-10은 제품 검수 결과 사양 한계 내에는 존재하지만 오른쪽으로 치우쳐 있음을 볼 수 있다.

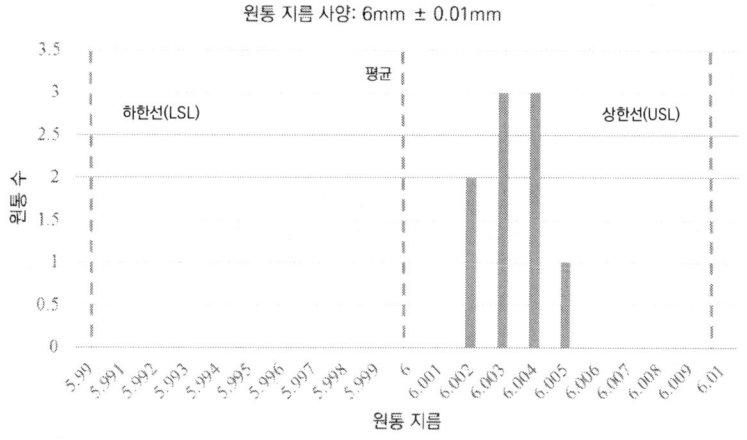

도표 3-10 통계적 프로세스 통제(statistical process control)

앞서 설명한 품질저하로 인한 비용이 실패 혹은 불량비용과 품질 통제 비용 두가지 범주로 나뉘고 실패 혹은 불량비용은 외부 불량비용과 내부 불량비용 그리고 품질 통제 비용은 평가비용과 예방비용으로 분류되었음을 살펴보았다. 평가비용에 해당하는 것은 엄밀히 말하면 낭비의 형태이다. 왜냐하면 완제품 혹은 원자재 검수는 그 결과가 오직 불량만을 발견하여 골라내는 일이므로 아무리 비용을 많이 들여 열심히 한들 이미 불량 난 제품이 양품으로 바뀌지는 않기 때문이다. 또한 문제점에 대한 근본원인을 찾기도 어렵다.

반면에 통계적 프로세스 통제를 활용한 예방 활동은 통계적 통제 한계에 대한 프로세스 관찰하고 프로세스가 통제를 벗어날 때 바로 감지하여 사전에 시정 조치를 취할 수 있다.

변동의 원인을 찾아내어 관리하는 것이 매우 중요하다. 변동의 원인을 살펴보면 크게 일반 원인(common causes) 혹은 무작위 원인(random causes)과 특별 원인(special cause) 둘로 나누어진다. 일반 원인은 제품이나 프로세스에 내재하는 고유의 변동성(inherent variation)이다. 이들을 범주화하여 영향을 최소화하도록 프로세스를 설계하는 것이 매우 중요하다. 특별 원인은 지정할 수 있는 원인(assignable cause)으로 표현하기도 하는데 변동에 대한 근본원인이 존재하여 이에 대응할 수 있다. 즉 우연한 일이 아니기 때문에 일반 원인보다는 쉽게 해결할 수가 있다.

> **일반적인 원인(우연 원인)(Common causes (random causes))**
> 시간이 지남에 따라 프로세스에 고유한 변동의 원인들. 이들은 프로세스의 모든 결과와 프로세스에서 작업하는 모든 사람들에게 영향을 준다.
>
> **지정할 수 있는 원인(특별 원인)(Assignable cause (special cause))**
> 상당히 큰 크기 또는 무작위적인 변동 원인과 쉽게 구별되어 격리되어질 수 있는 프로세스의 변동의 원천.

> **무작위 변동(Random variation)**
> "불확실하거나 무작위로 발생하는 데이터의 변동". 일반적인 원인(common causes)의 예로는 원인결과도표의 여섯 가지 범주에 앞서 나열된 것들이 있다. 사람들이 그 영향을 최소화하기 위한 프로세스를 설계할 수 있기 때문에 범주별로 일반적인 원인을 파악하는 것이 도움이 될 수 있다. 그러한 프로세스는 더 높고 좁은 종 모양의 곡선을 가질 것이다.

여섯째 도구인 관리도(control chart)는 그 형태와 목적에 따라 X 바 도표(X bar chart), R 도표(R-chart), 그리고 P 도표(P-chart)가 있다. 가장 보편적으로 사용되는 X 바 도표는 중심선

(center line)을 중심으로 상위통제한계(UCL)와 하위통제한계(LCL)를 가지고 있으며 종 모양의 정규분포를 옆으로 누인 상태로 상한 하한을 관리하는 것과 유사하다. 이 통제 한계를 벗어나면 바로 감지가 되고 이에 따라 신속한 조치를 취하게 된다. X바는 표본평균을 표시하게 되며 통상적으로 약 3~9 단위의 표본 평균을 이용한다.

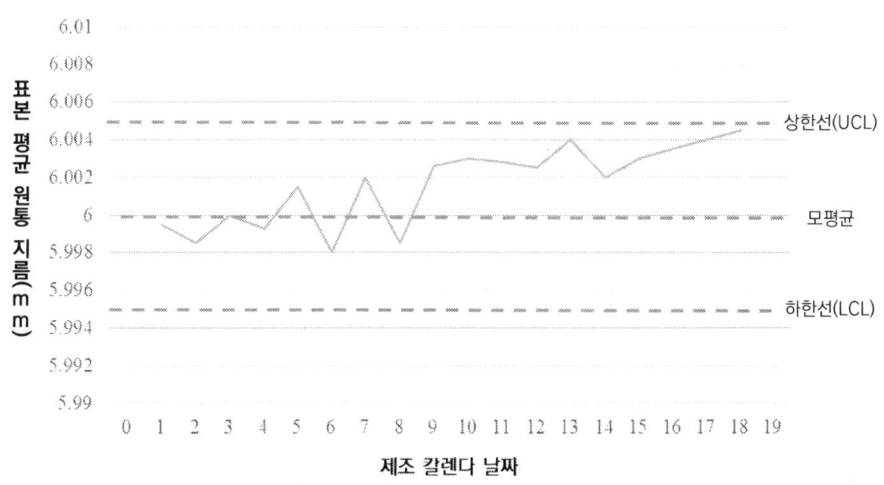

도표 3-11 관리도 - X 바 차트

관리도(Control chart)

프로세스 성과 데이터(process performance data)와 사전 계산된 통제 한계의 그래픽을 비교. 프로세스 성과 데이터는 일반적으로 주문을 보존하는 정기적인 생산 순서에서 선택된 측정 그룹으로 구성된다. 관리도의 주 용도는 무작위 변동과는 달리 프로세스에서 탐지 가능한 변동의 원인을 탐색하는 것이다.

통제 한계(Control limit)

관리도에서 통계적으로 결정된 선(상위 통제 한계 혹은 하위 통제 한계). 이 한계를 벗어나는 값이 발생하면 프로세스가 통제 불능(out of control) 상태인 것으로 간주된다.

R 도표(R-chart)는 가장 높은 점에서 낮은 점을 빼서 샘플의 범위로 삼고 그 범위 내에 표본을 표시하는 방법이다. 하한선이 없이 영부터 상위통제한계(UCL)와 중심선만 갖는다.

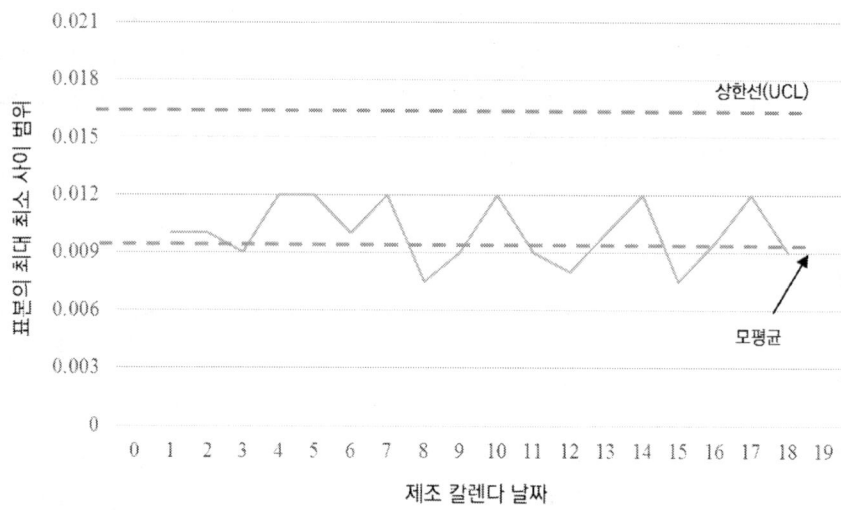

도표 3-12 관리도 - R 차트

일곱 번째, 산포도(scatter diagram)이다. 이는 흩어져 있는 두 변수간의 관계를 파악하는데 가장 유용한 도구이다. X 축 변수와 Y 축 변수값을 가지고 최소자승법(least square method)을 이용하여 추세선(trend line)을 구하면 두 변수간의 관계가 명확해진다. 도표 3-13은 두 변수간의 관계가 비례 관계에 있음을 알 수 있다.

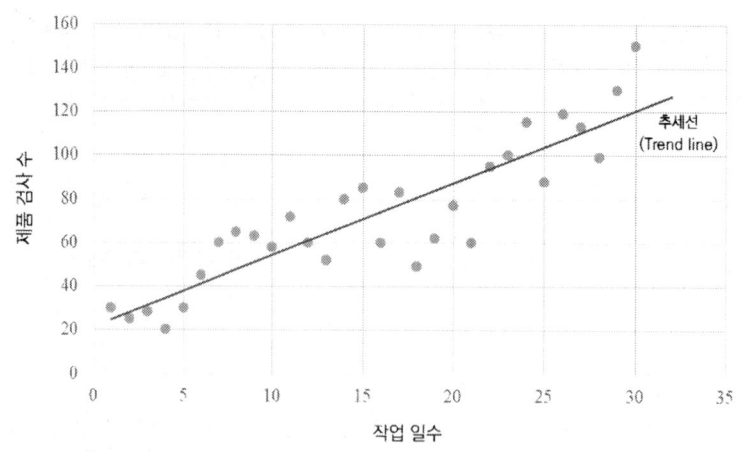

도표 3-13 산포도(scatter diagram)

> **산포도(Scatter Diagram)**
>
> 두 변수(variables) 사이의 관계(relationship)를 분석하는 그래픽 기법. 두 세트의 데이터가 그래프 상에 그려지며, Y축은 예측될 변수에 사용되고 X축은 예측을 하기 위한 변수로 사용된다. 그래프에는 가능한 관계가 표시된다 (두 변수가 관련성이 있는 것처럼 보일 수 있지만, 그렇지 않을 수 있다. 변수를 가장 잘 아는 사람이 해당 평가를 수행해야 한다).

3.1.7 근본원인 분석(Root cause analysis)

근본원인 분석(root cause analysis)은 핵심 문제에 대해 비판적 사고 능력을 통해 접근할 수 있다. 즉, 답을 알고 있다고 미리 가정하지 않고 브레인스토밍(brainstorming)을 활용하여 누가, 무엇을, 왜, 언제, 어떻게, 어디에서(who, what, why, when, how, where) 그리고 다섯번의 '왜'를 물어보면서 가능하다.

> **근본 원인 분석(Root cause analysis)**
>
> 조직(organization), 프로세스(process), 제품(product), 시장(market) 등의 핵심 문제를 파악하기 위한 분석 방법

> **5가지 왜(The five whys)**
>
> 전사적 품질 경영(total quality management)의 일반적인 관행은 문제에 직면했을 때 '왜(why)'를 5번 묻는 것이다. 5번째 '왜'에 대한 해답이 나오는 과정에서 문제의 궁극적인 원인(ultimate cause)이 확인된다.

3.1.8 벤치마킹(Benchmarking)

벤치마킹도 개선을 위한 좋은 도구가 될 수 있다. 벤치마킹 단계는 다음과 같다.

① 개선할 프로세스 선택한다.
② 벤치마킹 조직(예를 들어 경쟁업체, 업계 모범), 기능 영역, 또는 표준을 선택한다.
③ 벤치마킹 목표를 평가한다.
④ 프로세스를 벤치마킹 프로세스와 비교한다.

> **벤치마킹(Benchmarking)**
> 더 우수한 성과(superior performance)를 가진 것으로 생각되는 다른 조직의 제품(products), 프로세스(processes), 서비스(services)를 비교한다. 벤치마크의 대상은 경쟁업체일 수도 있고, 아닐 수도 있다.

3.2 6 시그마(Six sigma)

6 시그마는 린과 공통점이 많으며, 많은 조직에서는 문제 해결과 프로세스 개선에 중점을 두는 린 6 시그마를 함께 구현한다. 6 시그마 및 린 6 시그마에 대한 정의는 다음과 같다.

> **6 시그마(Six sigma)**
> 업무 프로세스를 개선하기 위한 도구를 제공하는 방법론. 그 목적은 프로세스 변동(process variation)을 줄이고 제품 품질(product quality)을 향상시키는 것이다.
>
> **린 6 시그마(Lean six sigma)**
> 린과 6 시그마의 개선 개념을 결합한 방법론. 이는 린과 6 시그마로부터 DMAIC 프로세스의 7가지 낭비(seven wastes)를 사용하고 유도 스타일의 등급(벨트)을 통한 능력의 역량(competence)을 인증한다.

3.2.1 6 시그마(Six sigma)의 목표

이번 주제인 6 시그마의 목표를 간단히 검토하고 그 방법론을 다루며 DMAIC라고 불리는 지속적인 개선 프로세스를 살펴보자.

6 시그마와 린 6 시그마의 목표는 높은 고객만족을 달성하고 낮은 제품 반품률 그리고 모든 제조 및 비즈니스 프로세스의 변동을 체계적으로 줄여 불량을 백만개당 3.4개가 넘지 않도록 관리하는 사실상 무결함(zero defect), 완전함(perfection)을 추구하는 방법론이다. 평균으로부터 각 방향으로 6 표준편차는 확률상으로 보면 99.9997% 즉 불량 날 확률이 0.0003%이다.

앞서 살펴본 바와 같이 이 비율에서 상위 및 하위 사양 제한 프로세스 퍼짐의 대다수(3 시그마 통제 제한)의 두 배인 넓이를 만든다. 오류의 기회는 어떠한 사양의 오류일 수 있으므로 많은 사양과 많은 관련 서비스(예: 납기 리드타임, 대금청구 등)를 가진 단일 제품은 자신의 사양을 고려할 때 수백 가지 오류 기회가 발생할 수 있음을 명심해야 한다.

6 시그마 방법론은 1980년대 모토로라(Motorola Corporation)에서 개발되었다. 모토로라는 최종 제품의 불량율이 낮기를 원하였기 때문에 사용된 모든 구성품에서 매우 낮은 불량률이 요구되는 복잡한 시스템을 개발하였다. 이러한 전례 없는 수준의 품질을 달성하기 위해 모토로라의 신뢰성 엔지니어인 빌 스미쓰(Bill Smith)는 부분적으로 린 방식에 기반한 프로세스 개선 및 문제 해결을 위한 결합된 접근 방식을 개발하였다.

3.2.2 6 시그마의 방법론(methodology)

린(lean)과 마찬가지로 최고 경영층에서 6 시그마를 시작해야 하며 모든 수준에서 종업원 참여와 권한부여가 필요하다. 중간 관리자는 임원이 제공한 목표 및 지침을 프로세스 목표 및 성과 측정에 반영해야 한다. 전사적품질경영(TQM)보다 6 시그마는 증거 기반(evidence-based)이며, 이는 조직이 프로세스 개선을 위한 더 높은 목표와 일치하도록 보다 정확한 측정 방법을 개발해야 한다는 것을 의미한다.

6 시그마는 6 시그마 문제 해결(problem-solving) 프로젝트를 수행하는 사람들을 위한 3 단계 교육 훈련 과정을 가지고 있다.

- 마스터 블랙 벨트(master black belts)는 6 시그마의 훈련 강사이며 대개 $1,000,000이 넘는 대규모 비용 절감 프로젝트를 완료한 사람이다.
- 블랙 벨트(black belts)는 광범위한 6 시그마 교육을 받고 일반적으로 $100,000이 넘는 비용 절감 프로젝트를 관리하는 프로젝트 관리자이다.
- 그린 벨트(green belts)는 6 시그마 교육을 마친 프로젝트 관리자로서 최소 $10,000을 절약하는 비용 절감 프로젝트를 완료한 자이다.

6 시그마 주요 개념은 첫째, 모든 것이 고객의 요구를 염두에 두고 시작한다. 둘째, 변동이 결함의 원인이다. 셋째, 프로세스의 산출물은 투입물의 함수이다. 첫번째와 두번째 내용은 앞에서 어느정도 살펴보았기 때문에 여기서는 세번째 개념에 대해 좀더 자세히 살펴보자. 각 단계가 3 표준편차 또는 3 시그마 수준에서 통제되는 5 단계 공정 프로세스를 수행한다고 가정하자. 또한 각 프로세스 단계가 통제 상태에 있다고 가정하자(모토로라는 프로세스가 어느 시점에서 통제가 불가능할 것이라는 가정하에 93.3%로 3 시그마의 수율을 설정했지만 여기서는 99.7%의 3 시그마 수율을 사용한다).

3 시그마 수율은 99.7%이므로 0.3%, 즉 0.003이 불량이다. 이 하나의 프로세스만 보면 대단히 높은 수율처럼 보이나 프로세스가 여러 단계로 되어 있을 경우 이들을 모두 곱하면 현저하게 낮아지는 것을 알 수 있다. 예를 들어 모두가 3 시그마인 5단계 프로세스 경우 0.997 × 0.997 × 0.997 × 0.997 × 0.997 = 0.98509 = 98.5% 즉, 1.491%가 불량이라는 것이다. 6 시그마도 마찬가지이다. 여러 공정을 거치거나 아니면 한 원자재당 양품율을 6 시그마로 관리할지라도 원자재가 수백가지 들어가는 제품인 경우 총체적으로는 양품율이 현저하게 떨어질 수 있다. 이것이 투입의 품질이 최종 산출물에 매우 중요한 이유이다.

항공 산업이나 자동차 산업과 같은 많은 산업 분야에서는 제조물 책임 때문에 매우 높은 수준의 품질이 필요하다. 그러나 이 정도의 정밀도를 고객이 요구하지 않는 산업이나 비용 절감을 강조하는 조직에서 조차도 6 시그마를 사용한 품질 향상을 통해 큰 이점을 누릴 수 있다.

3.2.3 DMAIC(Define, measure, analyze, improve, control)

6 시그마는 통상 DMAIC라고 부르는 다섯 단계로 구현된다. 간혹 이 다섯 단계에 표준화(standardize) 통합화(integrate) 두 가지 단계를 추가하는 경우도 있다.

1. 정의(define)
   고객의 문제점 정의는 고객과 함께 시작하여 변동으로 인한 산출물에서의 고객의 문제점을 식별한다. 또한 프로세스와 요소 및 산출물을 정의하는 작업도 포함된다. 마지막으로 프로젝트를 통한 금전적 이익이나 투자를 촉진하는 기타 이점과 함께 개선 목표를 정의하는 작업을 포함한다.

2. 측정(measure)
   프로세스를 측정하고 프로세스를 이해하는 데 필요한 모든 데이터를 수집

3. 분석(analyze)
   변동과 그 변동이 만드는 낭비와 그것이 고객의 문제점에 어떻게 기여하는지 사이의 상관관계 또는 인과 관계를 결정

4. 향상(improve)
   프로세스에서 변동을 다루며 고객의 문제를 해결하고 문제의 원인이 되는 프로세스의 변동을 최소화할 개선 프로젝트를 계획하고 프로젝트를 구현

5. 통제(control)
   장기적으로 개선이 지속되도록 프로세스를 통제

> 정의, 측정, 분석, 향상, 통제(DMAIC, define, measure, analyze, improve, control)
> 6 시그마 개선 프로세스는 5단계로 구성된다. (1)문제의 성격을 정의한다. (2)기존 성과를 측정하고 문제의 근본 원인에 대한 정보를 제공하는 데이터 및 사실을 기록하기 시작한다. (3)문제의 근본 원인을 파악하기 위해 정보를 연구한다. (4)문제에 대한 해결책을 제시함으로써 프로세스를 개선한다. (5)해결책이 자리 잡힐 때까지 프로세스를 관찰한다.

3.3 제품과 프로세스(products and processes)의 지속개선(continuous improvement)

지속개선(continuous improvement)은 조직 내에서 한꺼번에 전체를 다 건드리는 큰 단계(big step)에 반대되는 개념의 개선 활동으로 작은 단계(small step)이면서 끝이 없이 지속되는 영속적(never-ending) 특징을 가지고 있다. 따라서 이번 장에서 다루는 범위는 신규로 전사적자원관리(ERP) 시스템을 구축하는 프로젝트나 린과 같은 새로운 방법론 도입, 신제품 및 새로운 제조 프로세스 개발, 새로운 공장 건설과 그에 따른 새로운 프로세스 설계와 같은 대규모 프로젝트는 포함하지 않는다. 다만 지속개선의 개념과 철학 그 자체는 프로젝트 규모와 관계없이 활용이 가능하다.

지속개선의 효과는 첫째, 제품이나 프로세스가 좀더 효과적으로 되도록 즉, 올바른 일을 하라는 (do the right things) 것과 동시에 좀더 효율적으로 하도록, 즉 일을 올바르게 하라는(do the things right) 의미를 담고 있다. 둘째, 최종 고객을 위한 향상된 품질을 통해 고객만족, 시장점유율을 증가시키고 생산성 및 낭비 제거를 통해 기존의 투자 혹은 더 적은 투자로 더 많은 것을 얻게 한다. 셋째, 조직이 경쟁력 있는 생존을 위해서 필요하다.

> **지속개선(Continuous improvement)**
> 우수성을 추구하여 프로세스나 제품을 점진적(incremental), 정기적(regular)으로 개선하고 갱신하는 활동.

지속개선은 카이젠(Kaizen)이란 일본어 용어에서 기인한 개념으로 늘상 반복되는 일상적인 운영의 일부로 수행되며 1~2주 내에 가시적인 결과를 보여주는 아주 적은 부분에 집중하는 개선 방법이다.

> **지속적인 프로세스 개선(CPI, Continuous process improvement)**
> 문제의 근본 원인을 밝히고 그 원인을 제거하는 끊임 없는(never-ending) 노력. 큰 단계(big-step) 개선에 반대되는 작은 단계(small-step) 개선.

3.3.1 지속개선(continuous improvement)의 목표

지속적인 제품 개선(continuous product improvement)은 취급하는 제품이 갖고 있는 시장 자격요건과 수주요건을 갱신하는 것이다. 먼저 제품 개선에 관련된 많은 이해관계자가 있음을 인식하고 그들의 의견을 통해 새로 추가해야 할 제품 기능 혹은 오히려 제거해야 할 기능들을 파악하는 것이 필요하다. 효율적인 양산 제조(mass production)가 가능하도록 보장하는 것이 중요하다.

지속적인 프로세스 개선은 통상 팀의 노력으로 이루어진다. 어떤 특정 작업장(work center) 혹은 통제 하에 있는 한 영역(one area under your control) 등과 같은 프로세스의 작은 부분에 집중하여 이루어진다. 적용을 위한 올바른 개선 방법론을 찾는 것도 지속적인 프로세스 개선의 중요 과정이다.

지속적인 개선은 린(lean) 철학과 도구들, 제약이론(TOC), 전사적품질경영(TQM), 6 시그마(six sigma)의 일부로서 혹은 이들의 조합을 활용하는 것 등 다양한 방법론들이 있다. 이러한 방법론은 다음과 같은 3가지 측면에서 공통점을 가지고 있다.

첫째, 종업원 참여와 권한 부여를 확실하게 하는 것이다.
종업원 참여(employee involvement)는 종업원이 의사결정에 참여할 수 있게 하고 작업의 수행 완료뿐아니라 작업 개선에도 참여시키며 궁극적으로 종업원이 존중되고 필요한 정보에 접근 가능하도록 하여 종업원들이 가지고 있는 역량을 잘 활용하고 조직의 건설적인 변화에 기여하도록 한다.
종업원 권한부여(employee empowerment)은 관리자가 종업원에게 일정의 임무를 위임하는 것으로서 어떤 업무를 수행함에 있어 관리자의 지시와 종업원의 복종 관계가 아니라 종업원이 어떻게 생각하는지를 묻는 사고의 전환이다. 이를 위해서는 종업원과 조직이 기대치를 명확하게 설정하고 담당 종업원에게 일정수립, 품질, 프로세스 설계, 구매 등에 대한 업무의 권한을 위임한다.

둘째, 고객에 초점을 맞추는 것이다.
고객은 품질을 궁극적으로 정의하는 사람이며 이는 고객이 해당 사항에 대해 대가를 지불할 의사가 있음을 의미한다. 고객은 외부고객뿐만 아니라 내부고객도 존재한다.

셋째, 지속적인 개선을 계속 유지발전 시킨다는 것이다.
이는 개선이 연속적인 일상적인 주기를 말한다. 계속적으로 유지 발전시키는 지속 가능성을 의미한다.

종업원 참여(EI, Employee involvement)

모든 직원들의 경험, 창조적인 에너지, 지능을 존중하고, 받아들이고, 전문 분야에 적합한 의사결정(decision-making) 과정에 그들과 그들의 아이디어를 포함시키는 개념. 종업원 참여는 품질(quality) 및 생산성(productivity) 향상에 중점을 둔다.

종업원 권한부여(Employee empowerment)

관리직에 있지 않은(non-managerial) 종업원에게 그들의 직무(jobs) 또는 업무(tasks)와 관련하여 결정을 내리는 책임과 권한을 부여하는 시행. 이는 종업원에게 관리 책임을 위임하는 실행과 관련이 있다. 권한부여를 통해 종업원이 전문성 있는 업무에 책임감을 가지도록 한다. 종업원이 일정수립, 품질, 프로세스 설계 또는 구매 결정을 내릴 수 있도록 허용하는 것도 예시에 포함된다.

근원에서의 품질(Quality at the source)

자재(material)의 사용자에게 100% 수용 가능한 품질의 자재를 제공하는 생산자의 책임. 그 목적은 공급업체 결함(supplier defects)의 결과로 인해 발생하는 라인 정지(line stoppages)와 출하(shipping) 또는 입고(receiving) 시 품질 검사를 줄이거나 없애는 것이다.

Operations Innovation Professional

4장

린
Lean

4장 | 린
Lean

4.1 린
    4.1.1 밀기 시스템이 아닌 끌기 시스템
    4.1.2 린의 집

4.2 지속개선을 위한 린
    4.2.1 린 방법론을 이용한 지속개선 구현
    4.2.2 린 도구와 기법

핵심주제와 학습목표

- 린(lean) 철학과 방법의 이해
- 도요타의 집(House of Toyota)
- 린과 기타 시스템(종업원 참여, 공급업체와 파트너쉽)
- 린 도구들(방침계획, 카이젠 이벤트/블리츠, 가치흐름도, 실수방지, 5S)

4.1 린(Lean)

린을 이해하기 위해서는 린 이전의 대표적인 생산방식인 대량생산에 대해 살펴볼 필요가 있다. 역사적으로 볼 때 대량생산 이전은 수공업 생산(craft production) 시대였다. 주문설계(ETO) 개념인 수공업 생산에서 대량생산으로의 전환은 제조 산업에서 가히 혁명적인 개념이었다. 규모의 경제를 바탕으로 최대의 효율을 꾀하여 단위당 제조 단가를 줄이는데 크게 기여를 하였다.

이 대량생산은 포드자동차의 창업자 헨리 포드(Henry Ford)가 개발한 컨베이어 벨트를 이용한 조립생산 라인 덕분이었다. 전문화, 단순화, 표준화를 기치로 작업자가 이동하여 생산하는 것이 아니라 작업해야 할 부품이 작업자에게 이동하는 방식이다. 당시의 발표 자료를 보면 이 새로운 방식을 통해 포드 자동차는 기존에 비해 생산성이 약 10배 정도 상승하는 등 어마어마한 증가를 이루었다. 포디즘(fordism)으로 불리는 이 대량생산 개념이 요즘 흔히 언급하는 4차 산업혁명 중 대량생산(mass production)이라는 2차 산업혁명의 물꼬를 튼 사건이다. 이 때부터 대중(mass)라는 말이 보편화되기 시작하였다.

포디즘(fordism)은 생산성은 대폭 향상되었지만 여러 가지 부작용들을 내포하고 있었다. 업무를 세분화하여 단순 반복적으로 운영되는 대량생산 방식에서 작업자들이 단조로운 작업의 지루함을 느끼고 또한 작업자를 언제든지 대체 가능한 부품처럼 취급하는 관리 시스템에 대해 거부감을 느끼며 노사관계가 악화되었다. 이 결과로 노동조합이 결성되는 부작용도 생겼다. 이 당시에 발달한 관리 회계 시스템의 가장 중요한 우선순위는 대규모 장비 및 설비 투자에 대한 타당성 확보를 위해 산출량 극대화를 통한 제품 단위당 원가를 최소화하는 것이었다. 이것은 큰 묶음 단위의 긴 생산 주문을 유도하게 되고 결국 과잉생산(over production)을 초래하게 되었다. 더불어서 장비를 휴식없이 계속 가동하게 유도함으로써 장비 고장이나 불량이 증가하게 되었다. 작업자의 사기 저하와 작업자에 대한 낮은 존경으로 인해 예방 가능하거나 알려진 실수가 경영층에 보고되지 않은 결과를 초래하였다.

1950년 미국 디트로이트 포드 자동차공장을 방문한 도요차 자동차의 에이지 도요다(Eiji Toyod)는 이 같은 대량생산의 부작용을 목격하였다. 당시 도요타 자동차도 작업자 해고 문제로 몸살을 앓고 있었다. 도요타의 경영진은 작업자의 4분의 1을 해고하면서 남은 잔류자들에게 평생고용을 보장하였다. 이후 작업자에 대한 관심과 동기부여에 관심을 가지게 되었다.

당시 도요타 자동차는 대규모 설비나 시설에 투자할 수가 없었기 때문에 포드, GM과 같은 회사와 단가 경쟁을 하기 어려워서 빠른 가동준비와 빠른 작업변경을 통해 다품종 소량 생산 방식의 경쟁을

택하였다. 이를 정착시키기 위해 도요타 자동차의 혁명적인 엔지니어인 다이치 오노(Taiichi Onho)가 약 30여년에 걸친 프로세스와 문화의 변화를 정착시켜 왔는데 이것이 적시생산(JIT, just in time)으로 표현되는 도요타생산 시스템(TPS, Toyota production system)이며 훗날 이를 린 생산(lean production)이라고 부른다.

> **린 생산(Lean production)**
> 기업의 다양한 활동에 사용되는 모든 자원(시간 포함)의 양을 최소화하는 것을 강조하는 생산 철학. 여기에는 설계, 생산, 공급사슬관리 및 고객 응대에 있어서 부가가치가 없는 활동들(non-value-adding activities)을 식별(identifying)하고 제거(eliminating)하는 작업들이 포함된다. 린 생산자들은 조직의 모든 계층에서 다중 숙련된 작업자(multiskilled workers) 팀들을 고용하고, 매우 유연하고(flexible) 더욱 자동화된(automated) 기계들을 사용하여 매우 다양한 수많은 제품들을 생산한다. 린 생산은 낭비의 끊임없는 제거와 모든 제조 및 지원 프로세스의 단순화(simplification)를 통해 비용을 절감하기 위한 일련의 원칙과 실행들을 포함한다.

린의 목표는 다음과 같다.

첫째, 오직 고객이 원하는 제품과 서비스만 생산한다.
둘째, 생산율을 수요율에 맞춘다. 린에서는 이를 택 타임(takt time)이라고 부른다.
셋째, 제품 및 서비스 제공에 있어 완벽한 품질, 최단시간 리드타임을 추구한다.
넷째, 제품의 특징에는 실제로 오직 필요한 기능만 포함시키고 나머지는 배제시킴으로 제품을 단순화하는 동시에 저렴하게 한다.
다섯째, 작업자, 장비, 자재, 재고에 낭비가 없도록 하고 불필요한 움직임이 없도록 유지한다.
여섯째, 각 활동에 대한 작업자 학습 및 성장을 구축한다.

4.1.1 밀기(push) 시스템이 아닌 끌기(pull) 시스템

전통적인 제조계획통제(MPC) 시스템은 밀기(push) 시스템을 기반으로 이뤄진 프로세스인 반면 린(lean)은 끌기(pull) 시스템이다. 밀기 시스템은 실제 고객 주문이나 예측 수요를 근거로 하여 미리 완제품을 생산해 두는 반면 끌기는 원자재나 반제품만 미리 준비해 두고 완제품은 고객의 실제 주문에 의해 이루어지는 방식이다. 밀기(push) 시스템의 대표적인 부작용은 특히 생산 설비 가동율에 높은 가치를 부여하는 기존 회계 시스템을 사용할 때 부품 또는 완제품의 과다 생산을 부추기는 문제를 발생시킨다는 것이다. 밀기 시스템의 최대 단점은 과잉생산(over production)을 유발한다는 점이고 과잉생산은 린에서 말하는 낭비(waste) 중 제일 큰 낭비이다. 반면 린 (lean) 상태에서 생산 속도는 수요 속도와 일치시키므로 이런 과잉생산의 고비용 문제를 해결할 수 있다.

여기서 중요한 것은 연속되는 공급사슬 프로세스에서 밀기(push)와 끌기(pull)를 구분하는 지점을 어디로 하느냐 하는 문제이다. 왜냐하면 끌기가 재고 비용 측면에서 장점이 있다손 치더라도 공급사슬 전체 프로세스를 모두 끌기로 활용하는 것은 현실적으로 사실상 불가능하기 때문이다. 아래 예제 도표 4-1에서는 3번 공정이 밀기와 끌기의 분기점이다. 3번 공정의 상류(upstream) 쪽으로는 밀기 방식이며 3번 공정의 하류(downstream) 쪽으로는 끌기를 채택하고 있다.

밀기 혹은 끌기의 접점(point of push or pull)이 어디인지를 정의하는 것이 매우 중요하다. 이에 대한 상세한 설명은 추후 다루도록 하겠다.

> **밀기 시스템(Push system)**
> 1) 생산에서, 미리 계획된 일정에 따라 품목들을 생산하는 것.
> 2) 자재 통제에서, 주어진 일정에 의하거나, 최초의 작업 명령에 의하여 자재를 불출(issuing)하는 것을 말함.
> 3) 유통에서, 보통 제조 현장 또는 중앙 공급 시설(central supply facility)에서 보충 의사결정(replenishment decision making)이 집중화(centralized)되는 현장 창고 재고에 대한 보충 시스템.

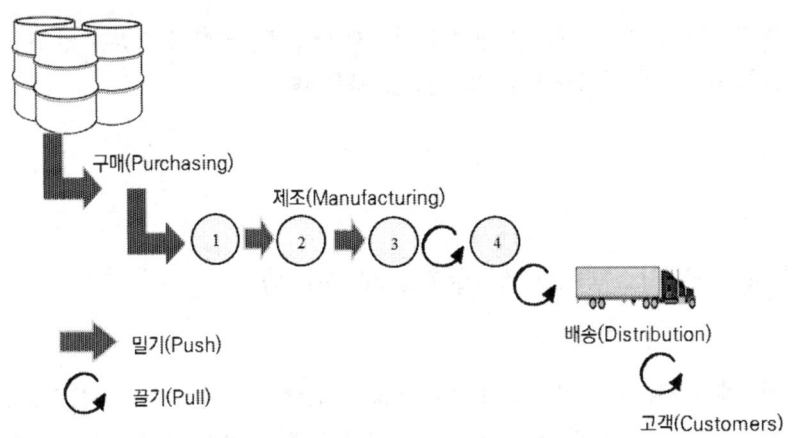

도표 4-1 밀기(push)와 끌기(pull)

> 끌기 시스템(Pull system)

1) 생산에서, 수요가 있는(demanded) 품목만을 생산하거나, 그러한 품목을 대체(replace) 생산하는 것.
2) 자재 통제에서, 작업이 필요한 자재만을 불출하는 것을 말함. 자재는 사용자의 신호(signal)가 있을 때만 불출됨.
3) 유통에서, 보충 의사결정이 중앙 창고(central warehouse) 또는 공장(plant)이 아닌 현장 창고 자체(field warehouse)에서 이루어지는 현장 창고 재고에 대한 보충 시스템.

4.1.2 린의 집(House of lean)

린에서 주요 원리로 삼는 것이 수요의 율(속도)에 따라 생산의 율(속도)을 정하는 것이다. 이것이 바로 택타임(takt time)이다. 린을 상세히 설명할 때 자주 사용되는 것이 도요타의 집(house of Toyota) 혹은 린의 집(house of lean)이다. 린의 집은 기초(foundation), 두 개의 기둥(pillar), 그리고 한 문화(culture) 안에 공간을 형성하는 지붕(roof)이 있는 집의 은유를 사용하는 다이치 오노의 프레임 워크이다. 오노의 철학은 린(lean)의 혜택을 원하는 조직과 개인은 든든한 기초 위에 있는 집이나 지지 기둥이 아주 중요한 집과 같이 성공하기 위해 큰 그림, 즉, 전체 구성 요소를 완전히 통합해야 한다는 의미를 담고 있다

이는 도표 4-2에서 보는 바와 같이 집(house)으로 표현되는 이유는 집의 어느 한 부분이라도 부실하면 린이 성립되기 어렵다는 뜻이다.

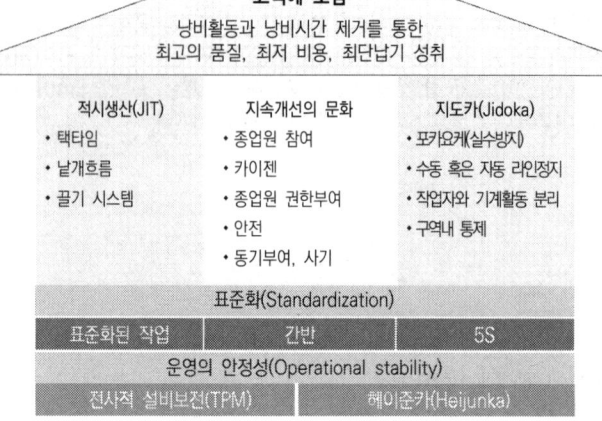

도표 4-2 린/도요타의 집(House of Lean(House of Toyota))

도요타의 집 지붕(the roof)은 린이 성취하고자 하는 목표를 담고 있다. 린의 핵심 목표는 첫째, 최상의 품질(best quality) 둘째, 최소 비용(lowest cost) 셋째, 최단 리드타임(shortest lead time)이다. 그런데 이 세 가지 핵심 목표 달성을 낭비(waste)를 제거함으로써 가능하다고 여기며 낭비란 철저히 고객관점에서 볼 때 부가가치가 없는 시간이나 행위들을 말한다.

예를 들어, 고객은 불량이 없는 신뢰할 수 있는 제품에 가치(value)를 둔다. 따라서 그들은 품질을 중요시하지만 품질이 어떻게 달성되는지는 신경 쓰지 않는다. 한 가지 예가 완제품 검사이다. 최종 작업이 이미 완벽해야 하고 그럴 경우 검사가 필요하지 않음에도 불구하고 굳이 시간과 비용이 많이 소요되는 완제품 검사작업을 하는 것은 린에서는 낭비 형태로 간주한다. 고객은 제품의 품질은 이미 제조 프로세스 과정 초기에 달성되었을 것으로 믿기 때문이다.

> **낭비(Waste)**
> 1) 고객 관점에서 상품이나 서비스에 가치를 부여하지 않는 어떠한 행동.
> 2) 특별한 관리 통제를 요하는 특별한 성질을 가진 프로세스나 작업의 부산물(by-product). 낭비 생산은 일반적으로 계획되어질 수 있고 다소 통제가 가능하다. 폐기(scrap)는 계획되지 않은 폐기물이며, 낭비와 같은 동일한 생산 가동(production run)으로 발생할 수 있다.
>   - 무다(Muda): 낭비(waste)를 의미하는 일본어.
>   - 무라(Mura): 고르지 않거나 가변성(unevenness)을 의미하는 일본어.
>   - 무리(Muri): 중압감 또는 과부하(overburden)를 의미하는 일본어.

신고의 7가지 낭비(Shingo's seven wastes)

일본의 Just-in-Time 철학의 선구자인 시게오 신고(Shigeo Shingo)는 제조 향상에 있어 7가지 장벽이 있음을 확인했다. 그것들은 과잉생산의 낭비, 대기 낭비, 운송 낭비, 재고 낭비, 움직임 낭비, 결함 생성 낭비 및 프로세스 자체의 낭비이다[이것들은 나중에 추가된 8번째 낭비인 '사용되지 못한 인력의 기능'과 함께 더 자세히 논의된다.

린에서 분류한 구체적인 8대 낭비는 다음과 같다.

낭비(Waste)	설명	예시
프로세스 (Processing)	불필요하거나 비효율적 단계	불량폐기, 잘못된 도구
이동/운송 (Movement/Transportation)	과다 이동	필요 이전에 미리 보관, 긴 이동
방식/움직임(Methods/Motion)	낭비된 노력 또는 시간	과잉 움직임, 도구 찾기
제품 결함 (Product defects)	사양을 충족하지 못한 제품 또는 서비스	수리, 재작업, 대체, 검사
대기시간 (Waiting time)	대기 지연	재공중 재고 비축, 자재를 기다림
초과생산 (Overproduction)	수요를 초과한 생산	수요가 없음에도 장비 운용
초과 재고 (Excess inventory)	수요 초과 재고	과다 안전재고
사용되지 못한 인력의 기능 (Unused people skills)	능력 낭비	작업현장과 의사소통이 없음

도표 4-3 린의 8대 낭비(waste)

린은 이러한 형태의 낭비들을 정규적인 지속개선과 작업 현장 등을 수시로 점검 확인하고 담당자들과 대화를 통해 식별해 낼 수 있다.

> **겜바(Gemba)**
> 인간이 가치를 창출하는 장소, 현장, 실제 작업장. 또한 이에 관한 철학: "실제 장소로 가서, 실제 작업을 보라"
>
> **겐치 겐부츠(Genchi genbutsu)**
> 작업현장에 가서 무엇이 일어나는지 관찰하라는 의미의 일본 표현.

도요타의 집에는 린의 목표에 해당하는 지붕을 떠 받치고 있는 두개의 기둥(two pillar)이 있는데 첫 번째 기둥은 적시생산 방식(JIT, just in time)이다. 세부적인 내용으로는 일일 수요비율(daily demand rate)에 일별 생산율(daily production rate)을 일치시키는 택타임(Takt time)이 있다. 택타임이 전체 공급사슬로 확장될 수 있는데 이를 헤이준카(heijunka)라고 부른다.

낱개 흐름생산(one-piece flow)이란 생산 주문 묶음의 크기를 한 개로 하여 마치 세차장에서 자동차가 일렬로 진행하는 것처럼 연속적인 흐름으로 생산을 하는 것이다. 생산량과 품목을 변경할 수 있도록 프로세스 유연성과 작업자의 유연성, 작업자 교차 훈련(cross-training)이 필요하고 빠른 가동준비(setups)와 짧은 리드타임이 필수적이다. 연속흐름 생산과 같이 수요가 제품 생산을 끌게 하는 끌기 시스템을 선호한다. 셀방식은 재공중 재고를 줄이고 일정을 단순화하게 한다.

> **적시생산 방식(JIT)**
> 적시생산 방식의 중요한 요소들은 필요할 때마다 필요한 만큼의 재고만을 확보하는 것; 품질에 결함이 없도록 개선시키는 것; 가동준비 시간(setup times), 대기 시간의 길이(queue lengths) 및 로트크기(lot sizes)를 줄임으로써 리드타임을 줄이는 것; 운영(operations) 자체를 점진적으로 개정하는 것; 그리고 최소한의 비용으로 이런 활동들을 수행하는 것이다.

택타임은 생산속도(pace of production)를 고객 수요 비율에 맞게 설정하여 운영하는 린 생산 시스템의 핵심 요소이다. 목적은 수요에 따라 생산을 조화시킴으로서 불필요한 재고를 줄이고 생산 운영의 안정성을 꾀하고자 하는 것이다. 그러나 이 방법을 잘 지원하기 위해서는 어느 정도 여분의 생산능력(capacity)이 있어야 가능하다.

택타임(Takt time)

생산속도(pace of production)를 고객 수요 비율에 맞게 설정하는 것이며, 린 생산시스템의 핵심(heartbeat)이 된다. 가용 생산 시간을 고객 수요율로 나눈 값으로 계산된다. 예를 들어, 수요가 한 달에 10,000개, 하루에 500개, 계획된 가용능력은 하루에 420분이다. 택타임 = 420÷500 = 한 개당 0.84분. 이 택타임이 의미하는 것은 한 개가 평균 0.84분마다 생산이 완료되도록 계획되어야 한다는 것이다.

제품 믹스(Product mix)

총 생산 수량 및 판매 수량을 구성하는 개별 제품들의 비율. 제품 믹스상의 변화는 특정 노동(labor) 및 자재(material) 유형에 대한 제조 요구사항들에 큰 변화를 가져올 수 있다.

신속한 작업변경(Quick changeover)

프로세스 유연성을 높이기 위해 다른 기계 작업 요구사항들 사이에서 기계 가동준비를 단축하는 능력. 가장 집중할 것은 우선 외부 가동준비 시간을 줄이고, 그 다음 내부 가동준비 문제를 줄이는 것이다. 이를 통해 경제적 주문수량, 대기 및 제조 리드타임, 재공중 재고를 줄이고 품질, 프로세스 및 자재 흐름을 향상시킨다.

프로세스 유연성(Process flexibility)

작업자와 기계 장치를 포함한 제조시스템 설계로 제품 수량 및 믹스의 단기간 변화에 반응하도록 신속하게 전환해 준다. 린(lean)과 적시생산 방식(just in time)에서 필수적인 도구이다.

작업자 유연성(Operator flexibility)

기계 작업자가 즉각적인 작업 이외의 업무들을 수행하고 문제 해결 기법을 사용하여 프로세스 유연성을 향상시킬 수 있도록 교육한다.

린은 시각적 신호를 이용하여 작동하는 시스템이다. 간반(kanban), 보관 용기(container), 신호등(traffic lamp) 등이 끌기 시스템에 사용되는 대표적인 시각적 도구이다.

간반(Kanban)

적시생산 방식에서 표준 컨테이너나 로트크기 각각에 카드를 부착하는 방법. 부품들을 부품 공급업체에게서 가져오고자 할 때, 작업장(work center)에서 카드로 신호를 하는 끌기(pull) 시스템. 일본어 간반은 통상 '카드(card)', '신호(sign)', '게시판(billboard)'을 의미하지만, 컬러 골프공과 같은 다른 신호장치들 또한 사용된다. 이 용어는 종종 일본의 도요타 자동차 회사에서 개발되고 사용되는 특정 일정수립 시스템과 동일어로 쓰인다.

도표 4-4는 1번 작업장과 2번 작업장이 끌기 시스템으로 어떻게 작동하는지를 보여준다.

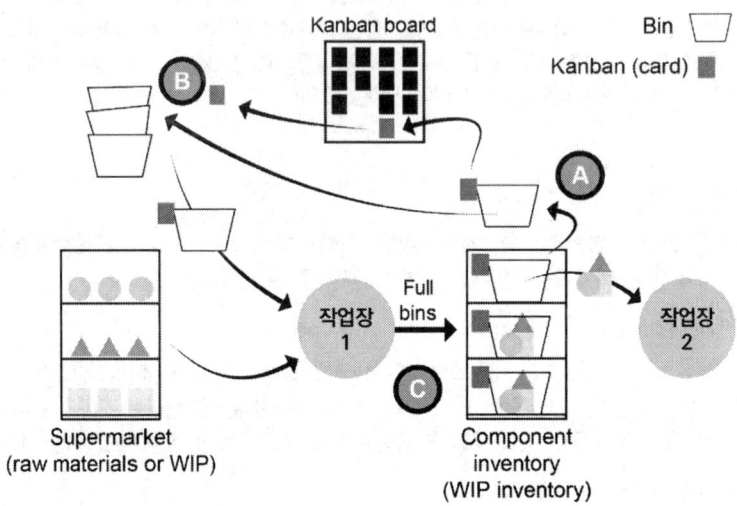

도표 4-4 간반과 끌기 시스템(Pull System with Kanban)

2번 작업장에서 수요에 대한 신호를 받음으로 프로세스가 시작된다.

① 작업장 2의 작업자 작업에 필요한 재고(반제품 재고의 슈퍼마켓)를 끌어다 사용한다. 재고는 상자에 담겨있고 간반이 부착되어 있다. 따라서 2번 작업장 작업자가 간반을 떼어내고 빈 상자(empty bin)를 빈 상자 보관처로 보낸다.
② 작업장 2의 작업자가 떼어논 간반을 간반 게시판(kanban board) 부착하고 이는 1번 작업장 작업자로 하여금 생산을 시작하도록 한다. 이를 간반 트리거(kanban trigger)라고 부른다. 간반 카드 없이 빈 용기가 이를 대신할 수도 있다.
③ 작업장 1의 작업자가 게시판에서 간반을 회수하여 부품을 담을 빈 용기에 둔다. 1번 작업자가 슈퍼마켓이라고 명명된 재고에서 부품을 꺼내다가 생산을 한다.
④ 작업장 1의 작업자 혹은 자재취급자가 간반이 부착된 채워진 용기를 올바른 장소(반제품 재고 슈퍼마켓)로 이동한다.

> **원-카드 간반 시스템(One-card kanban system)**
>
> 이동 카드(move card)만 사용되는 간반 시스템. 일반적으로, 작업장들이 가까이 인접해 있다; 그러므로, 생산 카드(production card)가 필요하지 않다. 많은 경우, 작업장들 사이에 위치한 정사각형(squares)이 간반 시스템으로 사용된다. 생산을 위해 빈 정사각형은 품목의 표준 용기로 공급 작업장에 신호를 보낸다.
>
> **투-카드 간반 시스템(Two-card kanban system)**
>
> 이동 카드(move card)와 생산 카드(production card)가 사용되는 간반 시스템. 이동 카드는 원천(source)에서 사용 지점(point of use)까지 특정 개수의 부품의 이동을 승인한다. 이동 카드는 부품을 사용 지점까지 이동하는 동안 부품의 표준 용기에 부착된다. 생산카드는 사용 또는 보충을 위해 주어진 개수의 부품 생산을 승인한다.

두 번째 기둥은 지도카(jidoka)이다. 지도카는 사람이 개입된 자동화(autonomation)이며 근본 취지는 생산 현장의 작업자에게 권한을 주어 결함이 발견되면 자동 또는 수동으로 생산 라인 정지할 수 있도록 하는 것이다. 일종의 라인 정지(line stop) 제도이다. 즉 불량품을 만들지 못하도록 하는 제도이다. 불량이 발생한 후 발견하기보다는 발생 전 미리 근본 원인을 찾아 조치를 취하도록 유도한다.

포카요케(poka-yoke)로 부르는 실수 방지 프로세스 또는 실수 방지 설계도 두번째 기둥의 중요 내용이다. 사람이 잘하는 것과 기계가 잘하는 것을 구분하여 사용하는 것이 좋은 방법이며 안돈(andon) 시스템과 같은 시각적 표시로 구역내 통제를 한다. 작업자가 실수하는 것을 방지하는 방법 중의 하나가 장비 유지보수에 대한 주인의식을 갖게 하는 것이다. 이는 전사적 생산성 보전(TPM, total productive maintenance)이라고 불리는 설비에 관련된 유지보수 관리이다.

> **지도카(Jidoka)**
>
> 결함(defect)이 발생했을 때 생산라인을 중지시키는 관행을 뜻하는 일본어.

> **안돈(Andon)**
>
> 작업자들과 관리자가 품질, 수량, 프로세스 문제를 인식하도록 하기 위해 사용되는 신호 빛(signal lights)이 있는 신호판(sign board).

두 기둥 사이의 중심은 지속개선 문화(culture of continuous improvement)를 표현하고 있다. 주요 내용은 종업원에 대한 존중과 품질에 대한 실질적 책임 그리고 작업 현장에서 작업자의 말을 경청하는 것이다.

> **전사적 생산성 보전(TPM, Total productive maintenance)**
> 유연성 향상, 자재 취급 감소 및 지속적인 흐름 촉진을 위해 장비를 적응(adapt), 수정(modify) 및 정제(refine)하기 위한 지속적인 노력에 예방 유지보수(preventive maintenance)를 더한 것. 모든 유지보수 활동에서 자격을 갖춘(qualified) 모든 직원이 참여하는 작업자 중심의 유지보수.

도요타의 집 아래 부분에 위치한 초석(foundation)은 표준화(standardization)와 운영의 안정성(operational stability)으로 구성되어 있다.

표준화란 한꺼번에 과도한 부담(muri)을 피하고 불균일성(mura) 또는 변동성을 최소화하는 작업의 표준화이다. 생산능력을 활용하여 프로세스 생산량 및 믹스 일정을 균등하게 한다. 장비는 가동되지 않을 수 있으나 작업자의 유휴(idle)는 방지한다. 운영의 안정성은 전사적 생산성 보전(TPM, total productive maintenance)을 위한 설비관리를 철저히 한다. 문제 발생 후에 대처하기 보다는 예방정비(prevent maintenance)를 우선시하고 작업자가 자기가 맡은 설비를 직접 관리할 수 있도록 권한을 부여하여(employee empowerment) 설비의 중단(downtime)을 감소시키고 생산이 중단 없이 흐르게 한다.

예방(prevention)은 이 전사적 생산성 보전의 핵심 단어이다. 장비가 고장 날 때까지 기다린다면 결국 장비가 사용 중일 때 고장이 날 수 있기 때문에 값 비싼 생산라인이 예기치 않게 멈추는 상황이 발생된다. 또한 시간의 흐름에 따라 마모된 부품으로 인해 생산량이 허용 오차를 벗어날 가능성이 커진다. 지연과 품질 저하가 고객 서비스에 직접적인 영향을 미치므로 더 나은 방법은 매일 유지 보수를 수행하고 더 중요한 예방 유지 보수를 하는 것이다.

4.2 지속개선을 위한 린(Lean for continuous improvement)

린에 대한 일반적인 설명을 앞부분에서 언급하였으며 여기서는 지속개선과 관련된 측면에서의 린을 알아보도록 하겠다.

린과 지속개선은 아주 밀접한 관계를 가지고 있다. 품질과 지속개선 없이는 린이 성공하기가 어렵다. 린은 현장에서의 품질(quality at the source)을 강조하는데 이를 위해서는 종업원의 참여와 권한부여가 반드시 필요하다. 린은 대기시간, 불량, 재작업 등을 줄임으로 리드타임을 감소시키는데 기여한다. 또한 안전재고를 낮추게 되고 무엇보다 재공중 재고(work in process)를 감소시킨다. 린은 주문 로트크기를 좀 더 줄이도록 유도하고 궁극적으로는 낱개(one piece) 생산을 추구하여 흐름 생산을 지향한다.

> **센세이(Sensei)**
> 선생님이나 경험이 풍부한 숙련자를 의미하는 일본어

4.2.1 린 방법론(lean methodology)을 이용한 지속개선 구현

공급업체와의 관계를 신뢰를 바탕으로 한 장기 파트너십을 지향하며 공급업체를 제품 생산의 맨 첫 공정으로 인식한다. 린에서 추구하는 공급업체와의 파트너십은 두 조직이 하나처럼 행동하게 하고 공급업체로부터 100% 품질 보증이라는 믿음에 기초하여 원자재 입고 시 무검사를 지향한다. 가급적 소량으로 빈번하게 납품을 유도하여 비용을 줄이고 수익성 있게 한다. 또한 단일 조달처로서 파트너십은 공급업체 매출의 큰 부분을 차지하게 하며 이를 통해 얻은 비용 절감 분의 혜택을 공급업체와 공유하며 이는 모두에게 더 많은 수익성을 보장한다.

> **공급업체와 파트너십(Supplier partnership)**
> 두 조직이 하나처럼 행동하는 것과 같이 공급업체 조직과의 밀접한 협력적 업무 관계를 수립하는 것.

4.2.2 린 도구(tools)와 기법(techniques)

지속개선을 위한 린 도구 및 기법에는 방침계획(hoshin planning), 카이젠 이벤트(대공습)(kaizen events (blitzes)), 가치흐름도표(value stream mapping), 실수방지(poka-yoke)와 5S등이 있다.

방침(hoshin)은 일본 용어로 표현된 목표 선언문이다. 방침계획(hoshin planning)은 린에서 계획할 때 사용하는 방법론이다. 획기적인 계획(breakthrough planning)이고 조직이 어디로 가는지, 거기에 어떻게 도달하는지 등에 대한 전략 배치(strategy deployment)이다. 조직의 자원을 목표에 정렬시키고 장애물을 제거하며 경영 환경 변화에 잘 적응하도록 재 정렬을 꾀한다. 방침계획(hoshin planning)은 유념하여 반영함(hansei)을 중요시 여기며 PDCA 주기를 이용한다.

> **방침(Hoshin)**
> 목표 명시를 의미하는 일본어
>
> **방침 계획(Hoshin planning)**
> 획기적인 계획(breakthrough planning). 회사가 향후 5년 내에 있어야 할 위치를 나타내는 4가지 비전 선언문을 수립하는 일본의 전략 계획 프로세스. 회사의 목표와 업무 계획은 선언한 비전을 토대로 수립된다. 그런 다음 정기적인 감사를 실시하여 진행 상황을 관찰한다.

> **계획-실행-확인-조치(PDCA, Plan-do-check-action)**
> 품질 향상을 위한 4단계 프로세스. 첫 번째 단계(계획)에서는 개선을 위한 계획이 개발된다. 두 번째 단계(실천)에서는 소규모의 계획을 수행하는 것이다. 세 번째 단계(확인)에서는 계획의 효과가 관찰된다. 마지막 단계(조치)에서는 무엇을 배웠고, 무엇을 예측할 수 있는지를 결정하기 위해 결과를 연구한다. PDCA 주기는 때때로 Shewhart 주기(Walter A. Shewhart가 그의 책, Statistical Method from the Viewpoint of Quality Control에서 이 개념을 다뤘기 때문에) 또는 데밍 주기(Deming circle)로 (W. Edwards Deming이 일본에 이 개념을 소개했고 이후 일본인들이 이를 데밍 주기라고 불렀기 때문에) 일컬어진다.

PDCA 과정은 학습이 잘 적용되도록 보장하며 판에 박힌 듯한 일상으로 빠지지 않도록 일정 정도의 주의력과 내성을 필요로 한다. 일본의 용어로 한세이(hansei)가 필요하다. 방침계획(hoshin plan)은 모든 시간 범위에서 발생할 수 있는데 예를 들면, 경영진은 3~5년의 PDCA 주기를 전략으로 사용하고 운영 관리자는 전술에 대해 1년 주기를 사용한다. 그리고 운영 관리 및 생산 담당자는 반기 별, 월별 또는 주간 PDCA 주기와 같이 용도에 맞게 주기를 달리 사용할 수 있다.

> **한세이(Hansei)**
> 반성(reflection), 숙고, 반영을 의미하는 일본어

카이젠 이벤트(Kaizen event)와 카이젠 대공습(Kaizen blitzes)은 기본적으로 동의어이다. 그러나 서로 다른 것으로 취급되는 경우, 개선 활동이 사전 행동(이벤트)인지 아니면 반응적(전격적)인지 여부가 주요 차이점이다. 카이젠은 지속적인 개선을 의미하나 카이젠 대공습(Kaizen blitzes)은 점진적인 개선이 아니라 제한된 범위 내에서 이루어지는 갑작스러운 에너지 폭발과 같이 1주 또는 그 이하의 짧은 시간에 진행되는 급격한 개선을 일컫는다. 해체 및 재구축(deconstruct and reconstruct)이나 계획된 사건(planned events) 또는 문제에 대한 대응적 반응(reactive responses to problems)이다.

카이젠의 주요 특징은 팀 노력이라는 점이다. 특히 자발적인 토대로부터 나오는 팀이다. 린에서는 이를 자발적 학습그룹(jishuken)이라 칭한다.

> **카이젠(Kaizen)**
> 개선에 대한 일본어; 관리자 및 작업자 모두를 포함하는 지속적인 개선을 의미한다. 제조업에서 카이젠은 기계(machinery), 노동(labor), 생산 방식(production methods)에서 낭비를 찾아 제거하는 것과 관련 있다.
>
> **카이젠 이벤트(Kaizen event)**
> 셀 실행 주간동안(time-boxed) 셀 팀에서 수행하는 일련의 활동. 카이젠 이벤트는 린 제조 프로그램의 구현 부문이다.
>
> **카이젠 대공습(Kaizen blitz)**
> 제한된 프로세스 영역의 신속한 개선(rapid improvement). 생산 셀이 그 예이다. 개선 팀의 일부는 해당 지역의 작업자들로 구성된다. 목표는 비 부가가치 작업을 제거하고 1주 이내에 변경 사항을 즉시 이행하는 혁신적인 사고 방식을 사용하는 것이다. 해당 분야 작업 팀의 개선 및 팀의 문제 해결(problem-solving) 기술 개발의 소유권이 추가 혜택으로 주어진다.

카이젠의 주요 측면은 팀(team)의 노력이며, 자발적(voluntary)으로 필요에 따라 팀을 구성한다는 것이다. 이를 설명하기 위한 일본어 용어가 '지슈켄(jishuken)'이며, 이는 각자 맡은 영역에서의 개선을 위한 탐구 및 학습을 의미한다.

> **지슈켄(Jishuken)**
> 자발적(voluntary) 학습 그룹을 의미하는 일본어.

린의 개선도구 중 대표적인 방법이 가치흐름도표(value stream mapping)이다. 가치흐름도표(value stream mapping)는 아래 도표에 나타난 것처럼 업무 프로세스에 대해 현재 상태(as-is)와 미래 상태(to-be)를 가치의 흐름에 따라 도표로 표시한 것이다.

생산 표시, 재고 표시 또는 유휴 시간, 밀기(push) 대 끌기(pull) 프로세스, 작업변경 시간, 주기 시간, 기타 린 개념을 구별하기 위해 특수 기호를 사용한다. 아래 도표는 기본적인 제조 공정을 위한 가치흐름도의 예를 보여준다. 미래 상태 표는 대기(queue) 시간을 줄이는 방법, 프로세스의 일부를 끌기(pull) 프로세스(현재 상태는 밀기 프로세스)로 전환하는 방법 등을 식별할 수 있다.

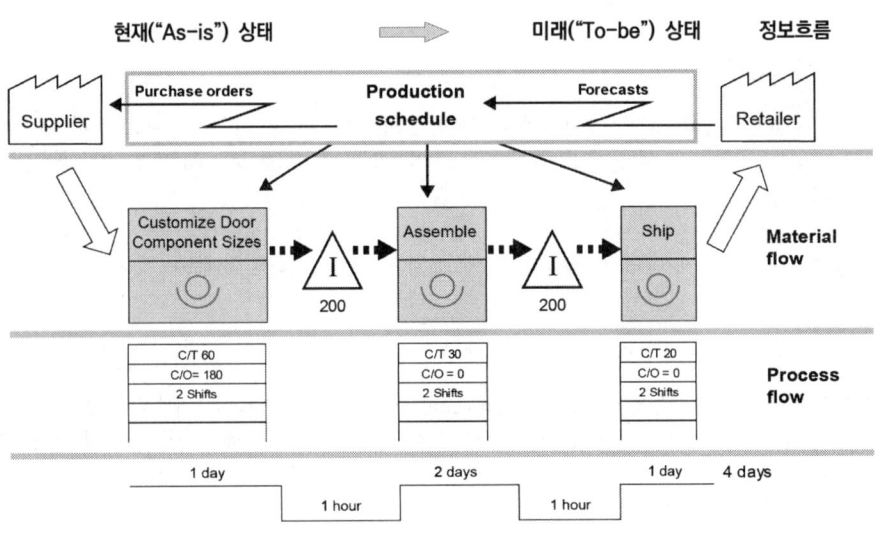

도표 4-5 가치흐름도(value stream map)

> 🔹 **가치흐름(Value stream)**
>
> 시장에 상품이나 서비스를 창출하고, 생산하고, 전달하는 프로세스. 상품에서의 가치흐름은 원자재 공급업체, 상품 제조 및 조립, 유통망을 포괄한다.
> 서비스에서의 가치흐름은 공급업체, 지원 인력 및 기술, 서비스 '생산자' 및 유통채널로 구성된다. 단일 사업 또는 여러 사업 네트워크로 관리할 수 있다.
>
> 🔹 **가치흐름도표(Value stream mapping)**
>
> 현재 프로세스(process) 및 흐름(flow)뿐 아니라 모든 프로세스 단계의 부가가치(value-added) 및 비부가가치(non-value-added) 시간을 포함하여 공급업체에서 고객까지의 자재 흐름을 시각적으로 이해할 수 있게 하는 린 생산 도구이다. 낭비 감소, 흐름 시간(flow time) 단축, 그리고 프로세스 흐름이 좀더 효율적(efficient)이고 효과적(effective)이 되도록 만드는데 활용된다.

포카요케(poka-yoke)는 실수방지 혹은 오류방지(mistake-proof)에 대한 일본어 용어이며 오류가 왜 발생하였는지, 그 오류가 반복되지 않게 하기 위해서 어떻게 해야 하는지 등을 탐구한다.

시게오 신고(Shigeo Shingo)는 실수(mistake)와 결함(defect)을 엄격히 구분했다. 그는 실수는 언제든지 발생할 수 있다고 여겼으며 이 실수를 줄이기 위해 프로세스를 개선함으로써 결함을 예방할 수 있다고 제시했다. 오류가 발생할 때마다 포카요케를 사용하여 실수가 발생한 이유를 분석한 다음 실수를 반복하기 어려운 프로세스로 재 설계한다.

예를 들면 실수 방지를 위해 미리 설계된 템플릿(templates)을 이용한다거나 색상 코드(color code)를 활용한다거나 혹은 한 방향으로만 설치할 수 있도록 하여 잘못 사용하는 것을 방지하는 것 등이 있다. 이를 돕는 방법으로는 작업 공정에서 다음 작업자에 의한 검사가 이루어지도록 하는 연속적 확인(successive check), 현재 작업자에 의한 검사인 스스로 확인(self-check) 그리고 현장 검사(source inspection) 등이 있다.

> 🔹 **포카요케(실수 방지) (Poka-yoke (mistake-proof))**
>
> 오류(error)로 인해 제품 결함이 발생하지 않도록 설계된 제조 또는 설치 활동과 같은 실수 방지 기술. 예를 들어, 조립 작업에서 각각 올바른 부품을 사용하지 않으면, 감지 장치(sensing device)가 올바른 부품이 사용되지 않았음을 감지하고 작동을 종료하므로 불량 부품이 다음 단계로 이동하거나 다른 작업을 시작하는 것을 조립 담당자가 막을 수 있다.

5S는 분류(sort), 정리(simplify), 청결(scrub), 표준화(standardize), 유지발전(sustain)와 같이 S로 시작하는 다섯 가지 항목을 가진 린의 개선도구이다. 간혹 6번째 S로 안전(safety)을 추가하는 경우도 있다. 국내에서는 정품, 정량, 정시라는 세 가지 정(right)을 붙여 '3정 5S'라는 개념으로 보급되기도 한다.

"모든 것을 위한 제자리를 마련하고, 모든 것을 제자리에 두어라(have a place for everything and keep everything in its place)"라는 말은 5S의 철학을 요약한다. 아이디어는 깨끗하고 잘 정돈된 작업장을 유지하면 생산성이 향상되고 낭비가 줄어든다는 것이다.

일부 조직에서는 안전(safety)을 5S에 추가적인 S로 포함시키기 때문에 다른 S가 안전에 어떻게 연관되는지 쉽게 볼 수 있다.

> **5S**
>
> 린 생산에 적합한 작업장을 만드는 데 사용되는 "S"로 시작하는 다섯 단어로 분류(sort), 정돈(simplify), 청결(scrub), 표준화(standardize), 유지발전(sustain)이다. 분류란 불필요한 품목을 필요한 품목으로부터 분리하고 제거하는 것을 의미한다. 정돈은 사용을 위해 품목을 깔끔하게 정리 배열하는 것을 의미한다. 표준화는 매일 정렬, 정리 및 청결하게 하는 것을 의미한다. 유지발전은 항상 처음 4가지를 따르는 것을 의미한다. 동일한 의미의 일본어들로는 seiri, seiton, seiso, seiketsu, shitsuke가 있다.

지금까지 살펴본 린(lean)은 기존의 제조계획통제(MPC) 방법과는 다른 방식으로서 이점은 상당히 크다고 할 수 있다. 하지만, 이것을 성공적으로 정착시키려면 많은 훈련과 부서간 협조가 필요하다. 또한, 물량이 적고 변동성이 너무 큰 일부 제조환경에서는 잘 작동하지 않는다. 경험에 비추어 볼 때 일반적으로 린을 완벽하게 구현하는 데 수년이 걸린다. 그러나 의지력을 가지고 기꺼이 받아들인 조직은 전세계적으로 증명되고 널리 알려진 것처럼 이미 큰 이익을 보고 있다.

Operations Innovation Professional

5장

수요관리
Demand Management

5장 | 수요관리
Demand Management

5.1 수요관리 프로세스
    5.1.1 마케팅 관리
    5.1.2 고객관계관리
    5.1.3 수요계획
5.2 수요의 특성
    5.2.1 독립수요 대 종속수요
    5.2.2 수요 패턴
5.3 예측하기
    5.3.1 예측 기간과 목적
    5.3.2 예측의 원칙
    5.3.3 예측 프로세스
    5.3.4 예측 기법
5.4 예측을 추적
    5.4.1 편이/치우침 대 무작위 변동
    5.4.2 편차 대 예측오차
    5.4.3 절대평균편차
    5.4.4 추적신호, 예측의 활용, 예측 활용 덜하기
    5.4.5 예측에 대한 의존도를 낮추기

핵심주제와 학습목표

- 수요관리와 제조계획통제의 전략적(strategic), 전술적(tactical), 그리고 운영적(operational) 단계의 연관성 및 역할
- 수요관리의 4 요소인 수요계획, 수요 의사소통, 수요에 영향력, 수요의 우선순위 및 관리
- 수요-공급 동기화(synchronization)
- 시계열 데이터의 4가지 패턴: 계절성(seasonality), 추세(trend), 경기순환(cycle), 불규칙 변동(random variation)
- 예측의 강점과 약점
- 예측 프로세스: 데이터를 시각화, 예측구간과 기법 선택, 데이터 준비(필요 시 계절성 제거), 예측실행, 만약 계절성이 제거되었을 경우 다시 추가
- 계절성 지수(seasonal indexes)
- 편이/치우침(bias)과 절대평균편차(MAD)를 포함한 오차 관리

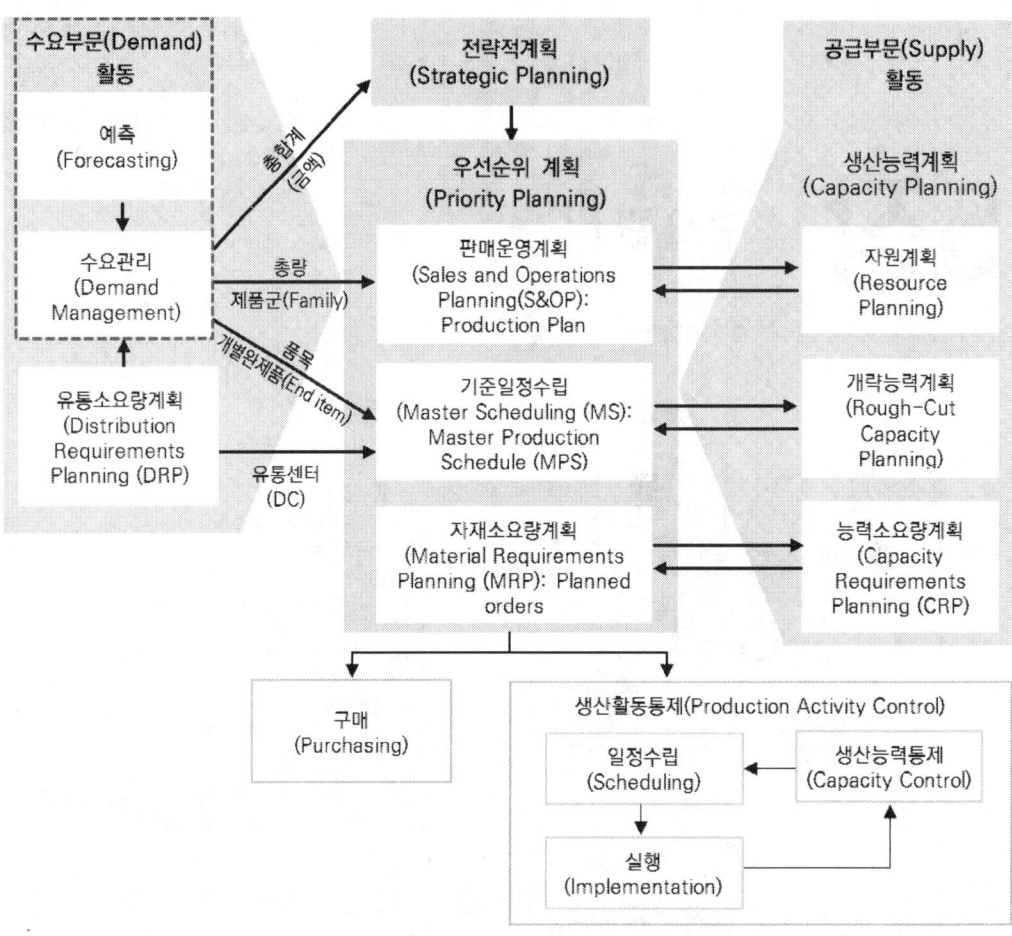

도표 5-1 제조계획통제(MPC)에서 수요(demand) 부문

이번 장에서는 도표 5-1의 왼쪽에 점선으로 표시된 부분인 수요(demand) 부문을 다룬다. 수요 측면에는 판매, 마케팅 및 고객관계관리, 그리고 수요계획 기능이 포함된다. 이 분야를 담당하는 전문가는 수요예측 또는 미래에 요구될 것에 대한 추정을 수립할 책임이 있다.

도표에서 보면 수요 측면에서 그 핵심이라고 할 수 있는 수요관리(demand management)가 도표 중간에 위치한 전략적 계획(strategic plan)과 우선순위(priority) 계획 내의 판매운영계획 (S&OP, sales and operations planning)과 기준일정수립(master scheduling) 등 세 단계와 연결되어 있음을 알 수 있다.

즉, 수요예측 더 나아가 수요관리가 새로운 공장 건설이나 장비 구매와 같은 전략 및 제조 경영계획에 대한 입력으로 사용된다. 이 경우에는 주로 총량(total) 그리고 금액($)을 예측의 단위로 사용한다. 예측의 구간도 장기(long term)이다.

판매운영계획 단계에는 계획이 제품군(product family) 별로 이루어지기 때문에 수요가 제품군별로 취합된 단위를 사용한다. 예측 구간은 중기(mid-term)에 해당된다. 기준일정수립 단계에서는 개별 완제품(end item)별로 계획이 이루어지며 예측 구간은 단기(short-term)이다. 참고로 수요관리에서 단기라 함은 주로 1년 미만의 구간을 의미한다.

수요예측을 수립하는 업무는 판매 혹은 마케팅에서 주관하는 것이 올바른 접근 방법이지만 간혹 공급을 담당하는 생산 및 재고관리 전문가가 이 일을 담당할 수도 있다. 중요한 점은 누가 이 업무를 담당한다 할지라도 도표 5-2에서 보듯이 수요예측은 모든 운영계획의 첫 단추이므로 이 입력 값이 잘못될 경우 조직에 큰 문제를 야기하게 된다는 사실을 기억하는 것이다. 수요예측이 잘못되면 전략적 판매 목표, 장기에 걸친 자산 개발, 생산계획(production plan) 또는 기준생산일정(master production schedule)이 잘못 수립된다는 것이다. 그리고 그 잘못된 결과는 대가가 매우 크다. 따라서 자재관리자는 판매 마케팅이 이러한 예측을 어떻게 수립하고 그 신뢰도가 어떤 수준인지를 이해할 필요가 있고 더 나아가 예측 값을 올바르게 해석해야 하며 예측값을 생성하는데 사용된 가정사항(assumptions)에 대해 좀 더 상세한 정보를 물을 수 있어야 한다.

산업에 따라 혹은 조직의 특성에 따라 어떤 조직은 다른 조직보다 예측을 더 많이 활용하고, 그 반대인 경우도 발생한다. 주문설계(ETO) 조직은 전략적 수준이나 자본 설비 요구사항 등을 결정하는 것을 제외하고는 예측을 그리 많이 활용하지 않는다. 전략적 수준의 예측 외에도, 주문생산(MTO) 환경에서도 수락 가능한 리드타임 내에 주문을 생산할 수 있도록 원자재 소요량을 계산하기 위한 목적 정도로 수요예측을 활용한다. 주문조립(ATO) 환경에서는 모듈이라고 부르는 반제품 생산을 위해 예측이 활용된다. 예측의 활용도가 가장 큰 제조환경은 재고생산(MTS)이다. 재고생산 환경의 조직은 예측을 사용하여 올바른 제품을 생산할 뿐 아니라 해당 제품을 올바른 위치에 배송할 수 있다.

유통센터와 같은 고객의 주문은 이러한 모든 제조환경에 대한 판매운영계획(S&OP) 및 기준일정수립(master scheduling) 수준에서 계획하는 데 중요하다. 유통소요량계획(DRP)으로부터 들어오는 주문은 수요관리를 통해 판매운영계획 정보에 반영된다. 이는 예측보다 실제 주문에 더 많이 의존하는 제조환경에서 더 큰 주목을 받는다.

예측을 평가하고 현명하게 활용하는 데 필요한 기초를 제공하기 위해 이번 장에서는 수요관리의 전체 프로세스, 수요 특성(유형, 출처 및 수요 패턴) 및 예측의 기본 원칙과 관련된 몇 가지 기본 개념으로 시작한다. 이 장에서는 예측 프로세스의 기본 단계를 검토하고 또한 일반적인 예측 기법들을 비교하여 각 기법들의 장단점과 최상의 활용 방법을 제공한다. 이 장의 마지막 부분에서는 시간 경과에 따른 예측 정확도를 추적하는 데 사용되는 몇 가지 방법들을 살펴본다.

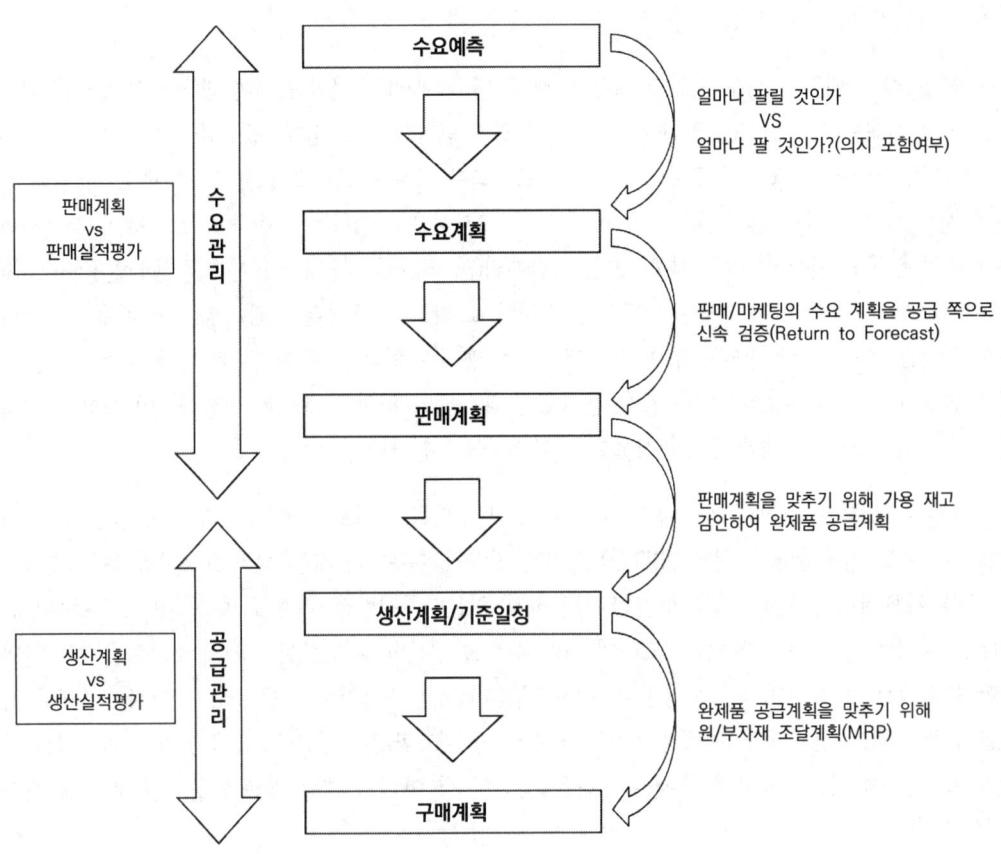

도표 5-2 수요예측은 모든 운영계획의 첫 단추

5.1 수요관리 프로세스(Demand management process)

수요관리는 고객 혹은 수요와 관련된 중요한 3 가지 영역인 마케팅(marketing) 관리와 고객관계관리(CRM) 그리고 수요계획(demand planning)을 포함하는 큰 범위의 개념이다. 이 세 영역에 종사하는 전문가들이 서로의 정보와 의견들을 모아서 최종적인 수요를 생성해 낸다. 미래 수요에 대한 예측은 제조계획통제 단계에서 크게 세 단계에 투입요소로 사용된다.

첫째, 전략적 계획과 경영계획이다. 수요의 예측이 인수 합병과 같은 장기적이며 전략적인 큰 결정에 활용된다.
둘째는 제품군 수준에서 이루어지는 중기(medium-term) 생산계획, 즉 판매운영계획에 활용된다.
셋째는 개별제품 수준인 단기(short-term) 기준일정(master scheduling)에 활용된다. 수요예측은 종속수요 생성 기능인 자재소요량계획(MRP)에는 활용되지 않는다. 대신에 자재소요량은 기준일정(master scheduling)의 결과물인 기준생산일정(MPS, master production schedule)에 의해 계산되어진다.

> **수요관리(Demand management)**
> 1) 시장(marketplace)을 지원하기 위한 상품이나 서비스에 대한 모든 수요들을 인지(recognizing)하는 기능. 공급이 부족할 때 수요에 우선순위화(prioritizing) 하는 것을 포함한다. 적절한 수요관리는 수익성 있는 (profitable) 사업 결과를 위한 자원계획 및 자원의 사용을 용이하게 한다.
> 2) 마케팅에서, 조직 및 개인의 요구를 충족시키는 거래를 발생시키기 위한 계획(planning), 실행(executing), 통제(controlling), 관찰(monitoring), 가격책정(pricing), 판촉(promotion), 제품 및 서비스의 유통(distribution) 프로세스.

5.1.1 마케팅 관리(Marketing management)

마케팅은 수요관리에 밀접하게 관련된 기능이며 수요 창출에 큰 역할을 한다. 수요를 창출하기 위한 광고, 거래 할인, 판매 촉진 인센티브 등이 모두 마케팅 활동이다. 마케팅 전략은 조직 전략과 연결되어야 한다. 마케팅 조직은 시장 혹은 고객과 우리 조직 사이 중간에 서있는 연락사무소와 같은 역할을 한다. 고객에 대해서는 우리 제품과 서비스를 구매하도록 설득하는 역할을 하며 우리 조직에 대해서는 고객을 대신하여 고객 혹은 시장이 원하는 제품과 서비스가 어떤 것인지를 파악하고 결정하여 조직의 제품개발과 운영에 알리는 역할을 한다.

만약 수요가 공급보다 많으면 마케팅은 좀더 높은 가격과 긴 리드타임을 설정할 수 있다. 이 경우 결국 더 높은 가격을 지불할 의사가 있는 고객으로 우선순위가 맞춰진다. 한편으로 고객에게 대체품을 선택하도록 인센티브를 제공하는 것도 하나의 방법이다.

물론 수요가 공급을 초과한다고 해서 무조건 가격을 높일 수 있는 것은 아니다. 제품이 차별화되지 않은 일반상품(commodity)인 경우는 고객이 가격에 매우 민감하여 가격 상승 시 경쟁사로 갈 수 있기 때문이다. 따라서 수요 부문 종사자들은 수요 공급 불균형을 시정할 수 있도록 공급 부문인 생산 및 운영 조직에게 생산 유연성(production flexibility) 증대와 일정 재고 보유(inventory holding)를 요청한다. 이것이 올바른 판단인지는 판매운영계획에서 논의를 하게 된다. 만약 재고 보유를 결정했다면 재고의 위치에 대해서는 마케팅에서 재고 보관의 최적 위치를 알려 주어야 한다.

> **마케팅 관리(Marketing management)**
> 마케팅 부서 혹은 기능(function)이 특정 시장에서 비지니스 및 마케팅 목적들을 달성하기 위해 사용할 것으로 기대하는 기본 계획. 마케팅 지출(expenditures), 마케팅 믹스(mix) 및 마케팅 할당(allocation)이 포함된다.

마케팅 믹스 혹은 4P(product, price, place, promotion)라고 불리는 마케팅 도구도 수요관리에 직접적인 영향을 끼친다. 마케팅 믹스라 칭하는 의미는 네 가지 요인들이 적절히 어우러져야 좋은 마케팅 전략이 된다는 말이다.

> **4Ps**
> 고객에게 비지니스 제안을 안내하는 마케팅 도구 모음. 4개의 P는 제품(product), 가격(price), 유통(place), 판매촉진(promotion)이다.

제품(product)이란 시장에서 고객이 필요로 하는 제품을 만들어야 하고, 제품이 기본적으로 주문자격요인(order qualifier)을 가져야 하며 나아가 경쟁력 있는 차별화 요소를 조합하여 수주요인(order winner)을 창출할 수 있는 제품 및 서비스 설계를 포함한다. 고객의 제품 결정에는 브랜드 이름, 품종, 크기(예: 경량 또는 중량), 등급(예: 기본 또는 디럭스), 반품 및 보증 정책 및 서비스 수준 등이 고려된다. 낮은 등급의 제품 일지라도 불량이 없는 양품으로 생산되어야 하기 때문에 등급은 품질과 다른 개념이다.

가격(price)은 가장 높은 이익을 창출하는 제품 혹은 서비스의 가격을 설정하는 일이다. 가격이 높아질수록 수요가 줄어들며 극단적으로 너무 높으면 수요가 전혀 없을 것이고 반대로 가격이 낮아질수록 수요가 증가하고 너무 극단적으로 낮으면 이익이 전혀 없게 된다. 때문에 이 두 중간 어느 점에서 가격이 결정되는 데 가격을 낮춰 수요를 증대시켜 최대 이익을 달성하고자 가격을 책정하는 방식을 박리다매 방법이라고 표현한다. 이런 가격 정책은 일반상품(commodity)에서는 작동할 수 있지만 차별화된 제품이나 일부 고가 제품에서는 상황이 다를 수 있다. 또한 이러한 유형의 분석은 재고 비용 분석과 같은 다른 목적으로 사용될 수 있다.

> **총 비용곡선(Total cost curve)**
> 1) 비용-수량-이익(cost-volume-profit)(손익 분기) 분석에서, 총 비용곡선은 단위당 총 고정비용과 변동비용에 제공된 단위 수를 곱한 값으로 구성된다. 손익분기(breakeven) 수량은 총 비용곡선과 총 판매 수익곡선이 교차(intersect)하는 곳에서 정해진다.
> 2) 재고이론에서, 재고 품목의 총 비용곡선은 품목을 취득하고 유지하는(carrying) 비용의 합이다.

박리다매 정책을 위해서는 반드시 정확한 비용-수량-이익(cost-volume-profit) 분석이 필요하다. 비용-수량-이익 분석에 필요한 고정비용(fixed cost)과 변동비용(variable cost)을 결정하기 위해 마케팅과 운영팀이 함께 작업을 하기도 한다. 도표 5-3에서 총 매출액 곡선이 총 비용 곡선을 넘어설 때 이익이 발생하며 두 곡선이 만나는 점을 손익분기점(break-even point)이라고 부른다.

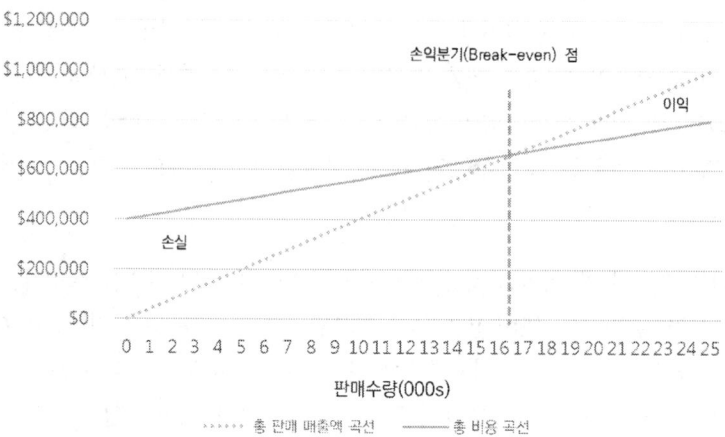

도표 5-3 비용-수량-이익 분석(Cost-Volume-Profit Analysis)

예를 들어 위 도표에서 고정비용이 $500,000, 단위당 판매가격은 $40, 단위당 비용은 $10일 경우 손익분기점 수량은 1,667개이다.

손익분기점 = 고정비용/(단위당 판매가격-단위당 변동비용) = $500,000/($40-$10) = 16,667개. 즉 16,667개 이상이 판매가 되어야 이익이 발생하며 그 수량 이하는 손실이 발생한다.

> **손익분기점(Break-even point)**
> 운영(operations)이 수익성이 있지도(profitable) 않고 수익성이 없지도(unprofitable) 않은 생산수준 혹은 판매수량. 손익분기점은 총 매출(total revenue)과 총 비용(total cost) 곡선의 교차점이다.

$$\text{손익분기점 수량(Break-even 수량)} = \frac{\text{고정비(Fixed cost)}}{(\text{단가} - \text{단위당변동비})}$$

$$= \frac{\$500{,}000}{(\$40 - \$10)}$$

$$= 16{,}667\text{개}$$

마케팅은 또한 시장침투(market penetration) 가격 책정을 사용하여 전략적으로 손실 부담을 허용하면서 시장 점유율을 얻기 위해 낮은 마진을 결정할 수 있다. 또는 조직에서 가격 스키밍(price skimming)을 사용할 수도 있다. 이는 경쟁자가 없는 초기 높은 가격을 책정하여 유지하다가 경쟁 업체가 시장에 진입할 때 가격을 떨어뜨리는 방법이다. 가격에는 신용 조건, 거래 할인 및 보조금 수당 설정(예: 품질 또는 납기 문제를 보상하기 위한 할인) 등이 포함된다.

유통(place)은 유통채널과 리드타임 둘 다를 의미한다. 제품을 최종 소비자에게 전달하는 경로로써 소비자들이 쉽게 접근할 수 있어야 한다. 온라인이나 소매점, 도매점 등과 같은 판매 채널의 선택과 유통 재고에 대한 재고정책 설정, 납품 시 운송 모드 등을 결정한다. 운송 모드는 속도(speed)와 유연성(flexibility) 그리고 신뢰성(dependability)의 조합을 통해 최적 수단을 선정한다. 프로모션(promotion)의 경우 광고나 PR, 인적판매, 그리고 영업사원이나 소매점에 대한 판매 장려금 등과 같은 다양한 활동으로 판매를 촉진시킬 수 있는 모든 활동을 말한다.

5.1.2 고객관계관리(CRM, customer relationship management)

마케팅에 이어 수요관리의 두 번째 관련 기능이 고객관계관리(CRM, customer relationship management)이다. 공급사슬관리에서는 공급사슬 파트너와의 주요한 두가지 관계관리가 있는데 첫 번째에 해당하는 것이 고객을 발굴하여 지속적으로 관계를 유지 관리하는 고객관계관리이고 다른 하나는 올바른 공급업체를 선정하여 거래를 유지하고 공급업체를 평가하며 지속적인 관계를 유지하는 기능인 공급자관계관리(SRM, supplier relationship management)가 두 번째이다. 여기서는 수요관리에 직접적인 관련이 있는 고객관계관리에 대해 살펴보도록 하자.

고객관계관리는 고객을 최우선으로 두고 행해지는 마케팅 철학이다. 연속되는 공급사슬 상에서 최종 소비자(end customers) 뿐만 아니라 유통센터(distribution centers), 도매상(wholesalers), 소매상(retailers) 모두가 고객에 해당된다. 고객관계관리가 잘 운영이 되면 고객으로부터 피드백을 얻기 수월하고 협력이 공고해진다. 이를 통해 고객이 원하는 요구사항을 더 잘 이해하고 신제품 설계나 혹은 기존 제품의 개선에 도움이 되고 제조 프로세스에도 반영하는 장점이 있다. 고객을 잘 이해하고 고객의 요구사항을 반영한 제품을 생산한다는 것은 비즈니스에서 원초적인 원칙이다. 고객이 기업에게 이런 이런 기능과 성능의 제품을 만들면 구매하겠다고 하는 것이 고객의 요구사항이라면 그 요구사항대로 만들어야 잘 팔리는 이치이다. 비즈니스에서는 명품이 잘 팔리는 것이 아니라 잘 팔리는 것이 명품이다. 여기에 고객관계관리가 깊숙히 개입되어 있다. 궁극적으로 고객관계관리는 평생고객(lifetime customer)을 창출하여 더 나은 판매 촉진 또는 판매 기회를 가능케하고 고객과 기업이 서로 의존적인 전략적 관계로 발전하여 높은 고객 충성심과 높은 시장 점유율 그리고 높은 이익에 기여할 것이다.

주문관리(order management)

주문관리는 고객관계관리(CRM)의 일부로서 고객의 주문을 받아 시스템에 입력하고 동시에 주문약속(order promising)을 실시하며 주문의 상태를 지속적으로 추적하는 기능이다. 더 나은 서비스를 위해서 모든 과거 상호작용을 살펴보며 필요시 문서화하고 보고한다.

주문관리는 고객관계관리의 핵심 구성 요소이지만 고객관계관리를 사용하지 않는 조직이라 할지라도 주문관리를 수행해야 한다. 고객관계관리는 비즈니스 철학이지만 종종 고객과 접촉하는 사람들이 사용할 수 있는 비즈니스 소프트웨어(때로는 ERP 시스템의 일부)를 지칭하기도 한다. 고객관계관리 소프트웨어의 주요 특징은 고객과 접촉하는 모든 사람이 해당 고객과의 모든 상호 작용의 전체 기록을 볼 수 있으므로 정보에 입각한 방식으로 고객과 상호 작용할 수 있다는 것이다. 다음은 고객관계관리 또는 자체 기능으로서 주문 관리가 탁월한 고객 서비스 및 운영 효율성을 촉진할 수 있는 몇 가지 중요한 방법이다.

먼저 주문 입력이 정확해야 하며 주문의 추적은 고객의 요청에 따라 가능해야 한다. 주문 입력이 정확하지 않으면 잘못된 제품이 고객에게 전달되는 것이 당연한 이치이다. 아울러 주문 입력 시간을 최소화하면 리드타임을 직접 줄일 수 있다. 고객의 주문이 도착하였을 때 주문에 대한 올바른 납기 약속도 탁월한 고객 서비스에 큰 영향을 미친다. 주문이 입력되면 실제 재고 또는 생산 상태를 확인하기 위해 주문관리 시스템이 전사적자원관리(ERP) 시스템에 연결되어야 고객에게 인도 날짜 및 수량에 대한 정확한 약속을 부여할 수 있다. 현실적인 기대치를 설정하면 고객 만족도가 향상된다.

고객 서비스는 고객의 문의 및 불만을 처리하고 반품 또는 수리를 승인한다.

주문 관리는 출하 문서, 즉, 명세서 및 판매 주문을 포함한 전자 또는 서류 기록을 제공한다. 판매 주문은 내부적으로 재고 발행 승인에 사용되거나 생산계획(또는 경우에 따라 설계 및 엔지니어링)을 승인하기 위해 기준 계획자에게 전송된다. 고객은 또한 수락 조건을 나타내는 판매 주문서 사본을 받는다. 보고에는 판매 내역, 고객 서비스 내역 및 회계 정보가 포함된다.

> **고객관계관리(CRM)**
>
> 고객을 최우선(customer first)으로 생각하는 마케팅 철학. 기존 고객 및 잠재 고객들의 요구들을 이해하고 지원하도록 판매 및 마케팅 의사결정지원(전사자원관리 정보와 대조적으로)을 위해 설계된 정보 수집 및 분석을 포함한다. 거래처 관리(account management), 카탈로그(catalog) 및 주문 입력(order entry), 대금지급 처리(payment processing), 신용(credits) 및 조정(adjustments), 기타 기능들을 포함한다.

5.1.3 수요계획(Demand planning)

수요관리의 세 번째 관련 기능은 수요계획(demand planning)이다. 수요계획은 기본적으로 예측으로부터 출발한다. 그러나 수요계획은 모든 수요를 인식하는 것이며 두 번째 주요 수요 원천은 외부 고객의 실제 주문(external orders) 혹은 동일 회사의 다른 공장이나 자회사 또는 조직이 소유한 유통센터로부터 발행되는 내부 주문(internal orders)일 수 있다. 외부 고객 주문에는 유통센터, 도매업체, 소매업체 및 개별 소비자의 주문이 포함된다. 위탁재고(consignment)을 사용하는 조직은 고객의 지정 위치에서 재고를 보유하므로 수요계획에서도 이러한 출처의 수요를 인식해야 한다.

> **수요계획(Demand planning)**
>
> 공급업체의 원자재에서 소비자의 요구에 이르기까지 공급사슬 전반에 걸쳐 제품 및 서비스(대량과 소량; 들쑥 날쑥과 연속)에 대한 수요예측을 구성하기 위해 통계 예측(statistical forecasting) 기술과 판단을 결합하는 프로세스이다. 완제품에 대한 고객 수요예측을 결정하기 위해 품목들은 제품군, 지리적 위치, 제품수명주기 등에 의해 모아질 수 있다. 마케팅(marketing), 판매(sales), 유통(distributors), 창고보관(warehousing), 서비스 부문(service parts), 기타 기능/부서들로부터의 판단을 고려하여 다양한 예측 모델들을 테스트하고, 결합한다. 실제 매출은 다양한 모델과 판단들에 의한 예측들과 비교되어 예측 오류(forecast error)를 최소화하기 위한 기술들과 판단의 최상의 통합을 결정한다.

5.2 수요의 특성(Characteristics of demand)

수요(demand)란 무엇인가? 수요는 시장 혹은 고객 기반의 요청이라고 말할 수 있다. 판매(sales)와는 다소 차이가 있다. 만약 수요가 공급보다 많았다면 수요가 판매보다 많음을 의미한다. 미국 조직자원관리협회(APICS)에 의하면 수요예측의 정의는 단순히 미래 수요에 대한 추정(estimate of future demand)일 뿐이다. 이 정의는 출하(shipment) 혹은 판매(sales)가 아닌 미래 수요의 예측이란 점을 명심하자. 이러한 차이점을 혼동하여 사용하는 경우가 종종 있다.

공급 담당 부서가 예측 임무를 담당하거나 수요에 대한 과거 자료(예, 고객이 받기를 원하는 요청 날짜 기준 자료)를 이용하지 못할 때 회사가 과거 출하 내역에 기반하여 수요예측을 하는 것은 일반적인 일이다. 과거 출하 실적을 사용하면 예측의 정확도가 떨어질 수 있다. 이는 출하 실적이 고객들이 원하는 제품의 납기 시점을 고려하지 않는 경우가 종종 있기 때문이다. 대부분의 회사들이 고객들의 납기 요구 일정에 100% 완벽하게 맞추지는 못하기 때문에 일반적으로 고객이 요청한 납기 날짜와 실제 선적 날짜는 일치하지 않는다.

5.2.1 독립수요 대 종속수요(Independent vs dependent demand)

수요예측은 독립수요(independent demand)에 대해서 이루어지는데 독립수요의 특징을 살펴보면 다음과 같다.

첫째, 수요가 통제 밖의 원천으로부터 발생한다.
둘째, 예측이 이루어져야 할 필요성이 있거나 혹은 실제 주문이 관리되어야 한다.
셋째, 일반적으로 판매되는 최종 단위 또는 서비스 부품을 지칭한다. 그러나 어떤 재고는 종속수요이면서 독립수요인 것도 있다. 이는 사용 용도에 따라 구분할 수 있다, 예를 들어, 자동차의 타이어의 경우, 자동차를 생산하기 위한 목적이면 종속수요이고 고객의 사후 서비스 목적으로 보관 관리한다면 이는 독립수요이다.

반면에 종속수요(dependent demand)는 예측이 필요치 않고 계산을 통해 정확한 소요량을 구해낼 수 있는데 종속수요의 특징은 다음과 같다.

첫째, 수요가 내부 원천으로부터 발생한다.
둘째, 예측되기 보다는 계산된다.
셋째, 보통 완제품을 만들기 위해 사용된 자재들을 지칭한다.

독립수요(Independent demand), 종속수요(Dependent demand)

- 독립수요: 한 품목에 대한 수요가 다른 품목의 수요에 관계가 없을 때, 그 제품에 대한 수요를 말한다. 완제품(finished goods)이나 파괴 테스트(destructive testing)에 필요한 부품들, 서비스 부품(service parts) 소요량들에 대한 수요가 독립수요의 예시이다.
- 종속수요: 어떤 제품 수요가 다른 품목 또는 최종 제품(end products)에 직접 관계되어 있거나, 다른 품목 또는 완제품에 대한 자재명세서(bill-of-material)로부터 파생되었을 때, 그 수요를 종속수요라고 말한다. 그러므로 이런 수요들은 예측할 필요도 없고, 예측해서도 안 된다. 어떤 주어진 품목은 어떤 한 시점에서는 종속수요, 독립수요 모두 가질 수 있다. 예를 들어, 한 부품은 동시에(simultaneously) 조립 구성품이 될 수 있고, 서비스 부품으로서 판매될 수 있다.

공장간 수요(Interplant demand)

동일 조직(same organization) 내의 다른 공장(plant)이나 사업부(division)에서 생산된 무품이나 세품에 대한 어느 공장의 수요. 비록 고객의 주문은 아니지만, 보통 그와 유사한 방식으로 기준생산일정(master production scheduling) 시스템에 의해 처리된다.

5.2.2 수요 패턴(Demand patterns)

수요가 시간이 지남에 따라 과거의 판매 실적이 쌓이고 이를 기록 분석하여 과거 이력 데이터의 패턴을 발견해낼 수 있다. 기본적으로 수요의 패턴에는 4가지가 있는데 추세(trend), 계절성(seasonality), 경기주기(cycle) 그리고 무작위 변동성(random variation)이다. 이는 그래프 형태로 시각화하면 패턴이 좀 더 분명해질 수 있다. 아래 도표 5-4는 4년간 과거 이력 데이터(history data)를 시각화한 예이다.

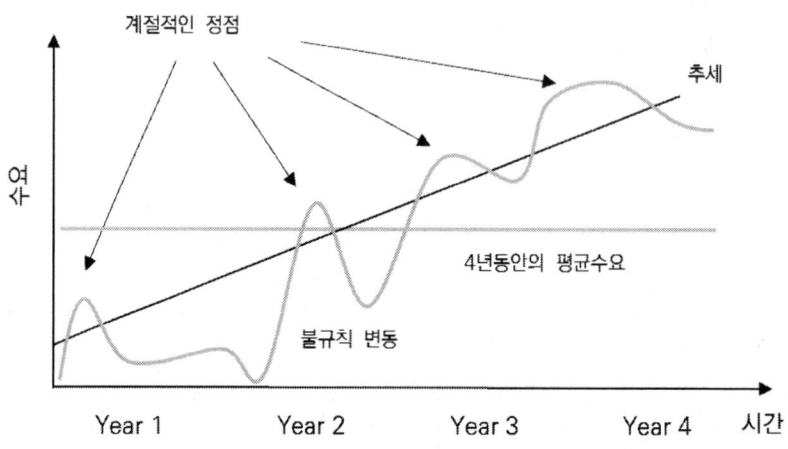

도표 5-4 수요 패턴(demand patterns)

계절성(Seasonality)

수요가 증가하고 감소하는 1년 동안 측정된 예측 가능한 반복적인(repetitive) 수요패턴. 이는 매년, 분기별, 월별, 주별, 일별 또는 시간별로 나타날 수 있는 일정 관련 패턴이다. 계절성에 대한 핵심 요인은 분석기간 동안 반복되므로 다른 변동(variation) 원천들로부터 격리될 수 있고 일시적으로 제거될 수 있어 예측에 영향을 미치지 않는다는 것이다.

추세(Trend)

시간이 지남에 따라 변수의 일반적인 상향(upward) 또는 하향(downward) 이동(예: 수요, 프로세스 속성). 추세는 또한 평평(flat)할 수 있다. 수요 데이터가 엑셀 같은 프로그램에 입력되면, 차트와 추세 둘 다 자동으로 계산될 수 있다. 추세는 판촉(promotions) 같은 것들에 의해 내부적으로 및 경제 주기(economic cycle)와 같이 개인이 통제할 수 없는 것들에 의해 외부적으로 변화하는 정도에 영향을 받을 수 있다.

순환/주기(Cycle)

주기는 일반적으로 수년에 걸친 경기의 성장(growth) 및 침체(recession)에서 관찰된 파도 모양의 패턴을 말한다. 계절성과 달리, 경기 주기는 예측 가능한 기간에 걸쳐 반복(repeat)되지 않으므로, 이런 유형의 예측은 경제학자들의 몫이다. 추세에 영향을 주는 다른 주기의 예는 제품 수명주기(product's life cycle)가 있다.

> **무작위 변동성(Random variation)**
>
> 무작위 변동성은 계절성 및 추세가 고려된 후에 남겨진(left over) 임의의 변동이다. 무작위 편차는 고객들이 언제, 어디서, 얼마나 제품을 구매하는 것이 다양하게 다름(vary)을 반영한다. 편차의 수준은 크게 다를 수 있다. 무작위 편차가 작으면, 예측은 상당히 정확할 것이다. 만약 값이 크면, 오차가 클 것이다.

뒤편 수요예측 기법에서 다루겠지만 생산 재고관리, 구매관리 등과 같은 운영관리 목적으로 주로 사용되는 예측기법이 시계열 기법(time series method)이다. 시계열 기법은 과거 시간 흐름에 대한 수요의 관찰 값들을 일컫는 시계열 데이터를 이용하여 예측한다고 해서 붙여진 이름이다. 이 시계열 예측은 과거 시계열 데이터(혹은 과거 이력 데이터라고도 부른다.)에서 앞서 설명한 수요의 네 가지 패턴을 분석하여 그 패턴이 미래에도 계속 이어질 것이라는 가정하에 사용되는 예측 기법이다. 따라서 수요패턴을 정확히 분석해 내는 것이 좋은 예측을 위해 매우 중요하다. 그러나 마지막 패턴인 무작위 변동성(random variation)에 대한 설명에서 알 수 있듯이 대부분의 수요는 일정한 규칙이 없는 무작위 변동성을 가지고 있고 일부 수요 패턴은 다른 패턴보다 변동성이 크다.

예를 들어 쌀과 같은 일반 기능성 제품 혹은 편의품(staples)의 제품 및 서비스는 수요 패턴이 안정적이어서 예측이 용이하다. 안정적인 수요 패턴은 상당히 일정한 추세, 예측 가능한 계절성 및 최소한의 무작위 편차를 가질 수 있다. 안정적인 수요 패턴을 갖춘 제품은 낮은 오차로 예측할 수 있으므로 재고생산(MTS) 제조환경에서 수익성 있게 사용할 수 있다.

혁신적인(innovative) 제품과 같이 역동적인 수요 패턴을 가진 제품 및 서비스는 변화 추세, 계절성 또는 예기치 않게 과거의 경향 및 추세와 계절성을 덮어버리는 높은 수준의 무작위 편차를 가질 수 있다. 이 경우 예측은 계획에서 사용하기 위한 기초(평균) 수요만 찾으려고 한다. 보다 유연한 제조 전략이 필요할 수 있다. 또 다른 선택사항은 동적 수요 패턴을 보다 안정하게 만드는 방법을 찾는 것이다(예: 채찍효과를 줄이거나 없애기 위해 더 좋은 의사소통).

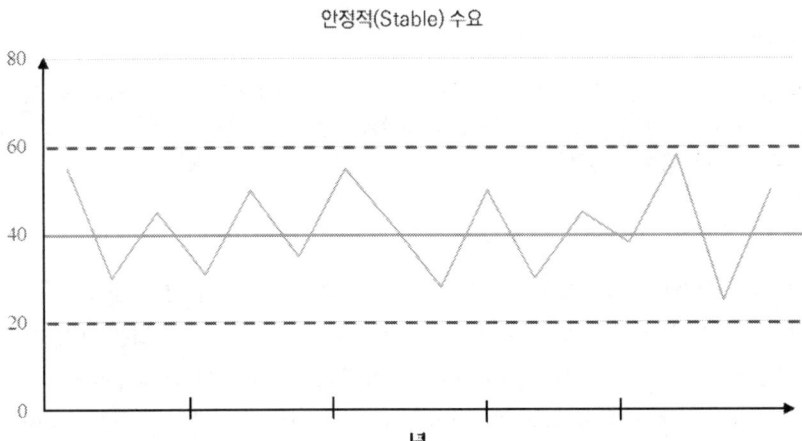

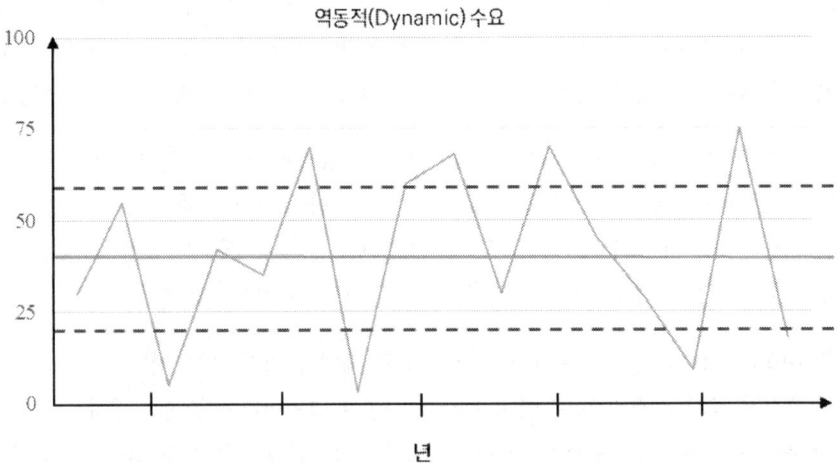

도표 5-5 안정적 수요(stable demand) 대 역동적 수요(dynamic demand)

도표 5-5는 두 가지 제품에 대한 상이한 수요 패턴을 보여준다. 점선은 상한 및 하한 설정을 보여준다. 아마도 이것은 조직의 생산 유연성 또는 품목에 대해 예상되는 최소 및 최대 수준의 한계일 것이다. 첫 번째 차트에서 평균 수준에서의 변화의 크기는 설정된 한계 내에서 유지되지만 두 번째 차트에서는 변동이 심해서 능력 제한이나 "정상치(normal)"로 설정한 값을 초과하는 수요 변동을 보여준다. 또한 첫 번째 차트는 계절성을 보여주지만 두 번째 차트에는 눈에 띄는 계절적 패턴이 없으므로 단순한 평균이 예측에 가장 유용한 정보가 된다. 그러나 평균은 오해의 소지가 많다.

5.3 예측하기(Forecasting)

> **예측(Forecast)**
> 미래 수요의 예상. 예측은 정량적 방법(quantitative methods), 정성적 방법(qualitative methods) 또는 방법들의 조합을 사용하여 구성될 수 있으며, 외적(외부) 또는 내적(내부) 요인들에 기반할 수 있다. 다양한 예측 기술들은 네 가지 수요 구성 요소들인 경기 주기적(cyclical), 무작위(random), 계절적(seasonal) 및 추세(trend) 중 하나 이상을 예측하려고 시도한다.
>
> **예측하기(Forecasting)**
> 제품 판매(sales) 및 사용(use)을 예측하여 미리 적절한 수량으로 구매 또는 제조할 수 있는 업무 기능.

5.3.1 예측 기간과 목적(Forecast horizon and purpose)

제조 계획 및 통제 관점에서 예측은 전략(전략적 계획과 경영계획), 전술(판매운영계획) 및 운영(기준일정수립) 계획 단계에 각각 입력으로 사용되며 예측은 각 수준별로 다른 목적과 시간 구간을 가진다.

전략 및 제조 비즈니스 계획 수준에서 시간 범위는 2년에서 10년으로 매우 길다. 이러한 예측의 목적은 조직의 총 판매량을 금액($)으로 결정하여 조직이 자본 자산을 취득 또는 분할하고 새로운 시장에 진입하거나 새로운 공급사슬에서 협력할 수 있도록 하는 것이다. 중요한 결과는 조직의 부서들이 이를 달성하기 위해 노력할 장기적인 재무적 목표가 될 것이다.

전술적 수준에서 예측은 1~3년의 기간 동안 제품군(product family)에 대한 총합 정보를 사용하여 수행된다. 여기서 총합 수준 예측은 판매운영계획(S&OP) 프로세스에 대한 입력이며, 판매를 담당하는 책임있는 전문가가 달성하고자 하는 판매 수량에 동의하고, 공급 담당 전문가가 생산에 동의하고, 재무담당 전문가가 수익성에 대한 재무적인 입장에서 동의하는 단일(single set) 수요가 결정된다. 이 정보는 예산 및 노동력 필요량을 계획하고 리드타임이 긴 품목을 획득하는 데 사용된다.

운영 수준에서 예측은 기준일정수립(master scheduling)에 필요한 시간 구간인(3 개월에서 18 개월까지)의 개별제품(end item) 수준 정보를 사용하여 수행된다. 이 구간은 요청한 물품을 생산하는 데 필요한 모든 자재 및 자원을 주문, 수령하여 사용하는 데 필요한 리드타임과 계획자에게 여유를 주기 위한 약간의 시간이 추가되어 결정된다. 예측이 가장 높은 총합 수준(총 매출액)에서 시작되고 점점 더 세부적인 수준으로 이동하는 이유는 예측 원칙 중 하나를 기반으로 하기 때문이다. 이러한 원칙은 다음에 논의된다.

계획 수준/단계	예측 대상	예측구간
경영계획 (Business planning)	매출액($); 새로운 시장과 공급사슬 계획	2 ~ 10년
판매운영계획 (Sales and operations planning)	제품군(product family) 단계에서 물리적인 생산 수량(units)	1 ~ 3년
기준일정수립 (Master scheduling)	개별 완제품(end item) 단계에서 물리적인 생산 수량(units)	3 ~ 18 개월

도표 5-6 계획 단계(planning level)별 예측의 특징

5.3.2 예측의 원칙(Forecasting principles)

예측이란 과거 이력 데이터를 포함하여 현재 이용 가능한 정보를 기반으로 미래를 추측하려는 노력이다. 미래는 불확실하다. 과거의 결과가 미래의 결과를 보장하지 않는다. 고객들은 기업이 원하는 시점에 원하는 만큼의 제품을 구매해야 할 의무가 없다. 고객들은 예측 불가하다. 심지어 충성고객(royal customer)일지라도 일정한 시점에 일정한 수량을 구매하지는 않는다. 앞서 배운 채찍효과처럼 하류 쪽의 작은 변화는 상류 쪽으로 큰 변동성을 초래할 수 있기 때문에 예측이 더욱 어렵다. 이러한 상황이 예측의 첫 번째 원칙을 만들어 냈다.

예측의 첫 번째 원칙은 예측은 대부분 틀리다는 것이다. 따라서 예측을 옳고 그름의 참, 거짓으로 판단해서는 안 된다는 의미이다. 예측이란 항상 틀리기 때문에 얼마만큼 틀렸는지 왜 틀렸는지를 접근하는 것이 예측에 대한 현명한 방법이다.

예측의 두 번째 원칙은 첫 번째 원칙으로부터 파생한 것이다. 예측에는 항상 예측 신뢰도 혹은 오차율의 추정치를 항상 가져야 한다. 예측 오차에 대비한 조치를 어느 정도로 어떻게 해야 할 지를 가늠할 수 있기 때문이다. 예측 신뢰도는 종종 전체 수요의 백분율(%)을 플러스 마이너스로 표현하거나 기간 당 최소값과 최대값 사이의 범위로 표현한다. 보다 폭이 넓은 범위는 낮은 신뢰 수준과 보다 역동적인 수요 패턴을 지칭한다. 폭이 좁은 범위는 보다 높은 신뢰성과 안정적인 수요 패턴을 의미한다. 이 추정치는 실제 수요가 평균 소요량과 얼마나 차이가 나는지와 관련된 통계를 사용하여 생성된다.

예측의 마지막 두 원칙은 정확도 향상과 관련이 있다.

세 번째 원칙은 예측은 개별 항목(individual item)보다 제품군(product family)에서 더 정확하다는 것이다. 개별 제품의 판매량에는 일정한 변동성이 있기 때문에 각 개별 제품의 예측 오차를 평균한 값이 전체 제품군 합계 수준에서의 예측오차 보다 더 크다. 이는 제품군으로 측정할 경우 제품군 내에서 어떤 제품의 판매는 예측보다 많아서 오차가 발생하고 다른 한 제품은 예측보다 실제 판매가 적어서 오차가 발생할 경우 이를 상쇄하는 효과가 있기 때문에 나오는 결과이다.

예를 들어 A 제품은 100개 예측하여 110개를 판매했을 경우 오차는 플러스 10이며 B제품은 100개를 예측하여 90개를 판매했을 경우 오차는 마이너스 10이고 평균 오차 또한 10이다. 그러나 A제품과 B제품의 합인 제품군 수준에서 측정할 경우 총 200개(100개+100개) 예측하여 200개(110개+90개) 판매이므로 예측 오차가 0이 된다. 따라서 통계적으로 볼 때 좀 더 상위의 취합 수준에서 예측을 할수록 예측 정확성이 크게 향상된다. 이는 거시 경제 관점에서 의미가 있다. 문제는 계층구조가 여러 단계로 되어 있을 경우 어느 단계의 취합 수준에서 예측을 하는 것이 가장 정확할지를 파악해 내는 것이다. 이는 각 조직의 업무 성격에 따라 다르다. 제품군에서 그룹화 된 유형의 예측이 각 개별 제품의 예측보다 훨씬 정확하기 때문에 일단 예측은 제품군 수준에서 총량으로 결정하고 제품이 실제로 생산되어야 할 시간에 더 근접한 더 상세한 예측을 사용하여 이 총량을 각 비율에 따라 개별 제품으로 나누는 방법을 사용한다.

네 번째 원칙은 예측 구간에서 가까운 미래에 대한 예측이 먼 미래에 대한 예측보다 정확도가 높다는 것이다. 앞서 예측 기간과 목적에서 각 예측은 그 목적에 따라 예측 기간이 달라짐을 살펴보았다. 그러나 일반적으로 예측 정확도가 높은 단기간에 대해 예측을 하지 않고 왜 먼 미래에 대한 예측을 해야 하는지에 대해 살펴보아야 한다. 예측의 기간을 좌우하는 실제적인 이유는 리드타임 때문이다. 이것이 조직이 가장 긴 리드타임을 단축하여 기준계획(master planning) 기간을 단축하고자 하는 주요 이유이다.

5.3.3 예측 프로세스(Forecasting process)

예측 업무를 실제로 실행하는 기본적인 단계들은 다음과 같다.

① 예측의 목적을 결정한다.
전략적 수준의 목적을 위한 것인지 아님 판매운영계획을 위한 목적인지 혹은 기준일정에 필요한 것인지 등 예측의 사용 목적을 결정한다.

② 취합 수준/단계 및 측정단위를 설정한다.
예측을 회사 총량으로 혹은 총 매출액으로 할 것인지 아니면, 제품그룹 혹은 개별제품, 영업 지역이나 조직 별로 할것인지 등에 대한 결정이다.

③ 계획기간(horizon) 및 계획 버킷(bucket)을 선택한다.
계획 기간은 장기, 중기 혹은 단기를 말하며 버킷은 분기별, 월별, 주별 혹은 일별 예측을 말한다.

④ 데이터를 수집하고 시각화(도표 형태)한다.
예측에 필요한 데이터(예들 들어 과거 판매 이력 데이터 등)를 수집하고 수집된 데이터를 정비(cleansing)하여 도표 형태로 시각화한다. 도표 형태로 나타내는 이유는 데이터를 숫자로 보는 것보다 그래프 형태로 나타내면 앞서 설명한 수요의 4가지 패턴(추세, 계절성, 경기주기, 무작위 변동성)을 좀 더 쉽게 발견할 수가 있기 때문이다.

⑤ 예측기법을 선택한다.
수요예측 기법은 무수히 많다. 다만 어떤 기법이 좀 더 정확한 예측을 생성할지는 예측의 목적과 기간, 수집된 데이터의 가용성, 추세 유무 등 여러 가지를 고려하여 선택된다. 일반적으로 통계적 예측 소프트웨어를 활용할 경우 전문가 선택(expert selection) 혹은 최적 선택(pick the best)이라고 부르는 소프트웨어 자동 선택 방법을 이용한다. 예측기법 선택 시 주의해야 할 점은 하나의 예측 기법을 전체 제품에 일괄적으로 적용하는 것은 바람직하지 않다는 것이다. 각 예측 대상 제품별로 그 최적 기법이 다를 수가 있고 또한 시간이 지남에 따라 과거 이력 데이터의 패턴 변동에 따라 기법이 달라질 수가 있다는 점이다. 예측 기법에 대해서는 뒤에 좀더 자세히 다룬다.

⑥ 예측기법 적용을 위해 데이터 준비한다.
기법은 데이터에 따라 다를 수 있으므로 선택한 기법에 맞는 데이터 준비가 필요하다. 예를 들어 만약 계절성(seasonality)이 있다면 먼저 임시적으로 계절성을 제거하여 예측하는 것을 말한다.

⑦ 과거 데이터를 이용해서 예측을 테스트한다.

예측은 이동적(rolling)이므로 실제 집계된 실적값(actual result)을 활용하여 지난 번 예측값에 대한 정확도를 미리 테스트해 볼 수 있다.

⑧ 예측을 실행한다.

필요한 데이터 준비와 기법 선택 그리고 조정 등이 이루어지면 드디어 예측을 실행한다.

⑨ 예측에 대한 합의를 이룬다.

통계적 예측은 전체 수요계획의 일부분이다. 따라서 좀 더 좋은 예측값을 생성해 내기 위해서는 수요와 관련이 있는 타 조직과 협업을 하는 것이 모범사례이다. 이것이 합의기반의 예측, 즉 하나의 예측(one-number) 시스템이다.

⑩ 지속적으로 개선한다.

예측은 하나의 사건(event)이 아니라 계속 진행되는 프로세스이므로 예측 결과를 관찰하고 평가하여 지속적으로 개선하는 것이 중요하다. 예측의 정확도는 하루아침에 올라가지 않는다. 그러나 지속적으로 노력하면 반드시 올라간다.

예측을 위한 데이터 수집(collecting)과 준비(preparing)

예측을 위한 데이터 수집은 매우 중요한 절차이다. 특히 시계열(time-series) 예측 기법은 과거 판매 실적의 수요패턴을 분석하여 이러한 패턴이 미래에도 계속되리라는 가정하여 이루어지는 예측 기법이므로 과거 판매 이력 데이터가 잘못 수집되면 잘못된 예측이 이루어지는 것은 자명한 사실이다(GIGO, garbage in garbage out).

그럼 데이터 수집에 조심해야 할 사항은 어떤 것들이 있을까?

- 순 판매(net sales) 실적, 다른 공장에서 보충되거나 혹은 동일 조직 내 다른 공장으로부터 들어온 요청들을 고려해야 한다. 순 판매를 예를 들면 1000개를 판매하였으나 200개가 반품되었다면 순 판매는 800개이다.
- 고객에게 출하(shipping) 데이터만으로는 충분하지 않다. 예를 들어 지난달에 1000개 주문이 들어왔으나 재고 부족 혹은 생산이 부족하여 100개를 출하하지 못했다면 출하 데이터는 900개이지만 고객의 실제 요청 수량은 1000개이다. 즉 지연된 주문(backorders)을 고려해야 한다.

> **지연된 주문(Backorder)**
>
> 처리되지 못한 고객 주문 또는 약속(commitment). 지연 주문은 수요를 충족시키기에 재고가 충분하지 않은 품목에 대해 아주 가까이에 있는(immediate) 또는 기한이 지난(past due) 수요이다.

- 필요한 형식(needed format)으로 데이터를 수집해야 한다.
  조직 내 각 부서에 따라 예측이 필요한 데이터의 형식이 상이할 수가 있다. 예를 들면 마케팅에서는 주로 금액으로 보고자 하며 생산 운영 부서에서는 개별 제품별로 예측값을 원한다. 따라서 이런 요구사항을 지원하기 위해 단위 변환(conversion) 기능이 필요하다.
- 관련 상황(related circumstances) 기록이 필요하다.
  수집된 데이터의 관련 상황을 말하는데, 왜 그런 데이터가 수집되었는지에 대한 가정사항(assumptions)들을 기록해 두면 유용하게 활용된다.
- 세분화된 고객(customer segment) 별로 수요 분리가 필요하다.
  이는 세분화된 고객별로 수요 패턴이 아주 상이할 경우 단순한 전체 평균보다는 고객 군별로 수요를 분리하여 집계하는 것이 좋다.

데이터 수집 및 준비 원칙

앞서 예측 절차에서 설명한 바와 같이 데이터 수집의 한 가지 원칙은 데이터를 예측에 필요한 형식(format)으로 수집해야 한다는 것이다. 마찬가지로 시간 버킷도 중요한데 예측을 월별(monthly)로 할 경우 월별 데이터로 수집을 하여 하고 주별(weekly)일 경우는 주별 데이터 수집 그리고 일별(daily)일 경우 일별로 데이터가 수집되어야 한다.

> **시간 버킷(Time bucket)**
>
> 데이터가 열(column) 또는 행(row) 방향으로 요약된 날의 수. 예를 들어, 주별 시간 버킷(weekly time bucket)은 전체 1주일 동안 모든 관련 데이터를 포함한다. 주별 시간 버킷은 효과적인 MRP를 허용하는 가장 가능성 있는 것으로 간주된다(적어도 중장기적으로).

또한, 예를 들어, 어떤 품목이 셀(cellular) 레이아웃을 공유하기 때문에 특정 제품군을 이용하여 생산계획(production plan)을 세울 경우에는 이 제품군 단위로 예측이 이루어져야 한다.

> **제품군(Product family)**
> 유사한 제조 처리(processing) 단계를 거치고, 유사한 특성들을 가지며 고객에게 선적 또는 배송전에 공통장비(common equipment)를 공유하는 제품 그룹 또는 서비스 그룹. 하나의 공장에서 생산되고 판매운영계획(S&OP)의 생산계획(production plan)에서 자주 사용된다.

기준일정수립(master scheduling) 수준의 예측은 개별 제품(individual item) 단위에 대한 수요를 예측하므로 제품의 다양한 선택사항(options)이나 개별 단위에 대한 수요 데이터도 수집해야 한다. 선택사항이 많은 주문조립(ATO) 제품의 경우 각 선택사항들의 조합별로 예측을 하는 것은 매우 번거롭고 예측 정확도도 떨어지기 때문에 일반적으로 제품군에 대한 총 수요를 예측한 다음 그 총 수량을 각자의 비율로 나누는 방법을 사용한다. 이 때 계획용 자재명세서(planning bill)를 사용하게 되는데 이는 뒤에서 상세히 다룬다. 예를 들어, 조립 주문형 오토바이가 기본 또는 고급 엔진, 스테레오, 시트, 핸들 바, 타이어 그리고 림 등 6가지 항목에 대해 각각 두가지의 선택사항이 있다고 할 경우 총 가능한 조합의 수는 64개($2 \times 2 \times 2 \times 2 \times 2 \times 2 = 64$)가 된다. 64개의 제품별로 별도로 예측을 한다는 것은 비효율적이다. 이보다는 오히려 각 선택사항(총 12개)에 대해 예측을 하여 구성품을 미리 준비해 두고 최종 제품에 대한 조립 일정은 실제 주문이 들어올 때까지 기다리는 방법을 사용하는 것이 효과적이다.

데이터 수집의 두 번째 원칙은 데이터와 관련된 모든 상황이나 관련된 사건을 기록하는 것이다. 심각한 자연재해나 파업등과 같은 비정상적 또는 일회성 사건은 물론 판매 판촉 활동이나 가격 변경과 같은 정기적인 활동도 여기에 포함된다. 판촉활동은 수요 증가를 유발하며, 이에 대한 데이터는 마케팅의 홍보 활동 효과를 평가하는 데 도움이 된다. 만약 미래 예측 기간에 동일한 판촉활동이 반복되지 않는다 할지라도 데이터 또는 결과에 이를 반영하도록 조정할 수 있다. 마찬가지로, 수요가 급증하거나 하락하는 일회성 사건의 영향은 예측하기 전에 조정(adjustment) 되거나 평활화(smoothing out)할 수 있다.

고객 세분화 별 수요 분리는 또 다른 중요한 데이터 준비 원칙이다. 유통센터, 도매업자, 소매업자 및 개인의 수요는 그 시점과 수량이 매우 다를 수 있다. 이럴 경우 이러한 특성을 반영하여 서로 분리된 데이터를 수집하는 것이 좋다.

예를 들면 아래 도표 5-6을 보면 A 고객군은 수요가 큰 수량으로 일 년에 한 두 번 주문이 오고 B 고객군은 적은 수량으로 매달 일정 수량의 주문이 들어왔다고 했을 경우 수요패턴이 아주 상이하므로 월별 수요를 따로 분석을 해야지 아래 그림처럼 전체 평균(A+B avg.)으로 집계하면 옳지 않다는 의미다.

월	1	2	3	4	5	6	7	8	9	10	11	12	합계
A 고객군			6,000						6,000				12,000
B 고객군	478	470	440	360	330	290	260	200	160	190	280	420	3,878
B 평균	323	323	323	323	323	323	323	323	323	323	323	323	
A+B 평균	1,323	1,323	1,323	1,323	1,323	1,323	1,323	1,323	1,323	1,323	1,323	1,323	

도표 5-7 고객 세분화별 상이한 수요패턴

데이터 준비의 또 다른 원칙은 계절성이 존재할 경우 예측하기 전에 이를 제거해야 하고 최종 예측 결과를 산출하기 전에 다시 이를 반영해야 한다는 것이다. 계절성 제거(deseasonalization)라는 프로세스를 사용하여 수행되며 계절성 지수가 생성된다. 이 과정은 다음에 더 자세히 논의된다.

계절성 배제(deseasonalization)와 계절성 지수(seasonal index)

계절성이란 각 계절별 혹은 주기별 수요가 과거 평균 수요량과 얼마나 다른지에 대한 정보를 제공하므로 향후 계절적 수요량이 평균 수요와 얼마나 다른지를 예측하는 데 지수를 사용한다. 계절성 지수 1.0은 기간 수요가 평균 수요와 동일함을 의미한다. 1.0보다 작은 값은 기간의 수요가 평균보다 작음을 의미한다. 1.0보다 큰 값은 기간의 수요가 평균보다 큰 것을 나타낸다.

계절성은 칼렌더 주기를 기반으로 반복성이 있을 때를 일컫는다. 반복성이 아닌 일회성은 계절성이 있다고 보기가 어렵다. 따라서 계절성을 측정하기 위해서는 데이터 수집 길이가 적어도 2 계절성(2 seasonal) 이상이 되어야 한다. 쉽게 말하면 월단위 예측을 할 경우 2년 이상의 과거 데이터가 수집되어야 한다는 것이다. 수집된 데이터가 그보다 짧으면 이론적으로는 올바른 계절성 지수를 계산해 내기가 어렵다. 계절성 지수는 계절성이 어느 정도 있는지를 알려주는 크기의 정도를 말한다. 이 계절성 지수는 분기 단위 예측인 경우 4개의 계절성 지수가 생성되며 월별인 경우 12개, 주별인 경우 52개, 일별 예측인 경우는 365개가 나오게 된다. 다만 일 단위인 경우 365개 계절성 지수보다는 월, 화, 수, 목, 금, 토, 일과 같은 7개의 요일 지수를 더 많이 사용한다.

아래 예제에서는 편의상 분기별(quarterly) 예측이고 따라서 4개의 계절성 지수가 생성되는 환경을 가정하여 설명한다.

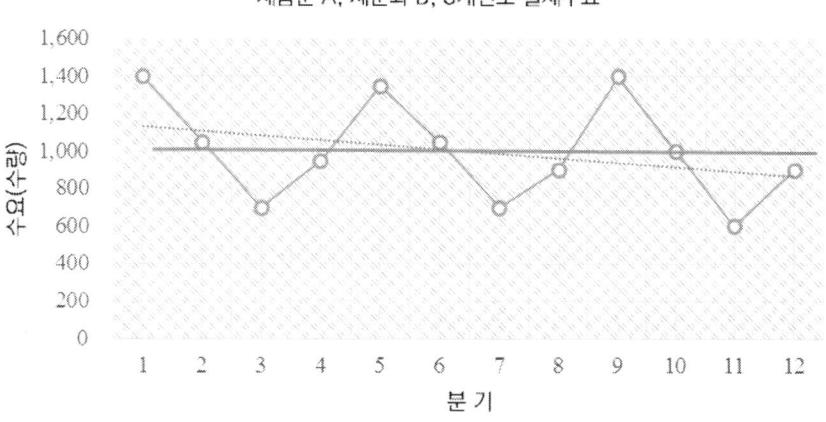

도표 5-8 계절성을 파악하기 위해 데이터의 시각화

도표 5-8을 살펴보면, 칼렌더 주기를 기반으로 반복성이 있기 때문에 수집된 데이터가 계절성이 있음을 바로 알 수 있다. 3개 년도에 걸쳐 항상 1분기는 수요가 반복적으로 평균보다 많고 3분기는 반복적으로 평균보다 수요가 적다. 여기서 문제는 1분기는 평균보다 얼마나 많고 3분기는 얼마나 적은지를 계산해 내는 것이다.

이것이 계절성 지수를 구하는 절차이다.

① 계절성 예측(Seasonal forecast)을 위해서는 먼저 동일 기간별(여기서는 분기별) 평균수요를 구한다.
② 전체 기간의 전체 평균을 구한다. 이는 전체 12분기 숫자를 모두 더해서 12로 나누면 된다.
③ 아래 식을 이용하여 각 기간별 계절성 지수를 계산한다.

$$계절성\ 지수(Seasonal\ Index) = \frac{기간\ 평균수요(Period\ Average\ Demand)}{전체기간\ 평균수요(Average\ Demand)}$$

④ 계절성이 제거된 수요를 계산한다.

$$계절성제거(deseasonalized)수요 = \frac{기간\ 평균수요(Period\ Average\ Demand)}{계절성\ 지수(Seasonal\ Index)}$$

⑤ 계절성이 제거된 데이터를 이용하여 예측을 한다.
⑥ 계절성이 제거된 데이터를 이용하여 생성된 예측값에 3번에서 계산한 올바른 계절성 지수를 적용한다.

예측된 수요 = 계절성 지수 × 계절성 제거 기간 수요

도표 5-9는 5-8 도표에서 시각적으로 보여준 데이터를 분기별로 보여준다. 3년 동안의 분기별 데이터가 있으며 분기 평균은 각 분기 결과를 합산하고 3(연도 수)으로 나누어 계산한다. 이 분기별 평균은 4,000개로 합계되고 모든 기간의 평균 수요는 기간 수에 대해 4(분기 수)로 나누어 계산한다. 계절성 지수는 각 분기 별 평균을 전체 기간의 평균 수요로 나누어 구한다(예를 들어, 1분기의 경우 1,387/1,000 = 1.387이다). 계절성 지수의 합이 4.000(음영 표시)으로 합산되는 방식에 유의하기 바란다. 이는 계산이 올바른지 확인하는 데 도움이 된다.

	실수요(actual) 기록				
	2019	2020	2021	분기별 평균	계절성 지수
1 분기	1,422	1,351	1,388	1,387	1.387
2 분기	1,050	1,018	980	1,016	1.016
3 분기	720	691	620	677	0.677
4 분기	930	940	890	920	0.920
계	4,122	4,000	3,878	4,000	4.000
	평균 수요(분기별 평균 총합/4)		=	1,000	

도표 5-9 계절성 지수 계산

계절성 지수의 간단한 사용은 계절성 예측을 작성하는 것이다. 계절성 예측은 기간별 평균 수요 예측에 계절성을 적용하여 구한다. 예를 들어 위 도표 5-9와 같은 분기별 과거 판매 실적을 가진 어떤 조직은 2022년의 연간 수요가 3,756개가 될 것으로 예상한다고 가정한다. 이 때 각 분기별 수요예측 값은 다음과 같다. 먼저 총수량을 분기로 나누면 분기당 3,756/4 = 939개가 된다. 여기에 계절성을 적용하려면 분기별 계절성 지수를 곱하여 계절성이 반영된 수요를 구할 수 있다(참고: 계산 결과는 반올림처리 되었음).

- 2022 1분기 예측: 1.387 × 939 = 1,302개
- 2022 2분기 예측: 1.016 × 939 = 954개
- 2022 3분기 예측: 0.677 × 939 = 636개
- 2022 4분기 예측: 0.920 × 939 = 864개
- 분기 별 예측의 총합 3,756개

5.3.4 예측 기법(Forecasting techniques)

도표 5-10은 다음에 논의될 다양한 예측 기법의 큰 그림의 개요를 보여준다. 먼저 기법의 큰 구분은 데이터의 활용 없이 주관적인 판단과 담당자의 전문 지식을 활용하는 정성적(qualitative) 예측과 데이터를 이용하여 계산으로 수행되는 정량적(quantitative) 예측이다. 이러한 방법은 개별적으로 또는 때로는 서로 결합하여 보완관계로 사용할 수 있다. 예를 들면 정량적 예측으로 예측값을 구한 다음 정성적으로 조정하는 방법을 사용한다. 각각의 분류에 따라 수많은 구체적인 예측 기법들이 있는데 몇 가지 중요한 기법에 대해 좀 더 상세히 알아보자.

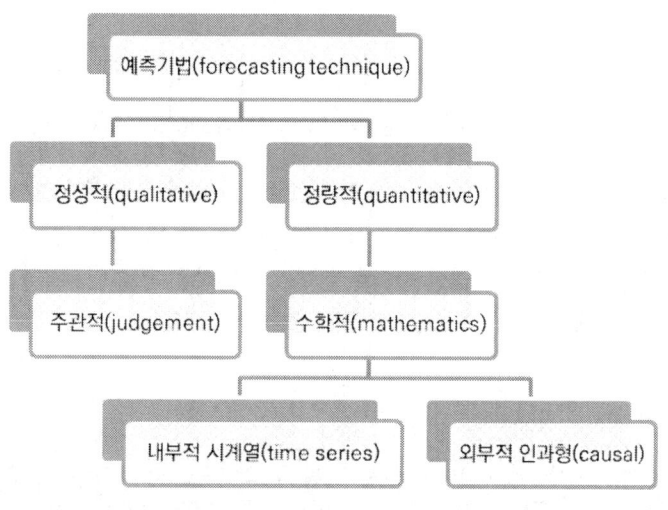

도표 5-10 예측 기법(forecasting techniques)

정성적 예측(qualitative forecasting)

정성적 예측은 수학적 계산 방법이 아니라 예측 담당자의 경험(experience), 직감(intuition) 및 학습된 추측(educated guesses)에 의존하여 예측을 한다. 어떤 정보에 근거한 의견은 동전 던지기보다는 낫지만, 이 방법은 주관적인(subjective) 경향이 있다. 왜 그런 예측 값이 도출되었는지에 대한 객관적인 자료가 뒷받침되지 않고 그저 담당자의 정보에 의한 주관성이 강한 방법이다. 수집된 과거 이력 데이터가 충분하지 않아 다른 정량적인 방법이 없을 때 좋은 방법이며 그런 의미에서 신제품(new products) 예측에 유용하며 전략적 계획이나 경영계획과 같이 주로 1년 이상의 중장기(medium to long term) 계획에 주로 사용된다. 정성적 예측은 정량적 예측을 조정하는데 유용하다고 여겨진다.

조직은 시장 조사, 마케팅 테스트 또는 유사한 제품이나 경쟁 제품 연구를 통해 이러한 유형의 예측을 개선하기 위해 노력한다. 유사한 제품이나 경쟁 제품 연구를 이용하여 수행하는 기법을 역사적 유추법(historical analogy)이라고 부른다.

> **역사적 유추법(Historical analogy)**
> 신제품처럼 과거 판매 이력 데이터가 없거나 아주 짧을 경우, 이러한 제품의 판매 예측을 위해 유사한 제품의 과거 판매 이력 데이터나 유사한 경쟁 제품의 과거 데이터의 패턴을 분석하여 활용하는 기법.

해당 제품이나 시장 상황에 전문성을 가진 전문가(experts) 혹은 이해관계당사자(stakeholders)가 자신의 의견을 제시하는 전문가 의견법(judgmental/expert opinion)도 정성적 방법 중 하나이다.

전문가 그룹이나, 영업사원들 혹은 위원회의 의견들의 취합하여 판매에 대한 추정을 하는 방법에는 패널 합의법(panel consensus)과 델파이 기법(Delphi method)있다. 이 두 기법은 매우 유사하나 패널 합의법은 상호 대면 환경인 관계로 상대방의 의견을 서로 알 수 있는 반면 델파이 기법은 관련된 전문가 의견에 대한 익명성과 피드백을 특징으로 한다.

> **델파이 기법(Delphi method)**
> 전문가들의 의견을 계속 반복(iterations)해서 토론함으로써 의견의 수렴을 해 나가는 정성적인 예측기법. 한 번의 의견 토론의 결과는 다음 번 토론에 사용되어(develop) 전문가들 의견을 수렴(convergence)해 나간다.

정량적-외부요인(quantitative-extrinsic) 예측

앞서 살펴본 정성적 예측과 비교하여 정량적 예측은 어떤 데이터를 이용하여 계산해 내는 수학적 방법이라고 한다. 따라서 이 정량적인 방법을 활용하기 위해서는 과거 판매 이력 데이터의 가용성이 매우 중요하다. 이 정량적 기법은 그 활용 데이터에 따라 외부요인(extrinsic) 방법과 내부요인(intrinsic) 방법 둘로 나뉜다.

먼저 정량적인 외부요인 예측 방법을 살펴보자. 외부요인 이란 내부 데이터와 더불어 예측에 도움이 되는 외부요인을 이용한다는 것을 의미한다.

> **외부적 예측 기법(Extrinsic forecasting method)**
> 상관 선행지표(correlated leading indicator)를 사용하는 예측 기법; 예를 들어, 주택 착공(housing starts)에 기반해 가구 판매를 추정하는 것이 있다. 외부적 예측은 개별 제품 판매량(individual product sales)보다 회사 전체 판매량(total company sales)과 같은 큰 집계(large aggregations)에 더 유용한 경향이 있다.

외부적 예측은 조직의 외부에서 활용 가능한 정보와 수요 사이의 연결 고리를 찾는 일종의 정량적 예측이다. 연결 고리가 있는 경우 이를 전문용어로 상관관계(correlation)라고 한다. 여기서 상관관계란 두 변수 간에 서로 상관성의 관계가 있지만, 이 상관성이 반드시 원인과 결과를 의미하는 인과관계(cause-and-effect relationship)가 있다는 것은 아님을 유의하기 바란다. 상관관계는 -1에서 1로 표현되는 상관계수(coefficient of correlation)를 이용하며 상관계수가 1에 가까울수록 강한 양의 상관관계, -1에 가까울수록 강한 음의 상관관계, 그리고 0에 가까울수록 상관관계가 약해짐을 의미한다. 외부적 예측은 외부 데이터 중에서 상관성을 가진 선행지표(leading indicator)를 예측에 활용한다.

> **선행지표(Leading indicator)**
> 미래의 추세를 나타내는 특정 사업 활동 지표(specific business activity index). 예를 들어, 주택 착공(housing starts)은 건축 자재를 공급하는 산업에서의 선행지표이다.

예를 들어, 주택 착공에 대한 허가신청 자료는 주택 건축관련 업자의 물품 공급의 선행지표다. 왜냐하면 주택을 건축할 때 허가신청이 사전에 수행되는 첫 번째 작업이므로 이 정보를 잘 분석하면 추후 건축 자재의 수요가 어떻게 증감될지를 미리 알 수 있을 것이다.

출생률, 연령 분포, 소득 및 교육 수준 또는 민족성에 대한 인구 통계학적 정보는 조직의 제품 및 서비스에 대한 수요 동향의 변화에 대한 정보를 제공하는 데 도움이 될 수 있다. 신생아 출생률에 기반한 기저귀 판매예측은 인구 통계학적 측면의 선행지표의 좋은 예이다.

외부 데이터에 대한 연구는 하나 이상의 선행지표와 수요 간의 통계적 관계를 보여준다. 양의 상관관계가 있으면 지표가 올라감에 따라 수요도 증가한다. 예를 들면 날씨 온도가 올라가면 아이스크림 판매가 증가한다. 반대로, 음의 상관관계는 지표가 올라감에 따라 수요가 일정량 감소한다는 것을 의미한다. 가격이 오르면 판매가 줄어든다. 요점은 외부적 예측이 추세의 변화를 감지하는 가장 좋은 방법이라는 것이다. 상관관계는 거시 경제의 관찰이므로 이 외부적 예측은 개별 제품 예측보다는 회사 전체 총수요 혹은 제품군 수준의 장기 계획에 가장 적합하다.

외부적 예측에 대한 구체적인 통계기법이 회귀분석(regression analysis)이다. 사용하는 외부 지표가 하나이면 단순회귀(simple regression)이고 둘 이상의 지표를 이용하면 다중회귀(multi regression)가 된다. 회귀분석을 사용하기 위해서는 기본적인 내부 데이터인 과거 판매이력 데이터와 더불어 수요에 상관성을 가진 외부 지표 데이터가 준비되어야 한다. 일반적인 통계 도구를 이용하면 외부지표, 독립변수 1단위가 종속변수인 수요에 얼마나 영향을 주었는지를 정량적으로 분석해주는데 이를 회귀계수(coefficient of regression)라고 부른다.

정량적(quantitative): 내부요인(intrinsic)시계열(time Series) 예측

정량적 내부예측 방법은 "과거 판매 이력의 평균과 같은 내부 요인을 기반으로 한 예측"으로 정의하며 다른 표현으로 시계열(time series) 예측이라고 부른다. 즉 시간의 흐름에 따른 관찰 값이다. 내부 요인이란 조직 내에서 수집 가능한 정보로서 대표적인 것이 과거 판매 이력 데이터이다. 외부 지표나 외부 데이터 없이 내부 데이터만 주어지면 이를 잘 분석, 계산하여 예측을 생성한다. 이 시계열 기법은 가까운 미래를 예측하는데 가까운 과거 데이터가 좋은 길잡이가 된다는 가정하에 사용된다. 이 가정은 사실일 수도 있고 아닐 수도 있다. 시계열 기법은 개별 제품별, 단기 예측에 가장 많이 활용되는 기법이다.

내부적 예측 기법(intrinsic forecast method)

과거 판매(past sales)의 평균과 같은 내부 요인에 기반한 예측. 내부요인(intrinsic) 또는 시계열(time series) 예측은 제품군(product family) 또는 개별 제품(individual products)에 대한 조직의 과거(historical) 수요 데이터와 같은 내부 정보(internal information)를 사용한다. 이러한 기법들은 가까운 과거(near-term past)는 가까운 미래를 위한 좋은 길잡이(guide)임을 가정으로 한다.

내부예측, 즉 시계열 예측을 수행하는 한 가지 방법은 지난해 같은 기간(same period) 혹은 지난달 결과가 단순히 반복될 것이라고 가정하는 것이다. 예를 들어 작년 6월의 결과는 올해 6월 예측이 된다든지 또는 지난 달의 실적 값을 다음 달 예측 값으로 사용하는 방법이다. 이를 단순한 예측(naive forecasting)이라고 한다.

이동평균(moving average) 및 지수평활법(exponential smoothing)은 조직에서 시계열 기법 중 가장 많이 이용하는 기법이다. 이동평균 및 지수평활법에 대한 논의는 앞서 도표 5-8과 5-9에서 시작된 예제를 사용한다. 데이터가 시각화되고 계절성 지수가 이미 계산되었으므로 다음 단계는 예측을 위한 시계열로 사용할 계절성 제거(deseasonalized) 데이터 세트를 계산하는 것이다.

계절성제거(deseasonalized) 수요

시계열에 대한 계절성 제거(deseasonalized)된 데이터를 계산할 때, 프로세스는 이전에 논의된 것과 동일한 단계를 사용하지만, 이제는 과거의 이력 데이터가 각 기간의 실제 수요를 적절한(예: 분기 별) 계절성 지수로 나눠서 계절성을 제거한다. 도표 5-11은 2019년부터 2021년까지의 데이터에 대해 이것이 어떻게 수행되었는지를 보여준다.

	실수요 기록					계절성제거 수요		
	2019	2020	2021	분기별 평균	계절성 지수	2019	2020	2021
1분기	1,422	1,351	1,388	1,387	1.387	1,025	974	1,001
2분기	1,050	1,018	980	1,016	1.016	1,033	1,002	965
3분기	720	691	620	677	0.677	1,064	1,021	916
4분기	930	940	890	920	0.920	1,011	1,022	967
계	4,122	4,000	3,878	4,000	4.000			
평균 수요(분기별 평균 총합/4) =				1,000				

도표 5-11 계절성제거(deseasonalized) 수요

예를 들어, 2019년 1분기에는 실제 수요가 1,422개였고 이를 1분기 계절성 지수인 1.387로 나누면 수요가 1,025개로 줄어든다. 이 수량을 계절성이 제거된 과거 수요(deseasonalized demand)라고 한다. 다음에서 설명하는 각 예측 기법에서는 계절성이 제거된 이 수량 데이터가 사용된다.

이동평균(moving average)

이동평균은 단순히 과거 수요의 특정 기간 동안의 평균이다. 항상 최신 기간의 자료를 사용하기 때문에 계속 이동해 간다는 의미로 이동(moving)이라고 표현한다. 일반적인 예에는 3기간 이동평균 혹은 6기간 이동평균 등으로 부른다. 기간이 지날 때마다 다음 기간을 예측할 때 가장 오래된 기간을 배제하고 가장 최근 기간을 추가된다. 예를 들어, 3개월 이동평균법을 이용하여 3월 말에 4월 수요를 예측하고자 할 경우 1월, 2월 및 3월 수요를 합산한 후 이를 3으로 나누어 평균값을 구한다. 동일한 기법으로 4월 말에 5월 수요를 예측하고자 하면 이제는 2월, 3월 및 4월 수요를 합산한 후 3으로 나누어 구하게 된다. 여전히 3기간의 평균이지만 최신 자료인 4월 실적이 새로 들어가고 1월달 수요가 배제된다.

이동평균에 대한 일반 공식은 다음과 같다.

$$\text{이동평균 예측(Moving Average Forecast)} = \frac{\text{가장최근(Most recent)기간 수요의 합}}{\text{기간 수(Number of Periods)}}$$

계절성지수	분기	실수요	비계절성화된 수요	비계절성화된 예측		예측	
				3분기 이동평균	6분기 이동평균	3분기 이동평균	6분기 이동평균
1.387	19-Q1	1,422	1,025				
1.016	19-Q2	1,050	1,033				
0.677	19-Q3	720	1,064				
0.920	19-Q4	930	1,011	1,041		957	
1.387	20-Q1	1,351	974	1,036		1,437	
1.016	20-Q2	1,018	1,002	1,016		1,032	
0.677	20-Q3	691	1,021	996	1,018	674	689
0.920	20-Q4	940	1,022	999	1,018	919	936
1.387	21-Q1	1,388	1,001	1,015	1,016	1,408	1,408
1.016	21-Q2	980	965	1,015	1,005	1,031	1,021
0.677	21-Q3	620	916	996	998	674	675
0.920	21-Q4	890	967	961	988	884	909
1.387	22-Q1			949	982	1,317	1,362

도표 5-12 3분기 및 6분기 이동평균(moving average) 예측

2022년 1분기 예측에 대한 계산을 살펴보자. 3분기 이동평균 방법의 경우 첫 번째 단계는 다음과 같이 계절성 제거(deseasonalized) 예측을 계산하는 것이다. 아래 계산식을 이용하면 949개로 예측된다.

$$22-1분기 \ 이동평균 = \frac{(965개 + 916개 + 967개)}{3} = 949개(계절성 제거)$$

여기에 계절별 지수가 반영된 유용한 결과를 얻으려면 이 숫자에 왼쪽의 1월 계절성 지수(seasonal index)를 곱하여 예측을 생성한다. 즉, 1.387 x 949.3 = 1,317개(반올림) 이다. 같은 방법으로 6분기 이동평균은 (1,021 + 1,022 + 1,001 + 965 + 916 + 967)/6 = 982개이며 계절성 지수를 곱하여 1.387 x 982 = 1,362개로 예측한다.

3기간 이동평균과 6기간 이동평균 기법 중 어떤 방법이 더 좋을까? 이에 대한 정답은 상황에 따라 다르다는 것이다.

이동평균 기법은 그 기간의 길고 짧음에 관계없이 수요의 패턴 중 추세(trend)를 감지하지 못한다는 치명적인 결점을 가지고 있다. 추세 감지를 전혀 하지 못한다기보다는 늦게 감지하여 늦게 반응한다는 것이다. 이를 시간 지체(time lag) 현상이라고 한다. 또 하나의 단점은 평균을 계산하는 기간 값 중에 어떤 무작위 변동이 있으면 그로 인해 영향을 받는다는 것이다. 그런데 이 두 가지의 단점이 기간의 길고 짧음에 따라 서로 반대의 효과가 있다.

쉽게 말하면 3기간 이동평균이 6기간 이동평균에 비해 시간 지체 현상의 단점은 좀 더 줄어드는 반면 3기간 중 어떤 기간의 큰 폭의 수요 변동이 평균값에 영향을 많이 미쳐서 예측을 크게 왜곡할 수 있다. 반면 6기간 이동평균의 시간 지체 현상은 3기간 이동평균보다 더 크게 작용하는 단점은 있지만 6기간 중 어느 한 기간의 수요에 큰 변동이 있다 손 치더라도 그 영향이 3기간 보다는 덜하게 된다. 평활(smoothing)이 더 많이 되기 때문이다.

지수평활법(exponential smoothing)

지수평활법은 마지막 기간의 실제 수요(last demand), 마지막 기간의 예측(last forecast) 결과 그리고 알파(α)라고 하는 평활상수(smoothing constant) 세 가지 요소를 기반으로 예측을 하기 때문에 최신 실제 수요 정보에 더 많은 가중치를 부여한다. 알파는 0.0에서 1.0 사이의 숫자이다(실제로는 주로 0.0에서 0.3 사이에서 설정된다). 기본적으로 예측된 수요 대비 이전 실제 수요를 얼마나 비중을 둘지에 대한 비율 가중치이다. 또한 평활상수라 불리는 이유는 무작위 변동성을 구체적인 정도로 부드럽게 하는데 사용되기 때문이다. 지수평활법 계산식은 다음과 같다.

새로운 예측(New Forecast) = (α × 이전 실제수요) + ((1- α) × 이전 예측값)

22-Q1 지수평활예측(α = 0.3, 계절성 제거) = (0.3 × 967) + ((1- 0.3) × 973) = 971

계산식의 뒤 부분은 1에서 알파를 뺀 값을 사용하기 때문에 알파가 0.3이면 30%의 가중치가 최신 실제 수요에 적용되고 70%는 지난 예측값에 적용된다. 알파 값이 낮을수록 지수 평활화가 무작위 변동을 더 부드럽게 할 것이지만, 추세(trend)에 늦게 반응하는 시간 지체(time lag)가 발생하고 그 반대의 경우도 있다. 0.2의 알파는 실제 수요에 20%, 예측에 80%를 적용한다. 마지막 기간에 매우 성공적인 판매촉진으로 인해 수요가 급증한 경우 평활상수 0.2를 이용한 예측은 평활상수 0.3을 이용하여 예측한 것보다는 수요 급증의 영향이 적다.

계절성수요	분기	실수요	비계절성화된 수요	비계절성화된 예측 지수평활 (0.3)	비계절성화된 예측 지수평활 (0.1)	예측 지수평활 (0.3)	예측 지수평활 (0.1)
1.387	19-Q1	1,422	1,025	1,032	1,032		
1.016	19-Q2	1,050	1,033	1,030	1,031	1,046	1,048
0.677	19-Q3	720	1,064	1,031	1,031	698	698
0.920	19-Q4	930	1,011	1,041	1,035	958	952
1.387	20-Q1	1,351	974	1,032	1,032	1,431	1,432
1.016	20-Q2	1,018	1,002	1,014	1,027	1,031	1,043
0.677	20-Q3	691	1,021	1,011	1,024	684	693
0.920	20-Q4	940	1,022	1,014	1,024	933	942
1.387	21-Q1	1,388	1,001	1,016	1,024	1,409	1,420
1.016	21-Q2	980	965	1,012	1,021	1,028	1,038
0.677	21-Q3	620	916	998	1,016	675	688
0.920	21-Q4	890	967	973	1,006	895	925
1.387	22-Q1			971	1,002	1,347	1,389

도표 5-13 0.3과 0.1 알파값을 가진 지수평활(exponential smoothing) 예측

도표 5-13은 과거 이력 데이터와 2022년 1분기 예측에 대해 이전에 사용한 동일한 예제의 지수평활화 결과를 보여준다. 이 도표는 평활상수 0.3과 평활상수 0.1을 사용한 결과를 비교하여 보여준다. 다음은 각각의 경우 2022년 1분기 예측 계산 방법이다(소수점 반올림 처리).

22-Q1 지수평활예측(α=0.3, 계절성 제거) = (0.3 × 967) + ((1− 0.3) × 973) = 971

22-Q1 지수평활예측(α=0.3, 계절성 반영) = 1.387 × 971 = 1,347

22-Q1 지수평활예측(α=0.1, 계절성 제거) = (0.1 × 967) + ((1− 0.1) × 1,006) = 1,002

22-Q1 지수평활예측(α=0.1, 계절성 반영) = 1.387 × 1,002 = 1,389

정리하자면 큰 알파 값은 최근 추세를 좀 더 반영하고 무작위 변동성에 대한 평활화를 덜 하게 된다. 반대의 경우 즉, 작은 알파는 무작위 변동성을 좀 더 많이 평활화시키나 최근 추세에 대한 반응은 더디어 시간 지체현상이 발생한다. 따라서 어떤 알파 값이 가장 적절하느냐는 상황에 따라 다르다. 좋은 모범 사례는 시뮬레이션이나 시행착오를 통해 자신의 조직에 가장 알맞은 값을 찾아 내어 사용하는 것이다.

모든 내부적 예측 방법에 대한 공통적인 기타 사항

일반적으로 내부적 방법에 대해 주의해야 할 점 중 하나는 실제 데이터가 급속히 소진되어 장기 예측을 제대로 수행하지 못한다는 것이다. 예를 들어 이동평균 또는 지수 평활에 둘다 모두 2021년 말에 2022년 2분기의 실적을 예측하려면 2022년 1분기 실제 데이터가 있어야 하는데 아직 2022년 1분기 실적 값이 없기 때문에 대신 예측값을 사용해야 한다. 이는 예측을 덜 유용하게 만드는 원인이 된다.

5.4 예측을 추적(Tracking the forecast)

예측 오차율을 추적하고 관련 측정치를 계산하는 주된 목적은 시간 경과에 따라 예측 기법, 데이터 수집 및 준비 방법 등을 개선하는 데 사용할 수 있는 정보를 생성해 주기 때문이다. 개선된 예측은 예측 오차의 범위가 더 좁아진 예측이다. 예측 전문가와 예측 사용자는 예측 정확도에 대한 정보를 사용하여 수요 특성, 변동성 및 안정성을 이해한다. 또 다른 중요한 목표는 이전 주제에서 논의된 바와 같이 사람들이 예측에 얼마만큼 의존해야 할지를 결정할 수 있도록 돕는 것이다.

지금까지 잘못된 예측값의 주된 이유는 고객의 예측 불가능성 때문이다. 그러나 또 다른 잠재적인 이유는 예측 담당자의 실수나 치우침(bias) 때문이다. 영업사원은 지나치게 낙관적인 예측이나 혹은 고의적으로 낮은 예측을 제공하여 목표를 보다 쉽게 달성하려고 하는 습관이 있다. 이러한 의미에서 치우침(bias)이 존재할 수 있지만 치우침은 예측 오차와 관련하여 매우 구체적인 정의가 있음을 다음 페이지에서 보여준다.

치우침과 무작위 변동성의 차이점을 논의한 후에 절대평균편차(MAD)와 추적신호(tracking signal)를 포함하여 오차를 측정하는 추가적인 방법을 다룰 예정이다. 이 주제에서는 주어진 서비스 수준에 대해 얼마나 많은 안전재고가 있어야 하는지를 계산하는 것과 같은 오차율 정보를 활용하는 몇 가지 방법에 대해서도 설명한다.

예측과 관련된 문제 때문에 조직은 예측에 덜 의존하게 되고 하류의 공급사슬 파트너가 제공하는 실제 수요 정보에 더 의존하게 된다. 조직은 효과적으로 밀기 대신 끌기 방식으로 예측에 대한 의존도를 낮추고자 노력한다.

5.4.1 편이/치우침(bias) 대 무작위 변동(random variation)

도표 5-14는 앞서 사용한 예제를 이용한다. 단 여기서는 가장 최근 6분기만 표시한다. 여기에는 4가지 예측기법(3분기 이동평균, 6분기 이동평균, 0.3 알파 지수평활, 0.1 알파 지수평활)을 이용한 예측값이 모두 있기 때문이다.

분기	실제(actual)		예측(forecast)				
	실수요	누적 실수요	3분기 이동평균	3분기 누적	6분기 누적	지수평활(0.3) 누적	지수평활(0.1) 누적
20-Q3	691	691	674	674	689	684	693
20-Q4	940	1,631	919	1,593	1,625	1,617	1,635
21-Q1	1,388	3,019	1,408	3,001	3,034	3,026	3,055
21-Q2	980	3,999	1,031	4,032	4,055	4,054	4,092
21-Q3	620	4,619	674	4,706	4,730	4,729	4,780
21-Q4	890	5,509	884	5,590	5,639	5,624	5,705
실제 누적				−5,509	−5,509	−5,509	−5,509
편차 양				81	130	115	196

도표 5-14 누적 예측과 실제 수요

도표 5-14는 실제 수요와 3분기 이동평균 예측치와 2020년 3분기에 시작되는 누적 합계를 표시한다. 즉, 각 분기의 총계가 해당 열의 누적 합계에 추가된다. 나머지 세 가지 방법에 대해서도 분기 별 누적 합계가 표시되지만 누적 합계를 계산하는 데 사용된 예측 값은 본 논의의 핵심 사항에 집중할 수 있도록 생략했다. 예측 결과의 누적 합계를 작성하는 주요 이유는 치우침(bias)이 존재하는지 여부와 그 정도의 상대적인 수준을 결정하는 것이다.

> **편이/치우침(Bias)**
> 평균으로부터 위쪽 혹은 아래쪽 한 방향(one direction)으로 일관되게(consistent) 치우친 편차. 좋은 예측의 일반적인 속성은 치우침이 없는 것이다.

도표 5-14의 하단에서 실제 수요의 5,509개가 각 예측 기법의 누적 예측 총계와 비교되고 예측과 실제의 차이(또는 편차)가 표시된다. 3분기 이동평균은 81개, 6분기 이동평균은 130개, 평활상수 0.3의 지수평활법은 115개 그리고 0.1의 지수평활법은 196개의 차이가 있다. 이 차이는 각 방법의 치우침이다. 누적 예측과 누적 실제 결과가 일치하지 않을 때마다 치우침이 존재한다고 말한다.

치우침은 실제 결과의 추세에 따라 예측 추세를 도표로 시각화하면 두개의 추세선 간격이 점점 더 벌어지는 것을 의미한다. 이러한 경우는 일반적으로 발생하는 자연스러운 결과가 아니라 인위적인 조작이 영향을 미쳤음을 알 수 있다. 통계적으로 볼 때 동전 던지기를 수없이 반복하면 절반은 앞면 절반은 뒷면이 나오는 것이 자연스러운 일반 현상이다. 치우침이란 동전 던지기를 계속하였는데 연속으로 일관되게 앞면만 나오거나 혹은 뒷면만 나왔다는 의미인데 이것은 분명 자연스러운 현상이 아니라 특별한 문제가 있다는 것이다. 이 치우침을 제 때에 발견하여 올바른 조치를 취하지 않으면 과잉생산(overproduction) 혹은 결품(stock out) 문제가 반복될 것이다.

누적 예측과 누적 실제 결과가 동일하면 편이가 존재하지 않는다. 그러나 일반적으로 이것이 발생할 때 일부 결과는 양(+)의 방향으로 변하고 또 어떤 다른 결과는 음(-)의 방향으로 변하기 때문에 서로 상쇄가 된다. 치우침이 없는 평균 주위의 편차를 무작위 변동성이라고 한다. 좋은 예측의 정상적인 특성은 치우침을 가져서는 안 되기 때문에 치우침이 없는 예측에서의 예측 오차의 근본 원인은 무작위적인 변동성(random variation) 이라고 할 수 있다.

수요패턴은 안정적(stable)에서 동적(dynamic)으로 다양하다는 것을 상기하자. 치우침이 없는 안정적인 수요는 양의 방향이나 음의 방향 어느 방향으로든 무작위 변동성은 있을 수 있지만 그 정도는 작은 편이다. 동적 수요도 역시 치우침이 없는 경우에는 여전히 양과 음의 편차가 서로를 상쇄를 하지만 그 변동의 폭은 안정적 수요보다 훨씬 큼을 말한다. 따라서 치우침이 없다손 치더라도 분명히 후자의 상황에서 예측을 하는 것이 더 어려울 것이다.

여기서 주의해야 할 점은 치우침이 없다는 것이 누적 편차가 반드시 0이라고 말하기는 어렵다. 단지 표본의 수가 늘어남에 따라 누적 편차가 0으로 수렴한다는 의미이다. 도표 5-15에서처럼 6개월 동안 한 달에 100개의 두 형태의 가상 수요 예측을 살펴보도록 하자. 치우침 란에 표시된 수요는 누적 편차가 80이고 무작위 변동성 란의 누적 편차는 0이다.

월(month)	치우침(bias)			무작위 변동성(random variation)		
	실제(actual)	예측(forecast)	편차(deviation)	실제(actual)	예측(forecast)	편차(deviation)
1	70	100	-30	105	100	5
2	150	100	50	94	100	-6
3	120	100	20	98	100	-2
4	60	100	-40	104	100	4
5	160	100	60	103	100	3
6	120	100	20	96	100	-4
누적	680	600	80	600	600	0

도표 5-15 치우침과 무작위 변동성

치우침은 추세가 바뀔 때 발생할 수 있는 시간 지체(time lag) 현상과 같은 예측 기법 자체의 문제로 인해 발생할 수 있다. 또 다른 잠재적인 근본 원인은 사람의 인위적인 조작이 반영된 것이다. 즉, 데이터 추정을 만드는 데 있어 지속적으로 낙관적인 입장을 반영한다든지 혹은 반대로 지속적으로 비관적인 의견을 반영하는 것이다. 근본 원인을 발견하는 것은 중요하다. 그렇지 않으면 잘못된 해결책이 적용될 수 있기 때문이다.

추정치에 치우침의 정도를 표시하는 것이 미래에 더 잘 예측할 수 있는 좋은 방법이다. 앞서 살펴본 바와 같이, 치우침이 존재하지 않을지라도, 예측은 여전히 적거나 많은 양의 변동성을 가질 수 있다. 무작위 변동성에 대해서 아래 편차와 예측오차로 좀더 상세한 설명하도록 하겠다.

5.4.2 편차(deviation) 대 예측오차(forecast error)

실제 수요(actual demand)에서 예측(forecast)을 뺀 값이 예측 편차(forecast deviation)의 측정이다. 양(+)의 편차 혹은 음(-)의 편차 모두 발생할 수 있으며 이는 편차의 방향을 나타낸다. 수요 공급 균형 측면에서 볼 때 양의 편차는 공급의 부족을 의미하며, 음의 편차는 공급 과잉을 의미한다.

	실제(actual)	예측(forecast)				편차(deviation)			
분기	실수요	3분기 이동평균	6분기 이동평균	지수평활 (0.3)	지수평활 (0.1)	3분기 이동평균	6분기 이동평균	지수평활 (0.3)	지수평활 (0.1)
20-Q3	691	674	689	684	693	17	2	7	-2
20-Q4	940	919	936	933	942	21	4	7	-2
21-Q1	1,388	1,408	1,408	1,409	1,420	-20	-20	-21	-32
21-Q2	980	1,031	1,021	1,028	1,038	-51	-41	-48	-58
21-Q3	620	674	675	675	688	-54	-55	-55	-68
21-Q4	890	884	909	895	925	6	-19	-5	-35
합계						-81	-129	-115	-197

도표 5-16 예측 편차(forecast deviation)

도표 5-16은 실제 수요와 예측의 차이인 편차를 보여주고 있다. 예를 들어, 2020년 3분기의 경우 실제 수요는 691개이고 3분기 이동평균 예측값은 674개이므로 편차는 17개이다(691-674 = 17). 이것은 예측된 것보다 17개가 더 많이 팔렸음을 의미한다. 그러나 도표 맨 밑 2017년 4분기 경우, 실제 수요는 890개이고 평활상수 0.1의 지수평활 예측값은 925개이므로 편차는 -35개이다 (890 - 925 = -35). 이는 예측이 실제 수요보다 더 많이 되었으며 조직이 이 예측값을 맞추기 위해 생산을 모두 하였다면 해당 분기에 35개만큼 공급이 초과되어 재고가 쌓였음을 의미한다.

위 도표에서 전반적으로 우리는 처음 세 가지 예측 방법에서 일부 결과는 양수이고 일부는 음수이며 어느 정도 서로를 상쇄한다는 것을 볼 수 있다. 그러나 평활상수 0.1을 사용한 지수평활법은 매 분기마다 실제 수요보다 예측값이 더 커서 이 기법은 치우침(모든 편차의 결과가 음수임)을 만들어 내는 문제가 있음을 알 수 있다.

편차(deviation)는 양과 음의 부호를 존중하기 때문에 치우침을 계산할 때는 중요하게 사용되지만 정작 예측 오차(forecast error)를 알고자 할 경우 부호가 상쇄되기 때문에 오차의 총량을 결정할 때 오해의 소지가 있다. 예측 오차는 예측의 변동성 총계를 측정하는 것과 관련되므로 양(+) 또는 음(-)의 부호가 없는 값을 의미하는 절대값을 사용한다.

> **예측 오차(Forecast error)**
> 실제 수요와 예측 수요의 차이로, 절대값(absolute value) 혹은 비율(percentage)로 측정된다.

도표 5-17는 동일한 데이터를 보여주며, 다만 오차 값은 부호가 무시된 절대값이다.

	실제(actual)	예측(forecast)				오차(error)			
분기	실수요	3분기 이동평균	6분기 이동평균	지수평활 (0.3)	지수평활 (0.1)	3분기 이동평균	6분기 이동평균	지수평활 (0.3)	지수평활 (0.1)
20-Q3	691	674	689	684	693	17	2	7	2
20-Q4	940	919	936	933	942	21	4	7	2
21-Q1	1,388	1,408	1,408	1,409	1,420	20	20	21	32
21-Q2	980	1,031	1,021	1,028	1,038	51	41	48	58
21-Q3	620	674	675	675	688	54	55	55	68
21-Q4	890	884	909	895	925	6	19	5	35
					SUM:	169	141	143	197

도표 5-17 예측오차(forecast error)

앞 예에서 편차(deviation)만을 볼 때, 4가지 예측 기법 중에서 3분기 이동평균법이 실제 수요와 가장 작은 차이를 보이는 것처럼 보였으나 이 오차의 합은 오차율 면에서 두 번째 최악의 기법임을 나타낸다. 이러한 오차 합계는 추가되는 기간 수에 따라 달라지므로 예측 오차의 일반적인 표시를 제공하는 한 가지 방법은 이러한 오차의 평균 또는 절대편차의 평균을 구하는 것이다. 이를 절대평균편차(MAD, mean absolute deviation)라고 한다.

5.4.3 절대평균편차(MAD, mean absolute deviation)

단일 제품의 단일 기간 예측의 오차를 구하는 것은 부호가 있든 없든 큰 문제의 소지가 없으나 여러 제품 혹은 여러 기간의 오차를 평균내다 보면 부호의 상쇄 문제가 발생하여 예측 오차를 해석하는데 큰 오해의 소지가 발생한다. 이를 해결하는 방법이 절대평균편차이다.

> **절대평균편차(MAD)**
>
> 기댓값(expected value)으로부터 관찰값(observed values)의 편차(deviations)의 절댓값(absolute values)의 평균이다. MAD는 관측치들과 그 관측치들의 산술평균(arithmetic mean)에 기반하여 계산될 수 있다. 다른 대안은 실제 판매 데이터에서 예측 데이터를 뺀 절대 편차(absolute deviations)를 계산하는 것이다. 이 데이터는 일반적인 산술 방식이나 지수평활 방식(exponential smoothing)으로 평균낼 수 있다.

도표 5-18은 이전과 같이 동일한 오차 계산 및 합계 절대 편차를 보여주지만 합계 결과에서 평균을 찾기 위해 기간 수로 나눈 것이다. 예를 들어 169를 6(분기 수)으로 나눈 수는 28개이다. 즉 평균적으로 3분기 이동평균법은 평균으로부터 28개만큼 떨어진 결과를 산출한다.

분기	실제(actual) 실수요	예측(forecast) 3분기 이동평균	예측(forecast) 6분기 이동평균	예측(forecast) 지수평활 (0.3)	예측(forecast) 지수평활 (0.1)	오차(error) 3분기 이동평균	오차(error) 6분기 이동평균	오차(error) 지수평활 (0.3)	오차(error) 지수평활 (0.1)
20-Q3	691	674	689	684	693	17	2	7	2
20-Q4	940	919	936	933	942	21	4	7	2
21-Q1	1,388	1,408	1,408	1,409	1,420	20	20	21	32
21-Q2	980	1,031	1,021	1,028	1,038	51	41	48	58
21-Q3	620	674	675	675	688	54	55	55	68
21-Q4	890	884	909	895	925	6	19	5	35
합계						169	141	143	197
절대평균편차(MAD)						28	24	24	33

도표 5-18 절대평균편차(mean absolute deviation)

절대평균편차를 계산하기 위한 공식은 다음과 같다. 여기서 Σ는 '합'을 의미하며 그 뒤에 오는 모든 것과 | |은 합산 전에 결과를 절대적으로 만드는 것을 의미한다(예: 도표 5-17에서 계산된 3분기 이동평균 MAD).

$$절대평균편차(MAD) = \frac{합계 \ | \ 실제값 - 예측값 \ |}{기간 \ 수(Number \ of \ periods)}$$

3분기 이동평균 절대평균편차(MAD)

$$= \frac{|(691-674)+(940-919)+(1388-1408)+(980-1031)+620-674)+(890-884)|}{6}$$

$$= \frac{(17+21+20+51+54+6)}{6}$$

$$= \frac{169}{6} = 28개$$

도표 5-19는 확률과 관련된 정보를 시각적으로 표현하는 방법인 절대평균편차(MAD)를 정규분포(normal distribution) 또는 종 곡선(bell curve)에 연결하는 방법을 보여준다.

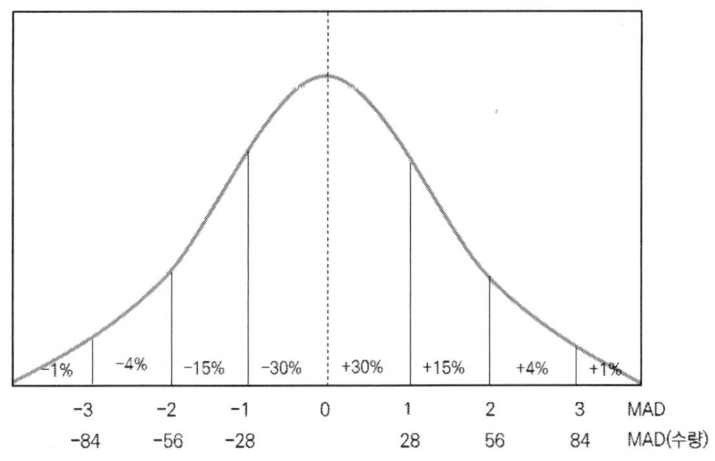

도표 5-19 절대평균편차(MAD)를 위한 정규분포

이 도표의 중심이 평균(mean) 혹은 실제 수요와 예측이 동일한 지점을 보여준다. 이것은 가장 가능성이 높은 결과 또는 중심 경향이므로 이 시점에서 커브가 가장 높다. 예측은 중심을 기준으로 오른쪽 혹은 왼쪽, 어느 쪽 방향으로도 편차의 발생 가능성이 있다. 왼쪽 부분은 과잉 공급 가능성이, 오른쪽 부분은 과소 생산 혹은 결품의 가능성이 존재한다. 통계적인 분석에 따르면 오차는

- 평균으로부터 ± 1 MAD가 전체 면적의 60%(+1 MAD 30%, -1 MAD 30%)
- 평균으로부터 ± 2 MAD가 전체 면적의 90%(+2 MAD 45%, -2 MAD 45%[30% + 15%])
- 평균으로부터 ± 3 MAD가 전체 면적의 98%(+3 MAD 49%, -3 MAD 49%[30% + 15% + 4%])

표준편차(standard deviation)처럼 절대평균편차(MAD)도 정규분포와 매핑이 가능하다. 표준편차와 절대평균편차는 정규분포가 크기가 작고 넓은지(small and wide) 혹은 키가 크고 좁은(tall and narrow) 곡선인지를 표시한다. 표준편차 또는 절대평균편차의 값이 매우 작을 경우는 결과가 중심에 밀접하게 밀집되어 있음을 말한다. 이는 절대평균편차 관점에서는 예측의 오차가 낮다는 의미이고 표준편차 관점에서는 안정적인 수요 패턴임을 의미한다. 반면에 작고 넓은 곡선을 가진 결과값은 표준편차 또는 절대평균편차의 값이 매우 크다는 것을 말한다. 이는 절대평균편차 관점에서는 예측의 오차가 크다는 의미이고 표준편차 관점에서는 역동적인 수요 패턴임을 의미한다.

절대평균편차는 개수의 단위로 보면 쉽게 이해할 수 있는데 도표 5-19에서 3분기 이동평균 예측 기법을 이용하여 얻은 예측을 이용하여 계산된 절대평균편차 개수이다. ±1 MAD는 평균에 28개 플러스 또는 마이너스이다. ±2 MAD는 이 수의 2 배, 즉 56개가 되며 ±3 MAD는 84개가 된다.

이것을 사용하면 확률적으로 가장 적정한 안전재고의 수준을 계산할 수 있다. 정규분포 표에서 중심의 오른쪽 부분이 확률적으로 재고 부족으로 인한 결품의 가능성이 있는 부분이다. 이쪽 방향으로 특정 수량만큼 예측치가 떨어질 확률을 알게 되면 일정 기간 동안 재고 부족이 발생하지 않도록 보유할 수량을 계산할 수 있다. 이 비율을 고객 서비스 수준(customer service level)이라고 한다. 많은 재고를 보유하는 데 드는 비용을 계산할 수 있으며, 경영진은 그 비용이 그 이익을 누릴 만한 가치가 있는지 여부를 결정할 수 있다.

표준편차 및 절대평균편차에 대한 다양한 고객 서비스 수준을 사전에 미리 계산해 둔 안전계수표(safety factor table)가 있다. 일단 주어진 고객 서비스 수준을 먼저 선택한 다음 여기에 해당하는 안전계수를 확인하여 28개를 곱하면 보유할 적정 안전재고 수량이 결정된다. 이에 대한 좀더 상세한 설명은 뒤에서 논의될 것이다.

5.4.4 추적신호, 예측의 활용, 예측 활용 덜하기
(Tracking signal, other uses, and forecasting less)

> **추적신호(Tracking signal)**
> 예측값과 실제값 사이의 편차의 누적 대수 합계(cumulative algebraic sum)와 절대평균편차(mean absolute deviation)의 비율(ratio)이다. 예측 모델의 유효성(validity)이 의심스러울 때 신호를 보내는 데 사용된다.

추적신호는 앞서 설명한 치우침(bias)을 관리하여 예측의 질을 높이고 추적하는 데 유용한 방법이다. 추적신호를 계산하기 위한 계산식은 다음과 같다(앞 예제 3분기 이동평균 예측의 편차와 절대평균편차 정보 이용).

$$\text{추적신호} = \frac{\text{예측편차의 대수 합(Algebraic Sum)}}{\text{절대평균편차}} = \frac{-80}{28} = -2.83$$

예측 편차의 대수(algebraic) 합은 기본적으로 누적 편차이며, 절대값이 아니므로 양(+)과 음(-)의 부호가 표시된다. 이 결과는 조직에서 미리 설정한 임계값(threshold value), 예를 들어 ±4(양방향)와 비교된다. 조직에서 설정한 치우침의 기준값인 이 임계값을 계산된 추적신호 값이 넘어서면 신속한 확인과 조치가 필요하다.

치우침이 존재할 때 예측 및 오차 분석을 통해 이를 잘 발견하고 관리할 수 있고 더불어 예측의 오차가 생산 일정이나 재고 수준에 어떤 영향을 미치는 알 수 있다. 또한 분석을 통해 예외적인 사건과 추세의 변화를 구분할 수 있다. 특히 데이터가 수집될 때 데이터와 관련된 가정사항에 대한 좋은 기록을 유지하고 있는 경우 더욱 그러하다.

예외적인 혹은 일회성 사건이 수요 데이터에 영향을 미칠 때, 이 데이터는 다음 예측을 준비할 때 수요 추세에 더 부합하도록 조정될 수 있다. 예외적인 사건의 예로서는 예상되는 파업, 고객 공장 가동 중단 또는 장비 고장 또는 악천후 날씨로 인해 고객이 집에 머무는 것 등이 포함될 수 있다. 이러한 예외적 사건들은 추세의 잠재적 변화와 구별할 수 있도록 예측에 대한 기록을 해 두어야 한다.

추세의 변화도 처음에는 데이터에 급증 또는 급감으로 나타날 수 있다. 그러나 추세의 변화는 예외적인 사건과는 달리 시간이 지남에 따라 결과가 전체적으로 증가하는지 감소하는지를 보여준다. 이러한 변화는 주요 고객의 획득 또는 고객 이탈, 새로운 시장 진입 또는 제품 수명주기의 새로운 단계로의 이동으로 인해 발생할 수 있다.

5.4.5 예측에 대한 의존도를 낮추기(less need for forecasting)

이전 장에서 린(lean) 방식과 전통적인 제조계획통제 방식의 근본적인 차이점이 수요 신호를 기반으로 하는 끌기(pull) 시스템이냐 아니면 수요예측에 통해 계획을 세우고 이에 따라 밀기(push) 형태의 계획이냐 하는 차이라고 설명하였다. 어떤 제조환경(manufacturing environment)은 다른 제조환경보다 예측의 유용성이 덜하다고 살펴보았다. 예를 들면, 재고생산(MTS) 환경은 공급과 생산 그리고 유통이 예측에 많이 의존하는 반면, 주문조립(ATO) 환경은 공급 및 조립 반제품 생산은 예측에 의존하지만 완제품은 끌기 방식인 고객의 실제 주문에 의존한다. 밀기와 끌기의 경계는 어디든지 될 수가 있다. 다만 공급망 관리의 기본 전제는 이 경계 지점을 가능한 한 상류(upstream)로 이동하는 것이다.

조직이 예측에 덜 의존하고 실제 주문에 보다 더 의존하기를 원하는 이유는 주로 실제 주문과 비교하여 예측의 신뢰성이 떨어진다는 것이다. 그렇지만 대부분의 조직이나 공급사슬이 예측을 완전히 무시할 수 없는 이유는 고객이 기대하는 리드타임이 주문, 수령, 생산 및 납품에 필요한 공급부분의 리드타임보다 짧을 수 있기 때문이다. 리드타임을 단축하거나 제조 유연성을 개발하는 방법을 찾는 것은 예측 의존도를 낮추는 공급 측면의 해결책이다.

수요관리 관점에서 이것은 공급사슬의 상류(upstream) 공급업체 및 하류(downstream) 고객과의 긴밀한 협력 형태를 취한다면 상류 파트너는 최종 고객 수요 정보를 직접적으로 즉시 얻을 수도 있을 것이다. 또한 상호 협력 정도에 따라 공급사슬 참여자는 협업 계획과 예측에 같이 참여할 수도 있다. 단순한 주문보다는 좀 더 상세한 정보를 가진 정보공유 의사소통이 중요하다. 이는 변동성이 증폭되는 채찍효과를 제거하는 데 도움이 된다.

Operations Innovation Professional

6장

기준계획
Master Planning

6장 기준계획
Master Planning

6.1 판매운영계획과 생산계획
    6.1.1 판매운영계획
    6.1.2 생산계획
    6.1.3 자원계획
    6.1.4 린에서의 판매운영계획과 생산계획

6.2 기준일정수립과 기준생산일정
    6.2.1 기준일정수립의 목표
    6.2.2 기준일정수립 투입요소, 프로세스, 산출물
    6.2.3 기준일정수립 단계
    6.2.4 계획구간 범위 정하기
    6.2.5 시간울타리와 구역
    6.2.6 린이 기준일정 수립을 수행하는 방법

6.3 기준 일정수립과 판매
    6.3.1 납기약속 계산
    6.3.2 납기 가능성 약속

핵심주제와 학습목표

- 3가지 우선순위 계획(priority planning)간 관계 - 판매운영계획(S&OP, sales and operations planning), 기준일정수립(master scheduling), 자재소요량계획(MRP, material requirements planning)
- 판매운영계획(S&OP)과 생산계획(production plan)
- 기준일정수립(master scheduling)과 기준생산일정(MPS, master production schedule)
- 생산전략(production strategy)
- 기준생산일정(MPS), 예상가용잔량(PAB, projected available balance), 납기약속(ATP, available-to-promise) 계산 방법
- 계획 구간(planning horizons), 시간 울타리(time fences), 구역(zones)
- 개략능력계획(RCCP, rough-cut capacity planning)

이번 장에서는 제조계획통제의 우선순위 계획 중에서 독립수요에 해당하는 계획을 담당하는 판매운영계획(S&OP)과 기준일정수립(master scheduling)을 주로 살펴본다. 우선순위 계획에 속해 있는 자재소요량계획(MRP, material requirement planning)은 종속수요에 관한 사항이므로 나중에 다루게 된다. 먼저 우선순위 계획(priority plan)의 의미는 아직 능력계획으로 검증하지 않은 즉, 생산능력에 관계없이 우선순위 일정에 관련된 계획이라는 표현이다. 물론 완전한 계획이 되기 위해서는 최종적으로 능력계획을 통해 생산능력이 가용함을 검증해야 한다.

> **우선순위/일정 계획(Priority planning)**
>
> 어떤 제품 혹은 자재가 언제, 얼마만큼 필요한지를 결정하는 과정. 기준생산일정(Master production scheduling) 및 자재소요량계획(material requirements planning)은 필요한 자재에 대한 적절한 만기일(due dates)을 유지하기 위한 계획(planning) 및 재 계획(replanning) 프로세스에 사용되는 요소들이다.

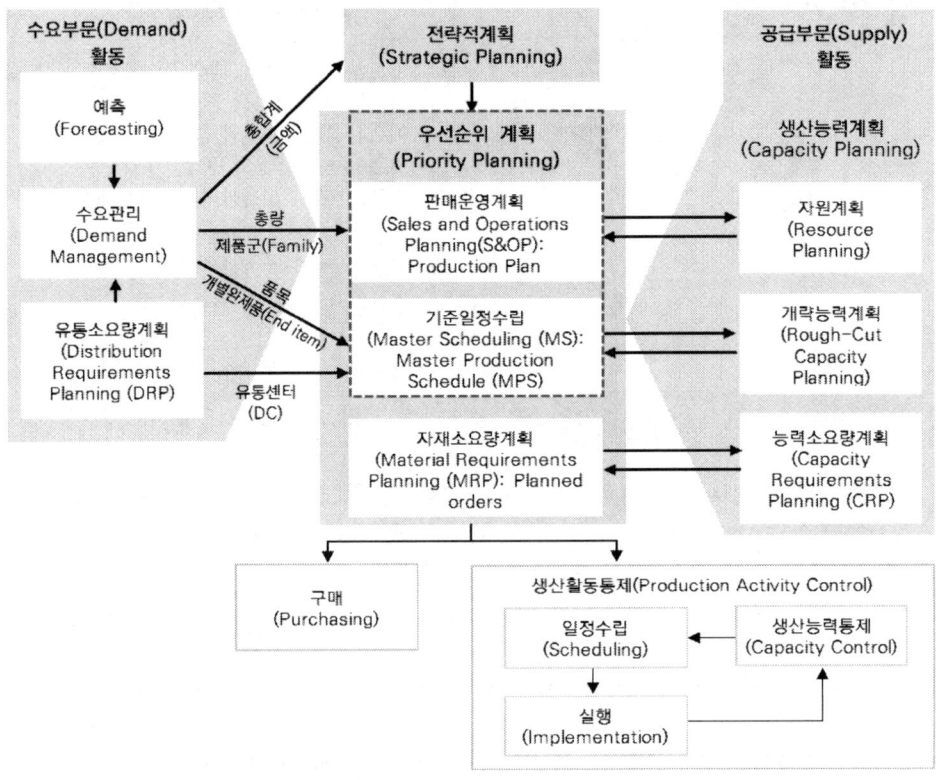

도표 6-1 제조계획통제(MPC)에서 판매운영계획(S&OP)과 기준일정(master scheduling)

도표 6-1 제조계획통제에서 점선 부분의 위쪽에 위치한 판매운영계획(S&OP, sales and operations planning)은 제품군(product family) 수준에서 이루어지는 임원 중심의 개략적인 중기(1년~3년) 계획이다. 판매운영계획의 핵심은 판매계획이 중, 장기에 거쳐 상위 경영계획(business plan)과 어떤 차이가 발생하는지, 수요와 공급이 균형을 이루는데 문제는 없는지, 마지막으로는 전사 차원의 단일계획(single plan)이 수립되는지 등이다.

판매운영계획이 종료되면 그 결과물로 나오는 것이 생산계획(production plan)이다. 이 생산계획은 그 범위에 따라 두 가지 의미로 쓰이는데 광의의 의미는 판매운영계획의 결과로써 나오는 판매계획, 생산계획, 재무계획을 통틀어서 말한다. 일부 조직에서는 이를 PSI(production, sales, inventory) 계획이라고 부른다. 반면 협의의 개념은 위 PSI 중에서 생산(production)만 일컫는 계획을 말한다.

판매운영계획의 결과물인 생산계획(production plan)이 도출되면 고객의 납기일(due date)을 맞추기 위해 생산계획을 좀 더 상세하고 정밀하게 쪼개는 프로세스를 기준일정수립(master scheduling)이라고 한다. 예를 들면 제품군(product family)을 개별 완제품(end item) 수준으로 쪼개고 월별(monthly) 계획을 주별(weekly)로 정밀화 한다. 기준일정수립의 계획구간은 3개월~18개월 사이이며 조직에 따라 올바른 계획구간을 선택해야 한다. 계획구간 설정은 통상 조직의 최장 제품 누적 리드타임에 비교하여 결정한다. 계획구간은 조직이 가지고 있는 최장 리드타임 보다는 길어야 한다. 누적 리드타임은 제품을 만드는 데 필요한 제조 리드타임, 사용할 원자재 구매에 필요한 구매 리드타임 등을 합산하여 구한다.

> 만기일(Due date)
> 구매된 자재(purchased material) 또는 생산된 자재(production material)가 사용에 가용할 수 있는 만기 일자

6.1 판매운영계획과 생산계획(S&OP and production planning)

전략적 계획(strategic plan)과 경영계획(business plan)은 연간 단위와 같이 주기적으로 수립되기 때문에 1년 내에 발생하는 변경은 판매운영계획 프로세스를 통해 매월 한 번씩 정기적으로 수

정한다. 조직 내의 여러 부서들로부터의 피드백과 외부환경에 대한 변화를 고려하여 계획의 수정이 이루어진다. 판매운영계획은 마케팅계획, 생산계획, 재무 및 인사계획을 동기화한다. 생산계획은 판매운영계획의 산출물로 간주된다. 최종 임원 단계의 판매운영계획(executive-level S&OP) 회의에서 승인된 생산계획이 도출되고 설정된 방향에 따라 생산계획을 전술적 수준의 계획으로 세분화한다.

6.1.1 판매운영계획(S&OP, sales and operations planning)

> **판매운영계획(S&OP)**
> 신규 및 기존 제품에 대한 고객 중심(customer-focused) 마케팅 계획을 공급사슬과 통합하여 지속적으로 경쟁 우위(competitive advantage)를 확보하기 위해 전략적으로 그 사업을 지휘하는 관리 능력을 제공하는 전술 계획들(tactical plans)을 개발하는 프로세스이다. 이 프로세스는 경영(판매, 마케팅, 개발, 제조, 조달 및 재무)을 위한 모든 계획들을 하나의(single) 통합된 계획으로 모아준다.

판매운영계획은 한 달에 한 번 이상 수행되며 총량, 즉, 제품군 수준(product family level)에서 경영진에 의해 검토된다. 이 프로세스는 모든 공급, 수요 및 신제품 계획, 세부적 수준 및 총량 수준(aggregate levels)에서 조정하고(reconcile) 경영계획과 연동한다. 이는 자원계획을 세우고 연간 경영계획 프로세스를 지원하기에 충분한 구간 범위를 커버하면서 중기(near to intermediate term)에 가까워지는 회사 계획에 대한 매우 중요한 보고서이다.

성공적으로 실행되는 판매운영계획 프로세스는 경영을 위한 전략적 계획(strategic plan)을 실행 부문과 연결하고 지속적인 향상을 위해 성과를 측정하는 것을 포함한다. 따라서 판매운영계획 프로세스는 항상 조직의 금액으로 표시된 상위 수준의 경영계획(business plan)과 비교 검토 되어야 하며 이를 통해 두 계획 간에 큰 차이가 예상될 경우 미리 대응할 수 있는 시간을 가져야 한다.

판매운영계획은 대부분의 계획들이 그러하듯이 이동(rolling) 방식으로 수행된다. 즉, 동일한 계획기간(planning horizon)을 유지하면서 매달 한달씩 이동하여 새로운 달(month)이 추가되고 그 사이의 모든 달은 새로운 정보 또는 우선 순위가 필요에 따라 수정된다. 전체 계획기간(planning horizon) 중에서 주로 가까운 장래에 대해 변경이 많고 먼 미래의 달에 대해서는 큰 변화가 없다. 이것이 이동(rolling) 계획의 특징이다. 이 반복적인 방법의 목적은 조직이 목표를 달성할 수 있는 현실적이고 살아있는 문서로써 계획을 유지하도록 하기 위함이다. 이러한 방식으로 S&OP 프로세스는 경영진이 주요 고객의 요구에 따라 전체적으로 비즈니스 맥락에서 각 기능 영역을 검토하고 적어도 월간 경기 상황과 같은 외부 사건을 조사하도록 한다. 또한 조직이 실제 수요 속도(demand rate)와 예측 오차 또는 마케팅 전술에 대한 실제 응답과 같은 활동의 피드백을 통합할 수 있게끔 한다.

판매운영계획 프로세스를 통한 생산에 대한 경영진의 관심은 일반적으로 주문잔량(backlog)을 늘리거나 축소 혹은 생산율(production rate)을 미세 조정할지 여부를 파악하여 생산계획을 향상시킨다.

> **주문잔량(Backlog)**
> 선적되기 전 상태의 모든 고객주문. 때때로 미완료 주문(open orders)이나 주문 게시판(order board)으로 불리기도 한다.

판매운영계획은 매월 적어도 목표 수준(target level)까지 총 재고의 수준을 검토하고 조정하여 재고계획(inventory plan)을 개선시킨다. 판매 및 마케팅(sales & marketing), 개발(development) 및 재무(finance) 부문이 실제 생산능력을 더 잘 이해하게끔 하는 것은 이러한 판매운영계획을 수행하는데 도움이 된다. 예를 들면, 판매 및 마케팅은 고객과의 기대치를 보다 현실적으로 설정할 수 있게 하며 개발 부서는 사용되지 않는 능력을 활용하는 신제품을 만드는 방법을 찾을 수 있다. 재무 부서는 현재 투자의 한계성을 이해하고 매출 또는 성장 목표를 달성하기 위해 새로운 투자가 필요한지 더 잘 판단할 수 있다. 인적자원 부서는 인력 배치 수준, 기술 격차 및 교육 프로그램을 살펴볼 수 있다.

여러 부서의 관리자들이 판매운영계획 프로세스를 효과적으로 수행하는 데 필요한 많은 작업들을 수행하지만 본질적으로 판매운영계획은 경영진의 의사결정 프로세스이다. '판매운영계획(Sales and Operations Planning)'의 교재 저자인 월러스(Wallace)에 따르면 판매운영계획은 다음과 같은 5단계로 진행한다.

① 데이터 수집(data gathering)
수요 관련 데이터(판매, 지연된 주문 등), 공급(주문잔량, 재고수준 등), 마케팅, 재무 및 외부 사건 정보를 수집한다. 흔히 말하는 마감을 통해 필요한 데이터를 집계한다

② 수요계획(demand planning)
예측이 생성되고 진화하는 가정, 가격 변화, 신제품, 판촉, 경쟁자, 경기 등을 기반으로 필요에 따라 입력 데이터 또는 결과를 조정한다. 마케팅 노력을 통해 얼마나 많은 수요가 창출될 수 있는지를 결정한다.

③ 공급계획(supply planning)
생산계획에서는 제약 조건을 파악하기 위해 중장기적으로 생산능력 요구에 대한 수요 요청을 비교한다.

④ 사전 판매운영계획 회의(pre-S&OP meeting)
경영진의 관여가 필요하지 않는 상태에서 수요와 공급의 균형에 관한 대부분의 문제가 해결되고 해결되지 못한 사항이나 예외 항목은 다음 단계인 임원 판매운영계획의 회의 안건으로 올린다.

⑤ 임원 판매운영계획 회의(executive meeting)
경영진은 예외 사항에 대해 의사결정을 내리고 전반적인 생산, 판매, 재고계획이 경영계획 목표를 달성하고 전략과 일관성을 유지할 수 있도록 확인한다.

판매운영계획 프로세스의 결과는 합의로 이루어져 도출된 단일계획(single plan or one-number system)이다. 서로 합의를 이루어 각 부서별로 작성된 계획인 판매 및 마케팅계획, 생산계획 및 재무계획이 서로 충돌없이 일치해야 한다. 판매 및 마케팅은 제품군별로 이러한 수준의 수요를 창출하는데 동의하며 생산은 이 계획에 따라 생산하는 것에 동의하며 재무는 계획이 수익성이 있고 혹은 시장 점유율 증가와 같은 다른 목표를 달성할 것이라는데 동의한다. 이렇게 하면 모든 기능 영역이 독립적으로 작동하는 기존의 사일로(silo) 방식을 벗어날 수 있고 결국 내부 목표를 향상시킬 수 있다. 각 부서 혹은 기능 영역이 각자의 목표를 조직의 단일 목표로 동기화하고 성공을 평가하는데 사용하는 측정값 역시 서로 같도록 동기화 해야한다.

판매운영계획 프로세스의 가장 중요한 결과는 조직의 총 재고(재고생산인 경우) 혹은 주문잔량(주문생산인 경우) 그리고 생산 프로세스가 판매계획에 명시된 계획된 총 수요와 균형을 이루어야 한다는 점이다.

> 📌 **판매계획(Sales plan)**

각 주요 제품군 또는 품목에 대해 예상되는 고객 주문. 들어오는 판매(incoming sales)에 대한 시간대 별 보고서(time-phased statement). 이 수준의 실제 고객 주문을 달성하는데 필수적인 합리적인 조치(reasonable steps)들을 취하는 영업 및 마케팅 관리 약속(commitment)을 나타낸다. 이는 생산계획 프로세스(또는 판매운영계획 프로세스)에 필수적인 입력(necessary input)이다. 생산계획(판매 금액포함)에 사용된 것들과 동일한 단위로 표시된다.

6.1.2 생산계획(Production planning)

> 📌 **생산계획 수립(Production planning)**

수익성(profitability), 생산성(productivity), 경쟁력 있는 고객 리드타임(competitive customer lead times) 등의 일반적인 사업 목표를 충족시키면서 전체 경영계획에 표현된 대로 현재의 계획 판매 수준(판매 계획 또는 예측)을 가장 잘 충족시킬 수 있도록 제조 산출량(생산계획) 및 기타 활동의 전반적인 수준을 설정하여 전술적 계획들을 수립하는 프로세스이다.

판매 및 생산능력(production capabilities)들을 비교하고 판매 계획, 생산계획, 예산, 예상 재무제표, 자재 및 인력 요구사항에 대한 지원 계획 등을 포함한 비즈니스 전략을 개발한다. 주요 목적은 일반적으로 인력을 비교적 안정적으로 유지하려고 시도하면서 재고(inventory) 혹은 주문잔량(backlogs)을 유지, 증가 또는 감소시킴으로써 고객 수요를 만족시키는 경영 목표를 달성할 생산 속도(production rates)를 확립하는 것이다.

이 계획은 많은 회사 부서들에 영향을 미치기 때문에, 일반적으로 마케팅 정보로부터 준비되고, 제조, 판매, 엔지니어링, 재무, 인적 자원 개발 등의 기능들로 조정된다.

판매운영계획의 정의를 살펴보면 그 특징을 다음과 같이 요약할 수 있다.

- 계획 구간이 1~3년(월로 환산하면 12개월 ~36개월)인 중장기 계획이다.
- 제품군(product family)별, 월별(monthly) 시간 버킷을 사용하는 개략 계획이다.
- 작업량 대 자원(load versus resources)에 대해서 가용 생산능력(available capacity) 대 요구 생산능력(required capacity)을 비교 조정하여 전체적 생산의 수준/생산율(production rate)을 결정한다.
- 여러 관련 부서들의 의견을 모아 교환거래(tradeoffs) 가운데서 최적화를 모색한다.

생산계획(production plan)은 전략계획을 전술계획으로 변환한다. 이 프로세스의 중요한 부분은 수행해야 될 작업량 혹은 부하(load)에 필요한 자원과 조직이 기간 내 사용 가능한 자원을 비교하는 것이다. 사용할 수 있는 자원에는 작업자 및 장비 능력이 포함한다. 따라서 생산계획의 주 목적은 최종 품목(end item)의 생산이 아니라 제품군(product family) 별 생산량과 이를 뒷받침할 수 있는 생산능력의 존재 여부를 확인하는 자원계획(resource planning)이다. 이 수준에서, 자원계획은 자본 집약적이고 또는 장기간의 리드타임이 필요한 자원(물적, 사람, 장비 또는 시설)에 집중할 것이다. 생산을 가능하게 하고 원활하게 진행될 수 있도록 자원의 가용성을 확보하는 것이다.

판매운영계획은 제품군 계획 단계에서 생산계획을 수립하므로 이러한 제품군이 어떻게 구성되어 있는지 살펴보자.

제품군(product family) 정하기

제품 그룹이라고도 불리는 제품군은 조직이 사업에 진입할 때 혹은 새로운 제품을 만드는 시기 등에 수립될 필요가 있다. 하나의 제품만 만드는 조직은 군(family)이 필요하지 않을 수 있지만 무수히 많은 제품을 취급하는 경우 군(family) 단위를 사용하여 좀 더 높은 수준으로 계획할 수 있다. 군이 다수인 경우는 계획이 더 복잡하다.

판매 및 마케팅은 제품을 기능별로 또는 고객 세분화별로 그룹화할 수 있지만 판매운영계획 또는 생산계획에 사용해야 하는 제품군은 아니다. 대신 다양한 자원의 가용 생산능력으로 인해 가용 시간 내에 생산할 수 있는 양이 어느 정도 결정되므로 제품 및 서비스에 대한 수요를 생산능력 소요량으로 전환할 수 있다. 특히 생산능력 소요량은 동일한 제품군, 동일한 자재, 가동준비 및 도구들(tooling) 및 주기시간(cycle times)에 동일한 작업경로(routing)를 사용하는 모든 제품을 제품군에 포함한다는 것을 의미한다. 이를 통해 전체적인 생산량에 초점을 맞추며 세부 사항의 수렁에 빠지지 않고 실현 가능한 계획을 세울 수 있다. 최종적인 판매운영계획은 임원 수준의 계획이기 때문에 회의가 길면 안 되고 간략하게 요약 진행되어야 하고 이를 위해 개별 제품이 아닌 제품군 별 계획을 수립하는 것이다.

생산계획의 일부는 사용 가능한 계획 기간 중에 변경할 수 있는 것과 할 수 없는 것을 결정한다. 이것은 다음에 논의된다.

고정(fixed) 대 변동(variable)

생산계획자는 생산능력 측면에서 특정 사항이 중기적으로 고정(fixed)되거나 일정하다고 가정할 필요가 있다. 이들은 일반적으로 새로운 시설물(property), 공장(plant) 및 장비(equipment)를 추가하거나 제거하는 것을 포함한다. 고정된 것으로 취급되는 기타 사항에는 재고 정책(inventory policy), 대상 고객 서비스 수준(customer service level), 공장 효율성 수준(efficiency level) 및 우수한 노사 관계 유지 필요성 등이 포함될 수 있다.

변동(variable)이란 주어진 계획 기간 동안 시스템에서 변경될 수 있는 사항이다. 이는 생산계획 담당자가 중기적으로 생산능력을 변경하기 위해 사용할 수 있는 장치이다. 직원의 채용 및 해고, 근무 교대 추가 또는 제거, 초과 근무 또는 단축 근무, 재고 또는 주문잔량 증가 또는 감소, 유휴 장비 또는 즉시 이용 가능한 장비 임대 또는 외주 또는 아웃소싱 작업들이 포함된다. 이 시점에서 변경될 수 있는 또 다른 사항은 조직의 생산전략(production strategy)의 선택이 있다. 다음은 몇 가지 기본 생산전략에 대해 설명한다.

생산전략(production strategies)

판매운영계획 단계에서 합의된 수요에 대응하기 위한 공급계획은 생산(production)과 재고(inventory) 수준 조절이 있다. 중장기 수요공급의 균형을 이루기 위해서는 특히 생산이 중요한 역할을 하는데 이 생산을 어떻게 하는 것이 좋은지에 대한 조직의 결정 사항이 생산전략이다. 생산전략은 다음과 같이 네 가지로 대별된다.

- 추적(chase)
- 평준화(level)
- 외주(subcontracting)
- 혼합(hybrid)

먼저 추적(chase) 생산전략은 수요에 맞춤(demand matching)이라고도 부르는데 수요의 변동에 따라 생산량이 변한다는 의미이다. 수요와 생산을 동기화한다는 뜻이다. 도표 6-2처럼 수요(점으로 표시된 선)가 줄면 생산도 줄이고 수요가 증가하면 생산도 늘리는 방법이다. 이 전략이 가지는 일반적인 장점은 낮은 재고 비용이다. 반면 단점은 생산량 변동성이 크기 때문에 생산 운영 부문에서는 별로 좋아하지 않은 전략이다. 수요에 따라 고용과 해고 그리고 초과작업과 유휴 생산능력, 더 빈번한 가동준비 등의 불편함이 있다.

이 전략은 고객의 실제 수요 신호(demand signal)가 수신될 때만 그에 해당하는 수량만을 생산하는 린(lean) 생산과 함께 사용될 수 있다. 전통적인 제조계획통제를 사용하는 조직은 부패하기 쉬운(perishable) 품목과 같이 재고를 오래 비축할 수 없는 경우 이 전략을 사용할 수 있다. 추적전략은 상호 반대의 계절성 특성을 갖는 상호 보완적인 다른 제품군을 생산할 때 생산능력 측면에서 효과적이다. 이 계획의 총 비용은 재고 유지비용(carrying cost)과 생산 수준의 변경비용(changing cost)이다.

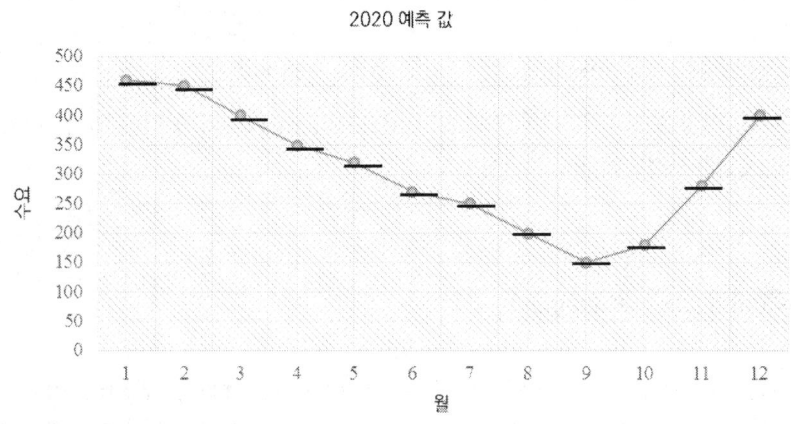

도표 6-2 추적(chase) 생산전략

> ◈ **추적생산 방식(Chase production method)**
> 수요를 충족시키기 위해(meet demand) 생산량을 변화시키면서(varying production) 안정적인 재고 수준을 유지하는 생산계획 방식.

평준화(level) 생산전략은 조직이 수요 수준에 대해 평균적으로 일정한 수량을 생산하는 방법이다.

도표 6-3에서 보는 것처럼 수요(점으로 표시된 선)가 줄거나 증가해도 생산(검은 일직선)은 일정하게 275단위를 유지하는 것이다. 가장 큰 장점은 생산 운영의 안정성이다. 즉 가동준비, 작업자

및 생산능력을 일정하게 유지하기 때문에 운영 부문에서 선호하는 전략이다. 단점으로는 추적전략에 비해 높은 재고 비용이 유발되며 올바른 생산 수준을 결정하기 위해 평균 수요를 알아내는 예측의 정확성이 요구되는 전략이다. 계절적 수요가 매우 큰 품목을 생산하는 조직은 재고 유지비용이 생산 수준을 변경하면서 발생하는 변경비용보다 적기 때문에, 특히 작업자의 안정적인 운용을 통해 좋은 노사 관계를 유지하는 것이 중요시 될 때 이 전략을 추구한다.

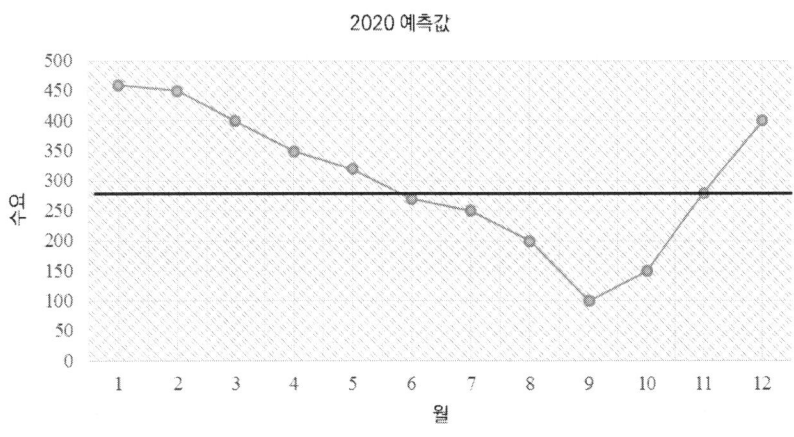

도표 6-3 평준화(level) 생산전략

평준화생산 방식(Level production method)
수요를 충족시키기 위해(meet demand) 재고 수준을 변화시키면서(varying) 안정적인 생산 속도를 유지하는 생산계획 방식.

평준화/균등화 전략(Level strategy)
1) 전통적인 관리(traditional management)에서, 시간 경과에 따라 균등하게 분포되는(spread over) 자재 및 노동 요구량(labor requirements)들을 생성하는 생산 일정(production schedule) 혹은 기준생산일정(master production schedule).
2) 적시생산 방식에서(JIT), 매일 고객수요가 선적될 날에 생산되어지도록(to be built) 예정된 평준화 일정(보통 월별로 구축). 평준화 일정은 부하 평준화(load-leveling) 프로세스의 산출이다.

외주(subcontracting) 전략은 조직이 예측한 최소 수요 수준에서 생산을 설정(예, 아래 도표 6-4에서 100단위)한 다음 초과 수요를 모두 외주를 주는 평준화 전략이다. 앞서 살펴본 추적전략도 외주를 사용할 수 있지만 여기서 말하는 외주전략은 정기적(regular basis)으로 외주를 이용한다는 점에서 차이가 있다.

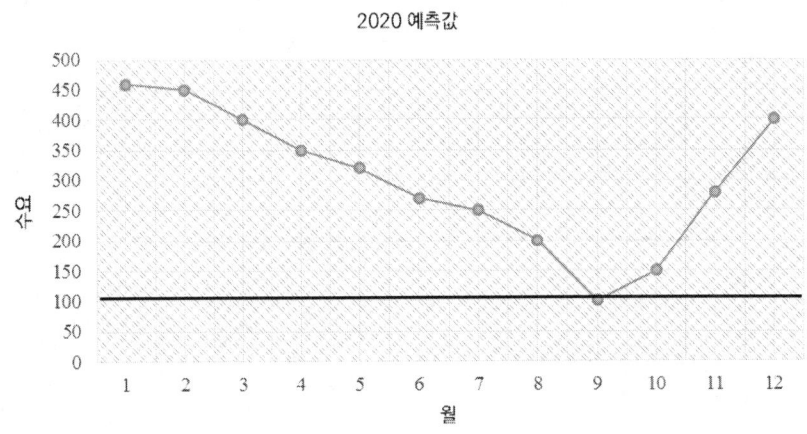

도표 6-4 외주(subcontracting) 생산전략

이것도 일종의 평준화(level) 전략이기 때문에 이 방법에서도 평준화 전략이 갖는 혜택을 누릴 수 있다. 아울러 평준화 전략의 단점으로 꼽히는 재고 비용도 어느 정도 줄일 수 있다. 그러나 외주로 인한 위험도 발생할 수 있는데 예를 들면 나머지 수요를 충족시키기 위해 제품 또는 서비스를 자체 생산이 아닌 외주업체로부터 구매한 다음 재판매하는 것이 이익 마진을 낮추는 경향이 있다. 품질 문제와 품질 통제를 위한 추가 비용이 있을 수도 있다. 또한 계약된 물량에 대한 안정적인 공급 문제나 조직의 생산 비밀이나 기타 독점 기술이 유출될 수 있는 위험이 있다. 따라서 외주전략은 생산 능력을 크게 조정할 수 없는 흐름(flow) 생산, 즉 반복흐름 혹은 연속흐름 환경에서 자주 사용된다.

혼합(hybrid) 생산전략은 앞서 살펴본 세 가지 전략, 그 중에서 특히 추적전략과 평준화 전략을 혼합하여 사용하는 맞춤형 방법이다. 각 전략의 장점들을 활용하고자 하는 전략이다. 도표 6-5를 보면 수요가 급증한 동절기(11월~5월) 기간 동안은 높은 수준의 평준화를 적용하고 수요가 적은 하절기(6월~10월)에는 낮은 수준의 평준화이다. 높은 수준에서 낮은 수준으로 이동 혹은 그 반대의 경우도 마찬가지로 이것은 일종의 추적이라고 말할 수 있다. 이러한 전략이 최적의 방법이 되려면 양호한 예측 정확도 및 안전재고 보유가 여전히 필요하다.

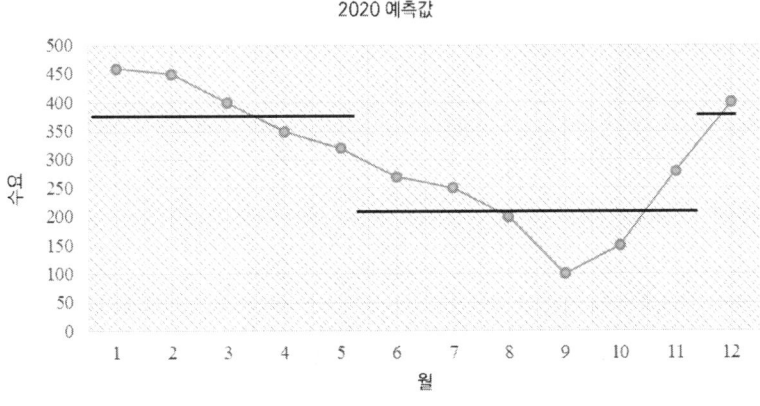

도표 6-5 혼합(hybrid) 생산전략

생산계획(Production plan)

> ### 생산계획(Production plan)
>
> 생산계획(판매운영계획) 프로세스로부터 합의된 계획(agreed-upon plan), 구체적으로 생산 예정인 제조 산출(manufacturing output)의 전반적인(overall) 수준으로 보통 각 제품군(제품, 품목, 옵션, 특성 등의 그룹)에 대한 월별 비율(monthly rate)로 명시된다. 다양한 측정 단위(예를 들어 단위, 톤수, 표준시간, 작업자 수)를 사용하여 계획을 표현할 수 있다. 생산계획은 기준일정수립자(master scheduler)가 이를 보다 상세한 세부 계획, 즉 기준생산일정(master production schedule)으로 변환할 수 있도록 하는 경영진의 승인(management's authorization)이다.

생산계획은 중기적(mid-term)으로 생산을 수행하는 방법을 지정하는 전술계획(tactical plan)이다. 판매운영계획에서 수립된 합의된 계획을 통해 전략계획 및 제조 경영계획에 다시 연결된다. 생산계획은 총 생산량을 수량 및 비용별로 도출하여 운영하고 주기(cycle) 시간이나 지속 가능한 제조 목표 등과 같은 기타 다른 목표 달성을 결정하는 데도 사용된다. 생산계획은 재고 유지비용뿐만 아니라 기말재고 목표(이 목표는 0으로 설정될 수 있음)를 지정한다. 계획은 주어진 제조환경(예를 들어, MTS, MTO, ATO 등), 프로세스 유형 및 레이아웃에 대한 주어진 생산전략(예를 들어, 추적, 평준화, 혼합 등)을 따를 것이다. 그것은 미리 하루 생산량을 결정할 수도 있고, 수요 정보가 이용 가능해지면 일년 내내 생산량을 이동할 수도 있다.

일반적으로 생산계획(production plan)은 다음과 같은 입력 정보가 있어야 한다.

- 버킷별 전체 기간 총 수요예측(지연된 주문 포함)
- 기초재고(opening inventory)
- 기말재고(ending inventory)

이러한 계획은 상당히 복잡해지기 때문에, 우리는 이 계획에서 좀 더 단순한 종류 중 하나인 평준화(level) 생산전략을 가진 재고생산(MTS) 계획을 예를 들어 살펴보자.

평준화(level) 전략을 적용한 재고생산(MTS) 생산계획

우리 예제에서의 조직은 수요가 상당히 안정적이며(계절성을 예측할 수 있고 추세가 약간 하향이지만 안정적이기 때문에) 예측이 상당히 정확할 것으로 믿을 만한 이유가 있다고 가정하자. 따라서 평준화 전략이 사용된다. 필요한 고객 납품 시간이 제조 리드타임보다 짧고, 제품의 선택사항이 적으며, 제품의 보관 수명이 길기 때문에 재고생산(MTS) 환경이라고 보자.

도표 6-6은 조직의 2022년 동안 제품군 A(모터) 월별 예측 수량과 연간 총 예측수량(3,720)을 보여준다. 또한 이전 연도의 기말재고, 즉 2022년 기초재고(520) 그리고 2022년 목표 기말재고(400) 정보이다. 지연된 주문(backorder)는 없다고 가정한다.

A 제품군: 표준모터(Motors)													
월	0	1	2	3	4	5	6	7	8	9	10	11	12	합계
예측		460	450	410	350	320	280	250	190	150	180	270	410	3720
생산(평준화)														
기말재고	520												400	

도표 6-6 재고생산(MTS) 평준화(level) 생산전략 기초정보

생산계획을 수립하기 위한 첫 번째 단계는 연간 수요합계(3,720)를 구하기 위해 예측을 합산하는 것이다. 다음으로 계획담당자는 해당 기간의 기초재고를 확인하고 목표 기말재고를 설정한다. 이 경우 수요가 감소 추세이므로 목표 기말재고를 520개가 아닌 400개로 결정하였다.

평준화 생산에서는 각 기간별(월별) 생산수량을 결정하기 위해 먼저 총 생산량(total production)을 계산해야 한다. 총 생산량은 다음과 같이 계산한다.

총 생산량 = 총예측(total forecast) + 지연된 주문(backorders) + 기말재고(ending inventory)
  − 기초재고(opening inventory) = 3,720 + 0 + 400 − 520 = 3,600개

기초재고와 기말재고가 고려되었고 평준화 생산이므로 총 생산량을 기간 수(12)로 나누면 월별 평균 생산량은 300(=3,600/12) 개이다. 도표 6-6에서 각 기간별 생산 수량이 입력되면 손쉽게 각 기간별 기말재고가 계산된다. 평준화 생산으로 인해 어떤 특정 기간에 음(-)의 기말재고가 예상될 경우에는 이를 조정해야 한다.

도표 6-7은 각 기간에 대해 산출된 생산 및 기말재고 및 기간 당 평균재고(재고를 보유한 이전 기간과 현재 기간에 재고를 더해서 2로 나눈 값)를 보여준다.

A 제품군: 표준모터(Motors)													
월	0	1	2	3	4	5	6	7	8	9	10	11	12	합계
예측		460	450	410	350	320	280	250	190	150	180	270	410	3720
생산(평준화)		300	300	300	300	300	300	300	300	300	300	300	300	3600
기말재고	520	360	210	100	50	30	50	100	210	360	480	510	400	
평균재고		440	285	155	75	40	40	75	155	285	420	495	455	2920

도표 6-7 완료된 재고생산(MTS), 평준화(level) 생산계획

위 계획은 봄과 초여름에 재고 수준이 다소 낮지만 일단 기말재고에 음(-)의 수가 없기 때문에 이는 실행 가능한 계획으로 간주한다.

다음으로 이 계획의 재고 유지비용(carrying cost)을 결정해야 한다. 유지비용을 계산할 수 있는 두 가지 방법이 있다. 한 가지 방법은 각 기간별 기말재고를 기준으로 비용을 계산하는 것이고 다른 하나는 기간별 평균재고(average inventory) 수준에 따라 비용을 계산하는 것이다.

첫 번째 방법에서는 해당 기간의 기말재고를 기간별 결품 재고 비용 비율로 곱한다. 이들의 합계, 월별 비용은 그 해의 총 비용이 된다. 예를 들어, 기말재고 유지비용 비율이 개당 월별 $9인 경우 이 비율에 각 기간의 기말재고를 곱한다. 예를 들어 도표 6-7에서 기간 1의 기말재고가 360이고 재고유지 비용 비율 $9을 곱하면 $3,240가 된다. 각 기간은 별도로 계산되며 각 기간의 값을 합산하여 연간 총비용을 구한다. 대신 유지비용 비율이 한 달에 $10이며 평균재고를 기준으로 한다고 가정해 보자. 평균재고는 위의 도표에서 이전 기간 기말재고와 현재 기간 기말재고를 더해서 2로 나눈 값으로 계산된다.

> 평균재고(Average inventory)
>
> 평균은 과거의 여러 기간에 걸친 여러 재고 관찰 값(inventory observations)의 평균으로 계산할 수 있다. 예를 들어, 12개월의 기말 재고들이(ending inventories) 평균 내어질 수 있다.

평균 유지비용 비율을 사용하는 경우 기간 당 평균재고에 평균재고 유지비용 요율을 곱한 다음 기간 비용을 합산하여 총 비용을 계산한다(기간 1 예: 440 × $10 = $4,400). 각 기간마다 동일한 작업이 반복 수행한다. 이 계산의 결과는 $4,400 + $2,850 + $1,550 + $750 + $400 + $400 + $750 + $1,550 + $2,850 + $4,200 + $4,950 + $4,550 = $29,200이다.

전년도 기말재고에 520개를 더한 연평균재고 수준과 올해 기말재고에 400개를 더한 다음 합계하여 2로 나누면 평균 연간 재고량이 460개가 된다. 연간 평균이기 때문에 유지비용도 연간 비용이어야 하므로 12개월 × $10 = 연간 $120, 460 × $120 = $55,200이다. 이 비용 산정은 중간 기간동안 재고가 매우 낮은 수준으로 떨어지는 것을 고려하지 않기 때문에 다르게 나온다. 우리는 평준화 생산전략의 실제 비용을 평가하고자 하기 때문에 여기서는 $29,200를 예상 비용으로 사용한다. 평균재고는 종종 수량보다는 재고 평가를 통해 얻은 평균 금액을 이용한다.

계획에 결품이 포함된 경우 월별 수준으로 변경되거나 일년 중 생산 수준을 변경하여 사용할 수 있다(혼합 전략으로 설정). 이와 같은 변경 사항은 계획에 대한 비용을 증가시킨다. 위 예에서는 이러한 변경이 필요하지 않았고 생산 수준의 변경과 관련된 비용이 없었기 때문에 $29,200가 이 평준화 계획의 총 비용이다. 안전재고를 보유하는 경우, 보유된 금액은 기간 당 기초 및 기말재고 수준에 더해진다. 이 재고에 대한 유지비용이 총 비용에 추가된다.

다른 제조환경의 생산계획

재고생산(MTS)에서 추적(chase) 생산전략은 앞선 평준화(level) 생산전략의 경우와 매우 유사하나 단지 생산을 수요와 일치시키면서 기초재고와 기말재고에 조정이 발생하는 차이가 있다. 재고생산(MTS)이 아닌 다른 제조환경, 즉 주문생산(MTO)인 경우 기초재고와 목표 기말재고를 가지고 하는 것이 아니고 기초 주문잔량(backlog)과 예상 주문잔량 수준을 조정하는 방식으로 생산계획을 수립한다.

6.1.3 자원계획(Resource planning)

> **자원계획(Resource planning)**
> 판매운영계획 수준에서 수행되는 생산능력 계획. 장기간의 생산능력(long-range capacity)의 한계 또는 수준을 수립(establishing), 측정(measuring) 및 조정(adjusting)하는 프로세스. 자원계획은 일반적으로 생산계획을 기반으로 하지만 생산계획(예를 들어 사업 계획)의 시간 기간(time horizon)를 넘어 높은 수준의 계획에 의해 추진될 수 있다. 주로 획득하는데 오랜 시간이 걸리는 자원들을 다룬다. 자원계획 결정에는 항상 최고 경영진의 승인이 필요하다.

자원의 가용성을 확인하는 것은 조직의 여러 영역에서 중요하다. 자원이 부족한 경우 생산이 일정대로 실현되지 않을 수 있으며 이는 결국 일부 수요가 충족되지 않을 수 있음을 의미하며 판매가 감소하여 매출을 감소시킨다. 따라서 운영 문제로 시작되는 것이 판매 및 재무에 빠르게 영향을 미친다.

자원계획은 판매운영계획 수준에서 자본 투자나 자산, 공장 또는 장비 및 인력 수준 등의 여타 변경을 결정하는 데 사용된다. 또한 예비 생산계획의 생산능력 점검용으로도 사용된다. 여기에서 자원계획은 중요한 조직 자원의 양을 계획과 비교하여 먼저 이러한 자원이 생산계획을 충족시키기에 충분한지 여부와 그렇지 않은 경우 생산능력의 부족을 조정하는 방법을 결정한다. 일반 도구에는 자원 변경 또는 해당 자원의 부하량 변경이 포함된다. 충분한 자원이 있는지 여부를 결정하기 위한 기본적인 도구가 자원 명세서(bill of resources)이다.

자원 명세서(Bill of resources)

> **자원 명세서(Bill of resources)**
> 해당 품목 또는 제품군 한 단위를 제조하는데 필요한 능력 및 핵심 자원 (key resources) 들의 목록. 개략 능력 계획(Rough-cut capacity planning)에서 이런 명세서들을 사용하여 기준생산일정의 대략적인 생산능력 요구량(capacity requirements)들을 계산한다.

중요한 핵심 자원에는 선택된 품목이나 제품군(family)의 평균 단위를 생산하는데 필요한 병목 공정, 자재, 노동력 및 시설 자원(예: 공장, 창고, 물류센터) 등이 포함된다. 이러한 중요한 자원 중 일부는 쉽게 식별되지만 어떤 것들은 상세한 분석을 한 후에 발견할 수 있다. 핵심 자원 식별 사례에는 병목현상을 찾아내는 제약이론, 가장 긴 리드타임을 갖는 품목을 식별하는 연구 또는 가격 변동성이 크거나 희소성을 가진 품목을 식별하기 위한 구매와의 논의, 물리적 공급 분석 또는 유통 제약조건 또는 볼륨과 제품 요구사항의 변경에 적응을 위해 가장 오래 걸리는 자원 분석 등이다. 다음은 여러 가지 수준의 집계에서 자원 명세서가 취할 수 있는 두 가지 양식이다.

- 하나 이상의 관련 제품군에 대한 자원명세서. 이 높은 수준의 자원명세서는 각 제품군 한단위를 만드는데 소요되는 평균 시간을 가진 핵심 자원을 열거한다. 중요한 자원은 모든 제품군이 사용하는 것이다. 이들은 복수의 제품 또는 제품 선택사항들의 평균이므로 높은 수준 계획에만 유용하다.
- 한 제품군의 자원 명세서. 이는 좀더 상세한 명세서로써 제품군에 속해 있는 각 개별 제품을 생산하는 평균 시간으로 만든 목록이다.

자원계획 단계에서 조직은 다수의 관련 제품군들이 있는 경우 첫 번째 방법을 사용하고 그렇지 않은 경우, 동일 제품군 내의 여러 개별 제품들의 평균을 사용한다. 자원 명세서보다 더 자세한 내용은 뒤에 개략능력계획(RCCP, rough-cut capacity planning)에서 다시 다룬다.

도표 6-8은 세 개의 제품군에 대한 자원을 보여준다. 중요한 자원은 특수 플라스틱 자재이다. 높은 비용과 새로운 작업자 학습곡선으로 인하여 노동력(labor)은 대부분의 조직에서 중요한 자원이다. 또한 23번 작업장이 병목현상 작업장이다.

제품군 A, B, C: 모터(Motors) 전체			
제품	특수 플라스틱(톤)	노동력(표준시간)	작업장 23(표준시간)
제품군 A: 표준모터	0.0036	3.3	0.6
제품군 B: 대형모터	0.0038	3.9	0.7
제품군 C: 소형모터	0.0009	2.7	0.2

도표 6-8 자원 명세서(Bill of Resources)

1월달 각 제품 군별 생산계획이 각각 A는 300개, B는 500개, C는 800개라고 가정하자. 도표 6-9는 사전에 설정된 자원명세서 정보를 이용하여 1월 생산계획을 위해 핵심 자원이 얼마나 요구되는지를 보여준다.

제품군 A, B, C: 모터(Motors) 전체				
제품	1월 생산계획(개)	특수 플라스틱(톤)	노동력(표준시간)	작업장 23(표준시간)
제품군 A: 표준모터	300	1.08	990	180
제품군 B: 대형모터	500	1.90	1,950	350
제품군 C: 소형모터	800	0.72	2,160	160
합계	1,600	3.70	5,100	690

도표 6-9 한 기간에 대한 핵심자원에 대한 부하량 계산

이러한 방식으로 부하량이 계산되면 동일한 기간 동안 사용 가능한 생산능력과 비교된다. 예를 들어, 1월에 이용할 수 있는 노동 시간이 5,000시간에 불과하다고 할 경우 초과 근무를 허용하거나 다른 지역에서 작업자를 이전시켜 약 2%의 부족분을 보완해야 한다. 다른 해결책으로는 실현 가능성에 따라 리드타임을 연장하거나 일부 생산을 앞으로 당기거나 뒤로 미루는 방법이 포함될 수 있다.

자원 가용성이 충분하여 계획 기간의 각 기간에 대한 계획이 문제가 없을 경우 계획의 다음 세부 단계인 기준일정수립(master scheduling)으로 이동한다. 기준일정수립은 다음 주제에서 다룬다. 그러나 먼저 린(lean)의 경우는 지금까지 논의한 판매운영계획(S&OP)과 생산계획(production plan)에 대해서 어떻게 접근하는지를 살펴본 후 다음 단계인 기준일정수립으로 이동하겠다.

6.1.4 린(lean)에서의 판매운영계획과 생산계획

린 생산 환경에서 판매운영계획과 생산 프로세스는 장기 계획 문제이므로 앞서 논의한 것과 유사하거나 동일하다. 린 조직은 장기적으로 수요를 충당할 수 있는 충분한 역량을 개발해야 한다. 한 가지 차이점은 린은 보다 긴 리드타임을 줄여 계획구간을 단축할 수 있는 능력이 더 크다는 것이다. 마찬가지로 린 조직은 핵심 공급업체와 공동 장기 협력 관계를 수립하기 때문에 병목 자원의 수를 줄이는 더 좋은 자재 흐름을 계획할 수 있다.

6.2 기준일정수립과 기준생산일정
(Master scheduling and master production schedule)

기준일정수립(master scheduling)은 기준일정수립 담당자(master scheduler)가 판매운영계획의 결과물인 생산계획(production plan) 및 기타 입력을 기반으로 개별 제품별 기준일정(master schedule)을 수립하는 프로세스이며 이 프로세스의 핵심 산출물이 기준생산일정(MPS, master production schedule)이다. 유사한 용어들에 대한 확실한 정의가 중요하기 때문에 아래 각각의 용어를 설명하였다.

> **일정수립 및 관련 용어들**
>
> ▶ 일정수립(Scheduling): 선적 일정수립, 기준 생산일정, 유지관리 일정 또는 공급업체 일정과 같은 일정(schedule)을 수립하는 행위
> ▶ 기준일정수립(Master scheduling): 기준 일정(master schedule)을 수립하고 검토하는 프로세스와 조정들은 기준생산일정(MPS)이 생산계획(production plan)과 함께 일관성(consistency)을 보장하도록 만들어진다. 기준생산일정은 자재소요량계획의 기본 투입요소이다. 제품군 내 품목들에 대한 기준생산일정들의 합은 반드시 제품군의 생산계획과 같아야 한다.
> ▶ 기준 일정(Master schedule): 기간(날짜), 예측, 고객 주문, 예상가용잔량, 납기약속 및 기준 생산일정을 포함하는 형식. 이는 예측, 생산계획, 주문잔량, 자재 가용성, 능력 가용성, 경영 정책 및 목표와 같은 기타 중요한 사항들을 고려한다.
> ▶ 기준생산일정(MPS, master production schedule): 기준일정수립 담당자가 할당된 품목들에 대한 예상수립일정(anticipated build schedule)을 반영하는 기준 일정 그리드 라인. 기준일정수립 담당자는 이 일정을 유지하고, 이는 차례로 자재소요량계획(MRP)을 결정하는 단일 세트의 계획 숫자(a set of planning numbers)가 된다. 이것은 특정 구성(specific configurations), 수량 및 날짜로 표현된, 회사가 생산할 계획들을 나타낸다. 기준생산일정은 수요를 나타내는 판매품목 예측이 아니다. 이것은 반드시 예측, 생산계획, 주문잔량, 자재 가용성, 능력 가용성, 경영 정책 및 목표와 같은 기타 중요한 사항들을 고려해야 한다.

기준일정수립 담당자는 "선택한 항목에 대한 기준일정 관리, 설정, 검토 및 유지 보수"를 담당하는 사람이다. 기준일정수립 담당자가 신뢰할 수 있는 일정을 작성하지 않으면 생산 설비의 안정성과 효율성, 자재 및 생산능력 계획의 효율성 그리고 고객 서비스에 심각한 영향을 미치므로 제품(product), 공장(plant), 생산 프로세스(production process) 및 시장(market)의 전문가이어야 한다.

기준일정수립의 목표를 살펴봄으로써 이번 주제를 시작한다. 그 다음에는 기준일정수립에 필요한 입력사항, 프로세스 및 산출물(즉, 목적)과 프로세스의 단계가 이어진다. 이 단계에서는 생산계획을 세분화하고 그리드의 다양한 라인 항목을 계산하는 방법과 동일한 제품군의 개별 그리드와 다른 그리드를 합산하는 방법을 보여준다. 이 단계에서 수행되는 생산능력 계획인 개략능력계획(RCCP)도 살펴본다. 최종 산출된 기준생산일정(MPS)를 검토한 후, 적절한 계획 기간을 결정하는 방법과 수요 또는 우선 순위의 변경에 대응하되 계획담당자가 생산에 대한 과도한 변경을 최소화할 수 있도록 통제할 수 있는 방법에 대해 논의한다. 이 장의 마지막 부분에서는 린(lean)은 기준일정에 어떻게 접근하는지를 다룬다.

6.2.1 기준일정수립의 목표(Objectives of master scheduling)

기준일정수립은 쉽게 표현하자면 생산계획을 좀더 상세하게 쪼개는 작업이라고도 말할 수 있다. 즉 제품군으로, 그리고 월별(monthly)로 되어 있는 계획을 개별 제품별로, 그리고 주별(weekly)로 상세화하는 것이다. 물론 계획기간도 생산계획에 비해 많이 짧아지는 운영 수준(operational level) 계획이다. 이러한 기준일정수립을 할 때 기준일정수립 담당자가 꼭 염두에 두고 있어야 하는 사항이 바로 아래 기술한 기준일정수립의 목표이다. 기준일정 수립은 반드시

- 우선순위에 따라 판매 및 생산의 합의가 이루어져야 하며,
- 고객 서비스(customer service)를 목표 수준으로 유지해야 하며,
- 자재, 작업자, 장비와 같은 자원을 효율적(efficient)이고 효과적(effective)으로 활용하고,
- 바람직한 수준의 재고(inventories-재고생산인 경우) 혹은 주문잔량(backlogs-주문생산인 경우)을 유지하며,
- 고객의 주문에 대해 실현 가능한 주문약속(order promises)이 가능하도록 하여야 한다.

위 내용들은 서로 교환거래 성격을 가지고 있기 때문에 모든 목표를 동시에 고려하여 기준일정 수립을 하기는 대단히 어려운 일이다.

기준일정수립의 첫 번째 목표는 기준생산일정(MPS)을 조직의 수요 부문(판매 및 마케팅)과 공급 부문(구매 및 제조) 간의 계약(contract)으로 삼는 것이다. 기준생산일정이 일단 수립이 완료되면

이는 판매와 제조의 상호간의 약속이자 합의된 내부 계약(internal contract)이라고 하는데 이는 기준생산일정을 보면 판매부서에서 각 기간별로 얼마를 팔려고 하는지를 제조 부문이 알 수 있고 반대로 판매는 제조부서가 기간별로 얼마를 생산하려고 하는지에 대해 명확히 알 수가 있기 때문이다. 따라서 기준생산일정은 수요와 공급 간에 좋은 의사소통의 도구가 될 수 있다.

두 번째로 고객 서비스를 목표 수준으로 유지하면서, 자원을 효율적이고 효과적으로 활용하며, 재고(inventory) 또는 주문잔량(backlog)을 바람직한 수준으로 유지하는 목표는 조직의 수요 부문과 공급 부문간의 계약(약속)을 강화시킨다. 수요를 잘 대응하기 위해 기준생산일정대로 생산을 하는 것은 고객 서비스에 좋은 영향을 미친다. 또한 자원의 효율적이고 효과적인 활용을 위해서도 본래 수립된 기준생산일정을 변경없이 일정대로 진행하는 것이 중요하다. 원하는 재고수준을 유지하기 위해 올바른 기준생산일정을 올바르게 수립하여 일정대로 생산한다는 것이 얼마나 어려운지를 알 수 있다.

마지막으로 고객의 주문에 대한 납기 약속은 실제 현 재고뿐 아니라 기준생산일정에 나타난 계획된 생산량도 고려가 되기 때문에 수량 및 리드타임에 대한 정확한 납기 약속은 고객서비스에 중요한 영향을 미친다. 판매와 제조가 이 계약을 서로 존중할 때 이 정보가 유용하고 신뢰할 수 있다.

6.2.2 기준일정수립 투입요소, 프로세스, 산출물
(Master scheduling inputs, processes and outputs)

모든 프로세스의 목적은 입력을 산출물로 변환시키는 것이다. 도표 6-10은 일정수립 프로세스의 입력 사항과 프로세스를 거쳐 나오는 산출물을 보여주고 있다.

앞서 언급한 바와 같이 기준일정수립(master scheduling)의 주 목적은 판매운영계획(S&OP)의 결과물인 제품군 중심의 월별 계획인 생산계획(production plan)을 제품군에서 개별 완제품(individual end item)으로 그리고 월별에서 주별로 쪼개는 것이다.

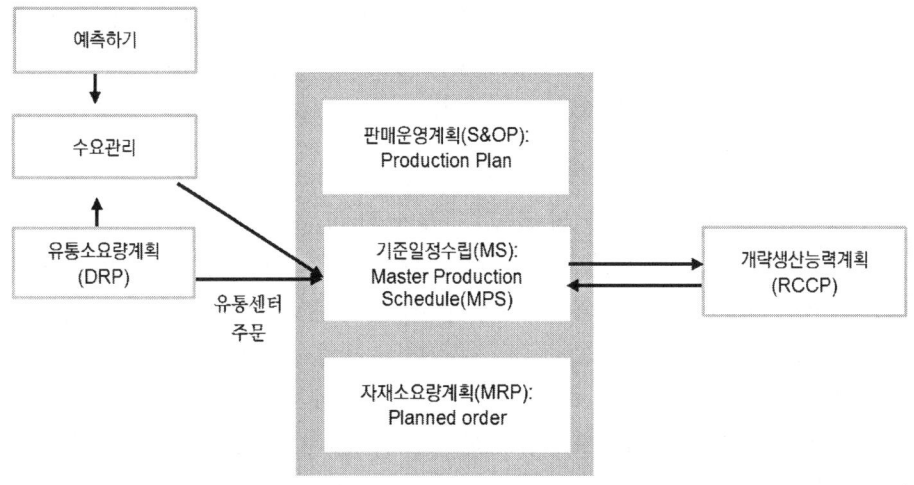

도표 6-10 기준일정수립의 투입과 산출물

개별 완제품은 제조환경(manufacturing environment)에 따라 다를 수 있다.

- 재고생산(MTS): 표준화된 완제품을 계획한다.
- 주문조립(ATO): 반제품 조립품, 모듈 또는 선택사항(재공중 재고)을 계획한다.
- 주문생산(MTO) 및 주문설계(ETO): 원자재 단계의 계획을 세울 수 있다.

제품 설계에 대한 고객의 입력의 양 정도 혹은 영향력의 정도에 따라 조직이 주문포장(package-to-order) 혹은 연기(postponement)와 같은 혼합 유형 혹은 하위유형을 사용하는 경우가 있다. 이 유형에 따라 조직이 기준일정수립의 최종 항목으로 정의하는 내용에는 다소 차이가 있을 수 있다.

또 다른 중요한 유형의 쪼갬은 월별 시간 버킷을 주별 버킷으로 세분화하는 것이다. 반면 계획기간(planning horizon)은 일반적으로 줄어든다. 따라서 기준일정수립의 입력은 판매운영계획과 생산계획이고 개별 완제품 계획인 기준생산일정(MPS)이 산출물이다. 또한 기준생산일정을 도출하는 프로세스는 개별 완제품에 대한 특정 수량의 만기일(due date)를 가진다. 이 기한과 수량은 중요한 자재, 노동력 및 병목 작업장의 가용성을 평가하기 위해 개략능력계획에서 직접 사용된다.

기준생산일정(MPS)은 기준일정수립의 핵심 산출물이자 다음 단계 프로세스인 자재소요량계획(MRP, material requirement planning)에 대한 입력요소가 된다. 자재소요량계획 시스템은 기준생산일정뿐만 아니라 재고현황 기록, 자재명세서(BOM)과 같은 다른 입력요소를 같이 활용하여 구매 또는 제조가 필요한 종속수요(예, 원자재 및 반제품)의 소요량을 계산해 낸다. 계산된 소요량은 필요 예정일 및 필요 수량 등의 정보가 들어 있는 계획주문(planned orders) 형태로 생성된다.

기준일정수립에 대한 다른 입력요소에는 유통센터(distribution center)나 기타 독립적인 요구수량과 같은 고객 또는 공급사슬 파트너의 실제 주문(actual order)뿐만 아니라 개별 완제품 수준의 예측(forecast)이 포함된다. 따라서 기준생산일정은 수요와 생산 시설 간의 주요 연결점이다. 앞서 수요예측 장에서 배웠듯이 예측의 한 가지 원칙인 취합된 수준인 품목군에 대한 예측이 쪼개진 개별 완제품 수준의 예측보다 정확하지만, 생산 입장에서는 개별 제품별 예측이 여전히 필요하다. 이러한 개별 제품에 대한 예측은 종종 더 짧은 시간 범위에 대한 예측이며 이런 이유로 더 정확도가 더 높다. 개별제품 수준에서는 정해진 기간 내에서 실제 주문이 예측을 대체하는 상호간의 밀접한 관계가 있는데 이는 다음 주제에서 더 자세히 논의한다.

기준일정수립에 대한 추가적인 입력사항에는 개략능력계획(RCCP), 로트크기(lot size), 품목의 최소 생산 수량(minimum quantity), 목표재고 또는 주문잔량 정보 등이 있다.

6.2.3 기준일정수립 단계(Master scheduling steps)

기준일정수립을 위한 업무 단계는 다음과 같다. 각 일정에 대해서는 아래에서 더 자세히 설명한다.

① 생산계획(production plan)을 품목 당 예비(preliminary) 기준일정으로 쪼갠다.
② 관련된 모든 최종 품목(end item)의 예비 기준일정을 취합한다.
③ 취합된 예비 기준일정에 대해 개략능력계획을 수행한다.
④ 생산능력의 차이를 분석 및 해결하고 최종 기준생산일정(MPS)을 관련 조직에 공표한다.

A 제품군: 표준모터(Motors)													2022년
월	0	1	2	3	4	5	6	7	8	9	10	11	12	합계
예측		460	450	410	350	320	280	250	190	150	180	270	410	3720
생산(평준화)		300	300	300	300	300	300	300	300	300	300	300	300	3600
기말재고	520	360	210	100	50	30	50	100	210	360	480	510	400	
평균재고		440	285	155	75	40	40	75	155	285	420	495	455	2920

도표 6-11 제품군 A의 재고생산, 평준화 생산계획

아래 도표 6-12는 제품군 A를 상세화하는 계획 단계인 품목 수준별, 주별 예측 입력(13주 동안 주간 예측, 즉 1분기)을 보여준다.

A 제품군: 표준모터(Motors)														1/1-3/31, 2022
개별 품목별 주당예측(week)	1	2	3	4	5	6	7	8	9	10	11	12	13	합계
A-SS 품목	50	70	70	60	70	60	60	70	40	70	50	40	30	740
A-SD 품목	50	40	60	40	50	60	50	40	50	30	30	40	40	580
합계	100	110	130	100	120	120	110	110	90	100	80	80	70	1320
월별 합계				440				460					420	1320

도표 6-12 제품군 A의 각 품목별 13주간 예측

도표 6-10에서 첫 3개월 동안 제품군 A에 대한 예측치의 합계는 460 + 450 + 410 = 1,320개이며, 이것이 도표 6-11에서는 개별 품목별(A-SS, A-SD), 주별로 쪼개진 13주 예측치 합계 역시 1,320개이다. 왜냐하면 2022년의 첫 3개월은 정확하게 13주로 구성되어 있기 때문이다.

기준일정수립의 정의인 "제품군 내 개별 품목에 대한 기준생산일정(MPS)의 합계가 해당 제품군의 생산계획과 동일해야 한다."라는 것을 상기할 필요가 있다. 즉 생산계획과 기준생산일정은 상세 정도의 형태만 다를 뿐 동일 기간 내 총 수량은 동일하다. 도표 6-13은 기준일정이 생산계획과 일관성을 가지도록 고안될 수 있는 한 가지 가능한 방법을 보여준다.

						A 제품군: 표준모터(Motors)					Batch: 100		1/1-3/31, 2022	
기준일정	0	1	2	3	4	5	6	7	8	9	10	11	12	13	합계
주당 작업일수		4	5	4	5	5	5	5	4	5	5	5	5	5	62
주당 균등생산		57	72	57	72	72	72	72	57	72	72	72	72	72	889
A-SS 품목 예측		50	70	70	60	70	60	60	70	40	70	50	40	30	740
A-SS 예상가용	310	317	290	220	218	190	132	144	100	62	64	40	18	59	
A-SS MPS		*57*	*43*		*58*	*42*	*2*	*72*	*26*	*2*	*72*	*26*	*18*	*71*	489
A-SD 품목예측		50	40	60	40	50	60	50	40	50	30	30	40	40	580
A-SD 예상가용	210	160	149	146	120	100	110	60	51	70	40	56	70	30	
A-SD MPS			*29*	*57*	*14*	*30*	*70*		*31*	*69*		*46*	*54*		400
예측 합계		100	110	130	100	120	120	110	110	90	100	80	80	70	1320
예상가용 합계	520	477	439	366	338	290	242	204	151	132	104	96	88	89	
생산 합계		57	72	57	72	72	72	72	57	71	72	72	72	71	889

도표 6-13 제품군 A의 각 품목별 기준일정

월별 300단위의 생산량을 주별 생산량으로 변환하려면 공휴일이나 공장 가동중단 등을 고려한 실제 주당 작업일수(workdays per week)를 알아야 하므로 이 정보가 첫 번째로 맨 위에 표시된다. 그 다음 행에는 주별 평준화 생산 수량이 표시된다. 주별 평준화 생산 수량은 전체 수량(889)을 총 일수(62)로 나누어 일별 수량(14.34)을 구한다. 그 다음 행에 각 제품별 기준생산일정(MPS) 라인은 한번에 생산하는 배치(batch) 수량이 100단위임을 보여준다. 배치 수량이 주당 작업일수의 비율대로 나누어진다. 보다 쉽게 보기 위해 100단위 합계가 음영 처리되었다. 가능한 한 제품 간 작업변경을 최소화하도록 한다.

생산 합계(889)는 주별 평준화 생산의 합계(889)와 일치한다. A-SS 예상가용(projected available)과 A-SD 예상가용(projected available) 행은 각 제품에 대해 매주 말에 예상되는 재고 수준을 보여주며 0보다 적은 것은 없다. 예상재고가 0보다 적다는 것은 그 기간에 결품이 예상된다는 의미이다. 또한 13번째 주에 89단위의 예상가용의 합은 도표 6-11에서 3번째 달 기말 재고 100단위와 근사하다(차이 발생 이유는 평균보다 분기 당 작업일수가 적기 때문이다).

실행 가능한 예비 기준일정은 다음 조건을 충족시킨다.

- 유효 일정(valid schedule)
  작업자는 개별 단위의 생산을 언제 시작하고 종료해야 하는지를 알아야 한다.
- 유효 생산능력(valid capacity)
  기간별 및 생산별 생산량은 생산계획에 설정된 생산 한도 내에서 유지되어야 한다.
- 유효 재고 또는 주문잔량(valid inventory or backlog)
  개별 제품 간 음(-)의 재고 수량이나 혹은 심한 불균형이 없어야 한다. 기간별 주문잔량은 허용 오차 내에서 관리되어야 한다.
- 유효한 작업변경(valid changeovers)
  작업변경의 수는 비용-효과적이어야 한다.
- 유효 배치 및 로트(valid batch and lots)
  생산 배치 및 로트크기 정책(만약 있다면)을 준수해야 한다.

> **배치(Batch), 로트(Lot)**
>
> - 배치(Batch): 1)생산 예정된 수량. 2)개별 제품의 경우, 표준 배치수량(standard batch quantity)으로 계획되지만, 생산 동안 표준 배치 수량은 작은 로트들로 분할될 수 있다. 3)연속 제품들의 경우, 배치는 주어진 최종제품 수를 생산하도록 개발된 공식 또는 제조법에 기반으로 특정 기간에 생산될 수량이다. 4)비슷한 설계의 품목들을 생산하는데 사용되는 제조 프로세스 유형. 이는 또한 광범위한 주문량을 커버할 수 있다. 전형적으로, 주문된 품목들은 반복되는 성격을 가지며 생산은 특정 고객 주문 혹은 재고 보충을 위한 것일 수 있다.
> - 로트(Lot): 함께 생산되고 동일한 생산 비용(production costs)과 사양(specifications)을 공유하는 수량.

이제 이러한 기준일정 구성 요소를 계산하는 방법을 보여주는 간단한 예제를 살펴보자.

예상가용잔량(PAB) 및 기준생산일정(MPS) 계산

기준일정수립에서 예상가용잔량(projected available balance) 정보는 아주 중요한 역할을 한다. 정확한 시점과 정확한 수량을 가진 기준생산일정(MPS)을 생성하는데 기여를 하기 때문이다. 즉 어떤 제품의 생산이 언제까지 몇 단위가 이루어져야 하는지의 시점을 알려 준다. 시점은 예상가용잔량이 음(-)의 수로 예상될 때 이를 막기 위해 이 기간까지 생산이 이루어져야 한다는 의미이다. 물론 안전재고를 설정한 경우에는 예상가용잔량이 꼭 음의 수가 아니더라도 안전재고 이하로 떨어지는 순간 그 기간까지 생산이 이루어져야 한다. 수량에 대해서는 로트크기 정책이 영향을 미친다. 만약 로트크기 정책이 해당소요분(lot-for-lot)일 경우에는 부족분 수량만큼만 생산을 하도록 계산 된다.

아래 도표 6-14를 참고하여 기준일정수립에서 예상가용잔량(projected available balance)이 어떻게 활용되는지를 살펴보자. 재고생산(MTS) 제품의 예이며 기초재고가 70개, 로트크기 정책은 한번 생산 시 100개로 정해진 고정(fixed) 로트크기, 그리고 예측 값이 기간별로 6주에 걸쳐 나타나 있다. 이것은 추적(chase) 생산전략의 일정이므로 매주 생산량이 일정해야 할 필요는 없다.

기초재고 = 70 개	기준일정: 재고생산(MTS), 추적(chase) 생산 예제					로트크기 = 100 개	
주차	0	1	2	3	4	5	6
예측		50	60	70	90	70	20
예상가용잔량	70	20	-40				
기준생산일정(MPS)							

도표 6-14 부분적으로 완료된 기준일정

> **예상 가용잔량(PAB, Projected available balance)**
> 미래의 예상재고 잔량. 이는 현보유 재고(on-hand inventory)에서 소요량(requirements)을 빼고 기계획된 수취와 계획된 주문(scheduled receipts and planned orders)을 더한 값이다.

기본적인 예상가용잔량 계산은 아래 공식을 이용하여 계산할 수 있는데 조직이 시간울타리(time fence) 정책을 운영하게 될 경우 계산식이 다소 다르게 된다. 우선 여기서는 시간울타리 설정이 없다고 가정하고 설명한다.

기말 예상가용잔량(PAB) = 기초 PAB + 기계획된 기준생산일정 수취(scheduled MPS receipt)
− 수요(실제 주문 혹은 예측값)

1주차 PAB = 70 + 0 − 50 = 20개

2주차 PAB = 20 + 0 − 60 = -40개

2주차에 예상되는 가용잔량이 -40이라는 음(-)의 수로 나오기 때문에 이를 해결하기 위하여 2주차에 생산이 이루어져야 한다. 만약 기초재고가 충분하여 예상가용잔량이 어느 기간에서나 음수가 아닐 경우에는 전체 기간에 걸쳐 기준생산일정이 생성되지 않는다.

2주차 기준생산일정에 표시된 100은 로트크기 정책에 따라 결정되었으며 이는 생산이 완료되어 2주차까지 입고(receipt)를 의미이다. 2주차까지 100개가 생산되어 입고되기 위해서 생산 주문을 언제 발행(release)해야 하는지는 리드타임 정보에 달려 있다(이 예에서는 알 수가 없다). 도표 6-15는 위 계산식과 정책이 반영되어 완료된 예상가용잔량과 이에 따른 기준생산일정(MPS)이다.

기초재고 = 70 개	기준일정: 재고생산(MTS), 추적(chase) 생산 예제					로트크기 = 100 개	
주차	0	1	2	3	4	5	6
예측		50	60	70	90	70	20
예상가용잔량	70	20	60	90	0	30	10
기준생산일정(MPS)			100	100		100	

도표 6-15 완료된 기준생산일정

완료된 일정에는 음(-)의 예상가용산량(PAB)이 없다. 2주차의 예상가용잔량은 이제 100개의 기준생산일정을 포함하여 계산된다.

$$2주차\ PAB = 20 + 100 - 60 = 60개$$

$$3주차\ PAB = 60 + 100 - 70 = 90개$$

$$4주차\ PAB = 90 + \ \ 0 - 90 = \ \ 0개$$

4주차인 경우 예상가용잔량이 0이지 음(-)의 수가 아니므로 기준생산일정을 생성하지 않는다. 앞서 설명한 바와 같이 만약 조직에서 안전재고를 사용하는 경우 예상가용잔량이 안전재고 수준 이하로 떨어질 때마다 기준생산일정이 촉발된다. 이 시점에서의 기준일정은 아직 생산능력에 검증되지 않았으므로 최종 확정이 아닌 예비(preliminary) 단계로 간주된다. 생산능력에 검증을 위해서는 모든 개별 완제품의 기준생산일정이 취합되어야 한다.

🔎 관련 제품을 위한 기준일정 취합(aggregating master schedules)

여러 제품이 같은 기간 대에 동일한 자원을 사용할 경우에는 이 계획을 실행할 수 있는 충분한 생산능력이 있는지 확인을 위해 기준일정을 취합하거나 재 그룹화해야 한다. 일반적으로 이는 개별 제품 단위를 다시 제품군(family)으로 통합하는 것이다. 도표 6-16은 생산 시 동일한 중요 자원을 사용하는 세 제품군을 보유하고 있는 예이다. 맨 밑에 줄에 제품 군별로 모아진 기준생산일정을 다시 모아서 최종 합계를 보여준다.

기준일정	1	2	3	4	5	6	7	8	9	10	11	12	13	합계
제품군 A, B, C: 모터 전체														1/1-3/31, 2022
제품군 A(표준품)														
A-SS MPS	57	43		58	42	2	72	26	2	72	26	18	71	489
A-SD MPS		29	57	14	30	70		31	69		46	54		400
제품군 B(대형)														
B-BS MPS		50	50	50	30	10		20	20	30	20	20	20	320
B-BD MPS	20	20		20		30	40	20	10	20	40	20	10	250
제품군 C(소형)														
C-CS MPS		30	20	20	20	30	20	30	20	20		40	50	300
C-CD MPS	50		10	50	30	40		50	30	40	20	20		340
MPS 합계	127	172	127	172	172	172	172	127	171	172	172	172	171	2099

도표 6-16 관련된 완제품을 위한 취합된 기준생산일정(MPS)

이 조직 제품군 B와 C는 주문 제작을 사용하지만 이러한 품목의 주문잔량(backlog)을 통제하여 상당히 평준화 생산과 같은 효과가 나타난다. 다음으로 1주차에 대한 생산능력을 점검해 보자.

개략능력계획(rough-cut capacity planning) 실행

> **개략능력계획(RCCP, Rough-Cut Capacity Planning)**
>
> 기준생산일정을 노동, 기계류, 창고 공간, 공급업체 능력 및 경우에 따라 돈(money)을 포함하는 핵심 자원들에 대한 요구사항들로 변환하는 프로세스. 가용(available) 능력 또는 실현된(demonstrated) 능력과의 비교는 일반적으로 각 핵심 자원에 대해 수행된다. 이 비교는 기준 일정관리자(master scheduler)가 실현 가능한 기준생산일정을 수립하는 데 도움을 준다. 개략 능력 계획을 수행하는 세 가지 접근법은 자원명세서(자원, 능력) 접근법(bill of resource approach), 전체 요인 접근법(overall factors approach)을 사용한 능력계획법, 자원프로파일 접근법(resource profile approach)이다.

판매운영계획의 결과물인 생산계획(production plan)의 타당성을 검증하는 생산능력 계획인 자원계획(resource plan)은 능력 검증이 제품군 수준이었고, 이 때는 해당 제품군의 제품 평균을 사용하여 생산계획 및 제조 경영계획의 자원 가용성을 확인했으므로 이제 기준일정 단계에서의 생산능력 계획은 개별 제품의 생산능력 소요량까지 드릴 다운해야 한다.

개략능력계획(RCCP)은 기준생산일정에 대해 중요한 자원 가용성을 검증하는 데 사용된다. 여기서는 제품군의 평균 단위가 아닌 개별 제품 단위 소요량을 사용하고 있지만, 여전히 개별 항목에 선택사항이 상이한 제품과 같은 변종(variants)이 있을 수 있어 개략적인 검사로 간주되므로 최종 단위의 평균 소요량이 사용한다. 재고현황, 부분적으로 완료된 작업주문, 그리고 리드타임 등은 생산능력 계획에 영향을 미칠 수 있는 요소이지만 현재는 고려하지 않는다. 도표 6-17은 중요 자원에 대한 품목 수준 소요량을 보여주기 위해 자원명세서가 어떻게 확대되었는지를 보여준다. 제품군 수준에서 평균을 사용함에 유의하기 바란다. 개별 품목 수준 소요량은 이 평균값으로부터 넓은 범위에 있는 다양한 개별 품목별 소요 시간을 갖기 때문에 평균을 사용하는 것보다 더 정확하다.

제품군 A, B, C: 모터 전체			
제품	특수 플라스틱(톤)	노동력(표준시간)	작업장 23(표준시간)
제품군 A: 표준품	0.0036	3.3	0.6
A-SS	0.0024	2.2	0.4
A-SD	0.0048	4.4	0.8
제품군 B: 대형	0.0038	3.9	0.7
B-BS	0.0025	2.6	0.5
B-BD	0.0051	5.2	0.9
제품군 C: 소형	0.0009	2.7	0.2
C-CS	0.0003	1.8	0.1
C-CD	0.0015	3.6	0.3

도표 6-17 개별 완제품 수준까지 전개된 자원명세서

다음은 단위당 소요량에 주당 생산 단위 수를 곱하여 이러한 자원의 구체적인 부하량(load)을 결정해야 한다. 도표 6-18은 1주차에 대한 세 가지 핵심 자원 각각에 대해 이를 수행함을 보여준다.

제품군 A, B, C: 모터 전체						2022, 1 주차
제품	1 주차 MPS	율 (Rate)	특수 플라스틱(톤)	율 (Rate)	노동력 부하 (표준시간)	율 (Rate)
제품군 A: 표준품						
A-SS	57	0.0024	0.1368	2.2	125.4	0.4
A-SD	0	0.0048	0	4.4	0	0.8
제품군 B: 대형						
B-BS	0	0.0025	0	2.6	0	0.5
B-BD	20	0.0051	0.102	5.2	104.0	0.9
제품군 C: 소형						
C-CS	0	0.0003	0	1.8	0	0.1
C-CD	50	0.0015	0.075	3.6	180.0	0.3
합계			0.3138		409.4	

도표 6-18 중대한 자원에 대한 부하(load) 계산

이 부하의 합계를 사용 가능한 능력과 비교하면 과(+)/부족(-) 내용을 알 수 있는데 이에 대한 처리는 다음 단계에서 이루어진다.

🔍 차이 해결(resolving differences) 및 기준생산일정 공표(publishing MPS)

부하 처리를 위해 필요한 요구능력(required capacity)이 중요한 자원의 가용능력(available capacity)을 초과하는 경우 기준일정 수립자는 가용능력을 늘리거나 아니면 생산일정을 조정할 수 있는 방법을 찾아야 한다. 다른 기간에 가용능력이 있는 경우, 부하량(load)을 분산하여 균형에 맞도록 조정할 수 있다. 초과 근무, 작업자 전환 배치, 비정규직 고용 또는 외주 계약 등이 충분하지 않거나 경제적이지 않을 경우 기준일정 수립자는 판매 및 마케팅 부서와 협상을 통해 수요관리를 사용하여 판촉 활동의 시기 및 기타 선택사항 사용을 논의한다. 일단 담당자가 실행 가능한 기준생산일정을 완료하면 관련된 조직에 공표한다.

이 과정을 진행하기 전에 먼저 기준일정 프로세스의 계획 기간이 어떻게 결정되고 또한 변경에 대한 통제를 하기 위해 사용할 수 있는 몇 가지 도구에 대해 알아보자.

6.2.4 계획기간 범위 정하기(Determining planning horizon)

> 💡 **계획 기간(Planning horizon)**
>
> 계획이 수행될 미래 특정 시점까지의 기간. 기준 일정의 경우, 이 기간 값은 일반적으로 누적리드타임(cumulative lead time)과 하위 구성품들의 로트크기(lot size) 결정 시간 및 기본 작업장(primary work centers) 또는 핵심 공급업체의 능력 변경 시간을 더한 값의 최소값으로 설정된다. 장기 계획의 경우, 계획 기간은 필요한 추가 생산능력을 허용할 수 있을 만큼 충분히 길어야 한다.

기준일정의 계획 기간에는 최종 생산 단계뿐만 아니라 구성품 및 반제품의 생산, 그리고 생산되지 않거나 재고가 유지되는 원자재 또는 구성품의 주문 및 수령에 대한 리드타임에 대한 정보가 필요하다.

> 📌 **누적리드타임(Cumulative lead time)**
> 제조에서 제조 활동 시간 및 사용되는 구성품의 구매 조달 활동을 완수하는데 걸리는 최장 계획 시간(longest planned length of time). 이는 품목 아래의 각 자재명세서 경로에 대한 리드타임을 확인함으로써 찾는다. 가장 큰 수로 합쳐지는 경로가 계획 구간을 결정하는 누적리드타임이 된다.

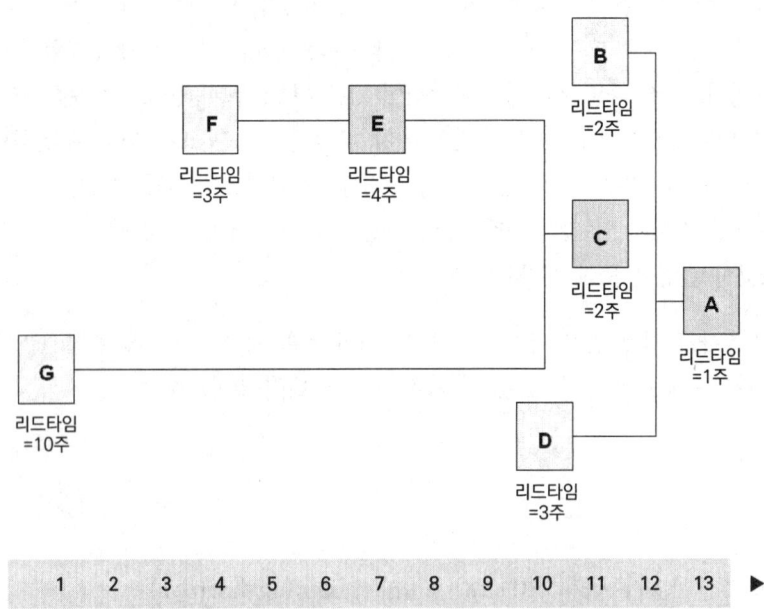

도표 6-19 누적 리드타임과 계획기간(planning horizon)

도표 6-19는 13주간의 시간 흐름을 따라 다양한 구성요소가 어떻게 정렬되어 있는지를 보여주면서 자재명세서(BOM)가 무엇인지를 설명하고 있다. 자재명세서는 제품을 만드는 데 필요한 모든 원자재와 구성품을 나열한다. 여기서 A 제품은 최종 조립 작업을 나타내며 B ~ G는 구매 또는 제조해야 하는 다양한 품목을 나타낸다. 계획 기간은 구성요소를 획득 또는 생산하는 데 필요한 리드타임에 대한 연구를 기반으로 한다.

아이디어는 가장 긴 누적 리드타임을 찾는 것이다. 위 예의 경우 경로 A-C-G가 가장 길며 누적 리드타임은 13주이다. 왜냐하면 일반적으로 A 작업이 시작될 때 구성품 B, C, D가 이미 준비가 되어 있어야 하고 C의 작업 시작 전에 G가 준비되어 있어야 한다. 이렇게 해서 찾아낸 가장 긴 누적 리드타임이 기준일정의 계획기간을 결정한다. 실제로 많은 조직에서는 계획 시간에 여유 시간을 두고 지연 또는 문제를 고려한 계획 공간을 제공하기 위해 추가 리드타임을 구축한다.

> 누적리드타임(cumulative lead time) + 여유시간(slack time)
>
> 기준일정을 실행하는 소프트웨어는 누적 리드타임과 더불어 사용자가 여유분으로 설정하는 여유시간(slack time)을 같이 고려한다.

최종조립일정(final assembly schedule) 및 계획 기간

고객 맞춤별 색상이 다른 제품과 같은 주문조립(ATO)이나 주문생산(MTO) 제품은 최종조립일정(final assembly schedule)이 필요하다. 이는 뒤 부분에서 좀 더 상세히 다룬다. 간단히 말하면 최종조립일정은 반제품 형태의 조립품만 미리 생산해 놓고 그들의 조합인 최종 제품은 고객의 실제 주문이 들어오면 그 때 최종조립 작업이 이루어진다. 이 작업은 기준일정을 사용하여 수행된다. 기준일정 시간 범위에는 구성 요소를 조립하는 데 필요한 리드타임과 구성 요소의 리드타임이 포함된다.

6.2.5 시간울타리와 구역(Time fences and zones)

기준일정에서 사용하는 시간울타리는 수요 시간울타리(DTF, demand time fence)와 계획 시간울타리(PTF, planning time fence) 두 종류가 있다. 이 시간울타리 개념은 조직의 시스템 민감성(nervousness)을 방지하기 위한 방안이다. 시스템 민감성이란 생산에 대해 막판에 너무 빈번한 갑작스러운 변경으로 인해 비효율적인 생산 환경을 설명하는 데 일반적으로 사용되는 용어이다. 반면에 수요의 변화에 적응을 하지 않은 것은 생산 시스템이 아무도 원하지 않는 제품을 생산해 버릴 수도 있다는 점이다. 현재 시점부터 가까운 장래에 수요 시간울타리가 설정되고 좀 더 먼 기간에 계획 시간울타리가 설정된다. 시간울타리(time fence)와 이 울타리가 만들어 내는 구역(zone)은 계획을 변경하는 데 사용할 수 있는 시간에 따라 기준일정을 변경하는 권한을 가진 사람을 결정하기 위해 조직에서 사용하는 방법으로 안정성(stability)과 유연성(flexibility)에 대한 균형을 목표로 한다. 구매한 원자재나 구성품이 입고되거나 제조된 구성품이 완료될 때마다 관리 의사결정점(decision point)이 있다.

도표 6-20은 조직이 수요 시간울타리 및 계획시간 울타리등 2개의 시간울타리를 설정하는 방법과 이러한 울타리에 따라 세가지 구역인 확정구역(frozen zone), 반고정구역(slushy zone), 유동구역(liquid zone) 등을 만드는 방법을 보여준다. 이 구역에 따라 앞서 살펴본 예상가용잔량 계산 방법이 달라진다. 수요 시간울타리를 고려한 예상가용잔량 계산과 이에 따른 기준일정이 제대로 된 기준일정인데 이에 대한 자세한 방법은 뒤에서 논의할 것이다. 이와 더불어서 납기약속(ATP, available-promise) 개념에 대해서도 다음 주제에서 설명하도록 하겠다.

기간		확정구역 (Frozen Zone)			반고정구역 (Slushy Zone)				유동구역 (Liquid Zone)	
		1	2	3	4	5	6	7	8	9	10
예측(forecast)											
고객주문(customer order)		20	22	21	25	24	23	21	21	25	25
예상가용잔량(PAB)	50	19	17	15	11	9	5	2	1	0	0
납기약속(ATP)		31	14	49	24	0	27	6	35	10	35
기준생산일정(MPS)				50			50		50		50

Demand Time Fence   Planning Time Fence

도표 6-20 시간울타리(time fence)와 그것이 생성한 구역(zone)

시간울타리(Time fence)

작업 절차에서 여러가지 제약(restrictions)이나 변화가 발생하는 곳을 명시하기 위해 제정된 정책(policy) 또는 지침(guideline). 예를 들어, 기준생산일정에 대한 변경은 누적리드타임을 넘어서는 곳에서는 쉽게 할 수 있는데 반해, 누적리드타임 내에서의 변경은 변경할 곳을 정하는데 상당한 어려움이 생긴다. 시간울타리는 이러한 곳을 정하는데 사용된다.

시간울타리와 구역은 함께 논의되어야 그 의미가 있다.

- 수요 시간울타리(DTF) 및 확정구역(frozen zone)
  수요 시간울타리는 모든 생산능력과 자재가 특정 주문에 이미 투입이 되어 버린 확정된 구역을 만든다. 확정구역의 수요는 예측이 아닌 고객 주문만을 기반으로 한다. 따라서 예상가용잔량(PAB)은 고객 주문 행을 진정한 수요로 간주하여 계산되며 예측은 무시한다. 일반적으로 이 구역 내에서의 작업 변경은 비용이 많이 소요되기 때문에 허용되지 않는다(예: 작업경로 변경, 일정 조정, 추가 설정 등의 변경). 따라서 이 구역 내에서의 일정 변경은 고위 경영진의 승인이 필요하다.

- 계획 시간울타리(PTF)와 반고정구역(slushy zone)
  계획 시간울타리는 기준일정수립 담당자가 일정 변경 권한을 가지고 있으므로 slushy라고 하는 반고정구역을 설정한다. 그러나 생산능력이 설정되고 자재가 주문되므로 일부 변경은 어려울 수 있다. 기준일정수립 담당자가 우선 순위를 변경하거나 오류를 수정하거나 판매 또는 고객 변경 사항을 수용하는 데 필요한 절충안을 사용할 수 있다. 일정관리 소프트웨어는 일반적으로 이 영역의 기준생산일정(MPS)을 자동으로 수립하기 보다는 잘 평가를 해 보아야 한다. 통상적으로 제품의 누적 리드타임이 가장 긴 것이 계획 울타리 위치를 정의한다. 예상가용잔량은 고객 주문 또는 예측 중 더 큰 값을 사용하여 이 구역과 다음 구역에서 계산된다.

- 유동구역(liquid zone) 또는 자유변경구역(free zone)
  유동구역, 혹은 자유변경구역에서는 일정관리 소프트웨어가 기준일정관리자의 입력을 요구하지 않고 자동으로 변경할 수 있으며 다른 수동 변경도 가능하다. 유일한 제약은 생산계획에 설정된 한계일 것이다. 이 영역은 일반적으로 누적 리드타임을 초과하여 추가된 추가 시간이다.

이러한 구역을 설정하여 사용하면 안정성이 향상되는 동시에 수요가 변경되거나 잘못된 수량, 잘못된 제품 또는 잘못된 출하 날짜와 같은 오류를 수정할 수 있다. 구역에 따라 고객주문 대 예측이 다르게 취급되었기 때문에 개정된 예상가용잔량이 어떻게 계산되는지 살펴보도록 하자.

시간울타리가 사용될 때 예상가용잔량(PAB) 계산

수요 시간울타리를 사용하면 예상가용잔량(PAB) 계산 방법에 대한 수식을 수정해야 한다. 계산은 수요 시간울타리를 중심으로 안쪽인지 바깥쪽인지에 따라 다르다. 이를 설명하기 위해 간단한 기준일정으로 다시 돌아가 보겠다. 도표 6-21에는 시간울타리(수요 및 계획)와 함께 고객주문(customer orders) 행이 추가되었으며, 3주차에 수요 시간울타리(DTF)가 설정되고 13주차에 계획 시간울타리(PTF)가 설정되었다(13주는 제품의 가장 긴 누적 리드타임이라고 가정).

기초재고 = 70 개		기준일정: 재고생산(MTS), 추적(chase) 생산 예제							로트크기 = 100 개			
주차	0	1	2	3	4	5	6	…	12	13	14	15	16
예측(Forecast)	-	50	60	70	90	70	20		20	20	20	20	20
고객주문(customer order)		48	66	57	62	30	0		0	0	0	0	0
예상가용잔량(PAB)	70	22	56	99	9	39	19		99	79	59	39	19
기준생산일정(MPS)			100	100		100							

Demand Time Fence   Planning Time Fence

도표 6-21 시간울타리(time fence)

수요 시간울타리 이전 구간인 확정구역(frozen zone)의 예상가용잔량을 계산하기 위한 규칙은 아래와 같다.

기말 예산가용잔량(PAB) = 기초 PAB + 기계획된 기준생산일정 수취(scheduled MPS receipt)
           − 실제 고객주문(customer order)

2주차 = 70 + 0 − 48 = 22개

3주차 = 22 + 100 − 66 = 56개

수요 시간울타리 이후 구간에 대한 예상가용잔량을 계산하기 위한 규칙은 아래와 같다.

기말 예산가용잔량(PAB) = 기초 PAB + 기계획된 기준생산일정 수취(scheduled MPS receipt)
           − 고객주문과 예측값 중 큰 값

4주차 = 99 + 0 − 90 = 9개

5주차 = 9 + 100 − 70 = 39개

6.2.6 린이 기준일정 수립을 수행하는 방법(How lean does master scheduling)

조직이 린 생산 시스템을 사용하는 경우 계획을 위한 핵심 차이를 어느 정도 수용할 수 있는 계획 시스템이 필요하다. 기존의 전통적인 기준일정수립은 생산능력을 균등화하고 작업변경을 최소화하기 위해서만 작동하지만 반면에 린은 자재와 생산능력의 사용을 균등화하기 위해 일정을 균등화한다. 더 많은 작업변경을 허용하지만 이것을 좀 더 빠르고 저렴하게 수행한다. 이를 위한 린의 용어가 평준화(헤이준카, heijunka)이다. 린(lean)은 설정된 택타임(takt time)에 의한 비율과 일치하도록 하지만 실제로 이것은 페이스메이커(pacemaker)를 설정하여 구현된다.

> **페이스메이커(Pacemaker)**
>
> 린(lean) 생산에서, 특정한 가치 흐름(specific value stream)에 대한 고객 수요율(customer demand rate)에 따라 계획된 자원. 이 자원은 가치 흐름을 따라 자재 흐름(flow of materials)을 통제하는 작업 또는 프로세스를 수행한다. 그 목적은 제조 공장(manufacturing plant)을 통해 원활한 흐름을 유지하는 것이다. 다른 자원들보다 더 많은 완충(buffer)이 페이스메이커(pacemaker)에 제공되어 지속적인 작업을 유지할 수 있다.

헤이준카 일정은 시간 경과에 따라 제품 수량(volume)과 믹스(mix)를 균등하게 분산 적용하여 현재 필요한 수요보다 더 많은 재공중 재고를 유지하지 않고도 변동성을 가진 고객 요구를 충족시킨다. 도표 6-22는 기존에 전통적인 기준일정 방법으로 세 가지 개별 제품의 생산을 균등 생산하도록 조정하는 방법을 보여주며, 도표 6-23은 린 일정 평준화 방법으로 자재와 생산능력을 평활화시키면서 수립한 기준 일정의 예를 보여준다. 두 자료를 비교해 보면 둘 다 총량으로 보면 주당 1000 단위씩 동일해 보이지만 그 안에 개별 제품 수준의 생산 일정을 살펴보면 판매와 재고 측면에서 린 방식이 훨씬 좋은 일정임을 알 수 있다.

제품군 B 취합된 기준일정				
주차	1	2	3	4
B-BU	800			
B-VU	200	800		
B-DU		200	1000	1000
합계	1000	1000	1000	1000

도표 6-22 전통적인 생산능력 평준화

주차	제품군 B 취합된 기준일정			
	1	2	3	4
B-BU	200	200	200	200
B-VU	250	250	250	250
B-DU	550	550	550	550
합계	1000	1000	1000	1000

도표 6-23 린 일정 평준화(leveling)

일정을 평준화하는 것을 부하의 평준화라고도 한다. 공장에 이를 적용할 때, 이를 균일한(uniform) 공장 부하(plant load)라고 부른다.

> ♪ 부하 평준화(Load leveling)
> 일련의 시간 내에 수행되어야 할 작업들이 균등하게 분배되고, 달성될 수 있도록 주문을 분산하거나(spreading orders out) 작업을 재조정(rescheduling)하는 것. 자재와 노동이 모두가 이상적으로 부하 평준화되었더라도, 특정 사업과 산업들은 오직 어느 한쪽에만 배타적으로(exclusively)(예를 들어, 서비스 산업) 적용될 수 있다.
>
> ♪ 공장 균등 부하(Uniform plant loading)
> 린 생산에서, 각 작업장이 모든 작업들을 완료하는데 필요한 시간이 가능한 한 동일해지도록 작업장들 간의 작업 분배.

헤이준카(heijunka) 일정은 단위 유형(unit type), 즉 개별 제품 간의 변환(shift)할 시점을 알려주는 신호에 헤이준카 상자(heijunka box)라고 하는 간반(kanban)의 유형을 사용할 수 있다. 이는 '상자'를 린(lean)에서 매우 중요시 여기는 택타임(takt time)과 일치하도록 시간 간격과 동일한 시간대로 쪼개어 할당함으로써 실행한다. 그 결과, 린은 종종 배치(batch) 크기가 훨씬 작아지며 배치 크기가 1단위인 것이 가장 이상적이다. 배치 크기가 1단위인 것을 통상 흐름생산(one-piece flow)이라고 하고 이는 주별보다는 일별(daily) 시간 버킷을 사용한다. 아울러 각 작업장(workstation)에서 생산이 중단되지 않고 계속 이어지도록 한다.

린(lean)은 수요(demand)를 이용한 신호에 대해 끌기(pull)를 사용하는 생산 방식이므로 예측보다는 실제 고객 주문에 따라 작업이 이루어지고 이에 따라 시간울타리(time fence)를 사용하지 않는다. 순전히 실수요에 대해서만 반응하게 된다. 그러나 제조 리드타임이 고객이 요구하는 고객 리드타임보다 긴 요소의 경우, 린은 운영에 있어 여전히 밀기(push) 방식으로 기준일정 및 생산능력 계획을 사용한다. 이러한 환경에서 밀기 요소는 시간울타리를 사용할 경우, 일정 안정성이 생산 안정성을 높여주기 때문에 린이 좀 더 효과를 누리는데 도움이 된다. 그러나 린은 납기 단축을 위해 공급업체와 협력하여 시간울타리와 시간울타리 사이의 간격을 줄이기 위해 노력할 것이다. 가능하면 모든 생산이 실제 주문을 기반으로 하는 시점까지 리드타임이 단축되고 장기 계획과 장기 리드타임을 가진 특정 자재 구매에 대해서만 예측을 사용한다.

아래와 같은 전통적인 제조계획통제(MPC)의 변형(variants)을 사용하여 이와 유사한 결과를 얻을 수 있다.

> **혼합모델 일정수립(Mixed-model scheduling)**
>
> 혼합모델(mixed-model) 생산을 가능하게 하는 하나 이상의 일정을 개발하는 프로세스. 목표는 하루의 생산량을 (day's production)을 매일 달성하는 것이다.

> **혼합모델 생산(Mixed-model production)**
>
> 다양한 로트크기로 여러 개의 다른 부품이나 제품들을 만들어 공장에서 당일 판매될 제품의 혼합에 가깝게 생산하는 것. 혼합모델 일정은 외부 공급업체가 제공하는 것들을 포함하여 구성 부품들의 제조 및 배송을 통제한다. 일별수요(daily demand)에 따라 매일 모든 모델을 만드는 것이 목적이다.

6.3 기준일정수립과 판매(Master scheduling and sales)

이번 주제는 주문 납기약속을 사용하는 주문 입력 프로세스와 관련이 있다.

> **주문입력(Order entry)**
>
> 고객이 원하는 것을 수락하고(accepting) 제조업자와 유통업자가 사용하는 용어로 바꾸는(translating) 프로세스. 이 약속은 기준 일정에서 납기약속(ATP, available-to-promise) 라인을 기반으로 해야 한다. 이는 재고생산 환경에서 완제품에 대한 선적 문서(shipping documents)를 만드는 것만큼 간단할 수도 있고, 주문생산에서는 제품에 대한 설계 노력(design efforts)을 포함하여 더 복잡한 일련의 활동일 수도 있다.

> **주문약속(Order promising)**
>
> "언제 선적이 가능한가?"에 대한 답변으로서 납품 약속(delivery commitment)을 하는 프로세스. 주문생산 제품의 경우, 일반적으로 약속되지 않은(uncommitted) 자재 및 생산능력 가용성 검사를 포함하며, 대개 납기약속 기준 일정에 의해 나타내어진다.

재고생산(MTS)은 이미 생산해 놓은 재고에서 고객주문을 이행하고, 반면에 주문생산(MTO)과 주문조립(ATO)은 생산을 위한 생산능력을 필요로 하고 이 가용 생산능력이 수요를 충족시킨다. 심지어 재고생산 환경에서도 생산능력과 관련이 있는데 고객의 주문이 현재 가용한 재고 수준을 넘은 경우 고객에게 실현 가능한 납기 약속을 위해서는 기준생산일정(MPS)을 검토해야 하기 때문이다. 확실한 구분은 기준생산일정이 예측 형태의 수요에 근거하여 수립된 것이냐 아니면 실제 고객 주문에 기반한 생산일정이냐 이다. 이 일정은 현재고와 안전재고 그리고 기말 목표 재고 수준 혹은 주문잔량 수준으로 조정된다. 기준생산일정은 다양한 제품의 기준일정이지만 제품군 수준의 총량은 상위 계획 판매운영계획의 결과물인 생산계획(production plan)과 일치하여야 하므로 이러한 개별 제품 수준의 우선순위 계획이 현실적이며 달성이 가능하다는 확신이 있어야 한다. 생산계획은 판매 및 마케팅과 기타 부서들이 합의하였기 때문에 이 합의는 기준생산일정은 판매 마케팅 조직이 실제로 얼마를 판매할 것이며 반대로 생산 운영 조직이 이를 지원하기 위해 얼마를 생산해야 하는지를 명확하게 나타내 주고 있다. 따라서 앞서 설명한 바와 같이 일단 기준생산일정이 확정되면 수요를 담당하는 판매 마케팅 조직과 공급을 담당하는 생산운영 및 구매 조직 간에 계약으로 볼 수 있다. 즉 기간별로 그리고 개별 제품별로 해당 수량을 판매에서 공급에 주문을 하는 형식이다.

도표 6-24는 수립된 기준생산일정(MPS) 중 이미 고객 주문으로 할당된 부분과 아직 할당되지 않은 부분을 보여주고 있다. 이 아직 할당되지 않은 부분은 추가적으로 고객 주문약속을 할 수 있으며 이것이 납기약속 가능 수량(ATP, available-to-promise)이다

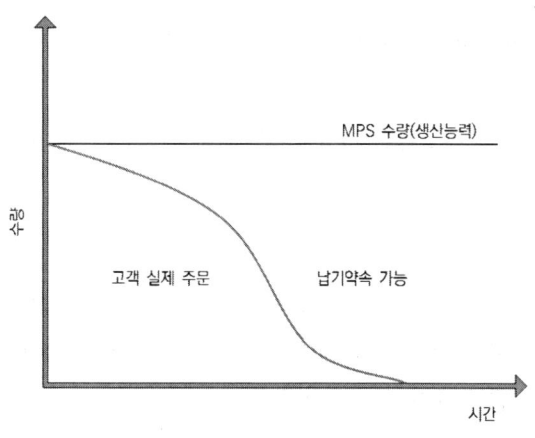

도표 6-24 고객주문과 납기약속 가능 수량

현재에 가까울수록 누적된 실제 주문이 예측 또는 사용 가능한 생산능력을 대체함을 알 수 있다.

> **재고 가용성 관련 정의들**
>
> ▶ 가용 재고(Available inventory): 현 재고 보유량(on-hand inventory)에서 할당(allocations), 예약(reservations), 지연된 주문(backorders), 그리고 (보통) 품질 문제등으로 인한 수량을 뺀 양. 초기 가용잔량(beginning available balance)으로 불리기도 한다.
> ▶ 현 재고 량(On-hand balance): 실제 창고에 있는 것으로 재고 기록(inventory records)에 나타난 수량.
> ▶ 납기약속(ATP): 운영에서, 고객 주문약속(customer-order promise)을 지원하기 위해 조직의 현재고와 기준생산일정에 반영된 물량 중 아직 할당되지 않은 여유분. 납기약속 수량은 첫 번째 기간의 할당되지 않은 재고잔량(inventory balance)이고, 일반적으로 기준생산일정 수취(MPS receipt)가 계획된 각 기간마다 계산된다. 첫 번째 기간 납기약속 시에는 지연된(overdue) 고객 주문을 포함한다.

다음으로 기준일정에서 납기약속 가능(ATP) 여부를 계산하는 방법을 살펴보자. 납기약속(ATP)은 계산 방법 상 몇 가지 상이한 방법이 있다.

- 개별 납기약속(discrete ATP)
- 누적 납기약속, look-ahead(cumulative ATP with look-ahead)
- 누적 납기약속, look-ahead 없음(cumulative ATP without look-ahead)

여기에서 위 방법 중 개별 납기약속(discrete ATP)을 중심으로 계산 방법을 알아보겠다.

6.3.1 납기약속 계산(Calculating available-to-promise)

납기약속을 계산할 때 종종 앞서 배운 예상가용잔량 계산과 헷갈리는 경우가 있는데 혼동을 방지하기 위해 납기약속 계산 시 알아 두어야 할 특징을 미리 살펴보자

첫째, 납기약속은 수요의 두 형태인 고객주문과 예측 중에서 고객수요만을 수요로 간주하며 예측은 무시한다. 따라서 시간울타리(time fence)의 유무와 영향이 없다. 참고로 예상가용잔량 계산시에는 수요 시간울타리(DTF)에 따라 그 이전 기간은 실제 고객주문만이 수요이고 그 기간 이후에는 고객주문과 예측값 중에서 큰 값을 수요로 간주하였다.

둘째, 개별 납기 약속인 경우 첫 번째 기간과 그 이후는 기준생산일정(MPS)이 있는 기간에만 납기 약속을 한다. 납기약속을 하기 위해서는 먼저 기준생산일정을 계산해야 하는데 이 때문에 납기약속 계산 절차가 다소 복잡하여 어렵다고 느낀다.

첫 번째 기간 납기약속(ATP) = 기초재고(beginning inventory) + 첫 번째 계획된 기준생산일정 수취 이전의 모든 고객주문 합계(sum of customer orders before period containing first scheduled MPS receipt)

첫 번째 기간 납기약속(ATP) = 70 - 48 = 22개

MPS가 있는 기간 납기약속(ATP) = 기계획된 MPS 수취(scheduled MPS receipt) - 다음 기간의 계획된 기준생산일정 수취 이전의 모든 고객주문 합계(sum of customer orders before next period containing scheduled MPS receipt)

두 번째 기간 납기약속(ATP) = 100 - 66 = 34개

도표 6-25은 앞서 이용했던 예제 도표에 납기약속 행을 넣어 다시 살펴보기로 한다. 3주차에 납기약속이 음(-)의 수는 다른 규칙을 계산에 추가해야 한다는 것을 의미한다. 왜냐하면 납기약속에 음(-)의 수는 허용되지 않기 때문이다.

기초재고 = 70 개		기준일정: 재고생산(MTS), 추적(chase) 생산 예제						로트크기 = 100 개				
주차	0	1	2	3	4	5	6	…	12	13	14	15	16
예측(forecast)		50	60	70	90	70	20		20	20	20	20	20
고객주문(customer order)		48	66	57	62	30	0		0	0	0	0	0
예상가용잔량(PAB)	70	22	56	99	9	39	19		99	79	59	39	19
기준생산일정(MPS)			100	100		100							
납기약속(ATP)		22	34	-19		70							

수요시간울타리(DTF)　　　　　계획시간울타리(PTF)

도표 6-25 기준일정에서 미완료된 납기약속(ATP) 계산

앞서 설명한 납기약속의 일반 원칙에 따라 각 기간의 납기약속이 다음과 같이 계산되었다.

　　1주차 납기약속(ATP) = 70 - 48 = 22개
　　2주차 납기약속(ATP) = 100 - 66 = 34개
　　3주차 납기약속(ATP) = 100 - (57+62) = -19개
　　5주차 납기약속(ATP) = 100 - (30+0) = 70개

3주차에서는 실제 고객주문이 기준생산일정(MPS)을 초과한다. 이런 일이 발생할 때마다 추가 규칙을 적용해야 한다. 이전 납기약속을 다음 납기약속이 음(-)의 수가 되는 양만큼 줄인 다음이 양을 음수로 나타난 납기약속에 더하여 더 이상 음수가 나오지 않게 만든다. 이 규칙은 오직 이전 기간(prior period)의 납기약속에 접근이 가능한 규칙이다. 따라서 2주차 납기약속에서 19개를 뺀 후 3주차 납기약속에 추가한다. 도표 6-26은 이 규칙 적용의 결과를 보여준다. 일정관리 소프트웨어가 기준일정 담당자를 위해 이것을 자동으로 계산해 준다.

기초재고 = 70 개		기준일정: 재고생산(MTS), 추적(chase) 생산 예제						로트크기 = 100 개			
주차	0	1	2	3	4	5	6	…	12	13	14	15	16
예측(forecast)		50	60	70	90	70	20		20	20	20	20	20
고객주문(customer order)		48	66	57	62	30	0		0	0	0	0	0
예상가용잔량(PAB)	70	22	56	99	9	39	19		99	79	59	39	19
기준생산일정(MPS)			100	100		100			100				
납기약속(ATP)		22	15	0		70			100				

수요시간울타리(DTF)   계획시간울타리(PTF)

도표 6-26 기준일정에서 완료된 납기약속(ATP) 계산

이제 2주차와 3주차 납기약속 계산은 다음과 같이 조정된다.

  2주차 납기약속(ATP) = 100 - 66 -19 = 15개
  3주차 납기약속(ATP) = 100 - (57+62) + 19 = 0개

이전 기간 납기약속은 이러한 실제 주문이 이미 할당되었기 때문에 줄어들며, 조정된 내용은 실제로 납기약속되어질 것으로 남는다.

위 상황에서 고객에게 추가적인 주문 약속을 하고자 하는 영업사원은 다음과 같이 납기약속을 한다. 고객이 즉시 납품을 원하는 경우 영업사원은 이 재고의 최대 22개를 약속할 수 있다. 기초재고가 70개지만, 48개가 이미 주문한 고객에게 할당되었다. 주문이 시스템에 입력되자마자 시스템은 고객 주문을 자동으로 조정하고 납기약속 수량을 줄인다. 고객이 1주일을 기다릴 수 있다면, 영업사원은 이 좀 더 긴 리드타임으로 최대 15개의 추가 제품을 제공할 것을 약속할 수 있다. 만약 더 많은 수량을 원한다면 고객은 5주의 리드타임을 받아들여야 한다. 또는 예측이 현재 고객 주문보다 높기 때문에 4주 동안 주문을 입력할 수 있다. 그러나 이것은 이전 기간의 약속 가능 수준을 감소시킬 것이므로 22 + 15개가 약속된 한 방법일 수 있다. 고객 주문이 합계보다 높으면 새 기준생산일정 입력이 필요하므로 기준일정관리 담당자의 승인을 받아야 한다. 이는 반고정구역(slushy zone)에 있고 일정 변경 시 생산 효율성에 영향을 줄 수 있기 때문이다. 4주차 이후에 새로운 기준생산일정 주문이 내려지면 예상가용잔량(PAB)과 납기약속(ATP)이 재 계산된다.

6.3.2 납기 가능성 약속(Capable-to-promise)

> **납기 가능성 약속(Capable-to-promise)**
>
> 재고뿐만 아니라 가용 생산능력(available capacity)에 대해 주문을 할당하는 프로세스. 이 프로세스는 다수의 제조 또는 유통 지점들(distribution sites)을 포함할 수 있다. 신규 또는 미예정된 고객 주문이 언제 납품될 수 있는지를 결정하는데 사용된다. 유한 일정수립 모델(finite-scheduling model)을 사용하여 품목을 언제 납품할 수 있는지를 결정한다. 자원 가용성, 원자재나 구매부품의 리드타임, 하위수준 구성품 혹은 부분 조립에 대한 요구량들과 같은 생산을 제한하는 어떠한 제약 조건들도 포함한다. 도출되는 납기 날짜는 생산능력, 현재 제조환경 및 향후 주문 할당을 고려한다. 납기일 약속(delivery-date promises)이 부정확(inaccurate)하기 때문에 생산계획자가 주문을 신속히 처리하고 계획을 조정하는데 소요되는 시간을 줄이는 것이 목표이다.

Operations Innovation Professional

7장

자재소요량 계획
Material Requirements Planning

7장 자재소요량계획
Material Requirements Planning

7.1 자재소요량계획 환경
    7.1.1 자재소요량계획의 목표
    7.1.2 입력사항, 프로세스 및 산출물
7.2 자재명세서
    7.2.1 자재명세서의 개념
    7.2.2 자재명세서 유형
    7.2.3 사용처와 페깅 데이터
7.3 자재소요량계획 작동원리
    7.3.1 전개 및 상쇄
    7.3.2 총소요량
    7.3.3 버킷 없는 혹은 무시된
    7.3.4 린에서의 자재소요량계획
    7.3.5 능력소요량계획
7.4 우선순위 계획의 관리와 활용
    7.4.1 자재소요량계획 소프트웨어
    7.4.2 주문통제

핵심주제와 학습목표

- 자재소요량계획(MRP, material requirements planning) 환경과 작동원리
- MRP 4대 투입 요소: 기준생산일정(MPC), 자재명세서(BOM, bill of material), 재고 현황(inventory status), 계획 데이터(planning data)
- 단단계(single level) 및 다단계(multilevel) 자재명세서, 계획용 자재명세서, 사용처 목록과 페깅(where-used and pegging)
- 모품목-자품목(parent-child) 관계, 전개(explosions), 차감계산(offsetting)
- 생산능력소요량계획(CRP, capacity requirements planning) 검증
- MRP grid, 총소요량 및 순소요량, 계획주문 발행과 계획주문 수취, 기계획된 수취(scheduled receipts)
- 재촉(expediting), 지연(de-expediting), 변경(changes)

이번 장에서는 자재소요량계획(MRP, material requirement planning)이란 프로세스가 기준일정수립(master scheduling) 프로세스를 통해 산출된 기준생산일정(MPS)의 독립수요 계획을 기간 대별 구성품의 종속소요량으로 변환하는 방법을 보여준다. 자재소요량계획이 올바르게 작동하기 위해서는 기준생산일정을 포함한 4대 투입요소가 제대로 갖춰져야 한다. 4대 투입요소는 앞장에서 배운 기준생산일정(MPS)에 추가하여 자재명세서(BOM), 재고현황(inventory status), 기타 계획요소(planning factors) 관련 데이터들이다.

이 투입 요소들을 이용하여 자재소요량계획이 기준생산일정을 잘 지원하기 위해서 어떤 종속수요의 품목이, 언제까지, 몇 개가 필요한지를 계산하여 구매용 계획주문(planned orders)과 생산용 계획주문을 생성하는 프로세스이다. 이 계획주문은 여전히 우선순위에 대한 계획이므로 이 계획주문들에 대해서는 생산능력소요량(CRP, capacity requirement planning) 프로세스를 통해 일정의 타당성을 검증해야 한다.

자재명세서 부분에서는 부모-자녀(parent-child) 관계를 포함하여 좀더 상세한 내용을 다룬다. 자재소요량계획 수준에서의 우선순위 계획을 수립하는 방법으로서 자재소요량계획의 작동원리를 살펴본다. 자재명세서와 관련된 전개(exploding)와 리드타임 상쇄(lead time offset) 수행 절차를 설명하고 계획용 자제명세서의 사용법, 사용처(where-used) 보고서 및 페깅(pegging) 보고서 내용을 설명한다. 또한 자재소요량계획 그리드의 기본 구조를 살펴보고 총소요량(gross requirements)과 순소요량(net requirements), 계획주문 발행(release)과 계획주문 수취(receipts) 관계를 배운다. 미완료주문(open orders), 계획주문(planned orders) 및 확정 계획주문(firm planned orders)을 구분하고 계획주문이 발행된 후 어떤 일이 발생하는지를 보여준다.

계획된 주문수취로부터 계획된 주문 발행을 차감하는 방법과 자재소요량계획 소프트웨어 및 계획자가 프로세스에 참여하는 방법을 보여준다. 재촉이나 혹은 뒤로 미루는 방법 그리고 주문의 수량 또는 날짜 변경 등을 사용하여 제품 생산에 필요한 날짜에 자재가 준비될 수 있도록 구성 요소 및 최종 품목 납기일을 유지하는 방법을 보여준다.

도표 7-1은 전반적인 제조계획통제(MPC) 프로세스에서 자재소요량계획(MRP)의 위치를 보여준다. 위로는 기준일정수립이 있고 밑으로는 생산활동통제(PAC) 프로세스이다. 6장에서 설명한 것처럼 자재소요량계획(MRP)는 여전히 우선순위 계획의 일부이다. 자재소요량계획은 우선순위 계획 중에서는 가장 세부적인 수준이다. 이 단계 밑으로는 이제 계획(planning)이 아니라 실행(execution)으로 옮겨진다. 원/부자재의 결품의 경우 전체 생산 프로세스가 중단될 수 있기 때문에 자재소요량계획은 계획 프로세스의 핵심 부분이다. 따라서 자재소요량계획은 기준계획과 실행 부문인 현장

작업 사이의 연결고리 역할을 한다.

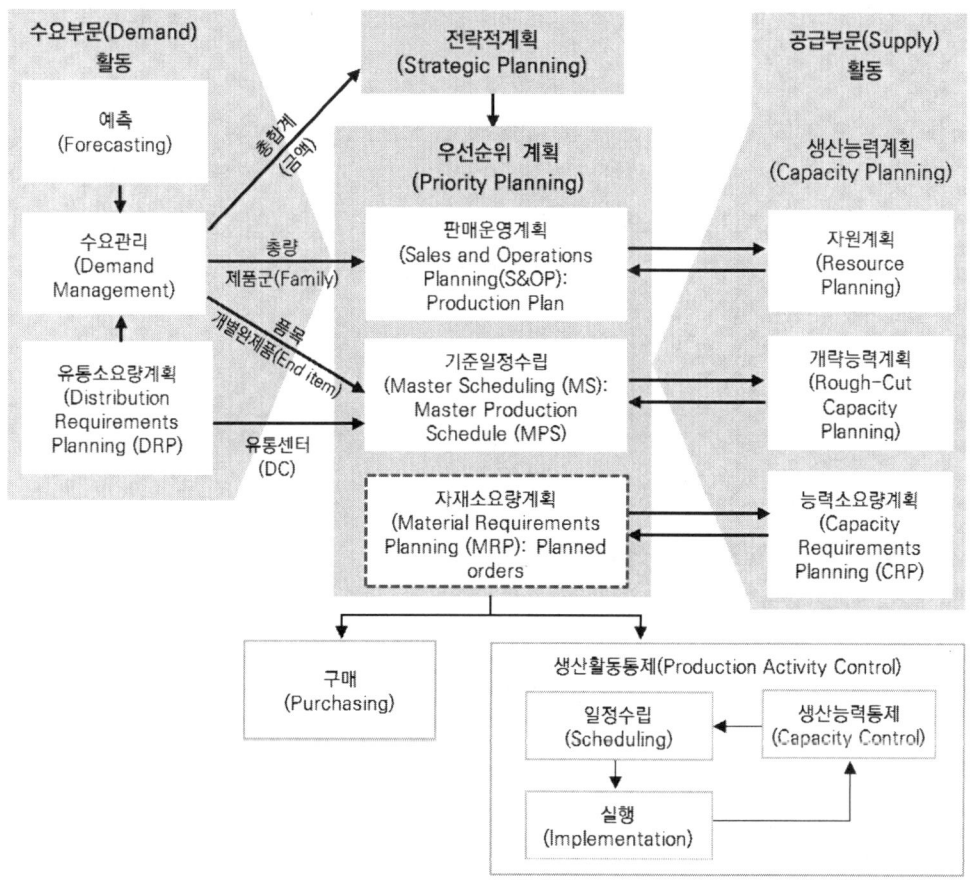

도표 7-1   제조계획통제(MPC)에서 자재소요량계획(MRP)

독립수요와 종속수요의 차이점을 생각해 보자. 위 도표 7-1에서 가운데 부분 우선순위(priority) 계획에 속한 계획 중에서 판매운영계획(S&OP)과 기준일정(master scheduling)이 독립수요에 대한 계획이라면 자재소요량계획은 종속수요에 대한 계획이다. 이 두 프로세스를 연결시키는 가장 중요한 자료가 기준일정 계획의 산출물인 기준생산일정(MPS)이다.

자재소요량계획 시스템은 자재명세서(한 단위에 사용된 구성 부품 및 하위 구성 요소 목록)와 리드타임에 대한 계획 데이터를 결합하여 생산에 소요되는 원자재에 대해 생산을 하거나 혹은 구매해야 할 시기를 결정한다. 자재소요량계획 시스템은 먼저 구성 요소 및 원자재 재고를 확인한 다음 납기에 따라 재고가 부족한 원자재에 대한 주문을 발행하는 우선순위 계획을 수립한다. 일반적으로 시스템을 활용하여 이러한 주문을 발행을 담당하는 계획자가 우선순위를 설정하거나 기타 조정을 할 수 있다.

생산능력 소요량계획(CRP, capacity requirement planning)은 능력계획의 가장 세부적인 수준이므로 이 시점에서 생산능력의 타당성 검사는 핵심 자원뿐만 아니라 모든 자원을 확인하고 작업 경로 정보를 사용하여 어떤 작업장에 어떤 부하와 시간이 필요한지를 결정한다. 필요한 조정이 끝나면 자재소요량계획이 생성되어 자체 생산을 위해 생산활동통제(PAC) 부문으로 혹은 구매품목 구매를 위해 구매 부서로 넘겨진다.

7.1 자재소요량계획 환경(MRP environment)

이 절에서는 자재소요량계획의 환경과 목표에 대해 간략히 설명한다. 그런 다음 자재명세서를 해석하고 사용하는 방법에 대해 설명하고 자재소요량계획 시스템에서 사용하는 논리를 검토한 다음 수행중인 작업(open order)과 수행해야 할 작업(planned order)을 모두 이해할 수 있도록 한다. 마지막 주제는 계획자가 사용할 수 있는 통제를 검토한다.

자재 소요량에 대한 계획(planning) 부문은 아래와 같은 내용을 다룬다.

- 정확한 자재 소요량
- 무엇을, 얼마나 그리고 언제
- 재고로부터 충당할 수 있는 것
- 무엇을 주문할지, 언제 주문할지, 언제 납품되도록 할지를 결정

통제(Control) 부문은 아래와 같은 내용을 다룬다.

- 변경되는 우선순위에 적응
- 수요변경, 공급 문제, 오류

- 여러 세부 정보 갱신
- 계획자는 계획주문을 재촉, 지연, 추가, 취소 또는 변경할 수 있음

> 💡 **자재 소요량 계획(MRP, Material requirements planning)**
> 자재명세서 데이터, 재고 데이터 및 기준생산일정(MPS)을 사용하여 종속수요인 원자재 소요량을 계산하는 기법. 이 기법은 자재에 대한 보충(replenishment) 주문을 발행하도록 권고한다. 또한, 시간경과별(time-phased)계획 이므로, 만기일(due dates)과 필요일자(need dates)가 일치하지 않았을 때 미완료 주문(open orders)들을 재조정 하도록 권고한다.

시간 경과별(Time-phased) 자재 소요 계획은 기준생산일정(MPS)에 나열된 품목들로 시작하여 (1) 해당 품목을 제조하는데 필요한 모든 구성품과 원자재들의 수량과 (2) 구성품 및 원자재가 필요한 날짜를 결정한다. 시간 단계별 자재 소요 계획은 자재명세서를 전개(exploding)하고, 재고 수량을 현 재고(on hand) 혹은 주문 중(on order)인 재고를 감안하여 순소요량을 계산하고 올바른 리드 타임으로 상쇄함(offsetting)으로써 주문 발행 시점을 산출한다.

7.1.1 자재소요량계획(MRP)의 목표

자재소요량계획이 성공하기 위해서는 무엇을 달성해야 하나? 모든 자재소요량계획 시스템은 계획 및 통제를 모두 가능하게 해야 한다.

첫째, 자재소요량계획 시스템은 무엇을(어떤 품목을), 얼마만큼, 언제까지 조달해야 하는지를 알려준다. 어느 공급업체에게, 얼마의 가격으로, 어떤 물리적 요구사항을 가진 품목 등에 대해 정확하게 결정할 필요는 없다. 왜냐하면 이는 구매에서 실행을 할 때 필요한 사항들이기 때문이다.

둘째, 실제 시스템은 정적이 아닌 동적이기 때문에 자재소요량계획은 빈번한 우선순위 변경에 잘 적응해야 한다. 여기에는 우선 순위를 최신 상태로 유지하고 계획자가 우선 순위를 통제할 수 있도록 하는 것이 포함된다. 우선순위를 최신으로 유지한다는 것은 공급 또는 수요의 변화로 인해 대량 생산 일정에서 수량이나 날짜가 변경되거나 혹은 오류가 발견되거나 장비 고장 또는 지연된 납기와 같은 실행에 문제가 있는 경우, 자재소요량계획 시스템이 합리적인 시간 내에 변경과 관련된 많은 세부 사항을 갱신한다.

우선순위를 관리한다는 것은 계획 담당자가 주문을 신속하게 처리하거나 우선 순위를 앞으로 당기거나 또는 뒤로 미루는 조치를 취하며 필요에 따라 신규 계획주문을 추가 생성, 변경 및 취소할 수 있어야 한다는 것을 의미한다.

7.1.2 입력사항(inputs), 프로세스(process) 및 산출물(outputs)

자재소요량계획의 입력, 프로세스 및 산출을 이해하면 시스템이 어떻게 작동하는지를 알 수 있다. 최신의 자재소요량계획 시스템이 많은 기능에서 자동화되어 있다 손치더라도 시스템 작동 방식을 이해하면, 예를 들어 산출 오류의 근본 원인을 추적할 때 도움이 될 수 있다.

입력사항(inputs)

자재소요량계획의 입력으로 사용되는 세 가지 기본 정보 출처는 기준생산일정(MPS), 자재명세서(BOM) 및 재고(inventory) 기록이다. 재고 기록 입력은 계획 요소(planning factors)와 재고현황(inventory status)로 나누어 진다. 결국 4대 입력 요소라 할 수 있다. 도표 7-2는 이러한 입력 자료를 제공하고, 제공된 정보를 설명하며, 이 기록이 어디에 있는지를 나타낸다.

MRP 4 대 입력사항	설명	자료의 출처
기준생산일정 (MPS)	주문수량, 계획주문 그리고 수취예정 주문 (scheduled orders)의 납기일	기준 일정(Master schedule)
자재명세서 (Bills of material)	하나의 제품을 만들기 위해 각각 고유하게 구분된 부품의 수량	제품구조 파일(Product structure file)
계획요소 (Planning factors)	정적인 재고 데이터: • 로트크기 • 리드타임 • 수율/불량률(Yield/Scrap) 요소 • 안전재고 수준	재고 기록: 품목 마스터 파일
재고현황 (Inventory status)	부품/제품에 대한 동적 재고 데이터: 현 재고, 할당, 납기일이 있는 현 주문	재고 기록: 재고 기록 파일

도표 7-2 자재소요량계획(MRP)의 입력 요소들

이러한 주요한 입력 출처 외에도 자재소요량계획 시스템은 예비 부품과 같은 것들에 대한 독립수요 주문을 수용할 수 있다. 자재소요량계획의 주된 목적은 종속수요를 계산하는 것이지만, 이미 계획 중인 동일한 구성품에 대한 독립적인 수요가 있을 때, 이는 자재소요량계획에서도 처리된다.

프로세스(process) 및 산출물(outputs)

자재소요량계획은 최종 생산 일정과 수량을 기준생산일정에서 가져와서 다른 입력 요소들을 활용하여 시간대별 우선순위 계획을 만든다. 이 계획은 주문 발행(release) 날짜와 해당 구매 및 생산 주문 수취(receipt) 날짜를 제시한다. 이 계획은 또한 최종 조립(final assembly) 작업을 계획한다. 이 우선순위 계획은 순소요량(현재 보유중인 재고를 고려한 후의 소요량), 계획주문 수취(구성품 만기일) 및 계획된 주문 발행(해당 구성품을 납품해야 하거나 리드타임을 기반으로 생산을 시작해야 하는 경우 그 시각)를 기반으로 수립된다. 이에 대한 내용은 나중에 자세히 설명한다.

이러한 산출물은 구매(purchasing) 및 생산활동통제(PAC)에 대한 입력이 된다. 주문에 대한 발행과 수취 날짜는 입력으로 제공되지만 구매 및 생산활동통제 관리자는 이러한 주문을 실행하고 통제하는 방법을 결정한다. 구매 담당자가 계획주문을 발행하기로 결정하면 공급업체에 구매주문(purchase order)이 전송된다. 생산활동통제 담당자가 계획주문을 발행하기로 결정하면 제조 주문(production order, 혹은 shop order, job order, work order 등 조직에 따라 다양한 표현이 있음)을 생산 현장으로 보낸다.

7.2 자재명세서(BOM, bills of material)

자재명세서는 어떤 부품들이 어떻게 조립되어 최종 제품이 나오는지를 보여주는 제품 구조(product structure)이며 제조 조직에서 가장 중요한 기준정보 중의 하나이다. 자재명세서를 최초에 올바르게 작성하고 항상 최신 상태로 유지하는 것이 매우 중요하다.

> 📌 **자재명세서(BOM, Bill of material)**
>
> 상위 조립품(parent assembly)으로 들어가는 모든 조립품(subassemblies), 중간품(intermediates), 부품(parts) 및 원자재(raw materials)의 목록으로 조립품을 만드는데 필요한 양을 보여준다. 이것은 기준생산일정과 연계하여 구매 요청과 생산 주문이 발행되어야 하는 품목을 결정하는데 사용된다. 단단계 자재명세서(single-level bill of material), 들여쓴 자재명세서(indented bill of material), 모듈 식(계획) 자재명세서(modular (planning) bill of material)를 비롯하여 자재명세서에 다양한 표시 형식들이 있다.

다음으로 모든 자재명세서에 적용되는 몇 가지 기본 개념을 살펴본 후 나중에 위의 정의에 포함된 다른 유형의 자재명세서를 좀 더 자세히 살펴보겠다.

7.2.1 자재명세서(bill of material)의 개념

도표 7-3은 제조업체가 생산하는 제품군 A에 속한 테이블 100 제품에 대한 최상위 구성 요소를 나열한 자재명세서를 보여준다.

품명: 테이블	제품군 A: 테이블군		부품번호: 100
부품번호	명칭	수량	단위
200	Base	1	개
411	Wooden Ends	2	개
622	Wooden Sides	2	개
023	Table Top	1	개
722	Hardware Kit	1	Kit

도표 7-3 자재명세서(BOM)

위 예를 바탕으로 자재명세서에 대해 몇 가지 일반적인 관찰을 살펴보자.

단일 단위(single unit)

자재명세서는 정확히 최종 완제품 한 단위의 제품(이 예에서는 부품 번호 100이라는 테이블 제품)을 만들기 위해 필요한 모든 부품을 나열한다. 이 때 최종 완제품을 단일 단위라 부른다.

고유 식별자(unique identifier)

각 부품은 고유한 부품 번호를 갖는다. 동일한 부품 번호가 다른 명세서에 있으면 정확한 동일 부품이 된다. 부품의 형태, 적합 또는 기능이 변경되면 새로운 부품 번호가 필요하다. 예를 들어, 도색되지 않은 부품은 부품에 대한 번호가 하나 있으며, 여러 표준 페인트 색상으로 페인트가 칠해진 부품은 색상별로 고유한 부품 번호를 가진다.

수량(quantities)과 단위(units)

자재명세서는 상위 모(parent) 품목 하나의 단위를 만드는 데 사용된 각 부품의 수량을 나열하고 측정 단위(unit of measure)가 지정된다. 상위 모품목 1단위에 얼마씩 소요되는지를 표시할 때 원단위(quantity per) 개념을 사용한다.

> **측정 단위(Unit of measure)**
> 품목 수량이 관리되는 단위. 예를 들어, 파운드(pounds), 개수(each), 상자(box), 케이스(case) 등.

범위

자재명세서는 제품에 사용되는 것과 사용되지 않는 것을 명확하게 나타낸다. 부품이 자재명세서에 등록되어 있지 않으면 해당 부품에서 사용되지 않는다는 의미이다. 표준 자재명세서가 아닌 모든 기타 유형의 자재명세서와 관련된 다른 개념들이 뒷부분에서 논의된다.

종속수요와 독립수요

도표 7-4는 자재명세서를 표 형식이 아닌 제품 트리 형식으로 보여준다. 제품 트리 형식은 실제로 사용되지 않지만 교육 목적으로 유용하다. 부품 이름이 축약되었지만 부품 번호는 동일하다. 원단위 수량(quantity per)은 괄호 안에 표시된다.

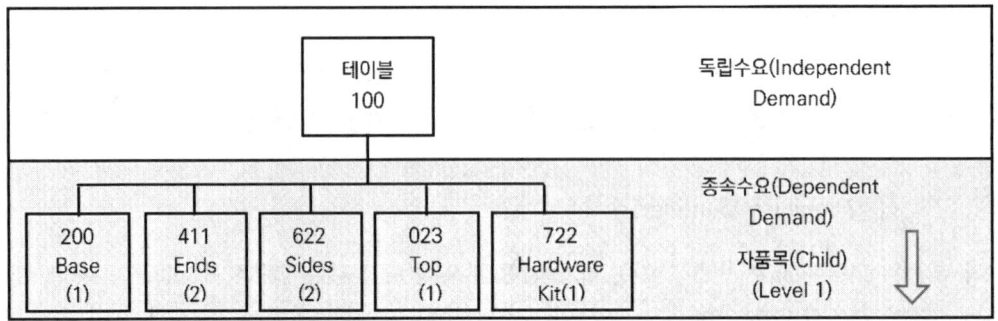

도표 7-4 제품 트리 형태의 자재명세서(BOM)

위 도표에 대해 가장 먼저 주목해야 할 점은 자재명세서의 최상위 수준이 최종 단위를 나타내는 경우 이는 기준생산일정(MPS)의 독립수요를 나타낼 것이라는 점이다. 아래에 열거된 모든 부품들은 종속수요 품목이 될 것이므로 필요한 소요량이 계산이 되지만 종속되지 않은 독립수요는 소요량을 예측(forecast)을 통해 얻는다. 그러나 대부분의 자재명세서는 독립적으로 판매되지 않고 하나 이상의 제품의 부품으로만 사용되는 하위 부품들에 대한 것이다. 최종 완제품을 위한 다단계 자재명세서인 경우 그 밑에 놓인 모든 품목은 종속수요이다. 하위 구조의 구성 부품들이 판매 후 서비스 목적이나 혹은 교체 부품과 같이 독립적으로 판매되는 경우 이 자재명세서는 독립수요와 종속수요를 모두 나타낸다.

부모(parent) - 자식(child) (또는 부모 - 구성품) 관계

도표 7-4에서 두 번째로 주목해야 할 것은 종종 부모(parent)와 자식(child) 관계라고 하는 구조이다. 부모-자식 관계는 특정 규칙을 가진 계층적 관계이다.

> **모품목(Parent item)**
> 하나 이상의 구성품(component)으로부터 생산된 품목. 모품목(parent)은 계층 구조에서 자품목(children)보다 위에 있고, 모품목은 필요한만큼 많은 자품목들을 가질 수 있다. 하나의 자품목(또는 구성품)은 모품목을 구성하는 구성품 또는 원자재들 중 하나다. 특정한 명세서에서는 하나의 자품목은 오직 하나의 모품목만을 가질 수 있다. 하나의 자품목은 자신의 자품목들을 가진 모품목이 될 수 있으며, 그 결과로 다단계 자재명세서(multilevel bill of material)가 생성된다.

이 계층적 관계에서 최상위 수준은 하위수준코드(LLC, lower level code)를 0으로 표시한다. 하위수준코드 0은 다단계 명세서에서 독립적인 수요 항목의 최상위 수준을 나타내는 데 사용된다. 비슷한 이유로 하위수준코드 0인 품목을 완제품(end item)이라고 부른다. 다음 수준은 하위수준코드 1이고, 만약 그 밑에 자식(child)이 추가되면 이는 하위수준코드 2에 위치하게 된다.

조직의 여러 부분에서 자제명세서를 사용하는 방법

자재명세서에는 사용 목적에 따라 여러 용도가 있다.

엔지니어링 부서는 신제품이나 개선된 제품을 개발할 때 이 자재명세서를 작성하거나 수정할 것이다. 서로 다른 버전(version) 간에 전환이 발생하면 이전 구 버전 사용을 중단하고 새 버전을 사용할 시기를 나타내는 유효 날짜가 제공된다. 이 명세서는 엔지니어링 다이어그램 등과 함께 제품 사양의 일부이며, 생산되는 제품에 따라 매우 다른 형태를 취할 수 있다. 예를 들어, 화학공식 자재명세서, 제빵 재료의 성분 목록 및 조립된 소비재는 관련된 형식 및 데이터로 제공된다. 이 명세서는 이후 검토, 승인 및 기록 보관 프로세스의 일부로 엔지니어링 변경 통제에 사용된다.

고객 서비스 및 서비스 부품 부서에서는 올바른 교체 부품이 출고되도록 자재명세서를 사용한다. 제품이 주문생산(MTO)일 경우, 주문 입력 또는 온라인 선택사항에서 고객이 특정 선택사항을 선택하면 주문 입력 시스템이 해당 주문에 대한 사용자 지정 자재명세서를 생성한다. 시스템은 이러한 특정 선택 사항에 대해 이 명세서를 조합한다. 자재명세서는 가격 정보를 포함하고 있기 때문에 고객별 맞춤 단위의 총 가격을 계산할 수 있다.

자재명세서는 제품에 사용된 직접 자재를 결정하는 데 도움이 되기 때문에 재무(finance)에도 유용하다. 자재명세서는 모든 구성 부품과 하위 구성 부품의 비용 정보를 요약할 수 있다. 이 자재명세서는 직접 노무비를 계산하는 데 도움이 될 수 있으며 간접비를 할당하는 수단을 제공한다.

마지막으로 계획, 구매 및 실행 기능을 포함한 제조계획통제는 앞서 이미 논의한 것처럼 자재명세서를 사용한다. 즉 각 기간에 무엇을 주문하거나 만들 것인지 결정하고 필요한 사항을 파악하는 것을 말한다.

7.2.2 자재명세서 유형(Types of BOM)

자재명세서의 유형에는 크게 단단계(single level)와 다단계(multi-level), 그리고 계획용(planning) 자재명세서 등으로 나뉘어진다.

단단계(single level) 자재명세서

> **단단계 자재명세서(Single-level bill of material)**
> 하나의 모품목에 직접적으로 사용되는 구성품들(components)의 표시. 이것은 단지 한 단계 아래(one level down)와의 관계만을 나타낸다.

품명: 테이블	제품군 A: 테이블군		부품번호: 100
부품번호	명칭	수량	단위
200	Base	1	개
411	Wooden Ends	2	개
622	Wooden Sides	2	개
023	Table Top	1	개
722	Hardware Kit	1	Kit

도표 7-5 제품 100을 위한 단단계(single level) 자재명세서(BOM)

도표 7-5에서 맨 마지막 부품인 722 부품(하드웨어 키트)을 살펴보자. 이 부품의 소요량을 보면 1로 표시되어 있고 단위가 Kit로 되어 있다. 이는 단일 부품이 아니고 일정한 수량이 소요되는 나사못이나 와셔 등과 같은 자질구레한 것들을 모아 하나의 키트 형태로 소요량을 정의하였다. 표준 수량을 정확하게 측정할 수 없는 경우 수량을 공백으로 남겨 둘 수 있다. 이 부분은 간접비로 청구되어야 한다.

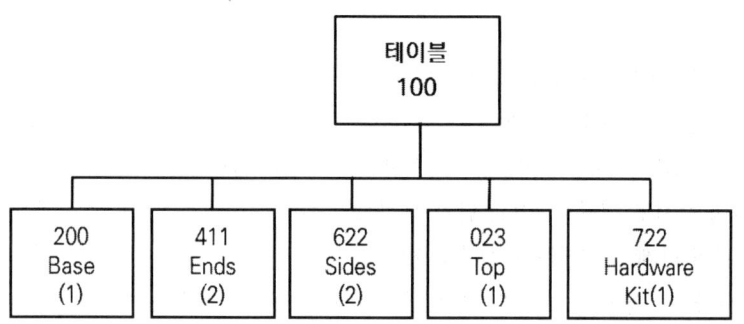

도표 7-6 제품 100을 위한 제품 트리형태의 단단계(single level) 자재명세서(BOM)

도표 7-5와 7-6에 제시된 자재명세서의 각 구성 부품은 테이블(제품번호 100)을 제조하기 위해 필요한 자재를 열거해 놓은 단단계(single level) 자재명세서이다. 기본적으로 단단계(single level) 자재명세서는 모품목 밑에 자식품목이 한단계만 있는 것이다. 하위수준코드가 1인 200, 411, 622, 023, 722 등의 부품이 자체 제조되는 품목일 경우에는 그 밑에 하위수준코드가 2인 자식 품목을 더 가질 것이며 만약 이 품목들이 외부 공급업체에서 구매되는 품목일 경우 더 이상 자식 품목을 가지지 않는다.

들여쓴(indented) 및 요약된(summarized) 명세서를 가진 다단계(multilevel) 자재명세서

> 다단계, 들여쓴, 요약된 자재명세서(Multilevel, indented, and summarized bills)
>
> - 다단계 자재명세서(Multilevel bill of material): 각 구성품마다 필요한 양과 함께, 모품목에 직간접적으로 사용되는 모든 구성품들을 표시한 것.
> - 들여쓴 자재명세서(Indented bill of material): 다단계 자재명세서의 한 형태. 왼쪽 여백(left margin)에 가장 가까운 최상위 모품목들을 표시하고, 이 모품목들에 들어가는 모든 구성요소들은 오른쪽으로 들여쓰기(indented) 되어 표시된다.
>
> - 요약된 자재명세서(Summarized bill of material): 해당 제품 구조에 필요한 모든 부품들과 그 수량을 나열한 다단계 자재명세서의 한 형태. 들여쓴 자재명세서와 다르게, 제조 단계가 나타나지 않고 부품의 총 사용량(total quantity)만 한 번 나타낸다.

다단계 자재명세서에는 대개 하위수준코드가 2단계 이상의 상위-하위 계층이 포함되어 있다. 또한 다단계 명세서는 모두 동일한 계층 구조에 있는 일련의 단단계 명세서일 수 있다. 적절한 단단계 명세서가 연결되어 최종 제품의 논리적 구조를 보여준다. 구성 요소와 하위 구성 요소는 밑에서부터 위로 조립하는 논리적 순서로 그룹화 된다. 단일 작업장에서 한 번의 작업으로 모든 제품이 조립되는 경우, 불필요한 관리 단계를 제거하고 실제로 제품이 어떻게 생산되는지 더 잘 묘사하기 때문에 단단계의 자재명세서가 더 적절할 수 있다. 반면에 일반적인 자재명세서는 여러 단계로 구성되어 각 작업에 필요한 작업을 세분화한다. 규칙에 따라 다단계 자재명세서의 각 계층의 최종 분기 마디는 구매품으로 끝난다.

그림 7-6은 앞에서 설명한 것과 같은 두 개의 테이블에 대한 다단계 명세서를 보여주며, 이제 베이스(부품번호 200)의 하위 품목 구조가 하위수준코드 2에 표시되고 656, 961, 962 구성품은 하위수준코드 3에 표시된다.

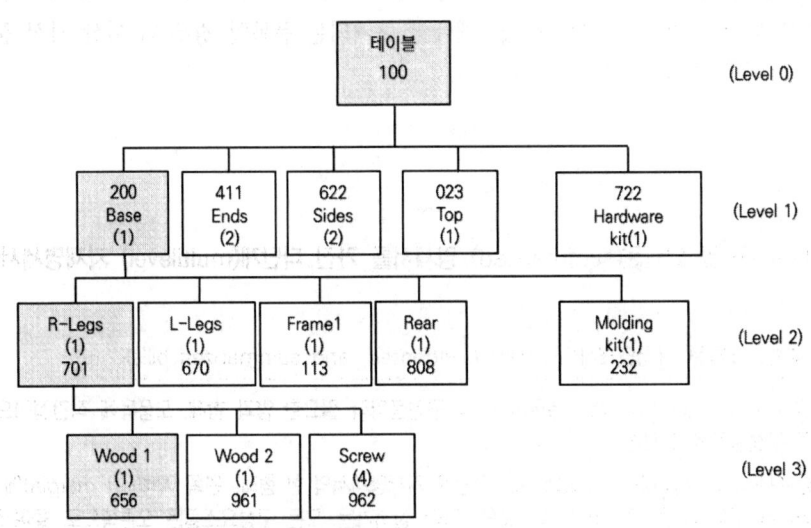

도표 7-6 제품 트리 형태의 다단계(multilevel) 자재명세서(BOM)

위 도표에서 점선으로 표시된 부분은 그 아래 수많은 구성 부품이 있다는 것을 암시한다. 일부 부품 번호는 특정 레벨에서 구매한 구성 부품일 수 있다. 더 이상 하위 단계가 부품이 없는 즉, 자기 밑에 자식(child)이 없는 부품은 구매품이다.

다단계 자재명세서를 나타내는 한 가지 방법은 들여쓰기(indented) 된 명세서이다. 들여쓰기 된 자재명세서에서 들여 쓰기는 하위수준코드가 한 단계 아래로 내려갈 때 표시되며 구성 요소는 부모(parent) 바로 아래에 표시될 수 있다. 도표 7-7은 들여쓰기 된 형식의 동일한 다단계 자재명세서를 보여준다.

품명: 테이블	제품군 A: 테이블군		부품번호: 100
부품번호	명칭	수량	단위
▶ 200	Base	1	개
▶ 701	R-Legs	1	개
656	Wood 1	1	개
961	Wood 2	1	개
962	Screw	4	개
▲ 670	L-Legs	1	개
▲ 113	Frame	1	개
▲ 808	Rear	1	개
▲ 232	Molding kit	1	Kit
242	Molding, gray	10	그램
243	Silicone, clear	0.1	미터
▲ 411	Ends	2	개
▲ 622	Sides	2	개
▲ 023	Top	1	개

도표 7-7 톱니모양 형태의 다단계(multilevel) 자재명세서(BOM)

들여쓰기 된 명세서(indented BOM)는 종종 계획 소프트웨어에서 확장(열기) 및 축소(닫기)가 가능하다. 소프트웨어는 더하기 기호를 사용하거나 도표 7-7에 표시된 것처럼 아이콘을 클릭하여 추가 항목을 확장할 수 있는 곳을 나타내기 위해 삼각형을 위로 향하게 할 수 있다. 부품이 이미 확장된 경우 소프트웨어는 빼기 부호를 사용하거나 위에 표시된 것처럼 삼각형이 오른쪽을 가리킬 수 있다. 아이콘이 없으면 그 품목 아래에는 자식(child)이 없으므로 이는 구매품이다. 원하는 세부 정보로 드릴 다운하거나 요약 보기까지 축소할 수 있으면 주어진 작업이나 대상에 대해 적절한 수준의 세부 정보를 볼 수 있다. 다단계 명세서는 계획자가 큰 그림 수준이나 다양한 세부 수준에서 제품 및 하위 구성 요소를 보고자 할 때 유용할 수 있다. 이것은 제품이 어떻게 만들어졌는지에 대한 논리를 이해할 때 도움이 될 수 있다.

> **계획용 자재명세서(Planning bill of material)**
> 기준 일정수립(master scheduling) 및 자재 계획(material planning)을 용이하게 하기 위해 사용되는 품목 또는 사건의 인위적 집합(artificial grouping)으로써 자재명세서의 형식을 취한다. 이는 특성 내 모든 옵션에 대한 전체 수요의 백분율(percentage of total demand)로 표시되는 수요의 과거 평균을 포함할 수도 있고 또는 제품군 내의 특정 최종 품목에 대한 것일 수도 있다. 계획용 자재명세서(planning bill of material)의 수량으로 사용된다.

다양한 선택사항이나 기능이 여러 구성으로 조립할 수 있는 모듈로 그룹화되어 있기 때문에 주로 주문조립(assemble-to-order) 환경에서 사용되는 계획 명세서의 한 유형을 모듈 명세서(modular BOM)라고 한다.

계획용 명세서는 특정 제품의 제조를 위한 구체적인 목록이 아니기 때문에 주문조립(ATO)이나 선택사항이 있는 대형 자본재 설비와 같은 주문생산(MTO)인 경우 구성 요소들의 정확한 필요 시점을 알 수 없을 때 사용된다. 계획용 명세서는 특정 모듈, 구성 요소 및 원자재에 대한 기준생산일정(MPS)과 실제 명세서 사이의 다리 역할을 한다. 계획용 명세서의 목적은 계획을 단순화하는 것이다.

계획용 BOM(Planning Bill): 제품군 X 대형 현관문						
공용부품	프레임	수요	틀 마무리	수요	손잡이 처리	수요
100%	X-SS	45%	A	70%	A1	40%
	X-SB	20%	B	30%	A2	30%
	X-DS	25%			B1	20%
	X-DB	10%			B2	10%

도표 7-8 제품군 X에 대한 계획용 자재명세서(Planning BOM)

도표 7-8에서 첫 번째 열은 일반 부품 또는 제품군 내의 모든 제품이 공유하는 부품 목록이다. 계획안의 나머지 부분은 다양한 선택사항에 대한 과거 수요 비율을 보여준다. 이 선택사항들 각각을 결합한 총 개별 제품 수는 총 32개(4종류의 프레임 x 2종류의 틀 마무리 x 4종류의 핸들)가 되며

자재명세서도 각각 32개가 된다. 이럴 경우 계획의 정확도도 높이지 못하고 계획을 위한 비용도 높이기 때문에 수요 예측, 기준생산일정(MPS), 그리고 자재소요량계획(MRP)을 복잡하게 만든다. 따라서 이러한 번거로운 절차 대신 기준생산일정에서 총 수요를 예측하고 계획하며 자재소요량계획은 다양한 구성 요소의 구매주문 또는 제조를 위해 과거 실적 비율을 사용한다.

경우에 따라 과거 실적의 비율을 계획할 때 비율의 총합이 100 이상이 되는 경우도 있다. 이는 최종 제품 혼합이 어느 정도 다를 수 있도록 초과 계획을 하여 위험을 감소시키는 것이다. 그러나 초과된 계획은 안전재고와 동일한 기능을 하여 재고를 증가시킬 수 있으므로 계획된 추가 수량의 정도는 예상되는 수요 변동성을 기반으로 결정해야 한다.

7.2.3 사용처(Where-used)와 페깅(Pegging) 데이터

자재명세서 데이터를 활용하여 생성할 수 있는 두 가지 유용하고 관련 있는 보고서에 사용처(where used) 보고서와 페깅(pegging) 보고서가 포함된다.

> **사용처 목록(Where-used list)**
> 주어진 구성품(component)을 사용하는 모든 모품목(parent item)과 각각의 필요 수량을 나타낸 목록(bill-of-material file)
>
> **페깅(pegging)**
> MRP와 MPS에서, 주어진 품목에 대해 총소요량(gross requirements) 및/또는 할당(allocations)의 원천(sources)을 식별하는 능력. 페깅은 활성화된 사용처 정보(where-used information)로 여겨질 수 있다.

자재명세서는 위에서 밑으로 즉, 부모(parent) 품목 밑에 달린 모든 자식(child) 품목을 보여주지만, 사용처(where-used)와 페깅 보고서는 반대로 밑에 달려 있는 자식 품목들로부터 모품목으로 올려다 보는 관계이다. 사용처(where-used) 보고서는 어떤 품목이 어느 제품에 사용되는지를 보여주는 정보를 제공하지만 페깅(pegging)은 자재소요량계획이 실행된 후 생성되는 계획주문의 소요량이 어디에서 기인한 것인지 그 원천을 알려주는 보고서이다.

사용처 보고서는 제품 원가 계산 또는 구성품에 대한 설계 변경의 영향을 결정하는 데 도움이 될 수 있다. 페깅 보고서는 상위 부모 품목의 기준생산일정 주문뿐만 아니라 이러한 주문의 만기일 및 필요한 수량을 표시한다. 따라서 어떤 자재가 늦게 도착하거나, 공급사슬에 문제가 발생할 경우, 혹은 어떤 자재의 가격이 현저히 상승한 경우 등에 페깅 보고서가 유용하게 사용된다.

도표 7-9는 테이블 100과 테이블 101 두 완제품에 사용되는 200번 품목에 대한 페깅 보고서를 보여준다. 예를 들어. 200번 품목의 2주차 소요량이 100개인데 이는 상위 품목인 100(테이블 A형) 품목에 40개가 사용되며 101(테이블 B형) 품목에 60개가 사용됨을 보여준다.

페깅 부품	부품 번호	주차												
		1	2	3	4	5	6	7	8	9	10	11	12	13
테이블 Base	200	50	100	110	90	100	150	70	90	140	70	110	120	70
소요량의 근원														
테이블 A 형	100	50	40		60	40	10	70	30	10	70	30	20	70
테이블 B 형	101		60	110	30	60	140		60	130		90	100	

도표 7-9 부품번호 200에 대한 페깅(pegging) 보고서

7.3 자재소요량계획 작동 원리(MRP logic)

자재소요량계획(MRP)은 단순한 논리를 사용하여 구성 부품의 생산 및 원자재 구매에 대한 시간 경과 소요량을 생성한다. 자재소요량계획 작동 원리를 알아보기 전에 기본적인 자재소요량계획 기록(MRP record)을 살펴보자. 자재소요량계획 기록에는 특정 제품의 계획 기간에 대한 품목 및 시간 버킷이 있다. 도표 7-10은 앞서 살펴본 예에서 사용된 200번 품목에 대한 완료된 자재소요량계획 기록을 보여준다. 리드타임과 로트크기는 실제로 각 품목 기준 정보에 설정되어 있다. 자재소요량계획 기록을 이해하는 데 도움이 되도록 리드타임(2주)과 로트크기(100) 정보를 다시 제공한다.

부품	리드타임(주)	로트크기	MRP	0	1	2	3	4	5	6	7	8	9	10	11	12	13
200	2	100	총소요량		50	100	110	90	100	150	70	90	140	70	110	120	70
			기계획된 수취		100	100											
			예상가용	130	180	180	70	80	80	30	60	70	30	60	50	30	60
			순소요량					20	20	70	40	30	70	40	50	70	40
			계획주문 수취					100	100	100	100	100	100	100	100	100	100
			계획주문 발행		100	100	100	100	100	100	100	100	100				

도표 7-10 200번 품목에 대한 MRP 기록

자재소요량계획 기록에는 현재 계획 기간의 소요량이 있는 각 부품 번호의 품목을 나열한다. 그 목적은 생산활동통제(PAC) 또는 구매주문이 입고되어야 하는 시기, 즉 만기일(due date)을 결정하는 것이다. 일정 기간에 수취할 수량을 계획주문 수취라고 한다. 각 부품 번호에는 제품을 생산하는 데 걸리는 시간 또는 공급 업체로부터 주문을 받는 데 소요되는 시간을 기준으로 지정된 리드타임이 있기 때문에 시스템은 리드타임을 고려하여 언제 계획주문이 발행되는지를 리드타임 상쇄를 통해 결정한다. 200 품목의 리드타임은 2주이므로 예를 들어 4주차에 수취 되는 100개는 2주차에 발행하는 100개와 같은 것이다. 이는 다른 모든 주문 수취와 주문 발행에 적용되는 일반적인 규칙이다.

기계획된 수취(scheduled receipts)는 이미 실제로 발행된 주문이므로 계획주문 행에는 더 이상 명기되지 않는다. 계획주문 수취와 계획주문 발행은 단지 계획에 불과하지만 기계획된 수취는 실제로 자원 투입이며, 이는 주문이 발행되어 미지급금(account payable)이 생성되었음을 의미한다. 동일 주문이 동시에 계획된 수취와 계획주문 수취가 될 수 없다. 계획주문을 발행하면 자동으로 계획주문 수취와 발행 행에서 해당 항목이 삭제되고 동일한 시간 버킷의 기계획된 수취 행에 항목이 표시된다.

자재소요량계획 작동원리를 좀더 상세하게 설명하기 위해 위 도표 7-10의 각 행 별 내용을 살펴보자. 1주차와 2주차에 표시된 기계획된 수취(scheduled receipts) 각 100개는 이전 계획 시에 필요에 따라 이미 발행된 주문으로써 이제 들어 오기만을 기다리는 주문이다. 통상적으로 발행된 주문(released order) 혹은 미완료주문(open orders)로 표현하기도 한다. 이 주문들의 발행은 앞서 설명한 리드타임 상쇄 원리에 따라 2주 전에 100개 주문이 발행되었고 1주전에 100개 주문이 발행되었음을 짐작할 수 있다.

맨 위 행에 나온 총소요량(gross requirements)은 테이블 100과 테이블 101은 완제품이므로 이는 독립수요 계획인 기준일정(master scheduling)의 예측 또는 실제 고객 주문에 연관되어 있다.

예상가용(projected available)은 통상 예상가용잔량(PAB, projected available balance)으로 부르는데 이는 말 그대로 각 기간별로 예상되는 가용 잔량을 계산해 보여준다. 이 예상가용의 정보는 언제 계획주문 수취가 일어나야 되는지를 알려 주는 주요한 표시이다. 안전재고 개념이 적용되지 않는 일반적인 상황에서는 예상가용이 음(-)의 숫자로 바뀌는 구간에 이 부족을 메꾸기 위해 계획주문 수취가 자동으로 발생한다. 만약 안전재고가 설정되어 있다면 음(-)의 숫자가 되기 전이라도 예상가용이 안전재고 밑으로 내려가면 자동으로 계획주문 수취가 생성된다.

순소요량(net requirements)은 총소요량에서 가용한 모든 재고를 고려한 후 순수하게 필요한 수량을 의미한다. 조직의 재고정책 상 200번 품목의 주문크기를 해당소요분(lot for lot)를 사용할 경우 순소요량과 계획주문 수취의 숫자가 동일할 것이다. 그러나 도표 7-10의 예에서는 200번 품목의 주문크기 정책이 고정주문 수량(100개)으로 되어 있기 때문에 4주차의 순소요량이 30개이지만 계획주문 수취는 100개로 되어 있다. 결과적으로 70개만큼 더 많이 주문하는 꼴이 된다.

계획주문 수취와 발행의 수량이 항상 동일하고 수취와 발행 간의 시간 차이가 리드타임이다. 우리가 살펴본 예제는 재고생산(MTS) 환경을 가정한 자재소요량계획이다. 즉, 원자재 혹은 중간재 등이 이미 재고로 존재하는 경우이다. 자재소요량계획은 위에서 살펴본 논리대로 각 단계별로 계획주문이 생성되어 이를 발행하고 수취하지만 실제 작업은 이러한 단계를 무시하고 이루어질 수 있다. 이는 생산활동통제(PAC)의 영역이다. 자재소요량계획은 단지 어떤 품목이 언제까지 얼마만큼 필요하고 이를 위해 언제 주문을 발행해야 하는지를 자동으로 계획해주는 것뿐이다. 이 계획에 대한 실행은 구매나 생산활동통제 부문에서 이루어진다. 다음은 자재소요량계획 데이터에 대한 기타 세부 정보들이다.

- 종합적인 자재소요량계획 데이터 기록
  계획 기간 동안 필요한 모든 최종 품목, 구성품 및 하위 구성 요소에는 자체 자재소요량계획 기록이 있다.

- 조치 버킷(action bucket)

자재소요량계획 기록의 첫 번째 기간은 항상 현재 시점을 지칭하는 기간이다. 이는 계획주문 발행이 실제로 이루어 질 수 있기 때문에 조치 버킷이라고 부른다. 이는 이동 일정(rolling schedule)이므로 한주가 지나면 이전 기록이 없어지고 나머지 모든 주들이 한주씩 앞으로 이동하면서 주 번호가 새롭게 매겨진다.

- 계획기간(planning horizon)
  계획기간 길이는 적어도 누적 제품 리드타임과 동일한다. 이렇게 하면 주문을 발행하여 다음 프로세스를 준비하고 최종 품목을 정시에 완료할 수 있다.

- 시간 버킷(time bucket)
  위 예에서는 시간 버킷이 주(week) 단위이지만 많은 자재소요량계획 시스템에서는 일일(daily) 버킷을 사용한다. 계획할 자재소요량계획 활동이 있는 특정 날짜만 표시하는 버킷리스(bucketless) 시스템을 사용할 수도 있다. 이에 대해서는 추후 좀 더 자세히 살펴보겠다.

- 기타 입력사항(other inputs)
  리드타임, 주문크기, 기초재고 등도 자재소요량계획의 입력사항이다.

다음은 간단한 예제를 사용하여 자재소요량계획 논리를 각 단계별로 전개 및 상쇄 프로세스를 통해 총소요량을 순소요량으로 변환하는 방법을 살펴보겠다.

7.3.1 전개(Exploding) 및 상쇄(Offsetting)

자재소요량계획 상단의 총소요량 결정은 자재명세서 전개(BOM 전개라고도 함)를 통해 이루어진다. 소요량에 대한 필요 시점과 이를 보충하기 위한 계획 주문 발행 시점은 리드타임 상쇄(혹은 차감이라고도 한다) 프로세스를 통해 시작된다.

자재명세서 전개

> 🎵 **자재명세서 전개(Bill of material explosion)**
>
> 모품목에 대한 조립당 구성품 식별(component identities), 수량 및 다른 모품목-자품목 관계 데이터를 결정하는 프로세스. 전개(Explosion)는 단단계, 들여쓴 또는 요약된 것일 수 있다.
>
> 🎵 **소요량 전개(Requirements explosion)**
>
> 모품목 소요량에 자재명세서에 명시된 구성품 사용 수량(component usage quantity)을 곱함으로써 모품목의 구성품에 대한 수요를 계산하는 프로세스.
>
> 🎵 **전개(Explode)**
>
> 자재명세서 전개(explosion)를 수행하는 프로세스.

자재명세서 전개는 위 정의에서 알 수 있듯이 자재명세서 상에서 하위단계코드(lower level code)가 0인 최상위 단계로부터 밑으로 향하게 된다. 전개 프로세스는 각 상위 부품 사용량에 원단위(quantity per)라고 부르는 하위 부품의 사용 수량을 곱하여 총소요량을 계산한다.

이 프로세스는 통상적으로 자재소요량계획 시스템에서 자동화로 이루어 지지만 교육 또는 테스트 목적으로 도표 7-11과 같은 부모-자식(parent-child) 제품 트리를 활용한 예제를 통해 그 논리를 살펴보도록 하겠다.

모품목(Parent)	A	B	D
자품목(Child)	B (2)	E (2)	F (2)
자품목(Child)	C (4)		G (3)
자품목(Child)	D (2)		H (1)

도표 7-11 전개(exploding) 예제를 위한 부모-자식(parent-child) 데이터

도표 7-12는 위 도표 7-11에 나타난 자재명세서 정보를 제품 트리 형태로 변형하여 전개 프로세스를 거쳐 계산된 총소요량을 보여준다.

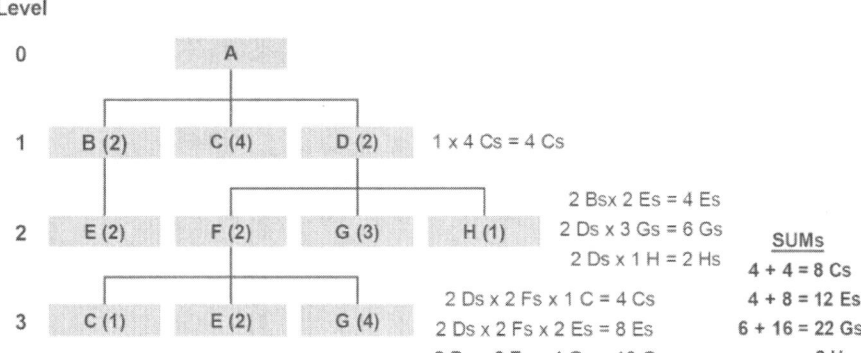

도표 7-12 전개된 총소요량을 가진 제품 트리

별도의 언급이 없으면 최종 완제품 A 한 단위를 만드는데 필요한 소요량이라고 본다. 괄호안의 숫자는 상위 모(parent) 품목 한 단위를 만드는데 필요한 자(child) 품목의 소요량이다. 예를 들어, A 제품 한 단위를 생산하기 위해서는 총 22개의 G 부품이 구매되어야 한다. 왜 22개인지를 살펴보면 A 제품 한 단위를 생산하기 위해서는 2개의 D 조립품(자기 밑에 또다시 자품목이 있으므로 이는 조립품이라고 할 수 있다)이 필요하고 D 조립품을 한 단위 만들기 위해서는 3개의 G 부품이 필요하므로 소요량은 2(D) x 3(G) = 6개이며 G 부품은 F 조립품에도 사용되는데 F 조립품은 D 조립품에 2개씩 소요되므로 결국 2(D) x 2(F) x 4(G) = 16개가 필요하다. 따라서 A 제품을 위한 G 부품의 총소요량은 6 + 16 = 22개이다. 여기서 주의할 점은 구매해야 할 G 부품의 총소요량은 22개이지만 이 부품이 동시에 필요한 것이 아니고 필요 시점이 각각 다를 수가 있다. 이것이 다음에서 다룰 리드타임 상쇄 혹은 차감이 필요한 이유이다.

리드타임 차감

> **리드타임 차감(Lead time offset)**
> MRP에서 사용되는 기법으로 한 기간(one time period)의 계획주문 수취(planned orders receipt)가 해당 품목의 리드타임에 따라 이전 기간(earlier time period)의 해당 주문 발행(release)을 작동시킨다.

상쇄/차감이란 품목의 리드타임을 기반으로 계획주문 발행 날짜를 계획주문 수취일로부터 역산하여 결정하는 논리이다. 계획주문 발행 일정을 시스템이 어떻게 알 수 있을까? 이는 앞에서 언급했듯이 총소요량에서 가용재고를 감안한 후 순수하게 필요한 순소요량을 기반으로 한다. 시스템이 총소요량의 수량과 기간을 어떻게 계산할까? 전개의 예에서 보았듯이, 동일한 자재가 공정의 다른 지점이나 다른 프로세스에서 사용될 수 있기 때문에 이것은 항상 똑같지는 않다.

도표 7-13은 제품 트리의 항목에 표시된 리드타임 정보를 보여주고 있다. 6주 시간 기간에 따라 나무 모양을 옆으로 뉘여서 표시한다.

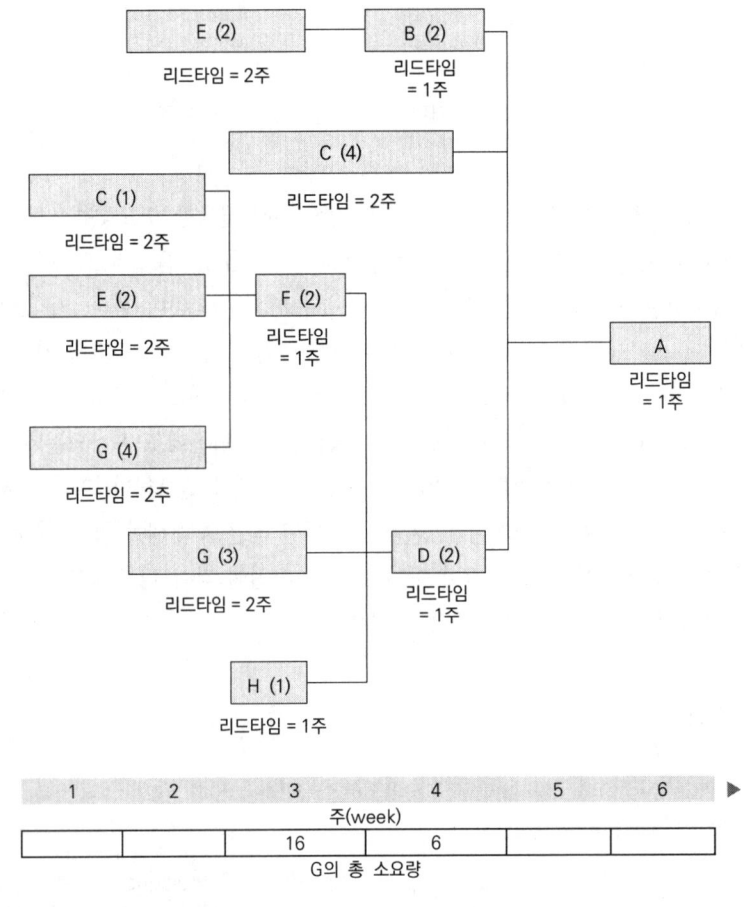

도표 7-13 리드타임을 가진 제품 트리

도표 하단에는 도표 7-14에서 계산된 바와 같이 품목 G에 대한 총소요량이 표시된 행이 있다. 이들은 생산 프로세스에 투입되어야 하는 해당 주에 표시되어 있다. 당분간, 이들 구성품의 재고가 0 단위라고 가정하자. 또한 아직 기계획된 수취가 없고, 수요가 이 A 제품에만 해당되며 주문크기는 1이라고 가정하자.

부품 번호	리드 타임		주(week)					
			1	2	3	4	5	6
A	1	계획주문 수취						1
		계획주문 발행					1	
B	1	계획주문 수취					2	
		계획주문 발행				2		
C	2	계획주문 수취			4		4	
		계획주문 발행	4		4			
D	1	계획주문 수취					2	
		계획주문 발행				2		
E	2	계획주문 수취			8	4		
		계획주문 발행	8	4				
F	1	계획주문 수취				4		
		계획주문 발행			4			
G	2	계획주문 수취			16	6		
		계획주문 발행	16	6				
H	1	계획주문 수취				2		
		계획주문 발행			2			

○ 상쇄/차감   ↙ 전개된 소요량의 근원

도표 7-14 계획주문 수취(receipt)로부터 상쇄(offsetting)를 통한 발행(release)

도표 7-14에는 해당 자재소요량계획 기록의 계획주문 수취 및 계획주문 발행 행과 해당 부품 번호에 대한 리드타임을 기준으로 한 상쇄 내용이 나열되어 있다. 여기서는 동그라미를 사용하여 상쇄가 강조 표시되고 화살표는 자식 품목을 위한 해당 계획주문 수취를 실행하는 계획주문 발행을 나타낸다(필요한 경우 표시된 제품 트리를 다시 참조하기 바란다).

이 화살표가 나타내는 것을 설명해 보겠다. 품목 B, C 및 D는 A의 자품목 이므로 A의 계획주문 발행이 동일한 주에 B, C 및 D의 계획주문 수취를 촉발하게 된다. 즉 5주차에 A의 발행은 B, C, D가 5주차까지 수취 되어 A 생산을 위해 불출할 준비되어 있어야 함을 의미한다. B에게는 단 하나의 하위 품목인 E가 있으므로 4주차에 B의 계획주문 발행이 4주차에 품목 E의 계획주문 수취를 촉발하여 전개시킨다. 이러한 프로세스는 제품 트리에서 기타 모든 모-자(parent-child) 두 관계에 대해 계속된다.

여기에서 주목해야 할 핵심 사항은 자품목을 위한 총소요량은 항상 바로 위 모품목의 계획주문 발행(부모의 순소요량을 기반으로 함)에만 기반하며 바로 위가 아닌 그 이상의 단계의 소요량을 충족하지 않는다는 것이다. 따라서 A의 소요량은 기준생산일정(MPS)에서 비롯되는 반면 B, C 및 D의 소요량은 A에서 비롯된다. 모품목의 주문크기가 자품목에 대한 전개 소요량에 직접적으로 영향을 미치므로 각 품목의 주문크기를 1보다 크게 할 때 더 중요해질 것이다.

> **계획주문 수취(planned orders receipt)**
> 계획주문 발행(planned orders release)의 결과로써 미래 시점에 수취될 계획 수량(quantity planned to be received). 계획주문 수취는 계획주문이 아직 발행이 되지 않았다(not been released)는 점에서 기계획된 수취(scheduled receipts)와는 다르다.
>
> **계획주문 발행(planned orders release)**
> 계획 수취량(planned receipt quantity)을 가져오고 적절한 리드타임만큼 왼쪽에서 차감한 계획 주문수취(planned orders receipts)로부터 도출된 MRP표의 행(row).

이제 전개와 상쇄가 설명되었으므로, 총소요량과 기계획된 수취(scheduled receipts)를 고려한 순소요량을 계산하는 방법을 살펴보겠다.

7.3.2 총소요량

> 💡 **총소요량(Gross requirement)**
> 보유재고 및 기계획된 수취(scheduled receipts)를 계산(netting)하기 전의 구성품에 대한 독립 수요와 종속 수요의 합.
>
> 💡 **순소요량(Net requirements)**
> MRP에서, 부품 또는 조립품의 순소요량은 보유재고, 기계획된 수취량(scheduled receipts) 및 안전재고에 대한 총소요량(gross requirements)과 할당(allocations)을 적용한 결과로 도출된다. 로트크기 정책이 적용되고 리드타임만큼 차감된 후에, 순소요량은 계획 주문이 된다.
>
> 💡 **기계획된 수취량(Scheduled receipt)**
> 이미 이전에 주문이 발행되어 들어오기만을 기다리는 주문. 기한이 지정된 미완료주문(open orders).

미완료주문(open orders)은 제조주문 혹은 구매주문으로 이미 발행된 계획주문이라는 점에 유의하기 바란다. 주문 발행에 대해서는 다음 주제에서 다루겠지만, 일단 주문이 발행이 되면 자재소요량계획 시스템에는 기계획된 수취량(scheduled receipt)으로 나타나게 된다. 또한 자재소요량계획 시스템에서 순소요량을 계산할 때 이 미완료주문은 가용재고로 인식되어 사용된다.

순소요량은 다음 수식을 이용하여 계산한다.

순소요량(net requircments) = 총소요량(gross requirements) − 기계획된 수취(scheduled receipts)
          − 이전 예상가용(prior projected available)

이전 예상가용(prior projected available)은 해당 기간 현재 사용이 가능하리라 예상되는 재고량이라고도 할 수 있지만 여기에서는 이전 기간(또는 첫 번째 기간의 순소요량에 대해서는 기초재고 개념임)을 사용해야 한다. 순소요량이 있는 지점을 결정하는 또 다른 방법은 예상되는 가용 재고가 음(-)의 수가 될 때(또는 안전재고 수준 이하로 떨어질 때마다)이다. 따라서 여기서 계산해야 할 또다른 행은 예상가용(projected available) 값이다.

예상가용(projected available) = 이전기간 예상가용(prior projected available) + 기계획된 수취(scheduled receipts)
          + 계획주문 수취(planned orders receipts) − 총소요량(gross requirements)

기계획된 수취와 일부 기초재고가 가용재고에 추가된다. 앞에서 본 예제에서 공급업체로부터의 구매 품목인 부품 번호 C, E, G 및 H에 대해 살펴보자. 각 품목의 주문크기가 5단위라고 가정하자. 도표 7-15는 기초 재고 형태의 시작 예상가용 재고를 가진 경우 자재소요량계획 계산 값들이다.

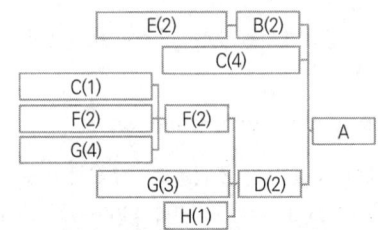

부품 번호	리드 타임		주(week)						
			0	1	2	3	4	5	6
C	2	총 소요량				4	4		
		기 계획된 수취			5				
		예상가용잔량	2	2	7	3	3	-1	-1
		순 소요량							
		계획주문 수취							
		계획주문 발행							
E	2	총 소요량				8	4		
		기 계획된 수취			5				
		예상가용잔량	4	4	9	1	-3	-3	-3
		순 소요량							
		계획주문 수취							
		계획주문 발행							
G	2	총 소요량				16	6		
		기 계획된 수취			5				
		예상가용잔량	8	8	13	-3	-9	-9	-9
		순 소요량							
		계획주문 수취							
		계획주문 발행							
H	1	총 소요량					2		
		기 계획된 수취							
		예상가용잔량	1	1	1	1	-1	-1	-1
		순 소요량							
		계획주문 수취							
		계획주문 발행							

도표 7-15 예상가용(projected available)을 가진 예비 MRP 계산

다음은 몇 가지 주요 주차에 표시된 예상가용 수량이 어떻게 계산되는지를 보여준다.

예상가용(projected available) = 이전기간 예상가용(prior projected available) + 기계획된 수취(scheduled receipts)
　　　　　　　　　　　　＋ 계획주문 수취(planned orders receipts) − 총소요량(gross requirements)

　부품 C, 3주차: 7 + 0 + 0 − 4 = 3개

　부품 E, 2주차: 4 + 5 + 0 − 0 = 9개

다음으로는 아래 도표 7-16에서 볼 수 있듯이 순소요량을 계산한다.

부품번호	리드타임		주(week)						
			0	1	2	3	4	5	6
C	2	총소요량				4		4	
		기계획된 수취			5				
		예상가용	2	2	7	3	3	−1	−1
		순소요량						1	1
		계획주문 수취							
		계획주문 발행							
E	2	총소요량				8	4		
		기계획된 수취			5				
		예상가용	4	4	9	1	−3	−3	−3
		순소요량					3	3	3
		계획주문 수취							
		계획주문 발행							
G	2	총소요량				16	6		
		기계획된 수취			5				
		예상가용	8	8	13	−3	−9	−9	−9
		순소요량				3	9	9	9
		계획주문 수취							
		계획주문 발행							
H	5	총소요량					2		
		기계획된 수취							
		예상가용	1	1	1	1	−1	−1	−1
		순소요량					1	1	1
		계획주문 수취							
		계획주문 발행							

도표 7-16　순소요량(net requirements)를 가진 예비 MRP 계산

도표 7-16에서 음영 처리된 부분에서 보듯이 계획주문 수취가 없을 때 예상가용잔량이 음(-)으로 표시된 기간에만 순소요량 값이 나타난다. 주의할 점은 위 도표에서 예상가용잔량이 음(-)으로 표시된 것은 자재소요량계획 계산의 논리를 배우기 위한 교육 목적이며 실제로는 시스템 상에 음수 대신 0으로 표시된다. 다음은 순소요량 계산 방법의 예이다.

순소요량(net requirements) = 총소요량(gross requirements) - 기계획된 수취(scheduled receipts)
                         - 이전 예상가용(prior projected available)

    부품 C, 5주차: 4 + 0 - 3 = 1개

    부품 G, 3주차: 15 - 0 - 13 = 3개

자재소요량계획 논리는 순소요량이 표시된 기간에 해당 품목의 주문크기 규칙(여기서는 각 품목에 대해 고정 수량 5개)을 이용하여 계획주문 수취를 생성한 뒤 이를 감안하여 순소요량을 재계산 하는 것이다. 이러한 프로세스를 반복하여 필요한 기간에 계획주문 수취를 생성한다. 일단 계획주문 수취가 결정되면 해당 품목의 리드타임 정보를 활용하여 기간을 상쇄한 후 해당 기간에 계획주문 발행을 생성한다. 도표 7-17은 완성된 자재소요량계획 기록을 보여준다. 도표에서 보듯이 예상가용 행 모든 기간에 음(-)의 숫자가 없음을 확인할 수 있다.

부품 번호	리드 타임		주(week)						
			0	1	2	3	4	5	6
C	2	총소요량				4		4	
		기계획된 수취			5				
		예상가용	2	2	7	3	3	4	4
		순소요량						1	
		계획주문 수취						5	
		계획주문 발행				5			
E	2	총소요량				8	4		
		기계획된 수취			5				
		예상가용	4	4	9	1	2	2	2
		순소요량					3		
		계획주문 수취					5		
		계획주문 발행			5				
G	2	총소요량				16		6	
		기계획된 수취			5				
		예상가용	8	8	13	2	1	1	1
		순소요량				3	4		
		계획주문 수취				5	5		
		계획주문 발행		5	5				
H	1	총소요량						2	
		기계획된 수취							
		예상가용	1	1	1	1	4	4	4
		순소요량					1		
		계획주문 수취					5		
		계획주문 발행				5			

도표 7-17 완료된 MRP 기록

다음은 재 계산된 수량의 몇 가지 예이다.

부품 E, 4주차: 1 + 0 + 5 - 4 = 2개
부품 G, 4주차: 6 - 0 - 2 = 4개

부품 E의 경우 4주에서 6주까지는 순소요량이 있더라도 4주차에 5개의 계획주문 수취로 인해 예상가용이 모두 양(+)의 숫자이므로 4주차 이외에 더 이상의 계획주문 수취가 없다. 그러나 부품 G의 경우 3주차 계획주문 수취(5개)에도 불구하고 소요량이 많아서 4주차 순소요량이 충분치가 않기 때문에 4주차에 추가적인 계획주문 수취가 발생한다.

자재소요량계획 기록은 자체생산 또는 외부조달에 문제가 있거나 의도적인 변경이 있을 때마다 재 계산된다. 계획주문이 생산활동통제(PAC)에 발행되기 전에 이 장의 마지막 부분에서 설명하는 대로 최종 생산능력 소요량계획의 검증을 거치게 된다. 이를 논의하기 전에, 버킷없는(bucketless) 자재소요량계획 시스템을 간략하게 살펴본 다음, 린생산 환경에서 자재소요량계획 기능을 다루는 방법을 살펴보겠다.

7.3.3 버킷 없는 혹은 무시된 MRP(Bucketless MRP)

지금까지 살펴본 자재소요량계획 표의 모든 사례들은 시간 버킷(bucket)을 가진 형태로 나타나 있지만 실제로는 버킷이 없는(혹은 버킷이 무시된) 자재소요량계획 시스템이 사용되는 경우가 훨씬 많다. 버킷이 무시되었다는 의미는 구간 개념이 아니라 특정 시작과 종료가 표시되는 것을 의미한다. 예를 들어 2020년 둘 째주, 셋 째주 개념이 아니라 2020년 1월 8일 혹은 1월 10일 등 특정 시점으로 표시한다. 구간 개념을 사용하지 않는 것이다. 도표 7-18은 버킷이 무시된(bucketless) 자재소요량계획 예제를 보여준다. 버킷을 보여주는 대신 날짜란에 명기된 것처럼 활동 또는 어떤 이벤트의 실제 날짜를 지정한다. 뿐만 아니라 활동이 없는 기간을 생략한다. 따라서 도표 7-18은 2020년 1월 8일은 2주차의 월요일이고, 1월 16일은 3주차의 화요일(왜냐하면 월요일은 제조용 칼렌다 상 공휴일이기 때문)이고, 1월 29일은 5주차의 월요일이다. 주의 첫째 날이 아닌 날에 어떤 특정 조치가 필요한 경우, 시스템은 기간 대신에 정확한 날짜를 지정한다.

부품번호	리드타임			특정 날짜	
			1/8/2020	1/16/2020	1/29/2020
C	2	총소요량		4	4
		기계획된 수취	5		
		예상가용	2	7	3	4
		순소요량				1
		계획주문 수취				5
		계획주문 발행			5	

도표 7-18 버킷이 무시된(bucketless) MRP 예제

7.3.4 린에서의 자재소요량계획(MRP in lean)

린과 자재소요량계획(MRP)을 동시에 설명할 때 반드시 알아야 할 첫 번째 사항은 자재소요량계획은 본질적으로 밀기(push) 시스템인 반면 린(lean)은 끌기(pull) 시스템이기 때문에 린은 필요한 전체 구성 부품에 대해 자재소요량계획을 사용하지 않고 대신 4장에서 다룬 간반(kanban)을 사용한다는 것이다. 그러나 기준일정(master schedule)의 경우처럼 고객이 요구하는 리드타임(customer lead time)보다 공급 리드타임이 더 길 경우에는 린 시스템도 여전히 밀기(push)를 허용한다. 즉 린을 적용하는 조직이 장기 리드타임을 가진 원자재에 대해서는 자재소요량계획을 사용할 수 있다는 것이다. 린은 적절한 수준의 생산능력(capacity)을 계획하기 위해서도 자재소요량계획을 사용할 수 있다.

앞서 언급했듯이, 현재의 많은 시스템은 일별(daily) 시간 버킷을 사용한다. 린 시스템의 경우 특히 그러할 것이다. 왜냐하면 보다 세밀하고 정확하게 시점에 의한 자재의 흐름을 관리하여 리드타임을 줄이는 데 초점을 맞추기 때문이다.

린 시스템에서는 자재에 대한 재고 수준이 대개 매우 낮거나 거의 0에 가깝다. 로트크기 정책은 필요할 때 필요한 만큼만 주문하고 생산하는 해당소요분(lot-for-lot)이다. 일부 구성 부품의 경우 리드타임이 충분히 짧아서 리드타임 상쇄가 필요하지 않는다. 즉, 총소요량과 생산량이 같은 시간대에 발생한다.

린은 또한 자재명세서를 보다 단순화하고 평평하기를 원한다. 부품이 창고에 재고로 입고되지 않고 바로 이어 다음 제조 공정에 직접 사용할 경우, 둘 이상의 전통적인 자재명세서가 줄어들거나 혹은 동일 자재명세서 내에서 계층구조(hierarchy)가 결합되어 전체적으로 자재명세서가 간단하게 된다. 이를 자재명세서가 평평해(flatten)졌다고 표현한다.

린 시스템이 성공적으로 작동되는 이유는 통상적으로 취급 제품 및 해당 산업이 이 평준화 일정수립과 끌기 환경에서 잘 작동하기 때문이다. 자재 흐름은 다음(하위) 작업장(최종적으로 작업 셀)에서 오는 수요를 기반으로 설정된다. 라인(또는 반복 흐름) 제조 공정 유형에서, 모델 혼합(model mix) 및 흐름 율(flow rate)은 평준화 일정수립과 수요에 의한 끌기를 사용하는 데 필요한 핵심 요소이다. 린은 물량이 충분히 크고, 자재흐름이 꾸준히 안정적일 수 있도록 작업장(work cell)당 모델 믹스가 충분히 제한되어 있을 때 작동한다. 즉, 물량이 너무 적고 모델 믹스가 너무 다양할 경우 린의 사용이 어렵다는 의미이며 이 경우는 린 시스템이 최적의 선택이 아니며 전통적인 제조계획통제(MPC)가 더 효과적일 수 있다. 예를 들어 제품에 고객 맞춤식 기술이 필요하거나 수요의 패턴이 불안정하거나 간헐적인 수요인 경우 혹은 품질을 정확하게 통제할 수 없는 경우도 이에 해당된다.

7.3.5 능력소요량계획(CRP, capacity requirements planning)

자재소요량계획의 우선순위(priority) 계획은 실행을 위해 계획의 타당성을 생산능력 측면에서 검증이 필요한데 여기서는 병목자원이나 중요자원뿐만 아니라 생산을 위한 모든 자원에 대해 상세한 검증이 이루어진다. 이 생산능력소요량 계획에 대해서는 8장에서 상세히 다루도록 하겠다.

7.4 우선순위 계획의 관리와 활용(Using and managing the priority Plan)

7.4.1 자재소요량계획 소프트웨어(MRP software)

자재소요량계획 소프트웨어는 앞서 배운 것처럼 4대 입력요소들을 활용하여 수요와 공급을 맞추기 위해 방대한 양의 상세 수준의 계획을 아주 정확하고 신속하게 수립하는 것을 도와준다. 그럼에도 불구하고 계획 담당자는 시스템이 작성한 산출물이 의미 있고 오류가 없음을 보장할 책임을 가진다. 또한 자재소요량계획 시스템은 계획자에게 일정한 통제를 제공하므로 입력 사항이 변경되거나 원래 계획대로 작동하지 않는 상황(예: 고객의 긴급 주문이나 공장에 부품이 늦게 도착하는 경우 등등)을 조정할 수 있다. 여기서는 자재소요량계획 소프트웨어가 자동으로 수행하는 작업과 계획자가 수동으로 수행해야 하는 작업을 먼저 살펴본 다음 자재소요량계획의 산출물인 계획주문을 발행하고 우선 순위를 관리하는 등에 관한 주문통제에 대해 자세히 설명한다.

자재소요량계획 계획 소프트웨어

자재소요량계획의 목표는 모든 품목에 대해 주어진 수요에 대해 더 빨리도 말고 더 늦지도 않은 꼭 필요한 시점에 더 많이도 말고 더 적지도 않은 꼭 필요한 만큼이 공급될 수 있도록 자동으로 계획을 하는 것이다. 또한 원래 계획에서 변경 사항이 있을 때마다 이를 재계획하여 대처할 수 있도록 하는 것이다. 컴퓨터와 응용 소프트웨어의 사용이 가능하기 이전에는 정확한 자재계획이 매우 어렵고, 오류가 발생하기 쉽고, 새로운 상황 변경에 대한 갱신을 제때에 하기 어려웠으며 경제적이지도 않았다. 이것이 많은 조직이 과잉 원자재 재고를 보유하는 주요 원인이었다. 다행히도 자재소요량계획 소프트웨어는 이러한 계산 및 재 계산을 신속하고 정확하게 수행할 수 있었다. 따라서 계획 담당자의 임무는 제조 실행 프로세스와 소프트웨어 논리를 충분히 이해하여 단순 반복적인 것은 시스템에 맡기고 예외사항 검토 등과 같은 좀더 부가가치 있는 일을 할 수 있게 되었다.

자재소요량계획 소프트웨어 논리는 주로 다음을 포함하여 자동화된다.

- 전개(exploding), 상쇄(offsetting) 및 총소요량 계산, 순소요량 산출(netting)
  이러한 기능들이 신속하고 정확하게 대량으로 계산되고 필요시 재 계산된다.

- 현재 재고상태 확인
  현 재고, 주문중인 재고, 주문에 할당된 재고, 안전재고 등이 자동으로 최신 상태로 유지된다.

- 기계획된 수취 생성과 구성품 할당
  계획자가 계획주문을 수동으로 발행하면 시스템은 기계획된 수취를 생성하고, 이에 해당되는 계획주문 수취를 취소하며, 발행된 주문에 자재를 할당하고, 미완료주문으로 전환되어 구매(purchasing) 또는 생산활동통제(PAC)로 전달한다. 이에 대해서는 나중에 자세히 설명한다.

- 재계획
  자재소요량계획 시스템은 자재 소요량, 만기일, 수량 및 재고 상태를 정기적으로 갱신한다.

자재소요량계획 소프트웨어가 모든 것을 자동으로 처리하지는 않는다. 자재소요량계획 시스템은 계획 담당자에게 특정 관리 지원 도구를 제공한다. 대부분의 시스템은 아래 두가지 도구를 사용하여 계획자로 하여금 통제를 준비하게끔 설정된다.

- 조치사항(action) 메시지
  계획주문 발행이 현재 기간 작업 실행 버킷으로 들어오게 되면 시스템은 담당자에게 계획주문을 발행하도록 조치사항 메시지를 제공한다. 일반적으로 시스템은 계획주문을 발행할 시기를 알려주지만 계획주문을 자동으로 발행하지는 않는다. 만약 시스템이 계획주문을 자동 발행하도록 설정되어 있다손 치더라도 계획자가 준비할 수 있는 시점을 지정할 수 있는 결정 로직이 있을 수 있다. 컴퓨터에 의한 계획주문의 자동 발행은 생산 자원이 확약될 수 있으므로 위험성이 있다. 오류가 발생했을 때 단지 "컴퓨터 시스템이 이런 결과를 만들었다"는 설득력 있는 변명이 될 수 없다.

- 예외사항(exception) 메시지
  필요한 자재의 수량이나 입고 날짜가 계획을 충족시키기에 불충분하거나 표준 리드타임보다 빨리 자재를 수취하기 위해 수량을 변경하거나 신속한 처리가 필요한 경우 시스템에서 예외사항 메시지를 발행한다. 또 다른 경우는 활용할 수 있는 여유시간(slack time)이 있을 수 있으며 재고 유지비용을 줄이기 위해 구성품의 주문을 뒤로 연기(de-expedited)시킬 수 있다.

시스템에서 너무 많은 예외 메시지를 생성하는 경우 이는 일반적으로 계획 프로세스에 문제가 있다는 신호이며 이럴 경우에 근본 원인을 찾고 시스템 개선 또는 오류의 수정을 제안하는 것은 계획자의 책임이다.

주문통제에 대해서는 다음에 설명한다.

7.4.2 주문통제(Order control)

> 💡 **계획주문(planned orders)**
> 자재소요량계획 처리에서 순소요량(net requirements)을 다룰 때, 계획 시스템의 논리에 의해 생성된 제안 주문 수량(suggested order quantity), 발행 날짜(release date) 및 만기 날짜(due date). 어떤 경우에는, 기준일정수립 모듈(master scheduling module)에 의해 생성될 수 있다. 계획 주문은 컴퓨터에 의해 생성되고, 오직 컴퓨터 내에 존재하며, 조건들이 바뀐다면 이후의 처리 동안에 컴퓨터에 의해 자동으로 변경되거나 삭제될 수 있다. 한 수준의 계획 주문은 다음 수준의 구성품에 대한 총소요량(gross requirements)으로 전개될 것이다. 발행된 주문(released orders)과 함께 계획주문(planned orders)은 미래 기간에 작업장의 전체 능력 소요량을 보여주기 위해 능력 소요량 계획(capacity requirements planning)의 투입으로 쓰인다.
>
> 💡 **확정 계획주문(Firm planned orders)**
> 수량과 시간상으로 동결된(frozen) 계획 주문. 컴퓨터 시스템이 자동으로 이를 변경할 수 없다. 이는 계획상에 있는 품목을 담당하는 계획자의 책임이다. 이 기법은 선택된 계획주문을 확정함으로써 자재소요량계획 시스템을 사용하는 계획자가 자재와 능력 문제들에 대응하는 것을 도와줄 수 있다. 추가로, 계획주문 확정은 기준생산일정(master production schedule)을 설명하는 일반적인 방법이다.
>
> 💡 **미완료주문(open orders)**
> 1) 발행된 제조 주문 혹은 구매주문. 2) 미충족된(unfilled) 고객 주문.

미완료 항목의 수량은 이전 항목에서 논의된 바와 같이 사용 가능한 기간의 계획된 수취로 자재소요량계획 기록에 표시된다. 계획주문을 발행할 때뿐만 아니라 확정 계획주문(firm planned orders)을 사용할 때도 이러한 주문 유형을 염두에 두기 바란다. 일부 전사적자원관리 시스템에서는 미완료 또는 기발행된 주문을 확정계획이라고 부르기 때문에 혼란이 발생할 수 있다.

🔍 계획주문 발행

위에 정의된 바와 같이 계획주문은 입력사항이나 기타 요인들이 변경될 때마다 바뀔 수 있다. 이는 시스템이 유연성을 가지면서 대응성있게 만든다. 계획주문 발행은 의사결정점(decision point)이다. 이 결정점은 구성품 구매를 위한 승인이며 혹은 제조를 위한 승인을 의미한다. 정상적인 운영에서는 주문의 발행은 조치 버킷(action bucket)에 들어올 때 행해진다.

계획 담당자는 특별한 이유가 없는 한 계획주문을 조기에 발행해서는 안된다는 점에 유의해야 한다. 계획주문의 조기 발행은 자재가 일찍 도착하게 하고 이에 따라 재고 보유 비용이 증가하며 작업 방식에 영향을 줄 수 있어 시스템 효율을 감소시킨다. 또한 자재 소요량이 매일 바뀌는 상황에서 필요한 시점 이전에 발행되는 주문은 더 이상 필요하지 않을 수 있는 무언가를 구매하는 꼴이 된다.

실제 소요량과 관계없이 조기에 혹은 더 늦게 또는 어떤 특정 시점에 주문을 발행해야 하는 경우 계획 담당자는 확정 계획주문(firm planned orders)을 활용할 수 있다. 예를 들어, 계획 담당자가 자재 부족이 임박한 것처럼 보일 때, 생산능력이 현재 가용하나 나중은 안될 때, 혹은 안전재고 대신에 안전 리드타임을 추가하려는 경우 이러한 확정주문을 생성할 수 있다. 따라서 계획 담당자는 과도한 재조정과 같은 시스템 민감성(nervousness)을 줄이기 위한 도구로써 확정계획주문을 사용할 수 있다. 그러나 자재소요량계획 로직은 주문이 정상 계획주문으로 다시 변경되지 않는 한 확정 계획주문을 다시 계산하지 않으므로 이러한 주문에는 계획자의 관찰이 필요하다. 도표 7-19는 확정주문이 자재소요량계획 기록에 어떻게 나타나는지를 보여준다. 수량 다음에 'F'로 표시된다.

부품번호	리드타임		주(week)						
			0	1	2	3	4	5	6
C	2	총소요량		40	50	60	40	50	
		기계획된 수취			50				
		예상가용	40	0	0	40	0	0	0
		순소요량				60		50	
		계획주문 수취			⇐	100	⇐	50	
		계획주문 발행		100	50F				

도표 7-19 고정 계획주문(firm planned orders)

위 예에서 2주차에 표시된 계획주문 50개를 보자. 정상적인 납품 리드타임이 2주이므로 정상적인 경우 5주차에 수취를 위해서는 계획주문 발행이 3주차에 나타나야 된다. 그런데 일주일 전인 2주차에 나타난 이유는 계획 담당자가 운송 지연이나 혹은 생산이 품질 문제를 해결을 위해 표준 리드타임보다 더 많은 리드타임이 필요하다고 판단하여 3주 리드타임을 적용하여 수작업으로 2주차에 계획주문을 발행한 것이다.

도표 7-19에서 1주차, 즉 조치버킷(action bucket)의 계획주문 발행란에 표시된 100개에 대해 계획담당자는 시스템으로부터 이 계획주문을 예정대로 발행을 할 것인지 아닐지를 묻는 조치 메시지

(action message)를 받게 될 것이다. 만약 계획주문을 발행하면 이는 미완료주문(open orders)으로 변환이 되고 계획주문은 취소되며 기계획된 주문 수취(scheduled receipts)로 나타나게 된다.

계획 담당자는 여전히 이러한 미완료주문도 통제한다. 주문이 수량변경, 독촉, 연기 혹은 취소 등 수정될 수 있다. 그러나 이러한 변경은 종종 추가 비용을 초래한다. 그러나 추가 비용이 들더라도 불필요한 제품을 생산하는 것보다는 기회 비용을 고려해 볼 때 이러한 조치들이 낫다.

미완료주문(기계획된 수취 혹은 발행된 주문으로 부름)이 생성되면 자재소요량계획 시스템은 제조에 대한 미완료주문서에 필요한 구성품 또는 재고를 할당한다. 단, 할당 프로세스는 자재가 실제로 이동되었음을 의미하지는 않는다. 할당은 특정 제조품목에 해당되는 자재를 확약하는 프로세스이다. 그러나 이미 할당된 자재일지라도 이는 논리적으로 할당된 것이지 실제 자재를 물리적으로 분리 보관하는 것이 아니기 때문에 다른 계획 담당자가 여전히 가져갈 수 있으므로 정책이나 업무 절차를 잘 수립하여 혼동이 없도록 해야 한다.

주문이 발행되면 구매 활동 혹은 생산활동통제(PAC)에 대한 입력 요소가 된다. 구매 품목에 대해서는 구매 담당자에 의해 구매주문서로 변환되어 실행되고 제조품목에 대해서는 제조주문으로 변환되어 생산활동통제 담당자 의해 실행된다.

우선순위 유지 및 재계획

자재소요량계획 계획은 판매운영계획(S&OP)에서 시작하여 기준일정수립을 거쳐 내려온 우선순위계획의 마지막 단계이다. 자재소요량계획 시스템은 실제 시간이 아닌 각 자재의 기준정보에 사전에 설정된 표준시간에 기반하여 우선 순위를 결정하기 때문에 실제 시간은 현실에 따라 다를 수 있으며 이 때 계획 담당자는 실제 필요한 시점과 동기화되어 자재가 도착하도록 통제하는 것이 필요하다. 계획 담당자는 수시로 변하는 수요 공급 균형을 위해 우선순위(priority)를 최신으로 유지하는 것과 재계획(replanning)이라는 두 가지 도구를 사용할 수 있다.

우선순위 유지란 최종 완제품의 만기일에 영향을 미치지 않는 여타의 모든 조치를 말하며, 표준 리드타임 또는 주문 수량 변경에 대해 일정한 유연성을 가진 품목들을 재촉(expediting)하거나 혹은 반대로 뒤로 지연시키는(de-expediting) 방법 등을 사용한다.

결품으로 인해 하나 혹은 그 이상의 자재에 대해 신속 처리가 불가능할 때는 재계획이 필요하다. 재계획은 새로운 순소요량 계산과 계획주문 수취와 발행 날짜 조정 등을 포함한다. 이것은 최종 완제품에 대해 새로운 만기일(due date) 설정을 초래할 수도 혹은 그렇지 않을 수도 있다. 가장 좋은 것은 조직이 재계획의 필요성 자체를 줄이는 것이지만 만약 재계획이 필요한 경우 많은 조직들이 주 단위로 꽤 정기적으로 수행해야 하는 경우가 일반적이다. 재촉은 항상 고려해야 할 첫 번째 선택사항이다.

조정(adjustments)이 필요한 시점을 올바로 이해하기 위해 계획 담당자는 먼저 생산 현장과 공급사슬의 실제 상황에 대한 여러 출처의 의견을 수집해야 한다. 아래와 같은 외부 사건에 대해 인식하는 것이 필요하다.

- 고객 주문의 변경
- 공급업체 결품이나 지연된 주문
- 손상된 부품으로 인해 입고 거절 또는 입고부서에서 부정확한 수량 기록
- 공급업체 또는 운송업체 지연으로 인한 지연된 납품

이러한 이벤트에 대한 정보는 고객 및 공급업체가 직접 받을 수도 있고 혹은 구매부서, 판매부서 혹은 입고 처리로부터 받을 수 있다. 입수된 정보는 전사적자원관리 시스템에 입력되어 계획 담당자에게 제공된다.

또한 계획 담당자는 공장 현장 직원과 적극적인 관계를 맺어야 하는데 왜냐하면 이를 통해서 다음과 같은 내부 이벤트 정보를 얻을 수 있기 때문이다.

- 표준량보다 적은 생산 수율(yield) 또는 폐기율(scrap)
- 원래 계획보다 조기 혹은 늦게 완료된 생산주문
- 예측 불가한 생산능력 또는 자원의 제약
- 재고 기록에 오류가 있어 재공중 재고의 과다 혹은 부족

재고 기록보다 더 많은 실제 재고와 같은 이벤트가 지연을 시켜야 되는 좋은 예이다. 재계획이 필요한 예는 운송 중 물품의 손상으로 인해 입고가 거절된 부품을 포함하고 있는 기계획된 수취이다. 한 가지 해결책은 계획주문에 수량을 추가하여 수취될 수 있도록 하여 현재 기간에 있는 계획주문을 즉각 발행하는 것이다. 그러나 리드타임을 줄이기 위해 재촉을 하더라도 부품이 제 시간보다 늦게 도착할 것이다. 따라서 모든 영향을 받는 구성 부품에 대해 계획자에게 정보를 제공하고 아울러 계획자는 판매 담당자 또는 고객과 논의하여 문제를 해결해야 한다.

예를 들어, 어떤 부품이 두 개의 서로 다른 완제품에 필요하며 이들 중 하나는 다른 제품보다 우선 순위가 높을 수 있다. 왜냐하면 그 고객이 정시에 제품을 받지 않으면 더 높은 비용이 발생할 수 있기 때문이다. 계획자는 총 소요량의 변경을 검토하면서 우선 순위가 낮은 제품에 대해서는 기준생산일정을 변경할 수 있다. 기타 다른 경우에는 구성품이나 영향을 받는 최종 제품의 안전재고를 사용할 수 있다.

Operations Innovation Professional

8장

생산능력관리
Capacity Management

8장 생산능력관리
Capacity Management

8.1 생산능력 관리 개요
   8.1.1 생산능력계획 계층구조
   8.1.2 가용능력 대 요구된 능력
   8.1.3 생산능력 측정 시스템
   8.1.4 반복적인 생산능력계획 프로세스

8.2 생산능력소요량 계획
   8.2.1 능력소요량계획에 대한 투입요소
   8.2.2 가용능력 계산
   8.2.3 부하량 = 요구된 능력 계산 및 차이
   8.2.4 차이 해결
   8.2.5 린에서의 능력소요계획

핵심주제와 학습목표

- 사용가능한 능력(available capacity) 및 작업량(load) 결정, 일정 생성, 차이 해결
- 자재소요량계획 계획주문(planned orders) 및 미완료주문(open orders), 작업경로(routings), 작업장(work center) 리드타임과 생산능력(capacity), 공장 캘린더(shop calendars)
- 작업 시작전 대기(queue), 가동준비(setup), 가동(run), 작업 완료 후 대기(wait), 작업 간에 물리적 이동(move)
- 능력 기준치를 위한 표준시간(standard time (hours)
- 표준가용능력(rated capacity) 계산을 위한 3대요소: 가용 시간(available time), 가동률(utilization), 효율(efficiency)
- 실현된 능력(demonstrated capacity)
- 작업량(load)과 작업장 부하 보고서
- 능력소요량계획 일정수립: 시뮬레이션, 역방향 일정수립(back schedule), 부하량 보고서(load profile) 작성, 차이 해결

생산능력 관리(capacity management)는 생산능력 계획(planning)과 생산능력 통제(control)를 포함하는 보다 넓은 개념이다. 도표 8-1은 이러한 활동이 제조계획통제(MPC)의 각 단계에서 어떻게 작용하고 있는지를 보여준다.

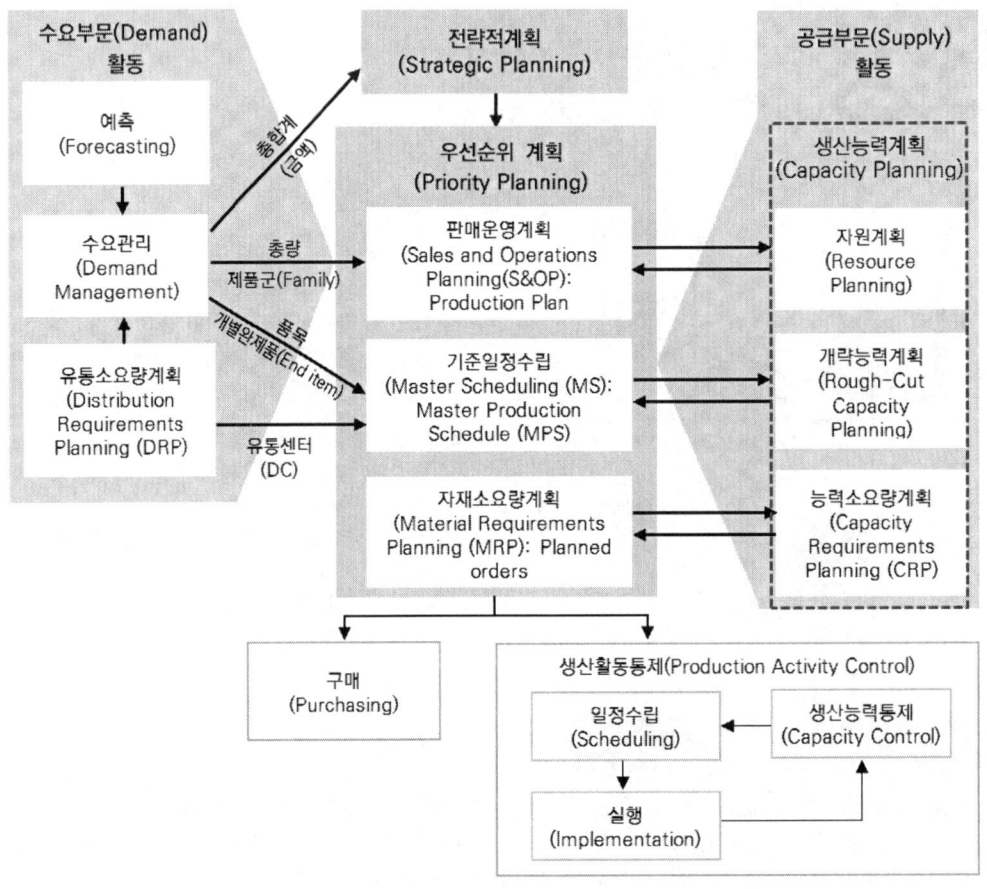

도표 8-1 제조계획통제(MPC)에서 능력계획과 통제(capacity planning & control)

이 장에서는 일반적으로 생산능력 계획 개요의 일부로 이러한 각 단계별 생산능력 계획 및 생산능력 통제를 다루지만 자원계획(RP, resource planning)과 개략능력계획(RCCP, rough-cut capacity planning)은 앞에서 언급했기 때문에 이 장에서는 능력요구량계획(CRP, capacity requirement planning)에 중점을 둔다. 생산능력 통제에 대한 세부 사항은 12장 마지막 주제에서 다룬다.

이번 장의 첫 번째 주제에서는 생산능력 관리 개요와 생산능력 계획과 우선순위 계획 간의 상호작용에 대해 살펴본다. 위 도표에 점선으로 표시된 생산능력 관리에서 음영으로 처리된 3단계는 일반적으로 생산능력에 대한 계획(planning)이라고 부르며 역할은 각 단계별 우선순위 계획의 실현 가능성을 검증하는 역할은 한다. 즉, 조직이 해당 기간별로 가지고 있는 가용능력(available capacity)과 우선순위 계획으로부터 도출된 부하량을 처리하기 위해 필요한 요구능력(required capacity)을 비교 검토하는 것이다. 예를 들어, 자원계획(RP)은 우선순위 계획 중 판매운영계획(S&OP)의 실현 가능성을 검증한다. 실현 가능성 검증이란 판매운영계획의 결과물로 도출된 생산계획(production plan)이 조직의 생산능력 측면에서 실현 가능한 계획인지 아니면 생산능력이 부족하여 불가능한 계획인지를 검증하는 것이다. 두번째 단계인 개략능력계획(RCCP)은 우선순위 계획 중 기준생산일정(MPS)의 실현 가능성을 조직의 생산능력 측면에서 검증하는 절차이다. 세번째 생산능력소요량계획(CRP)은 자재소요량계획(MRP)으로부터 도출된 모든 제조 관련 주문에 대한 조직의 생산능력을 검증하는 절차이다.

생산능력 계획은 통상적으로 표준시간(standard hours)을 이용하게 되는데 이 표준시간의 개념을 상세히 살펴보기로 하자. 또는 기타 방법으로 생산능력과 리드타임을 예측하고 실제 성과를 평가하는 데 사용되는 성과 기준을 설정하는 방법을 보여준다.

두 번째 주제에서는 생산능력 소요량계획(CRP)의 프로세스에 대해 좀 더 상세히 설명한다. 생산능력 소요량계획은 생산능력 계획 3단계 중 가장 상세한 단계로 이를 거치고 나면 실행 단계인 생산활동통제(PAC)로 계획주문(planned orders)이 발행되게 된다. 구매를 위한 계획주문은 우리 내부 생산능력과 별 관계가 없기 때문에 생산능력 소요량계획으로 검증할 필요가 없다. 생산능력 소요량계획은 보다 정밀한 생산능력 확인을 위해 이에 필요한 상세 정보가 요구된다. 이 상세 정보는 작업경로(routing) 및 작업장(workcenter) 파일에 담겨져 있다.

작업경로(routing) 및 작업장(workcenter) 그리고 자재명세서(BOM) 정보는 제품의 제조를 위해 꼭 필요한 정보들이며 아울러 생산능력 소요량계획에도 중요하게 사용된다. 작업경로는 어떤 제품이 생산되어져 나오는 공정(operation)의 순서를 묶어 놓은 것이며 이 공정들은 각기 물리적인 작업장(workcenter)을 가진다. 생산능력 소요량계획 측면에서 보면 작업경로에는 가동준비 시간과 1단위당 실제 작업시간 정보가 들어 있으므로 이를 통해 부하량의 요구능력(required capacity)을 산출할 수 있다. 반면 작업장에는 가용능력(available capacity)을 산출해 내는데 필요한 정보가 들어있다.

요구능력(required capacity) 계산에는 미완료주문(open orders)과 앞으로 생산현장으로 발행될 계획주문(planned orders)들이 포함된다. 계획주문 및 미완료주문의 마감일과 수량이 각 작업장의 부하로 변환된다. 능력소요량계획은 작업장에 대한 시뮬레이션 된 작업 일정을 생성하여 어느 기간에 부하량이 가용능력을 초과하는지 혹은 어느 기간에 가용능력이 남아도는지를 판별한다. 이러한 가용한 생산능력의 부족 및 초과 관련 정보는 자재소요량계획에 보고서 형태로 제공되고 이에 대해 필요에 따라 변경 사항을 제안하여 계획 담당자가 우선순위 계획 내용과 우선순위 자체를 재조정하여 부하량 균형을 조정할 수 있다. 이 프로세스는 반복 가능하고 최종적으로 생산능력이 유효한 것으로 결정되면 주문이 생산활동통제로 발행된다. 이는 계획이 끝나고 실행 및 통제가 시작됨을 의미한다.

8.1 생산능력 관리 개요(Capacity management overview)

생산능력 계획 및 생산능력 통제로 구성된 생산능력 관리는 일련의 피드백 순환을 형성하여 계획 또는 실행의 각 단계에서 우선순위 계획의 실현 가능성을 확인한다. 재계획이 조기에 이루어지면 나중에 발견되어 조정되는 것보다 비용이 훨씬 덜 든다. 특히 실행 단계에서 이러한 문제들이 생기면 대가가 크다. 여기서 비용이란 생산능력 관리가 제대로 이루어지지 않아 리드타임 및 고객 서비스가 훼손된다든지 혹은 어떤 생산현장에서는 가동율이 너무 낮고 반대로 다른 현장에서는 가동율이 지나치게 높은 경우를 뜻한다. 따라서 올바른 생산능력 관리란 일단 실행이 시작되면 대부분의 변경 사항이 아주 적어야 하고 문제 발생 시 신속하게 해결함을 의미한다.

> **생산능력(Capacity)**
> 작업자(worker), 기계(machine), 작업장(work center), 공장(plant) 또는 조직(organization)이 기간마다 산출물을 생산할 수 있는 능력. 요구되는 생산능력은 주어진 제품 혼합(기술, 제품 사양 등을 가정)을 만들기 위해 필요한 시스템 능력을 나타낸다. 계획 기능에 따라, 가용 생산능력(capacity available)과 요구되는 생산능력(capacity required)은 단기간(능력소요량계획), 중기간(개략 능력계획), 장기간(자원소요량계획)에서 측정될 수 있다. 생산능력 통제는 단기 계획의 투입/산출 통제 보고서를 통한 실행이다.

> 💡 **생산능력 관리(Capacity management)**
> 모든 제조 일정(manufacturing schedule), 즉 생산계획(production plan), 기준생산일정(MPS), 자재소요량계획(MRP), 그리고 발송 목록(dispatch list)을 수행하기 위해서 생산능력의 수준이나 한계를 설정하고, 측정하고, 관찰하고, 조정하는 기능.
>
> 💡 **생산능력 계획(Capacity planning)**
> 미래에 생산하는데 요구되는 생산능력의 양을 결정하는 프로세스. 이 프로세스는 합계(aggregate) 또는 제품군 수준(자원소요량계획), 기준일정수립 수준(개략능력계획), 자재소요량계획 수준(능력소요량계획)에서 수행될 수 있다

투입(input)과 산출(output)의 통제를 사용하여 수행되는 생산능력 통제는 12장에서 상세히 다룬다. 여기서는 생산능력 계획단계의 계층구조를 먼저 논의한 다음 가용능력과 필요한 요구능력을 살펴본다. 이어서 생산능력 측정 시스템을 검토한 후 반복적으로 이루어지는 생산능력계획 프로세스에 대해 논의한다.

8.1.1 생산능력계획 계층구조(Capacity panning hierarchy)

도표 8-2는 계획 단계에서 우선순위 계획과 생산능력 계획 사이에서 교환되는 핵심 정보를 보여준다.

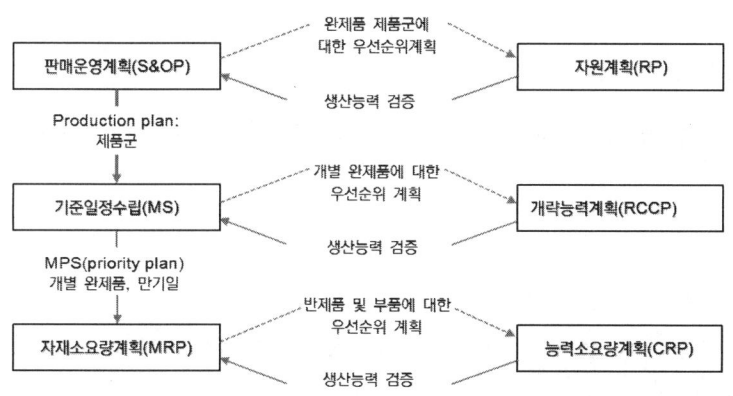

도표 8-2 생산능력계획 계층구조(capacity planning hierarchy)

자원계획(RP) 수준에서는 생산계획(production plan)을 장기 생산능력에 대해 검증하는데 이때 생산계획의 생산량은 제품군(family) 별 수량을 말한다. 자원계획은 현 시점에서 시설물, 공장, 장비에 대한 자본 지출 관련 사항이나 인력 계획 및 훈련과 같은 기타 장기적인 사항을 계획하는데 사용된다. 자원계획의 리드타임은 종종 생산계획의 계획 구간보다 더 긴 계획 기간을 요구한다. 막대한 자본 투자에 대한 의사결정을 수반한 자원계획은 대개 조직의 전략적 계획의 일부가 되며 경영진의 결정을 필요로 한다. 자원계획은 생산능력의 증대 필요성과 더불어 증대의 적절한 시점을 확인하고 전략적 의사결정을 해야 한다. 예를 들어 생산능력이 필요할 때마다 부분적으로 단계적으로 생산능력을 확장할지 또는 선도적(lead)으로 생산능력을 확장할지 아니면 지체(lag) 전략을 선택하여 수요가 확실히 증대된 이후 생산능력을 증가시킬지 여부를 판단해야 한다.

개략능력계획(RCCP) 수준에서는 최종 품목(end items)의 우선순위 계획인 기준생산일정(MPS)에 대한 검증이 이루어진다. 여기서 개략이라는 의미는 조직 내의 병목(bottleneck) 작업장, 중요한 자재 및 전반적인 노동력에 대한 검증이다. 이 검증의 결과물은 실현가능한 기준생산일정이며 최종 품목의 만기일(due date)과 수량이 지정된 우선순위 계획이다.

생산능력 소요량계획(CRP) 수준에서는 예비 자재소요량계획(MRP)의 결과물은 계획주문(planned orders)과 이전에 발행되어 아직 완료되지 않은 미완료주문(open orders)에 대한 생산능력 검증이 이루어진다. 이는 특정 작업장에서 사용 가능한 생산능력과 수행되어야 할 작업량을 비교하여 실시된다. 차이가 발생될 경우, 예컨대 가용능력이 부족할 경우 생산능력을 늘리든지 아니면 작업량을 줄이든지 등을 통해 차이를 해결한 후에 계획주문이 생산활동통제의 실행 부문으로 전송된다.

8.1.2 가용 능력(available capacity) 대 요구된 능력(required capacity)

> ♪ 가용 능력(Capacity available)
> 특정 기간에 산출량(output)을 생산할 수 있는 시스템 또는 자원 능력(capability).
>
> ♪ 요구된 능력(Capacity required)
> 특정 기간에 원하는(desired) 산출물을 생산하는데 필요한(needed) 시스템 또는 자원 능력(capacity).

> 💡 **부하(Load)**
>
> 계획된 작업량과 특정 기간 동안에 시설(facility), 작업장(workcenter) 또는 작업(operation)에 실행되는 실제 작업량. 일반적으로 표준 작업 시간(standard hours of work) 또는 품목들이 동일한 비율(same rate)로 비슷한 자원들을(similar resources) 소모할 때의 생산 단위(units of production)로 표현된다.

생산능력이란 작업율을 말하는 것이지 어떤 수량을 지칭하는 것이 아니다. 주어진 기간 내에 완료되거나 혹은 필요한 작업량이다. 따라서 가용능력은 생산율(production rate)이라고 할 수 있다. 예컨대 어떤 작업장의 경우 하루당 작업 가능한 양이다. 요구능력은 작업 혹은 부하량이 이루어져야 하는 율을 말한다. 부하량이란 주어진 기간 동안의 수행되어져야 할 작업량이다. 도표 8-3은 이 용어를 설명하기 위한 일반적인 깔때기 비유를 보여준다.

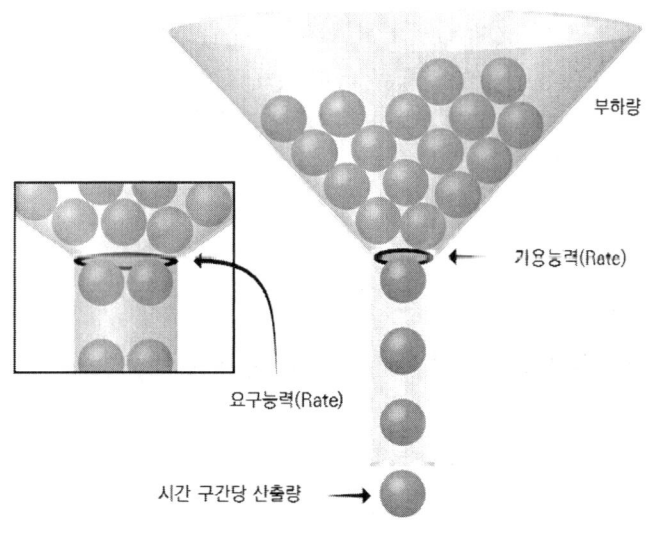

도표 8-3 요구능력(required capacity) 대 가용능력(available capacity)

위 도표에서 가용능력은 깔때기 목(neck)지점으로, 시간당 얼마만큼 처리할 수 있는지에 대한 제약 사항이다. 부하량은 주어진 기간 동안에 해당 사람, 작업장, 생산 라인 등을 이용하여 완료해야 하는 총 작업량이다. 요구된 생산능력 역시 비율(rate)이고, 이 비율은 필요한 기간 내에 실제로 처리되는 모든 부하량이다. 도표 8-3 비유에서 보듯이 이 보기에서는 요구능력(기간당 2단위)이 가용능력(기간당 1단위)보다 크다는 것을 알 수 있다. 깔때기 안에 담겨져 있는 작업량이 주문잔량(backlog)으로 표현된다.

생산능력 계획은 주어진 각각의 기간당(per period) 가용능력과 요구능력을 비교 검증하는 것이 중요하다. 1주차는 생산능력이 남아 여유가 있고 2주차는 생산능력이 부족하다고 할 경우, 이 두 주의 가용능력과 요구능력을 합하여 총량에 차이가 없다고 생각해서는 안 된다는 것이다. 왜냐하면 생산능력을 보관이나 저장을 해 둘 수가 없기 때문이다. 시간이 흘러가면 사용하지 못한 생산능력은 그대로 소멸된다. 공장 가동율이 공장장의 가장 주요한 관리 지표 중 하나인 이유이다.

평준화 생산이나 린 평준화 일정 그리고 택타임, 제약이론 등이 필요한 생산능력을 사용 가능한 생산능력과 효율적으로 일치시키기 위한 노력의 예이다. 생산능력 계획 담당자는 자원계획(RP) 수준에서는 아주 큰 폭의 가용생산능력 조정이 가능하고 개략능력계획(RCCP)에서는 중간 정도 그리고 생산능력소요량 계획이나 생산능력 통제 단계로 내려갈수록 아주 미세한 수준의 가용생산능력 증대 만이 허용된다. 왜냐하면 능력 증대를 위한 조치를 취할 시간이 점점 짧아지기 때문이다. 어떤 특정 시점을 지나면 더 이상 가용능력 조정이 불가하여 우선순위 계획 달성이 불가능한 시점에 이를 수 있다. 이 때는 작업 일정을 재조정하거나 부하량 자체를 줄이는 등 우선순위 계획을 변경하는 것이 필요하다.

8.1.3 생산능력 측정 시스템(Capacity measurement systems)

자재소요량계획으로부터 생성된 우선순위 계획은 일반적으로 산출량의 수량으로 명시된다. 만약 산출량 단위로 생산능력을 표시할 수 있는 경우, 예를 들어 오일 배럴, 종이 다발 또는 생산되는 원자재 톤, 수량을 이용하여 생산능력소요량 계획을 수행할 수 있다. 그러나 대부분의 경우 우선순위 계획은 다양한 유형의 제품군 또는 최종 단위 또는 반제품의 숫자로 나타난다.

대부분의 경우 생산능력 소요량계획을 위한 가장 적합한 공통 분모는 표준시(standard time)이며 흔히 표준시간(standard hours)이라고 한다. 따라서 생산능력이 표준시간으로 표시되는 경우가 많으므로 필요한 시간당 요율과 사용 가능한 시간당 요율을 비교하기 위해 우선순위 계획을 동일한 측정 단위인 시간으로 변환해야 한다.

> **표준시간(standard time)**
> (1) 주어진 기계 또는 작업을 설정(set up)하는데 요구되는 시간의 길이
> (2) 해당 작업을 통해 한 묶음(one batch) 또는 하나 이상의 부품(one or more parts), 조립품(assemblies) 또는 최종 제품(end products)을 실행하는 데 필요한 시간. 기계와 노동 소요량들을 결정하는데 사용된다. 규정된 방법(prescribed methods)을 따르는 평균 작업자를 가정하고, 피로(fatigue)와 불가피한 지연을 극복하도록 개인적인 휴식 시간을 허용한다. 또한, 인센티브 지불 시스템(incentive pay systems)의 기초로서, 또 원가 회계 시스템(cost accounting systems)에서 간접비(overhead)를 할당하는 기초로서 빈번하게 사용된다.

작업장에서의 작업에 대해 시간의 표준 양이 결정되면 이것이 생산능력을 예상하는 방법을 생성한다. 이 표준을 사용하여 생산율이 정의될 수 있다. 실제율(actual rate)이 이 수준보다 높거나 혹은 낮음을 보고 상대적인 효율성과 기타 요인을 평가할 수 있다. 이와 같은 조치 관련 내용은 다음 주제에서 다룬다. 표준시간을 수립하기 위해서는 통상적으로 작업자와 작업 활동을 면밀히 관찰해야 한다. 이러한 유형의 정보는 수집에 많은 시간과 비용이 소요될 수 있다. 표준은 또한 작업자 학습 곡선을 어떻게든 고려해야 할 필요가 있다. 여기서 학습 곡선이란 작업자가 더 많은 생산량을 경험할수록 시간당 산출량이 증가하는 경향이 있음을 의미한다. 이로 인해, 가용 작업인력이 시간이 지남에 따라 변하기 때문에 표준시간을 설정하기 위한 이동 목표(moving target)를 생성할 수 있다.

8.1.4 반복적인 생산능력계획 프로세스

자원계획(RP), 개략능력계획(RCCP) 및 생산능력 소요량계획(CRP)은 모두 각각 단계에서 반복되는 동일한 기본 생산능력 계획 프로세스를 따른다. 모든 경우에 목표는 우선순위 계획을 충족시키는 데 필요한 생산능력을 결정하고 이를 실현 가능케 하는 충분한 생산능력이 있는지를 확인하는 것이다.

다음은 반복적인 생산능력 계획 프로세스의 일반적인 단계이다. 각 작업장(세부 작업 단계에 따라 사용되는 모든 작업장 또는 일부 병목 작업장일 수 있음) 또는 생산능력 측정을 위한 기타 요소에 대해 계획 기간의 각 시간 버킷에 대해 다음 단계를 수행한다.

① 사용 가능한 생산능력을 계산한다. 이를 가용능력(available capacity)라고 하며 이 가용능력에는 표준능력(rated capacity)과 실현된 능력(demonstrated capacity) 두 가지 유형이 있다.
② 시간 기간당 부하량을 계산한다. 이를 부하량을 수행하기 위해 필요한 요구능력(required capacity)이라고 한다.
③ 각 기간별로 가용능력과 요구능력을 비교하여 차이를 결정한다. 이 비교를 위해 사용하는 도구가 부하량 프로파일이다.
④ 차이를 해결한다. 두 생산능력 사이에 차이가 발생할 경우 우선적으로 조치를 취하는 방법은 가용능력을 먼저 조정하고 필요하면 가용 생산능력에 맞게 우선순위 계획을 변경한다.

사용 가능한 생산능력은 산출량의 수량이나 혹은 보다 일반적으로 표준시간 단위로 표시된다. 시간 버킷 내에서 사용할 수 있는 생산 시간 및 기타 세부 사항은 가용능력을 계산할 때 고려되며 다음 주제에서 자세히 설명한다. 시간 버킷당 부하량을 계산하려면 일반적으로 우선순위 계획을 표준 작업 시간으로 변환하고 이 부하가 각 작업장에 도달하는 시점을 결정한 다음 기간당 각 작업장에서 모든 산출량을 생성하는데 필요한 작업 시간을 합산한다.

8.2 생산능력소요량 계획(Capacity requirement planning)

> **생산능력 소요량계획(CRP, Capacity requirements planning)**
> 능력의 한계 또는 수준을 설정, 측정 및 조정하는 기능. 이런 맥락에서, 이 용어는 생산 작업을 수행하는 데 필요한 노동 및 기계 자원의 양을 상세히 결정하는 프로세스를 의미한다. MRP 시스템의 미완료 제조 주문(open shop orders)및 계획 주문(planned orders)은 CRP에 입력된다. CRP는 부품 작업경로(parts routings) 및 시간 표준(time standards)을 사용하여 이러한 주문을 작업장별 시간 단위로 변환한다. 개략능력 계획(rough-cut capacity planning)이 기준생산일정(MPS)을 실행하는 데 충분한 능력이 있음을 나타냈더라도, CRP는 특정 기간 동안에는 생산능력이 충분하지 않다는 것을 보여줄 수 있다.

생산능력 소요량계획은 자재소요량계획에 대한 검증이다. 생산능력 소요량계획은 자원계획이나 개략능력계획과는 달리 생산의 모든 세부 사항을 검증하는 상세 생산능력계획이지만, 나중에 보여지듯이 분석을 단순화하기 위해 특정 추정치를 가장 가까운 날짜로 반올림하는 것과 같은 몇 가지 일반적인 가정에 의존한다. 즉 각 시간이나 분 단위 등과 같이 세밀하게 가용성을 검증하지는 못한다는 의미이다. 일단 생산능력 소요량계획은 특정 주요 작업장만이 아니라 모든 작업장에서 시간 버킷 당 총 수요 대비 생산능력을 확인한다. 계획주문 및 미완료주문(기계획된 수취)은 일반적인 측정 단위인 표준시간으로 변환된다. 많은 프로세스가 시간 버킷의 끝 부분에서 부분적으로 완료된 작업을 가질 수 있기 때문에 생산능력 소요량계획 시스템은 생산능력 요구사항을 산출하기 전에 미완료주문을 고려한다. 또한 각 작업장에서 작업의 리드타임(여기서 리드타임은 자재소요량계획에서 사용한 리드타임이 아니고 제조리드타임을 사용한다)을 고려하고 그에 따라 마감일로부터 역산되는 시간을 상쇄하여 작업 일정이 결정된다.

8.2.1 능력소요량계획(CRP)에 대한 투입요소

생산능력 소요량계획에 대한 입력에는 계획주문 발행 및 미완료주문, 작업경로, 작업용 달력, 그리고 작업장 파일로부터 생산능력과 리드타임 정보 등이 포함된다.

계획주문(planned orders) 발행 및 미완료주문(open orders)

계획주문은 자재소요량계획에서 제안되어 생성된 것이다. 미완료주문(자재소요량계획 기록에는 기계획된 수취로 표시됨)은 생산능력 소요량계획의 유효성 검사 프로세스를 이미 거친 주문이므로 주문서 파일에 포함되어 있다. 작업 시작을 대기 중이거나 이미 진행중인 작업이다. 미완료주문은 수량, 기한 및 공정에 관한 정보를 제공한다. 반면에 계획주문은 향후 시간 버킷에 필요한 제안된 생산능력을 구성한다.

작업경로(routing)

> **작업경로(Routing)**
> 특정 품목의 제조 방법에 대한 상세한 정보. 여기에는 수행할 작업, 순서(sequence), 관련 여러 작업장, 설치 및 실행 표준(standards for setup and run)들이 포함된다. 일부 조직의 경우, 작업경로는 공구사용(tooling), 작업자 기술 수준(operator skill levels), 검사 작업(inspection operations), 시험 요구사항(testing requirements) 등에 대한 정보도 포함된다.

작업경로에는 동일한 작업을 수행할 수 있는 대체 작업장(alternate workcenter)에 대한 정보도 포함될 수 있다. 작업경로에 가동준비(setup)와 작업(run) 시간 표준이 포함되어 있다. 이것은 생산된 단위 당 활동에 대한 표준시간(standard hours)이다. 도표 8-4는 반제품 200의 작업경로를 보여준다.

부품번호: 200 / 도면번호: D200X				
공정번호	작업장	가동준비 (표준시간)	가동시간/개(표준시간)	작업
10	13	0.15	0.07	용접
20	16	0.25	0.11	몰딩
30	14	0.15	0.06	부분용접
40	11	0.05	0.05	절삭
50	창고			재고

도표 8-4 반제품 200을 위한 작업경로(routing)

제조용 달력(manufacturing calendar or shop calendar)

앞서 논의했듯이 휴일이나 공장 가동 중단으로 인해 일주일의 근무일 수가 항상 일정하지는 않으며 월(month)당 주(weeks)도 마찬가지로 어떤 경우는 4주, 어떤 경우는 5주로 일정하지가 않다. 이러한 것들이 계획을 복잡하게 하므로 조직은 제조용 달력(혹은 공장 달력이라고 부른다)에 기반하여 작업을 계획한다.

> **제조용 달력(Manufacturing calendar or Shop calendar)**
> 재고 및 생산계획에 사용되는 달력으로 휴일은 제외하고 근무일만 연속적인 숫자로 표시하고 이를 이용하여 구성품과 작업 주문 일정 수립이 실제 근무일 수에 따라 진행될 수 있도록 한다.

도표 8-5는 제조용 달력의 예를 보여준다. 해당 달의 날짜는 모든 달력과 동일하게 표시된다. 그러나 작업을 하지 않는 비 근무일(주말, 공휴일, 공장 가동 중단)은 동그라미 표시되거나 다른 방법으로 표시되며, 근무일은 연초부터 마지막 날까지 순차적으로 번호가 매겨진다. 모든 비 근무일은 이 순차적 카운트에서 생략된다. 또한 주(week)들도 일 년 중 첫 주부터 마지막으로 연속적으로 번호가 매겨진다. 이런 방법을 사용하여 혼란 없이 주(week)와 일(day)을 식별할 수 있다.

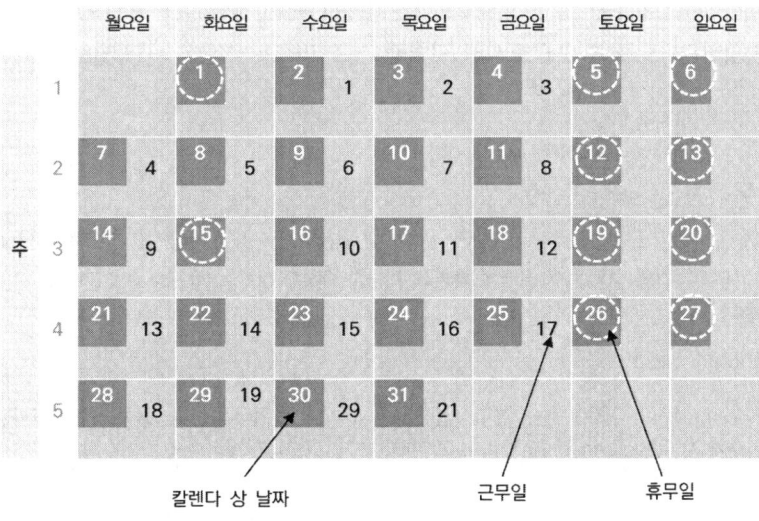

도표 8-5 제조용 달력(manufacturing calendar) 예

작업장 생산능력과 리드타임

> 💡 **작업장(Work center)**
>
> 능력소요량계획 및 세부 일정 수립을 위한 한 단위(one unit)로 간주될 수 있는, 비슷한 생산능력(similar capabilities)을 가진 하나 이상의 사람 및 기계로 구성된 특정 생산 구역(specific production area).

각 작업장에는 해당 작업장(workcenter)의 정보가 담긴 작업장 파일이 있으며 일반적으로 이 파일에는 작업장의 가용능력에 대한 정보가 포함된다. 리드타임은 일반적으로 작업경로(routing)에 저장된다(어떤 시스템에서는 리드타임이 작업장 파일에 포함될 수 있음). 아래에 정의된 제조용 리드타임의 구성 요소 중 일부(특히 작업전 대기, 작업후 대기 및 이동)는 일반적으로 작업경로가 아닌 작업장 기준정보 파일에 포함된다.

> 💡 **리드타임(Lead time)**
>
> 프로세스(또는 일련의 작업)를 수행하는 데 필요한 시간 범위(span of time). 리드타임의 개별 구성요소에는 주문 준비 시간(order preparation time), 작업전 대기 시간(queue time), 처리 시간(processing time), 이동 및 운송 시간(move or transportation time), 수취 및 검사 시간(receiving and inspection time)이 포함될 수 있다.

여기서 말하는 리드타임은 앞서 자재소요량계획에서 배운 제품 리드타임보다 좀더 세밀한 제조 리드타임을 지칭한다. 도표 8-6에 표시된 것처럼 제조 리드타임은 각 공정별로 5가지 요소로 구성되어 있다.

작업전 대기 시간(Queue time)

어느 작업이 설정되거나 수행되기 전(before)에 작업장에서 대기하는 시간. 대기 시간은 전체 제조 리드타임의 한 요소이다. 대기 시간의 증가는 제조 리드타임과 재공중 재고(work-in-process inventories)의 직접적인 증가로 연결된다.

작업전 대기(Queue)

기다리는 줄(waiting line). 제조에서는, 해당 작업장에서 처리되기를 기다리는 작업들을 뜻한다. 대기가 길어지면, 평균 작업전 대기 시간(average queue time)과 재공중 재고가 증가한다.

가동준비 시간(Setup time)

특정 기계, 자원, 작업장, 프로세스 또는 라인이 A품목의 마지막 부분의 생산에서 B품목의 첫 번째 부분으로 전환(convert)하는데 소요되는 시간.

가동준비(Setup)

1) A 품목의 마지막 부분의 생산에서 B품목의 첫 번째 부분의 생산으로 특정 기계, 자원, 작업장 또는 라인을 변경(change)하는 작업.
2) 마지막으로 생산된 로트의 영향을 상쇄시키기(neutralize)위한 장비 재조정(refitting)(예를 들어, 방금 완료된 생산의 분해(teardown), 다음 예정된 품목의 생산을 위한 장비 준비)

가동 시간(Run time)

특정 작업에서 부분 또는 로트를 처리(process)하는데 필요한 시간. 가동준비 시간을 포함하지 않는다.

작업후 대기 시간(Wait time)

한 작업이 끝난 후(after) 다음 작업으로 이동할 때까지 기다리는 시간. 흔히 이동 시간(move time)의 한 부분으로 표현된다.

이동 시간(Move time)

공장에서 한 작업이 다른 작업으로 물리적으로 이동하는데(physically moving) 소비되는 시간.

전환 시간(Transit time)

한 작업에서 다른 작업으로 품목이 이동하는 주어진 순서가 있다는 것을 가정하고 정해진 표준 허용치(standard allowance).

이 5가지 요소의 합계가 한 공정의 제조 리드타임이다. 제조 리드타임은 두 가지로 크게 구분할 수 있는데 첫째는 가동준비 시간(setup time)과 가동 시간(run time)을 합친 것을 작업시간(operation time)이라 한다. 이는 작업장에 가해지는 작업량(load) 계산에 사용된다. 작업전 대기 시간(queue time), 작업후 대기시간(wait time) 및 이동시간(move time)은 두 공정 사이에 소요되는 시간이기 때문에 공정간 시간(inter-operational time)이라고 부르고 총 리드타임에는 추가되지만 작업장에 대한 부하량 계산에는 추가되지 않는다.

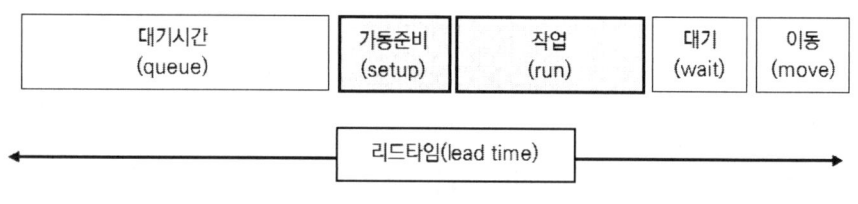

도표 8-6 제조 리드타임 구성요소

> 💡 **내부 가동준비 시간(Internal setup time)**
> 프로세스 또는 기계가 가동되지 않는(not running) 동안 수행되는 가동준비 절차 요소 관련 시간.
>
> 💡 **외부 가동준비 시간(External setup time)**
> 프로세스 또는 기계가 가동(running) 중일 때 수행되는 가동준비 절차 요소 관련 시간.

> 💡 **프로세스 배치(Process batch)**
> 다른 유형의 작업으로 전환하거나 장비 설정을 변경하기 전에 작업장에서 완료해야 하는 산출물의 수량(quantity) 또는 크기(volume).

많은 경우 비생산적인 시간, 특히 작업전 대기(queue) 시간이 전체 리드타임 중 제일 큰 부분을 차지한다. 서로 다른 작업장은 서로 다른 작업 시간을 가지며, 자재 흐름을 조정하는 작업이 복잡할 수 있다. 각 선택 사항에는 약간의 절충점이 있다. 작업전 대기(queue) 시간은 주어진 작업장에서 작업의 주문잔량(backlog)을 나타내며 작업장이 기능별(functional)로 정렬되고 작업경로가 고정되지 않고 이리저리 바뀌는 경우, 즉 잡샵(job shop)이나 기능적(functional) 프로세스 유형인 경우에 특히 많이 필요하게 된다. 기능별 프로세스에서는 제품에 따라 작업 묶음(batch) 단위가 다르기 때문이다. 이 때문에 작업들을 모든 작업장에 정시에 도착하게 하는 것이 매우 어렵다. 또한 일정량의 대기와 주문잔량은 작업장이 유휴 상태가 되지 않도록 보장하기도 한다. 작업전 대기 시간이 길어짐에 따라 재공중 재고가 증가되고 리드타임 역시 길어진다. 따라서 제약이론(TOC)이나 린(lean) 생산 방식과 같은 다른 솔루션을 활용하여 이러한 비생산적인 시간을 줄여서 리드타임을 줄이도록 지속적으로 노력해야 한다.

생산능력 소요량계획(CRP)의 4단계 프로세스 중 첫 번째는 가용 생산능력을 계산하는 것이다.

8.2.2 가용능력(Capacity available) 계산

사용 가능한 생산능력은 위에서 설명한 입력사항에 열거된 표준시간을 기준으로 하지만, 사용된 입력사항이나 가정에 변경이 있을 때 이러한 표준을 갱신해야 한다. 이는 좀 더 빠른 처리 속도를 가진 장비 도입이나 장비 수량 추가, 작업 단계를 추가하거나 제거하는 작업 프로세스 개선 또는 제품 및 제품 혼합에 대한 변경 등을 통해 바뀔 수 있다.

사용 가능한 생산능력은 공장 수준, 생산 라인 또는 셀 수준, 작업장 수준, 개별 작업자나 장비 수준 등 여러 단계에서 측정할 수 있다. 공장, 작업장 및 개별 수준 모두가 중요하다. 가용 생산능력에는 여러 가지 유형이 있는데 여기서는 표준(rated) 생산능력과 실현된(demonstrated) 생산능력에 대해 살펴보겠다. 또한 관련 용어인 생산성(productivity)과 수율(yield)을 정의한다.

표준능력(rated capacity)

> **표준능력(Rated capacity)**
> 자원 또는 시스템의 예상 산출 능력. 생산능력은 전통적으로 계획 시간(planned hours), 효율 및 가동률과 같은 데이터로부터 계산된다. 표준능력은 가용시간(hours available) × 가동률(utilization) × 효율(efficiency)과 같다.

표준 생산능력을 결정하기 위해 함께 곱해지는 세 가지 구성 요소인 가용시간, 가동율 그리고 효율에 대해 자세히 살펴보자.

가용시간(available time)

> **가용시간(Available time)**
> 교대 근무 구조(shift structure), 초과 교대(extra shifts), 정규적인 초과 근무(regular overtime), 주말 및 공휴일 준수(observance), 공장폐쇄(shutdowns) 등에 관한 경영진의 결정에 따라 작업장을 사용할 수 있는 시간 수.

시간 버킷당 기계의 수(기계 중심의 작업장인 경우) 또는 작업자(작업자 중심의 작업장인 경우) 수뿐만 아니라 한 교대당 근무 시간, 하루 근무 교대 수, 시간 버킷 당 일수를 고려한다. 이 때 기계 수를 이용하여 계산할지 아니면 작업자 수를 이용할지에 대한 결정은 해당 작업장이 기계 중심인지 아니면 작업자 중심인지를 살펴보고 좀더 제약을 가진 하나의 요소를 선택하면 된다.

앞서 살펴본 도표 8-4의 예에서, 작업장 13은 일주일에 5일 근무를 하고 하루 8시간 작업을 하는 아크 용접기 장비가 4대 있다. 따라서 이 작업장의 가용시간은 다음과 같이 계산된다.

$$\begin{aligned} \text{가용시간(available time)} &= \text{기계 혹은 작업자 수} \times \text{버킷당 시간} \\ &= 4\text{대} \times (5\text{일} \times 8\text{시간/일}) \\ &= 160\text{시간/주} \end{aligned}$$

앞에서 언급했듯이 주당 사용 가능한 시간은 해당 주에 근무하는 날의 수에 따라 다르다. 만약 위 계산 예에서 주당 근무일이 4일이라면 주당 총 가용시간은 128시간이다.

가동률(utilization)

> **가동률(Utilization)**
> 상품 또는 서비스를 생산하는 데 자원이 얼마나 집중적으로(intensively) 사용되는지에 대한 측정(일반적으로 백분율로 표시). 실제 작업 시간(actually worked hours)과 가용 시간(available time)을 비교한다. 전통적으로, 생산활동에 직접 쓰인 시간(가동준비시간 + 가동시간)에 대해 가용 시간(clock time available)의 비율로 계산된다. 가동률은 0%에서 100% 사이의 값을 가지고, 이는 100%에서 기계, 도구, 작업자 등을 사용할 수 없으므로(unavailability) 이로 인해 손실된 시간(time lost)의 백분율을 뺀 값과 같다.

가동율은 작업자의 정상적인 휴식 시간과 점심 시간, 일상적인 설비유지보수 관리 시간, 피할 수 없는 지연, 고장으로 인한 장비 가동 중단 시간까지 포함하여 가용시간(available time)을 보다 현실성 있게 만든다. 장비 또는 작업장의 실제 사용 기록을 검토하거나 작업 샘플링 연구를 수행하면 이 정보를 얻을 수 있다. 작업자가 1시간 휴식을 취하면 작업자 1인당 하루 1시간을 의미할 수 있다. 6명이 일주일에 5일 동안 작업할 경우 30시간이 된다. 이전 보기에서 작업장 13이 실제로 주당 130시간만 생산을 하는 경우 계산은 다음과 같다.

$$\text{가동율(Utilization)} = \frac{\text{실제작업 시간}}{\text{가용 시간}}$$

$$= \frac{130\text{시간}}{160\text{시간}}$$

$$= 0.8125 = 81.25\%$$

효율(efficiency)

> **효율(Efficiency)**
>
> 예상 표준 산출물(standard output expected)과 비교되는 실제 산출물의 측정(일반적으로 백분율로 표시). 효율은 기존 표준에 비해 성능이 얼마나 좋은지로 측정된다. 대조적으로, 생산성 측정(productivity measures)은 특정 입력(예를 들어, 톤/노동 시간)에 대한 값으로 산출된다.

장비의 표준이란 예를 들어 표준시간당 한 단위(평균 작업자의 예상 산출량)와 같은 비율일 수 있다. 즉 100 표준시간이란 100시간 후에 100단위가 생산될 것이라는 기대치이다. 만약 100시간 동안 110개의 단위가 실제로 생산되었다면, 이것은 110 표준시간(standard hours)의 작업이 될 것이며 이 경우 효율은 다음과 같이 계산된다.

$$\text{효율(Efficiency)} = \frac{\text{표준시간}}{\text{실제작업 시간}}$$

$$= \frac{110\text{시간}}{100\text{시간}}$$

$$= 1.1 = 110\%$$

다른 예로 어떤 작업이 100시간 안에 완료되어야 하는데 초과 근무 시간을 20시간 했을 경우 효율은 100시간/120시간 = 0.833 = 83.3%이 될 것이다.

표준능력(rated capacity) 계산

위에서 검토한 세 가지 구성요소를 통해 산출되는 가용 생산능력을 표준능력(rated capacity)라고 부른다.

$$\begin{aligned}\text{표준능력(rated capacity)} &= \text{가용시간(available time)} \times \text{가동율(utilization)} \times \text{효율(efficiency)} \\ &= 160\text{시간} \times 0.8215 \times 1.1 \\ &= 143\text{표준시간}\end{aligned}$$

가용 생산능력을 계산하는 또 다른 방법은 실현된(demonstrated) 생산능력이라고 불리는 방법이다.

실현된 능력(demonstrated capacity)

> **실현된 능력(Demonstrated Capacity)**
> 실제 성과 데이터(actual performance data)로부터 계산된 검증된 생산능력(proven capacity)으로, 일반적으로 평균 품목 수(average number of items)에 품목 당 표준시간(standard hours)을 곱하여 표현된다.

실현된 능력은 과거의 실제 생산 기록을 사용하여 계산되기 때문에 최대 산출량이 아닌 평균을 현실적으로 볼 수 있다. 어떤 작업장에서 과거 주별로 산출된 생산 기록의 평균을 실현된 능력으로 볼 수 있고 또 다른 방법은 한 주차 내에서 5일간에 걸쳐 100, 110, 90, 120 및 120 표준시간으로 실제로 생산을 했다고 가정할 때 다음과 같이 실현된 생산능력을 계산할 수 있다.

$$\begin{aligned}\text{실현된 능력(Demonstrated Capacity)} &= \frac{\text{시간 버킷당 표준시간의 합}}{\text{시간 버킷 수}} \\ &= \frac{(100\text{시간}+110\text{시간}+90\text{시간}+120\text{시간}+120\text{시간})}{5} \\ &= 108\text{표준시간}\end{aligned}$$

어느 방법을 이용하여 계산하든 실현된 능력은 최대값이 아니라 평균값이다. 실현된 능력에는 이미 가동율과 효율이 포함되어 있으므로 다시 고려해서는 안 된다. 이는 실제작업 시간이 사용되고 있고 작업자 휴식 등 특정 효율성 수준에서 작업이 이루어졌기 때문이다.

가동율과 효율은 실제 사용 가능한 시간과 실제 작업 한 시간 그리고 조직에서 설정한 표준시간 대비 실제로 작업된 시간에 관한 정보 기록으로부터 도출될 수 있다. 계산 방법은 앞서 살펴본 것과 동일하다. 예를 들어 해당 시간 구간 당 600시간이 실제 사용 가능 시간이었지만 어떤 이유로 장비가 500시간 동안 작동하였고 표준시간이 450시간이라고 기록되어 있을 때 계산은 다음과 같다.

$$\text{가동율(Utilization)} = \frac{\text{실제작업한 시간}}{\text{가용시간}}$$

$$= \frac{500\text{시간}}{600\text{시간}}$$

$$= 0.8333 = 83.3\%$$

$$\text{효율(Efficiency)} = \frac{\text{표준 시간}}{\text{실제작업한 시간}}$$

$$= \frac{450\text{시간}}{500\text{시간}}$$

$$= 0.9 = 90\%$$

생산성(productivity) 및 수율(yield)

생산성(Productivity)

상품이나 서비스를 생산하는 능력에 대한 전체적인 측정(overall measure). 이는 실제 자원 투입(actual input of resources)에 비교되는 실제 산출량(actual output of production)이다. 생산성은 시간에 따라 또는 공통 특성들(노동, 자본 등)에 대한 상대적인 측정치이다.

수율(Yield)

프로세스 완료 후에 사용 가능한, 좋거나(good) 허용되는(acceptable) 총 자재. 일반적으로 최종 금액을 십진수(decimal) 또는 백분율(percentage)로 변환된 초기 양으로 나눈 값으로 계산된다. 제조 시스템과 통제 시스템의 경우, 수율은 일반적으로 특정 수의 완제품을 생산하기 위해 얼마만큼의 단위(unit)들이 예정되어야 하는지 결정하는 특정 작업경로 혹은 모품목에 관련되어 있다. 예를 들어, 고객이 50단위의 제품을 필요로 하고, 70%의 수율이 예상된다면, 72단위(50단위를 0.7로 나눈 값으로 계산)를 제조 프로세스에서 시작해야 한다.

8.2.3 부하량 = 요구된 능력(capacity required) 계산 및 차이

생산능력 소요량계획의 순서에서 첫 번째 가용능력을 계산한 이후 두 번째는 미완료주문 및 계획주문의 입력이 작업경로에 열거된 각 작업장의 부하로 변환되어 요구능력을 계산해 내는 것이며 세 번째 단계는 가용능력(여기서는 표준능력)과 요구능력을 비교하여 차이를 발견하는 것이다.

① 미완료주문 및 계획주문을 위한 작업 시간을 계산한다. 이 단계에서는 모든 주문을 공통 단위인 표준시간으로 변환한다.
② 작업 일정을 수립하여(종종 후방 일정을 사용하여 완료) 각 작업장별로 각 작업의 시작 및 종료 날짜를 결정한다.
③ 부하량 프로파일을 생성한다. 부하량 프로파일 생성의 목적은 특정 작업장에서 각 기간별로 어느 기간에 생산능력이 부족하고 어느 기간에 넘치는 지 등과 같은 가용능력과 요구능력의 차이를 한 눈에 보고 알기 위함이다.

위 단계에서 1번과 2번은 요구능력을 계산하는 절차이다. 이에 대해 좀더 상세히 알아보자.

작업주문 당 작업시간(operation time) 계산

작업 주문 당 작업시간은 각 작업주문(계획주문 및 미완료주문)에 대한 리드타임의 가동준비 시간과 가동시간의 합으로 구성되어 있다. 각 주문은 작업경로에서 각 작업장에 대해 개별적으로 계산된다. 가동준비 시간은 주문 당 1회로 계산되고 작업 수량에 단위당 표준시간을 곱하여 구하게 된다. 예를 들어 도표 8-4의 예에 나온 품목 번호 200 조립품에 대한 작업주문 200개를 생산한다고 가정하자. 이 조립품의 작업경로 첫 공정인 작업장 13에서 용접 작업이 필요로 함을 보여준다. 이 작업장 13의 경우 가동준비 시간은 0.15시간이고 가동 시간은 단위 당 0.07시간이다. 따라서 이 작업주문 당 총 작업 시간은 다음과 같이 계산된다.

$$\begin{aligned}
\text{작업주문 당 작업 시간} &= \text{가동준비 시간(setup time)} + \text{가동 시간(run time)} \\
&= \text{가동준비 시간} + (\text{수량} \times \text{단위당 표준시간}) \\
&= 0.15 + (200 \times 0.07) \\
&= 14.2\text{표준시간}
\end{aligned}$$

이와 같은 논리로 작업경로에 포함된 모든 작업장에서의 작업주문 당 작업 시간이 각각 계산된다. 작업 시간은 시간 기간(time horizon) 동안 완료해야 하는 모든 계획주문 및 미완료주문에 대해 계산된다.

주문 일정수립 시뮬레이션(후방 일정 수립)

실제 일정수립이 생산활동통제(PAC)에 의해 수행되더라도 주문(orders) 일정 시뮬레이션이 필요한다. 이는 주어진 시간 버킷 동안 어떤 주문이 어떤 작업장에서 수행되어야 하는지를 결정하는 것이 쉬운 일이 아니기 때문이다. 또한 주문은 한 시간 버킷에서 시작하여 다른 버킷에서 완료되는 경우 작업장의 부하를 결정하기 전에 일부 주문을 분할해야 한다.

일정수립을 시뮬레이션하는 방법은 여러 가지가 있지만, 여기서는 후방(backward) 일정수립 방법을 사용한다.

> **후방 일정(Backward scheduling)**
> 작업 시작일(operation start dates)과 만기일(due dates)을 계산하기 위한 기법. 일정은 주문의 만기일부터 계산되고 각 작업마다 요구되는 시작일과 만기일을 결정하기 위해 후방으로(backward) 작업을 시작한다.

후방 일정수립은 종료일 또는 만기일부터 시작하여 각 주문의 각 작업장별 작업 시작 및 종료 날짜를 찾기 위해 작업을 역으로 계산한다. 후방 일정수립을 수행하는 데 필요한 입력사항은 다음과 같다.

- 작업 주문 당 수량, 만기일 및 작업 시간
- 작업경로에서의 작업 순서
- 작업장 파일로부터 작업전 대기시간, 작업후 대기 시간 및 시간 이동
- 작업장 파일로부터 해당 작업장의 표준 가용 생산능력(rated capacity)과 실현된 가용 생산능력(demonstrated capacity).

후방 일정수립의 기본 단계는 다음과 같다.

① 각 작업 주문에 대해 작업 시간을 계산하고 작업경로에 표시된 순서대로 각 작업장에서 작업 전 대기시간, 작업후 대기시간 및 이동 시간을 결정한다(작업전 대기시간, 작업후 대기시간 및 이동 시간 정보는 작업장 기준 파일에 있기 때문에 이들 요소는 각 작업 주문에 대해 동일하며 개별적으로 계산할 필요가 없음).
② 만기일(due date)로부터 시작하여 후방으로 일정을 잡고, 최종 작업 종료 날짜를 찾기 위해 작업후 대기 시간과 이동 시간을 차감한 다음, 그 작업장의 시작 시간을 찾기 위해 작업 시간과 작업전 대기시간을 빼고 그 뒤 첫 번째 작업의 시작 시간을 결정할 때까지 이를 반복한다.

> **시작일(Start date)**
> 작업 활동이 시작되는(activity begins) 때; 실제 시작일 또는 계획된 시작일로 정의될 수 있다.

이 프로세스는 몇 가지 간단한 규칙을 사용하여 부분 일수(partial days)가 아닌 전체 일수(full days)를 사용하여 후방 일정수립을 계산할 수 있다. 하루가 8시간 1교대 근무라고 가정하면 8시간 이상 소요되는 모든 작업 시간을 8시간 단위로 나눈다. 나머지 부분이나 8시간 미만의 작업은 8시간으로 반올림 된다. 또 다른 가정 사항은 모든 시작 날짜는 하루의 처음 시작에서 출발하고 모든 근무 시간의 끝은 해당 종료 날짜의 끝 시간을 의미한다. 따라서 작업전 대기시간 시간이 1일이면 작업은 다음날 시작될 것이다.

예제인 작업장 13을 살펴보자. 작업장 13에 대한 작업 주문 당 첫 공정의 작업 시간은 14.2표준 시간으로 계산되었다. 시뮬레이션 된 주문 일정에서 2일로 반올림 된다. 도표 8-7은 가동준비 시간 과 작업경로에서 가져온 단위당 작업 가동 시간에 작업 수량을 곱하여 첫 공정의 총시간을 계산한 표를 보여준다.

주문번호: 808								
공정번호	작업장	가동준비 (표준시간)		수량		가동시간/개 (표준시간)	총시간 (표준시간)	8시간/일 (반올림처리)
10	13	0.15	+	(200	x	0.07)	14.2	2
20	16	0.25	+	(200	x	0.11)	22.3	3
30	14	0.15	+	(200	x	0.06)	12.2	2
40	11	0.15	+	(200	x	0.05)	10.2	2
50	창고							

도표 8-7 작업경로표(route sheet)에 근거한 작업시간(operation time) 계산

다음으로, 도표 8-8은 작업전 대기시간, 작업후 대기시간 및 이동 시간에 대한 작업장 파일의 정보를 합산한다. 이 정보는 이미 하루 단위로 반올림 처리 되었다.

작업장	작업전 대기(일수)	작업후 대기(일수)	이동(일수)
13	2	1	1
16	1	1	1
14	1	1	1
11	1	1	1

도표 8-8 작업장 파일로부터 온 작업전 대기(queue), 작업후 대기(wait), 이동(move) 정보

일단 이러한 입력 요소들이 수집되면 작업 일정 시뮬레이션을 작성하는 데 사용할 수 있다. 도표 8-9는 아직 완료되지 않은 부분적인 정보를 가진 작업 일정을 보여주고 있는데 제조용 달력일 기준으로 54일째 되는 날이 최종 마감일이다. 즉 54일째까지 모든 작업이 완료되어 창고에 입고되어야 한다는 의미이다. 어떤 경우는 마감일이 창고 입고일이 아니라 선적일이 되는 경우도 있다.

주문번호: 808							
공정번호	작업장	시작일 (오전)	작업전대기 (일수)	작업시간 (일수)	종료일 (오후)	작업후대기 (일수)	이동 (일수)
10	13		2	2		1	1
20	16		1	3		1	1
30	14		1	2		1	1
40	11		1	2		1	1
50	창고입고	54					

도표 8-9 부분 완료된 후방일정 시뮬레이션

54일째 되는 날 오전에 입고 예정일로부터 시작하여, 뒤로 역산할 때 가장 먼저 해야 할 일은 이틀간의 작업후 대기 및 이동 시간을 공제하는 것이다. 따라서 이것은 52일째가 된다. 작업시간이 2일이고 작업전 대기 시간 1일을 감안하면 49일째 되는 날 작업이 11번 작업장에 도착해야 된다. 도표 8-10은 이와 같은 논리와 순서대로 첫 번째 작업에 도달할 때까지 이 프로세스가 어떻게 계속되는지를 보여준다.

주문번호: 808							
공정번호	작업장	시작일 (오전)	작업전대기 (일수)	작업시간 (일수)	종료일 (오후)	작업후대기 (일수)	이동 (일수)
10	13	32	2	2	36	1	1
20	16	38	1	3	42	1	1
30	14	44	1	2	47	1	1
40	11	49	1	2	52	1	1
50	창고입고	54					

도표 8-10 완료된 후방일정 시뮬레이션

부하량 프로파일(load profiles) 수립

시뮬레이션 된 일정이 완료되면 다음 단계는 각 작업장의 시작일과 종료일을 기준으로 주문이 하나 이상의 시간 버킷에 어떻게 포함되는지 결정하는 것이다. 여러 시간 버킷에 걸쳐 나누어진 주문이 필요에 따라 나누어진다. 이 프로세스는 계획 기간에 걸쳐 계획주문(planned orders)과 미완료 주문(open orders) 각각에 대해 반복된다. 그 다음에 모두 취합되어 작업장별 부하량 프로파일을 생성한다.

> **부하량 프로파일(Load profile)**
> 일정 시간에 대해 발행된 주문 및 계획주문들(released and/or planned orders)에 기반한 미래 생산능력 소요량 (future capacity requirements)의 표시.

작업장: 13				부하량 프로파일					2022년 1월1일 ~ 3월 31일				
주차	1	2	3	4	5	6	7	8	9	10	11	12	13	합계
기발행된 부하	114	145	85	45	20	0	0	0	0	0	0	0	0	409
계획된 부하	0	0	25	120	130	143	143	130	130	143	143	130	310	1,367
능력관련 총부하	114	145	110	165	150	143	143	130	130	143	143	130	130	1,776
표준 가용능력	114	143	114	143	143	143	143	114	143	143	143	143	143	1,773
초과(부족)능력	0	(2)	4	(22)	(7)	0	0	(16)	13	0	0	13	13	(3)

도표 8-11 작업장 13을 위한 부하량 프로파일(테이블 형태)

기발행된 부하량은 시뮬레이션 된 일정을 기반으로 매주 각 작업장에서 처리되도록 일정된 모든 미완료주문의 합계를 말한다. 계획 부하량이란 시뮬레이션 계획 프로세스의 일부인 모든 계획주문과 고정계획주문의 합계이다. 총부하량은 둘의 합계이다. 이 예제의 작업장의 표준 가용생산능력은 이전에 결정되었다. 1주차, 3주차 그리고 8주차의 표준 가용생산능력은 주당 근무일수가 4일인 관계로 필요한 능력보다 적다.

여기서 유의해 살펴볼 점은 위 도표 8-11에서 전체 가용 생산능력(1,176)과 부하량(1,173)은 거의 균형이 맞춰 있음을 볼 수 있는데 이것이 생산능력 관리가 잘 되어 문제가 없다는 말이 결코 아니라는 사실이다. 총합계는 균형이 맞아 있을 지 몰라도 각 기간별로 보면 어떤 기간은 생산능력이 부족하고 어떤 기간에는 남는 것이다. 생산능력은 그 특성상 남은 기간의 생산능력을 나중 사용을 위해 저장해 둘 수가 없기 때문이다. 도표 8-12는 작업장 13의 부하량 프로파일을 시각적 판단을 위해 막대 차트로 보여준다.

정보를 그래픽으로 표현하는 것은 정보를 의사 결정자에게 좀더 명확하게 제시하기 위해서이다. 표준 가용 생산능력을 나타내는 선은 주당 근무일 수를 기준으로 구분된다. 이 프로세스는 계획 기간 중에 사용될 각 작업장에 대해 반복된다. 이와 같은 보고서를 작성하여 얻은 정보는 다음 단계에서 논의할 차이(difference) 해결에 사용된다.

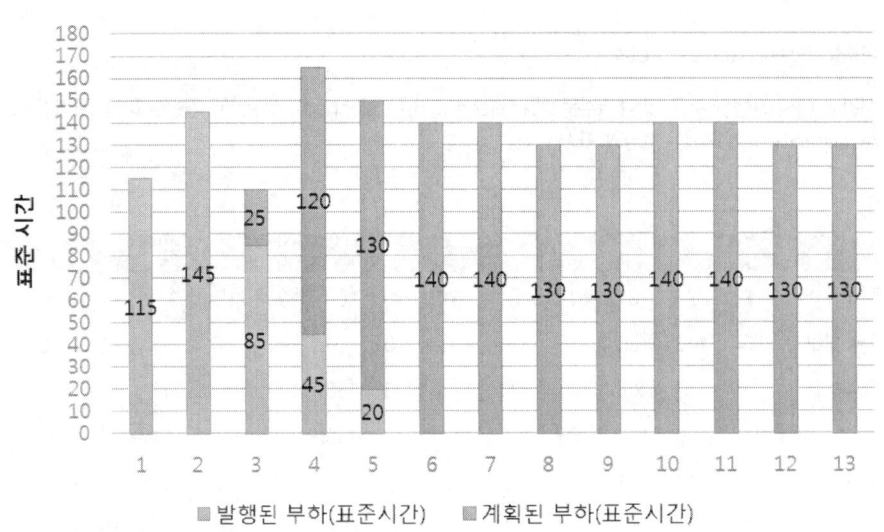

도표 8-12 작업장 13을 위한 부하량 프로파일(막대 차트)

8.2.4 차이 해결(Resolving differences)

생산능력계획에서는 가용 생산능력이 부족해도 문제이며 남아도 문제이다. 이 두 경우 모두가 차이가 되는 것이다. 생산능력이 부족하여 제 기간 내에 부하량을 감당하기 어려운 경우의 차이는 생산능력을 늘리는 노력이 우선적으로 고려되는 해결 방법이다. 여기에는 초과시간 근무(overtime)나 근무 교대(shift) 회수 증가, 작업자 추가 고용(hiring) 혹은 장비 추가(add equipment)등이 해당된다. 외주(subcontracting)를 통해 수요를 충족시키는 방법도 있으며 일부 작업을 다른 작업장으로 이동하기 위해 대체 작업경로(alternative routing)를 활용할 수도 있다. 또한 가동준비 시간 단축이나 작업 가동 시간을 줄이는 등 프로세스를 개선을 통한 가용 생산능력 증대 방안을 탐구할 수 있다.

다양한 생산능력 증대 방안을 모두 검토 후에도 여전히 생산능력이 부족할 경우 마지막 수단은 부하량의 일정을 변경하는 것이다. 이 때도 가급적 고객의 납기 일정에 영향을 주지 않는 로트크기 변경이나 납기 기한이 다른 특정 주문을 재조정하는 것이 우선적으로 검토되어야 한다. 어떤 영역 또는 작업장의 문제 해결은 다른 영역 또는 작업장에 대한 새로운 생산능력 문제가 발생할 수 있기 때문에 일정 또는 부하의 변경은 일정 시뮬레이션 및 부하량 프로파일을 반복 검토해야 한다.

생산능력이 너무 남아서 유휴 생산능력을 갖는 것도 해결해야 하는 차이이다. 이 때는 위에서 설명한 능력 부족 시 해결 방안과는 반대의 방안들이 검토될 수 있다. 이 경우 수요를 증대시키는 방안을 실시하여 부하량을 증대시키는 방법이 가장 좋은 방법이나 이것이 여의치 않을 경우 생산능력을 줄여야 한다. 예를 들면 초과시간 근무(overtime) 축소나 중단, 근무 교대(shift) 축소 혹은 중단, 작업자 해고(laying off), 작업자를 다른 작업장으로 이전, 외주를 중단 등이 있다.

위 도표 8-12의 부하량 프로파일의 예를 살펴보자. 이 예에서는 생산능력 부족(부하량 과다) 기간이 3개(4주차, 5주차, 8주차) 있다. 4주차의 경우 바로 그 이전 주차인 3주차에 약간의 여유 생산능력이 있으므로 고정계획주문을 활용하여 4주차의 부하량 중에 약 6시간분의 작업량을 3주차로 이동시킨다. 나머지 초과분 16시간은 4주차에 초과 근무를 사용하여 해결할 수 있다. 장비가 4대 있기 때문에 이것은 작업자 당 초과 근무 시간이 4시간이거나 작업자 당 하루에 1시간 미만이다. 노련한 관리자는 작업자가 경험이나 다른 요인으로 인해 표준보다 더 빨리 작업을 할 수 있는지 여부를 알 수 있다. 이 경우 작업자에게 초과 근무에 대한 필요성을 조언할 수 있지만 가급적이면 초과시간 근무없이 효율을 증대시켜 제 기간 내에 생산을 완료할 수도 있다.

8.2.5 린에서의 능력소요계획(CRP in lean)

린 생산 환경에서는 이미 평준화 일정을 채택하고 작업전 대기(queue), 작업후 대기(wait) 및 이동(move) 시간 부분들을 최소로 줄임으로써 낭비를 제거하고 있기 때문에 린에서의 생산능력 소요량계획은 아주 단순 명료해야 한다. 이러한 시스템은 일반적으로 작업장에서 작업이 균형을 이루어 병목현상이 없게 하며 특히 작업전 대기 시간을 피하도록 설계된다.

린은 재고를 줄이는데 초점을 두기 때문에 전통적인 제조계획통제 환경보다 생산능력 관리가 더 중요하다고 할 수 있다. 린 환경에서의 생산능력 관리 중 흥미로운 것은 린은 여분의 초과 생산능력을 계획할 수 있다는 것이다. 이는 낭비를 없애기 위한 린의 근본 사상에 명백히 위배되는 것처럼 보이지만, 기본 전제는 생산능력 요소 중 하나인 장비는 유휴 장비를 허용하되 유휴 작업자는 절대로 용납하지 않는다는 것이다. 왜냐하면 어떤 특정 작업장에서의 유휴 인력은 교차 훈련을 통하여 다른 작업장으로 전환되거나 혹은 설비 유지 보수, 청소, 지속적인 개선 활동 등을 할 수 있기 때문이다. 계획된 추가 생산능력으로 인해 생산 활동이 일일 기준으로 생산능력을 조정하여 작업 흐름을 원활하게 유지할 수 있는 여유를 확보할 수 있다. 린의 또 다른 면은 일일 장비 유지 보수 등과 같은 전사적설비보전(TPM)을 통해 생산능력이 수요에 부응하여 늘 가용하도록 하는 것이다. 그러므로 린에서는 생산능력관리의 단계 중에서 가장 중요한 부분이 생산능력 통제가 된다.

Operations Innovation Professional

9장

구매
Purchasing

9장 구 매
Purchasing

9.1 구매업무 참여자와 목표
   9.1.1 구매 유형
   9.1.2 구매의 부가가치 역할
   9.1.3 구매의 목표

9.2 구매업무 프로세스
   9.2.1 구매 프로세스
   9.2.2 구매를 계획
   9.2.3 구매를 실행
   9.2.4 구매를 관찰하고 통제

9.3 공급사슬금융
   9.3.1 개념과 중요성
   9.3.2 핵심 구성요소
   9.3.3 사례 연구
   9.3.4 핀테크 솔루션

핵심주제와 학습목표

- 구매 관련 참여자와 구매의 목표
- 장기 자본재 구매(capital purchases) 대 원자재, 구성품, 서비스, 기업소모성자재 등과 같은 정규적인 구매(regular purchases)
- 구매의 부가가치 역할
- 품질, 수량, 비용, 서비스 등과 같은 전통적인 목표 대 관계관리(relationship management) 및 지속 가능성(sustainability) 등과 같은 공급사슬 목표
- 구매업무 프로세스: 계획, 실행, 평가
- 사양(specifications) 수립, 공급업체 선정, 계약 협상 등을 계획
- 구매 사이클(요청, 구매주문, 후속조치, 입고, 대금지급) 관리를 실행
- 공급업체를 관찰하고 통제하기 위한 측정치
- 공급사슬금융(Supply chain finance) 개념과 구성요소, 작동원리
- 핀테크(fintech) 솔루션 소개와 사례연구

도표 9-1은 통합된 업무 프로세스인 제조계획통제(MPC)에서 구매 기능의 위치를 보여준다.

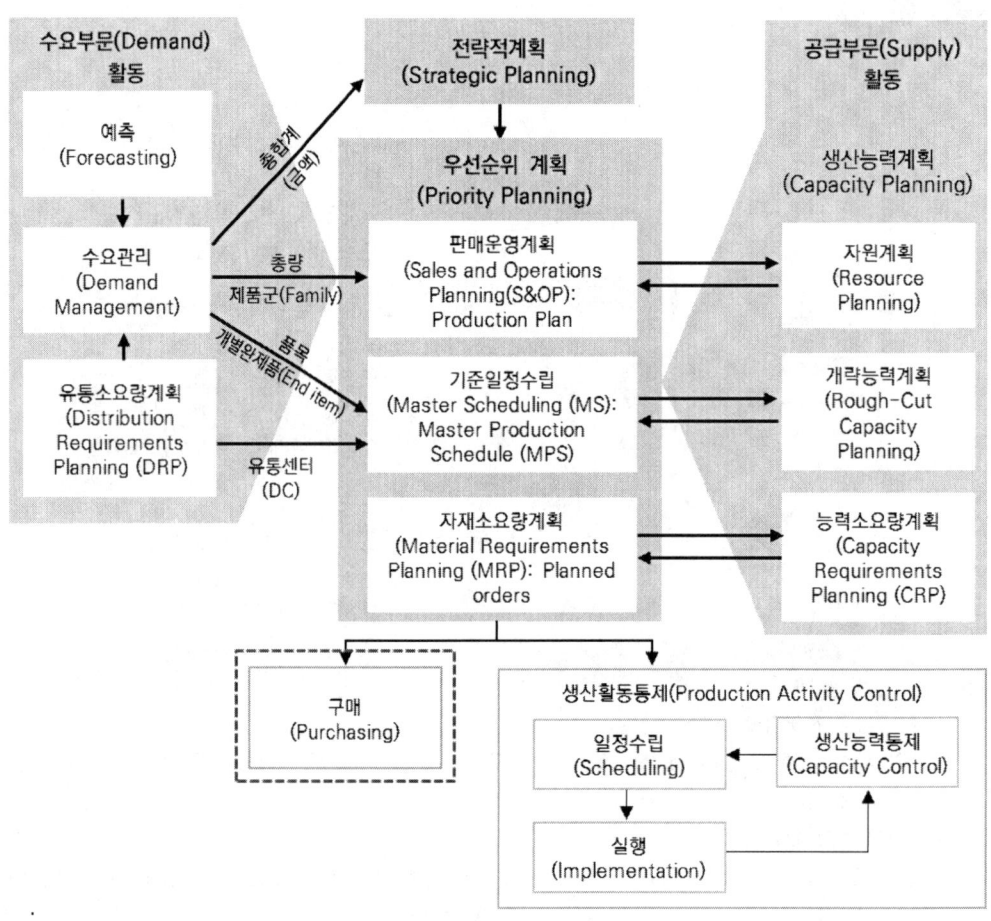

도표 9-1 제조계획통제(MPC)에서 구매(purchasing)

도표에서 나타나듯이 우선순위 계획(priority plan)의 산출물인 계획주문(planned orders)을 가지고 시작하는 실행(execution)에는 크게 두 가지 기능이 있다. 구매(purchasing) 기능과 생산활동통제(PAC) 기능이다. 구매는 최종 자재소요량계획(MRP)의 작업 버킷에서 계획된 주문이 외부 조달을 목적으로 구매로 발행(release)된 후에 시작되는 프로세스이며 생산활동통제는 계획주문이 내부 작업현장으로 발행된 이후 작업주문(shop orders 혹은 work order, production order, job order 등 산업에 따라 여러 이름으로 불린다.) 형태로 제조현장에서 이루어지는 실행 프로세스이다.

이번 장에서 첫 번째로 다룰 주제는 수용할만한 자재를 가장 낮은 비용으로 획득한다는 기존의 전통적인 목표와 신뢰할 수 있는 주요 핵심 공급업체와의 긴밀한 관계를 개발하고 유지하는 데 초점을 둔 공급사슬관리(SCM)와 지속가능성(sustainability) 확보 등과 관련된 보다 새로운 개념의 구매 목표를 다룬다. 지속 가능성에 대한 요구사항을 충족해야 한다.

두 번째 주제에서는 일반적인 구매 업무 프로세스를 다룬다. 여기에는 계획(planning) 활동, 실행(execution) 활동, 그리고 관찰(monitoring)과 통제(controlling)가 포함된다.

- 계획 활동이란 필요한 것이 무엇인지를 명확히 하고, 올바른 공급업체를 선정하고, 공급자 관리 재고(VMI, vendor managed inventory) 또는 위탁(consignment) 재고와 같은 대체 방안을 고려한 모든 비즈니스 사항들을 제대로 이루어지도록 계획하는 것을 말한다. 계획은 공급업체와 협상(negotiation)과 이에 따른 계약을 포함한다. 계약(contracting)은 장기계약(long-term contract)에서 일반적 구매주문인 일회성 구매(one-time purchase)에 이르기까지 다양할 수 있다.
- 일단 구매가 시작되면 구매 주기는 최초 구매요청(purchase requisition)에서 구매주문(purchase order) 발행, 이후 필요에 따라 구매주문 후속 처리, 자재 수취 및 검수 확인, 세금계산서 승인 등으로 처리된다.
- 마지막으로 구매는 조직의 구매 목표가 달성되고 있는지를 지속적으로 확인해야 하며 공급업체가 부응을 하지 못할 경우 적절한 조치를 취하기 위해 공급업체의 활동을 밀접하게 관찰하고 통제해야 한다.

9.1 구매업무 참여자와 목표(Purchasing participants and objectives)

　개인의 취향에 따라 개인적인 물품을 구매하는 개인적 구매와 달리 산업 구매(industrial purchasing)는 몇 가지 특징을 가지고 있다. 첫째, 구매 부서 담당자는 구매 물품의 실제 사용자가 아니라 물품의 실 사용자인 현업 부서의 요청에 의해 대신 구매를 해주는 기능이기 때문에 정확한 사양이 있어야 한다. 그렇지 않으면 의도치 않게 잘못된 물품을 구매할 위험이 있다. 둘째, 구매비는 조직의 전체 지출 비용 중 큰 비중을 차지하므로 구매비 절감 여부에 따라 수익성 있는 조직과 수익성이 낮은 조직으로 자리매김 될 수 있다. 제조회사를 예를 들면, 매출원가(COGS, cost of goods sold)의 구성이 직접자재(direct material)비, 직접노무(direct labor)비 그리고 간접(factory overhead)비로 이루어지는데 시간이 흐르면서 조직의 혁신 활동의 결과 직접노무비와 간접비의 비중이 점점 줄어듦에 따라 상대적으로 직접자재비의 비중이 커지고 있기 때문이다.

구매 관련 용어들

구매(Purchasing): 자재(materials), 공급(supplies)및 서비스(service) 조달의 기능과 책임을 나타내기 위해 산업(industry)과 관리 분야(management)에서 사용하는 용어.

조달(Procurement)

조달 계획(procurement planning), 구매(purchasing), 재고관리(inventory control), 운송(traffic), 수취(receiving), 입고 검사(incoming inspection), 폐품 작업에 대한 사업 기능(salvage operations).

공급업체(Supplier)

1)상품이나 서비스의 제공자(provider). 2)시장에서의 모든 판매자들을 일컫는 일반적인 용어인 상인(vendor)과는 대조적으로 사업을 하는(does business)구매자들을 상대하는 판매자.

물리적 공급(Physical supply)

공급업체에서 제조까지의 상품의 이동(movement) 및 저장(storage). 물리적 공급의 비용은 궁극적으로 고객에게 전달된다.

　이번 주제는 다양한 유형의 산업 구매 요구 사항을 파악한 다음 구매 과정이 창출하는 부가가치 역할 및 구매 업무에 관련된 참여자들을 다루는 것으로 시작한다. 아울러 기존의 전통적인 구매 목표와 공급사슬관리 및 린 제조에 관련된 보다 새로운 개념의 구매 목표에 대해 살펴본다.

9.1.1 구매 유형(Types of purchases)

조직의 유형에 따라 구매의 유형도 달라지기 때문에 여기서는 편의상 제조 관점에서 구매의 유형을 살펴보도록 하자. 제조 산업 조직은 크게 두 가지 유형의 구매가 있다.

첫 번째 유형은 자본재(capital) 구입에 관한 지출이다. 새로운 시설물, 공장 및 장비 등 큰 금액의 비용이 지출되는 단발성 구매 행위이다. 이는 통상적으로 견적 요청(RFQ, request for quotation, 유럽에서는 이 프로세스를 입찰 요청서(ITT, invitation to tender)라고 부른다.) 절차를 통해 공급업체를 일차로 선정하는 작업이 이루어지고 이어 구매 절차가 진행된다. 생산 및 재고관리 전문가가 개입하여 도울 수 있는 중기 기준의 구매 가능 자본 항목에는 새로운 장비나 설비 및 정보 기술 관련된 하드웨어 및 소프트웨어 등이 포함된다.

두 번째 주요 구매 유형은 원자재(raw materials), 기업 소모성 자재(MRO, maintenance, repair, and operating supplies), 용역(services) 등에 해당하는 것들의 정기적인 구매(regular purchase)이다.

여기서 원자재(raw materials)라고 부르는 자재는 목재나 석유 화학, 광물과 같은 원자재뿐만 아니라 구매주문서를 통해 조달되는 모든 원료나 자재 그리고 구성품 등을 원자재라 부른다. 특히 조직이 판매할 최종 제품에 직접 사용되는 자재를 직접자재(direct material)라고 부르는데 원자재는 대부분 직접자재를 의미한다. 판매 가능한 세품에 직접 사용되지 않고 건물이나 설비, 장비, 혹은 사무용품 등의 자재를 기업소모성(MRO) 자재라고 부른다. 예를 들면 기계 장비의 수리부품이나 건물 보수 물품, 작업자가 사용하는 작업복, 사무용품 등이다. 일반적으로 이를 간접자재라고 한다.

조직에서 필요로 하는 용역 서비스도 구매에 포함될 수 있으며, 일부는 유통센터에서 제품을 조립하는 계약자의 작업과 같이 제품에 가치를 더할 수 있도록 직접 적용될 수 있다. 이러한 서비스는 직접 노동의 일부 또는 판매 가능한 제품에 직접적으로 기여할 수 있는 노동의 일부로 간주된다. 여기서 제공하는 서비스는 컨설팅, 장비 수리 또는 건물 유지 보수를 포함할 수 있으며 이는 간접 노동(판매용으로 생산된 단위와 직접적으로 관련될 수 없는 노동)의 일부이다.

직접 비용과 간접 비용의 차이는 다음에 논의될 구매의 부가가치 역할에 중요하다.

9.1.2 구매의 부가가치(value-added) 역할

구매 기능은 자재가 종종 제조 조직의 총 비용 중 많은 부분을 차지하므로 손익에 큰 영향을 줄 수 있는 주요 영역으로 간주된다. 기본적으로 조직에서 이익을 증가시키는 두 가지 방법이 있다. 첫 번째는 매출을 증가시키는 것이고 두 번째는 비용을 줄이는 것이다. 그럼 이익을 얻기 위해 매출을 늘리는 방법이 좋은가 아니면 비용을 줄이는 것이 더 효과적인가? 물론 매출도 증가시키고 비용도 줄인다면 이익 창출에 더할 나위 없이 좋을 것이다. 그러나 지금까지 주제들을 통해 제조 기능의 교환거래를 잘 배워온 독자라면 이런 어리석은 답은 하지 않을 것으로 본다. 어찌 되었건 이 질문의 답이 구매의 부가가치 역할의 핵심 사항이다.

아래 도표 9-2 자료를 가지고 각각의 매출 증가 대 비용 절감 두 시나리오에 따른 순익의 변화를 살펴보자.

판매량이 증가하면 이 판매를 위해 생산된 제품에 직접 자재 및 직접 노동 비용과 일부 간접비가 비례하여 증가한다. 간접비는 대부분은 매출액 증감과 관계없이 고정된 채로 유지된다. 주어진 기간 중 판매된 제품과 직접 관련된 비용을 매출원가(COGS, cost of goods sold)로 집계한다. 매출원가는 구매액이 포함된 직접자재비, 직접노무비 그리고 간접비로 구성되어 있다. 이에 대한 좀더 상세한 내용은 뒤에서 자세히 다룬다.

주어진 시나리오는 아래와 같다.

- 시나리오(Scenario)
  판매 단가 $10, 월 판매량 1,000개, 개당 직접자재비 $5, 개당 직접노무비 $1, 간접비 $3,000 이다. 이런 조건하에서 매출액 10% 증가와 직접 자재 비용이 10% 감소, 둘 중에 어느 것이 수익성이 더 좋은가?

결론부터 말하자면, 여기서 예로 든 사례는 구매에서의 비용 절감이 매출의 동등한 증가보다 더 큰 이익을 가져온다는 것을 알 수 있다. 이 시나리오 내용을 통해 계산된 값을 아래 도표 9-2 '현재'란에 표시하고 있다. 또한 '향후' 시나리오에는 매출 10% 증가일 경우와 비용인 직접자재비 10% 절감의 두 가지 시나리오 결과를 계산된 총 이익율 형태로 비교하여 보여주고 있다.

	단위당		'현재'	'향후' 시나리오	
	현재	-10% DM		+10% Sales	-10% DM
판매수량			1,000	1,100	1,000
판매단가와 매출액	$10	$10.00	$10,000	$11,000	$10,000
직접자재비(DM)	$5	$4.50	$5,000	$5,500	$4,500
직접노무비(DL)	$1	$1.00	$1,000	$1,100	$1,000
간접비			$3,000	$3,000	$3,000
총이익(GP)			$1,000	$1,400	$1,500
총이익율			10%	13%	15%

도표 9-2 매출증가 대 원가절감 시나리오

'현재'의 시나리오에서는 월 매출액이 $10,000($10 x 1,000개), 직접자재비는 $5,000($5 x 1,000개), 직접노무비는 $1,000($1 x 1,000개) 그리고 간접비는 $3,000이다. 따라서 매출액에서 매출원가를 뺀 총이익(gross profit)은 $1,000(= $10,000 - $5,000 - $1,000 - $3,000)이며 총이익율은 10%($1,000/$10,000)이다.

'향후' 시나리오에서 첫 번째인 매출액 10% 증가의 경우를 보자. 판매 단가는 동일하지만 판매수량이 10% 증가하여 월 총 판매량이 1,100개가 된다. 판매량이 증가하여 수익이 증가하지만 판매량 증가에 따른 비용의 승가도 수반된다. 도표에서 보는 바와 같이 매출액은 $11,000로 늘어나고 비용 또한 $9,600로 늘어난다. 간접비는 판매량 증감에 따라 금액 변화가 없다. 따라서 매출액 10% 증가 시나리오의 총이익(gross profit)은 $1,400(= $11,000 - $5,500 - $1,100 - $3,000)이며 총 이익율은 13%($1,400/$11,000)이다.

두 번째 '향후' 시나리오인 직접자재 비용 10% 절감의 경우를 살펴보자. 판매량이 월간 1,000개로 변함이 없기 때문에 판매액은 $10,000이고 직접 노무비와 간접비도 변화가 없다. 다만 직접자재 비용을 10%(개당 $5에서 $4.50로)만큼 줄이면 전체 직접자재비가 $4,500로 줄어 들기 때문에 총이익 $1,500이 되며 총 이익율은 15%로 증가된다.

위 간단한 시나리오를 통해서 살펴보았듯이, 종종 매출액을 증가시키는 것보다 비용 절감이 순이익율에 더 큰 영향을 미친다. 이 비용 절감 수익 레버리지 개념이 잘 이해되어야 곧 논의될 구매의 목표 중 하나인 구매 자재 비용 절감을 끊임없이 추구해야 한다는 사명감을 가질 수 있다. 물론 구매 자재 비용 절감이라는 목표가 품질과 상충되거나, 보다 높은 재고 보유 유도 또는 공급업체와의 적대 관계 등과 같은 의도하지 않은 결과를 초래할 수도 있음을 명심해야 한다. 예를 들면 너무 구매 단가를 낮추면 품질이 저하될 수 있다. 이러한 부정적인 결과를 피하기 위해 구매 프로세스에 다른 부서나 이해관계 당사자의 참여가 필요하다.

이전까지의 전통적인 개념으로는 구매는 구매 부서가 전적인 책임을 가지는 것으로 생각하였다. 종종 이것은 마케팅, 기술담당자 및 생산계획자, 그리고 공급업체의 대응 사이에 단절이 있었음을 의미한다. 마케팅은 구매가 실제 고객 요구사항을 반영하도록 해야 한다. 기술담당자는 이러한 요구사항에 대한 사양을 명확하게 지정해야 한다. 구매자는 또한 생산계획담당자 및 작업 현장 직원과 협력하여 수요를 충족시키기 위해 필요할 때 올바른 자재를 수취하고 불량, 폐기, 재 작업 및 재고로 인한 비용 발생이 더 저렴한 공급업체를 찾거나 혹은 대량구매(bulk purchase)를 통해 절약된 비용보다 많지 않도록 보장해야 한다.

적어도 하나의 영역에서 비용을 낮추고 다른 영역에서는 비용을 높이는 교환거래(tradeoffs)와는 대조적으로, 순 비용을 줄이기 위해서는 제품 사양(specifications)을 명확하게 정의하는 것이 중요하다. 한 걸음 더 나아가 많은 조직에서는 제품 사양에 대해 공급업체와의 협력을 함으로써 적절한 품질 수준에서 필요한 형태(form), 적합성(fit) 및 기능(function)을 유지하면서 비용을 절감하는 데 도움을 주기 시작했다. 구매는 또한 지속 가능한 조달을 위한 사회적 의무 이행과 직접 관련될 수 있다.

순 비용을 줄임으로써 가치를 부가하는 것 외에도 구매는 주문 자격요인(order qualifiers)(자재가 구매 고려 사항에 대한 최소 요구사항을 충족함) 또는 주문 수주요인(order winners)(경쟁 제품이 제공하는 것과 차별화되는 특성을 가지고 있음)인 자재를 찾는데 도움을 주는 역할에 참여할 수 있다. 고객 기반 및 조직의 전략에 따라 달라지겠지만, 경쟁 제품의 실제 비용보다 적은 비용으로 판매할 수 있는 제품에 기여하거나 혹은 투입되는 비용에 비해 더 많은 가치를 부가하는 자재 등급을 선택할 수 있다. 이것들이 우리의 관심을 구매 목표로 이끌고 있다.

9.1.3 구매(Purchasing)의 목표

위의 논의가 암시하듯이, 구매의 목적은 전략적(strategic) 목표와 다시 연결될 필요가 있다. 저비용 제품 공급업체 전략인 경우 차별화 전략과는 초점이 다르다. 구매 목표를 논의할 때 이를 명심하기 바란다.

🔍 전통적인 목표(Conventional objectives)

- 정확한 품질과 필요한 수량의 제품과 서비스를 구매한다.
- 가장 낮은 총 비용으로 구매한다. 예를 들어, 단순한 구매 비용이 아니라 물류 포함 착지비용(landed cost) 또는 총소유비용(TCO, total cost of ownership) 측면에서 비용을 고려한다.
- 납품 리드타임을 최소화하고 기타 고객서비스 측면(올바른 시간, 올바른 장소)은 최적화한다.

이러한 모든 목표는 어떤 조직에서든 최우선 순위로 유지되고 있으며 앞서 논의된 것처럼 의도되지 않은 결과를 감안해야 한다. 주문에 대한 사양이 명확하고 엄격한지 확인하는 것은 가장 우선적인 목표로 간주된다. 이 첫 번째 목표가 잘 준수된 이후 총 비용을 최소화하기 위해 두 번째 목표를 추구한다. 구매 단가를 최소화하기 위해서만 일하는 것이 아니라 구매 부서는 종종 물류비용이 포함된 착지비용(landed cost), 더 나아가 총소유비용(TCO)에 중점을 둔다.

> 💡 **착지비용(Landed cost)**
> 제품 비용에 창고(warehousing), 운송(transportation), 취급 비용(handling fees)과 같은 물류 비용(costs of logistics)을 더한 값을 포함한다.
>
> 💡 **총소유비용(TCO)**
> 공급사슬관리에서, 공급 배송 시스템의 총소유비용(total cost of ownership)은 공급흐름의 모든 활동과 관련된 모든 비용의 합이다. TCO가 공급사슬 관리자에게 제공하는 주요 통찰은 취득 비용(acquisition cost)이 종종 총소유비용의 극히 일부(small portion)라는 것을 이해하는 것이다.

착지비용(landed cost)과 총소유비용(TCO)은 구매 가격뿐만 아니라 운송 비용과 재고 보유 비용을 포함한다. 총소유비용은 범위가 더 크며, 예를 들어 불량, 폐기, 재 작업, 검사 등과 같이 자재의 품질이 좋지 않음에 따라 발생하는 비용, 그리고 최종적으로 폐기 처분 비용까지를 포함한다. 비용분석(cost analysis)을 통해 재고 증가를 무릅쓰고 대량 구매 할인을 이용할지 아니면 다소 높은 단가로 필요한 만큼만 구매할지, 또는 필요할 때 부분 운송을 할지 아니면 만차(full truck) 적재량으로 운송할지 등에 대한 비용-효과 분석을 할 수 있다. 운송에 대한 좀더 자세한 비용분석은 13장 물적유통에서 다룬다.

전통적인 구매 목표 중 마지막은 납품 리드타임을 최소화하는 것으로 시작된다. 이것은 공급업체에 구매주문을 발행하여 주문된 물품을 받을 때까지 걸리는 시간이다. 리드타임을 단축하면 실제 수요에 대해 보다 신속한 대응이 이루어지고 조직으로 하여금 태생적으로 오류를 포함하고 있는 예측에 대한 의존도를 낮출 수 있다. 조직은 조직의 경쟁전략(예를 들어 대응성을 중시하는 차별화 전략)에 따라 운송비가 비싸더라도 빠른 운송을 원하는 자재가 있을 수 있다. 이때 납기 단축은 매우 중요한 요소이다. 반면에 저비용 공급자 전략일 경우 해상운송처럼 속도는 느리나 대신 저렴한 비용의 방법을 선택할 수 있다. 기타 고객 서비스의 측면에는 단순히 납품에 있어 오류율을 낮추는 것뿐만 아니라 공급업체가 마케팅 및 기술담당자의 요구와 생산계획 변경에 얼마나 신속하게 대응하는지도 중요한 관심 사항이다.

공급사슬관리 및 린 구매 목표

앞서 살펴본 3가지 전통적인 구매 목표와 더 불어서 상호 밀접하게 연결된 지구촌 환경에서, 공급사슬관리(SCM) 개념을 채택하거나 린(lean) 생산을 고려하는 조직에서는 몇 가지 추가 목표를 가진다.

- 상호 이익을 위해 주요 공급업체와 파트너십을 맺음으로써 그들의 잠재력을 개발하고 지속적인 관계를 발전시키고 지속 유지한다.
- 이러한 조직의 정책을 공급업체 선정과 구매로 확대함으로써 조직의 기업의 사회적 책임(CSR, corporate social responsibility)과 지속가능성(sustainability) 목표를 충족시킨다.

공급사슬관리의 핵심 개념은 총소유 비용이 조직의 벽을 넘어 외부로 확장된다는 것이다. 전체 공급사슬의 총 비용과 총 부가가치가 소비자(consumer)에게 최종 가격과 가치로 반영된다. 이러한 사고 방식을 기반으로 볼 때 공급업체가 사업을 중단하거나 품질을 저하시키는 시점까지 비용 절감을 강요하는 것은 모든 참가자에게 순 손실이 된다. 모든 공급업체가 신뢰할 수 있는 파트너가 될 수 없을 수 있고 혹은 반드시 될 필요가 없다손 치더라도 고품질을 보증한다면 자재 입고 검사를 할 필요가 없기 때문에 장기적인 비용 절감을 위해 이러한 파트너십을 추진하게 된다. 린 생산 시스템은 신뢰할 수 있는 공급업체와의 장기적인 관계를 통해 완벽한 품질의 자재를 적기에 공급할 수 있어야 함을 전제로 한다. 이것은 종종 창고로 직납(dock-to-stock)이라고도 한다.

> **창고로 직납(Dock-to-stock)**
>
> 제품이 출시되기 전에 특정 품질(specific quality), 포장 요구사항(packaging requirements)들을 충족시키는 프로그램. 사전 인증된 제품(prequalified product)은 고객의 재고로 직접 선적된다. 창고로 직납(dock-to-stock)은 특히 입고(receiving) 및 검수(inspection)에서 비용이 많이 드는 구성품의 취급(handling of components)이 필요 없으며, 제품이 생산으로 직접 이동할 수 있게 한다.

종종 이러한 파트너십은 병목 자재(입고되지 않으면 생산이 중단하는 품목) 및 기타 중요 자재(예: 주문 수주요인을 구성하는 품목)에 사용된다. 일반상품(commodities)은 여전히 최저 비용 원칙으로 조달되는 경우가 많지만 짧은 리드타임과 같은 서비스를 제공하는 공급업체와는 좀 더 긴밀한 관계를 가져갈 수 있다.

고객관계관리(CRM, customer relationship management)와 마찬가지로 공급자관계관리(SRM, supplier relationship management)는 비즈니스 철학이다. 많은 조직들이 공급자관계관리를 사용하여 이러한 장기 공급업체와의 관계를 개발하고 유지 관리한다.

> **공급자관계관리(SRM)**
>
> 기업이 사용하는 상품과 서비스를 공급하는 조직과의 기업 상호 작용(enterprise's interactions)을 관리하는 포괄적인 접근법. SRM의 목표는 기업과 공급업체 간의 프로세스를 간소화(streamline)하고 보다 효율적으로 하는 것이다. SRM은 흔히 조달-지불 업무 프로세스 자동화(automating procure-to-pay business processes), 공급업체 성과 평가(evaluating supplier performance), 공급업체와의 정보교환과 관련이 있다. 전자 조달 시스템(e-procurement system)은 흔히 공급자관계관리(SRM) 제품군의 예시가 된다.

공급업체의 품질을 보증하는 한 가지 좋은 방법은 공급업체를 인증하는 것이다.

> **공급업체 인증(Supplier certification)**
>
> 공급업체가 고객의 요구사항들과 관련된 효과적인 절차를 운영(operates), 유지(maintains), 개선(improves), 문서화(documents)하고 있음을 증명(verifying)하는 인증 절차(Certification procedures). 이런 요구사항들은 비용, 품질, 배송, 유연성(flexibility), 유지 보수, 안전, ISO 품질, 환경 표준(environmental standards)들을 포함할 수 있다.

> ♪ **인증된 공급업체(Certified supplier)**
>
> 미리 결정된 품질(predetermined quality), 비용(cost), 배송(delivery), 재무(financial), 수주 목표(count objectives)를 지속적으로 충족하는 공급업체에게 수여되는 지위(status awarded). 입고 검사(incoming inspection)를 요구하지 않을 수 있다.

기업의 사회적 책임과 지속 가능성 목표는 공급사슬 측면에서도 다루는 주제이다. 왜냐하면 조직은 종종 자신의 행동뿐만 아니라 공급업체의 행동에 대해서도 책임을 져야하기 때문이다. 올바른 공급업체를 선정하고 활동을 모니터링하고 통제하는 프로세스에서 구매는 이러한 정책이 구현되도록 하는데 큰 역할을 한다.

9.2 구매업무 프로세스(Purchasing process)

9.2.1 구매 프로세스(Purchasing process)

앞서 살펴본 구매의 목표를 잘 달성하는 좋은 방법 중 하나가 구매 업무 프로세스를 올바르게 정의하고 이를 잘 준수하는 것이다.

도표 9-3은 일반적인 구매 업무 프로세스를 보여준다.

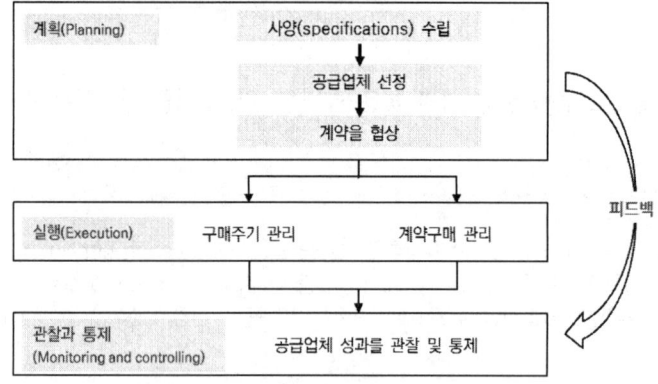

도표 9-3 구매업무 프로세스

도표 9-3에서 보듯이 일반적인 구매 업무 프로세스는 크게 계획(planning), 실행(execution) 그리고 관찰과 통제(monitoring and controlling)의 3단계로 구분되어 있다.

첫 번째에 해당하는 계획단계는 다시 사양수립, 공급업체 선정, 계약 협상의 3단계로 소분되는데 이 단계에서는 무엇을 구매하고 누가 그것을 공급할 것인지를 계획하는데 필요한 단계이다.

두 번째 단계는 실행 단계이며 선택된 공급업체와 설정된 관계 유형에 따라 일반적인 구매주기 관리 방법과 계약구매 관리 방법으로 나누어진다. 실행 단계는 세부적인 실행 주기를 가지고 운영된다.

마지막으로, 성과를 측정하고 공급업체와 전반적인 프로세스에 대한 피드백을 제공하는 모니터링 및 통제 단계가 있다. 공급업체에게 피드백을 주어 문제점을 시정한다. 계획 프로세스에 피드백을 제공하면 사양 수립, 공급업체 선정 및 계약 협상 프로세스가 개선된다. 이들 주요 단계와 각각의 활동에 대해 더 자세히 설명한다.

9.2.2 구매를 계획(planning)

구매계획 단계의 세 가지 주요 활동에는 사양 수립, 공급업체 선정 및 계약 협상이 포함된다.

사양(specifications) 수립

일반품목(commodities)에 대한 사양은 표준화되고 단순할 수 있지만 중요하거나 복잡한 자재에 대해서는 매우 세밀하고 엄격하다. 사양은 궁극적으로 그 자재를 사용하는 현업 사용자의 기대에 의해 결정되지만 마케팅, 기술팀, 생산계획 및 기타 부서에서 고객의 요구사항을 아래와 같은 세 가지 일반적인 유형으로 변환한다.

- 기능(functional)
- 수량(quantity)
- 가격(price)

이러한 유형의 요구사항 각각에 대해 좀 더 살펴보자.

기능적(functional)인 요구사항

기능 요구사항은 기능 사양이라고도 하며 제품 또는 서비스의 요구사항 중 가장 중요하다. 이는 제품 또는 서비스의 형태, 적합성 및 기능을 나타내는 세부 정보이기 때문이다. 구매팀에 사양이 잘못 전달되면 당연히 잘못된 자재가 들어오게 된다. 기능 요구사항은 제품 또는 서비스의 목적뿐만 아니라 다른 구성품과의 융합 정도, 유연성 또는 강도와 같은 물리적 특성, 포장, 외관, 느낌, 기타 미학 등을 지정한다.

기능 요구사항은 또한 품질 요구사항이기도 하다.

> **품질(Quality)**
> 품질은 고객이 '사용 적합성(fitness for use)'으로 정의한다. 기능 요구사항(Functional requirements)은 고객 요구사항을 만족할 때 이를 고려하고, 이는 시장 분석(market analysis)과 제품 및 서비스 설계(design) 동안에 다뤄진다. 잘 설계된 제품은 사용하기에 적합할 뿐만 아니라 고객이 인식한 가치에 기반하여 수용 가능한 가격을 고려하는 경우에도 적합하다. 가치 기반 품질(value-based quality)은 수용 가능한 가격내에서 우수함의 척도(degree of excellence)이다. 가치는 부분적으로 마케팅 및 제품 등급과 관련된 기능 요구사항들(예를 들어, 내구성(durability), 의존성(dependability), 미학(aesthetics), 기타 제품을 사용하기에 적합하게끔(fit for use) 하는 특성들에 의해 부분적으로 결정된다. 따라서 기능 요구사항은 나중에 논의되는 바와 같이 등급(grade)과 수용 가능한 가격을 지정한다.

구매 및 제조의 관점에서, 품질은 "요구사항에 부합함(conformance)"으로 정의된다. 구매 기능의 책임은 공급업체가 이러한 요구사항을 충족할 수 있는지 확인하는 것이다. 어떤 자재에 대해 요구되는 인장 강도 또는 기타 기술적인 요구사항을 지정할 때 구매, 마케팅, 기술팀 및 생산계획이 함께 모여 수용 가능한 품질 정도를 결정한다.

예를 들어, 상위 및 하위 사양 제한 설정과 관련될 수 있다. 이 한계를 벗어나는 항목은 거절된다. 요구사항에 대한 적합성은 좀더 큰 조립품에 사용되어 올바르게 결합되어야 하는 하위 구성 부품에 대해서도 중요하다. 부적합 항목의 허용 수준을 지정할 수 있는데, 예를 들어, 3장에서 논의되었던 6 시그마(결함에 대해 백만 건의 기회 당 3.4개 이상의 결함 허용)를 지정한다. 엄격한 한계와 허용오차는 구매 가격에 영향을 줄 수 있기 때문에, 한계는 종종 실제로 요구되는 품질 수준에 근거해야 한다. 적합성을 증명하는 것은 입고 검사의 기준을 설정하는 것을 포함할 수 있다. 제조 과정에서 품질 문제가 발생하지 않는 한 신뢰할 수 있는 공급업체의 자재를 무검사 입고처리 할 수도 있다.

조직에서 기능 요구사항을 설명할 수 있는 많은 방법이 있다. 해당 조직이 모든 세부 사항을 스스로 설계하거나, 자재나 도구(tool) 및 다이(die)를 만드는 데 필요한 도면을 제공하거나, 제품 또는 서비스가 달성해야 하는 것을 지정할 수도 있으며, 혹은 공급업체가 견적 요청에 좀 더 혁신적인 솔루션으로 응답할 수도 있다.

공급업체가 브랜드 제품을 판매할 때 브랜드 이름이나 제품 번호로 요구사항을 간단히 설명할 수도 있다. 도매 및 소매업에서는 이를 매우 자주 이용하지만, 산업재인 경우 품목에 상표를 붙임으로서(예: Intel inside) 최종 사용자에게 알릴 수 있다. 독점적인 프로세스로 인해 브랜드가 특허를 얻은 경우 특히 상세한 사양을 작성하는 것보다 브랜드 이름으로 구입하는 것이 비용면에서 효과적일 수 있다. 유일 조달(sole sourcing)이라고 하는 유일한 선택 사항일 수도 있다. 이 내용은 뒷부분에서 다시 설명한다.

기능 요구사항을 설명하는 또 다른 방법은 자세한 설명과 대체 사양을 개발하는 것이다. 어떤 방법은 단순히 성능에 대한 설명만 표시한다. 결과가 어떻게 달성되는지에 대한 설명없이 단지 제품 또는 서비스가 달성해야 하는 결과만 표시하는 방법이다. 예를 들어, 이것은 산업용 모터에 대해 분당 특정 속도로 작동하는 기능을 말할 수도 있다. 또한 해당 전문 분야의 전문성을 가진 공급업체가 솔루션을 제안할 수도 있다.

자재가 어떻게 만들어지는지에 대한 구체적 방법 명기 없이 단지 최종 결과의 물리적 및 화학적 특성으로 정의할 수도 있다. 이것은 화학적인 공식이거나 혹은 플라스틱이 깨지지 않고 어느 정도까지 구부릴 수 있는지 등이 될 수도 있다. 어떤 경우에는 좀 더 엄격한 사양을 지정하기 위해서 자재의 구체적인 제조 방법까지도 명시할 수 있다. 예를 들어, 주철품은 단단하지만 단조품에 비해 부서지기 쉽기 때문에 용도에 따라 단조 가공을 명시할 수도 있다.

가능하다면 기능 요구사항에 대한 설명은 표준을 사용하면 좋다. 국제 표준이 다수의 산업 프로세스에 존재하며, 표준에는 종종 특정 프로세스를 수행하는 방법과 같은 하위 세트가 포함된다. 이러한 표준은 구매자의 업무를 도와주는데 아주 복잡한 사양을 가진 자재를 구매하고자 할 때 구매 담당자가 끙끙거리며 이런 사양을 작성할 필요없이 단순히 정해진 표준을 지정하면 누구나 알 수 있기 때문이다. 이런 업계 표준이나 국제적인 표준은 구매자와 공급업체 모두 서로 명확히 이해하게끔 하여 두 조직이 기능 요구사항을 논의하는 데 사용할 공통 언어를 제공한다. 이뿐만 아니라 표준품으로 제작된 자재는 종종 공급업체가 많기 때문에 비용이 저렴하다. 품질 역시 이 분야의 전문성을 갖춘 많은 사람들로부터 광범위한 테스트와 의견을 토대로 이루어지기 때문에 높은 품질을 가지며 소위 말하는 "요구사항을 준수"하고 "사용하기에 적합할" 가능성이 더 높다.

기능 요구사항은 제품을 다른 방법으로 정의할 수 없는 경우, 종종 상세한 문서와 함께 기술 도면(engineering drawings)의 형태를 취하는 경우가 많다. 도면은 제품 기능 요구사항의 모든 측면에 대한 정확한 구성을 정의한다. 특히 더 큰 조립품에 꼭 맞게 들어가야 하는 하위 구성 부품을 구매하는 산업용 구매의 경우 기술 도면을 만드는 데 높은 비용이 들지만 이 방법에 의존해야 한다.

때로는 구매자가 자신이 구매할 자재의 기능적 요구사항을 설명하는 명확한 방법을 갖고 있지 않을 수 있으며 이를 해결하기 위해서는 공급업체와 협력을 해야 한다. 구매자가 견본품을 공급업체에 제공하거나 혹은 공급업체에서 제시하는 제품을 테스트할 수도 있다.

수량(quantity) 요구사항

수량 요구사항에는 주문 당 구매할 단위 수와 최적의 비용으로 공급과 수요의 균형을 유지하기 위해 얼마나 자주 주문해야 하는지가 포함된다. 수요가 아주 적은 품목은 구매할 때마다 적은 양으로 필요할 것이다. 조직이 구매하는 자재가 재고생산(MTS)인 표준품인지, 주문생산(MTO)인지에 따라 다르다. 상대적으로 표준품은 구매 수량이 크며 단가는 싸다. 주문생산 자재는 수량이 적고 단가는 비싸다. 자재를 대량으로 사용해야 하는 경우 공급업체는 저비용으로 대량 생산하기에 충분한 규모의 경제를 확보하거나 개발할 수 있으므로 수량 요구사항이 가격 요구사항과 연관된다. 구매 시 총 구매 비용을 최소화할 수 있는 최적의 구매 수량을 결정해야 한다(대량 구매 시 가격 할인, 운송 시 만차 적재 비용 할인, 그리고 재고 비용 등).

가격(price) 요구사항

제 4장에서 살펴본 바와 같이, 제품 가격은 시장이 그 품목에 대해 지불할 것으로 결정된다. 최종 가격에는 여유가 거의 없으므로 제품에 사용된 원자재 또는 구성품의 가격에 절감 압박이 따른다. 조직은 사용자의 관점에서 최종 제품에 추가되는 가치를 기반으로 특정 원자재 또는 구성품의 기여도만큼만 지불하게 된다. 조직은 모두 기능적 요구사항 혹은 품질, 수량 및 가격의 우선 순위를 서로 균형 있게 조정해야 한다.

공급업체 선정

공급업체를 선택할 때 가장 먼저 고려해야 할 것은 해당 자재 또는 서비스를 제공할 공급업체의 수(number)이다. 조직은 필요한 재화와 서비스를 제공할 수 있는 공급업체를 식별하기 위하여 아래와 같은 몇 가지 조달 방안을 검토한다.

> **유일조달 공급업체(Sole-source supplier)**
> 어떤 품목에 대해 요구사항들(일반적으로 기술)을 유일하게 충족시킬 수 있는 공급업체.
>
> **단일조달 공급업체(Single-source supplier)**
> 다른 공급업체(alternate suppliers)도 이용 가능하지만 해당 사업의 전부(100% of the business)를 맡도록 선택된 회사.
>
> **복수조달 공급업체(Multi-sourcing)**
> 둘 이상의 독립적인 공급업체(independent supplier)로부터 상품이나 서비스를 조달 받음.

대부분 조직의 관점에서 볼 때, 꼭 필요한 경우가 아니면 가급적 유일조달(sole sourcing) 방법은 피하고자 한다. 왜냐하면 구매 조달처가 오직 하나뿐이므로 협상하기도 어렵고 조달 위험도 매우 크기 때문이다. 단일조달(single sourcing)은 복수의 공급업체가 있지만 전략적으로 신뢰할 수 있는 핵심 공급업체를 선정하여 단독으로 거래를 하는 것이다. 뒤에서 주로 사용하는 방법이다. 약간의 조달 위험이 있지만 잘 이용하면 많은 낭비적인 비용을 줄일 수 있다. 대부분의 조직에서 사용하는 방법이 세 번째 방법인 복수조달(multi souring)이다. 동일 품목에 대해 둘 이상의 공급업체로부터 조달받는 형태이다. 위험회피 측면에서 많이 활용한다. 다만 비용 절감을 위해 너무 많은 복수 공급업체를 유지하는 것은 지양한다.

공급업체를 선택할 때, 중요한 요소가 많고 많은 요소가 정량적으로 측정될 수 없기 때문에 조직은 종종 사전에 공급업체 선정 기준을 개발하는 경우가 많다. 여기서 공급업체 선정 기준을 살펴보고 이어 신뢰할 수 있는 파트너 및 관리된 재고(managed inventory) 방안과 관련된 논의를 한다.

선정기준

조직은 일반적으로 선택 기준을 결정한 다음 조직 전략의 성공과 관계 유형에 대한 상대적인 중요성을 나타내기 위해 각 기준에 가중치를 지정한다. 차별화되지 않은 일반상품(commodity) 공급자일 경우에는 가격이 핵심 가중 요소가 될 수 있다. 잠재적인 신뢰할 수 있는 파트너와 관련된 상황에서는 신뢰성 및 제조 능력이 주요 기준이 될 수 있다. 가중치는 1에서 10의 척도를 사용할 수도 있고 합이 100%가 되어야 하는 비율 가중치일 수도 있다. 일반적으로 조직에서는 이 시점에서 견적요청서(RFQ, request for quotation)를 발행한다.

> **견적요청서(RFQ, Request for quotation)**
> 제품이 선택되고 여러 공급업체로부터 가격 견적(price quotations)이 필요할 때 공급업체 응답(vendor responses)을 요구하는데 사용되는 문서.

견적 요청에 대한 응답을 바탕으로 조직은 각 요인(factor)에 대해 각 공급업체를 평가하고 1 ~ 10의 척도로 평가한다. 가중치에 순위가 곱해지고 요인 당 점수가 합산된다. 최고 득점 공급업체가 최종 선택되거나 혹은 현장 방문, 시연과 추가 협상을 위한 우선 협상자로 선정될 수 있다.

다음은 조직에서 고려해야 할 선정기준 중 일부이다.

- 기술 역량(technical capabilities)
  구매와 기술팀이 협력하여 공급업체가 기능 요구사항에 따라 제품을 생산할 수 있는지 여부를 평가한다. 또한 공급업체의 연구 및 개발(R&D) 예산과 학습 및 성장 능력, 제품 개발에 대한 협력 및 비용 절감 능력을 평가할 수 있다.
- 제조 능력(manufacturing capabilities)
  구매 및 제조팀은 신뢰할 수 있는 리드타임으로 일관된 품질 수준으로 대량 생산할 수 있는지를 평가한다. 공급업체의 제조계획통제(MPC) 시스템, 인력 및 품질 보증 방법을 평가할 수 있다.
- 위치(location)
  공급업체 위치는 착지비용(landed cost) 또는 가격에 포함되는 공장까지의 운송 비용에 영향을 미친다. 리드타임에도 영향을 준다. 따라서 가급적 가까운 곳에 위치한 공급업체가 더 좋은 점수를 받는다. 공급업체는 납기를 단축하기 위해 공장 근처에 재고를 유지 관리할 수 있다.
- 가격(price)
  어떤 경우에는 최저 가격이 중요하다. 다른 경우에는 공급업체가 우수한 가치를 제공하는 한 경쟁력 있는 가격이면 충분할 수 있다. 착지비용에 추가하여 품질, 재고 비용, 세금, 외환 비용 등을 고려하여 단순히 가격이 아닌 총 소유 비용이 종종 사용된다.

- 신뢰성(reliability)
  공급업체는 너무 이르지 않게 또는 늦지 않게 일정한 시간에 납품할 수 있어야 하며 품질 및 수량이 일정해야 하며 재정적으로 안정적이어야 한다.
- 공급사슬 성숙도(supply chain maturity)
  시스템, 운영, 의사소통 및 물류를 통합할 수 있고 낭비를 줄이고 가치를 향상시키기 위해 지속적으로 개선할 수 있는 공급업체가 최우선적으로 고려해야 할 것이다. 일부 공급업체는 구매자를 위해 재고를 보유하겠지만 린 공급사슬에서는 이러한 추가 비용을 부담할 수 없으며 재고를 최소화하지만 여전히 작은 JIT 로트를 제공할 수 있는 린 공급업체를 목표로 한다.
- 서비스 제공(service offerings)
  서비스는 신용 조건, 판매 후 서비스, 서비스 부품, 합리적인 반품 정책 및 보증을 포함하여 등급을 매긴다.
- 경영진 태도(management attitude)와 문화의 적합도(culture fit)
  공급업체가 우리 조직과 얼마나 잘 상호 작용하는지, 지속가능성과 같은 정책을 지원하는지 등에 따라 선택할 수 있다. 유엔 글로벌 협약과 같은 도구(1장 참조)는 기업의 사회적 책임 활동과의 연계를 측정하기 위한 공통된 기준으로서 사용될 수 있다. 이것은 잠재적인 장기 파트너에게 특히 중요하다.

신뢰할 수 있는 파트너

소수의 주요 공급업체는 시간이 지남에 따라 신뢰할 수 있는 파트너가 될 수 있다. 종종 이러한 것들은 장기 계약을 통한 단일조달(single sourcing) 계약이 된다. 계약은 시간이 지남에 따라 양 당사자가 더 잘 통합되도록 설계될 수 있다. 상호간 장기적인 확약 외에도 이러한 관계가 작동하려면 비전(vision)과 신뢰(trust)의 공유라는 두 가지 다른 요소가 필요하다. 조직은 공동운명체로써 성취하고자 하는 상호 관계의 공유된 비전을 개발한다. 이들은 공식적으로나 비공식적으로 모든 단계에서의 경영진이 이러한 목표가 실현되도록 보장한다. 예를 들어, 각 조직의 제조 전문가는 물리적 요구사항 및 가용성에 대한 정보를 즉시 공유해야 한다. 신뢰는 즉각적으로 생기지 않는다. 특히 독점 기술이나 재정적 세부 사항의 노출 위험이 있을 때는 더욱 시간이 필요할 것이다. 따라서 각 당사자가 각자의 책임을 성실히 수행함에 따라 시간이 지날수록 신뢰가 구축될 것이다.

이러한 관계의 필요성 관점에서는 공급사슬을 전체로서 한 덩어리로 보아야 한다는 것이다. 비용을 공급사슬 상의 한 조직에서 다른 조직으로 단순히 전가시키는 것이 아니라 최종 고객의 비용을 절감하는 방법을 우선적으로 모색해야 한다. 이러한 관계는 상호 의존적이 될 수 있다. 즉, 조직이 독립적으로 수행될 수 있는 것보다 함께 협력하여 더 많은 일을 처리하게 된다. 이들은 함께 계획하거나 문제해결 방법을 함께 모색하고 비용 절감을 위해 함께 노력하며 종종 그 결과로 절감된 비용을 공평하게 나눈다. 팀은 부서간 교차 기능을 갖추고 있어 각 부서 영역이 상대 조직의 대응 부서와 직접 연계된다. 특히, 공급자관계관리(SRM) 도구는 신뢰할 수 있는 파트너와 관계를 유지하는 데 중요하다.

린 생산 환경은 특히 소수의 신뢰받는 공급업체에 크게 의존한다. 린에서는 완벽한 품질에 중점을 두어 입고 검사를 생략할 수 있다. 일반적으로 공급업체에 지속적인 품질 개선 프로그램을 요구한다(이러한 프로그램은 기존의 제조환경에서도 목표이다). 공급업체는 또한 적시에(just in time) 자재를 제공해야 하며 일반적으로 린 생산 환경을 사용하도록 요청된다. 마지막으로 장기 계약을 바탕으로 장기 생산능력을 계획할 것이므로 지속적인 관계에 대한 신뢰는 상호적이어야 한다.

소수의 핵심 공급업체와 신뢰할 수 있는 파트너십을 개발할 경우 리드타임 단축, 제품 개발 시간 단축, 품질 향상 및 총 비용 절감 등의 이점이 있다. 공급업체는 고객과의 유대감과 결속력을 강화하여 보다 효과적으로 계획할 수 있는 측면에서 비용 절감의 이점을 보게 될 것이다. 조직이 정보시스템을 통합하는 경우, 협력적으로 예측하여 채찍효과를 제거할 수 있다.

관리된 재고(managed inventories)

프록터 앤 갬블(P&G)사가 주문에 있어 변동폭이 큰 이유로 인해 아기 기저귀 생산에 심각한 문제가 발생했을 때 그 근본 원인은 실제 고객 수요가 아닌 단순 주문에 기반한 예측 때문이었다. 실제 수요는 거의 변화가 없었기 때문에 공급사슬관리 또는 통합 정보 시스템 도입을 하기 전에 혁신적인 솔루션을 제안했다. 그들은 소매점에서 기저귀 재고 목록을 관리할 것을 제안했다. P&G는 고객의 실제 수요 정보에 따라 보충 시기를 결정했다. 이 혁신 방안은 생산을 균등화시켰고 재고 수준도 낮췄다. 이것이 공급자 관리 재고(VMI, vendor managed inventory)로 불리게 되었다.

> **공급자 관리 재고(VMI, Vendor managed inventory)**
>
> 공급업체가 고객의 재고 데이터(customer's inventory data)에 접근하여 고객이 요구하는 재고 수준을 유지할 책임이 있는 공급사슬 수행을 최적화(optimizing)하는 수단. 현장 재고(on-site inventory)를 정기적으로 검토하여 공급업체가 보충(resupply)을 수행하는 프로세스로 달성된다. 현장 재고가 집계되고, 손상(damaged) 또는 오래된 제품(outdated goods)들이 제거되고(removed), 재고가 미리 정의된 수준으로 다시 채워진다(restocked). 해당 공급업체는 재고 보충을 위한 영수증(receipt)을 확보하고 이에 따라 고객에게 청구서(invoices)를 보낸다.

재고를 관리하는 또 다른 방법은 위탁 재고(consignment)이다.

> **위탁 재고(Consignment)**
> 제품을 사용하거나 판매할 때까지 공급업체가 대금을 받지 않고(without receiving payment) 고객 위치(customer location)에 제품을 위탁(placing)하는 공급 프로세스.

산업체에서 위탁은 공급업체의 재고를 구매자의 공장에 저장하는 형태를 취한다. 자재가 재고에서 불출되어 생산에 투입될 때 소유권이 공급업체에서 구매자에게 이전된다(자재를 사용하기 전까지는 대금을 지불하지 않는다). 경우에 따라 무늬만 공급자 관리 재고(VMI)이고 실제로는 위탁(consignment)인 경우가 있다. 특히 유통업체의 구매력이 강해지면서 유통업체가 최종 소비자에게 판매하기 전까지는 공급업체에 대금을 지급하지 않은 경우가 종종 있다. 이 같은 경우 공급자 관리 재고(VMI)와 구별하여 공급업체 소유 재고(VOI, vendor owned inventory)라고 부르기도 한다. 공급업체 소유 재고(VOI)는 사실상 위탁 재고를 의미한다.

공급업체의 영업사원이 위탁 또는 VMI 목적으로 현장에 파견되어 있을 수 있다. 두 방법 모두 채찍효과를 최소화하고 총 재고를 줄이며 재고 부족 가능성을 최소화할 수 있다. 또한 많은 소규모 자재 소요량계획 주문 발행을 생성할 필요가 없다. 관리된 재고의 또 다른 변형은 지속적 보충이 있다.

> **지속적 보충(Continuous replenishment)**
> 공급업체가 실제 판매(actual sales)나 창고 선적(warehouse shipments)에 대한 정보를 매일 통보를 받아(notified), 고객으로부터 보충 주문(replenishment orders)을 받지 않아도 결품(stockouts)이 발생하지 않도록 판매를 지속적 보충(예를 들어, 크기별 또는 색상별)해 주기로 약속하는 프로세스. 결과로는 관련 비용이 줄어들고 재고 회전율(inventory turnover)이 향상된다.

계약 협상(negotiate contracts)

조직은 1차로 걸러진 우선 협상 대상자들을 상대로 계약을 협상할 수도 있고, 중요하지 않은 일반상품(commodity) 및 표준품(standard items)의 경우 경쟁 입찰을 사용하여 간단하게 최저 가격을 선택할 수도 있다. 선택한 공급업체에 일회성 계약의 유형인 구매주문이 발행된다. 따라서 계약 협상의 첫 번째 결정 사항은 추진해야 할 계약의 유형이다.

장기계약은 일반적으로 복잡한 기능 요구사항이나 공급에 희소성을 가진 품목 그리고 빈번하게 필요로 하는 대량 주문 품목에 적합하다. 자재소요량계획 시스템이 계획주문을 생성할 때마다 신규 구매주문을 처리하는 것은 비용이 많이 소요될 수 있다. 특히 소량의 로트를 구매하는 경우에는 더욱 비용이 증가하는데 이에 대한 대응 방안이 계약구매(contract buying)이다. 계약구매는 포괄구매주문(blanket purchase order)의 형태를 취할 수 있는데 이는 기본적으로 미리 정해진 납품 날짜에 자재 발행을 허용하는 장기 계약이다.

계약구매나 장기계약(예: 보다 복잡한 공급사슬 파트너십에 관련된 계약)은 제조 구매를 단순화하는 데 사용될 수 있다.

협상할 수 있는 것과 할 수 없는 것은 협상에서 각 당사자의 상대적인 힘에 달려있다. 공급업체는 다른 공급업체에서 제공하지 못하거나 상대방보다 모든 기준을 분명히 충족시킬 경우 상대적으로 더 큰 힘을 갖는다. 반면 구매자는 다른 좋은 대안이 있거나 더 합리적인 비용으로 품목을 만들 수 있는 경우 더 큰 힘을 갖는다. 장기간 협력이 필요한 경우, 협상은 상호 이익이 되는 분야를 찾기 위해 노력해야 한다.

모든 경우에 있어 협상에는 철저한 준비(preparation)와 기술(skill)이 필요하다. 협상된 협약에 대한 최선의 대안을 사전에 결정하는 것이 바람직하다. 이것은 우선 협상 대상의 다른 공급업체와 협상을 진행한다든지 혹은 제품을 자체 개발하는 것이 될 수 있다. 이 대안 비용을 알고 있는 것은 반대 제안을 하는 것이 현명할지 아닐지를 결정하는데 도움을 준다.

협상의 목표에 따라 다를 수 있지만 아래 범주들이 계약 협상의 일부가 될 수 있다.

- 가격(price)
  가격은 어떤 협상에서든 명백하게 중대한 부분이다. 가격은 일반상품(commodity)과 표준품의 시장 가격으로부터 여러 공급업체의 견적요청서(가격 및 기타 세부 사항)에 대한 응답을 통해 주문설계 혹은 주문 제작품에 대한 세부 협상에 이르기까지 다양하다. 협상을 위한 영역에는 일반상품의 미래 가격 동결, 대량 구매 할인 또는 작업 도구 비용을 누가 지불할 것이지 등이 포함될 수 있다. 세금과 세금 면제 요소가 결정에 고려되어야 한다. 일반적으로 소모성자재(MRO) 공급을 협상하는 것은 비용 효과적이지 않는다. 왜냐하면 소모성자재의 핵심은 주문 비용을 최소화하는 것이기 때문이다.

- 계약조건(terms and conditions)

  > 💡 계약조건(Terms and conditions)
  > 계약의 모든 조항(provisions)과 합의(agreements). 여기에는 신용 조건(credit terms), 조기 지불 할인(discounts for early payment), 환불 정책(return policy), 결함 제품(defective products)에 대한 비용 지불, 보증(warranties), 지연 배송(late deliveries)에 대한 벌금(penalties), 퇴출 조항(exit clauses) 등이 포함된다.

- 납품 및 수량(delivery and quantity)

  조직은 누가 납품을 처리하고 그 대금을 지불하는지, 소유권(및 위험)은 언제 이전되는지, 납품 수량과 빈도, 포장 크기 및 납품 위치 등에 대해 협상할 수 있다. 시간 경과에 따라 변동이 있을 수 있는 천연 제품에 대해서는 허용되는 수량의 변화가 명시될 수 있다. 내용물 보호용 포장의 사양과 적절한 취급에 대한 사양이 역시 필요하다.

- 품질(quality)

  조직은 상품 등급, 변동성에 대한 허용 오차 범위, 로트 또는 기간 당 허용되는 결함 수, 그리고 품질 통제를 수행하는 담당자를 지정한다.

계약에 대해서는 법적인 검토가 권장된다. 경우에 따라 사전 가격 협상이 현실적으로 불가능할 수도 있고 일부 계약은 원가 플러스(cost-plus) 기준으로 협상이 될 수도 있다. 즉 원가와 연동시키는 경우이다. 이러한 유형의 계약은 구매자의 위험이 높지만 많은 주문설계 자재를 사용하기 때문에 원가 예측이 불가능할 경우 필요할 수 있다. 원가에 대한 적절한 감사는 독립적으로 수행되어야 한다.

9.2.3 구매를 실행(Executing purchasing)

구매 실행은 공급업체에 구매주문을 발행하는 것을 포함한다. 구매 업무의 시작은 구매에 대한 입력요소로서 구매요청이 오면 구매 주기가 작동된다. 구매 주기는 개별 주문서를 사용하여 소량의 자재를 주문하는 일반적인 프로세스이다. 구매 실행에는 장기 구매 계약을 기반으로 반복 구매하는 계약구매도 포함되며, 이는 구매 주기 절차 설명 후에 논의된다.

🔍 구매를 시작하는 입력요소

앞서 설명한 바와 같이 자재소요량계획(MRP) 결과물인 계획주문(planned orders)의 발행은 전형적인 구매에 대한 입력사항이 된다. 구매는 일반적으로 계획주문이 발행되기 전에도 이러한 요구사항을 검토할 수 있으므로 미리 사전 계획을 세울 수도 있다. 이들은 일반적으로 포괄(blanket) 구매주문 또는 다른 유형의 장기 계약을 통한 계약구매(contract buying)를 사용하여 실행된다. 자재가 필요한 납기일에 관한 자재소요량계획 데이터가 공급업체의 기준일정수립(master scheduling) 프로세스에서 직접적으로 사용되는 경우, 이 역시 구매를 시작할 수도 있다. 이것은 공급업체 일정수립(supplier scheduling)이라고 부르며 이는 계약구매의 또 다른 유형이다.

자재소요량계획이 아닌 다른 곳으로부터 발생하는 전통적인 구매요청은 구매 주기를 통해 구매를 시작하는 데 사용될 수도 있으며, 이는 장비나 설비 구매 또는 주문설계(ETO)나 주문생산(MTO)에 필요한 유일하거나 또는 소량 품목에 대해 발행된다.

린 생산 시스템은 간판 신호(간판카드, 빈 상자, 등)를 사용하여 보충의 필요를 유발하며, 종종 공급업체와의 장기 계약에 따라 구매주문이나 구매요청을 필요로 하지 않는다. 대신, 자재소요량계획의 사후정산(backflush) 규칙에 따라 각 하위 구성품의 단위가 몇 개 사용되는지를 알기 때문에 이를 활용한 사후정산 프로세스가 사용될 수 있다.

비슷한 상황을 완충(buffer) 보충이라고 한다. 최소 재고 수준이 재주문점으로 지정된다. 재고가 해당 수준에 도달하면 계약 수량을 사용하여 고정 수량이 자동으로 재주문되거나 혹은 구매 주기를 시작하기 위해 구매요청이 생성된다.

🔍 구매 주기 관리

구매 주기는 소량 또는 일회성 구매를 위해 사용된다. 여기에는 신규 설비나 소프트웨어 시스템으로부터 기업소모성(MRO) 물품(예: 장비 교체 부품)에 이르기까지 여러가지가 포함될 수 있다. 또한 주문설계(ETO)나 주문생산(MTO)에 필요한 고유한 품목에도 사용할 수 있다. 도표 9-4는 구매 주기의 단계를 보여준다.

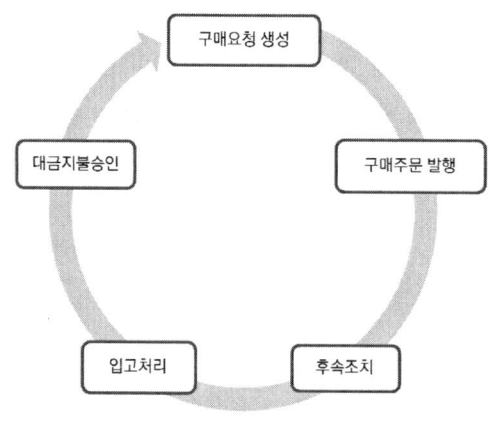

도표 9-4 구매업무 사이클

🔎 구매요청 생성(generate requisition)

> 💡 **구매요청(Purchase requisition)**
> 지정된 시간 내에 지정된 수량으로 해당 자재를 구매할 수 있도록 구매 부서에 대한 권한 부여(authorization).

구매요청은 구매주문을 시작하기 위한 내부적인 요청이다. 수자업 문서 형태이거나 전사적자원관리(ERP) 시스템 혹은 그룹웨어(group ware)등을 통한 전자식일 수 있다. 물품이 필요한 부서에서 요청이 시작된다. 기능 요구사항, 수량 및 납품 요구사항이 명기되어야 한다. 최대 가격을 지정할 수도 있다. 특정 금액 이상의 금액은 대개 조직의 정책에 따라 적절한 수준에서 사전 승인을 받아야 한다.

🔎 구매주문서 발행(issue purchase order)

> 💡 **구매주문(Purchase order)**
> 공급업체와 구매거래를 공식화(formalize)하는데 사용되는 구매자의 권한(authorization). 구매주문에는 주문한 상품 또는 서비스의 이름, 부품 번호, 수량, 설명, 가격에 대한 설명이 포함되어야 한다; 지불(payment), 할인(discounts), 실행 날짜(date of performance), 운송(transportation)에 관한 조건에 동의함; 구매에 관련된 모든 계약들(agreements) 및 이에 대한 공급업체의 실행(execution)을 포함해야 한다.

구매 조직은 구매 요구사항에 따라 공급업체를 선택하고 가격을 협상하여 구매주문서를 발행한다. 구매주문서는 일단 발행이 되면 구매 주기가 끝날 때까지 미완료주문 상태로 간주된다. 대안적으로 구매 조직은 가격이 가장 중요한 요건인 상품, 즉 일반상품(commodity)의 경우 공급업체를 찾기 위해 다양한 유형의 경매(auctions)나 온라인 거래교환(trade exchange) 서비스를 활용할 수 있다. 한 가지 예가 역경매(reverse auctions)이다.

> **역경매(Reverse auction)**
> 공급업체가 경쟁업체들보다 보다 싸게 값을 부르는(underbid) 인터넷 경매(internet auction). 회사 고유정보(identities)는 구매자만이 알 수 있다.

후속 조치(follow up)

구매 조직은 주문 상태를 추적하여 자재가 예정대로 도착하는지를 확인한다. 늦게 도착할 위험이 있는 경우, 특히 이로 인해 생산 일정에 영향을 줄 경우 구매 조직은 주문을 신속하게 처리하도록 재촉한다. 주문이 일찍 도착할 것으로 예상되면 구매를 연기(de-expedite) 시킬 수 있다. 구매 조직은 구매를 요청한 사람 또는 요청 부서에 주문 상태를 계속 알려준다.

자재 수취(receipts goods)

자재 수취는 입고되는 물품에 대한 구매주문서(purchase order)와 포장명세서(packing slip)와 비교하여 처리된다. 필요한 검사나 수량 계수 등이 이 때 행해진다. 구매 주문서 전체 물량이 입고되었는지 아니면 일부만 입고되었는지가 기록되고 추적된다. 선적 중 발생한 화물의 피해는 운송인(carrier)에게 청구되며 허용되지 않는 물품은 계약서 세부 사항에 따라 처리되며 반품될 수도, 혹은 아닐 수도 있다. 승인된 자재는 재고로 입력되고 실제 수취 날짜, 수량 및 품질에 대한 데이터는 공급업체 관찰 및 통제 목적으로 추적 관리된다.

대금지불 승인(approve payment)

구매 조직에서는 구매주문서(purchase order)와 수취보고서(receiving report), 그리고 송장(invoice) 3자간에 일치를 파악하여 입고된 자재와 수량이 올바른지 확인한다. 자재를 수취한 후 조직은 공급업체에게 대금지불을 승인하고 주문을 종료한다. 대금지불 책임은 재무 혹은 경리팀에게 있다.

계약 구매관리(manage contract buying)

계약구매는 장기 계약에 대한 자재 발행의 승인이다. 자재소요량계획과 같이 대량 구매 또는 아주 빈번한 구매에 사용된다. 또 건건이 구매주문서를 생성하는 대신에 구매 조직은 포괄(blanket) 구매주문 또는 기타 장기계약에 명시된 일정에 따라 구매주문이 발행할 수 있다.

자재소요량계획 계획주문의 경우, 공급업체에게 필요한 자재를 생성할 수 있도록 자재소요량계획의 사본 또는 자료 보기가 제공되는 경우가 종종 있다. 공급업체가 자체 자재소요량계획 프로세스에서 직접 계획주문을 사용하는 경우 이를 공급업체 일정수립(supplier scheduling)이라고 한다. 계약 구매는 간반(kanban) 및 완충(buffer) 보충에도 사용된다.

9.2.4 구매를 관찰하고 통제(Monitoring and controlling purchasing)

구매 프로세스 그 자체와 개별 공급업체의 성과를 관찰하고 통제해야 한다. 구매에는 많은 돈이 관련되어 있기 때문에 조직은 사기로부터 보호하기 위해 견제와 균형 및 감사가 필요하다. 또한 실제 결과에 대한 데이터는 프로세스를 간소화하고 정책 및 전략적 우선순위(예: 지속 가능한 구매 또는 필수 품질 수준 유지)를 준수하는지 확인하고 단순히 가격보다는 총소유 비용(TCO)을 지속적으로 개선하기 위한 피드백으로 제공된다.

개별 공급업체에 대한 신뢰성 및 품질 데이터를 목표와 비교하고 차이가 있을 때는 후속 조치가 시작된다. 만약 공급업체가 후속 조치를 취하지 않으면 문제점을 시정하지 못하고 새로운 계약을 맺을 수 없으므로 공급업체가 불이익을 당할 것이다. 일상적인 관찰 이외에도 공유 목표에 대한 장기적인 진척도를 평가할 필요가 있다. 정기적인 의사소통은 목표를 향한 진행 상황을 추적하는 것뿐만 아니라 지속적인 개선을 위한 새로운 목표를 설정하는 데에도 사용할 수 있다. 조직은 이러한 평가를 위해 균형 성과표(Balanced scorecard)를 사용할 수 있다. 이를 통해 여러 기간의 여러 목표와 실제 결과를 추적할 수 있다.

공급업체 평가를 위한 공통 내용에는 다음 사항들이 포함된다.

- 완전 주문율, 즉 정확한 시간, 정확한 장소, 정확한 수량, 정확한 제품, 수용 가능한 품질
- 올바른 재고 완충 관리 또는 일정에 따른 발행
- 올바른 세금계산서 발행 또는 사전 세관 통관을 위한 사항 등과 같은 올바른 행정적 처리
- 문제 해결과 재촉에 대한 신속성

9.3 공급사슬금융(Supply Chain Finance)

공급사슬관리에서 지속적으로 효율화를 꾀하고, 공급망에 참여하는 기업들이 상호 신뢰를 기반으로 하여 상생(win-win) 협력 관계를 모색해온 과정에서 글로벌 공급망이 점점 복잡해지고, 기업 간 자금 흐름 관리의 중요성이 커짐에 따라 공급사슬금융(Supply Chain Finance, SCF)이 출현하게 되었다.

좀더 구체적인 출현 배경을 살펴보면 다음 4가지로 요약해 볼 수 있다.

- 운전자본(working capital) 관리의 필요성
  기업들은 재무 유동성을 높이고 운전자본(working capital)을 효과적으로 관리할 방법을 찾고 있었다. 특히 중소기업은 대기업에 비해 자금조달에서 어려움을 겪는 경우가 많았다.

- 지급 조건(payment term)의 변화
  대기업들은 자금 유동성을 확보하기 위해 납품업체들에게 지급 기한을 연장하는 경우가 많아졌고, 이로 인해 중소기업들은 자금 흐름에 압박을 받게 되었다.

- 금융 기술(Fintech) 발전
  디지털 기술의 발전으로 인해 금융 기관들은 공급망 내 거래 데이터에 기반한 더 효율적인 자금 조달 방식을 제공할 수 있게 되었고, 이를 통해 공급망 전반에 걸쳐 자금 흐름을 최적화할 수 있는 환경이 조성되었다.

- 리스크(risk) 관리
  공급망 내의 거래 파트너들이 자금 조달 어려움을 겪으면 공급망 전체의 리스크가 증가하게 되므로, 이를 완화하기 위한 새로운 금융 방식이 필요해졌다.

앞서 제1장에서 공급사슬과 공급사슬관리의 정의를 설명할 때 아래와 같이 공급사슬 기본 구성 요소인 3 조직체(3 entities)와 4 흐름(4 flows)을 이용하여 개념을 설명하였다. 아래 도표 4흐름 중 점선 박스로 표시된 하류(downstream)에서 상류(upstream)으로 흐르는 현금(cash/fund) 흐름이 여기서 논의할 주제이다.

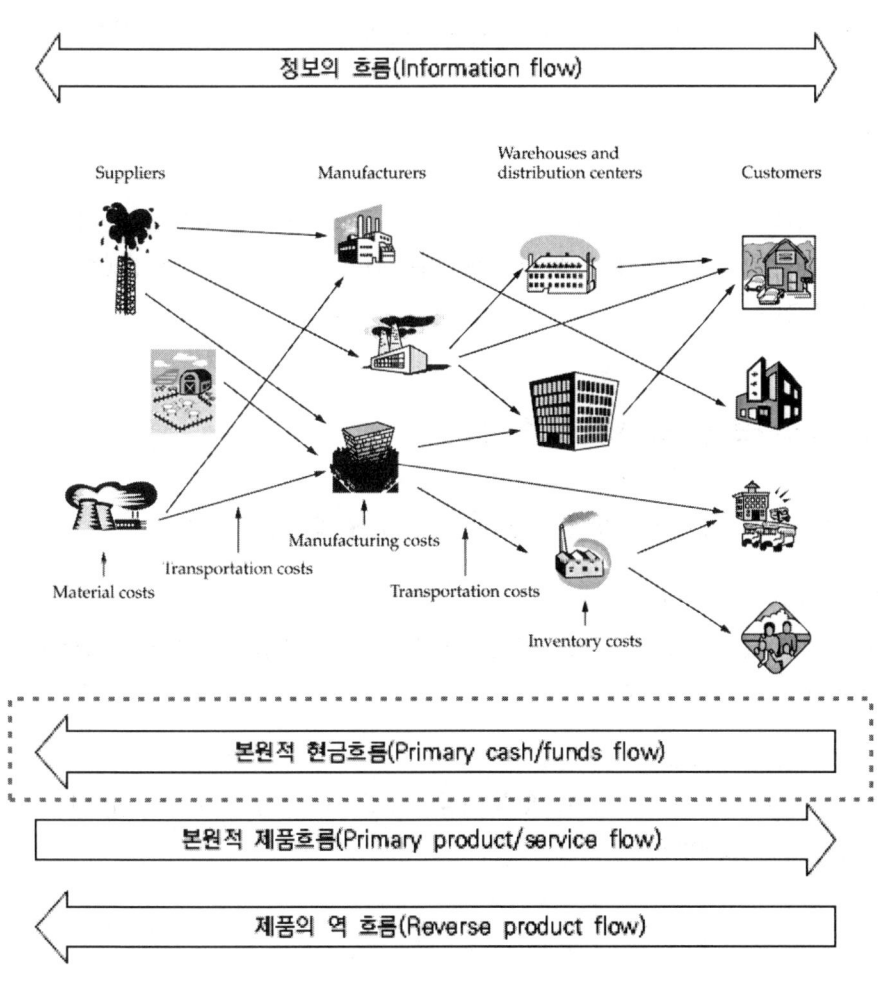

도표 9-5 본원적 현금흐름(Cash/Funds flow)

9.3.1 공급사슬 금융(Supply Chain Finance)의 개념과 중요성

정의

Supply Chain Finance(SCF)는 구매자(Buyer, customer)와 공급자(Seller, supplier)간의 거래에서 현금 흐름을 최적화하고, 재무 비용을 절감하는 전략적 금융 솔루션이다. 공급사슬의 모든 단계에서 자금 흐름을 개선하여 양 당사자가 이익을 얻도록 하는 것이 목표이다.

중요성

공급사슬의 복잡성이 증가하면서 현금 흐름 관리의 중요성이 더욱 부각되고 있다. 기업은 공급망 전체에서 유동성을 확보하는 것이 필수적이며, 이는 경영 리스크를 줄이고 경쟁력을 높이는 데 중요한 역할을 한다.

9.3.2 공급사슬 금융의 핵심구성 요소

구매자(Buyer, customer)와 공급자(Seller, supplier)의 역할

- 구매자(buyer, customer)
  구매자는 지불 조건을 연장하면서도 공급자에게는 조기 지불 옵션을 제공함으로써 자금 운용의 유연성을 높일 수 있다.

- 공급자(seller, supplier)
  공급자는 대금을 조기에 받을 수 있어 자금 운용을 원활하게 할 수 있으며, 이는 특히 중소기업에 중요한 요소이다.

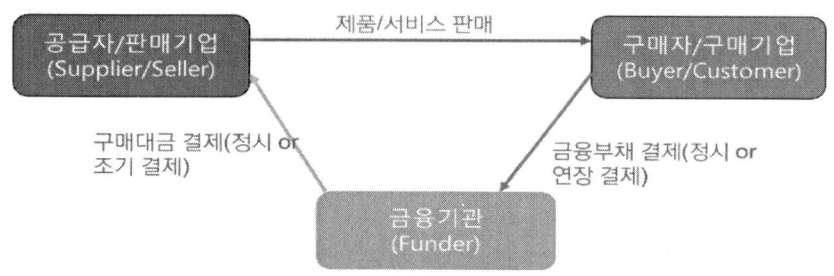

도표 9-6 공급사슬금융 작동 원리

금융 상품과 솔루션

공급사슬 금융(Supply Chain Finance, SCF)은 다양한 금융 상품과 솔루션을 통해 구매자와 공급자가 자금 흐름을 최적화하고 리스크를 관리할 수 있게 해준다. 아래에서는 주요 금융 상품과 솔루션의 상세 설명과 함께 실제 사례를 통해 구체적으로 알아보자.

> **팩토링(Factoring)**
>
> 팩토링은 공급자(seller, supplier)가 구매자(buyer, customer)에게 발행한 송장(청구서)을 금융기관에 판매하여 즉시 자금을 조달하는 금융 솔루션이다. 이 과정에서 금융기관은 송장(invoice)의 일정 비율을 선지급하고, 나머지는 구매자가 송장 대금을 지급한 후 지급된다.

[사례] 한 중소 제조업체 C사는 주요 고객에게 대규모 주문을 받았지만, 결제 조건이 90일 후로 설정되어 있었다. 긴 결제 주기로 인해 운영 자금이 부족해진 C사는 팩토링을 활용하여 고객에게 발행한 송장(invoice)을 금융기관에 매각했다. 이를 통해 즉시 자금을 확보하고 원재료를 구매하여 생산을 지속할 수 있었다. 이 팩토링 거래는 C사의 현금 흐름 문제를 해결하고, 고객의 대규모 주문을 성공적으로 처리할 수 있게 도와주었다.

이 팩토링 제도는 공급사슬의 현금흐름 측면에서 다음과 같은 유용성이 있다.

- 현금 유동성 확보
  팩토링을 통해 송장(invoice) 발행 후 즉시 현금을 확보할 수 있다. 이는 현금 흐름의 불확실성을 제거하고, 긴 결제 주기에서도 안정적인 운영을 가능하게 한다.

- 리스크 전가
  금융기관이 송장(invoice)의 리스크를 부담하므로, 구매자에 대한 신용 리스크를 최소화할 수 있다.

> **송장 금융(Invoice Financing)**
> 송장(invoice) 금융이란 공급자(seller, supplier)가 발행한 송장을 담보로 금융기관에서 대출을 받는 형태의 금융 솔루션이다. 이 방식은 팩토링과 유사하지만, 송장(invoice)의 소유권이 금융기관으로 이전되지 않는다는 점에서 차이가 있다.

[사례] 유럽의 농산물 유통업체 D사는 계절적 수요가 높아지는 시기에 대량의 상품을 구매해야 했다. 그러나 구매자(buyer, customer)들이 60일에서 90일 사이에 결제를 완료하기로 되어 있어 자금 회전에 어려움이 있었다. D사는 송장(invoice) 금융을 통해 발행된 송장을 담보로 금융기관에서 대출을 받았다. 이 자금을 통해 농산물 구매를 원활히 진행할 수 있었고, 수요가 높을 때 상품을 충분히 확보할 수 있었다.

이 송장 금융(invoice financing) 제도는 공급사슬의 현금흐름 측면에서 다음과 같은 유용성이 있다.

- 유연한 자금 조달
  송장(invoice)을 담보로 대출을 받아 필요 자금을 확보할 수 있어, 자금 운용의 유연성을 확보할 수 있다.

- 재무 건전성 유지
  대출 형태로 자금을 조달하기 때문에, 이는 기업의 재무 구조에 유리하게 작용할 수 있다.

> **역팩토링(Reverse Factoring)**
> 역팩토링은 구매자(buyer, customer)가 금융기관과 협력하여 공급자(seller, supplier)의 송장(invoice)를 조기에 지급하는 금융 솔루션이다. 이 경우, 금융기관은 구매자(buyer, customer)의 신용도를 바탕으로 공급자(seller, supplier)에게 자금을 선지급하고, 구매자(buyer, customer)는 정해진 기한에 금융기관에 대금을 지급한다.

[사례] 글로벌 자동차 제조업체 E사는 수천 개의 부품을 조달하는 과정에서 소규모 부품 공급업체들이 긴 결제 주기로 인해 자금 압박을 받는 상황을 인지했다. 이를 해결하기 위해 E사는 역팩토링 프로그램을 도입했다. E사의 신용을 바탕으로 금융기관은 부품 공급업체들에게 송장(invoice) 대금을 조기에 지급했고, E사는 나중에 금융기관에 대금을 상환했다. 이 프로그램을 통해 소규모 공급업체들은 자금 유동성을 확보해 안정적으로 부품을 공급할 수 있었고, E사는 공급망의 안정성을 강화할 수 있었다.

이 역팩토링 제도는 공급사슬의 현금흐름 측면에서 다음과 같은 유용성이 있다.

- 공급망 안정성 강화
  역팩토링을 통해 공급자(seller, supplier)는 대금을 조기에 받을 수 있어 운영 자금의 안정성을 확보할 수 있다. 이는 특히 소규모 공급업체에 큰 도움이 된다.

- 신뢰 구축
  구매자(buyer, customer)는 공급업체와의 관계를 강화하고 신뢰를 구축할 수 있다.

> **다이나믹 디스카운팅(Dynamic Discounting)**
> 다이나믹 디스카운팅이란 공급자(seller, supplier)가 송장(invoice) 대금의 조기 지급을 대가로 구매자(buyer, customer)에게 할인율을 제안하는 방식이다. 동적할인으로 번역할 수 있는 이 솔루션은 공급자와 구매자가 협상하여 유연하게 적용될 수 있으며, 구매자는 지불 기한 전에 대금을 지급함으로써 할인 혜택을 얻는다.

[사례] 소매업체 F사는 주요 공급업체와 협력하여 다이나믹 디스카운팅 프로그램을 도입했다. 공급업체들은 자금이 필요한 시기에 할인율을 설정해 조기 대금을 요청할 수 있었고, F사는 여유 자금을 활용해 할인된 가격으로 대금을 조기 지급했다. 이로 인해 공급업체들은 자금 흐름을 개선할 수 있었고, F사는 상품 비용을 절감할 수 있었다. 양측 모두에게 이익이 되는 거래 구조가 만들어진 것이다.

이 다이나믹 디스카운팅(dynamic discounting) 제도는 공급사슬의 현금흐름 측면에서 다음과 같은 유용성이 있다.

- 양측의 이익 극대화

  공급자(seller, supplier)는 조기 자금을 회수하여 유동성을 확보할 수 있고, 구매자(buyer, customer)는 할인 혜택을 통해 비용을 절감할 수 있다.

- 리스크 관리

  현금 흐름의 불확실성을 줄이고, 예측 가능한 자금 운용이 가능하게 한다.

이와 같은 구체적인 사례를 통해 공급사슬 금융(SCF) 솔루션이 실질적으로 어떻게 적용되고, 어떤 혜택을 제공하는지 명확하게 이해할 수 있다. 이러한 통찰력을 통해 기업은 자신의 상황에 맞는 공급사슬 금융 전략을 수립하고, 공급망 전체의 재무 효율성을 극대화할 수 있을 것이다.

9.3.3 공급망금융 사례 연구

글로벌 기업의 대표적인 성공 사례

페덱스(FedEx) - 동적 할인(Dynamic Discounting) 도입

페덱스는 글로벌 공급망을 효율적으로 관리하기 위해 동적 할인(dynamic discounting) 프로그램을 도입했다. 이 프로그램을 통해 공급업체들은 송장을 발행한 후 바로 대금을 지급받을 수 있었고, 페덱스는 조기에 대금을 지급함으로써 비용 절감 혜택을 얻었다. 이 시스템은 특히 중소 공급업체들이 유동성을 확보하는 데 큰 도움이 되었으며, 공급망의 안정성을 강화하는 데 기여했다. 이 프로그램 덕분에 페덱스는 공급업체와의 관계를 강화하고, 동시에 운영 비용을 절감할 수 있었다(출처: International Banker, C2FO - Collaborative Cash Flow Optimization).

피아트 크라이슬러(Fiat Chrysler) - 공급사슬 금융 활용

Fiat Chrysler는 자동차 산업의 복잡한 공급망을 관리하기 위해 공급사슬 금융(SCF)을 적극적으로 활용했다. 특히, 역팩토링(reverse factoring) 프로그램을 통해 소규모 부품 공급업체들이 자금 유동성을 확보할 수 있도록 지원했다. Fiat Chrysler는 이를 통해 공급업체의 재정적 안정성을 강화했고, 공급망에서의 리스크를 줄일 수 있었다. 이 전략은 결과적으로 Fiat Chrysler의 생산 일정 준수와 품질 관리에 긍정적인 영향을 미쳤다(출처: International Banker).

> 💡 **다임러 AG(Daimler AG) - SCF와 지속 가능성 결합**
>
> 다임러 AG는 지속 가능성(sustainability)을 중시하는 공급사슬 금융 프로그램을 도입했다. 다임러는 탈탄소화에 기여하는 공급업체에게 우대 금융 조건을 제공함으로써, 지속 가능성을 촉진하는 동시에 공급망의 탄소 발자국을 줄이는 데 기여했다. 이러한 프로그램은 다임러의 ESG 목표 달성에 중요한 역할을 했으며, 공급업체들과의 관계도 더욱 강화되었다(출처: Financial IT).

글로벌 기업의 대표적인 실패 사례

> 💡 **제너럴 일렉트릭(GE) - 공급사슬 금융의 과도한 의존**
>
> GE는 글로벌 공급망을 관리하면서 SCF에 과도하게 의존한 나머지, 2008년 금융위기 동안 심각한 유동성 문제를 겪었다. GE는 금융 기관의 신용 경색으로 인해 SCF 프로그램이 제대로 운영되지 못했고, 이에 따라 공급망이 심각한 타격을 입었다. 이 실패 사례는 SCF가 효과적일 수 있지만, 과도한 의존은 큰 리스크를 초래할 수 있다는 점을 보여준다(출처: International Banker).
>
> 💡 **UK 소매업체 Carillion의 공급사슬 금융(SCF)의 실패**
>
> 캐릴리언(Carillion)은 자금 유동성을 높이고 공급망을 원활하게 운영하기 위해 공급사슬 금융 프로그램을 도입했다. 공급사슬 금융을 통해 공급업체들은 송장을 조기에 지급받을 수 있었고, Carillion은 대금 지급을 연기하여 자금 흐름을 관리할 수 있었다. 이는 이론적으로는 양측 모두에게 이익이 되는 전략이었다.

그러나 Carillion의 재무 상황은 2017년경부터 급격히 악화되었다. 몇 가지 주요 요인은 다음과 같다:

- 대규모 부채
  Carillion은 기존의 많은 부채와 새로 발생한 부채로 인해 현금 흐름에 심각한 압박을 받았다.

- 지연된 프로젝트
  여러 주요 건설 프로젝트가 지연되었고, 이는 예정된 수익이 발생하지 않게 만들어 재무 상황을 악화시켰다.

- 매출 감소
  핵심 매출원이었던 정부 계약에서 수익이 줄어들면서 회사의 재정 상태는 더욱 악화되었다.

Carillion의 재무 문제는 공급사슬 금융 프로그램에도 부정적인 영향을 미쳤다. 회사가 대금을 지급할 능력이 점점 떨어지면서, 공급사슬 금융 프로그램을 통해 자금을 조달하던 공급업체들도 신속히 대금을 받지 못하게 되었다. 공급업체들은 자금 유동성 문제에 직면하게 되었고, 이는 전체 공급망에 걸친 연쇄적인 문제를 초래했다.

궁극적으로 Carillion은 파산 보호를 신청할 수밖에 없었고, 이는 영국 역사상 가장 큰 규모의 기업 파산 중 하나로 기록되었다. 이 파산은 수천 명의 일자리가 사라지게 했고, 많은 중소 공급업체들이 심각한 경제적 타격을 입었다. Carillion의 공급사슬 금융 프로그램은 재정적으로 불안정한 상태에서 실행된 것이 문제였으며, 이는 공급망의 약점을 드러내고 결국 회사 전체의 붕괴로 이어졌다.

Carillion의 사례는 공급사슬 금융 프로그램이 성공하기 위해서는 기업의 전반적인 재무 건전성이 필수적이라는 점을 보여준다. 공급사슬 금융은 현금 흐름을 개선하는 데 유용하지만, 기업 자체가 재정적으로 불안정할 경우 이 프로그램도 지속될 수 없다. Carillion은 과도한 부채와 비효율적인 프로젝트 관리로 인해 공급사슬 금융 프로그램이 실패하게 되었으며, 이는 결국 회사 전체의 붕괴로 이어졌다.

- 출처:
Financial Times, "How Carillion's collapse could have been avoided"
BBC News, "Carillion collapse: Timeline of the construction giant's demise"
The Guardian, "Carillion: the UK construction giant that went bust"

시어스 홀딩스(Sears Holdings) - 공급사슬 금융(SCF) 전략의 실패

Sears는 공급사슬 금융을 통해 공급업체들에게 자금을 제공하려 했으나, 자체적인 재정 악화로 인해 프로그램이 실패했다. Sears는 매출 감소와 대규모 부채로 인해 공급사슬 금융 프로그램을 지속적으로 운영할 수 없었으며, 결국 공급망 파트너들에게 신뢰를 잃고 파산에 이르게 되었다. 이 사례는 공급사슬 금융이 강력한 도구일 수 있지만, 기본적인 재정적 건전성 없이는 성공하기 어렵다는 점을 보여준다(출처: C2FO).

9.3.4. 핀테크(Fintech) 솔루션

핀테크(Fintech)는 금융(finance)과 기술(technology)의 결합을 의미하며, 금융 서비스의 효율성을 높이고 새로운 금융 서비스를 창출하기 위해 정보기술(IT)을 활용하는 것을 말한다. 공급사슬 금융을 주도하는 핵심 동인이 되고 있으며 주요 개념은 다음과 같다:

- 디지털 금융 서비스
  모바일 결제, 온라인 뱅킹, P2P 대출 등과 같은 비대면 금융 서비스를 통해 사용자들이 언제 어디서나 금융 활동을 할 수 있도록 지원한다.

- 자동화 및 효율성
  인공지능(AI), 블록체인, 빅데이터 등의 기술을 활용해 금융 서비스의 비용 절감과 정확성을 높이며, 금융 거래와 관리가 자동화된다.

- 금융 접근성 향상
  전통적 금융 시스템에서 소외된 개인이나 기업들에게도 금융 서비스를 제공함으로써 금융 포용성을 확대한다.

- 혁신적인 금융 제품
  암호화폐, 로보어드바이저, 크라우드펀딩 등 새로운 금융 상품과 서비스를 도입하여 기존 금융 시스템을 혁신한다.

공급사슬 금융 핀테크 솔루션의 역할

핀테크 솔루션은 공급사슬 금융의 적용을 용이하게 하고, 공급사슬 전반의 자금 흐름을 효율적으로 관리할 수 있도록 도와준다. 이들은 기존 금융 시스템과는 달리, 빠르고 유연하며, 다양한 사용자 맞춤형 서비스를 제공한다.

주요 핀테크 솔루션

C2FO
C2FO는 다이나믹 디스카운팅 플랫폼을 제공하며, 구매자(buyer, customer)와 공급자(Seller, supplier)가 실시간으로 상호 작용하여 할인율을 협상할 수 있도록 돕는다. 이를 통해 공급자는 조기 자금을 확보하고, 구매자는 유리한 조건으로 비용을 절감할 수 있다.

Taulia
Taulia는 SCF 플랫폼을 통해 구매자(buyer, customer)가 공급업체에게 조기 지급을 제안할 수 있게 하며, 자금 조달의 유연성을 제공한다. 또한 AI 기반의 분석 도구를 통해 리스크를 관리하고 자금 흐름을 최적화할 수 있다.

PrimeRevenue
PrimeRevenue는 글로벌 기업들을 위한 공급사슬 금융 솔루션을 제공하며, 특히 역팩토링에 강점을 두고 있다. 다양한 통화와 국가에서 사용 가능하며, 다국적 기업들이 복잡한 공급망을 효율적으로 관리할 수 있도록 지원한다.

핀테크 솔루션의 이점

- 속도와 효율성
  전통적인 금융 서비스보다 훨씬 빠르게 자금을 조달할 수 있으며, 사용자 인터페이스가 직관적이고 사용이 용이하다.

- 비용 절감
  핀테크 솔루션은 중개 비용을 줄이고, 더욱 경쟁력 있는 금융 조건을 제공한다.

- 리스크 관리
  빅데이터 분석과 AI를 활용해 공급망 리스크를 실시간으로 평가하고, 이에 대한 대응책을 마련할 수 있다.

9.3.5 공급사슬 금융(SCF)의 최신 동향

디지털 혁신과 기술 통합

기술의 발전은 공급사슬 금융의 운영 방식을 혁신하고 있다. 특히, 디지털 포털과 자동화된 플랫폼이 도입되어 공급사슬 금융 거래의 효율성을 높이고 있다. 이러한 플랫폼은 스트레이트 스루 프로세싱(Straight-Through Processing)을 지원하여 거래 속도를 높이고 오류와 사기를 줄이는 데 기여하고 있다. 이러한 기술 통합은 특히 오픈 어카운트 거래에서 중요해지고 있으며, 이는 전 세계 무역의 80%를 차지하고 있다.

핀테크(Fintech)와의 협력 강화

은행과 핀테크 회사 간의 협력이 공급사슬 금융 분야에서 더욱 강화되고 있다. 핀테크는 전통적인 금융 시스템을 보완하며, 중소기업(SME)도 접근할 수 있는 더 유연하고 포괄적인 금융 솔루션을 제공하고 있다. 예를 들어, 핀테크 기업들이 제공하는 동적 할인(Dynamic Discounting) 프로그램은 다양한 규모의 공급업체들이 참여할 수 있게 해주며, 이는 공급망의 전체적인 안정성을 강화하는 데 기여한다.

지속 가능한 금융(Sustainable Finance)의 확대

지속 가능성을 고려한 금융 솔루션이 공급사슬 금융에서도 중요해지고 있다. 특히, 신흥 시장에서 중소 공급업체에 대한 자금 접근성을 높이는 혁신적인 접근법이 강조되고 있다. 이는 개발도상국에서의 금융 접근성 확대를 목표로 하는 국제 금융 기관들과의 협력을 통해 이루어지고 있다. 또한, 탈탄소화 산업을 지원하는 프로그램에 대해서는 우대금리가 제공되는 등, 지속 가능성을 촉진하는 금융 상품이 확대되고 있다.

강화된 보고 기준

공급사슬 금융 프로그램에 대한 투명성을 높이기 위해 보고 기준이 강화되고 있다. 2024년부터 미국과 국제적으로 공급사슬 금융 프로그램의 규모와 조건을 명확히 보고해야 하며, 이는 기업의 재무 투명성을 높이고 투자 매력을 강화하는 역할을 한다. 이는 또한 기업들이 지속 가능성 보고에 있어서도 공급망 전반의 환경적 영향을 더욱 철저히 관리하도록 요구받게 된다.

중소기업을 위한 접근성 확대

공급사슬 금융이 대형 기업만이 아닌 중소기업(SME)에게도 더 쉽게 접근 가능해지고 있다. 핀테크의 발전과 함께, 더 많은 중소기업들이 SCF 프로그램에 참여할 수 있게 되었으며, 이는 글로벌 무역에서 자금 조달의 장벽을 낮추는 데 기여하고 있다.

이러한 동향들은 SCF가 단순한 자금 조달 수단을 넘어 기업의 전략적 재무 관리 도구로 자리잡아가고 있음을 보여준다. 기술과 규제의 변화 속에서, SCF는 기업들이 더욱 유연하고 투명하게 공급망을 관리하는 데 중요한 역할을 할 것이다.

공급사슬 금융(SCF) 향후 전망

공급사슬 금융(SCF)은 단순한 자금 조달을 넘어, 기업의 전반적인 공급망 전략과 긴밀히 연결된 중요한 요소이다. 정보기술의 발전과 함께 공급사슬 금융은 더욱 혁신적인 방식으로 발전할 것이며, 기업들은 이를 통해 경쟁력을 강화할 수 있을 것이다.

Operations Innovation Professional

10장

총량 재고관리
Aggregate Inventory Management

10장 총량 재고관리
Aggregate Inventory Management

10.1 총량 재고관리 개요
    10.1.1 총량 재고관리의 목표
    10.1.2 재고의 유형
    10.1.3 재고의 기능

10.2 재고 비용
    10.2.1 품목비용
    10.2.2 유지비용
    10.2.3 주문비용
    10.2.4 결품비용
    10.2.5 생산능력관련 비용

10.3 재무제표와 재고
    10.3.1 재무상태표
    10.3.2 포괄손익계산서
    10.3.3 현금흐름표
    10.3.4 재무적 재고성과 측정
    10.3.5 재무제표 재고 평가

10.4 재고 정책
    10.4.1 불확실성에 대비하는 재고 정책

핵심주제와 학습목표

- 총량 재고관리(aggregate inventory management)와 품목 재고관리(item inventory management) 비교
- 원자재(raw materials), 재공중(WIP, work in process) 재고, 완제품(finished goods) 재고, 유통재고(distribution inventory), 기업소모성 자재(MRO, maintenance, repairs & operations)
- 재고를 유지해야 하는 이유와 유지하지 않아야 하는 이유
- 5가지 재고비용: 품목(item), 유지(carrying), 주문(ordering), 결품(stockout), 능력관련(capacity-related)
- 재무상태표 상의 자산(assets), 포괄손익계산서 상의 매출원가(COGS, cost of goods sold)
- 장부상 재고평가(book valuation)
- 재고관리 핵심지표: 재고 회전율(inventory turns)과 공급일수(days of supply)
- 안전재고(safety stock) 계산

필자의 경험을 통해 볼 때 재고는 참 다루기 힘든 과제이자 기업의 손익에 중대한 영향을 주는 중요한 사안임을 절실하게 느낀다. 리드타임의 영향을 받는 조직은 어느 조직이나 재고가 중대한 관심사이다. 특히 제조업처럼 제조 리드타임과 더불어 원자재 구매 리드타임을 가진 조직은 더욱이 중요하다.

전통적인 밀기(push) 형태의 방법인 제조계획통제 방식의 운영 조직이나 끌기(pull) 형태의 운영을 강조하는 린(lean) 지지자들 모두 한결같이 '재고는 필요악이다'라고 표현하며 재고 감축에 동감한다. 그러나 좀더 세부적으로 들어가면 린 방식과 전통적인 제조계획통제 방식 지지자들 사이에 미묘한 입장 차이가 있음을 발견한다. 두 집단 모두 재고를 필요악이라고 표현하면서도 린 조직은 '악'에 방점을 찍어 어떻게든 재고를 줄이고자 애를 쓴다. 반면 밀기 형태의 제조계획통제 지지 조직은 '필요'에 방점을 찍고 기업을 강에 떠가는 배에 비유한다. 기업이라는 배가 암초에 부딪치지 않고 순항을 하기 위해서는 일정한 양의 물이 있어야 한다는 주장이다. 이 물이 재고에 해당된다.

일반적으로 기업이 큰 폭으로 성장하고 있는 기간 동안은 재고 문제가 수면 아래로 내려가 크게 이슈가 되지 않는다. 성장을 위해 어느 정도의 재고가 용납이 되는 분위기이다. 그러나 성장이 둔화되거나 멈추면 순이익을 보전하기 위해 조직 내에서 원가절감이라는 화두가 강력하게 대두된다. 원가절감에 대한 방안이 여러 가지로 나타날 수 있는데 필자의 경험으로 보면 신규인력 채용중단, 해외출장 금지, 잔업 식대 줄이기, 심지어는 복사 시 이면지 활용, 점심시간 전등 소등 등 다양한 변화관리성 캠페인들이 벌어진다. 그런데 경영층은 이 모든 원가절감 활동 중에 궁극적으로는 재고 절감이 가장 매력적인 방법이라는 것을 금새 눈치챈다. 왜냐하면 재고는 일반적으로 유동자산 중 제일 큰 비중을 차지하고 있는 큰 금액의 항목이므로 재고에서 절감이 어느 원가절감 활동보다 훨씬 큰 효과가 있기 때문이다.

필자는 오랜 기간 기업 경영 컨설팅을 수행하면서 재고의 중요성 혹은 더 나아가 무서움을 실감하였다. 역사적으로 보면 일시적으로 재고가 부족해서 망한 조직은 별로 없다. 그러나 재고가 너무 많아 도산한 사례는 쉽게 찾아볼 수 있다.

재고는 '부패성(perishability)'이라는 아주 특이한 성질을 가지고 있다. 여기서 부패성이란 '물리적으로 썩기 쉽고 상하기 쉬운'의 의미도 있지만 재고의 'perishability'는 시간이 흐름에 따라 재고의 가치가 감소하는 것을 의미한다. 즉 썩지 않는 공산품일지라도 시간이 지나면 재고의 가치가 소멸되는 것이다. 예를 들면, 일간지 신문은 하루가 지나면 재고의 가치가 없어지고 월간 잡지의 경우 한 달이 지나면 가치가 소멸된다. 유행이 지난 핸드폰이나 냉장고의 경우 가치가 대폭 소멸되며 신제품 출시에 악 영향을 끼친다. 따라서 설사 썩지 않는 제품일지라도 수요가 없는데도 보유하고 있는 재고는 더 이상 의미가 없다. 이것이 재고의 무서움이다.

또 한 가지 재고를 공부하는 독자들이 명심해야 할 내용은 재고를 수량이나 무게, 박스, 파레트 등 물리적인 형태로 보기 보다는 돈(cash)으로 보는 안목을 가져야 한다. 즉 창고 문을 열어 보았을 때 첫 번째 랙에 10 파레트가 있고 두 번째 랙에 5박스가 있다고 인식하는 것이 아니라 첫 번째 랙에 1억 원 어치가 쌓여 있고 두 번째 랙에 5천만 원 어치 재고가 보관되어 있다고 인식하는 것이 절실히 필요하다. 왜냐하면 창고에 보관된 재고는 어느 것 하나 공짜로, 제발로 걸어 들어온 것은 없기 때문이다. 모두 돈을 주고 산 것이며 무엇보다 경영층은 재고를 재무제표 등을 통해 금액($)으로 인식하고 있기 때문이다.

> **재고(Inventory)**
> 생산 활동(원자재 및 재공중 재고), 지원 활동(유지 보수, 수리, 공급 운영), 고객 서비스(완제품, 예비 부품)를 지원하는데 사용되는 품목. 재고 수요는 종속적(dependent)이거나 독립적(independent)일 수 있다. 재고 기능으로는 예상(anticipation), 위험 회피(hedge), 주기/로트크기(cycle/lot size), 변동(fluctuation), 안전(safety), 완충(buffer), 예비(reserve), 운송중(파이프 라인), 서비스 부품이 있다.

위 재고의 정의에서 재고의 유형(types)과 기능(functions)이 다양함을 알 수 있다. 원자재 재고는 생산에 투입되고, 그 결과 여러 유형의 완제품 재고를 생산해 낸다. 생산과 재고관리는 분리되어질 수 없으며 제조계획통제(MPC)의 각 단계에서 함께 관리해야 한다.

> **재고관리(Inventory management)**
> 재고계획 및 재고통제와 관련된 사업 관리 부문.

유동자산인 재고자산은 단위가 팔릴 때까지는 회수할 수 없는 막대한 자금 투자를 의미하기 때문에 적절한 재고 수준 관리는 필수적이다. 채프먼(Chapman)이 저술한 '자재관리 소개'(introduction of material management)에 따르면, 재고는 한 조직의 장부 상에 있는 전체 자산의 20~60%를 차지한다. 물건이 팔릴 때까지 돈이 묶이는 것 외에 재고에는 유지비용, 즉 창고와 직원 및 기타 경비에 드는 비용이 있다. 또한 오래된 재고는 상하거나 쓸모 없게 될 수도 있다. 따라서, 기업들은 가능한 한 빨리 재고를 최종 제품으로 만들고 신속하게 판매하기를 원한다.

재고관리는 총량(aggregate)과 품목(item) 두 가지 수준에서 발생한다. 총량 재고관리는 전략 계획, 제조 경영계획, 판매운영계획(S&OP)과 같은 장기 계획의 일부이다. 총량 재고관리는 원자재를 포함하여 재공중 재고 그리고 완제품 등 모든 형태의 재고를 재무적 가치인 금액($) 관점으로 다루는 특징을 가진다. 총량 재고관리에서는 재고가 생산으로 어떻게 흘러가는지, 수요와 공급의 균형을 맞추기 위해 어떻게 사용되는지, 그리고 재고를 어떤 목적으로 수행되는지에 따른 재고의 기능에 대해 연구한다.

재고는 결품을 방지하는 기능 측면에서 고객 서비스 수준 뿐만 아니라 공장 가동중지 방지에 기여하는 운영 효율성에도 영향을 미친다. 그러나 이러한 기능은 비용을 지불할 때만 제공된다. 재고 목표는 재고자산이 조직의 전략을 지원하고, 재고자산을 유지해 갈 때 얻을 수 있는 이익이 그렇지 않은 경우보다 더 가치가 있는지를 확인하기 위해 이러한 총량 수준에서 설정된다. 총량 재고관리는 이 장의 주제 1부터 3까지 논의된다.

4번째 주제는 재고 정책(policies)이다. 이들 정책은 상위 계획 단계에서 책정된 목표를 따라가지만, 품목 차원의 결정을 한다. 따라서, 재고 정책은 총량과 품목 사이의 가교라고 볼 수 있다. 이 주제에서는 목표 고객 서비스 수준을 충족하기 위해 올바른 안전재고 수준 또는 안전 리드타임을 설정하는 방법에 대해 설명한다.

10.1 총량 재고관리(Aggregate inventory management) 개요

첫 번째 주제에서는 총량 재고관리의 목표를 소개하고 재고의 유형과 기능을 다룬다. 이어서 재고 비용과 재고가 재무제표(financial statements)에 미치는 영향 관점에서 총량 재고관리 요소들을 설명한다.

10.1.1 총량 재고관리의 목표

대부분의 조직에서 재고자산은 사업을 하기 위해 필요한 비용이지만, 제 9장 구매에서 보았듯이 비용을 줄이면 그에 비례하여 이익이 직접적으로 증가하므로, 총량 재고관리의 주된 목적은 전체 재고를 최소화하는 것이다. 그러나 이는 조직의 다른 목표와 상충될 수 있다. 여기에서는 총량 재고관리의 세 가지 주요 목표를 살펴본다.

- 재고 투자 최소화
- 고객 서비스의 목표수준 달성
- 제조 효율의 극대화

첫 번째 목적은 재고를 줄여야 하는 논리, 즉 재고를 보유하지 않아야 하는 이유인 반면 나머지 두 목표는 재고를 보유해야만 하는 이유들이다. 각 조직의 전략이 이렇게 상충되는 각각의 목표들에 얼마나 큰 우선순위를 두는지 그리고 조직이 어떻게 목표의 균형을 맞추는지를 구체화할 것이다.

재고투자 최소화(재고를 보유해서는 안되는 이유)

재고에 대한 총 투자는 몇 가지 다른 관점에서 볼 수 있으며, 조직이 어떤 관점을 취하느냐에 따라 재고투자 최소화라는 목표를 향해 어떻게 할 것인가에 관련된 매우 다른 결정을 초래할 수 있다. 조직 내에서 구매 부서는 재고를 최소한으로 유지하면 인센티브가 있을 수 있다. 그 방법으로는 재고 비용 전체 또는 단위당 비용을 최소화하는 것이 있다. 그러나 그것은 대량 주문을 함에 따라 단위당 구매 원가를 최소화하는 장점을 얻을 수는 있겠지만, 이렇게 되면 전반적인 재고 수준이 늘어나 오히려 재고 유지비용이 증가하는 경향이 있다.

공급사슬 전체 조직의 입장에서 보면, 자칫 재고 절감이 공급사슬 내의 다른 파트너를 희생시키면서 우리의 재고를 최소화하는 결과를 초래할 수 있다. 예를 들어, Dell과 같은 주문조립(ATO) 제조환경의 조직에서는 실제 고객 주문에 대해서만 최종 조립을 하고 이에 대응하여 공급업체에 주문을 하기 때문에 공급업체는 항상 재고를 보유하고 있다가 신속하게 납품을 해야 한다. 이것은 투자자들에게 우리 조직의 재무상태를 좋게 보이도록 할 수 있지만, 이러한 방법은 전체 공급사슬에서 더 많은 재고가 보유될 수 있음을 의미한다. 제조 업체에서는 재고를 소규모로 유지하겠지만, 공급업체에서는 더 많이 보유해야 하므로 총 재고와 재고 비용은 상승한다.

린(Lean) 방식을 사용하는 조직을 포함한 다른 조직들은 재고 투자를 전체 공급사슬의 관점에서 바라본다. 전체 공급사슬의 관점에서 재고를 볼 때 재고는 어느 지점에 위치하든지 간에 고객에 대한 총 비용에 추가되어 제품의 최종 가격을 높이는 꼴이 된다. 전체 공급사슬의 관점에서 재고를 바라보는 조직은 공급사슬 모든 과정의 재고를 줄여서 최종 소비자에 대해 제품 판매가격을 낮추어 전체 판매량을 늘리기 위해 일을 해야 한다. 공급업체가 재고를 적게 유지하면 제품에 대한 비용을 절감할 수 있지만, 반대 급부로 결품으로 인해 공장 가동 혹은 판매가 중단될 경우, 비용이 증가하고 매출이 감소하게 되므로 재고 투자를 최소화하는 데에는 한계가 있다.

고객 서비스의 목표 수준 충족(재고를 보유해야만 하는 이유)

> **서비스 수준(Level of service)**
> 고객이 요청한 납기일과 수량을 제 시간에 만족시키기 위해 재고를 통해서 혹은 현재의 생산 일정으로 수요를 충족시키는 정도(일반적으로 백분율로 표현됨). 재고생산(MTS) 환경에서, 서비스 수준은 종종 고객 주문의 수령 시 재고에서 완료된 주문의 비율(percentage of orders), 완료된 라인 품목 비율(line items), 완료된 총 금액 수요 비율(percentage of total dollar demand)로 계산된다. 주문생산(MTO)과 주문설계(ETO) 환경에서, 서비스 수준은 고객이 요청한 날짜 또는 약속한 날짜(acknowledged date)에 전체 제품 수량을 선적함으로써 시점을 충족시킨 비율이다.

고객 서비스는 종종 납기에 맞춰 배송된 제품의 비율인 고객 서비스 비율(혹은 납기 충족율이라고도 함)을 사용하여 나타낸다. 정의에 나열된 것과 같이 비율에 많은 변형들이 있음에 유의하기 바란다. 어떤 방법도 모든 목적에 다 맞을 수는 없다. 제조환경에 따라 고객 서비스는 결품 혹은 지연된 주문의 비율을 의미할 수 있다. 따라서 재고 보유 여부와 관계없이 고객 서비스는 중요하다. 주문설계(ETO) 또는 주문생산(MTO) 조직에서 사용할 수 있는 지표는 정시일정 성과(on-time schedule performance)이다.

> **정시일정 성과(On-time schedule performance)**
> 고객과 원래 협상한 납기 요청일을 충족하는 정도(백분율). 수행은 주문의 수(number of orders), 라인 품목수(line items), 정시에 선적된 금액 가치(dollar value shipped on time)에 따라 백분율로 표현된다.

5장에서 살펴본 안전재고 수준을 계산하여 특정 고객 서비스 수준(예: 필요할 때마다 재고가 가용하도록 확보될 가능성이 95%)을 계산하는 방법에 대해 설명했다. 즉 95% 수준의 고객 서비스율이라면 결품율은 5%(1 - 0.95 = 0.05)가 된다.

> **결품 비율(Stockout percentage)**
> 회사가 실제 수요 또는 요구사항에 대응하는 효과(effectiveness)의 척도. 재고 부족 비율은 총 주문(total orders) 에 대한 재고 부족 포함 주문 수 또는 한 기간 동안 주문한 총 라인 품목(total line items)에 대해 재고 부족 발생된 라인 품목에 대한 비교일 수 있다.

안전재고는 수요 또는 공급의 불확실성으로부터 조직의 고객 서비스 수준을 보호하고자 하는 것이다. 판매 및 마케팅 부서의 가장 큰 목표는 판매 실기(sales loss)를 방지하여 고객 서비스 수준을 최대화하는 것이다. 따라서 높은 수준의 재고 유지를 원할 것이다. 유통업체, 도매업체 및 소매업체 역시 재고 부족이 거의 발생하지 않도록 초점을 맞춘다. 판매 실기 외에도 고객이 불만족을 느끼거나 다른 곳에서 구매를 하거나 고객 충성도가 낮아 매출이 감소하고 시장 점유율이 낮아질 수 있다.

그러나 도표 10-1에서 볼 수 있듯이 고객 서비스를 향상시키는 데 필요한 안전 재고량은 고객 만족도 100%에 가까워질수록 급격히 가파르게 증가한다. 수요가 매우 안정적이고 예측 가능하여 안전재고가 없이도 고객 서비스를 완벽하게 맞출 수 있는 경우는 예외이다.

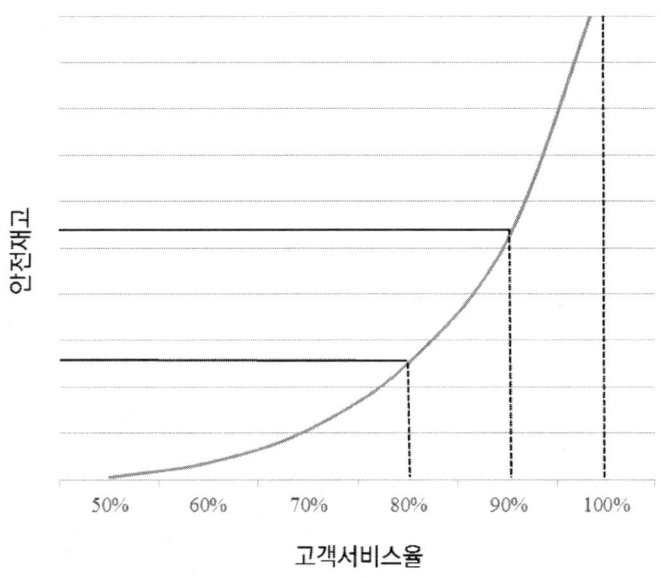

도표 10-1 안전재고 필요량과 고객 서비스 수준 관계

100% 만족하는 고객 서비스를 제공하는 것은 엄청나게 비싼 대가를 치른다. 따라서 고객 서비스의 목표는 단순히 고객 서비스를 최대화하는 것보다 조직이 전략적으로 목표로 하는 수준의 고객 서비스를 달성하는 방법이 좀더 효율적이다. 리드타임을 단축하고 제조 유연성을 높이는 등 안전재고 이외의 방법으로도 고객 서비스 개선을 할 수 있다.

제조 효율 극대화(재고를 보유해야만 하는 이유)

제조 효율은 생산 공정에서 투입, 진행, 산출되는 자재의 흐름을 관리에 관한 사항이다. 자재관리 및 구매에는 생산 중단이나 혹은 과다 및 과소 생산 없이 원활하게 생산을 진행하는 것이 좋은 성과를 내는 것이라 할 수 있다. 과소 생산의 경우 유휴 인력과 장비는 아무것도 생산하지 않으면서 발생하는 비용이므로 기회비용이다. 조직은 여러 가지 방법으로 제조 효율을 극대화하기 위해 재고를 활용할 수 있다.

첫 번째 방법은 분리(decoupling)라고 하며 이 목적으로 사용되는 재고를 분리 재고라고 한다.

> **재고 분리(Decoupling inventory)**
> 프로세스 또는 조직체들(entities)간에 독립성(independence)을 창출하기 위해 제조 또는 유통망의 각 조직체들 간에 유지되는 재고량. 재고 분리의 목적은 품목의 공급 속도(rate of supply)로부터 사용률(rate of use)을 분리(disconnect)하는 것이다.

재고를 공급사슬 수준에서 수요로부터 공급을 분리할 수 있는데, 예를 들어, 실제 주문을 기반으로 생산하는 것보다는 주문 리드타임이나 혹은 완제품 재고에 의존하는 것, 혹은 이보다는 원자재 상태의 재고를 유지하도록 함으로써 재고 분리가 가능하다.

재고 분리는 공장 내의 각 공정 작업장 사이에서도 발생할 수 있다. 이는 작업장들이 각각 다른 속도로 가동되거나 작업장에서 수요가 다양하고 일정을 잡기가 어려울 때 바람직하다. 조직의 생산성 측정 시스템은 일반적으로 재고 분리를 장려한다. 작업자와 장비 생산성의 주요 척도는 가동률(실제 근무 시간을 가용 시간으로 나눈 값)이라는 제 8장의 주제 2를 상기하기 바란다. 전통적인 제조계획통제(MPC) 시스템은 유휴 투자의 기회 비용을 줄이기 위해 작업자와 장비의 활용을 극대화하기 위해 작동한다. 간헐적(작업장 또는 배치) 프로세스 유형의 작업장 간 재고 분리는 작업장이

보다 독립적으로 운영될 수 있게 해준다. 상이한 배치(batch) 크기는 몇몇 공통된 작업장을 공유하므로 각 주문이 납기일을 두고 경쟁하게 된다. 이런 상황에서 병목현상은 경쟁하는 날짜(competing date)에 따라 다양한 작업장에서 어느 정도 자연적으로 형성될 수 있다.

재고 분리의 세 번째 이유는 생산능력과 자재가 실제로 필요한 것보다 빨리 이용 가능하도록 하여 시간을 활용하기 위함이다. 제조계획통제는 미래의 생산능력 제약을 줄이기 위해 현재의 생산능력 또는 자재를 활용하는 방식인 선행 생산을 통해 더 많은 재고의 유지에 대한 정당성을 받아들일 수 있다. 추가 비용없이 생산능력의 균형을 맞추기 위해 자재소요량계획(MRP) 안에서 납기일을 재조정하는 것이 더 좋은 선택일 수 있지만, 시스템 과민성(nervousness)을 방지해야 하는 추가 조치를 감안하면 이것이 항상 타당한 것은 아니다.

재고는 또한 평준화 생산을 가능하게 하기 위해 사용된다. 각 기간마다 같은 양을 생산하면 수요가 적은 기간에는 재고가 많아지는 단점은 있지만 초과 근무나 외주를 줄이거나 제거하여 제조 효율을 높일 수 있으며 비싼 초과 생산능력의 필요성을 줄이고 추가 고용, 정리 해고 및 교육과 같은 인건비를 줄일 수 있다.

제조 효율을 높이기 위한 또 다른 방법은, 작업 변경없이 한 제품 생산을 길게 가져가는 것인데, 이렇게 하면 수요가 있을 때에만 필요량을 생산하는 것보다 특정 유형의 제품이 더 많이 만들어지기 때문에 재고 수준이 더 높아진다. 또한, 이에 대한 단점으로는 어떤 품목은 생산을 대기해야 해서 몇몇 고객에서는 더 긴 리드타임을 적용해야 하므로 긴 생산 운영은 고객 서비스에 악영향을 끼치게 된다. 수요는 있지만 아직 생산되지 않은 상품의 경우, 수요에 대응해 재고를 확보해 두어야 한다. 그러나, 긴 생산 운영은 1회 가동준비(setup) 비용이 더 많은 수량의 제품으로 분산되기 때문에 총 가동준비 비용과 작업 변경에 관련된 단위당 비용을 낮춘다. 또한, 생산에 더 많은 시간을 할애하고 작업 변경에 적은 시간을 사용하는 만큼 더 많은 단위가 생산된다. 연간 기준으로 생산 수량이 크게 늘어날 수 있다. 가동준비 횟수를 최소화하는 것은 병목 작업장에서 산출량을 최대화하기 위해 사용하는 경우가 많다.

마지막으로, 만약 구매 부서에서 원자재와 구성품을 대량으로 구매한다면 주문 비용, 단위 당 비용 그리고 운송비가 줄어든다. 이에 대한 단점으로는 재고가 늘어나고 그에 따라 유지비용이 높아진다.

린에서 제조 효율을 극대화하는 방법(재고를 보유해서는 안 되는 이유)

"재고는 악이다."

토요타 생산 시스템(Toyota JIT)의 공동 개발자인 시게오 신고(Shigeo Shingo)가 한 말이다. 많은 산업 분야에서 이동하지 않거나 부가가치를 창출하지 않은 재고는 아마도 필요악으로 묘사된다. 이러한 이유로 재고를 낭비로 여기기 때문에 린 생산환경에서 쉬고 있는 재고 감축을 위해 열심히 노력한다. 재고는 불확실성에 대한 보험성 정책으로 생각될 수 있지만 린 철학에서 분리 재고(decoupling inventory) 주장은 고통을 회피하기 위한 방법일 뿐이다. 만약 재고를 가져가지 않음으로써 고통에 직면하게 되면, 우선적으로 분리해야 하는 문제를 개선하도록 조직에 강요한다. 린은 수요가 없을 경우 장비가 유휴 상태가 되는 것은 허용하기 때문에 가동률을 유지하기 위해 재고 분리를 하는 것을 바람직하지 않다고 본다(린은 기계 활용률 보다는 작업자의 활용률 극대화를 추구한다).

제 4장 주제 1에서 린은 택타임(takt time)을 강조하거나 각각의 작업장 또는 셀(cellular) 라인에서 가장 빠른 속도보다는 수요의 속도에 맞춰 작동하도록 하며, 작업전 대기(queue)의 과잉 재고를 방지한다. 제 6장에서는 린이 생산량을 평준화하지 않고 자재와 생산능력 사용량을 평준화하여 더 많은 작업변경을 허용하되, 빠르고 저렴하게 작업변경을 하기 위해 노력하는 방법에 대해 설명했다. 마지막으로, 린은 더 높은 운송비용을 흡수하기 위해, 필요할 때 필요한 것을 주문하는 JIT를 사용한다.

린을 도입하지 않으려는 조직, 특히 린을 실행하기 어려운 환경의 조직들 중에서도 많은 조직들이 기존의 제조 효율을 개선하는 동시에 재고를 줄이기 위해 린 개념의 일부를 채택하고 있음을 기억해야 한다.

재고 목표 균형 맞추기

재고 목표의 균형은 조직 전략으로부터 시작된다. 어떤 전략은 고객 서비스를 우선시하고, 다른 전략은 비용 최소화 또는 제조 효율 극대화를 우선시한다. 예를 들어 추적 생산전략은 생산의 높은 변동성으로 인해 비용이 증가하는 반면에 재고를 최소화한다. 이것은 다른 선택과 비교해서 이익이 비용을 초과하는 경우에 좋은 전략이다. 다시 말해서, 재고를 유지하는 유일한 이유는 재고를 유지하지 않을 때의 발생하는 총비용이 더 높기 때문이다.

전략적 우선순위 설정에 대한 비용-효과 분석은 생산 수준 변경 및 주문, 운송 비용 및 재고 운송 비용에 대한 고객 서비스 및 생산 효율의 목표 수준의 효과를 평가한다. 전략에도 맞지만 재고 수준을 낮추는 대안이 있다면 이에 대한 비용과 효과도 비교할 수 있다. 그런 다음 가장 좋은 값을 가진 선택사항이 선택될 것이다. 고객 충성도 변동 등 일부 효과는 계수화하여 측정하기 어려울 것이라는 점에 유의한다.

10.1.2 재고의 유형(Types of inventory)

> **재고의 여러 유형(The following types of inventory)**
>
> - **원자재(Raw material)**: 제조 과정(manufacturing process)을 통하여 구성품(components)이나 제품(products)으로 전환되는 구매된 품목(Purchased items) 혹은 추출된 자재(extracted materials).
> - **재공중 재고(WIP, work in process)**: 초기 가공을 위해 생산 현장으로 불출된 모든 자재와 완제품 재고로서 최종 검사 및 수락(final inspection and acceptance)을 대기중인 완전히 가공된 자재(processed material)까지 공장 전체에 걸쳐 다양한 완성 단계(various stages of completion)에 있는 제품들. 많은 회계 시스템에서는 이 범주의 반제품 재고(semifinished stock) 및 구성품의 가치를 포함한다.
> - **완제품 재고(Finished goods inventory)**: 최종 테스트를 포함한 모든 제조 작업이 완료된 품목. 이러한 제품들은 완제품(end items) 또는 수리용 부품(repair parts)으로 고객에게 선적 가능하다.
> - **유통 재고(Distribution inventory)**: 유통 시스템(distribution system)에 있는(예를 들어, 창고 또는 창고와 고객 사이의 운송) 일반적으로 수리용 부품(repair parts) 및 완제품(end items) 형태의 재고.
> - **유지, 보수, 운영(MRO) 공급품**: 유지보수 공급품(maintenance supplies), 예비 부품(spare parts), 제조 프로세스 및 작업 지원에 사용되는 소비품 같이 일반적인 운영(general operation)과 유지보수(maintenance) 지원에 사용되는 품목.

완제품과 MRO 공급품에 관련된 용어로는 서비스 부품(service parts)이 있는데, 이는 "원래의 부품을 교체하기(replace) 위해 변경(modification)없이 사용되도록 계획된 모듈, 구성품들"을 뜻한다.

도표 10-2는 이러한 유형의 재고가 공급사슬을 통해 어떻게 상호 연관되는지를 보여준다. 유통재고에는 운송 재고와 유통센터에 보관 중인 단위가 모두 포함된다.

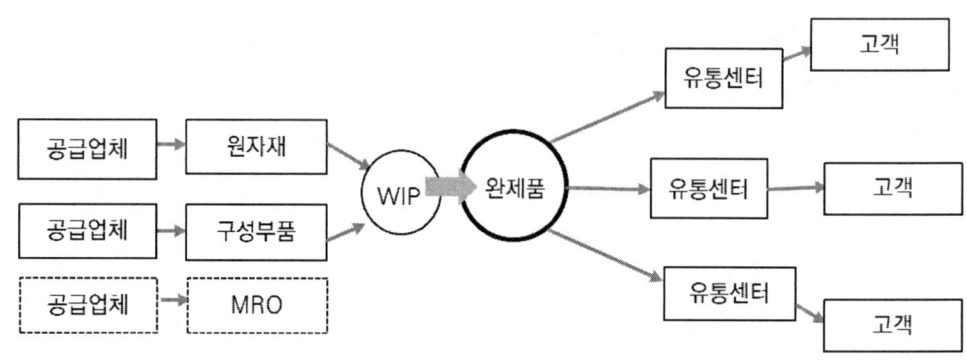

도표 10-2 공급사슬을 통하여 재고가 어떻게 흐르는가?

위 도표는 제조업체의 관점에서 보는 것이다. 공급업체 역시 자체적인 제조사여서 그들도 원자재(raw material), 재공중 재고(WIP), 기업소모성 자재(MRO) 그리고 유통 재고를 갖게 된다. 즉, 공급업체의 완제품은 제조사의 원자재가 된다.

여기에서 설명한 재고의 유형은 어디에 재고를 위치시켜야 하고, 어디에 재고를 위치시키지 말아야 할지에 대한 도움으로써 총량 재고관리에 사용된다. 예를 들어, 재공중 재고는 작업장 앞의 긴 대기와 작업후의 긴 대기 시간으로 인해 누적될 수 있다. 이러한 분류에 의해 재고를 추적하는 것은 재무 분야에서 재고가 어디에 있든 모든 재고를 단순히 합산하는 것이 아니라 개선이 이루어질 수 있는 분야를 결정하는 데 도움이 된다.

제조환경, 프로세스 유형, 프로세스 레이아웃과 연관된 전략적 선택은 어떤 유형의 재고가 누적될 가능성이 있는지에 영향을 미칠 것이다. 앞서 살펴본 바와 같이 프로젝트(project), 작업장(workcenter) 그리고 배치(batch) 프로세스 유형은 라인(line)과 연속(continuous) 프로세스 유형보다 더 많은 재공중 재고를 가지게 될 것이다. 왜냐하면 라인이나 연속 프로세스는 작업경로가 고정적이어서 작업이 신속하게 이루어지기 때문이다. 주문조립(ATO)인 경우 최종 조립을 위해 유통센터로 보내질 수 있는데 이 때, 회계 부서에서는 이중 계산을 피하기 위해 이것을 재공중 재고 혹은 유통재고로 결정하여 처리하고자 할 것이다.

10.1.3 재고의 기능(Functions of inventory)

시스템 상에서 재고가 어디에 위치하느냐에 따른 재고 분석과 더불어, 우선 조직은 재고를 보유하는 정당한 이유를 기반으로 재고 유지를 정당화할 수 있어야 한다. 여기에는 아래와 같은 기능이 포함된다.

- 안전재고(safety stock)
- 분리재고(decoupling inventory)
- 완충(제약이론)(buffer inventory)
- 예상재고(예, 계절적)(anticipation inventory (e.g., seasonal))
- 로트크기 재고/주기재고(lot-size inventory/cycle stock)
- 운송중 재고(transportation inventory)

안전재고(safety stock)

> **안전재고(Safety stock) 및 관련 용어**
>
> 안전재고(Safety stock): 1)일반적으로, 수요와 공급의 변동성(fluctuations)에 대비하기 위해 재고 형태로 축적한 양. 2)기준생산일정의 맥락에서, 주문잔량(backlog)의 예측 오류와 단 기간의 변동에 대한 대비로써 계획된 추가 재고 및 능력. 안전재고가 생기게 하기 위해 계획을 부풀릴 수(overplanning)있다.
>
> **변동 재고(Fluctuation)**
>
> 예측 오차에 대비하기 위한 완충(cushion) 역할을 하는 재고.
>
> **재고 완충(Inventory buffer)**
>
> 납품 지연, 품질 문제, 잘못된 수량 납품 등으로 야기되는 부정적인 영향에 대비하여 작업 처리량(throughput of an operation) 또는 일정에 차질이 없도록 사용되는 재고.

일반적으로 안전재고는 특정 재고 보관 장소에서 원자재, 재공중 재고 또는 완제품 재고의 최소 재고 수준을 설정하는 것을 말한다. 안전재고는 수요가 예상보다 높거나 공급 중단, 혹은 고장이 발생할 경우, 품질문제가 발견될 경우 등 수요 및 공급의 불확실성에 대비해 추가로 보유하는 재고이며, 발생 확률은 낮지만 비용이 많이 드는 위험으로부터 보호해 주는 보험과 유사하다.

안전재고 수준은 고객 서비스의 목표 수준에 따라 결정되고, 그 수준을 유지하기 위해 필요한 안전재고의 양이 계산된다. 안전재고는 너무 자주 필요해서도 안 되지만, 한편으로 너무 가끔씩만 필요한 경우라면, 통상 그 위치에서 재고수준이 너무 높다는 것을 의미할 수도 있다. 정의의 두 번째 부분은 생산에서의 안전재고를 말하며 이는 필요한 것보다 더 많이 생산하는 것을 보여주는데, 관련 주제인 안전 리드타임을 주제 4에서 다룬다.

안전재고는 불확실성에 대비한 완충(buffer) 장치이기 때문에 완충재고라고도 불린다. 완충이라는 용어는 제약이론(TOC)에서 주로 사용되는데 이 제약이론에서의 완충은 위에서 정의한 안전재고 개념과는 직접적인 관련성이 없다.

완충(buffer)재고(제약이론)

제약이론의 관점에서 완충은 첫 공정 직전과 몇몇 병목 혹은 제약된 능력자원(CCR, capacity constrained resources) 앞에 미리 정해진 수준으로 원자재, 재공중 재고 또는 작업 잔량을 유지하는 것을 말한다. 완충의 주된 목적은 병목 작업장이 지속적으로 가동되게끔 하는 것이다. 제약이론은 뒤 12장에서 다룬다.

예상재고(anticipation inventory)

> **예상재고(Anticipation inventory)**
> 판매 증가(increasing sales), 계획된 판촉 프로그램(planned sales promotion programs), 계절적 변동(seasonal fluctuations), 공장 가동 중단, 휴가에 대한 계획된 추세를 반영하기 위해 기본 파이프 라인 재고(basic pipeline stock)에 추가된 재고.

예상재고는 미래 수요를 예상하여 미리 생산하여 누적시킨다. 평준화 생산을 사용하여 주요 명절 같은 성수기에 대비하는 것이 일반적인 목적이다. 일반적으로 선행 생산이라고도 부른다.

> **계절성 재고(Seasonal inventory)**
> 성수기 수요(peak seasonal demand)를 예상하여 생산을 원활하게(smooth) 하기 위해 비축하는 재고.

기타 예상재고의 목적은 새로운 기업 고객, 신제품 출시, 임시 공장 가동 중단, 사업 변화 또는 판매촉진을 기대하기 위한 것일 수 있다. 예상재고 비용은 제6장에서 설명한 것처럼 시간 버킷 당 평균재고 수준을 합하고 여기에 재고 유지 비용을 곱해서 계산할 수 있다.

로트크기 재고(lot-size inventory)

물품의 대량 구매를 통해 물량 증가, 운송 비용의 할인, 주문 비용 감소를 노리는 경우, 재고 수준이 일시적으로 증대되는데 이를 주기성 재고(cycle stock, cycle inventory) 혹은 로트크기(lot-size) 재고라고 부른다.

> **로트크기 재고(Lot-size inventory)**
> 가격 할인, 선적 비용, 가동준비(setup) 비용 또는 이와 유사한 고려 사항으로 인해 필요 이상으로 큰 로트로 구매하거나 생산하는 것이 더 경제적인(economical) 재고.
>
> **주기성 재고(Cycle stock)**
> 품목 재고의 두 가지 주요 개념 요소 중의 하나로, 가장 활성화된 구성품(active component)이다. 주기성 재고는 고객 주문이 접수됨에 따라 재고가 점차적으로 소진(depletes)되다가 공급업체에 발행된 보충 주문이 입고될 때 재고가 주기적으로 보충된다(replenished). 품목 재고의 다른 개념적 구성 요소는 안전 재고로 수요 또는 보충 리드 타임의 불확실성으로부터 보호하기 위한 대비책이다.

로트크기 재고나 주기성 재고는 고객 주문이 수량을 소비함에 따라 재고 수준이 점차 줄어들고 또 보충되면 다시 증가하고 이를 반복하면서 톱니모양 방식으로 진행된다.

운송 중 재고(transportation inventory)

운송 중 재고는 운송망 안에서 현재 운송 중에 있는 재고이다.

> ### 운송 재고(Transportation inventory)
> 보관 위치(locations) 간에 운송중(in transit)인 재고.
>
> ### 수송 재고(Transit inventory)
> 제조 위치와 보관 위치(manufacturing and stocking locations) 사이에 운송되는(in transit) 재고.
>
> ### 파이프라인 재고(Pipeline stock)
> 중간 보관처(intermediate stocking points)에서의 흐름(flow)을 포함하는 운송망(transportation network) 및 유통 시스템(distribution system) 내에 있는 재고. 파이프라인(pipeline)을 통한 흐름 시간(flow time)은 파이프라인에 필요한 재고량에 큰 영향을 준다. 주문 전송(order transmission), 주문 처리(order processing), 일정수립(scheduling), 선적(shipping), 운송(transportation), 수취(receiving), 저장(stocking), 주문검토 시간(review time) 등이 시간 요인에 해당한다.
>
> ### 이동중 재고(In-transit inventory)
> 두 군데 이상의 위치 사이의 이동하는 자재(material)로, 대개 지리적으로(geographically) 떨어져 있다 (separated). 예를 들어, 완제품은 공장에서 유통센터로 선적된다.

주어진 시간 동안 운송 중인 재고의 평균량은 일일 평균 운송시간에 좌우된다. 일일 평균 운송시간을 줄이는 것은 운송 중 재고 수준을 줄일 수 있는 유일한 방법이다. 더 빠른 운송 수단을 사용하거나 조직과 더 가까운 공급업체를 선정함으로써 달성할 수 있다. 이렇게 하면 비용과 리드타임 모두를 줄일 수 있다. 그러나 더 빠른 운송 수단을 사용하면, 증가된 운송 비용이 다른 절감된 비용을 상쇄할 수 있다. 운송 중 재고는 한 작업장에서 다른 작업장으로 옮기는 것 같은 공장 내에서의 이동도 포함한다는 것에 유의한다. 이 시간은 제조 리드타임의 이동 시간 요소로서 측정된다.

위험회피 재고(hedge inventory)

헷징은 나중에 가격이 너무 높아질 위험과 불확실성을 줄이기 위해 어떤 것의 가격을 고정시키는 방법이다. 선물(futures)같은 금융 상품을 통해 할 수도 있고, 가격이 낮을 때 필요한 것보다 빨리 재고를 사들이는 방법도 있다. 재고를 사들인 경우, 이 재고를 위험회피 재고라고 한다.

> **위험회피 재고(Hedge inventory)**
> 발생하지 않을 수도 있는 사건(event)에 대비하여 완화(buffer)하기 위해 구축한 재고 형태. 위험회피 재고 계획에는 잠재적 노동 파업(potential labor strikes), 가격 상승, 불안정한(unsettled) 정부, 그리고 회사의 전략적 계획을 심각하게 손상시킬 수 있는 사건들과 관련된 추측(speculation)이 포함된다. 위험 및 그 결과는 비정상적으로 높으며, 고위 경영진의 승인(top management approval)이 필요할 때가 많다.

위험회피 재고라는 용어의 또 다른 의미는 수요나 믹스(mix)가 변화하는 경우에 필요한 수준보다 높은 수준으로 생산하거나 계획되는 재고자산에 대한 것이다.

10.2 재고 비용(Inventory cost)

재고 비용은 다양한 결정의 교환거래(tradeoffs)를 결정할 때 도움이 되는 범주로 분류된다.

- 품목비용(item costs)
- 유지비용(carrying costs)
- 주문비용(ordering costs)
- 결품비용(stockout costs)
- 생산능력관련 비용(capacity-related costs)

기본 개념은 이 비용들을 이해하고, 총 비용을 최소화하는 것이다.

> **총 비용(Total costs)**
> 고객 서비스 개선(customer service improvement)에 영향을 주는 단 하나가 아닌 모든 비용들(all cost impacts).

다음은 각 재고 비용의 범주에 대한 상세 설명이다.

10.2.1 품목비용(Item costs)

구매품에 관한 품목 비용은 구매 비용에 품목이 납품될 때까지 관련된 직접 비용이 포함된다. 품목 비용은 운송비뿐만 아니라 관세와 보험료까지 포함되는 착지비용(landed cost)의 가장 큰 몫을 차지한다. 반면 자체 생산되는 제조 품목은 직접 자재비, 직접 노무비와 각 품목 수량에 할당된 공장의 간접비를 포함한 비용이다.

10.2.2 유지비용(Carrying costs)

> **유지비용(Carrying cost)**
> 일반적으로 단위 시간당 (보통 1년) 재고 금액(dollar value)의 백분율로 정의되는 재고 유지(holding inventory) 비용. 유지비용은 주로 세금(taxes), 보험(insurance), 진부화(obsolescence), 손상(spoilage), 점유 공간(space occupied) 같은 재고 유지비용뿐 아니라 투자된 자본비용(capital invested)에도 달려 있다. 이러한 비용은 산업 유형에 따라 연간 10%에서 35%까지 다양하다. 유지비용은 궁극적으로 재고에 투자된 자금의 대체 사용인 기회비용을 반영하는 정책 변수(policy variable)이다.

유지비용의 구성 요소

재고 유지비용에는 세 가지 주요 구성 요소가 있다.

- 자본비용(capital costs)
  이자율이라고도 불리는 자본비용은 재고 유지의 기회비용(opportunity costs)을 반영한다. 만약 재고를 조달하기 위해 돈을 빌렸다면 자본 비용은 대출(loan)의 직접 비용이다. 재고에 투자된 돈은 묶여 있어서 다른 용도로 쓸 수가 없기 때문에, 재무팀은 유사한 위험을 가진 어떤 것에 투자함으로써 벌어들일 수 있는 이자율을 결정함으로써 재고의 자본 비용을 측정한다. 이것은 금융상품에 대한 일반적인 이자율 또는 대체 사업 투자에서 기대되는 수익률일 수 있다.

- 보관비용(storage costs)
  보관비용은 창고가 토지, 건물, 자재처리 장비, 노동력 그리고 전기시설 같은 간접비를 부담한다는 사실을 반영한다. 이 비용들은 백분율로 표시한다. 당연히 최대 재고가 높으면 높을수록 보관비용이 더 많이 든다.

- 위험비용(risk costs)
  재고는 필요 이상으로 장기 보관하면 부패하기 쉽고, 상할 수도 있다. 설사 물리적으로 썩지 않은 비멸성 재고라 할지라도 자연 상태에서 증발하거나 품질이 저하되는(deterioration) 손실을 입을 수 있다. 또 다른 위험은 진부화(obsolescence)이다. 새로 출시되거나 개선된 제품이 시장이 출시되면, 구형 제품은 가치를 잃는다. 어떤 경우는 고객의 기호가 변해서 가치를 잃는 상품이 있을 수도 있다. 운송과 자재 취급도 제품 파손의 위험성을 내포하고 있다. 물품은 도난의 대상이 될 수도 있다. 재고의 보험비용도 포함될 수 있다. 썩기 쉬운 상품, 혁신적인 기술이 담긴 상품 그리고 고가의 상품은 위험비용이 상대적으로 높지만, 반대로 어떤 제품들은 위험비용이 낮다. 위험의 종류에 대한 추정은 제품별로 이루어지며, 평균 위험 비용이 정해진다.

유지비용 계산

재고 유지비용의 3가지 구성요소 백분율 합계에 평균 연간 재고 수준을 곱해서 유지비용을 정할 수 있다. 자본비용이 9%, 보관비용이 8% 그리고 위험비용이 7%인 조직을 생각해 보자. 모두 합하면 24%이다. 만약 평균재고 수준이 $3,000,000이라면, 유지비용은 0.24 x $3,000,000 = $720,000가 된다. 이 것을 365일로 나누면 하루 약 $1,793의 비용이 든다. 만약 이 조직이 연간 평균재고 수준을 $2,500,000로 줄이면, 유지비용은 $600,000가 되고, 하루에 약 $1,644가 필요하다. 유지비용은 연간 평균재고 수준에 따라 증거하거나 감소한다는 것을 주목해야 한다. 백분율은 재 추정될 수 있고 유지비용에 영향을 줄 수도 있다.

10.2.3 주문비용(Ordering costs)

> 🎯 **주문비용(Ordering costs)**
> 주문 건수가 증가함에 따라 증가하는 비용. 주문 수량을 계산(calculating order quantities)하는데 사용된다. 해당되는 경우에 주문 준비(preparing), 발행(releasing), 관찰(monitoring) 및 입고(receiving)에 대한 행정적 사무(clerical work); 상품의 물리적 취급(physical handling); 검사(inspections); 가동준비(setup)와 관련된 비용들이 포함된다.

주문비용은 주문이 외부 조달을 위한 구매주문이냐 아니면 내부 생산을 위한 제조주문이냐에 따라 성격이 다소 다르다. 구매 시에, 주문 비용에는 구매 주문을 관리하고 신속하게 하기 위한 구매 주기 비용이 포함된다. 여기에는 주문서마다 발행되는 각각의 구매 주문서의 비용이나, 계약서에 대하여 주문서를 발행하는 계약구매(contract buying)를 이용하는 경우, 주문당 비용은 더 낮지만 여전히 주문 건수에 따라 주문비용이 발생한다.

제조주문의 경우 다음과 같은 비용이 주문 비용에 포함된다.

- 생산통제 비용(production control costs)
  주문의 발행, 마감, 일정, 적재, 발송, 이동 및 재촉의 비용이다. 이 비용들은 노무비, 공급비, 운영비로 구성된다.

- 가동준비 비용(setup costs)
  가동준비는 이전 작업의 마지막부터 다음 작업의 첫 부분까지 진행되므로, 해체 비용을 포함한다. 이 비용은 주문 당 소요된다(실행 시간은 단위당 계산된다).

- 생산능력 손실 비용(lost capacity costs)
  다른 주문이 발생할 때마다, 가동준비 시간은 작업장의 이용 가능한 운영 시간을 감소시킨다. 그래서 이것은 생산능력의 기회비용과 관련이 있다. 이것은 특히 가동 시간 대비 더 많은 이용 가능한 생산능력이 필요한 병목 작업장에서 문제가 된다. 병목에서 가동준비 시간을 필요로 하는 각 주문은 매출과 이익을 감소시킬 것이다.

주문비용은 1년 또는 여타 기간에 발주된 주문의 유형의 숫자에 비례하여 다르다. 반면에, 한번에 주문하는 수량은 50개든 50,000개든 주문한 건당 주문 관련 비용이 동일하므로 주문 수량은 주문

비용과 별 관계가 없다. 바로 이 점이 한 번에 더 많은 양을 주문하도록 야기한다. 그러나 앞서 살펴본 바와 같이 대량 주문 혹은 더 긴 생산 가동은 평균재고 수준을 증가시키기 때문에 유지비용이 더 높아진다. 연간 주문발행 건수가 변함에 따라 주문비용이 달라진다.

위의 비용 중 일부는 생산관리자의 급여, 공급 그리고 운영비용 같은 고정 비용에 포함될 수 있다. 그러나 가동준비 비용은 주문에 따라 달라지고 처음부터 변동비용에 포함된다. 생산관리자 임금을 포함한 고정 비용이 연 평균 $200,000, 생산관리 및 공급과 운영 비용이 연 평균 $800,000이고 연평균 4,000건의 주문이 발생하고 평균 가동준비 비용이 주문 당 $100이라고 가정하자. 다음 계산은 주문 당 평균 주문 비용을 보여준다.

주문당 평균주문비용(Average Ordering Cost per Order)

$$= \frac{\text{고정비(Fixed Cost)}}{\text{주문건수(Number of Orders)}} + \text{변동비(Variable Cost)}$$

$$= \frac{\$200,000 + \$80,000}{4,000} + \$100 = \$170/\text{주문}$$

10.2.4 결품비용(Stockout costs)

> **결품비용(Stockout costs)**
> 재고 부족으로 인한 결품(stockout)과 관련된 비용. 판매 손실(lost sales), 지연된 주문 비용(backorder costs), 재촉(expediting), 추가적인 제조(additional manufacturing) 및 구매 비용이 포함될 수 있다.

결품은 리드타임 중 수요가 예측과 안전재고 수준을 초과할 때를 발생한다. 결품은 공급업체의 지연이나 불량 등과 같은 공급실패 또는 생산 문제가 발생했을 때도 생길 수 있다. 결품이 발생하면 이익이 나지 않기 때문에 기회비용이 된다. 결품비용은 누락된 매출과 고객을 잃는 것에 대한 비용뿐만 아니라 지연된 주문 또는 재촉을 위한 관리 비용 그리고 더 많은 구매와 제조에 대한 비용도 포함한다. 안전재고는 결품비용을 줄일 수 있지만, 반대로 유지비용을 발생시킨다. 이러한 다양한 비용을 추정하고, 조직은 재고에 대해 허용되는 연간 결품의 수를 표시하거나 혹은 간단하게 고객 서비스 수준·백분율을 나타낼 수 있다.

10.2.5 생산능력 관련 비용(Capacity-related costs)

> 🎵 생산능력 관련 비용(Capacity-related costs)
> 일반적으로 중장기적(medium-to-long range)으로 생산능력을 증가(또는 감소)시키는 것과 관련된 비용.

생산계획을 변경해야만 하는 수요의 지속적인 변화가 있을 경우, 어떤 유형의 조직이든 생산능력과 관련된 비용이 발생할 것이다. 생산능력 관련비용에는 초과근무 및 교대제(shift) 변경에 따른 할증 비용, 채용 또는 해고 비용, 미사용 생산능력 비용, 교육비 등이 포함된다. 추적생산 또는 하이브리드 생산을 사용하는 조직은 생산 수준을 변경할 때마다 생산능력과 관련된 비용이 발생하게 될 것이다. 평준화 생산은 이러한 비용을 회피하는 경향이 있지만 대신 더 높은 유지비용을 초래한다.

10.3 재무제표와 재고(Financial statements and inventory)

이번 주제는 두 가지 목적을 가진다. 첫째, 생산 및 재고관리 전문가가 재무상태표, 포괄손익계산서, 현금흐름표를 어떻게 해석하고 이해를 해야 하는지와 재무 담당 전문가들이 생산 재고에 대해 무엇을 원하는지를 이해하는 것이 매우 중요하다. 총량 재고관리는 조직 내외로의 현금흐름의 시간뿐만 아니라 어떻게 재고 수준이 재무상태표와 포괄손익계산서에 영향을 미치는지와 관련이 있다. 이 주제는 또한 재고관리에 중요한 몇 가지 성과 측정을 포함하고 있으며, 회계 담당자들이 재고를 가치 있게 평가하는 몇 가지 방법을 검토함으로써 마무리된다.

10.3.1 재무상태표

> 💡 **재무상태표(Balance sheet)**
> 특정 시점(given point in time)에서 기업의 소유 자원(resources owned), 부채(debts owed), 자본 현황을 보여주는 재무제표(financial statement).

해당 조직의 소유물을 자산(assets)이라고 한다. 유동자산은 현금이나 혹은 신속하게 현금으로 전환될 수 있는 자산인 반면, 고정자산은 부동산, 공장 그리고 장비처럼 매각에 더 오래 걸리는 자산이다. 일반적으로 유동자산과 고정자산을 구분하는 기준은 1년 내에 현금화가 가능한지 여부로 결정한다.

조직이 자산을 소유할 수 있는 방법은 세 가지가 있다. 예를 들어, 신용으로 상품을 구매하는 것, 빚을 얻거나 부채를 발행하여 자산에 대해 지불하는 것, 그리고 현금을 증가시키는 것이다.

> 💡 **부채(Liabilities)**
> 회사가 채권자(creditors)에게 지불해야 하는 빚(debts) 또는 채무(obligations)를 나타내는 회계/재무 용어(재무상태표 분류). 부채는 미지급금(accounts payable) 같은 단기간일 수도, 저당금(mortgage payable), 담보대출(bonds payable) 같은 장기간 채무일 수도 있다.

둘째로는 조직의 소유자(또는 주주)가 이러한 자산에 대한 대가를 지불하기 위해 조직에 현금을 투자했을 수도 있다. 셋째로 기관들이 사업을 하면서 돈을 벌려고 하기 때문에, 이익잉여금(retained earnings)이라고 불리는 사업에 재투자한 수익을 자산 지불에 사용하는 것이다. 소유자 투자와 이익잉여금의 합계는 소유주의 자본(equity)이다. 기업은 사업을 하다 보면 손해를 볼 수도 있으며, 부채는 다른 손익과 상관없이 지불되어야 하기 때문에 모든 손실은 소유주의 자본으로 귀결된다.

> 💡 **자본(Owners' equity)**
> 회사 소유주(owners), 주주(shareholders) 또는 둘 다에 의해 회사 자산(company's assets)에서 부채(liabilities)를 차감한 잔여 청구(residual claim)를 나타내는 회계/재무 용어(재무상태표 분류).

한 쪽(차변)은 자산, 다른 쪽(대변)은 부채와 소유자의 자본인 재무상태표의 두 부분은 항상 균형을 유지한다. 왜냐하면 소유주의 자본은 자산과 부채의 차이 또는 부채가 차감된 후의 자산이기 때문이다. 이 관계를 재무상태표 방정식이라 한다.

$$자산(assets) = 부채(liabilities) + 소유자의\ 자본(owner's\ equity)$$

자산, 부채 그리고 자본 이 중 어느 두 가지 금액이 주어지면 나머지 금액도 알 수 있다. 만약 자산이 $5,000이고 부채가 $3,000이면 소유주의 자본은 $2,000이어야만 한다. 이는 다음과 같이 방정식을 치환함으로써 확인할 수 있다.

$$소유자의\ 자본(owner's\ equity) = 자산(assets) - 부채(liabilities)$$

위 예에서 만약 최초 소유주가 $1,000을 투자했다면, 현재 조직은 설립 비용보다 $1,000 더 많은 가치를 가진다. 위 예에서 만약 조직이 배당금으로 $1,000을 지급했다면, 자산과 부채는 똑같이 줄어든다. $1,000을 현금으로 지불하면 자산이 $4,000로 감소하고 소유주의 자본도 $1,000만큼 줄어들어서 양 쪽은 모두 $4,000로 같다.

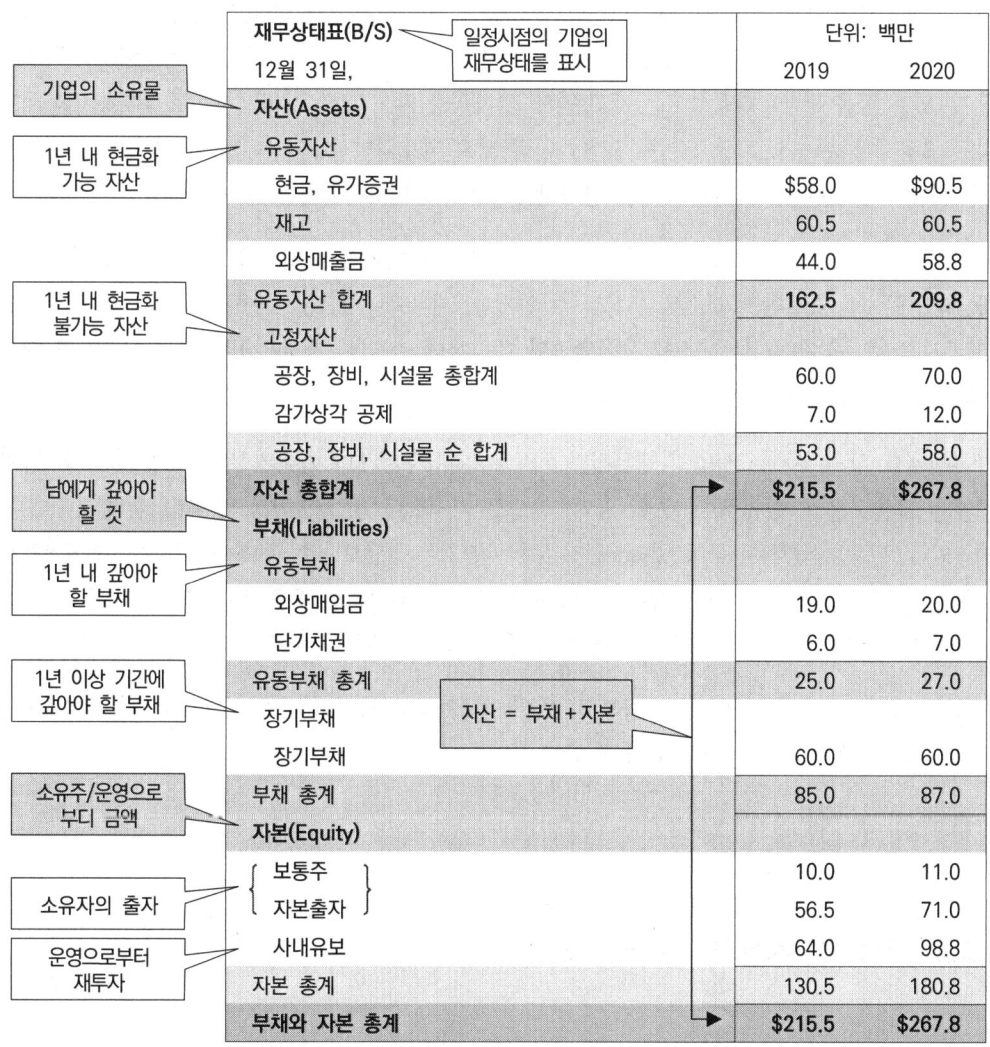

도표 10-3 2년간 재무상태표(balance sheet)

도표 10-3은 이 보고서의 관련 부분에 대한 설명과 함께 2년 동안의 재무상태표를 보여준다. 매년 총 자산이 어떻게 총 부채와 소유주의 자본의 합과 동일한 지에 주목한다.

재무상태표상의 자산은 조직에게 가치 있는 항목이다. 자산은 조직의 유동성 순위 또는 얼마나 쉽고 빠르게 현금으로 전환될 수 있는지에 따라 나열된다. 최상단엔 현금과 현금성 자산(쉽게 현금화 할 수 있는 금융 투자), 다음으로는 재고(원자재, 재공중 재고 그리고 완제품으로 분류), 매출채권 그리고 고정자산 순이다. 고정자산은 시간에 따라 닳고 마모되면서 그 가치가 감소하고, 가치는 기대 수명에 따라 매년 감소한다. 이것을 감가상각이라고 한다. 자산에는 특허도 포함될 수 있다.

일반적으로 제조업에서 재고는 전체 자산 중 큰 비중을 차지하는 경우가 많다는 점에 주목해야 한다. 자산을 갖는 것은 긍정적으로 생각될 수 있지만, 재무담당자들은 자산이 더 많은 부채나 소유주의 투자를 요구하기 때문에 딱 필요한 만큼만 원하는데, 이러한 자산은 비용을 발생시키기 때문에 별로 반기지 않는다.

재무상태표 상의 부채는 사업의 재무적인 채무로, 유동부채(1년 이내에 갚아야 할 금액)와 장기부채(1년 이상 기간에 걸쳐 갚아야 할 금액) 순으로 기재한다. 유동부채는 외상매입금(신용구매)과 미지급임금, 단기어음(채무) 등이 있다. 장기부채는 장기부채(담보대출 등)을 포함한다. 주식거래소에 상장된 조직에 대한 소유주의 자본은 보통주와 추가 납입자본을 포함하고, 이러한 것들은 주식 발행으로부터 얻게 될 것이다. 민간조직은 소유주 투자를 말한다.

재무상태표는 끊임없이 변화하는 장부의 일정시점의 정지 사진과 같다. 반면 포괄손익계산서는 전체 연도의 기간에 걸친 결과를 요약한 것이다.

10.3.2 포괄손익계산서(Income statement)

> 📌 **포괄손익계산서(Income Statement)**
> 특정 기간 동안(given period of time) 사업의 순이익(net income)을 보여주는 재무제표(financial statement).

이익과 손실 보고서라고 불리는 포괄손익계산서는 매출 출처와 해당 기간 동안 발생한 다양한 유형의 비용을 보여준다. 기본적으로 공제의 관계인데, 매출(revenue)에서 시작해 각종 비용을 공제한다. 모든 비용을 공제하고 남은 금액이 순이익(net income)이다. 이 방정식은 총이익(gross profit)이라고 하는 한 가지 유형의 소득에 대한 예와 함께 아래에 자세히 설명되어 있다.

수익(income) = 매출액(revenue) - 비용(expenses)

도표 10-4는 이전 도표와 동일한 조직에 대한 2년간의 손익 계산서를 보여준다.

포괄손익계산서 회계연도말 (일정기간 동안의 이익이나 손실)	단위: 백만	
	2019	2020
매출액	$276.9	$302.6
직접자재비(DM)	37.6	38.3
직접노무비(DL)	99.7	101.5
공장간접비	26.1	26.6
차감: 매출원가(COGS)	163.4	166.4
총이익(GP)	**113.5**	**136.2**
차감: 운영비용		
판매비	24.9	30.3
일반관리비	22.2	27.2
임대료	8.3	12.1
차감: 총 운영비용	55.4	69.6
차감: 감가상각비	4.0	4.6
차감: 이자비용	3.9	3.9
세전 순이익	**50.3**	**58.1**
차감: 소득세	14.1	16.3
당기순이익 (바텀라인 bottom line)	**$36.2**	**$41.8**
당기순이익율	13%	14%
주당 순이익	$3.78	$3.95

주석:
- 매출을 일으키는 제품/서비스에 들어간 비용
- 매출액-COGS = 총이익
- 사업을 영위하며 판매된 구체적 제품 단위에 대해 발생하는 일반비용
- 고정자산에 대한 상각
- 부채에 지불
- 이익에 대한 세금
- 총이익-운영비용 - 감가상각비 - 이자비용 - 소득세 = 당기순이익

도표 10-4 2년간 포괄손익계산서(income statement)

비용 공제가 단계적으로 어떻게 이루어지는지에 주목해야 한다. 이를 통해 어떤 비용이 가장 중요한지를 알 수 있다. 첫 번째 매출에서 매출원가(COGS, cost of goods sold)를 공제한다. 이로 인해 총 마진이 발생하고, 총이익(gross profit)이라고도 한다.

- 매출원가(COGS): 특정 기간 동안 판매된 제품과 관련된 직접 자재비, 직접 노무비, 간접비 등을 결정하는데 유용한 회계 기준.

- 직접노무비(direct labor): 제품의 생산 또는 서비스에 적용되는 노동. 직접이라는 말은 추적성이 있다는 의미이다.
- 직접자재비(direct material): 측정 가능한 양으로 최종 제품의 일부가 되는 자재
- 간접비(overhead): 생산되는 개별 제품 혹은 서비스와 직접적으로 연관지을 수 없는 업무 운영에서 발생하는 비용이다. 간접비는 전기, 난방, 관리 감독 그리고 유지보수와 같은 몇 개의 분야로 분류되어 직접 노동시간, 직접 노동비용 또는 직접 자재비용 같은 표준 할당 방법에 따라 제품 또는 서비스의 단위로 분배된다.
- 고정 간접비(fixed overhead): 제품이 생산되지 않더라도 소요되는 제조 비용. 고정 간접비가 제품 생산에 필수적이지만 최종제품을 직접 추적할 수는 없다.
- 총이익(gross margin): 총 매출액과 매출원가 간의 차이.

직접 자재비와 직접 노무비는 해당 연도에 실제로 판매된 특정 제품의 단위를 생산하는 데 직접적으로 포함시킬 수 있는 비용이다. 간접비는 단위당 비용의 백분율 등 몇몇 방법으로 판매되는 제품에 포함된다.

총이익(gross profit)에서 운영비용, 감가상각비, 이자비용 등 운영비용(operating expense)을 차감하면 영업이익(operating profit)이 나온다. 아래 내용은 운영비용 항목의 예이다.

- 판매원의 수수료 또는 광고와 같은 판매 비용
- 판매 및 일반 관리비
- 보험료
- 사무실이나 차량 임대 비용

> **일반관리비(General and administrative expense)**
> 일반 관리자(general managers), 컴퓨터 시스템(computer systems), 연구 및 개발(research and development) 등의 비용을 포함하는 손익계산서에 대한 비용 지출의 범주(category of expenses).

해당 연도의 고정자산 감가상각액도 비용으로 간주하여 공제한다. 돈을 직접 지불하지는 않기 때문에 현금 지출은 아니지만, 조세 채무를 줄일 수 있다.

세전 총이익에서 세금을 공제한 나머지를 순이익(net profit) 혹은 순이익 마진(net profit margin)이라고 부른다.

> **이익(Profit margin)**
> 1) 조직의 매출액과 판매원가(cost of goods sold)의 차이로, 종종 판매 비율(percentage of sales)로 표시된다.
> 2) 전통적인 회계관점에서 제품 이익(product profit margin)은 제품 판매 가격(product selling price)에서 직접자재비(direct material), 직접노무비(direct labor), 제품에 대한 할당된 간접비(allocated overhead)를 뺀 값으로, 종종 판매가격의 비율(percentage of selling price)로 표시된다.

순이익(net profit)을 'bottom line'이라고도 하며, 이는 이익이 될 수도 있고 혹은 손실이 될 수도 있다. 이익은 부채를 갚거나 소유주에게 배당금을 지급하는데 사용될 수도 있고, 현금 혹은 현금 등가물로 포함시킬 수 있다. 따라서 이익은 재무상태표를 개선하는 한편, 손실은 재무상태표를 악화시킬 수 있다.

재고관리 측면에서 보자면, 완제품이 제조되어 그 기간에 판매된 원자재와 재공중 재고는 매출원가에 포함되어 수익을 상쇄시키고 이익을 줄이는 비용이 된다. 제품 원가(product cost)의 사전적 정의는 어떻게 재고가 재무상태표의 자산으로 시작해서, 판매되었을 때는 어떻게 손익계산서의 비용으로 처리되는지를 보여준다.

> **제품 원가(Product cost)**
> 제품 생산에 쓰이는 방법으로 인해 할당된 비용(cost allocated). 처음에 자산(재고) 계정에 기록되는 제품 원가는 제품 판매 시 비용(expense – 매출원가)으로 처리된다.

매출액을 증가시키는 것 외에 이익을 증가시키는 다른 한 가지 방법은 앞에서 설명한 것처럼, 제조 및 구매 비용을 줄이는 것이다. 이 방법에는 자재나 노무비 같은 변동비용을 줄이거나, 간접비로 요약되는 고정비용을 줄이는 것도 포함된다. 재고관리 비용 절감의 예로는 보다 효율적인 장비에 대한 투자를 통해 에너지를 적게 사용하거나 프로세스 개선을 통해 자재 사용을 줄이거나 제품 손상 및 보험 비용을 줄이기 위해 더 나은 포장을 사용하는 것이 있다.

단, 판매되는 재고만 포괄손익계산서에 영향을 미친다는 점에 유의해야 한다. 생산은 되었지만 팔리지 않은 재고는 자산으로 여겨질 뿐, 수익도 비용도 아니다(비용은 전사적자원관리 시스템에서 추적을 하지만 판매되는 순간까지 손익계산서에 기재되지 않는다). 따라서 해당 기간에 판매되지 않은 재고는 매출을 늘리지 않고 동일한 금액만큼의 재고를 늘리게 된다. 이는 자산은 더 늘어나지만 이익은 그렇지 않다. 장부 상의 재고는 완제품으로 변환되어 팔리는 것 보다는 좋지 않다. 부분적으로 현금이 재고로 묶이고 대금 청구서 혹은 임금을 지불하는데 사용할 수 없기 때문이다. 재고는 판매로 빨리 전환될수록 좋다. 이것이 우리를 현금흐름에 대한 논의로 불러들인다.

10.3.3 현금흐름표(Statement of cash flows)

> **현금흐름(Cash flow)**
> 제안된 프로젝트(proposed project)에서 들어오고 나가는 현금의 순흐름(net flow). 임의의 기간(any time period)에 현금 수취(cash receipts), 비용(expenses) 및 투자(investments)에 대한 대수 합계(algebraic sum)이다.

현금이 있어야 임금, 부채에 대한 이자와 원금 그리고 외상매입금을 지불할 수 있다. 만약 조직에 지금 당장 현금이 없고 신속히 현금을 조달하지 못한다면, 작업자에게 임금을 지급하지 못하게 되고 이런 식으로 부도가 발생하는 조직이 적지 않다. 재무담당자들은 정기적인 현금 흐름 분석을 통해 가까운 미래의 현금 흐름 문제를 어떻게 해결해야 할지를 결정한다.

포괄손익계산서는 발생주의 원칙에 따라 기록하지만 현금흐름표는 현금의 들어오고(in) 나감(out)을 기준으로 하는 현금주의 원칙에 따라 기록한다. 1년 또는 다른 기간의 현금흐름은 도표 10-5처럼 현금흐름표에 요약되어 있다. 회계담당자가 이 표를 어떻게 작성하는지에 대한 상세 방법은 이 교과 과정의 범위를 벗어나지만, 해당 지표를 해석하는 방법과 몇 가지 핵심 사항은 명시되어 있다. 도표의 핵심은 재고 항목의 증감이며, 이는 전기에 비해 현금이 더 많이 묶여 있는지 덜 묶여 있는지를 보여준다.

현금흐름표	단위: 백만	
년도	2019	2020
운영활동		
세후 순이익	$36.2	$41.8
현금지출 없는 감가상각	4.0	4.6
재고(증가)/감소	(8.6)	0.5
외상매출금(증가)/감소	(4.1)	(4.1)
외상매입금 증가/(감소)	1.8	0.4
운영활동으로 인한 현금흐름	**29.3**	**43.2**
투자활동		
자본지출	(10.0)	(10.0)
운영활동과 투자활동으로 인한 현금흐름	**19.3**	**33.2**
재무활동		
추가적인 자본	7.0	13.0
지불된 배당 차감	(5.0)	(7.5)
장기부채 증가/(감소)	–	–
단기부채 증가/(감소)	(1.5)	1.5
운영활동, 투자활동, 재무활동을 인한 현금	**19.8**	**40.2**
기초 현금잔액	36.5	56.3
기말 현금잔액	**$56.3**	**$96.5**

좌측 주석:
- 우량회사는 매년 영업활동으로부터 양(+)의 현금흐름이 있음
- 손익계산서에서 비용처리된 감가상각은 실제로는 현금 지출이 없음 (Add back)
- 재고 증가나 외상매출금 증가는 현금 감소
- 외상매입금 증가는 현금 증가
- 사업 투자는 현금 감소
- 신규 부채 혹은 자본 증가
- 순이익+/− 변경(△) 운영 +/−△ 투자 +/−△ 재무 + 기초 현금 = 기말 현금

도표 10-5 2년간 현금흐름표(cash flow)

제조업의 관점에서, 원자재 구입에 현금이 투입되고 제조 과정을 통해 가치가 부가되면서 재공중 재고와 완제품이 된다. 가치는 단위당 직접노무비와 직접자재비에 할당된 공장 간접비를 더한 값과 같다. 팔리지 않은 재고는 팔릴 때까지 수익이나 관계된 비용으로 기록되지 않지만 결과적으로는 매우 유동적인 자산인 현금을 덜 유동적인 자산인 재고로 보유하게끔 한다. 이것이 기회비용이다. 현금은 원자재 대금을 지불하고 임금 등 각종 어음을 지급할 때 지출되지만, 재고는 이를 판매해서 현금으로 지급받기 전에는 다른 용도로 사용할 수 없게 된다. 이 투자가 더 빨리 회수될수록, 그 현금을 새로운 재고나 다른 기회에 빨리 투자할 수 있다.

10.3.4 재무적 재고 성과 측정(Financial inventory performance measures)

재고 성과를 측정하는 간단한 방법 중 하나는 단위당 원가를 측정하는 것이다.

> **단위 원가(Unit cost)**
> 하나의 생산 단위(예를 들어 1개 부품, 1갤런, 1파운드)에 소요되는 총 노무(total labor), 자재(material), 간접비(overhead cost).

이러한 비용은 회계 관점에서 부가가치라고 하지만 고객의 효용 관점에서는 부가가치가 아닐 수도 있다.

> **부가가치(Value added)**
> 1) 회계에서 한 작업에 부여되는 직접노무(direct labor), 직접자재(direct material), 간접비(overhead)의 증가분(addition). 이는 부품이 제조 프로세스를 거쳐 완성된 재고로 되기까지의 원가 취합(cost roll-up)이다.
> 2) 현재의 제조 측면에서, 부품이 원자재에서 완성된 재고로 전환됨(transformed)에 따라 고객 관점에서 보이는 효용(utility)의 실제 증가; 고객 관점에서 제품의 최종 사용성(final usefulness) 및 가치(value)에 대한 작업 또는 설비의 기여(contribution). 상품이나 서비스를 생산하고 제공함에 있어 부가가치가 없는 활동을 제거하는 것이 목표이다.

기타 재무적 재고 성과 측정은 현금이 얼마나 빨리 재고로 전환된 후 다시 현금(또는 매출채권)으로 전환되는지 속도를 보여준다.

> **속도(Velocity)**
> 1) 시간에 대한 품목의 변화율(rate of change).
> 2) 공급사슬관리 측면에서, 공급사슬 집단 내에서 모든 거래(transactions)의 상대 속도(relative speed)를 통틀어 일컫는 용어. 주주(stockholders)의 더 높은 자산 회전율(asset turnover)과 고객에 대한 더 빠른 주문부터 납품까지 대응(order-to-delivery response)을 보여주기 때문에 최대 속도가 가장 바람직하다.

속도에 대한 측정에는 재고 회전율(inventory turnover)과 공급일수(days of supply)가 포함된다.

재고 회전율

> **재고 회전율(Inventory turnover)**
> 재고가 1년 동안 순환(inventory cycles)하거나 '회전(turns over)'하는 횟수. 재고 회전율을 계산하는 데 자주 사용되는 방법은 연간 매출원가(annual cost of sales)를 평균재고(average inventory) 수준으로 나누는 것이다. 예를 들어, $2,100만의 연간 매출원가를 $300만의 평균재고로 나눈 것은 재고가 7번 회전했음을 의미한다.

재고 회전율 계산에는 평균재고 개념을 사용한다.

> **평균재고(Average inventory)**
> 수요와 로트크기가 시간이 지남에 따라 상대적으로 균일해지는(uniform)것으로 예상될 때, 평균 로트크기(lot size)의 절반(one-half) 값에 안전재고(safety stock)를 더한 값.

평균은 과거의 여러 기간에 걸친 여러 재고 관측의 평균으로 계산할 수 있다. 예를 들어, 12개월 기말 재고(ending inventories)를 평균낼 수 있다. 수요와 로트크기가 동일하지 않을 때, 재고 수준(stock level) 대비 시간(time)을 그래프로 나타내어 평균을 구할 수 있다.

평균재고 정의의 첫 번째 부분은 제11장 주제2와 3에서 좀더 상세히 다룬다. 평균재고는 연초 재고량이 전년도 말의 재고량과 같기 때문에 평균재고는 2년 이상의 자료가 담긴 재무상태표를 통해 계산할 수 있다. 다음은 평균재고를 계산하는 한 가지 방법이다.

$$\text{평균재고(Average Inventory)} = \frac{\text{기초재고(Inventory at Period Start)} + \text{기말재고(Inventory at Period End)}}{2} = \frac{\$621{,}000 + \$678{,}000}{2} = \$649{,}500$$

재고 회전율의 또 다른 입력사항은 포괄손익계산서에 있는 연간 매출원가이다. 재고 회전율의 정의에서는 매출원가를 판매원가(cost of sales)라고도 하지만 매출원가와 같은 의미이다. 재고 회전율 계산은 다음과 같다.

$$재고회전율(\text{Inventory Turnover}) = \frac{연간매출원가(\text{Annual COGS})}{평균재고금액(\text{Average Inventory in Dollars})}$$

$$= \frac{\$166,430,000}{\$60,181,035} = 2.77회$$

이 조직은 재고에 현금을 투자하여 매년 2.77회 돌려받는다. 일반적으로 재고 회전율이 높으면 좋지만 얼마나 높아야 하는지는 해당 업종에 따라 그 범위가 다르다.

공급일수

> **공급일수(Days of supply)**
> 1) 현 재고량이 얼마나 지속될(last) 것인지를 구하기 위해 단위로부터 도출한 현 보유 재고 측정치(inventory-on-hand metric). 예를 들어, 현재고가 2,000개 있고 회사가 하루에 평균 200개를 판매/혹은 사용한다면, 공급일수는 10일이다.
> 2) 공급사슬 내의 모든 재고를 일일 평균 매출원가로 나눈 재무 측정값.

공급일수는 현재 수요율을 감안할 때 현 재고량이 얼마나 오래 지속될 지를 이해하는데 유용하다. 재고관리 측면에서 볼 때, 공급일수는 낮으면 낮을수록 좋다. 무 재고 혹은 안전재고 수준까지 재고가 감소할 수도 있다. 방정식은 다음과 같다.

$$공급일수(\text{Days of Supply}) = \frac{현\ 재고(\text{Inventory on Hand})}{평균\ 일별\ 사용량(\text{Average Daily Usage})}$$

$$= \frac{2,000개}{200/일} = 10일$$

재고 정책은 예를 들어 각 재고 유형별로 10일 분의 공급일수를 갖도록 설정될 수 있다. 판매가 부진한 재고의 경우 공급일수가 늘어나며 빠르게 팔리는 제품의 경우 공급일수가 줄어든다. 공급일수는 주문 시기를 결정하는 데에도 사용할 수 있다. 예를 들어, 재고를 얻기 위해 필요한 리드타임이 10일이라면, 10일 분만큼 주문을 한다.

일반적으로 조직은 공급일수를 가능하면 낮게 유지하고자 하고 혹은 적어도 목표 고객 서비스 수준을 유지할 수 있을 정도의 최소한으로 유지하기를 원한다. 재무제표의 재고자산 가치는 어떻게 결정될까? 회계 담당자들은 다양한 선택권을 가지고 있고 다음에서 살펴본다.

10.3.5 재무제표 재고 평가(Financial statement inventory valuation)

제품이 판매되기 전까지는 제품의 시장가(market value)를 확실히 알 수 없기 때문에 재고 가치는 어떤식으로든 추정이 되어야 한다. 재고를 생산하거나 구입할 때의 비용은 기록될 수 있지만, 인플레이션의 영향으로 시간이 지남에 따라 비용이 증가하는 경향이 있을 수 있다. 또한 물가도 떨어질 수도 있다. 가격이 빠르게 변하거나 혹은 재고가 수년간 유지된다면, 본의 아니게 실제 시장가치에 비해 재고 가치가 높거나 혹은 낮게 평가받는 결과가 나올 수 있다. 어떤 변경이든 명분이 필요하고 재무제표의 해석이 어려워질 것이기 때문에 특정 방법을 선택하고 선택된 방법을 고수하는 것이 핵심 사항이다.

미국에서 회계사들은 미국 내에서 일반적으로 허용된 회계 원칙(GAAP, generally accepted accounting principles)을 따르며 국내에서는 2011년부터 본격적으로 국제회계기준(IFRS, international financial reporting standards) 규정을 적용하고 있다.

> 💡 **일반적으로 허용된 회계 원칙(GAAP, Generally accepted accounting principles)**
> 회계 분야에서 일반적으로 인정하는 관습(conventions), 규칙(rules) 및 절차(procedures)를 준수하는 회계 관례(accounting practices).

GAAP은 선입 선출법(FIFO), 후입 선출법(LIFO), 평균원가(average cost) 등 세 가지 방법으로 재고 가치를 계산한다. 세계 대부분의 국가에서는, 국제회계기준에 따라 선입선출법과 평균원가법만 허용된다. 즉, 후입선출법은 인정하지 않는다. 만약 당신의 조직이 재무제표를 발행하는 공기업이라면, 전사적자원관리 시스템이 자동으로 기록을 갱신하고 재무제표를 준비하기 때문에 당신이 그것을 자세히 모를지라도 이 방법들 중 어느 하나를 사용하고 있음이 분명하다.

선입 선출법, 후입 선출법 또는 평균원가 방법은 아주 우연이 아니라면, 창고에서 실제로 실물 재고를 선택하는 방법과는 직접적인 관련이 없다. 즉, 부패할 수 있는 재고의 경우 가장 오래된 재고를 먼저 선택하는 것과 같은 자체적인 요구사항에 따라 결정되지만, 같은 창고에 있더라도 썩지 않는 재고는 다른 방법을 사용할지도 모른다. 반대로, 벽돌을 판매하는 회사는 맨 아래에 깔린 재고를 꺼내기 어렵기 때문에 항상 맨 위에서부터 재고를 소진해야 하고 이것을 후입 선출법이라고 부른다. 이런 기업은, 시간이 경과하여도 제품이 가치를 크게 잃지 않기 때문에 크게 어렵지는 않을 것이다. 다시 한번 강조하지만, 한 회사에서도 다른 유형의 재고에 대해서는 각각 다른 재고 피킹(picking) 방법을 사용할 수 있다. 그러나 평균원가법은 개별 재고 피킹에는 전혀 사용될 수 없다. 특정 재고만을 피킹하는 것이지 평균 품목을 피킹하기는 불가능하기 때문이다. 그러나 회계방법으로서 평균원가가 화학제품, 석유제품 또는 곡물 등 농산물과 같이 대량으로 저장된 품목을 회계처리 하는 유일한 방법이 될 수 있다.

재고 이동을 설명하기 위해 사용되는 이러한 용어들의 사용과는 반대로, 회계 담당자들은 허용된 방법 중 하나를 선택하고 선택된 방법을 모든 재고 평가에 대해 적용하며 이를 고수해야 한다. 가장 적절한 방법 선택의 이유는 그 방법이 세금을 최소화하거나 투자자들에게 조직의 재무상태를 가장 잘 보여줄 수 있기 때문일 것이다. 규제 당국은 기업들의 실제 활동을 가장 잘 기술하는 방법을 선택하기를 원하기 때문에, 벽돌 회사(미국 소재)는 후입 선출법을 선택할 것이고 썩기 쉬운 재고 또는 제품을 생산하는 회사는 선입 선출법을 선택할 것이다. 화학물질을 대량으로 비축해 둔 화학회사는 평균원가를 사용할 것이다. 가격의 변동이 있는 자재를 사용하는 회사들은 또한 단위당 비용을 평균화하기 위해 평균원가를 사용할 수 있다.

내부 경영층의 의사결정을 위해 표준원가 회계도 사용될 수 있다. 이 표준원가 혹은 이와 유사한 시스템은 회계 부서 외의 사람들에게 좀 더 편하게 느껴질 것이다. 마지막으로 린은 경영통제 목적을 위한 자체적인 재고 평가 방법을 가지고 있다. 우리는 이 방법들을 다음에서 살펴볼 것이다.

비교 항목	선입선출 (First in, first out)	후입선출 (Last in, first out)	평균원가 (Average cost)
재고 이동을 설명 (방법이 혼합될 수 있음)	가장 오래된 항목부터 먼저 출고	가장 최근 품목부터 출고	평균 품목을 선출할 수 없음; 벌크 저장을 고려
가격상승 시	COGS가 과소 평가됨	실제 현재 COGS 반영	평균에서 실제비용을 산출할 수 없음
가격하락 시	COGS 과장됨		
팔리지 않은 재고의 가치	상당히 현재를 반영 (Fairly current)	가격상승 시, 과소 평가될 수 있다	FIFO와 LIFO의 중간 정도
예시	상하기 쉬운 제품 (Perishables)	벽돌 등(LIFO는 오직 미국에서만 인정)	화학물질, 벌크 품목, 변동성이 큰 원가

도표 10-6 선입선출, 후입선출 그리고 평균원가 비교

선입선출(FIFO)

선입 선출법을 사용하면, 재고에 투입된 첫 번째 단위가 판매될 때, 전사적자원관리 시스템 재고 기록에서 맨 먼저 입고된 단위가 제거된다. 가장 오래된 제품, 즉 가장 먼저 들어온 제품을 먼저 판매한다. 가격이 상승할 때, 기록된 매출원가는 현재의 실제 매출원가보다 낮아서 원가가 과소 평가될 것이다. 물가가 떨어지면 그 반대 현상이 발생한다. 미판매 재고의 가치는 최신 가격을 반영한 재고이다.

후입선출(LIFO)

후입 선출법을 사용하면, 판매가 발생했을 때 재고에 마지막으로 입고된 단위를 전사적자원관리 재고 기록에서 먼저 제거된다. 즉 가장 최근에 들어온 최신 품목이 먼저 판매된다. 가격이 오르거나 내릴 때, 기록된 매출원가는 가장 최근의 구매를 반영하기 때문에 판매된 상품의 실제 현재 원가가 될 것이다. 이 방법의 문제는 가장 오래된 미판매 재고의 비용을 반영하기 때문에 미판매 재고의 평가 시에 발생한다. 가격이 상승할 때 남은 재고가 과소 평가되고, 가격이 하락하면 기존 재고자산이 과대 평가된다.

평균원가(Average cost - 가중 평균원가)

가중 평균원가라고도 불리는 평균원가는 매출원가와 재무상태표의 재고 평가를 위해 재고에 투자된 모든 비용의 평균이다. 기본적으로, 가장 오래된 비용과 최근 비용의 평균이므로, 선입선출과 후입선출의 중간에 존재한다. 평균원가이기 때문에 가격이 오르내리는 것과 상관없이 실제 물가는 반영하지 않는다.

표준원가(Standard cost) 회계

주문원가 계산이라고도 불리는 표준원가 회계는 내부의 재고 평가 목적으로 사용된다.

> **주문원가(Job costing)**
> 특정 주문에 비용이 할당되는 원가 회계 시스템. 이 시스템은 구별 가능한 단위(distinguishable units) 또는 많은 제품을 제조할 때 실제 또는 표준원가(actual or standard costs)와 함께 사용될 수 있다.
>
> **표준원가(Standard costs)**
> 직접 자재비(direct material), 직접 노무비(direct labor), 간접비(overhead charges)를 포함하는 작업, 프로세스, 제품의 목표 원가(target costs).
>
> **차이, 편차(Variance)**
> 1) 예상(책정되거나 계획된) 가치와 실제의 차이 2) 통계학에서, 데이터의 흩어진(dispersion) 정도.

표준 시간, 표준 자재 등은 직접자재비, 직접노무비, 간접비 등을 추정하는데 쓰인다. 기간 말에, 모든 실제 비용이 알려지면 이러한 추정치는 차이를 편차(variance)로 명시하여 조정한다. 조직은 내부 의사결정에 표준원가 회계를 사용하는 동시에, 재무제표를 작성하는데 선입선출, 후입선출 또는 평균원가법을 사용할 수 있다는 점에 유의한다.

린(lean) 회계 방법

린은 더 자주 주문하고 기존의 제조계획통제보다 재고를 적게 가져간다. 그리고 내부 경영상의 의사결정을 위해 다른 회계 방법을 사용한다. 더 자주 주문하는 것은 거래 건수를 증가시키기 때문에,

린은 거래 횟수를 줄일 수 있는 대체 방법을 사용해 주문비용을 절감한다. 이를 위한 방법으로 사후정산이 있는데, 사후정산은 재고에 대한 회계 처리의 방법이자, 생산부서에 자재를 불출 처리하는 방법 중 하나이다.

> **사후정산(Backflush)**
> 자재명세서 및 할당 기록(allocation records)에 지정된 대로 사용해야 하는 것을 기준으로 구성품의 상위 모품목(upper-level parent)에 대한 작업이 완료된 후 구성품의 장부 재고가 컴퓨터에 의해 자동으로 차감되는 재고장부 기록(inventory bookkeeping)의 한 방법. 이 접근 방식은 장부 기록 갱신과 실제로 재고 불출 간에 시간 차이가 발생하는 단점이 있다.

각 원자재와 각 재공중 재고의 거래를 기록하는 대신, 린 시스템은 사후정산을 한다. 자재소요량계획(MRP) 시스템이 부품 수량을 계산하는 지점에서 린도 같은 프로세스를 거래 기록 목적으로 사용한다. 린은 생산라인에서 창고로 입고되는 완제품을 통해 완제품 1단위을 만드는데 필요한 모든 부품을 사후에 정산하는데, 각 프로세스 단계마다 하는 것이 아니라 완제품 입고 시점에 한 번에 계산한다. 완성된 수량이 원자재 재고에서 불출된 것을 기록하기 위해 사용된다. 이 시스템은 제조 리드타임이 짧고 자재명세서가 정확해야만 작동한다. 불량이나 폐기된 부품이 거의 없어야 하지만, 발생 시에는 재고 기록을 정확하게 유지하기 위해 별도로 기록되어야만 한다. 사후정산은 작업 프로세스에서 좀 더 확실한 가시성이 필요한 경우 중간 작업장에서 수행될 수도 있다.

기존의 전통적인 재고 회계 방법에 대한 비판은 생산량이 늘어날수록 간접비(overhead)가 더 많은 단위에 분산되고 이는 제품 단위당 비용을 낮게 산출하기 때문에 과잉 생산을 장려한다는 것이다. 그러나 우리가 보았듯이 수요가 없는 상태에서 재고 증가를 위한 생산은 이윤을 늘리는 방법이 아니다. 반면에, 린 회계는 경영진에게 낭비를 줄이고 지속적으로 공정을 개선함으로써 얻는 이점을 보여주기 위해 고안되었다. 이러한 변화를 보여주는 방법은 다양하지만, 기본 전제는 현재의 상태를 미래의 상태와 비교하여 운영(예, 재고 회전율), 생산능력(생산적인 생산능력의 증가와 비생산 시간의 감소), 재무적인 측정(예, 매출증가, 자재 비용 감소) 등의 분야에서의 개선을 보여주는 것이다. 린 회계는 린이 충분하고 완전한 이익을 제공할 정도로 진화, 발전시키기 위해 필요한 노력에 도움을 준다.

10.4 재고 정책(Inventory policies)

조직은 재고 목표가 전략에 따라 확실히 이행되도록 재고 정책을 사용한다. 재고 정책은 종합적인 수준에서 설정된 재고 지침들을 개별 제품과 개별 재고 보관 단위에 대한 설정으로 분류한다.

> **재고보관 단위(SKU, Stock keeping units)**
> 1) 재고 품목. 예를 들어, 6가지 색상(color)과 5가지 치수(size)의 셔츠는 30가지 SKU를 나타낸다.
> 2) 유통 시스템에서는 특정 지리적 위치(particular geographic location)에 있는 품목을 뜻함. 예를 들어, 공장(plant)과 서로 다른 6곳 유통센터에 비축된 동일 제품은 7개의 SKU로 표현한다.

이것은 재고 정책이 고유 부품 번호뿐만 아니라 고유 재고 보관 위치별로 설정된다는 것을 의미한다. 예를 들어, 서로 다른 2개의 유통센터 위치에 저장된 동일한 모터는 두개의 SKU로 표현되며 각 유통센터에서의 모터는 서로 다른 안전재고 수준과 상이한 주문 정책을 가질 수 있다. 단, 여기에 대한 논의는 공장에서 사용되는 부품(parts)을 식별하기 위해 사용되는 부품 번호(part number)를 언급하지 않는다는 점에 유의해야 한다. 제조에 사용되고 자재명세서에 기재된 부품 번호는 부품이 추가 가공 처리되어 다른 부품 번호가 될 때까지는 변경되지 않는다. 새로운 창고 위치로 부품을 옮겼다고 해서 부품 번호를 바꾸지는 않는다는 의미이다. 즉 SKU 용어는 주로 완제품에 대해 사용하는 것이 일반적이다.

고객 서비스를 목표 수준으로 유지하기 위해 사용되는 재고 정책에는 안전 리드타임 또는 재고 보관 장소당 안전재고 수준을 설정하는 것이 포함된다. 그러나 린 조직은 안전재고나 안전 리드타임을 가능하면 사용하지 않고, 대신에 운영 철학과 전략에 따라 정책을 설정한다. 정책은 위치당 최소 및 최대 재고 수준을 설정할 수 있다. 재고 정책의 또 다른 예는 원자재를 어떻게 저장하고 처리하는가이다. 정책은 공장 가동이 중단되지 않도록 하기 위해 공장 창고에 특정 품목을 보관하거나, 필요한 양만큼만 주문해 재고비용을 최소화하는 작업을 할 수 있다. 또 다른 선택사항은 공장을 무정지 생산 재고(wall-to-wall inventory) 정책으로 설계해 창고가 필요하지 않도록 하는 것이다.

> **무정지 생산 재고(Wall-to-wall inventory)**
> 자재가 공장(plant)에 들어간 후, 공식 재고 구역(formal stock area)을 거치지 않고, 공장을 통해 완제품으로 처리되는 재고관리 기법.

10.4.1 불확실성에 대비하는 재고 정책
(Inventory policies to protect against uncertainty)

결품의 근본 원인은 공급 혹은 수요의 불확실성이다. 이는 리드타임 불확실성 혹은 수량 불확실성의 형태일 수 있다. 공급의 경우, 배송이 늦거나 수량이 잘못되었거나 다른 공급 중단이 발생할 수 있다. 수요의 경우, 고객이 평소보다 일찍 주문하거나 예상과 다른 수량을 원할 수 있다. 공급이나 수요의 불확실성으로부터 보호하기 위한 기존의 두 가지 방법은 안전 리드타임과 안전재고를 이용하는 것이다.

안전 리드타임(Safety lead time)

> **안전 리드타임(Safety lead time)**
> 리드타임에서의 변동성을 보호하고자 실제 필요 일자(real need date) 이전에 주문을 처리하기 위하여 정상적 리드타임에 추가된 시간. 이것이 사용되면 MRP 시스템은 보다 이른 날짜(earlier dates)에 주문 발행(order release) 및 주문 완료(order completion)를 계획할 것이다.

정의에서도 알 수 있듯 안전 리드타임을 자재소요량계획에서 사용할 수 있고 이를 위한 한 가지 방법은 고정 계획주문(firm planned orders)을 생성하는 것이다. 안전 리드타임은 독립수요 주문 시스템에 주로 사용될 수 있다. 즉, 재공급 주문이 리드타임 동안의 수요보다 더 먼저 실행된다는 것을 의미한다. 안전 리드타임을 사용하면 재고가 일시적으로 증가한다. 수요가 산발적으로 발생하는 품목의 경우에 안전 리드타임이 안전재고보다 선호된다. 왜냐하면 장기간 팔리지 않을 수 있는 품목의 수량을 늘리지 않고 단지 불확실성을 줄이기 위해 약간 일찍 들어오게 하는 것이기 때문이다. 어찌되었건 안전 리드타임도 평균재고 수준을 높이는 결과를 초래한다. 공급사슬에서 상류로 올라가면서 주문의 변동성이 더 커지는 채찍효과와 마찬가지로 만약 상류의 파트너들이 조기 주문을 수요 증가의 신호로 본다면, 파트너들은 주문을 빠르게 처리할지도 모른다. 따라서 이 방법을 사용할 경우, 공급사슬 파트너에게 사전에 의사소통 하는 것이 필요하다.

안전재고(Safety stock)

안전재고에 대한 정의는 앞에서 살펴보았다. 특정 재고 보관 장소에서 안전재고를 보유하기로 결정하였다면 그 안전재고의 양을 얼마만큼 보유해야 하는지를 결정해야 한다. 이러한 양에 대한 결정은 다음 요소들과 관련된다.

- 리드타임 동안의 수요변동성
  수요 변동성이 높으면 예측 오차율이 높아지고 이런 상황에서 목표 고객 서비스 수준을 유지하려면 더 많은 안전재고가 필요하다.

- 목표 고객 서비스 수준
  고객 서비스 수준은 조직의 전략의 일부로 지정될 수 있으며 안전재고는 이 수준을 충족하도록 계산된다. 목표 서비스 수준이 높으면 높을수록 안전재고가 증가한다. 고객서비스 비율을 표현할 수 있는 한 가지 방법은 주문 빈도와 관련된 주기 당 결품 횟수이다.

- 주문 빈도수
  주문 빈도가 적으면 주어진 수요 수준을 충족시키기 위해서는 한 번에 더 많은 수량을 주문해야 한다. 이 경우에 결품이 발생할 수 있는 가능성이 있는 기간은 재고가 낮아져서 재 보충되기 직전이다. 따라서 주문 빈도가 적으면 재고 부족 가능성은 낮아지기 때문에 전체적으로 안전재고 양이 줄어든다.

- 리드타임 길이
  재 보충의 리드타임이 더 오래 걸리면 수요 변동이 문제가 될 가능성이 높아지므로 더 많은 안전재고가 필요한다. 리드타임을 줄이면 안전재고 소요량이 줄어든다. 극단적으로 리드타임이 0일 경우 재 보충이 즉각적으로 이루어지므로 안전재고가 전혀 필요하지 않는다. 제조환경은 리드타임 기간에 영향을 준다. 예를 들어, 주문생산(MTO) 조직은 고객의 리드타임 기대치에 따라 이러한 자재의 주문, 생산 및 배송에 필요한 리드타임에 비해 원자재의 안전재고가 필요할 수도 있고 없을 수도 있다.

주문 빈도와 리드타임 변화는 결품이 발생했을 때 영향을 주므로, 특정 제품에 대한 서비스 수준 설정에 영향을 미칠 수 있다. 재고 보관 위치에서 서비스 수준을 설정할 때 두 가지 요소를 고려해야 한다. 먼저 주어진 서비스 수준에서의 안전재고 계산 방법을 살펴보고, 고객 서비스 요건이 허용되는 결품 수로 표현되는 경우 서비스 수준과 안전재고를 결정하는 방법을 보여줄 것이다. 그 후, 리드타임의 변화를 근거로 안전재고를 조정하는 방법을 보여준다.

주어진 서비스 수준에 대한 안전재고 계산

제 5장에서 여러 기간 동안의 예측 오차를 추적해 합산하고 이를 기간 수로 나누어 평균 또는 절대평균편차(MAD)를 구했다. 안전재고 수준을 계산하는 또 다른 방법인 표준편차(standard deviation)도 언급했다. 여기서는 표준편차에 대한 상세한 계산 방법을 설명하지는 않지만, 평균 결과로부터 편차를 계산하는 방법이며, 안정적(stable) 수요 대 역동적(dynamic) 수요의 측정이기 때문에 안전재고를 설정하는데 매우 유용하다. 더욱이 일부 실무자들은 평균 대신 표준편차 계산에서 예측 오차를 대체하기도 한다. 이 방법은 평균제곱근오차(RSME)라고 불리며 여기서는 상세히 다루지 않는다. 여기서는 어떻게 절대평균편차를 활용해서 안전재고를 계산하는지를 보여주지만, 표준편차가 더 정확한 계산이고 실무에서 보다 일반적으로 이용되고 있다는 점에 유의하기 바란다.

예측 오차는 치우침(bias) 또는 무작위 변동(random variation) 둘 다에 의해 발생할 수 있음을 잊지 말아야 한다. 치우침이 발견되면 반드시 근본 원인을 제거해야 한다. 왜냐하면 일반 자연현상에서 무작위 변동은 얼마든지 존재할 수 있으나 치우침은 인위적인 개입에 의해 발생하기 때문이다. 따라서 좋은 예측은 약간의 무작위 변동은 가지되 치우침은 없어야 한다. 가능한 치우침을 최소화하였다고 가정하면, 무작위 변동에 따른 오차의 양이 오차 수준이며 이는 리드타임 동안의 수요 변동성을 나타내기 때문에 얼마나 많은 안전재고를 보유해야 하는지를 결정하는데 큰 영향을 준다. 만약 무작위 변동이 전혀 없다면, 안전재고는 필요 없을 것이다. 그리고 그것은 예측이 항상 정확하고 결품이 절대 없다는 것을 의미한다. 안전재고는 오차율과 관련될 수 있다. 오차율이 올라가거나 내려가면, 안전재고 수준은 다시 계산되거나, 만약 예측 오차율이 재고관리 시스템과 직접 연결되어 있다면 자동으로 오르내리도록 설정할 수 있다.

제 5장에서 우리는 하나의 예측 기법에 대한 절대평균편차를 계산했다. 도표 10-7은 종 모양 곡선에 대한 오차 분석 결과를 보여준다. 도표에 예를 든 제품의 1절대평균편차(MAD)는 28개로 계산되었고, 2MAD는 56개 그리고 3MAD는 84개이다.

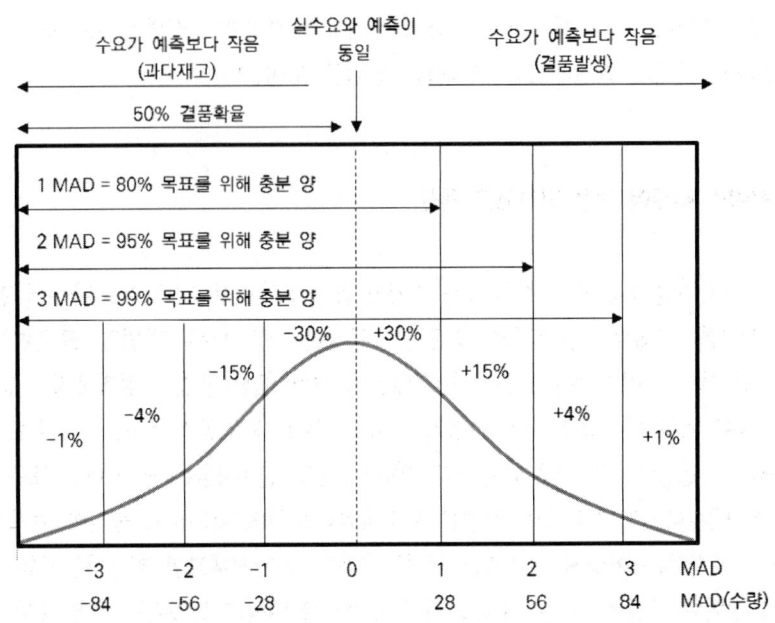

도표 10-7 절대평균편차(MAD, mean absolute deviation) (5장 예제)

위 도표를 살펴보면 중심선을 기준으로 왼쪽 50%는 예측보다 실제 주문이 적어서 과다 재고가 될 확률이며 오른쪽은 반대로 실제 주문이 예측보다 많아 결품이 발생할 확률 구간이다. 50% 기준은 안전재고가 없더라도 절반의 확률로 결품이 없을 것이라는 의미이다. 안전재고는 오른쪽 결품에 대한 방지책이다. 왼쪽으로 갈수록 초과재고의 양이 더 많아지겠지만 그 확률도 점점 낮아진다. 만약 당신이 1MAD 만큼의 안전재고를 가지고 있다면, 당신은 과다 재고 확률 50%와 28개의 여분 재고를 보유할 30%를 합쳐서 결품이 없을 확률이 80%가 될 것이다. 마찬가지로 안전재고를 56개 가져간다면, 결품 없을 확률을 95%로 높일 수 있고, 84개의 안전재고를 보유하면 목표 고객서비스율 99%를 충족시킬 수 있다는 의미이다.

표준편차 또는 절대평균편차 둘 중 어느 하나의 오차율 값이 주어지면 안전재고에 대한 특정 고객 서비스 수준을 설정할 수 있다. 특정 고객 서비스 수준에 도달하기 위해 필요한 통계적 계산은 도표 10-8에 나타낸 안전계수표(safety factor table)라고 불리는 것으로 미리 계산되어 제공된다. 왼쪽 칼럼에서 원하는 고객 서비스 수준을 선택한 다음 해당 칼럼의 인자에 의해 표준편차 혹은 절대평균편차를 곱한다. 예를 들어 90%의 고객 서비스 수준에 대한 안전재고 계산은 다음과 같다.

안전재고 = 표준편차 혹은 절대평균편차(SD or MAD in Units)
× 서비스 계수(Service factors) = 28개 × 1.60 = 45개(반올림 처리)

고객 서비스수준	표준편차 (수량 x 서비스계수)	절대평균편차 (수량 x 서비스 계수)	고객 서비스수준	표준편차 (수량 x 서비스 계수)	절대평균편차 (수량 x 서비스 계수)
50.00	0.00	0.00	98.00	2.05	2.56
75.00	0.67	0.84	98.61	2.20	2.75
80.00	0.84	1.05	99.00	2.33	2.91
84.13	1.00	1.25	99.18	2.40	3.00
85.00	1.04	1.30	99.38	2.50	3.13
89.44	1.25	1.56	99.50	2.57	3.20
90.00	1.28	1.60	99.60	2.65	3.31
93.32	1.50	1.88	99.70	2.75	3.44
94.00	1.56	1.95	99.80	2.88	3.60
94.52	1.60	2.00	99.86	3.00	3.75
95.00	1.65	2.06	99.90	3.09	3.85
96.00	1.75	2.19	99.93	3.20	4.00
97.00	1.88	2.35	99.99	4.00	5.00
97.72	2.00	2.50			

도표 10-8 안전계수(Safety Factor) 표

이 표에 대한 몇 가지 사항에 유의해야 한다. 첫째, 과다재고 가능성 때문에 50%의 고객 서비스를 달성하기 위해 안전재고를 둘 필요는 없다. 둘째, 정확한 3MAD에서의 결품 확률은 도표 10-7의 종 모양 곡선에 표시된 근사치가 아니라 실제로는 99.18%이다. 이 도표에 표시된 계수는 표준편차 또는 절대평균편차의 일부에 불과하다. 안전계수 표에 의하면 99.99%의 서비스 수준은 5MAD 또는 140개의 안전재고가 필요하다. 하지만 이러한 수량의 안전재고를 보유하는 것은 상당한 재고 유지비용을 초래할 것이다.

총량 서비스 수준은 전체적으로 한 단계일 수 있지만, 개별제품이나 재고보관위치(SKU) 단위는 재고의 상대적 중요성과 그 위치에서 관리해야 하는 필요성에 따라 서비스 수준이 다를 수 있다. 전체적으로 이러한 서비스 수준은 전체 고객 서비스 목표에 부합해야 하지만 일부는 더 높고 다른 일부는 더 낮을 수 있다. 이것에 대해 다음에서 다룬다.

기간별 허용 재고량을 기준으로 안전재고 설정

결품은 어떤 상황에서는 고객에게 불편이 될 수 있고, 또 다른 상황에서는 조직에 큰 재앙이 될 수도 있다. 일단 특정 제품에 대해 결품이 조직에 얼마나 큰 문제가 될지를 결정하고 나면, 고객 서비스 수준을 기간당 허용 결품 회수로 기준을 설정할 수 있다.

도표 10-9는 주문 빈도가 결품 발생 확률에 어떻게 영향을 미치는지를 보여준다.

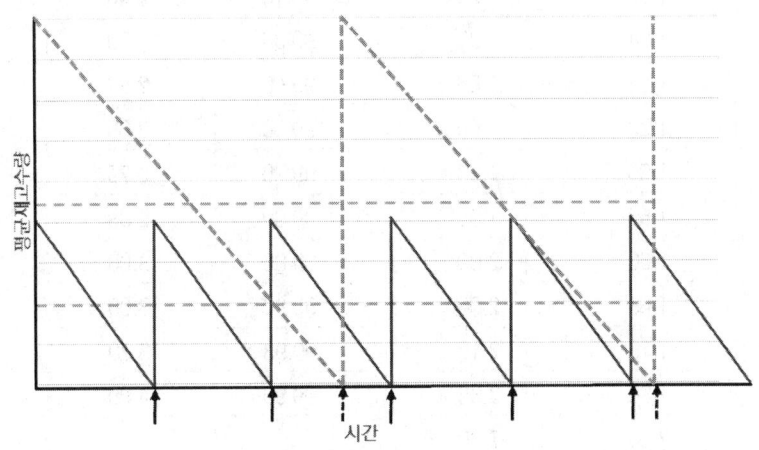

도표 10-9 주문 빈도에 따른 결품의 기회

첫 번째 시나리오는 주어진 기간 동안 각각 500개씩 2건의 주문이 있다. 재고 물량이 주문되기 직전에 재고량이 0에 가깝기 때문에 결품 횟수가 2번 발생할 가능성이 있다. 두번째 시나리오에서는 동일 기간 동안 250개씩 4건의 주문이 있다. 평균재고량은 250개에서 125개로 줄지만 결품 횟수는 2에서 4로 늘어난다. 주문 수량과 주문 빈도는 서로 연관되어 있으며 유지비용과 주문비용을 최소화하는 것을 바탕으로 적절한 균형을 정해야 한다. 리드타임의 지속 시간 역시 안전재고에 영향을 미친다.

연간 수요와 주문당 주문수량에 관한 정보를 감안하면, 기간별로 주문해야 할 주문 건수를 계산할 수 있다.

$$\text{기간당 주문 수(Orders per Period)} = \frac{\text{기간수요(Period Demand)}}{\text{주문수량(Order Quantity)}}$$

$$= \frac{8,000}{400} = 20\text{회 주문/년}$$

만약 경영진이 이 품목이 연간 두 번의 결품을 감수할 수 있다고 판단하면, 이것은 다음 공식을 통해 사용하여 고객 서비스 수준으로 변환할 수 있다.

고객서비스수준(Customer Service Level)

$$= \frac{\text{기간당주문수} - \text{기간당 결품 허용수(Stockout per Period)}}{\text{기간당주문수(Orders per Period)}}$$

$$= \frac{20-2}{20} = \frac{18}{20} = 0.9 = 90\%$$

이 경우 고객 서비스 수준은 90%이다. 이 제품에 대한 하나의 절대평균편차(MAD)가 28개인 경우 안전계수는 1.60이며 그 결과 필요한 안전재고 양은 다음과 같다.

$$28\text{개} \times 1.60 = 45\text{개(반올림 처리)}$$

동일한 고객 서비스 수준에 도달하기 위한 또 다른 방법은 대량 주문을 적게 하면서 안전재고를 덜 보유하는 것이다. 이러한 대안들의 비용은 비교될 수 있고, 가장 비용이 적게 드는 방법이 선택될 것이다.

🔍 리드타임 변경을 기준으로 안전재고 조정

제품이나 제품군의 리드타임이 증가하거나 감소하면 표준편차 또는 절대평균편차 오차율을 재계산해야 한다. 왜냐하면 이러한 오차율들은 리드타임이 길수록 커지기 때문이다. 여기서 리드타임 기간이란 주문이 발주되는 시점부터 도착하는 시간까지를 말한다. 즉, 더 느린 선적 배송 방법 또는 주문 입력과 주문 발행 사이의 지연이 발생하면 결품 횟수가 늘어나고 더 많은 안전재고가 필요할 것이다.

그러나 많은 조직에서 하고 있는 것처럼 상이한 리드타임을 가진 많은 제품이 주어지면, 근사치만 있으면 된다. 앞에서 이용한 예를 계속 살펴보자. 90%의 고객 서비스 수준을 유지하기 위한 안전재고 계산 시 제품의 리드타임이 6주였다고 가정하자. 우리는 아래 공식을 통해 리드타임이 5주 또는 7주로 변경되면 안전재고가 얼마나 필요한지 대략적으로 알 수 있다.

신 안전재고(New Safety Stock)

$$= \text{구 안전재고(Old Safety Stock)} \times \sqrt{\frac{\text{신 리드타임(New Lead Time)}}{\text{구 리드타임(Old Lead Time)}}}$$

$$5주 = 66 \times \sqrt{\frac{5}{6}} = 66 \times \sqrt{0.83} = 66 \times 0.91$$
$$= 60개(반올림 처리)$$

$$7주 = 66 \times \sqrt{\frac{7}{6}} = 66 \times \sqrt{1.17} = 66 \times 1.08$$
$$= 71개(반올림 처리)$$

따라서 리드타임을 줄이는 것은 안전재고 필요량을 줄이고 리드타임을 늘리는 것은 안전재고 필요량을 늘리게 된다.

Operations Innovation Professional

11장

품목 재고관리
Item Inventory Management

11장 | 품목 재고관리
(Item Inventory Management)

11.1 재고 통제
    11.1.1 ABC 재고 통제

11.2 주문 수량
    11.2.1 로트크기 결정 규칙
    11.2.2 경제적 주문수량(EOQ)

11.3 독립수요 주문 시스템
    11.3.1 주문점 시스템
    11.3.2 주기적 주문검토 시스템
    11.3.3 린 낱개 흐름

11.4 재고실사 보고서
    11.4.1 정기적 실사
    11.4.2 순환 실사

핵심주제와 학습목표

- 재고 통제의 정도를 결정하기 위한 ABC 재고 통제
- 주문크기 결정: 해당소요분(lot-for-lot), 고정주문수량(fixed order quantity), n 기간 공급분(n periods), 경제적주문수량(EOQ, economic order quantity)
- 주문시점 결정: 주문점(두상자, 간반, 영속기록), 정기적 검토 방법
- 정기적 실사(periodic audits)와 순환 실사(cycle counting)

이전 장에서 살펴본 총량(aggregate) 재고관리는, 재고란 무엇이며 기업에서 왜 중요한지, 실물 재고가 재무제표에는 어떻게 나타나는지, 그리고 재고관리를 잘 하고 있는지에 대한 평가지표 등 상위 개념의 내용들이었다. 반면에 이번 장에서 다룰 품목 재고관리는 ABC 재고통제, 올바른 주문 수량에 해당되는 주문 크기 기법, 올바른 주문 시점을 알기 위한 주문점 및 정기적 검토 방법 그리고 재고 실사 등과 같은 다소 세부적이고 기술적인 내용을 다룬다.

품목(item) 재고관리는 제조를 위한 기준 계획(master planning) 및 자재소요량계획(MRP, material requirement planning) 수준에서 수행되며 공급사슬의 다양한 유형의 고객을 위한 주요한 활동이기도 하다. 주문수량 결정과 주문 시점 결정은 서로 연관성을 갖는 주제이나 주문수량에 대한 주제는 종속수요와 독립수요 모두에 적용 가능한 내용인 반면 여기서 다루는 주문시점에 관련된 주제는 독립수요에 대한 내용이다. 종속수요에 대한 주문 시점 결정은 자재소요량계획이 좀 더 정확히 해 주기 때문이다. 품목 재고관리의 마지막 주제는 재고 기록의 정확성을 검증하기 위한 재고 실사 방법에 대해 논의한다.

11.1 재고 통제(Inventory control)

> **재고 통제(Inventory control)**
> 원자재, 재공중재고, 완제품들을 원하는 수준의 품목으로 유지하는(maintaining) 활동 및 기법.

재고 통제는 재고와 관련된 조직의 목표와 전반적인 전략에 따라 재고 정책이 올바르게 실행되도록 하기 위해 사용된다. 이번 주제의 나머지 부분에서 설명하는 수량 통제 유형 외에 재고 통제의 또 다른 범주는 재고의 추적성(traceability)과 관련을 가진다.

> 💡 **추적성(Traceability)**
> 1) 선적이 진행중인 위치(ongoing location)를 알아내는 속성.
> 2) 로트나 일련 번호(serial number)로 생산에 사용되는 부품, 프로세스, 자재의 등록 및 추적.
>
> 💡 **로트 통제(Lot control)**
> 제조를 통해 공급업체에서 소비자에 이르기까지 원자재의 로트 무결성(integrity)을 유지하는데 사용되는 일련의 절차(예: 고유 배치 번호 지정 및 배치 추적).

위치 별 재고 수준의 통제점이 재주문점(reorder point)이다. 적시에 그리고 적절한 수량을 주문하면 정책에 부합하는 재고 수준을 유지할 수 있다. 잘못된 주문 시스템을 사용하거나 단순한 추측에 의해 실행하면 재고량이 너무 높거나 너무 낮은 결과를 초래하게 된다. 총량적 수준에서의 재고관리와 관련된 두 가지 결정은 품목 수준의 통제가 적절하게 적용되기 전에 먼저 결정할 필요가 있다. 높은 수준의 결정에는 아래 내용을 포함한다.

- 조직에 대한 재고 품목의 상대적인 중요성
- 상대적인 중요성에 따른 필요한 통제 수준

이러한 결정은 여러 가지 방법으로 할 수 있지만, 본 주제에서는 ABC 재고 통제라고 불리는 한 가지 방법에 대해 설명한다. A가 가장 높은 우선 순위이고 C가 가장 낮은 것으로 재고 통제를 세 가지 범주로 분류한다. 일단 재고가 각각의 중요성과 그에 따른 통제의 필요성으로 분류가 되면, 조직은 다양한 품목을 각 범주로 그룹화하고 어떠한 재고 보관 위치 통제를 사용할지를 지정한다. 이러한 통제는 언제 주문할지와 얼마만큼 주문할지 즉, 주문 수량과 주문 시기를 구체화한다.

11.1.1 ABC 재고통제(ABC inventory control)

> 🎵 **ABC 분류(ABC classification)**
>
> 연간 사용량 금액(단위 가격에 년간 사용량을 곱한) 혹은 다른 기준에 의한 품목군의 내림차순 분류. 이는 A, B, C로 불리는 3가지 분류로 나누어진다. A그룹은 보통 품목 수의 10~20%를 나타내고, 금액의 50~70%를 차지한다. B그룹은 품목 수의 20%를 나타내고, 금액의 10~30%를 차지한다. C그룹은 품목 수의 60~70%를 포함하고, 금액의 10~30%를 차지한다. ABC 원리는 높은 가치의 품목보다 낮은 가치의 품목에 관리의 수준을 낮게함으로써 노력과 비용을 절약할 수 있음을 나타낸다. ABC 원리는 재고, 구매, 판매에 적용 가능하다.

> 🎵 **파레토 법칙(Pareto's law)**
>
> 이탈리아의 경제학자인 Vilfredo Pareto가 제시한 개념으로 집단의 적은 일부(small)가 집단의 영향이나 가치(impact or value)의 큰 부분을 차지한다는 논리이다. 예를 들어, ABC 분류의 경우 20%의 재고 품목(inventory items)이 80%의 재고 가치(inventory value)를 차지한다.

이 80-20 관계는 단지 경험에 근거한 법칙(a rule of thumb)이다. 각 범주의 크기는 제품 및 그 제품의 특성에 따라 다를 수 있다. 80-20 관계를 재고에 적용할 때 ABC 분류를 ABC 재고통제라고 부른다. ABC 재고통제는 재고의 상대적 중요성과 필요한 관리 수준을 결정하는 것과 관련이 있다.

상대적 중요성을 판단하기 위해 조직에서는 종종 연간 사용량 금액(annual dollar usage)을 선택한다. 이 단위는 연간 판매량에 단위 비용(또는 때로는 위의 정의에 따라 가격)을 곱한 값이다. 다른 기준으로는 병목 자재, 수명 주기 길이, 보충 리드타임, 고객에 대한 결품의 중요성, 재고 회전율 등이 고려될 수 있다. 예를 들어, 재고 회전율을 기반으로 한 ABC 분류는 가장 빨리 팔리는 품목이 가장 가까이에 두도록 창고 배치를 구성하는 데 종종 사용된다.

일단 기준이 정해지면 조직이 판매하는 모든 제품은 기준에 따라 순위를 매겨 3개 그룹으로 나뉜다. 한 가지 요소가 일반적으로 가장 중요하다. 이것은 종종 사용량 금액(dollar usage)이다. 왜냐하면 이것이 금액으로 된 재고의 가치를 조직에 반영하기 때문이다. 다른 요소는 일부 항목을 상위 범주로 올리거나 다른 항목을 하위 범주로 끌어 내리는 데 사용될 수 있다. 일단 그룹이 확정되면 그것들은 적용될 상대적인 통제 수준(level of control)을 명시하는 데 사용된다. 시간이 많이 걸리고 관리적으로 비용이 많이 드는 통제 방법을 모든 재고에 적용하는 대신, 필요할 때만 통제를 적용하면 가장 중요한 재고를 위해 통제에 재투자할 수 있는 시간과 비용을 절약할 수 있다. A 범주의 품목에서 B 범주나 C 범주로 등급 격하될 수도 있으며 이러한 등급 격하(downgrade)는 통제의 용이성에 근거한다.

A 범주의 품목은 높은 재고 비용 때문에 가장 높은 통제도를 가지며 이는 재고 수준의 엄격한 통제, 신중하게 계산된(낮은) 안전재고 수준, 더 적은 수량으로 잦은 주문 빈도, 정확성을 위한 보다 빈번한 잦은 재고 실사, 보다 높은 물리적 보안, 수요예측 및 오차에 대한 보다 빈번한 검토, 주문 상태 및 신속 처리에 대한 보다 세심한 주의 등이 포함된다.

B 범주의 품목은 방금 언급한 분야에서 재고, 안전재고 및 기록 유지 등에 관련하여 일반적인 통제 수준을 갖는다.

C 범주의 품목은 최소한의 통제와 기록 유지를 가진다. 예를 들어 정확성을 위해 재고 계산에 소요되는 최소 시간 등이다. 연간 사용량 금액에 따라 항목의 순위를 매길 때 C 범주 품목의 주요 특징은 재고 보유 비용이 매우 낮기 때문에 충분한 재고 공급일수를 유지하고 안전재고 수준이 높으며 결품이 발생할 수 있는 기회 수를 제한하기 위해 연간 몇 차례(아마도 한 번만) 대량 주문하는 것이 타당할 것이다. 이러한 품목은 결품이 발생할 때만 문제가 되기 때문이다. 과잉 재고로 인한 부담은 상대적으로 저렴할 것이다.

연간 사용량 금액이 핵심 기준이라고 가정하면 ABC 재고통제 프로세스의 단계는 다음과 같다.

① 연간 사용 수량을 단가로 곱해서 제품 혹은 제품 군당 연간 사용량 금액을 찾아 냄
② 연간 사용량 금액에 의해 제품 순위 매김(높은 것에서 낮은 것으로)
③ 모든 품목의 누적 비율을 계산
④ 연간 사용량금액의 누적 비율을 계산
⑤ 4 단계에 기반하여 A, B, C 분류 범주를 할당함

도표 11-1은 그러한 순위가 매겨진 목록이 어떻게 작성되는지를 보여준다(이 예에서는 조직에서 취급하는 제품이 10개 품목만 있다고 가정한다.)

부품번호	연간 사용금액	누적 사용금액	총품목의 누적비율	사용금액의 누적비율	범주
			0%	0.0%	
232	$36,000	$36,000	10%	65.2%	A
332	9,000	45,000	20%	81.5%	A
343	4,000	49,000	30%	88.8%	B
665	3,000	52,000	40%	94.2%	B
443	1,000	53,000	50%	96.0%	B
875	700	53,700	60%	97.3%	C
218	500	54,200	70%	98.2%	C
989	500	54,700	80%	99.1%	C
783	300	55,000	90%	99.6%	C
163	200	$55,200	100%	100.0%	C
합계	$55,200				

도표 11-1 연간 사용량 금액(annual dollar usage)에 의해 순서화 된 ABC 재고

도표 11-1의 첫 번째 행은 0%를 보여주기 때문에 이 데이터를 기반으로 한 아래의 도표 11-2의 그래프는 0%부터 시작한다. 도표 11-2는 ABC 재고 분석이 가치의 급격한 증가와 함께 어떻게 움직이기 시작하고 B와 C 범주에 접근하면서 평평해짐을 보여준다.

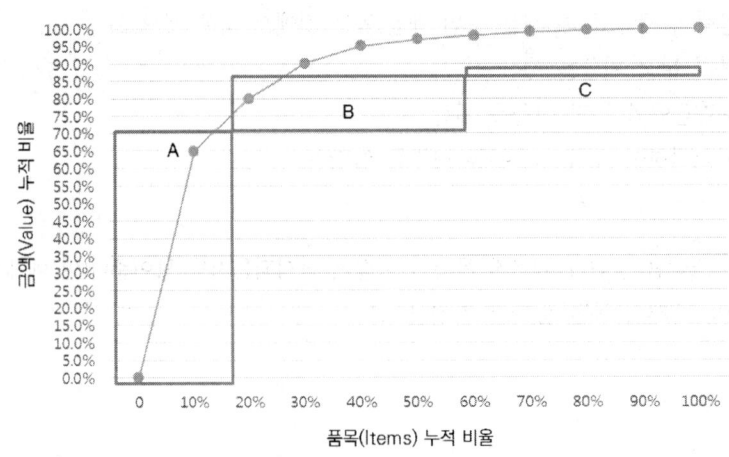

도표 11-2 사용량 금액의 누적 비율(cumulative percent)

11.2 주문 수량(Order quantity)

주문 수량과 주문 빈도는 이 주제와 다음 주제에서 다루는 상호 연결성을 가진 의사결정이다. 자재소요량계획을 사용하여 종속수요 품목의 주문 빈도를 결정하는 것은 이미 다루어졌고, 독립수요 항목을 위한 주문 수량 결정 방법이 다음 주제이다.

종속수요 품목의 주문 수량은 자재소요량계획을 사용하여 계산되지만, 이 항목에서 설명하는 주문 수량 규칙을 사용하여 로트크기를 설정할 수 있다. 로트크기와 주문 수량은 같은 개념의 용어이다.

> **로트크기(Lot size)**
> 공급업체(supplier)로 구매주문이 발행될 때나, 공장(plant)에서 생산주문이 발행될 때 구매/생산 프로세스의 표준 수량(standard quantity)으로 발행되는 특정 품목의 양.

독립수요 품목에 대한 주문 수량도 결정할 필요가 있다. 일반적으로 유통센터, 도매상, 소매상 등, 주로 완제품, 즉 독립수요를 취급하는 기관은 이 장에서 논의된 방법을 사용해 재주문량을 결정한다. 기준생산일정에서는 이러한 방법을 사용하여 독립수요 품목의 생산을 위한 로트크기를 설정할 수 있다. 또한 제조 조직의 재고관리자는 기업소모성자재(MRO) 및 부품 또는 재고로 있는 원자재에 대해 이러한 주문 수량 시스템을 사용할 수도 있다.

먼저 주문 수량 시스템의 목표를 살펴본 후에 이번 주제인 로트크기 결정 규칙을 살펴보자. 기본적인 로트크기 방법은 로트-대-로트(lot-for-lot), 고정 주문 수량(fixed order quantity), n 공급기간분 주문(n period of supply), 경제적 주문수량 (EOQ, economic order quantity) 그리고 기간주문수량(POQ, period order quantity) 등 5가지 방법이 있다. 물론 이 다섯 가지 기본 방법에 대한 여러 변형들이 존재하기도 한다.

주문 수량 시스템의 목표

주문 수량 시스템은 원하는 수준의 고객 서비스를 제공하면서 제 10장 주제 2에서 다룬 다양한 재고 비용의 균형을 맞추기 위해 주어진 시간에 얼마나 주문해야 하는지를 결정하는 데 사용된다.

비용은 목표 고객 서비스 수준에서 가장 낮은 비용을 갖는 수량을 찾기 위해 합산된다. 그런 다음 이러한 일반적인 목표는 의사 결정 규칙으로 변환되어 주문 책임자가 필요할 때 얼마나 주문해야 하는지 알게 한다.

11.2.1 로트크기 결정 규칙

제조계획통제 시스템에 대한 논의에서 로트크기는 주문 시 일반적인 제약 사항으로 언급되었다. 제조를 위한 로트크기는 목표한 고객 서비스 수준에서 제조 효율 및 재고 수준을 최적화하는 것을 기반으로 한다. 독립수요 품목의 경우, 로트크기는 주문 및 운송 비용(transportation costs), 수량에 따른 할인(quantity discounts)및 유지비용(carrying costs)과 같은 특정 비용을 최소화하기 위해 작용하는 의사결정 규칙에 기초한다. 아래의 방법 중 일부는 관련된 모든 비용의 합계를 최소화하는데 있어 다른 방법보다 좀더 낫다. 경제적 주문수량(EOQ)은 그 자체가 로트크기 결정 규칙 중 하나이지만 다른 로트크기 규칙에도 적용 가능한 방법이므로 나중에 좀더 상세히 다룬다.

로트-대-로트(lot-for-lot)

> **해당 소요분, 로트-대-로트(L4L, Lot-for-lot)**
> 각 기간의 개별 순소요량(net requirements)과 동일한 크기의 수량으로 계획주문(planned orders)을 발행하는 로트크기 결정 기법.

로트-대-로트 방법은 팔린 만큼만, 즉 해당 소요량만큼만 주문을 하는 것이다. 따라서 이를 해당 소요분 방법이라고도 부른다. 예를 들어, 소규모 하드웨어 체인 상점은 일반적으로 각 소매점에 판매된 것만을 보충하기 위해 로트-대-로트를 사용한다. 판매시점(POS) 시스템의 정보를 사용하여 재주문 수량을 자동으로 결정한다.

> 💡 **판매시점(POS, point of sales)**
> 일반적으로, 바코드(bar coding) 혹은 자기 매체나 장비(magnetic media and equipment)의 사용을 통해 재고를 제거하고 판매 시점과 장소에 따른 판매 데이터를 계산한다.

제조의 경우 기준생산일정 또는 자재소요량계획은 재주문을 얼마나 해야 하는지를 파악하는 데 시간경과 정보(time-phased information)를 제공한다. 로트-대-로트가 자재소요량계획에 사용되는 경우 주문 수량은 반올림 된 수량이 아닌 실제로 필요한 부품의 수량에 따른다. 린에서의 로트크기는 거의 한 단위에 가까울 가능성이 높으며 이것은 구매에 기여한다.

로트-대-로트는 항상 원하는 수준으로, 그 이상도 이하도 아닌 정확한 수준으로 재고를 보충하기 때문에 불필요한 재고가 쌓이는 것을 방지한다. 따라서 린(lean)에서 선호하는 방법이다. 로트-대-로트는 부패하기 쉬운 품목이나 ABC 재고관리의 A 범주 품목, 크기나 취급 요건으로 인해 상당한 창고 공간을 소비하는 품목 등을 재주문하는데 자주 사용된다. 한 가지 단점은 사용이 너무 번거롭다는 것이다.

🔍 고정 주문수량(fixed order quantity)

> 💡 **고정 주문수량(Fixed order quantity)**
> 일정 기간의 순소요량이 고정 주문 수량을 초과하는 경우 미리 결정된(predetermined) 고정 수량 또는 그 배수(multiples thereof)에 대해 항상 계획 주문이나 실제 주문이 발행되도록 하는 MRP 또는 재고관리의 로트크기 결정 기법.
>
> 재주문 수량(Reorder quantity): 1)재고 통제의 고정 주문 수량 시스템에서, 가용 재고(보유량과 주문량)가 재주문점 이하로 떨어질 때마다 매번 주문해야 하는 고정 수량(fixed quantity). 2)가변 재주문 수량(variable reorder quantity) 시스템에서, 기간별로 변동되는 주문량.

고정 주문수량은 주문 당 동일한 고정된 수량을 주문한다. 고정된 수량을 얼마로 할것인지에 대해서는 담당자의 합리적 판단, 과거 수요 이력, 경제적 주문수량(나중에 논의됨), 경제적으로 효율적인 생산 배치 크기 또는 납품 용기의 크기, 파레트 또는 트럭 적재량 등을 기반으로 할 수 있다.

이 때 주문 빈도에 영향을 주는 재주문점은 품목 수요에 따라 달라진다. 빠르고 간편하지만 경제적 주문수량(EOQ) 방법을 제외하고 고정 주문수량은 관련된 비용을 최소화시키지는 않는다. 재고가 급등했다가 점차적으로 떨어지므로 이는 앞서 재고의 기능에서 설명한 로트크기 재고 비용을 발생시킨다. 이렇게 되면 총 재고 수준이 높아지게 된다. 전체 수량이 주문된 후 소비가 빠르게되지 않기 때문에 수요가 적은 품목의 재고가 많아질 수 있다. 고정 주문수량의 한 가지 변형이 아래 정의된 최대-최소(mix-max)시스템이다.

> **최소-최대 시스템(Min-max system)**
> 최소값(min)은 주문점이고, 최대값(max)는 최대 주문 수량과 일치하는 재고 보유 수준을 나타내는 일종의 주문점 보충 시스템. 주문 수량은 가변적이며(variable) 최대값(max)에서 주문중인 재고(on-order inventory)와 현 재고를 뺀 값이다. 주문은 가용 재고(현재고 더하기 주문중인 재고)가 최소값 이하가 되면 발주된다.

최대-최소 시스템은 사전에 최대 재고 수준과 최소 재고 수준(주문점)을 설정한다. 재고가 주문점 수준 아래로 떨어지면 재주문을 한다. 주문 수량은 최대 재고 수량에서 가용한 수량을 뺀 값으로 계산된다. 최대 주문량이 100개이고 주문점(최소)이 50개이고, 주문점에 도달했을 때 실제로 가용 수량이 30개인 경우를 가정해 보자. 이 때의 주문 수량은 100개(최대) – 30개(현 가용재고) = 70개로 계산된다.

n 기간 공급분 주문(Order n period of supply)

n 기간 공급분 주문은 다음 주제에서 논의할 기간 주문수량(POQ, period order quantity) 시스템과 함께 작동하도록 설계되었기 때문에 때때로 기간 주문수량이라고도 한다.

> **기간 주문수량(Period order quantity)**
> 로트크기가 주어진 기간 수의 수량의 합. 예를 들어, 미래의 여러 주(weeks into the future) 동안의 순소요량과 동일해지도록 하는 로트크기 결정 기법. 주문 기간 수는 가변적이고(variable), 각 주문 크기는 해당 기간(interval)의 보유 비용(holding costs)과 주문 비용(ordering costs)과 균형을 이루도록 한다.

이 방법은 n 기간에 대한 수요를 충족시킬 수량을 묶어서 한꺼번에 주문을 한다. 여기서 n은 주(week) 또는 일(day)과 같은 특정 기간 혹은 버킷을 나타낸다. 문제는 n 기간을 얼마로 정해야 하는 가인데 앞서 고정 주문 수량에서 논의한 것처럼 담당자의 합리적인 판단 등을 활용할 수 있고 혹은 제 10장 주제 3에서 살펴본 공급 일수(days of supply) 개념을 활용할 수 있다. 예를 들면, 특정 위치의 품목의 공급 일수가 알려져 있고 비교적 안정적이라면 특정 일 수의 공급일수 분을 한 번에 주문한다. 이 방법은 일반적으로 주문 기간이 고정된 경우, 즉 항상 정해진 일정에 따라 주문이 되는 경우에 사용된다. 종속수요 및 독립수요 품목 모두에 적용할 수 있으며 불필요한 로트크기 재고를 생성하지 않는다. 상대적인 가치가 낮은 품목인 C 범주의 품목에 자주 사용된다.

11.2.2 경제적 주문수량(EOQ)

> **경제적 주문수량(EOQ, Economic order quantity)**
> 한 번에 구매(purchased) 또는 제조되는(manufactured) 품목의 양을 결정하는 일종의 고정 주문 수량 모델(fixed order quantity model). 재고의 획득(acquiring) 비용과 재고유지(carrying) 비용의 합을 최소화하는 것이 목적이다.

경제적 주문수량은 고정 주문 수량에 사용되거나 n 공급 기간 주문을 사용할 때 주문할 수량을 계산한다. 후자의 경우, 고정 시간 재주문점은 n 공급 기간 주문이 경제적 주문수량과 동일한 경우 발생한다.

경제적 주문수량이 교환거래를 관리하는 방법(How EOQ manages tradeoffs)

경제적 주문수량은 총 비용이 최소화되는 지점을 찾아 유지비용(carrying costs)과 주문비용(ordering costs) 간의 교환거래를 관리한다. 소량으로 빈번하게 주문할 때 유지비용이 최소화되고 한 주문당 대량으로 주문하여 주문 회수를 줄이면 주문비용이 최소화된다. 경제적 주문수량은 두 비용의 합이 최소인 점에서 결정된다. 도표 11-3은 유지비용 곡선과 주문비용 곡선이 교차하는 지점이 총비용 최저점이고 이 때의 주문수량이 경제적 주문수량임을 보여주고 있다.

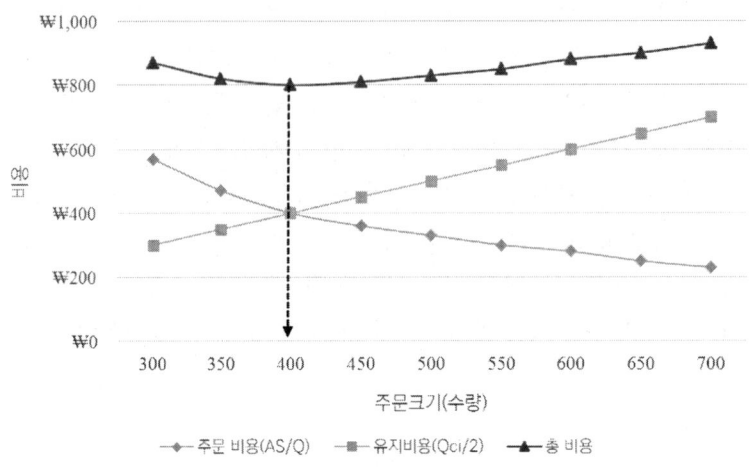

도표 11-3 총 비용이 최저가 되는 경제적 주문수량

🔍 경제적 주문수량(EOQ) 가정사항

경제적 주문수량 이론은 다음과 같은 가정사항들을 전제로 하고 있다.
- 수요가 알려져 있고 상대적으로 일정하다.
- 상품은 묶음단위 또는 로트로 구입되거나 생산된다.
- 주문비용과 유지비용이 알려져 있고 곡선이 안정적이다.
- 주문에 대한 보충(replacement)이 한꺼번에 이뤄진다(즉, 부분 납품이 아닐 경우).

이러한 가정들은 많은 실제 주문 환경에서는 현실적이지 않지만 이러한 것들이 이 계산을 수행하는 데 사용되는 가정을 단순화한다. 예를 들어, 어느 정도의 수요 변동이 있더라도, 계산 결과는 여전히 거의 최적의 결정을 내릴 수 있는 일정 범위를 보여줄 것이다. 즉, 가장 낮은 총비용 영역은 상당히 넓은 범위를 차지하는 경향이 있다. 예를 들어, 도표 11-3에서 350~450개의 주문 수량 범위는 모두 최적 주문량에 가깝다. 따라서 이 모델은 현실적인 요소로 인해 최적의 비용 균형의 정확한 지점이 정기적으로 약간씩 이동하는 경우일지라도, 모델을 사용하지 않은 경우보다는 주문 수량을 보다 효율적으로 설정하는 데 도움이 된다. 그러나 여기에도 한계가 있으므로, 경제적 주문수량 방법은 가정 요소들이 너무 심하게 변하지 않거나 너무 자주 변경되지 않는 경우에만 유용하다. 만약 수요가 너무 가변적이라면, 경제적 주문수량 방법은 각 기간마다 매우 다르므로 고정 주문 수량이 될 수 없다. 경제적 주문수량 방법은 정확한 수량을 명시하기 때문에 주문설계(ETO)나 주문생산(MTO) 주문 담당자에게는 유용하지 않다. 또한 부패하기 쉬운 재고나 수명이 짧은 다른 재고품이나 제조 공정이 특정 묶음 크기를 요구하거나 초과할 수 없는 상황(예: 일괄 처리를 실행하는 데 사용된 도구가 특정 번호 이후에 마모되는 경우)에는 유용하지 않다. 제조주문의 경우, 로트 대 로트가 더 자주 사용되지만 제조 로트크기를 결정하는 데 사용될 수 있는 다양한 종류의 경제적 주문수량이 있다.

EOQ 프로세스

경제적 주문수량 공식을 처음 개발하는 데 사용된 과정은 공식이 작동하는 방법과 이유를 보여주는 데 도움이 될 수 있다. 이 프로세스는 연간 주문비용과 연간 재고 유지비용을 계산하는 것으로 시작한다. 총 연간 비용을 찾기 위해 이 비용이 합산된다. 그런 다음 시행착오(trial and error) 과정을 사용하여 총 비용이 최저가 될 때까지 대안적인 주문 수량을 평가해 볼 수 있다. 경제적 주문수량 수학적 공식은 시행 착오의 필요성을 피하기 위해 개발되었으므로 이는 시행착오 방법을 보여준 뒤 나중에 제시될 것이다.

어떤 유통센터(DC)가 독립수요 품목을 판매하는데 이 유통센터의 연간 수요량이(A) 8,000개라고 가정해 보자. 현재 로트크기 수량(Q)은 500개이다. 로트크기는 우리가 결정하려고 하는 것이기 때문에 이것을 출발점으로 간주하자. 가정에서 본 것처럼 주문 당 비용(S)은 알려져 있고 $20이다. 이 때의 주문 건수는 다음과 같이 계산된다.

$$\text{주문건수(Number of orders)} = \frac{A}{Q} = \frac{8,000개}{500개/주문} = 16회$$

따라서 연간 주문비용은 다음과 같이 계산된다.

년간주문비용(Annual Ordering Cost)
= 주문건수(Number of orders) × 주문당 비용(Cost per order)
= 16회 × $20/주문 = $320

이 두 계산을 조합하여 동시에 수행할 수 있다. S를 사용하여 주문한 건당 비용을 나타낸다.

$$\text{연간 주문비용(Annual Ordering Cost)} = \frac{A \times S}{Q}$$

$$= \frac{8,000개 \times \$20/주문}{500개/주문}$$

$$= \$320$$

다음으로 우리는 연간 재고 유지비용(inventory carrying cost)을 계산하는데, 이것은 특정 재고 보관 장소(stock keeping location)에서 평균재고를 알 필요가 있다. 도표 11-4는 주문 수량이 고정되면 평균재고가 로트크기의 절반이 되는 이유를 보여준다. 안전재고가 있는 경우 평균재고는 안전재고 + 주문 수량의 절반이다(이것은 다음 주제에서 계산한다).

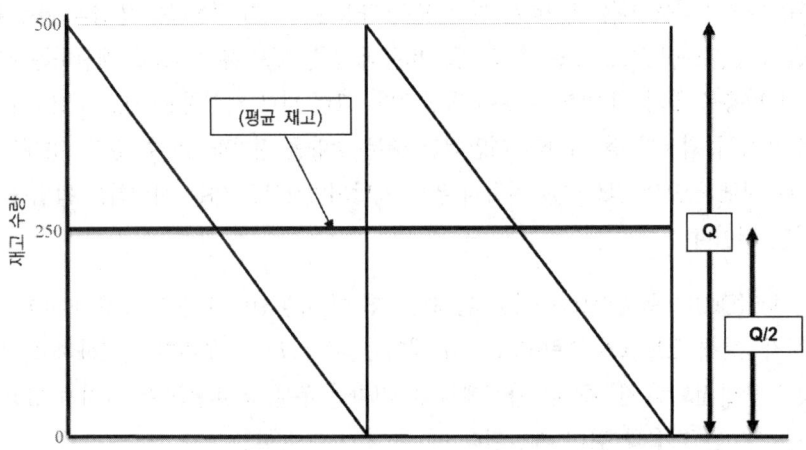

도표 11-4 평균재고(average inventory)는 로트크기의 절반

또한 앞서 논의한 바와 같이, 로트크기의 재고가 만들어 내는 톱니바퀴 패턴에 주목하라.

> **톱니 표(Sawtooth diagram)**
> 재고가 수취되어(being received) 사용되고 재주문되는 것을 보여주는 주문점/주문 수량 재고 시스템(reorder point/order quantity inventory system)의 수량 대비 시간 그래프(quantity-versus-time graphic) 표시이다.

예제를 계속하기 위해 평균재고를 다음과 같이 계산한다(여기서는 안전재고가 없다고 가정).

$$\text{연간 평균재고(Annual Inventory)} = \frac{Q}{2} = 250개$$

다음으로 우리는 평균재고에 단위당 원가(c)와 유지비용 비율(i)을 곱하여 연간 재고 유지비용을 금액으로 계산한다. 제조 품목의 단위당 원가는 직접 자재, 직접 노무 및 단위당 간접비를 합한 것이다. 유지비용 비율(carrying cost rate)은 자본비용, 보관비용 및 위험비용 비율의 합계이다. 이 예에서 사용된 품목의 단가는 $10이고 유지비율(carrying cost rate)을 20% 또는 0.2라고 가정한다.

$$\text{연간 유지비용(Annual Carrying Cost)} = \frac{Q}{2} \times c \times i$$

$$= \frac{500개}{2} \times \$10/개 \times 0.2 = \$500$$

이 공식을 작성하는 또 다른 방법은 다음과 같다.

$$\text{연간 유지비용(Annual Carrying Cost)} = \frac{Q \times C \times i}{2}$$

$$= \frac{500개 \times \$10/개 \times 0.2}{2} = \$500$$

이제 연간 주문비용과 연간 재고 유지비용을 합산하여 총 비용을 결정한다.

총재고비용(Total Inventory Cost)
= 연간 주문비용(Annual Ordering Cost) + 연간 유지비용(Annual Carrying Cost)
= $320 + $500 = $820

경제적 주문수량은 연간 주문비용이 연간 유지비용과 만나는 지점으로 정의된다. 지금 위 예에서는 이 두 값이 서로 같지 않으므로 로트크기 500개가 최적크기가 아니다. 정확한 주문 수량을 찾는 한 가지 방법은 가장 낮은 총 비용(시행 착오)에 더 가깝고 더 가까운 값을 찾을 때까지 조금씩 많은 수량(many quantities)을 적용하여 시도하는 것이다. 도표 11-5는 이것이 어떻게 행해질 수 있는지 보여준다. 주문 수량 (Q)을 제외한 모든 변수는 초기 가정을 기반으로 일정한 상태로 고정되어 있음을 유의하기 바란다. 이것이 결과를 비교할 수 있게 해준다.

연간수요 (A)	주문비용 (S)	주문수량 (Q)	단가 (C)	유지비용율 (i)	주문비용 (AS/Q)	유지비용 (Qci/2)	총비용
8,000	$20.00	300	$10.00	0.2	$533	$300	$833
8,000	$20.00	350	$10.00	0.2	$457	$350	$807
8,000	$20.00	400	$10.00	0.2	$400	$400	$800
8,000	$20.00	450	$10.00	0.2	$356	$450	$806
8,000	$20.00	500	$10.00	0.2	$320	$500	$820
8,000	$20.00	550	$10.00	0.2	$291	$550	$841
8,000	$20.00	600	$10.00	0.2	$267	$600	$867
8,000	$20.00	650	$10.00	0.2	$246	$650	$896
8,000	$20.00	700	$10.00	0.2	$229	$700	$929

도표 11-5 시행착오(try & error)를 사용하여 EOQ 계산

위 도표 11-5에 의하면 주문수량이 400개일 때 주문비용과 유지비용 모두 $400이 되므로 이 때의 주문 수량이 경제적 주문수량이다. 그러나 이를 시행착오 방식이라고 하는 데는 이유가 있다. 대부분의 경우 경제적 주문수량에 근접하게 되지만 그 양은 어떤 결과에도 정확하게 동일하지는 않을 것이다. 이 계산은 가장 낮은 총비용인 결과 값을 중심으로 더 세밀한 범위의 숫자를 사용하여 반복할 필요가 있다. 숫자 사이의 증가분도 더 작아진다(예: 50, 10, 그 다음 1단위). 최종적으로 경제적 주문수량이 발견될 것이다. 이러한 유형의 반복적인 과정은 스프레드 시트에서 수행하는 것이 가장 좋다. 이것은 시간이 많이 걸리기 때문에, 한 번에 경제적 주문수량을 결정하는 계산식을 이용하여 계산을 대신 수행할 수 있게 해준다.

EOQ 계산

연간 유지비용이 연간 주문비용과 동일해야 하므로 이것들을 서로 같도록 설정할 수 있다. 아래의 방정식에서 곱셈 기호[Q x c x i 대신 Qci, A x S 대신 AS]는 생략하지만 이 변수는 여전히 곱해져 있다.

연간 유지비용(carrying cost) = 연간 주문비용(ordering cost)

$$\frac{Qci}{2} = \frac{AS}{Q}$$

주문수량(Q)이 우리가 알아야 할 것이기 때문에 위 등식에서 Q를 수학적 방법을 이용하여 구해내고 이것이 EOQ이다.

$$Q^2 = \frac{2AS}{ci} \quad Q = \sqrt{\frac{2AS}{ci}} = EOQ = \sqrt{\frac{2AS}{ci}}$$

- EOQ 또는 Q = 주문 수량 = (우리가 계산하는 경제적 주문수량)
- A = 연간수요 = 8,000개
- S = 주문비용 = 주문 당 $20
- c = 개당비용 = 개당 $10
- I = 유지비용 비율 = 20% = 0.2

$$EOQ = \sqrt{\frac{2AS}{ci}} = \sqrt{\frac{2 \times 8,000개 \times \$20}{0.2 \times \$10/개}} = 400개$$

이 항목의 앞부분에 나온 도표 11-3에서 비용과 수요에 대한 다양한 가정을 고려할 때 400개가 어떻게 가장 낮은 총비용의 주문 수량인지를 보여준다.

지속적인 개선을 통해 EOQ 변경

수요가 비교적 안정되고, 재고 유지비용과 주문비용이 알려져 있기 때문에 조직이 경제적 주문수량을 이용할 수 있다고 가정하면, 다음으로 실현해야 할 것은, 조직이 다양한 분야에서 개선을 통해 (곡선의 이동, 그리고 곡선이 교차하는 곳 등) 이 두 비용의 합계를 한층 더 절감할 수 있다는 점이다.

어떤 것들은 부분적으로 조직에 의해 통제될 수 있지만, 많은 것들이 제조와 재고관리 담당자들에 의해 반드시 통제되지는 않는다. 여기에는 연간 수요도 포함된다. 연간 수요(A)가 증가하면 경제적 주문수량도 증가하지만 연간 수요는 시장력(market forces)과 마케팅 효과에 의해 부분적으로 통제된다.

해당 품목의 단위당 원가(C)가 낮아지면 경제적 주문수량이 높아진다. 구매 부품의 경우 구매 시 구매 가격을 낮추어 총 단가를 낮출 수 있다. 마찬가지로, 제조는 공정을 개선하거나 제조 비용을 낮추기 위해 낭비를 제거할 수 있다. 이러한 유형의 변화는 일반적으로 공급업체 또는 공장 내에서 프로세스 개선 또는 자본 투자가 필요하기 때문에 더 긴 계획 기간을 필요로 한다.

연간 유지비용을 줄이면 경제적 주문수량이 늘어난다. 그러나 재고의 유지비용 역시 부분적으로만 통제 가능하다. 조직은 위험을 줄이고, 창고 인력이나 간접비를 줄일 수 있을 것이다. 하지만 이러한 변화는 장기 계획적 관점에서만 가능하다. 유지비용의 다른 부분은 통제될 수 없다. 예를 들어, 자본비용(capital cost)은 부분적으로 시장 요율(market rates)에 기초한다. 또한 많은 위험비용(risk cost)은 판매되는 특정 제품을 기반으로 하므로 해당 제품을 판매 시 받아들여야만 한다.

계획 기간이 짧을수록 지속적인 개선의 가장 좋은 방법은 연간 주문비용을 줄이는 것이다. 이렇게 하면 주문 빈도가 많아지고 평균재고 수준이 낮아지기 때문에 경제적 주문수량이 낮아진다. 제조 전문가는 가동준비 비용을 줄임으로써 주문비용을 줄일 수 있다. 구매는 개별 구매주문을 더 많은 계약구매(contract buying)로 대체하여 주문비용을 줄일 수 있다. 조직은 구매주기 및 계약구매 단계를 자동화하여 주문비용을 줄일 수 있다. 자동화의 예는 앞서 논의된 바 있다. 린은 사후정산(backflushing)을 사용하는 등 주문을 최대한 자동화한다. 또한 린은 주문 비용을 추가로 줄이기 위해 가동준비 시간을 대폭 단축하는 것을 강조한다.

11.3 독립수요 주문 시스템(Independent demand ordering system)

앞서 살펴본 주제 2는 얼마나 많은 수량을 주문할 것인가를 다루었고 이 방법들은 종속수요와 독립수요 모두에 적용될 수 있다. 우리는 이제 언제 주문을 해야 하는지를 살펴보고 종속수요에서 벗어날 것이다. 종속수요에 대한 주문 시기는 자재소요량계획이나 제약이론의 드럼-버퍼-로프(DBR) 혹은 린의 간반 등에 의해 통제된다.

> **재고 주문 시스템(Inventory ordering system)**
>
> 재고 보충을 위한 재고 모델. 독립수요 재고 주문 모델에는 고정 재주문 주기(fixed reorder cycle), 고정 재주문 수량(fixed reorder quantity), 선택적 보충(optional replenishment), 하이브리드 모델(hybrid models) 등이 포함된다. 종속수요 재고 주문 모델에는 자재소요량계획(material requirements planning), 간반(kanban), 드럼-버퍼-로프(drum-buffer-rope)가 포함된다.

이번 주제에서는 유통센터, 도매업체 및 소매업체의 완제품 수요와 같이 독립수요 품목을 주문하는 빈도에 대해 설명하고자 한다. 주문시기를 결정하는 핵심 요인은 재고 부족을 피하면서 동시에 초과 재고를 피하는 것이다. 너무 늦게 주문하면 재고부족에 대한 위험이 있고 너무 일찍 주문하게 되면 초과 재고 유지비용이 발생될 수 있다. 따라서 독립수요 주문 시스템의 주요 목적은 재고비용과 유지비용의 합계를 최소화하는 것이다.

우리는 이를 위해 두 가지 독립수요 주문 시스템, 즉 주문점(order point) 시스템과 주기적 검토(periodic review) 시스템을 살펴볼 것이다. 이 주제에서는 또한 린 생산에서 종속수요에 대한 주문점 시스템을 조정한 린(lean) 낱개 흐름에 대해서도 설명한다. 전통적인 기존 시스템은 일반적으로 이러한 주문 시스템을 종속수요에 사용할 수 없지만, 린은 예외이다.

11.3.1 주문점 시스템(Order point systems)

> 💡 **주문점 시스템 및 관련 용어**
>
> - **주문점 시스템(Order point system)**: 보유 수량(quantity on hand)이 주문점이라고 알려진, 미리 정해진 수준 이하로 낮아질 때마다 로트를 주문하는 재고 방식.
> - **주문점(Order point)**: 총 보유 재고와 주문중인 재고의 합이 그 점보다 낮아지면(falls to or below), 재고 보충이 이뤄지는 재고 수준 설정 위치. 주문점은 보통 보충 리드타임 동안의 예측 사용량과 안전재고의 합으로 계산된다.
> - **보충 리드타임(Replenishment lead time)**: 제품이 재주문 되어야 하는 것이 결정된 순간부터 사용 가능한(available for use) 상태로 선반에 놓여질 때(on the shelf)까지 걸리는 총 시간.

주문점 시스템은 일반적으로 고정 주문 수량(FOQ)를 사용하기 때문에 주문수량은 결정되어 있지만 주문시점이 매번 다를 수 있다. 이 방법은 수요가 상대적으로 안정적이지만 어느 정도의 무작위 변동이 있을 것으로 가정한다. 주문점은 수요가 평균보다 높으면 정상적인 때보다 빨리 도래하고, 수요가 평균보다 낮으면 정상보다 늦게 다가온다. 이때 재고 수준은 부분적으로 주문 및 재공급 주문을 수취하는데 필요한 리드타임과 이 리드타임 동안 발생할 것으로 예상되는 수요에 의해 결정된다. 또한 재고 재주문 점은 필요한 모든 안전재고도 포함하여 계산된다.

도표 11-6은 앞서 살펴본 경제적 주문수량에 대한 동일한 예를 보여주는데, 현재 안전재고 수준이 맨 밑에 있으므로 수요가 안정적인 한 최소 재고 수준이 0이 아닌 이 안전재고 지점까지 내려간다. 도표에 사용된 약어는 다음과 같다.

- Q: 주문 수량
- LT: 리드타임
- DDLT: 리드타임 동안 수요
- OP: 주문점
- SS: 안전재고

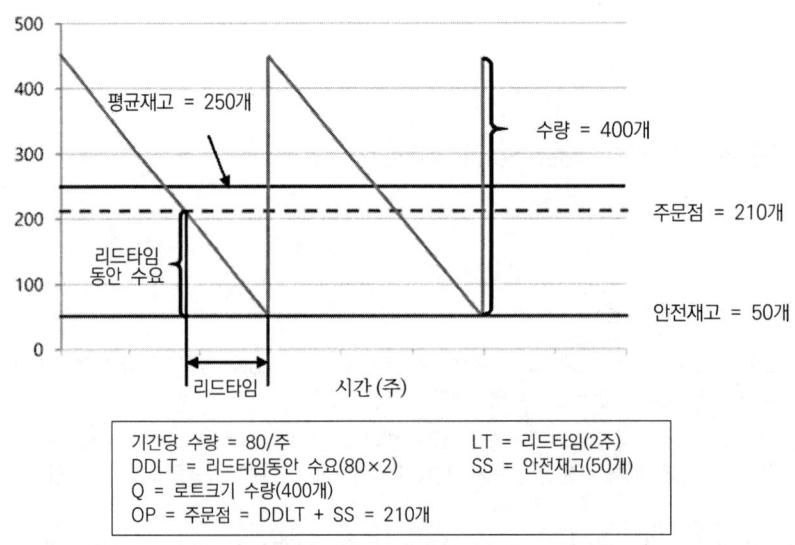

도표 11-6 주문점(order point) 시스템

이 도표에서 리드타임 동안의 수요는 매회 예측 가능한 기울기(slope)를 따르는데, 이것은 리드타임 동안의 평균 수요를 기초로 한다. 그러나 이 수요는 무작위 변화로 인해 달라질 수 있다. 수요가 도표에서 표시된 비율보다 높으면 기울기가 더 가파르게 빨리 떨어지는 반면, 수요가 적을수록 완만하게 기울어진다. 이러한 변동성이 안전재고를 보유하는 이유이다. 재고가 평균보다 빨리 떨어져도 안전재고가 모두 고갈될 때까지는 실제로 결품이 발생하지는 않는다. 안전재고 수준은 제 10장 주제 4에서 다룬 바와 같이 평균 수요에 대한 상대적 변동성의 양과 조직의 목표로 하는 고객 서비스 수준에 따라 계산된다.

리드타임 동안 수요는 평균 수요율(예측을 사용하여 추정 가능)과 보충 리드타임(과거 이력데이터를 기준으로 파악 가능)을 알면 계산할 수 있다. 도표 11-6에서 예를 든 품목은 독립수요 품목으로 판매된다. 경제적 주문수량이 400개, 평균수요는 주당 80개이며, 안전재고 50개, 유통센터에서 주문 및 수령하는 데 2주의 리드타임이 소요된다. 리드타임 동안의 수요는 다음과 같이 계산할 수 있다.

$$\text{리드타임동안 수요(DDLT, demand during lead time)} = \text{기간당 개수} \times \text{리드타임}$$
$$= 80\text{개/주} \times 2\text{주}$$
$$= 160\text{개}$$

안전재고로 50개가 주어지면 좀더 완성된 주문점(OP)을 계산할 수 있다.

$$\text{주문점(order point)} = \text{리드타임동안 수요(DDLT)} + \text{안전재고(Safety stock)}$$
$$= 160\text{개} + 50\text{개} = 210\text{개}$$

안전재고가 있으면 평균재고는 더 이상 주문 수량의 절반이 아니다. 평균재고가 안전 재고량만큼 증가하므로 수식은 다음과 같다.

$$\text{평균재고(Average Inventory)} = \frac{Q}{2} + SS = \frac{400\text{개}}{2} + 50\text{개} = 250\text{개}$$

평균재고는 기술적으로 시작 재고와 종료 재고를 합하여 2로 나눈 값이지만 안전재고가 시작 재고와 종료 재고에 모두 포함되어 있기 때문에 표시된 수식은 같은 답이 된다.

주문점 시스템은 수요의 변동성이 안전재고 범위 내에서 통제될 수 있는 정도의 상황에서 잘 작동된다. 실제 수요가 예상보다 적으면 재주문이 지연되므로 재고 수준이 지나치게 높아지는 것을 방지한다. 그러나 리드타임 중 평균 수요가 변경되면 주문시점을 다시 계산해야 하거나 혹은 주문점이 너무 일찍(안전재고 수준을 효과적으로 높이기) 또는 너무 늦게(안전재고 수준 줄이기 및 재고부족 위험 증가) 도래할 것이다. 주문점 시스템은 재고관리 위치에서 특정 재고 수준에 도달했을 때 주문점 결정인데 이 방법 외에도 주문점을 결정하는 기타 방법들을 살펴보도록 하겠다.

주문점 도달 시기 결정

언제 주문을 해야 하는지를 결정하는 주문점 도달을 파악하는 3가지 기본적인 방법이 있다. 영속 재고(perpetual inventory), 두 상자 재고(two-bin inventory), 간반(kanban) 등이 있으며 이 모델 들에는 각각 약간의 차이점들이 있다.

> **영속 재고 기록(Perpetual inventory record)**
> 현재 재고 기록이 유지되도록 각 재고 거래(inventory transaction)가 게시되는(posted) 컴퓨터 기록 또는 수작업 문서(manual document).

재고관리 시스템 또는 전사적자원관리 시스템의 일부가 될 수 있는 영속 재고 시스템(수동 시스템일 수도 있음)은 각 재고 보관 위치에서 재고 수준을 계속적으로 기록하며 추적한다. 재고를 추가하거나 차감하는 거래가 발생하면 재고 수준이 즉시 갱신된다. 또한 시스템은 특정 주문에 할당되었지만 아직 발행되지 않은 재고, 아직 수취하지 못한 기 발행 주문 수량 및 수취한 수량을 추적할 수 있다. 가용 재고 수량은 이미 논리적으로(물리적이 아닌) 할당된 재고를 차감한 상태를 말하며 현 재고(on hand)가 총 재고가 된다. 불출이란 할당된 주문이 재고에서 차감됨을 의미하므로 실제 재고 불출과 동시에 관련된 할당이 사라지게 되고 보유중인 실물 재고가 줄어든다. 주문, 할당, 불출 및 수취는 날짜, 주문 번호 및 수량을 추적할 것이다.

이러한 동적 정보 외에도 부품 번호, 명칭, 설명, 저장 위치, 주문점, 주문 수량, 리드타임, 안전재고 및 공급업체와 같은 정적 정보를 저장한다. 이러한 정적 정보를 흔히 기준 정보라고 부른다. 도표 11-7은 위의 주문점 예제에서 논의된 품목에 대한 영속 재고 기록을 보여주며 맨 위에 이 기준 정보와 그 아래의 동적 거래 정보를 나열한다. 할당(allocations)이 사용될 때, 가용재고가 주문점 밑으로 떨어지면 주문점 도래가 발생한다는 것에 유의한다.

품목번호: 782	리드타임: 2 주		품명: A 품목		주문점: 210 개	주문수량: 400 개
주차	주문	불출	수취	현재고	할당	가용재고
1				350	70	280
2				350	80	200
3	400	70		280	0	200
4		80		200	85	115
5		85	400	515	75	440

도표 11-7 영속기록철과 재주문점 촉발

이 품목의 평균 수요는 주당 80개이다. 1주차에 70개가 주문에 할당되었으며, 이는 현재 보유재고에 영향을 미치지 않지만 사용 가능한 잔량이 감소한다. 사용 가능한 잔고는 여전히 주문점인 210개를 초과하므로 아무 일도 일어나지 않는다. 2주차에는 80개의 수량이 추가로 할당된다. 그러자 사용 가능한 잔량이 200개로 되어 주문점이 촉발되고 3주차에 보충 주문이 발행되도록 한다. 시스템은 구매 담당자에게 보충 주문을 하도록 지시하고 400개의 수량을 주문한다. 아울러 기 할당된 70개가 3주차에 불출되어 실재고가 280개로 줄어든다. 2주일 리드타임으로 인해 400개가 5주에 수령되며, 이에 따라 현재고 및 가용 재고가 늘어난다.

이 시스템은 오류 또는 마모성으로 인해 재고 수준이 부정확해지지 않는 한 잘 작동한다. 프로세스 중에 수동 단계가 많을수록 오류가 더 많이 발생한다. 이러한 시스템은 종종 오류 발생 가능성을 줄이기 위해 재고기록을 자동으로 조정하는 시스템에 연결된 바코드 스캐너와 같은 장치가 포함된다. 재고 실사(inventory counting)에 대해서는 뒤편에서 자세히 설명한다.

두 상자 재고 시스템

> **두 상자 재고 시스템(Two-bin inventory)**
> 재고가 두 개의 상자로 유지되는 고정 주문 시스템(fixed-order system)의 한 유형. 첫 번째 상자 수량이 소진될 때 보충 수량(replenishment quantity)이 주문된다. 보충 리드타임 동안 두 번째 상자의 자재를 사용한다. 자재를 수취하면, 두 번째 상자(리드타임 동안에 일부 안전재고를 포함하는 수요량을 포함하는)는 다시 채워지며 초과분은 사용중인 첫 번째 상자에 채워진다. 이 시점에서, 재고는 다시 고갈될 때까지 첫 번째 상자에서 꺼내어 사용한다. 또한 넓게는 실제 상자를 사용하지 않는 다른 어떤 고정 주문 시스템을 표현하는데도 쓰인다.

> **시각적 검토 시스템(Visual review system)**
> 재고 재주문이 보유 재고량을 실제로 보는 것(actually looking)에 기반하는 단순 재고 통제 시스템. 보통 볼트와 너트 같은 단가가 낮은 저가 품목에 사용된다.

두 상자 재고 시스템은 문자 그대로 두개의 상자 혹은 보관용기에 재고를 비치하고 우선 첫번째 상자에서 바닥이 보일 때까지 꺼내 사용한다. 바닥이 보이면 이것이 재주문점이다. 따라서 보충 주문이 발행되고 이후에는 두 번째 상자에 있는 재고를 사용한다. 두 번째 상자의 재고를 사용 도중 주문한 보충주문이 들어오면 그것을 다시 첫 번째 빈 상자에 보관한다. 이 시스템은 사용 및 관리가 용이하기 때문에 ABC 재고관리의 C 범주의 품목에 유용할 수 있다.

간반 시스템

두 상자 재고 시스템과 마찬가지로 간반시스템은 카드, 신호등 또는 빈 용기와 같은 시각적 신호를 제공하여 언제 재주문할지, 얼마만큼의 수량을 재주문할지를 알려준다. 린에서는 모든 종류의 재고에 간반 시스템을 사용한다. 왜냐하면 그것이 시각적인 수요-끌기(demand-pull) 신호이고 기록을 보관하는 데에 시간을 허비할 필요가 없기 때문이다.

11.3.2 주기적 주문검토 시스템(Periodic review systems)

주기적 주문검토 시스템은 정기적으로 정해진 간격으로 주문을 한꺼번에 발행하는 방법이다. 즉 주문 간격은 사전에 정해져 있고 적정 주문수량을 구하는 것이 핵심이다. 앞서 살펴본 주문점 시스템 경우는, 재주문해야 할 주문의 주문시점이 각각 다른 날짜인 수천 개의 재고 품목이 있는 환경에서는 매우 비현실적일 수 있다. 특히 이들 품목들을 하나의 세트로 공동 배송을 이용한 재주문이거나 혹은 단일 주문에 수많은 라인 품목(line items)이 존재할 경우 더더욱 비현실적이 된다.

주문비용은 운송과 주문을 포함하기 때문에 주문을 통합하면 주문비용을 절감할 수 있다. 따라서 정해진 기간에 정기적으로 주문을 발행하는 정기적 주문검토 시스템을 이용하여 재고에 많은 거래 처리가 있거나 단일 주문 검토 기간 동안 여러 거래를 처리하는 방법이 더 간단하고 비용이 적게

들 수 있다. 이것은 소매업, 슈퍼마켓, 온라인 쇼핑 유통센터에서 흔히 사용한다. 이 시스템은 수명 주기가 짧은 부패하기 쉬운 제품에도 사용된다. 왜냐하면 주문 간격을 필요에 따라 짧게 할 수 있고 부분적으로는 주문 비용이 낮게 유지할 수 있기 때문이다. 이를 고정 재주문 주기(fixed reorder cycle) 재고 모델이라고도 한다.

> 💡 **고정 재주문 주기 재고 모델(Fixed reorder cycle inventory model)**
>
> 주문이 n시간 단위로 배치되는 독립 수요관리 모델의 한 형태. 주문 수량은 가변적(variable)이며 본질적으로 현행 기간(current time period)동안 소비되는 품목을 대체한다. M이 언제든지 원하는 최대 재고량이고, x가 주문 시점의 재고 수량인 경우, 가장 간단한 모델에서, 주문 수량은 M-x(M minus x)이다. M은 리드타임 및 검토 간격(review interval) 동안 최대 예상 수요를 충당할 수 있을 만큼 커야 한다.

> 💡 **주기적 보충(Periodic replenishment)**
>
> 동일한 양을 불규칙적인 간격(variably spaced deliveries)을 두고 주문하는 것이 아니라, 균등하게 일정한 주기마다 다양한 양을 주문하기 위하여 소요량을 합산(aggregating)하는 방법.

도표 11-8은 주문 수량이 고정되어 형성되는 일반적인 톱니 패턴과는 달리, 주기적 검토 시스템은 로트크기는 다양하지만 항상 정해진 일정에 따라 정기적으로 주문을 한다는 것을 보여준다.

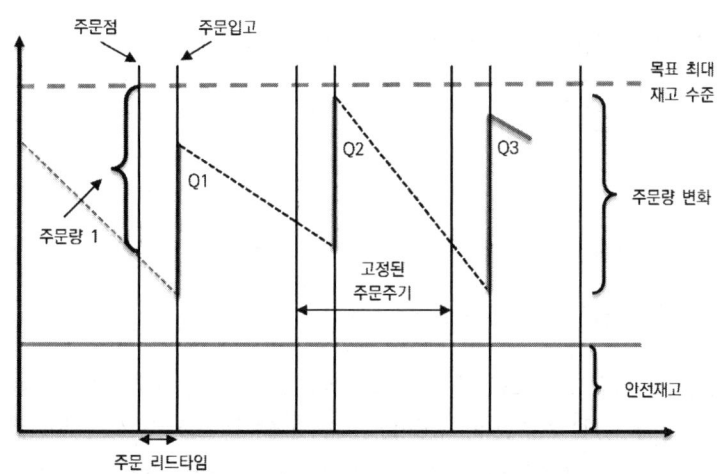

도표 11-8 주기적 검토(periodic review) 시스템

주문 리드타임(lead time, 이하 L)과 마찬가지로 주문 보충간격(검토 기간, R, 이하 동일)이 정해져 있다는 점에 유의한다. 검토기간의 시작 시점에 주문하고, 다음 검토기간이 시작되면 종료한다. 검토기간은 검토기간 중 수요에 근거하기 때문에 이렇게 정한다. 주문점 시스템과 마찬가지로 주문 간격이 주 단위인 경우가 많기 때문에 주 당, 또는 더 자주, 하루 당과 같이 기간별로 수요가 발생한다.

정의에서 제시한 바와 같이 주문수량은 목표수준 또는 최대 재고수준에서 현재 보유중인 수량을 뺀 값이 되므로, 우선 결정해야 할 것은 이 목표수준(T)이다. 이를 위해서는 기간당 수요(D), 리드타임 기간(L), 검토기간(R), 안전재고(SS)를 알아야 한다. 예를 들어, 여러 품목이 7일마다 주문 검토되고 리드타임이 2일이라고 가정하자. 이 중 해당 품목의 하루 평균수요가 50개, 안전재고는 100개 수준이다. 목표(최대) 재고 수준은 다음과 같이 계산한다.

$$T = D \times (R + L) + SS$$
$$= 50개/일 \times (7일 + 2일) + 100개$$
$$= 550개$$

특정 검토 기간 시점의 보유 재고 수준(I)이 150개일 경우 최종 주문수량(Q)은 다음과 같이 계산할 수 있다.

$$Q = T - I = 550개 - 150개 = 400개$$

재고 수준은 주문발행 후(리드타임 동안) 계속 떨어지기 때문에, 리드타임 동안 수요가 0일 경우에만 보충이 최대 재고에 도달한다.

11.3.3 린 낱개 흐름(Lean one-piece flow)

주문점 시스템은 상대적으로 수요가 일정하고 무작위 편차가 안전재고를 초과하지 않다는 가정 하에 제대로 작동할 수 있다. 기존의 제조계획통제 환경에서는 주문량 시스템이 종속 수요에 대해 잘 작동하지 않는 경우가 많다. 왜냐하면 많은 구성품에 대해 수요가 매우 산발적으로 발생하기 때문에 품목을 대량으로 주문하면 느리게 소모되는 대형 주기재고가 생긴다. 재고 수준이 낮을 때도 시스템이 제대로 작동하지 않는다. 왜냐하면 재주문 지점에 도달하기 바로 전에 수요가 급증할 수 있기 때문에 리드타임 동안 나머지 수요를 충당하기에 재고가 충분하지 않기 때문이다.

앞에서 예를 들었던 하나의 A 품목에 2개씩 소요되는 종속수요 B 품목의 경우 기존 제조계획통제 환경에서 어떤 일이 발생할지 살펴보자. 여기서 주문 리드타임은 2주, 로트크기는 400개, 그리고 재주문점이 210개이며, 현재고가 420개의 재고를 보유하고 있음을 가정한다. A 품목이 100개 필요하다면 200개의 B 품목이 필요하지만 여전히 220개의 현재고가 남아 있어 아직 재주문을 하지 않는다. 그 후 150개의 A 품목이 필요하다고 할 경우 B 품목이 300개 필요하여 현재고가 오히려 80개 부족하다. 따라서 주문점 이하로 떨어져 급히 400개 주문이 발행되더라도 이 주문은 2주 후에 들어오게 되므로 A 품목 40개에 대해 지연된 주문(backorder)이 발생된다.

또 다른 시나리오는 재고를 불출하여 현 재고 수준이 재주문 바로 아래인 경우, 예를 들어 현재고가 200개로 줄이는 경우, 400개를 재주문하면 재고량이 600개로 크게 증가한다. 이는 단지 산발적으로만 있는 수요로 인해 고가 부품의 과다 재고가 발생할 수 있다.

이러한 이유로 재주문점은 일반적으로 기존의 제조계획통제에서는 피해왔지만 린 생산 방식에서는 로트크기를 획기적으로 줄이기 때문에 적합할 수 있다. 이전 시나리오의 문제점은 생산량이 많거나 재고가 과도하게 발생할 수 있는 대량 로트크기와 긴 리드타임이었다. 도표 11-9는 재고 유지비용이 일정하더라도 경제적 주문수량(EOQ) 계산에서 로트크기가 급격히 감소될 수 있도록 주문비용을 최소화하는 린 생산이 어떻게 작용하는지를 보여준다.

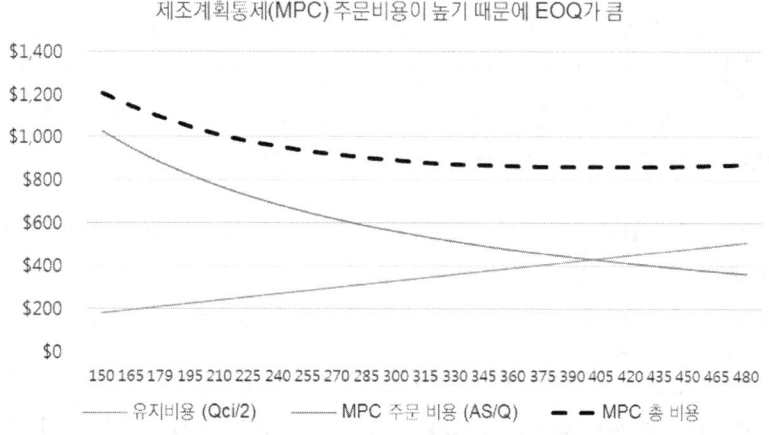

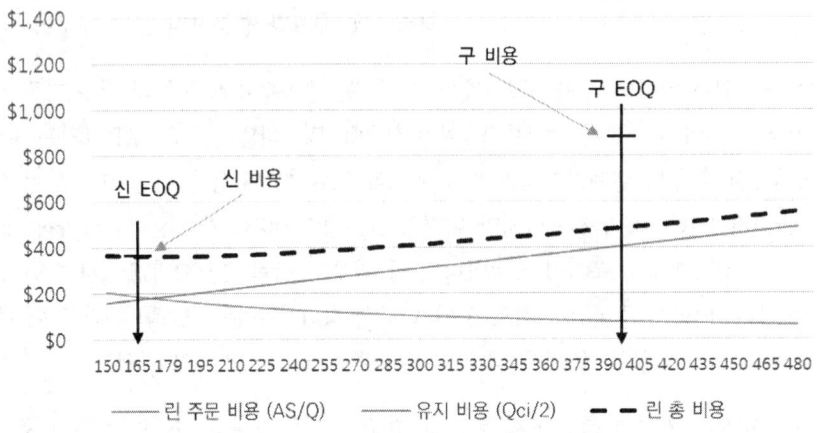

도표 11-9 전통적인 제조계획통제 대 린(lean) 환경에서 EOQ

위 시나리오에서, 전통적인 제조계획통제(상위 도표)와 린(하단 도표) 시나리오 모두 동일하게 연간 수요 8,000개, 단위당 비용 $10, 재고 유지비용 비율 20%라고 하자. 유지비용에 영향을 미치는 모든 것들은 변경되지 않았으므로 이 유지비용 곡선은 두 시나리오 모두에서 정확히 동일하다. 전통적인 제조계획통제 주문비용과 총 비용 곡선은 우리가 주제 2에서 경제적 주문수량(EOQ)을 400개로 결정한 앞서의 계산과 동일하다. 즉, 400개의 경제적 주문수량이 두 곡선이 교차하는 지점이다. 반면, 린 시나리오에서는 교차하는 두 개의 곡선의 교차점이 훨씬 왼쪽인 179개이다. 린 시나리오에서 바뀐 유일한 사항은 주문당 주문비용을 $20에서 $4로 줄인 것뿐이다. 이로 인해 새로운 주문비용 곡선(하단 도표에서 가장 아래쪽에 점선)이 만들어지고 이 곡선만 변경되어 경제적 주문수량이 179개로 감소되었다. 이러한 급격한 변화는 제조, 구매 및 운송 비용, 구매 리드타임 및 주문 처리 비용(모든 것들을 조금 적게) 등을 줄임으로써 이루어질 수 있다.

이와 같은 좀 더 나은 결과가 달성될 수 있다고 가정하면, 로트크기를 줄인다면 린 시스템에서도 재주문점(reorder point) 시스템을 사용할 수 있게 된다. 또한 린은 이 주문의 크기를 가능한 한 단위에 가깝게 줄여 재주문점을 상당히 감소시킨다. 이것을 낱개흐름(one-piece flow)이라고 한다.

그러나 이러한 변경으로 인해 로트크기가 줄어듦에 따라 상대적으로 주문의 빈도 수가 상당히 증가할 것이며, 반면에 이는 경제적 주문수량이 400개에서 179개로의 변경과 함께 더 빈번한 재고부족의 위험에 노출될 수 있는데 아마도 린이 한 단위의 로트크기에 근접할 때 그 결품의 기회가 훨씬 크다.

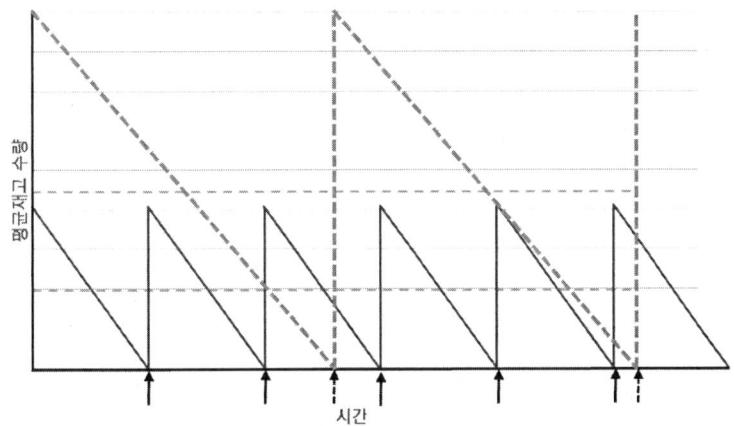

도표 11-10 린(lean) 환경은 결품의 위험에 더 많이 노출됨

이러한 위험은 약간의 안전재고를 늘림으로써 해결할 수 있지만, 여전히 이전 시나리오보다 낮은 재고 수준을 유지하며 더욱이 린은 안전재고의 필요성 역시 회피하는 것을 추구한다. 이러한 변화를 시도하는 조직들은 고객 수요의 변동성이 낮고, 안정된 제품 설계, 고품질, 원활한 흐름을 위해 설계된 프로세스 등과 같은 린 생산에 잘 부합하는 특정한 특성들을 갖게 될 것이다.

11.4 재고실사 보고서(Auditing Inventory Report)

이전 주제에서 영속적 재고 시스템에 대해 논의할 때 언급되었던 것처럼 장부상의 재고 기록과 실제 재고가 항상 같지는 않다는 것이다. 여러 가지 이유로 틀릴 수가 있다.

> 💡 **물리적 재고(Physical inventory)**
> 1)실제의(actual) 재고 그 자체. 2)실사(actual count)를 통하여 재고 수량 결정. 물리적 재고는 지속적(continuous), 주기적(periodic) 또는 연도별(annual)로 계산될 수 있다.

> **재고 정확성(Inventory accuracy)**
> 보유 수량이 장부에 기록된 수량의 허용 오차(allowed tolerance) 내에 있는 경우. 이 중요한 측정은 보통 재고 수준이 허용치 이내인 품목의 비율로 측정된다. 목표치는 일반적으로 품목 값에 따라 95~99%이다. 물류 운영(위치 관리) 목적을 위해, 이는 때때로 오류가 있는 저장 위치(storage locations)의 수를 총 저장 위치의 수로 나눈 값으로 측정된다.

오류나 감모손(shrinkage)으로 인해 재고가 부정확해질 수 있다. 오류란 재고 이동 기록을 누락하거나 잘못 기록하고, 재고를 엉뚱한 위치에 보관하여 잘 찾을 수가 없다든지, 재고관리 시스템에 잘못된 수량이나 잘못된 재고번호 등과 같은 잘못된 정보를 입력하는 것이다. 일반적으로, 이러한 유형의 기록 정확도 문제는 생산과 재고관리의 다른 많은 분야에 영향을 미칠 수 있다.

> **기록 정확성(Record accuracy)**
> 장부 기록 시스템(bookkeeping system)에 기록된 값과 실제 값과의 일치 정도. 예를 들어, 창고(stockroom)의 실제 보유량과 컴퓨터 기록으로 유지되는 보유량과의 일치 여부를 말함.
>
> **감모손(Shrinkage)**
> 보관중이나, 가공중(in process) 또는 이동중에 품목의 실제 수량이 감소하는 것. 폐기(scrap), 도난(theft), 품질 저하(deterioration), 증발(evaporation) 등에 의해 야기될 수도 있다.

이유를 막론하고 재고 기록이 잘못되면 재무제표 보고에 잘못된 재무적인 평가가 발생하고, 있어야 할 재고가 없을 수 있기 때문에 재고 부족 가능성이 발생한다. 이것은 고객 서비스에 악영향을 끼칠 뿐만 아니라 공장 가동 중단과 같은 값비싼 결과를 초래할 수 있다. 따라서 장부상의 재고와 실제 재고와 항상 같도록 맞추는 작업이 필요한데 이 재고 기록 실사에는 정기적 재고 실사와 순환 실사 두 가지 주요 방법이 있다.

	정기적 재고 실사 (Periodic inventory counting)	순환 실사 (Cycle counting)
설명	주어진 시간(예. 연간 단위)에 모든 재고를 물리적으로 조사함	주기를 정해 지속적으로 조사. 어떤 품목(A 범주 품목)은 다른 품목(B 나 C 품목)보다 좀 더 빈번하게 조사함
일차적 목적	재무제표를 위한 재고 가치 평가	기록을 정확하게 유지 근본원인 탐구
누구에게 혜택	회사 외부 이해관계당사자들	운영의 개선과 고객서비스
단점	부정확한 이유에 대한 근본원인 찾기 어려움 실사자의 실수가 많음 공장가동을 중지	외부 감사자가 여전히 필요에 따라 정기적 실사를 요구할 수도 있음. 실사 전담자의 비용

도표 11-11 순환실사 대 정기적 실사

11.4.1 정기적 재고 실사(Periodic inventory audit)

그리 멀지 않은 과거에는 재고 수준이 정확한지를 판단하는 방법은 한 가지뿐이었다. 즉, 연말에 공장 가동 중단을 포함하여 모든 것을 중단하고 모든 재고를 실제로 조사하여 재고의 차이를 찾아내는 방법이었다. 이를 정기적 재고 실사라고 한다.

> **정기적 재고(Periodic inventory)**
> 월별, 분기별, 연도별 재고와 같이 일정한 주기(periodic)를 갖고 실제 재고(physical inventory)를 실사함.

정기적인 재고 실사의 주된 목적은 재무회계를 위해 자산의 가치를 제공하는 것이며 외부 감사자가 그 과정을 감독할 수 있다. 따라서 총 자산가치를 금액으로 최대한 정확하게 결정하는 것이 목적이다. 이것은 우선적으로 소유자 또는 주주에게 이익이 되는 것이 주요 목적이지만, 부가적인 목적으로 차이 발생 시 재고 기록을 수정하는 것이다. 그러나 보통은 일 년에 한 번만 실사가 이루어지기 때문에 재고 정확도가 향상되는 것은 오래 가지 못한다. 또한 재고의 부정확성의 근본 원인을 찾는 것에 초점을 맞추지 않는다. 오히려 초점은 대개 생산을 빨리 재개할 수 있도록 가능한 한 정확하고 신속하게 실사 작업을 완료하는 것이다.

정기적인 재고 실사는 문제는 많은 문제점을 가진다. 인력이 잘 훈련되지 않아 오류가 발생하기 쉽기 때문에 재고가 집계된 후에도 여전히 완벽하게 정확하지 않을 수 있다. 또한 일반적으로 인건비와 일반 행정 관리 비용뿐만 아니라 생산 중단에 따른 비용도 발생한다.

정기적 재고 실사를 사용하는 경우 동일한 부품을 동일한 장소에 모으고 가능한 한 쉽게 셀 수 있는 묶음이나 밀봉된 상자로 분류화 하는 등 충분한 준비가 필요하다. 또한 준비에는 재고관리 경험이 있는 직원이 실사에 앞서 부품 번호를 모두 명시적으로 기재해야 할 수 있다. 그 다음 실사 참가자들은 오류 발생 가능성을 줄이기 위한 교육을 받아야 하며, 이러한 절차들은 일반적으로 그들이 마지막으로 실사한 이후 최소 1년이 지났기 때문에 각 재고 실사 전에 반복되어야 한다.

일반적으로 정기적으로 실사하는 과정은 품목의 재고를 적어도 두 번 실사하고 각각의 실사한 숫자를 기록하는 작업을 포함한다. 실사할 항목이 너무 많아서 샘플링이 사용되는 경우도 있다. 실사가 일치하고 재고 기록에 맞으면 이 재고는 다시 실사되지 않는다. 두 실사간에 불일치가 있거나 재고 기록과 다른 점이 있는 경우 이 재고는 면밀한 조사가 이루어진다. 재고 기록은 실제 수준으로 되도록 조정된다.

> **재고 조정(Inventory adjustment)**
> 실제 재고 수량(actual physical inventory balances)에 맞추고자 장부상의 잔량을 수정하는 재고 기록의 변경. 조정은 장부상의 재고 수량을 증가 또는 감소시킨다.

11.4.2 순환 실사(Cycle counting)

순환 실사는 정기적 재고 실사와는 다른 초점을 가지고 있다. 순환 실사는 제조계획통제를 위한 부가가치 서비스로써, 자재소요량계획에 대해 지속적인 부품 수의 정확성을 보장하는 것이 주된 이유이다. 정기적 재고 실사는 총 자산가치를 금액으로 결정하기 위함이며 한 곳에서 과도한 평가 금액은 다른 곳의 과소평가액을 서로 상쇄할 수 있기 때문에 전체적으로 정확한 평가가 될 수 있을지 모르지만, 품목 수준의 부정확성은 자재소요량계획 및 제조 실행에 여전히 문제를 일으킬 수 있다. 따라서, 순환 실사의 목적은 더 자주 실사하고 애초에 발생하는 오류의 빈도를 줄임으로써 품목 수준에서 지속적인 재고 정확도를 보장하는 것이다. 순환실사는 훈련된 전담 직원이 수행하는 연속적인 프로세스로써 근무일마다 소수의 재고 품목을 실사하는 것이다. 재고정책, 품목의 중요성, 실사가 가장 빠르고 효율적일 때, 생산중단이나 실사에 지장을 줄이는 것과 같은 타이밍 문제 등에 의하여 구체적인 실사 횟수나 방법이 결정된다. 순환 실사 담당자들은 실사의 오류를 피할 뿐만 아니라 오류의 근본 원인을 찾아내고 프로세스 개선 또는 기술 향상을 제안하도록 훈련된다.

> **순환 실사(Cycle counting)**
>
> 일년에 한 번이 아닌 순환적 일정(cyclic schedule)으로 실사되는 재고 정확성 감사 기법. 일반적으로 정의된 기준에 따라(고가나 회전율이 높은 품목의 경우 빈도가 높고, 저가나 회전율이 낮은 품목의 경우 빈도가 적음) 정기적으로 실시된다. 가장 효과적인 주기 실사 시스템은 작업 날마다 지정된 빈도(prescribed frequency)로 특정 수의 품목들을 각각 실사하는 것이다. 순환 실사의 핵심 목적은 오차가 있는 품목을 판정함으로써 오차의 원인을 조사(research), 식별(identification) 및 제거(elimination)하는 것이다.

주제 4에서 논의된 ABC 재고 분류는 흔히 각 유형의 재고를 얼마나 자주 실사할지 결정하는 데 사용된다. A 범주 품목은 매년 가장 많이 실사되며 B 품목은 덜 실사되고 C 품목은 가장 적은 빈도로 실사된다. 품질이 매우 까다롭거나 감모손 가능성이 큰 품목은 해당 범주에 적합하지 않더라도 상위 범주로 제기될 수 있다. 이 정의에서 빠르게 움직이는 품목 또는 느리게 움직이는 품목이 단지 금액에 의한 순위 매기기보다는 무엇을 실사해야 하는지에 대한 기준이 될 수 있음을 언급한다. 빠르게 움직이는 품목을 더 자주 실사하면 재고 수준을 보다 정확하게 유지하는 데 도움이 된다. 도표 11-12는 순환 실사 일정이 ABC 분류에 따라 어떻게 계획될 수 있는지 보여준다.

ABC 범주	실사해야 할 품목 수	연간 빈도 수	연간 총실사 수	총실사의 비율	일별 실사 수
A	800	12	9,600	42.5%	38
B	2,000	4	8,000	35.4%	32
C	5,000	1	5,000	22.1%	20
		합계	22,600	100.0%	90
		제조 칼렌다 날 수:	251		

도표 11-12 순환 실사

도표 11-13에서 실사해야 할 품목 수(고유 부품 번호를 가짐)에 연간 빈도수를 곱한 것이 연간 총 실사 수이다. 각 범주 별 연간 실사 수를 실사 수의 합계(이 경우 22,600)로 나누어 총 실사의 백분율을 제공한다. 연간 실사 수를 해당 연도의 제조 달력 근무일 수로 나눈 수가 각 범주 별 일일 실사수가 된다.

순환 실사는 생산 가동을 크게 중단하지 않고도 수행될 수 있다. 이는 순환 실사 직원이 생산계획자와 협력하여 특정 날짜에 접근하지 않을 재고 유형을 결정함으로써 해결된다. 순환 실사는 또한 주문이 완료되었지만 아직 수령하지 못한 경우 재고가 거의 없거나 0일 때의 보관 용기를 선택하여 수행하면 처리할 작업량이 줄어들기 때문에 실사 비용이 절감된다. 재고가 입고될 때 실사를 수행하는 것도 비슷한 방법인데, 직원들이 재고 납품 처리를 위해 이미 재고관리 장소로 향하고 있기 때문이다. 마지막으로, 실제 조사한 재고 수준이 장부상 기록보다 낮거나 혹은 음(-)의 재고 수준과 같은 명백한 오류가 있을 때 재고를 실사한다. 공식적인 프로세스와 전담 직원을 통한 순환 실사는 높은 수준의 재고 정확성을 도출하는 경향이 있다. 흔히 순환 실사를 통해 외부 또는 내부 실사자에게 재고 수준이 정확하다는 확신을 줄 수 있으므로 전체적인 규모의 정기적 실사를 생략하게끔 할 수도 있다.

Operations Innovation Professional

12장

실행과 통제
Execution and Control

12장 실행과 통제
Execution and Control

12.1 제약이론
    12.1.1 제약의 유형
    12.1.2 병목관리의 원칙
    12.1.3 드럼-버퍼-로프
    12.1.4 5가지 중점 단계
12.2 지속개선을 위한 제약이론
    12.2.1 현금창출력 회계
    12.2.2 애로사슬과 TOC
    12.2.3 물류를 위한 TOC
12.3 생산활동 통제
    12.3.1 생산활동통제의 목표
    12.3.2 개요
    12.3.3 생산활동통제에 대한 투입요소
12.4 생산 일정수립 및 구현
    12.4.1 일정수립
    12.4.2 구현
12.5 생산능력 통제
    12.5.1 생산능력 통제 목표
    12.5.2 우선순위 통제
    12.5.3 간헐적 프로세스 유형에서 투입/산출 통제
    12.5.4 흐름 통세
    12.5.5 피드백 및 보고

핵심주제와 학습목표

- 제약이론(TOC, theory of constraints), 가장 약한 연결고리에 의해 현금창출력이 제약됨을 보여주는 전체론적인 철학
- 현금창출력-기반 제약과 행위-기반 제약, 병목(bottlenecks), 제약된 능력자원(CCR, capacity-constrained resources)
- 논리적 흐름, 드럼-버퍼-로프(drum-buffer-rope), 5집중 단계(식별, 활용, 복종, 향상, 탐색)
- 생산활동통제(PAC) 순환: 일정 수립(시작과 종료일), 구현, 생산능력 통제
- 생산활동통제 입력요소: 자재소요량계획(MRP), 품목마스터(item master), 자재명세서(BOM), 작업경로(routing), 작업장(work center), 생산주문 파일(shop order files)
- 전방(forward), 후방(backward), 유한(finite), 무한(infinite), 제약이론(TOC) 일정 수립
- 실행: 생산주문 패킷(shop order packets)과 주문 발행(order release)
- 통제: 리드타임과 작업전 대기시간(queue) 관찰, 우선순위(발송), 투입/산출(input/output) 통제 혹은 흐름 통제(flow control)

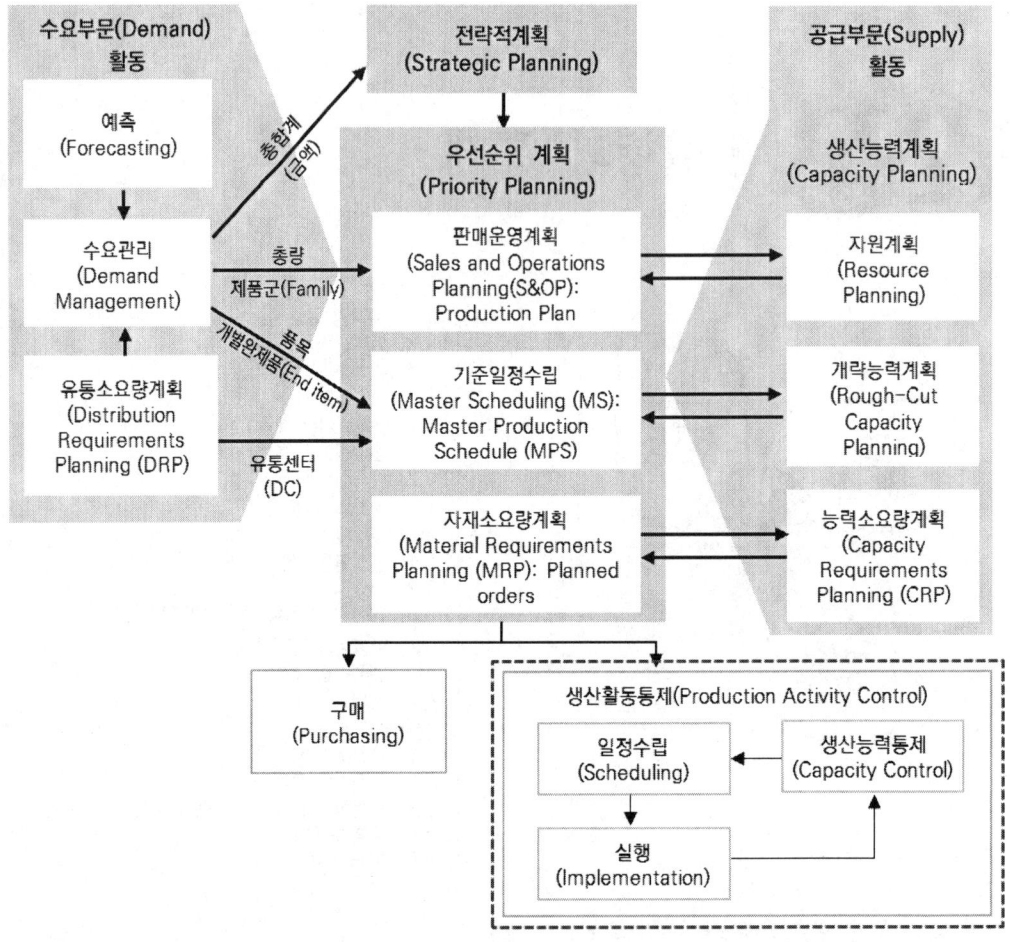

도표 12-1 제조계획통제(MPC)에서 생산활동통제(PAC, production activity control)

이번 장에서는 먼저 제약이론(TOC)을 살펴본다. 제약이론은 제조 실행 및 통제 이외에도 많은 분야에 적용할 수 있지만 제조 시스템의 작동 방식과 개선 방법 이해에 가장 유용하다. 이는 제약조건이라고도 불리는 병목현상에 주목해야 할 곳을 보여주기 때문이다.

그런 다음 제조 실행 또는 생산활동통제로 전환한다. 생산 현장 담당자가 주문 및 또는 실제 결과를 바탕으로 일정을 재설계함에 따라 생산활동통제의 일정수립, 구현 및 생산능력 통제 활동이 피드백 루프를 형성한다.

자재소요량계획 프로세스가 끝나면 자재 계획자가 능력소요량계획(CRP)을 사용하여 생산능력이 가용한지 확인한 후 생산계획 담당자에게 계획주문을 제공한다. 자재소요량계획을 걸쳐 생성된 계획주문은 두 가지 형태로 분류되는데 외부 조달용과 내부 생산용이다. 외부 조달용 계획주문은 구매주문으로 변환되어 공급업체에 발행되며, 내부 제조 또는 서비스에 대한 계획주문은 제조주문으로 변환되어 생산 현장으로 발행된다.

생산일정 조정자는 이러한 주문의 시작 날짜와 종료 날짜를 계획하는 것으로 시작한다. 이것은 능력소요량계획이 사용된다고 가정할 때 매끄러운 과정이어야 한다. 생산 조정자는 실제 작업장 활용도, 실제 차이(variances) 및 주문잔량(backlog), 진행중인 제조 작업으로부터의 기타 피드백에 대한 보다 정확하고 시의 적절한 정보를 얻을 수 있다. 능력소요량계획을 위해 논의된 후방 일정을 사용하는 것도 포함되지만, 또한 전방 일정, 유한 부하 대 무한 부하, 그리고 제약이론용 드럼-버퍼-로프 일정수립 시스템에 대해서도 논의할 것이다. 계획 목표에는 능력 활용, 제조 리드타임 최소화, 고객 서비스 목표(예: 납기일) 충족 등이 포함된다.

일정수립이 확정되면 생산 조정자는 발송 절차(dispatching process)를 사용하여 이러한 계획주문을 생산주문과 상세 사항을 생산현장으로 발행함으로써 일정을 구현한다. 재공중 재고가 쌓이지 않도록 필요한 자재, 장비 및 생산능력을 갖춘 경우에만 주문을 발행해야 한다. 구현에는 도구(tool) 요청 및 작업표(job tickets)과 같은 다양한 권한 부여가 포함된다.

생산능력 통제는 누적 차이(cumulative variances) 및 주문잔량(backlog)을 관찰함으로 통제한다. 작업의 실행 순서는 아래와 같은 방법을 포함하여 작업장별로 세운 특정 규칙에 따라 우선순위를 결정하고 이에 따라 작업을 실행한다.

- 선착순(first come, first served)
- 가장 빠른 주문 납기일(earliest job due date)
- 가장 빠른 공정 납기일(earliest operation due date)
- 가장 짧은 가공시간(shortest process time)
- 긴급율(critical ratio)
- 여유시간(slack time)

능력 통제는 제조 프로세스 유형이 간헐적(intermittent) 인지 아니면 흐름(flow) 인지에 따라 다르다. 간헐적인 공정(작업장 또는 묶음)의 경우 생산능력 통제는 투입/산출(input/output) 통제를 사용하여 주문잔량(backlog)과 재공중 재고 수준을 통제하기 위해 작업장으로의 투입/산출을 관찰하고 통제한다. 흐름(라인 또는 연속) 프로세스 유형에서 생산능력 통제는 흐름 통제(flow control)를 사용하여 필요에 따라 프로세스 속도를 조정한다. 린(lean)은 흐름 통제를 사용할 수도 있다.

제조 작업 결과에 대한 정보는 즉각적인 과정 시정에 대한 피드백 제공 용도 외에도, 제조 계획 및 통제의 지속적인 개선에 도움이 되므로, 이 내용은 본 장의 마지막 항목에서 논의하기로 한다.

12.1 제약이론(Theory of constraints)

> **제약이론(TOC, theory of constraints)**
> 엘리야후 골드라트(Eliyahu M. Goldratt) 박사가 개발한 전체론적 경영 철학으로서 복잡한 시스템이 본래의 단순성을 기반으로 한다는 원칙에 기반한 이론이다. 수천명의 사람들과 수많은 장비로 구성된 매우 복잡한 시스템 일지라도, 주어진 시간에 매우 적은 수의 변수가(제약이라고 일컫는 어쩌면 오직 하나일 수도 있음) 시스템의 더 많은 목표를 창출하는 것을 제한한다는 이론

제약이론은 이스라엘 물리학자였던 골드라트 박사가 제안한 혁명적인 아이디어였다. 왜냐하면, 그 당시 전통적인 생각은 가법적(additive)이었는데 이는, 공정 복잡성으로 인해 개선이 발견될 수 있는 시스템의 어떤 부분에서의 효율화도 전체 시스템 산출량에 도움이 될 것이라는 것이었다. 그러나, 제약이론에 따르면, 실질적인 효율성은 총 생산량을 제약하는 시스템 특정 부분, 즉 가장 약한 연결 부분을 찾아 그 영역에서 효율성을 향상시켜야만 달성할 수 있다. 체인의 가장 약한 부분을 강화하지 않은 채 다른 부분을 강화하는 것은 더 강한 체인을 만든 것이 아니라 오히려 많은 낭비를 초래할 것이다. 약한 고리를 수리하여 보완하거나 교체하는 것만이 체인의 능력을 늘려 더 많은 무게를 끌거나 들어 올리는 목표를 달성할 것이다. 제약이론은 또한 시간과 돈을 더 잘 활용한다. 집중적인 투자가 빠른 시일 내에 실질적인 결과를 창출할 수 있다.

제약(Constraint)

시스템이 목표(goal)와 관련하여 더 높은 수준의 수행을 달성하지 못하게 하는 요소. 제약들은 기계 센터나 자재 부족과 같이 물리적(physical)인 것일 수 있지만, 정책이나 절차와 같이 관리적(managerial)인 측면일 수도 있다.

병목(Bottleneck)

능력(capacity)이 주어진 수요(demand)보다 적은 시설(facility), 기능(function), 부서(department), 자원(resource). 예를 들어, 작업이 요구되는 것보다 느린 속도로 처리되는 병목(bottleneck) 현상이 발생하는 기계나 작업장이 있다.

현금창출력(Throughput)

시스템이 '목적 단위(goal units)'를 생성하는 비율. 현금창출력은 비율이기 때문에 항상 지정된 기간(월, 주, 일, 분) 단위로 표현된다. 목적 단위가 금액이라면, 현금창출력은 기간당 금액량이다. 이 경우에, 현금창출력은 달성한 총 매출(revenues)에서 총 변동 비용(totally variable costs)을 뺀 값을 선택한 기간 단위로 나눈 값으로 계산된다.

주기 시간(Cycle time)

1) 산업 공학에서, 두 개의 개별(two discrete) 생산 단위가 각각 완료되는 시간 사이 간격. 예를 들어, 한 시간에 120개의 속도로 조립되는 모터의 주기 시간은 30초이다.
2) 자재관리에서, 자재가 생산 시설로 들어가서 끝날 때까지의 시간.

12.1.1 제약의 유형(Type of constraints)

현금창출력 기반 제약(Throughput-based constraints)

현금창출력 기반 제약은 자원(장비, 노동, 자재)과 관련된 물리적 제약 조건이거나 시장 제약 사항을 말한다. 작업장 이전에 재공중 재고(wip)가 쌓인 이전 공장의 사례를 고려해보자. 재공중 재고가 많이 쌓인 작업장도 없고, 최대로 가동 중인 작업장도 없는데 모든 주문은 계획대로 처리되고, 모든 원자재가 예정대로 주문 발행되고 있다면? 이 경우 제약은 시장(market)이며 이는 시장 위축에 따른 판매 부진을 말한다. 즉 조직 내부 문제가 아니라 외부 문제인 것이다. 이 경우는 생산 프로세스가 초과 능력이 된다.

현금창출력은 기간 당 단위로 측정되거나 전체 조직의 경우 기간 당 매출로 측정되는 비율이다. 왜냐하면 이것이 영리 조직의 기본 목표이기 때문이다. 만약 시장이 제약이 아니라면, 공급이 수요보다 적을 것이고, 시스템의 특정 부분이 수요 충족을 위한 공급의 증가를 제약할 것이다. 주문이 어떻게 일정수립되는지에 달려 있겠지만 시스템의 많은 부분이 제약이 될 수 있다. 제약이론에서 일반적으로 볼 때 제약은 발견하기가 쉽다. 제약은 정기적으로 이동될 수 있으며, 이 경우 때론 식별하기가 어려울 수도 있다. 제약이론은 이와 같은 위험 영역을 아래 정의된 바와 같이 제약된 능력자원(CCR, capacity-constrained resource)이라고 식별한다.

> **제약된 능력자원(CCR, capacity-constrained resource)**
> 제약 조건이 아니지만 신중하게 계획되지 않은 한 제약 조건이 되는 자원(capacity-constrained resource). 능력을 신중히 관리하지 않으면, 조직의 현금창출력이 저하될 수 있는 모든 자원을 말한다.

그러므로 제약된 능력자원(CCR)은 잠재적(potential) 제약(잠재적 병목현상) 영역인 반면, 제약(constraints)은 능동적인 병목현상(bottleneck)을 지칭한다. 즉, 시스템의 현재 주어진 부하(load)에 주어진 가장 약한 연결점이다. 제약이론에는 병목현상을 파악하고 제거하는 과정이 포함되어 있다(병목현상을 파악하는 것은 나중에 설명). 그러나 이것은 병목현상을 예방하고 자원을 주의 깊게 관리하여 예방하는 것을 또한 강조한다.

행위 기반 제약(Behavior-based constraints)

행위 기반 제약(예, 위의 제약 조건 정의에 설명된 경영관리 측면의 제약)은 개인 및 관리 정책에 의해 생성된다. 여기에는 병목 현장에서 필요한 프로세스 단계를 수행하는 데 시간이 걸리는 행정 또는 기타 불필요한 단계가 포함될 수 있다. 병목 작업장에서 근무하고 있으나 이를 체감하지 못하고 있는 직원, 그리고 프로세스에 대한 불필요한 지연, 과거의 실패로 인해 개선에 시간을 투자하지 않는 경영진 의사결정일 수 있다.

행위 기반 제약은 개선 사항을 발견하는 능력이 없거나 시작하지 못하는 것과 관련이 있을 수 있다. 사람들은 문제의 근본 원인을 이해하지 못하거나 해결하기에 너무 복잡해 보이는 문제에 대해 시작하는 방법을 모른 경우가 많다. 제약이론은 현금창출력(throughput)을 제한하는 근본 원인을 찾는

데 중점을 두어 올바른 수정이 이루어질 수 있도록 한다. 이렇게 하면 결과를 보지 못한 채 시간과 돈을 낭비하지 않아도 된다. 제약 구역에 초점을 맞추면 시스템을 너무 복잡하게 보지 않아도 된다. 왜냐하면 한 번에 하나의 부분만 조사해도 되기 때문이다. 마지막으로, 경영진은 빠른 성공을 거두면 더 많은 개선 프로젝트에 자금을 지원하고 직원을 고용할 가능성이 더 높을 것이다.

12.1.2 병목관리의 원칙(Principles of bottleneck management)

제약이론에는 병목(bottleneck) 영역 대 비병목(nonbottleneck) 영역(시스템의 일부로서 현재는 병목이 아닌)의 관리와 관련된 많은 원칙을 포함한다. 병목현상과 관련된 원칙은 다음과 같다.

- 병목이 작업을 처리할 수 있는 속도는 재공중 재고가 증가하지 않도록 투입을 제공해야 하는 속도이다. 병목의 산출량에 달려있는 작업장은 병목으로 설정된 속도로 작업하도록 계획되어야 한다.
- 생산 프로세스의 생산능력은 병목의 생산능력에 따라 다르므로 이 영역의 고장 또는 속도 저하는 시스템 처리량, 조직의 현금창출력을 직접적으로 감소시킨다.
- 우선 순위와 생산능력이 서로 관련되어 있으므로 서로 다른 유형의 단위에 대한 우선 순위(수요)는 생산 현장에서 더 많은 가동준비를 촉진하지만, 병목현상이 있는 작업장에서의 각각의 새로운 가동준비는 처리 시간이 소요되어 가동률이 감소하기 때문에 기회비용이다.
- 병목 영역에서의 산출량은 전체 배치 크기보다 작은 로트로 다음 작업장에 제공되어야 한다. 이동(movement)의 양은 자재 처리 비용에 따라 매일 완료되거나 더 자주 완료될 수 있다. 이 작은 로트는 로트 분할(split lot) 또는 전환 배치(transfer batch)라고 한다.

> **로트 분할(Split lot)**
> 일반적으로 주문이 발행된 후에, 두 개 이상의 소량으로 분할되는 제조 주문 수량. 분리된 로트 수량은 병행(parallel)하여 작업될 수 있거나, 원래 수량의 일부는 나머지 작업량을 현재 작업에서 완료하는 동안 작업할 후속 작업으로 보내질 수 있다. 로트 분리의 목적은 주문 리드타임을 줄이는 것이다.

- 목표(goal)는 생산 단위의 흐름을 균형 있게 조정하여 만족시킬 수 있는 수요량을 극대화함으로써 공장의 총 현금창출력을 극대화하는 것이다. 이는 병목현상을 피하기 위해 제약된 능력자원의

일정수립을 의미한다.

비 병목(nonbottleneck) 영역과 관련된 원칙은 다음과 같다.

- 비 병목 생산능력 개선으로는 전체 생산능력이 개선되지는 않음.
- 병목이 없는 영역은 잠재능력에 기반하지 않고 병목 상태에서 결정된 속도로 최대 활용도를 설정한다. 즉, 병목현상이 없는 영역은 때때로 유휴 상태일 수 있다. 그러나 실행될 때 적절한 효율, 품질 및 비용 원칙(실행 시 최대 속도로 실행됨)을 사용하여 실행해야 한다.
- 병목이 아닌 영역을 100% 사용하면 단순히 재공중 재고를 점점 더 쌓을 뿐이며, 결국 중단해야 하기 때문에 100% 가동률을 달성할 필요가 없다.

12.1.3 드럼-버퍼-로프(Drum-Buffer-Rope)

드럼-버퍼-로프(DBR)는 제약 조건의 병목현상을 고려한 일정수립 방법론이다.

> **드럼-버퍼-로프(DBR)**
> 내부 제약 조건 또는 능력 제약 자원이 있는 작업의 일정을 수립하고 관리하기 위한 제약 기법 이론이다.
>
> **드럼 일정(Drum schedule)**
> 전체 시스템의 속도를 결정하는 자원에 대한 세부 생산 일정. 드럼 일정은 고객 요구사항을 시스템의 제약 조건과 절충해야 한다.
>
> **버퍼(Buffer)**
> 제약이론에서, 버퍼는 시간(time) 또는 자재(material)일 수 있으며 이는 현금창출력과 마감일 내 수행을 지원한다. 버퍼는 제약 조건(the constraint)에서, 수렴 점(convergent points), 분기 점(divergent points), 선적 점(shipping points)에서 설정될 수 있다.

드럼(drum)은 앞서 배운 택타임(takt time)과 유사하지만 꼭 같지는 않다. 생산 속도를 결정하는 것은 드러머의 박자이다. 드럼은 드럼-버퍼-로프 일정수립을 사용하는 조직의 기준생산일정(MPC)이며, 이 생산 속도는 수요율(판매량이 제약일 때)이나 제약율에 일치하도록 설정되기 때문에 제약을 의미한다. 드럼은 전통적인 제조계획 및 통제에 존재하는 작업전 대기 시간(queues)과 작업후 대기(wait) 리드타임을 방지하기 위한 것이란 점에 유의하기 바란다. 주문을 사전 발주하고 작업장 앞에 기다리는 대신 드럼에 의해 생산이 시작되므로 작업전 및 작업후 대기 시간이 형성되는 것을 방지한다. 버퍼는 불확실성을 줄이는 것과 유사한 이점을 제공하지만 총 리드타임을 증가시키지 않도록 보다 신중한 방식으로 관리해야 한다. 버퍼(buffer), 혹은 시간 버퍼(time buffer)는 투입의 부족으로 제약이 멈추지 않도록 제약 앞부분에 유지되는 재고량이다.

> **시간 버퍼(Time buffer)**
> 시간의 형태를 취하는 불확실성(uncertainty)에 대해 보호.

제약에 투입으로 사용하는 자재가 필요한 시점보다 빨리 완성되기 때문에 시간 버퍼란 용어를 사용한다. 따라서 버퍼는 일반적인 부품 목록으로 구성되지 않고 향후 미래의 주문에 할당될 부품으로 구성된다. 시간 버퍼의 지속 기간은 생산 또는 구매의 변동성에 따라 결정된다. 예를 들어 3일의 시간 버퍼는 모든 자재가 실제로 필요하기 3일 전에 제약 버퍼에 있어야 한다. 흔히 시간 버퍼에는 병목 바로 전의 제약 버퍼, 최종 조립 직전 조립 버퍼, 선적 직전 배송 버퍼 등 세 가지가 있다. 각 버퍼에 대해 시간 버퍼를 설정하는 방법에 대해서는 나중에 논의한다.

로프(rope)는 수요 - 끌기 신호와 같으며, 이 경우에는 신호가 제약에서 현금창출력 비율이다. 누구도 로프를 밀기로 할 수 없고 다만 끌기를 할 수 있다. 모든 재공중 재고가 긴 로프에 연관되어 있고, 속도가 느리지도 않고 빠르지도 않게 제약 프로세스 생산량에 맞춰 로프를 잡아당기고 있다고 가정해 보자. 이렇게 하면 제약을 계속 가동 상태로 유지할 수 있을 뿐만 아니라 일부 능동적인 관리를 고려할 때 시간 버퍼가 길거나 짧게 유지되는 것을 막을 수 있다. 제약 부문에서 가동률을 높이면 끌기가 좀 더 빨라진다. 가동준비가 많거나 지연되는 경우, 끌기 속도가 느려진다. 그러나 이것은 단지 비유일 뿐이다. 일정수립 담당자는 다음에 논의할 프로세스의 일부로서 버퍼를 유지 관리하기 위해 시스템에 자재 발행을 조정해야 한다.

12.1.4 5가지 중점 단계(Five focusing steps)

제약이론은 5단계의 주기적인 과정을 가지고 있는데, 이들은 조치 사항이 제약에 초점을 맞추고 있기 때문에 5가지 중점 단계라고도 부른다.

> **5가지 중점 단계(The five focusing steps)**
> 제약이론에서, 시스템 제약을 이용하여 이익을 극대화하는 방법을 찾기 위해 생산 시스템(production system)과 시장 믹스(market mix)를 평가함으로써 조직의 이익을 지속적으로 향상시키는 프로세스

이러한 단계는 제약의 영향을 완화할 뿐만 아니라, 또한 그것을 제거하는 과정을 포함한다. 그러나 모든 과정에는 적어도 한 가지 제약이 있기 때문에, 제약이론 프로세스는 지속적인 개선 과정에서 반복될 수 있다. 5가지 중점 단계는 다음과 같다.

① 제약을 식별하라(identify).
현금창출력 비율 및 수요비율을 결정한다.

② 제약을 활용하라(exploit)
가동율을 극대화하고 일부는 버퍼를 활용한다.

③ 모든 것을 제약에 종속시켜라(subordinate).
최우선 사항은 제약을 효과적으로 활용하는 것이다.

④ 제약을 향상시켜라(elevate).
제약의 생산능력을 증대시킨다.

⑤ 일단 제약이 해결되었으면 새로운 제약을 식별하라(identify again).
항상 새로운 제약이 있으므로 그 과정은 반복된다.

또한 제약이론에는 현재 현실트리(reality tree) 및 미래 현실트리라고 하는 시스템의 현재 상태 (current state)와 원하는 미래 상태(future state)를 구상하는 방법이 포함되어 있다. 현재의 현실

트리는 원하는 공급 능력을 달성하는 것을 방해하는 핵심 갈등의 존재를 확인하고 검증한다. 미래 현실 트리는 이러한 문제를 해결하기 위한 전략과 우선순위를 설정한다. 이 방법은 본서에서는 더 이상 다루지 않는다.

이제 다섯 가지 중점 단계 각각을 좀 더 자세히 살펴보자.

제약 식별(identify the constaints)

제약을 식별하는 것은 현금창출력을 제한하는 과정을 발견하기 위해 시스템을 검사하는 것을 포함한다. 가장 먼저 판단해야 할 것은 판매 혹은 시장이 제약인지 여부다. 만약 어떤 작업장도 최대로 가동하고 있지 않고 모든 주문이 제때에 발행되고 완료되고 있다면, 판매가 제약이다. 기간별 판매율을 알고 있는 경우 각 작업장의 생산능력과 비교할 수 있으며 기간별 판매율이 판매 단위를 생산하는 작업장의 최저 생산능력보다 낮은 경우 판매가 제약이 된다.

다음으로 작업장의 생산능력을 검토한다. 각 단계가 다음 단계로 진행되는 단순 선형 프로세스에서 제약을 식별하는 것은 간단한다. 예를 들어, 도표 12-2는 한 개의 원자재가 시간당 다양한 속도로 작업장 A에서 E까지 처리되는 선형 과정을 보여준다.

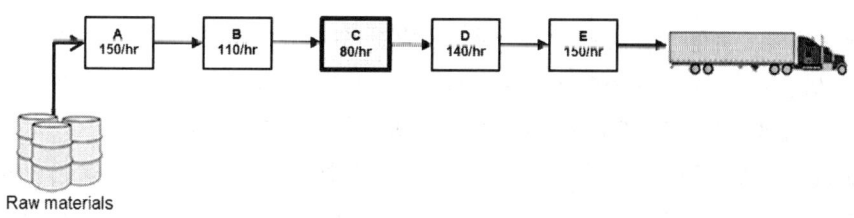

도표 12-2 선형 제조 프로세스에서 제약(constraint)을 식별

이 단순화된 프로세스에서는 작업장 C가 생산 속도가 가장 낮기 때문에 병목 또는 제약된 능력 자원(잠재적인 병목)이 될 가능성이 가장 높다. 수요가 시간당 80개보다 큰 경우(단순화하기 위해 나열된 속도는 하루 24시간, 일주일에 7일 생산능력), C가 제약(constaints) 또는 병목현상(bottleneck)이다. 수요가 시간당 80개와 같거나 거의 같으면(예, 시간당 75) 제약된 능력자원(CCR)이라고 부른다. 수요가 시간당 80개 보다 현저히 적으면(예, 40) 수요가 제약, 즉 시장이 제약이다.

훨씬 더 복잡한 생산 공정은 어떤가? 이 경우 제약을 식별하려면 제품 흐름 분석 또는 VATI 분석이 필요할 수 있다. 각 알파벳 문자(V, A, T 및 I)의 모양은 제조공정 형태를 도형으로 보여준다.

이 유형의 분석은 작업 흐름에서 작업장으로 제품이 이동하는 방법을 알아내기 위해 작업경로, 자재명세서(BOM) 및 자재명세서의 전개를 살펴보는 것으로 시작된다. 그런 다음 재공중 재고가 작업경로를 따라 누적되는 위치를 확인하기 위해 시스템을 조사한다.

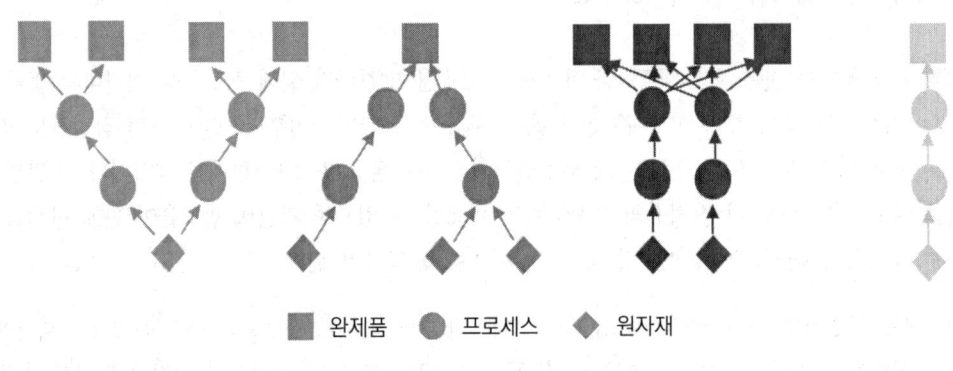

도표 12-3 VATI 공정분석

간헐적 프로세스 유형(작업장 또는 배치)에서 발생할 수 있는 또 다른 복잡성은 여러 주문이 서로 다른 작업경로에서 진행함에 따라, 현재 가장 많은 트래픽을 가지고 있는 작업장에 따라, 제약 또는 제약된 능력자원(CCR) 작업장이 자연적으로 변경될 수 있다는 것이다. 이러한 상황에 드럼-버퍼-로프 일정수립은 동적으로 대응해야 하므로 도전 과제이다. 그러나 이러한 5가지 중점 단계를 신속하게 사용하고 드럼 속도를 새로운 제약으로 설정하는 방법을 찾는 것은 현금창출력 증가 및 재공중 재고 수준 감소라는 측면에서 실질적인 이점을 제공할 수 있다.

제약을 활용(exploit the constraint)

시장이 제약이 아니라고 가정하면 다음 단계는 제약을 활용하여 활용률을 극대화하는 것이다(시장이 제약이라면 수요를 늘리는 것은 마케팅의 임무이고 적절한 생산능력을 늘리는 것은 경영진의 업무이다). 이 단계는 제약된 능력자원(CCR)에도 적용될 수 있다.

활용도를 극대화하기 위한 기본 일정수립 작업은 주제 3에서 논의된 대로 작업장에 대한 현실적인 유한 일정을 생성하는 것이다. 제약을 활용하는 것은 작업장의 생산 작업 시간 또는 생산능력을 최대화하는 것과 관련된다. 예를 들어, 장비 운영, 복수의 교대 운영, 가동준비 시간 최소화 등이다.

> 💡 **생산적인 능력(Productive capacity)**
> 제약이론에서, 자원(또는 일련의 자원)의 최대 산출 능력(maximum of the output capabilities)이나, 혹은 주어진 기간 동안의 해당 산출물에 대한 시장 수요(market demand)

이 단계에는 고장 예방 활동이 포함되므로 예방 유지보수가 우선적으로 수행된다. 품질 또한 문제이다. 시간 버퍼에 있는 동안 모든 투입이 표준에 부합하는지 확인하여 자재의 품질을 보장할 수 있다.

🔍 제약에 모든 것을 종속시키기(subordinate everything to the constraints)

제약에 모든 것을 종속시키는 것은 제약과 일치하도록, 만약 시장 수요가 제약보다 적으면 수요 속도와 일치하도록 드럼 속도를 설정하는 것을 말한다. 이 흐름을 조절하는 주된 방법은 첫 관문 작업(gateway operation)으로 투입되는 자재의 속도를 조절하는 것이다. 이를 버퍼관리(buffer management)라고 하며 본질적으로 생산능력 통제를 구현하는 방법이다.

> 💡 **버퍼 관리(Buffer management)**
> 제약이론에서, 제조 현장(shop)에서의 모든 재촉 처리(expediting)가 버퍼(제약, 선적, 조립버퍼)에 의해 추진되는 프로세스. 해당 자재를 버퍼내에서 신속히 처리하면, 제약에서의 태만함(idleness)을 방지하고 고객 만기일(due dates)을 놓치지 않게 된다. 또한, 버퍼에서 품목들이 누락되는 원인이 식별되고, 발생 빈도가 개선활동의 우선순위를 부여하는 데 사용된다.

제약에 종속시키는 것은 시간 버퍼의 크기를 설정하고 유지하는 것을 포함된다.

- 제약버퍼(constraint buffer)
  이는 종종 원자재가 첫 관문 작업으로 발행되어 제약(constraint)에 도달하기까지의 총 처리 시간으로 설정된다.

- 조립버퍼(assembly buffer)

  이 기간은 종종 원자재 발행에서부터 제약을 거치지 않는 공정까지이지만 제약을 통과한 자재와 결국 결합된다.

- 출하버퍼(shipping buffer)

  이 기간은 자재가 제약을 벗어난 시점부터 출하 위치에 도달할 때까지 종종 발생한다.

비록 이들은 시간버퍼(time buffer)이지만 실제 결과는 이 시점 이전에 보유된 일정량의 버퍼 재고를 의미한다. 또한 제약을 포함하는 공정에 공급하기 위해 필요한 원자재에 대한 버퍼 재고가 있을 수 있다.

> **보관처(Store)**
> 고객 요구량을 보다 쉽게 볼 수 있게 해주는 작업장의 상류(upstream)에 위치한 저장 지점(storage point).

제약에 모든 것을 종속시키는 개념에는 원자재 재고 결품의 위험을 줄이는 것을 포함한다. 이러한 자재에 대한 버퍼는 다양한 품목을 보충하는 데 필요한 리드타임을 기반으로 설정될 수 있다.

제약에 따라 생산의 흐름율이 설정될 때, 공정에서 제약에 선행하거나 혹은 제약 이후의 많은 작업장들이 초과 생산능력을 가질 수 있다. 이러한 초과 생산능력은 보호 능력(protective capacity)이라는 기능을 수행한다.

> **보호용 생산능력(Protective capacity)**
> 시스템 현금창출력을 보호하는데 필요한 자원 능력으로서, 제약을 활용하는 데 필요한 능력을 초과한 일부 능력은 시스템 중단(disruptions)이 불가피하게 발생할 때 따라잡을 수 있도록 하는 능력이다. 비 제약 자원은 현금창출력이 손실되기 전에 제약 조건 또는 제약된 능력자원(CCR) 및 선적 도크(shipping dock) 앞에 저장소(the bank)를 재구성하고 공간 버퍼(space buffer)가 차면 이를 비울 때 보호 능력을 필요로 한다.
>
> **유휴 능력(Idle capacity)**
> 제약 조건을 지원하는데 필요한 능력을 초과하여 비 제약 자원에 존재하는 가용 능력. 유휴 능력은 보호용 능력(protective capacity)과 초과 능력(excess capacity), 두 가지로 구성되어 있다.

도표 12-4는 도표 12-3과 동일한 작업을 보여주지만, 이제는 최종 조립 작업 E로 공급되지만

제약을 포함하지 않는 병행 프로세스 F-G-H를 보여준다. 제약, 조립, 선적 및 원자재 버퍼 재고도 수준(level)을 계산하는 데 사용된 리드타임과 함께 표시된다. 이러한 버퍼 재고에는 안전 리드타임 형태의 일부 재고도 포함될 수 있다. 이러한 재고의 또 다른 이름은 전략적으로 위치하는 재고버퍼 (stock buffer)이다.

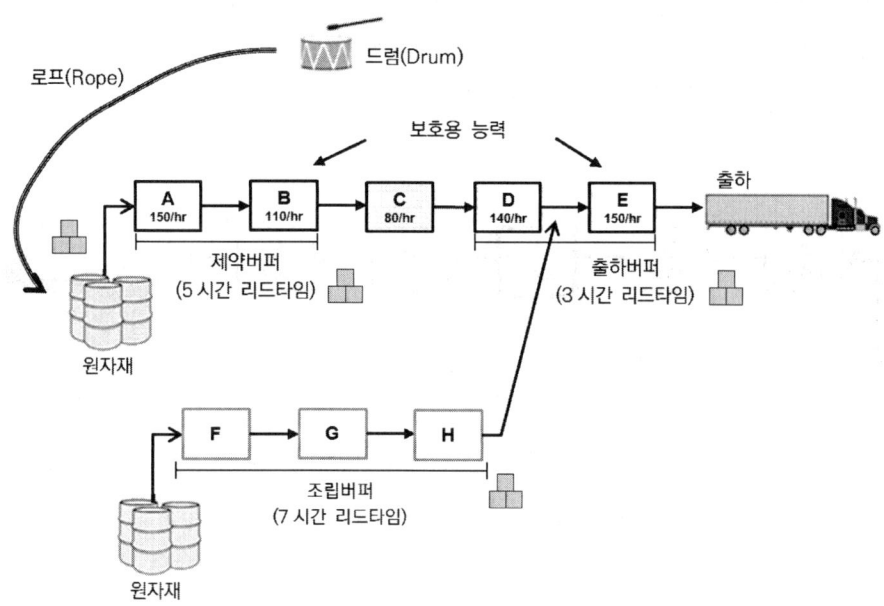

도표 12-4 드럼 버퍼 로프를 사용하여 제약에 종속시킴

시장 수요가 시간당 75로 지정되었을 경우, 작업 C는 활성화된 실제제약이 아닌 제약된 능력자원(CCR)이 된다. 이것은 제약이 될 수 있는 가능성이 높기 때문에 신중한 일정수립이 필요하다.

보호 생산능력은 제약 작업 전후의 작업장에서 나타난다. 공정에서 제약되지 않는 각 작업장은 완충재고를 보유하는 대신 이러한 초과 능력을 유지할 수 있다. 이러한 작업장은 불가피한 지연을 보완하여 작업 일정이나 또는 출하 일정을 맞추기 위해 작업 속도를 높일 수 있다.

도표의 드럼과 로프에 유의하기 바란다. 드럼은 수요 수준 또는 제약 수준 또는 제약된 능력자원(CCR) 현금창출력 수준에서 속도를 설정하고 로프는 설정된 일정에 따라 자재를 발행함으로써 이러한 속도를 구현한다. 도표 12-4 예에서 발행 일정이 올바르다면, 모든 자재가 필요한 시점보다 5시간 전에 작업장 C에 도착한다. 이것은 선택된 수준에서 제약 버퍼를 유지할 것이다. 대부분의 경우 비 제약 자원은 다음 주제에서 설명하는 선착순과 같은 표준 우선 순위 지정 방법을 사용하여 전달된다.

속도를 설정하는 것 외에도 생산 조정자(또는 버퍼 조정자)는 버퍼가 축소되거나 증가하지 않도록 버퍼 크기를 관찰하고 통제해야 한다. 도표 12-5는 녹색, 황색 및 적색 영역을 사용하여 버퍼 상태를 관찰하는 방법을 보여준다. 녹색 영역은 제약, 제약된 능력자원(CCR), 조립점 또는 출하 지점에서 가장 멀리 떨어져 있다. 황색 영역은 적색 영역 바로 앞에 있다. 적색 영역은 제약, 제약된 능력자원(CCR), 조립 지점 또는 출하 지점 바로 앞에 있다.

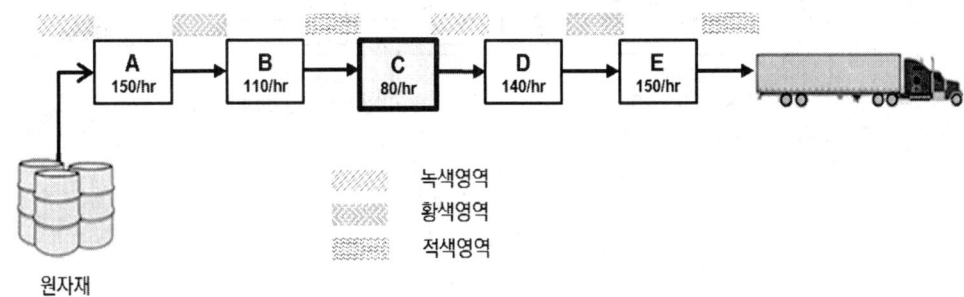

도표 12-5 버퍼관리(buffer management)

녹색영역에서는 생산 조정자가 예상되는 누락된 주문을 조정할 충분한 시간이 있기 때문에 긴급성은 거의 없지만 여전히 주문 상태를 추적해야 한다. 황색영역에서는 누락된 주문이 적어야 하며 생산 조정자는 적시에 도착할 수 있도록 해야 하기 때문에 조금 더 긴급하다. 적색영역에서는 누락된 주문을 즉시 신속하게 처리해야 하며, 이는 비 제약 자원의 우선 순위 일정수립에 영향을 줄 수 있다.

버퍼재고를 관찰하고 통제하는 또 다른 방법은 얼마나 자주 재촉이 필요한지 빈도를 결정하는 것이다. 일반적인 경험 규칙에 따르면, 재촉처리가 작업의 5% 이하이면 버퍼가 너무 크므로 재고를 줄여 비용을 절약하고 리드타임을 단축해야 한다. 작업의 5% 이상이 재촉 처리되면 버퍼가 너무 작아 위험이 너무 커진다. 임계값은 재고 정책 및 산업에 따라 다를 수 있다. 파레토 차트는 가장 필요한 분야에서 개선 노력을 집중시키기 위해 신속한 조치가 가장 많이 사용되는 위치를 순위 지정하는 데 사용될 수 있다.

제약을 향상시킴(Elevate the constraint.)

장기간에 걸쳐 제약을 증대시키려면 더 많은 장비를 구매하거나, 제약에 더 많은 직원을 고용하거나 더 많은 교대조 추가를 해야 한다. 단기간이라면, 그것은 시간외 초과 근무나 다른 작업장으로 일부 작업을 이동할 수도 있다.

시장수요가 제약이 되게끔 만들기 위해 필요한 작업장의 현금창출력을 필요한 수준으로 끌어올리고자 할 때, 앞서 설명한 제약에 모든 것을 종속시키기 단계가 실패한 경우, 제약이나 제약된 능력 자원의 증가가 필요할 수 있다. 아울러 시장 수요가 증가하거나 많은 곳에서 생산능력을 추가해야 하는 경우에도 필요할 수 있다. 이 경우, 제약이론은 생산능력 투자 우선순위를 결정하는 데 도움이 될 것이다.

새로운 제약 탐색 및 반복(Find new constraint and repeat.)

일단 제약을 증대시켜 제약이 제거되면 해결해야 할 새로운 제약이 생길 것이다. 새로운 제약이 시장 수요로 마케팅에서 처리해야 할 필요가 있는 것이 아니라면. 앞선 단계들이 반복되고 드럼-버퍼-로프 일정수립에 대한 강조 및 재고 버퍼 배치가 이 새로운 제약 작업장으로 이동한다.

이 프로세스가 얼마나 장기적으로 진행되는지는 조직의 전략에 따라 다르다. 목표는 공급이 수익성이 있는 범위 내에서 수요(또는 예상되는 미래 수요)와 일치할 때까지 생산능력을 계속 개선하는 것이다. 다른 전략에서는, 이 프로세스를 통해 생산능력에 대한 새로운 자본 투자를 하지 않고 가능한 제약을 활용하고 가능한 수준으로 높임으로써 수익성을 극대화할 수 있다.

12.2 지속개선을 위한 제약이론(TOC for continuous improvement)

여기서는 지속개선의 도구의 일환으로서 몇 가지 추가적인 내용을 다루고자 한다.

12.2.1 현금창출력 회계(Throughput accounting)

> **현금창출력 회계(Throughput accounting)**
> 모든 시스템이 글로벌 성과를 제한하는 소수의 제약 조건을 가지고 있기 때문에 제안된 조치가 전체 시스템에 미치는 영향을 평가하는 가장 효과적인 방법은 현금창출력(throughput), 재고(inventory), 운영비용(operating expense)의 전체적인 척도에서 예상되는 변화를 관찰하는 것이라는 믿음에 기반한 관리회계 방법.
>
> **제약이론 회계(TOC accounting)**
> 현금창출력(throughput), 재고(inventory), 운영비용(operating expense)의 세 가지 영역에서 비용(cost) 및 매출(revenues)을 축적하는 원가회계 관리 시스템. 재고를 많이 보유하도록 잘못 유인하는 인센티브(간접비 할당을 통해)를 생성하지 않는다. 전통적인 원가 회계보다 실제 매출(actual revenues)과 비용(costs)을 더 정확하게 반영하는 것으로 간주되며, 전통적인 회계보다 현금 흐름(cash flow) 개념에 더 가깝다. 현금창출력 수량에 따라 달라지는 진정한 변동 비용(true variable costs)을 차감하는 단순하고 보다 정확한 원가 계산 방식을 제공한다. 일반적으로 모든 다양한 계정(accounts)의 비용 절감에 초점을 둔 전통적인 원가 회계 시스템과 달리 TOC 회계의 주요 초점은 회사에 더 많은 수익을 벌어다 주기 위해 제약들을 적극적으로 활용하는 것이다.

그 첫 번째 내용이 제약이론 회계(TOC accounting)라고 부르는 현금창출력 회계(throughput accounting)이다.

제약이론을 실제로 실무에 적용하기 위해서는 관리회계 시스템도 현금창출력 회계 방법으로 변경 사용하여야 한다. 현금창출력 회계의 3요소는 현금창출력(throughput), 재고(inventory), 그리고 운영비용(operating expense)이다.

현금창출력 회계(throughput accounting)에서 최우선 순위는 총 금전적 가치 측면에서 현금창출력을 극대화하는 것이다. 기본 개념을 설명하는 데 도움이 되는 몇 가지 기본 계산이 제공되지만 현금창출력 계산은 매우 복잡하므로 실제로 도구를 적용하는 방법을 가르치는 것보다는 이러한 도구의 유용성에 대한 기본적인 이해를 살펴보도록 한다.

이 회계 방법의 현금창출력(throughput) T는 시스템(회사를 상징함)이 판매를 통해 돈을 만들어 내는 속도로서 매출액에서 순수변동비(true variable cost)를 뺀 금액이다. 편의상 직접자재비만 순수변동비로 고려하며 이론적으로 늘리는데 한계가 없다. 두 번째 우선 순위는 재고가 포함된 자산투자 (I)를 최소화하는 것이다. 재고(inventory)는 제품 판매를 위해 시스템에 투자된 돈을 말하며 이론적으로 영(0) 이하가 될 수 없다. 세 번째 우선 순위는 운영 비용(OE, operating expense)을 최소화하는 것이다. 운영비용은 재고(I)를 현금창출력(T)으로 변환하기 위해 지출된 돈이다. 이론적으로 영 이하가 될 수 없다.

> **운영비용(Operating expense)**
> 조직이 목표 단위(goal units)를 생성하는데 소비하는 모든 돈을 의미한다. 따라서 순이익(net profit)은 현금창출력(throughput)에서 운영 비용을 뺀 값(또는 판매 매출에서 진정한 변동 비용과 운영비용을 뺀 값)이다.

순이익(Net Profit) = (판매매출액 − 순수변동비 − 운영비용)

순이익(Net Profit) = 현금창출력(T) − 운영비용(OE)

순이익 및 투자 가치는 현재 수준과 비교되고 재무 분석은 순이익 증가에 추가 투자 가치가 있는지 여부를 결정한다.

현금창출력 회계는, 예를 들어 새 장비 구입을 승인할 시기를 결정하는 데 사용될 수 있다. 평가할 가장 우선 순위의 첫 번째 사항은 현금창출력에 대한 총 영향이며 금전적 가치로 표현된다. 새로운 장비 구매 시에도 그 장비를 통한 실제 매출 증가(이론적 증가가 아닌)를 고려한다. 즉, 판매가 부진하여 수요가 장비 능력의 절반 수준인 경우, 오직 절반만 고려한다는 의미이다. 또한 판매가 신속하게 이루어지지 않아 재고로 보내지는 품목은 고려하지 않는다는 의미이다. 순이익은 현금창출력에서 운영비용을 뺀 값이다.

모터 제조 회사를 위한 새로운 철판 절삭 장비가 생산에 대한 제약을 완화시키고 모든 철판 절삭기가 최대 용량으로 사용되어 이론적으로 매월 $100,000에서 $150,000으로 판매 매출액을 올릴 수 있다고 가정해 보자. 현재의 장비는 병목이고 유휴 상태가 아니지만 새로 추가되는 장비는 기존의 절삭 장비에 비해 20%의 유휴 시간이 발생할 것으로 예상되므로 사용을 통한 판매 매출액은 한 달에 $120,000이 된다. 진정한 변동 비용은 현재는 월 $50,000이며 새로운 장비의 경우 유휴 능력과 동일한 비율을 차지하는 금액인 월 $55,000가 된다. 따라서 현재 현금창출력은 다음과 같이 계산된다.

현재 현금창출력(Current Throughput) = $100,000 - $50,000 = $50,000

새로운 현금창출력(New Throughput) = $120,000 - $55,000 = $65,000

둘째, 새로운 장비 형태의 자산의 증가와 창출될 새로운 재고 증가 둘다 모두 고려된다. 이 예에서 장비의 비용이 자산의 주요 증가이다. 왜냐하면 이 장비로 인해 현재 유지 보수되는 것 이상의 추가 재고 축적은 발생하지 않기 때문이다(철판이 특정 주문에 맞게 절삭됨). 셋째, 작업장에서 더 많은 근로자가 필요하거나, 초과 근무 시간이 줄어들거나, 전기가 더 많이 사용되거나, 장비가 감가상각되는 방식과 같이 운영비용의 변경이 계산된다. 그런 다음 투자와 함께 순이익을 계산하여 투자 없이 현재의 순이익을 비교한다. 이 경우 운영비용에는 작업자 비용 외에도 잘못된 철판 절삭 및 폐기로 인한 폐기비용도 포함된다. 이 신규 장비는 폐기율이 적기 때문에 월별 운영비용은 기존 철판 절단용 장비 보다 적은 $12,000로 추정한다. 따라서 투자 유무에 따른 순이익은 다음과 같이 추정되며 이는 장비를 구매해야 하는 것이 좋다는 결론을 보여준다.

현재 순이익(Current Net Profit) = $50,000 - $10,000 = $40,000

신규 순이익(New Net Profit) = $65,000 - $12,000 = $54,000

우선순위는 T 극대화, I 최소화, OE 최소화 순이며, 이 세 가지가 동시에 이루어지는 것이 가장 이상적이다. I와 OE를 줄일 때, T가 손상되지 않아야 하며 I 또는 OE의 증가가 불가피할 때, 반드시 T의 증가에 기여해야 한다. 다른 지표들은 위의 세 가지를 위한 보조적 지표이다. 일반적으로 조직에서 비용절감을 최우선 과제로 삼는 경향이 있으나 제약이론에서는 현금창출력 극대화가 최우선 과제이다.

12.2.2 애로사슬과 TOC(Critical chain and TOC)

두 번째로 살펴볼 내용이 애로사슬(critical chain)과 제약이론 간의 관계이다.

> 💡 **애로사슬(Critical chain)**
>
> 프로젝트를 완료하기 위해 기술 및 자원의 의존성을 모두 고려한 프로젝트 네트워크를 통한 종속 이벤트(dependent events)의 가장 긴 순서(the longest sequence). 애로사슬은 프로젝트의 제약조건이다.
>
> 💡 **애로사슬 기법(CCM, Critical chain method)**
>
> 제약이론에서 프로젝트 활동을 계획하고 통제하는데 사용되는 프로젝트 완료 시간 분석(analysis of a project's completion time)을 위한 네트워크 계획 기법. 이것은 프로젝트 기간을 결정하며 기술 및 자원 제약에 기반한다. 경로(path) 및 자원의 전략적 버퍼링(strategic buffering)은 프로젝트 완료 성공률을 높이는데 사용된다.
>
> 💡 **주공정 기법(CPM, Critical path method)**
>
> 프로젝트 활동 계획 및 통제에 사용되는 프로젝트 완료 시간 분석을 위한 네트워크 계획 기법(network planning technique). 활동들과 관련 시간을 각각 보여줌으로써 프로젝트의 총 시간을 실질적으로 제한하는 요소들을 식별하는 애로경로(critical path)를 결정할 수 있다.

애로사슬(critical chain)이란 프로젝트를 완료하기 위한 가능한 한 가장 짧은 시간을 찾기 위한 방법으로 프로젝트에 관련된 모든 순차적 활동들의 각 사슬에 대해 모든 지속기간을 더하여서 그 중 지속기간이 가장 사슬을 찾는 것을 말한다. 가장 긴 누적 리드타임과 같은 개념이다. 애로사슬은 병목(bottleneck) 혹은 능력 제약자원(capacity-constrained resource, 잠재적인 병목)을 포함하는 순서일 것이다. 원칙은 다음과 같다.

- 애로사슬에 대한 원칙은 조직 전체를 칭하는 시스템 목표가 개별 작업보다 우선한다.
- 부족하거나 서로 경쟁하는 제한된 자원에 대해 우선순위를 부여한다.
- 애로사슬의 총 지속기간을 보호한다.
- 지연을 방지하려면 위험도가 높은 지점에 버퍼재고를 할당한다(예, 제약 버퍼, 조립 버퍼, 선적 버퍼).

12.2.3 물류를 위한 TOC(TOC for physical distribution)

세 번째 내용은 물적유통 개선을 위한 제약이론이다. 제약이론은 이론적으로 어느 시스템이나 적용 가능하다. 즉 제약이론은 어떠한 시스템도 개선시킬 수 있으며 물론 물류에도 활용할 수 있다.

물류에 제약이론 개념을 적용 시 물리적인 유통에 있어 소량으로 빈번한 주문과 좀더 적은 덩어리(less lumpy) 수요로 인해 채찍효과(bullwhip effect)를 감소시킬 수 있다. 또한 재고를 공장 근처 중앙창고에 보관하는 것을 가정하며 유통센터(DC)는 수요에 근거하여 재고를 끌기로 운영하며 주문 방법도 복수의 품목을 재 주문하기 위해 정기적 검토(periodic review) 방법을 활용한다. 이는 만차 적재 운송으로 단위당 운송비를 절감할 수 있다.

12.3 생산활동통제(PAC, production activity control)

12.3.1 생산활동통제의 목표

> **생산활동통제(PAC, production activity control)**
> 생산 설비를 통해 처리되도록 작업을 경로 지정 및 발송하고 공급업체 통제를 수행하는 기능. 생산활동통제는 생산 작업의 효율성을 계획(schedule), 통제(control), 측정(measure), 평가(evaluate)하는 데 필요한 원칙(principles), 접근 방법(approaches) 및 기법(techniques)을 포괄한다.

이 주제는 생산활동통제의 목표부터 시작하여 전반적인 프로세스와 투입사항을 설명한다. 생산활동통제의 세부 사항은 다음 두 가지 주제에서 다룬다.

🔍 목 표

생산활동통제에는 다음과 같은 목표가 있다.

- 기준생산일정(MPS) 및 자재소요량계획(MRP)에서 승인된 주문을 실행
- 자재, 도구사용, 장비, 인력 및 정보 등 자원 사용을 최적화
- 생산 조정자에게 가용성 정보를 제공하여 필요할 때 이들 자원의 가용성을 보장할 수 있도록 한다.

- 재고 정책에 의해 설정된 수준을 유지할 수 있도록 재공중 재고(WIP)에 대한 정보를 제공
- 고객 서비스를 목표 수준에서 유지

12.3.2 개요

도표 12-6은 생산활동통제가 일정수립(scheduling), 구현(implementation), 작업 현장(shop floor)에서의 제조, 생산능력 통제(capacity control) 사이의 폐쇄 경로 시스템을 형성하고 있음을 보여준다.

생산활동통제의 계획부문의 구성요소로도 불리는 일정수립을 시작으로, 생산 조정자는 필요할 때 자원이 준비되는지 확인한다. 그들은 또한 영향을 받는 각 생산현장의 각 작업장에서 작업장별 주문의 시작일과 완료일을 계획한다. 생산 조정자는 필요한 완료 날짜를 충족할 수 있는 실행 가능한 일정을 고안하기 위해 부하 프로파일(load profile)과 다양한 일정수립 기법을 사용한다.

구현 과정에서 생산 조정자는 이른바 생산주문 패킷(shop packet)이라고 하는 생산주문과 관련된 문서 꾸러미를 사용해 제품을 만들기 위해 필요한 정보를 작업현장(shop floor)에 전달하고, 필요할 때 자원이 이용 가능한지 확인한 후, 자재소요량계획에 의해 승인된 대로 이러한 주문을 작업현장에 발행한다.

생산 조정자는 생산능력 통제(control) 과정 중, 작업장의 주문 순서에서 예정된 시작과 완료일이 명기된 발송 목록(dispatch list)을 생성하기 위해 발송이라는 우선순위 프로세스를 사용한다. 또한 이 프로세스는 재공중 재고와 작업전 대기 시간을 통제하기 위해 작업장의 계획 및 실제 투입과 산출에 대한 피드백을 수집하는데 사용되며, 이는 또한 주문잔량(backlog)이 목표하는 수준에 비해 증가하고 있는지 혹은 감소하는지 여부에 대한 정보를 제공한다. 생산능력 통제는 또한 재공중 재고(WIP), 리드 타임 및 작업전 대기시간 등을 감시 및 통제하고 좀더 장기적인 관리에 사용하기 위한 다양한 보고서를 준비하는 것을 포함한다. 생산능력 통제의 결과는 단순히 발송 리스트를 재순위 매기기(re-ranking)하는 것이 아니라 재계획이 필요할 수 있으므로, 필요에 따라 프로세스가 반복되는 피드백 순환(feedback loop)가 발생한다. 따라서 생산활동통제는 폐쇄 루프 시스템이므로 실제 결과에 따라 계획과 일정을 조정한다.

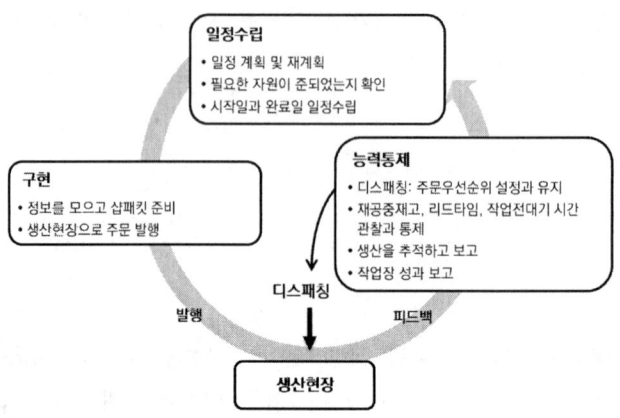

도표 12-6 생산활동통제(PAC) 구성요소

12.3.3 생산활동통제에 대한 투입요소(Inputs to production activity control)

아래 도표 12-7은 생산활동통제에 사용된 각 투입물이 무엇인지와 각각이 제공하는 정보의 유형을 상기시켜 준다. 처음 5개는 계획 데이터이며, 생산주문(shop orders) 파일은 프로세스가 진행됨에 따라 갱신되는 통제 파일이라는 점에 유의한다.

투입	설명	제공된 정보
자재소요량계획	생산승인	생산주문 수량, 납기일
품목 마스터 파일 (Item master files)	부품번호 데이터베이스	부품번호와 설명, 현재 수량, 가능 수량, 주문상에 있는 수량, 제조 리드타임과 로트크기
자재명세서(BOMs)	주문당 부품과 선택사항	현장 주문 취합 리스트 패킷
작업경로 파일 (Routing files)	작업순서	작업장 순서, 제조 리드타임, 작업장 능력, 필요한 도구
작업장 파일 (Work center files)	작업장 정보	작업장 번호, 교대작업, 교대 당 기계 및 작업자 시간, 생산능력, 효율, 가동율, 제조 리드타임, 대체 작업장
생산주문 파일 (Shop order files)	생산주문 당 라이브 문서 (Live document)	생산 주문 번호, 수량, 납기일, 발행, 완료, 폐기, 계획된 그리고 실제 가동준비/가동, 남은 리드타임, 비용

도표 12-7 생산활동통제(PAC)에 대한 투입요소(inputs)

동일한 유형의 정보가 한 곳 이상에 나열되는 경우도 있는데 이는 조직이 파일을 여러 가지 방식으로 구조화할 수 있다는 사실을 반영한다.

일정수립은 이 정보의 정확성에 달려 있다. 예를 들어 작업장에서 작업전 대기시간, 가동준비, 실가동, 작업후 대기 및 이동 시간이 잘못되면 일정이 어긋나 수정이 필요하다. 일정 차이의 근본 원인이 기준정보 파일의 부정확성으로 판명되면 표준을 변경해야 하는지를 확인한 후 이러한 파일을 갱신해야 한다.

12.4 생산 일정수립 및 구현(Scheduling and implementation)

12.4.1 일정수립(Scheduling)

이번 주제에서는 생산활동통제의 처음 두 가지 구성 요소인 일정수립(scheduling) 및 구현(implementation)에 대해 설명한다. 생산능력 통제(control)는 다음 주제에서 다룬다.

일정수립을 때론 최종조립일정(final assembly schedule)이라고 부르기도 한다.

> **최종조립일정(FAS, Final assembly schedule)**
> 주문생산(make-to-order) 또는 주문조립(assemble-to-order) 환경에서 특정 고객 주문의 제품을 완성하는 최종 품목의 일정. 이는 최종 조립 이외의 작업들이 포함될 수 있으므로 마무리 일정(finishing schedule)이라고도 한다. 또한, 최종 혼합, 절단, 포장(같은 조립을 포함하지 않을 수 있다. 최종조립일정은 자재 및 능력의 가용성에 제약을 받기 때문에 고객의 주문을 수령한 후 준비되며 재고가 확보된(혹은 기준 일정 수립된) 수준에서 완제품(end-item) 수준까지 제품을 완료하는 데 필요한 작업 일정을 수립한다.

작업장 또는 잡샵 제조 공정 유형에서의 일정수립은 잡샵 일정수립이라고 한다.

> 🔹 **잡샵 일정수립(Job shop scheduling)**
> 작업장에서 작업 전반에 걸쳐 생산 순서(sequence)를 지정하고 우선 순위(prioritize)를 매기는 데 사용되는 생산계획 및 통제 기법.

🔮 일정수립 목표

일정수립은 가능한 한 효율적이고 효과적으로 제조 자원을 사용하면서 납기일을 충족시키는 것을 목표로 한다.

🔮 일정수립 기법

일정수립에는 주문을 처리하는 데 필요한 각 작업의 시작 날짜와 완료 날짜를 설정하는 것을 포함한다. 다음에 제시되는 일정수립 방법에는 후방 일정수립과 전방일정수립, 무한 부하투입과 유한 부하투입, 그리고 드럼-버퍼-로프 일정수립이 포함된다. 그 후 생산 일정을 신속하게 처리할 수 있는 도구들이 제시된다.

🔮 후방 일정수립

후방 일정수립(backward scheduling)은 생산능력 요구사항 계획을 설명한 제 8장의 일정 시뮬레이션 논의 부분에서 소개되었다. 여기서의 과정은 동일하지만 실제 일정이 준비되었다. 후방 일정수립은 작업이 언제 시작될 수 있는지를 찾기 위해 예정일로부터 거꾸로 일정수립을 작성한다. 후방 일정수립을 사용하면 주문이 완료되고 자원이 필요할 때 확정되기 때문에 재공중 재고 수준이 최소화되지만 오류가 발생할 여지가 조금 있다. 재고생산(MTS) 환경은 이미 높은 재고 비용을 가지고 있기 때문에 재고 및 기타 자원 비용을 가능한 한 낮게 유지하기 위해 후방 일정수립이 자주 사용된다. 후방 일정수립은 조금 후에 더 설명된다.

전방 일정수립

> **전방 일정수립(Forward scheduling)**
> 일정 수립자가 알려진 시작 날짜(start date)부터 진행하고 주문의 완료 날짜를 계산하는 일정수립 기법으로 일반적으로 첫 번째 작업부터 마지막 작업까지 진행된다. 이 기법으로 도출된 날짜는 보통 작업의 가장 빠른 시작 날짜(earliest start dates)이다.

전방 일정수립은 후방 일정수립과 반대되는 방식이므로 자재를 주문할 수 있는 가장 빠른 날짜(고객으로부터 주문을 받은 직후)부터 시작하여 리드타임을 추가하여 작업이 완료될 수 있는 가장 이른 시점을 찾는다. 일반적으로 이 방법은 주문이 만기일보다 일찍 완료되어 재고 보유 비용이 증가한다.

이 방법은 종종 평준화 생산을 위해서나 혹은 유한 부하투입(finite loading)일 경우 일부 필요한 생산능력을 우선적으로 일정수립할 수 있도록 하기 위해 자주 사용된다. 전방 일정수립은 단순히 제품에 대해 약속할 수 있는 가장 빠른 납기일과 같은 정보를 제공하기만 해도 된다. 또한 일정보다 늦어진 주문이 얼마나 신속히 처리될 수 있는지 정도를 결정하기 위해 후방 일정과 비교될 수 있다. 실제 생산은 가장 빠른 시작일(전방 일정수립으로부터)과 가장 늦은 시작일(후방 일정수립으로부터)의 양 극단의 어느 곳에서도 발생할 수 있기 때문이다. 전방 일정수립도 나중에 다시 설명한다.

무한 부하투입(infinite loading)

> **무한 부하투입(Infinite loading)**
> 해당 작업을 수행할 수 있는 가용능력(capacity available)에 관계없이 필요한 기간 동안 작업장에서 필요로 하는 능력을 계산하는 것.

무한 부하투입은 과거의 개방형 순환(open-loop) 자재소요량계획 시스템과 같다. 생산주문에 사용되는 작업장을 사용 가능하며 다른 주문도 해당 작업장에서 동일 시간을 두고 경쟁을 하고 있지 않다는 가정이다. 즉 동일 작업장에서 동일 시간대에 두개 이상의 주문을 처리할 수 있다는 말이다. 무한 일정수립은 작업장이 초과 근무 시간을 정기적으로 사용하는 것과 같이 어느 정도 생산능력을 늘릴 수 있을 때 유용하다. 왜 유용할 수 있는지에 대한 또 다른 예는 일정(schedule)이 표준 시간(standard hours)을 기반으로 하기 때문에, 많은 경우 실제 시간과 다를 수 있기 때문이다. 특히 설명하기가 어려운 학습 곡선이 있을 수 있고 많은 표준 시간은 약간의 여유 시간이 추가되어 추정되기 때문이다. 따라서 관리자들은 표준시간의 제한을 초과했음에도 불구하고 여전히 일정이 실행 가능할 수 있다는 생각을 가지기 때문에 때때로 무한 부하투입 일정을 선호한다.

유한 부하투입(finite loading)

> **유한 부하투입(Finite loading)**
> 주어진 기간에 한 작업장이 처리할 수 있는 작업량 이상을 작업장에 부과하지 않는다는 것을 의미. 특정 의미로는 보통 작업별 부하를 평준화하기 위해 작업장 우선 순위 조정을 계산하는 컴퓨터 기술을 지칭한다.

유한 부하투입은 일정수립 시 생산능력을 고려한다는 점에서 현대 폐쇄형 순환(closed-loop) 자재소요량계획 시스템과 유사하다. 작업장의 생산능력이 제한이 되어 있으므로 동일 시간대에 어느 정도 이상의 작업을 동시에 할 수가 없다. 이는 시간 일정에 충돌이 있을 때 생산주문에 대한 제조 리드타임을 증가시키는 결과가 발생한다. 즉, 작업량은 가용한 생산능력을 초과할 수 없으므로 필요한 것보다 일찍 또는 목표하는 것보다 늦게 작업을 일정수립하여 매끄럽게 해야 한다. 표준 시간이 정확하다고 가정할 경우 유한 부하투입은 더 현실적인 일정을 수립할 수 있다. 반면 표준 시간이 부정확해지면 큰 문제가 발생할 수 있다. 무한 부하투입이 주요한 방법인 경우일지라도 유한 부하투입의 용도는 예상치 못한 초과 생산능력이 있는 영역을 식별하는데 활용된다.

후방, 전방, 무한 및 유한 비교

도표 12-8은 무한 부하투입을 사용하는 후방 및 전방 일정수립의 간단한 예를 보여주며 그 뒤에 유한 부하투입을 사용하는 두 가지 방법을 보여준다. 이 기간 동안 작업1~작업3으로 처리할 두 개의 동일한 생산주문 100번과 110번이 있고 작업1~3이 작업을 처리하는 각각 작업장이 작업장1~3이라고 가정하자. 또한 각 작업장의 생산능력이 일주일에 주당 1개의 주문량과 같다고 가정한다.

주	23	24	25	26	27	28	29	30	31
	수취된 주문								만기일
무한부하, 후방 일정수립									
	주문 100			자재 주문			작업 1	작업 2	작업 3
	주문 110			자재 주문			작업 1	작업 2	작업 3
무한부하, 전방 일정수립									
100	자재 주문			작업 1	작업 2	작업 3			
110	자재 주문			작업 1	작업 2	작업 3			
유한부하, 후방 일정수립									
100				자재 주문			작업 1	작업 2	작업 3
110			자재 주문			작업 1	작업 2	작업 3	
무한부하, 전방 일정수립									
100	자재 주문			작업 1	작업 2	작업 3			
110	자재 주문				작업 1	작업 2	작업 3		

도표 12-8 전방일정 대 후방일정, 무한부하 대 유한부하

> **유한 전방 일정수립(Finite forward scheduling)**
> 생산능력 한계(capacity limits)를 고려하면서 초기 기간부터 최종 기간까지 순차적으로 진행함으로써 일정을 수립하는 생산 일정수립 기법. 간트 차트(Gantt chart)가 이 기법과 함께 사용될 수 있다.

부하량 프로파일(load profile)

단순화된 무한 프로파일은 생산능력 이상의 부하를 허용하며 유한은 일정 충돌 회피를 위해 다른 기간을 필요로 한다.

무한 후방 일정수립은 만기일이 있는 31주차부터 시작하여 두 주문을 모두 역순으로 일정수립하며, 가장 늦은 시작일은 26주이다. 무한 전방 일정수립은 주문이 접수된 주, 즉 23주부터 시작하여 둘다 앞으로 전달된다. 모두 28주 말에 가장 빠른 완료 날짜를 보여주도록 주문하는 것으로 시작된다.

그러나 동일 작업장은 일주일에 하나의 주문 이상을 처리할 수 없는 유한 후방 일정수립은 납기일까지 완료하기 위해 주문 100을 선택하고 그 다음에는 한 주에 주문 110에 대한 작업을 각각 시차를 두어 작업장에서 중복되는 부분이 없어야 한다. 자재 주문 시간은 겹칠 수 있다. 또한 운송 비용을 절약하기 위해 자재를 함께 주문할 수도 있다. 유한 전방 일정수립은 주문이 접수되는 즉시 두 가지 자재를 주문하지만 여전히 작업에 시차를 두어야 하므로 주문 110은 자재 수령 후 1주일 후에나 생산이 시작될 것이다. 이 경우는 대체로 자재 주문도 일주일 지연될 수 있다.

생산능력 프로필 요구사항을 논의하는 동안 제 6장에 소개된 부하량 프로필을 상기하기 바란다. 도표 12-9는 작업1을 수행하는 작업장1에 대한 단순화된 부하량 프로파일을 보여준다. 이 도표에서는 후방 일정수립이 사용되었다고 가정한다. 무한 부하 프로파일에서 작업장이 그 주에 하나의 작업을 처리할 수 있지만 두 개의 작업이 계획되어 있으므로 도표에 표시된 대로 부하가 생산능력을 초과할 수 있다. 유한 부하 프로파일에서는 부하가 생산능력을 초과할 수 없으므로 부하를 조정해야 한다. 여기서 해결책은 필요한 시점보다 일주일 전에 하나의 작업을 일정수립하여 수행한다.

무한 부하 프로파일: 작업장 1(1 번 작업)						
생산능력				110		
				100		
주(week)	26	27	28	29	30	31
유한 부하 프로파일: 작업장 1(1 번 작업)						
생산능력			110	100		
주(week)	26	27	28	29	30	31

도표 12-9 무한부하 대 유한부하 작업장 프로파일

유한 부하 프로파일을 평활화할 수 없는 경우 변경 범위에 따라 자재소요량계획(MRP) 또는 기준생산일정(MPS) 수준에서 수행해야 하는 재계획이 필요하다. 무한 부하량 프로파일은 서류상의 부하량(load on paper)을 초과할 수 있지만 실제로는 과부하가 걸린 작업장은 일정량만큼 생산능력을 늘릴 수 있으며 그 후에 재계획도 필요하다.

다양한 방법의 요소를 결합하는 일정수립을 위한 혼합 모델도 있다. 하나의 예는 중간점 일정수립(central point scheduling)인데, 예를 들면, 기본적으로 가장 빠른 시작 날짜와 가장 최근 시작 날짜 사이의 중간 지점을 기준으로 삼는다. 이 방법은 이 과정의 두 번째 부분에서 자세히 설명한다.

🔹 드럼-버퍼-로프(drum-buffer-rope) 일정수립

병목 일정수립이라고도 하는 드럼-버퍼-로프(DBR) 일정수립은 제약이론에 대한 논의의 일환으로 앞에서 소개되었다.

제약(constraint) 또는 제약된 능력자원(CCR)의 율을 기반으로 일정을 수립할 때, 첫 관문(gateway) 작업장을 시작으로 제약을 맞춰 설정된 비율로 생산하도록 다른 작업장의 비율을 설정하는 것이다. 첫째, 생산 조정자는 제약의 가용 능력을 가동준비(setup) 시간만큼 감소시킨다. 예를 들어 생산능력이 1주일 당 40시간이고, 가동준비에 2시간이 걸리고 가동준비가 2번 있는 제약이라면, 계획 담당자는 4시간의 가동준비 시간을 공제한 36시간을 사용할 수 있다.

다음으로 생산 조정자는 제약이나 제약된 능력자원이 아닌 다른 작업장의 생산율을 계산한다. 다른 작업장에서 산출할 수량을 제약의 산출 수량과 일치시키면 비율은 단순히 같을 수 있다. 자재명세서(BOM) 전개에 한 개당 여러 부품을 필요로 하는 경우 작업은 이를 고려해야 한다. 예를 들어 제약이 없는 작업장에서 제약에 의해 생성된 각 하나의 부품별 4개의 부품을 생산하는 경우 이 작업장은 단위 당 비율이 제약보다 4배 높다. 제약 조건의 생산 속도와 일치하도록 작업장 일정을 계산하려면 대수 사용 및 변수 해결이 필요할 수 있지만 여기에서는 다루지 않는다.

- 제약 공정의 생산 비율로 첫 관문 작업
- 가동준비 시간만큼 제약공정의 가용능력을 줄임
- 다른 작업장을 위한 율을 설정할 때 부품 전개 고려

🔹 기타 다른 일정수립(scheduling) 도구

모든 일정수립 방법은 전사적자원관리(ERP) 또는 생산활동통제(PAC) 소프트웨어에서 자동화될 수 있으며, 드럼-버퍼-로프 일정수립에 의해 설정된 특정 비율의 후방 일정수립과 같은 여러 방법이 사용될 수 있다. 조직에서는 일정수립의 최적화뿐 아니라 유한 생산능력을 기반으로 주문 약속 날짜를 제공할 수 있는 고급 계획 및 일정수립(APS) 시스템을 사용할 수도 있다. APS 소프트웨어는 여러 공장 또는 복수 전사적자원관리 시스템의 생산능력 및 부하를 조정할 수 있다. APS 시스템은 관리자가 평가할 수 있는 여러 가지 생산 시나리오를 제안한다.

생산 조정자는 작업 중첩(overlapping) 및 분할(splitting)과 같은 일정 효율을 높이는 데 도움이 되는 다른 도구를 이용한다.

> ♪ 중첩된 일정(Overlapped schedule)
> 앞 뒤 연속적인 작업(operation)이 중첩(overlaps)된 제조 일정. 중첩은 선행 작업장에서 완료된 일부분이, 나머지 물량 작업이 선행 작업장에서 모두 완료되기 전에 뒤 부분 후속 작업장에서 동시에 작업 처리될 때 발생한다.

중첩(overlapping)은 첫 번째 작업(operation)에서 로트의 나머지가 완료되는 동안 먼저 작업 완료된 일부를 미리 작업하기 위해 다음 작업으로 로트의 일부를 보내는 것을 말한다. 이것은 두 번째 작업에서 사용 가능한 능력이 있을 경우 신속한 도구지만, 자재 취급 비용을 증가시키며, 생산능력이 확보되었을 때만 사용할 수 있다. 중첩은 병목 작업장의 산출을 위해 권장된다.

분할(splitting)은 로트를 소량으로 분할하여 중복 장비 및 도구를 이용하여 각 부분을 실행함으로써 작업의 리드타임을 줄인다. 이 기법은 더 많은 자본 설비를 필요로 하며 둘 이상의 장비가 있고 각각에 사용 가능한 생산능력이 있는 경우에만 작동 가능하다. 이는 또한 추가 작업자가 필요하다. 물론 단일 작업자가 두 개 이상의 장비를 동시에 실행할 수 있는 경우는 제외다.

12.4.2 구현(implementation)

일정수립을 준비하고 나면 생산 조정자는 작업을 진행할 수 있도록 모든 도구 및 기타 자원을 사용할 수 있다는 것을 보장해야 한다. 생산 조정자는 작업현장을 자주 방문하여 부족한 자원이나 기타 문제를 파악하고 이로 인해 일정에 따라 처리할 수 없는 발행 주문을 파악할 수 있어야 한다. 필요한 자원이 잘 준비된 다른 주문을 대신 실행할 수 있다.

생산 조정자는 각 주문에 대해 모든 자재 및 생산능력을 사용할 수 있는 생산주문 패킷(shop order packet)을 준비한다. 이것에 대해서는 아래에서 먼저 논의하고 그 다음에 주문 발행 프로세스를 설명한다.

생산주문 패킷

생산주문 패킷에는 주문할 특정 부품 번호, 수량에 대한 승인에 해당하는 제조주문에 관련된 방대한 문서 꾸러미이다.

> **제조주문(Manufacturing order)**
> 지정된 수량의 특정 부품 또는 제품의 제조 권한(authority)을 전달하는(conveying) 문서(document), 문서 그룹(group of documents) 또는 일정(schedule).

부품명과 명칭도 포함되어 있다. 생산주문 패킷에는 생산현장에서 제품을 성공적으로 생산하는 데 필요한 기타 항목이 포함된다. 여기에는 자재명세서 및 작업경로뿐만 아니라 화학적 공식 또는 기술 도면 및 기타 상세 정보가 포함될 수 있다. 추가적인 승인이 필요할 수도 있다.

- 자재 불출 표: 자재 챙기는 목록을 선택하여 재고에서 자재를 가져오고 해당 주문에 대한 자재를 청구한다.
- 도구 요청(tool requisitions): 도구(tools) 및 다이스(dies)를 얻기 위함
- 작업 표(job tickets): 특정 작업장에서 작업을 승인하고 작업이 실제로 시작되고 완료될 때 기록하는 데 사용될 수 있는 작업경로의 각 작업에 대한 작업 티켓
- 이동 표(move tickets): 이동표는 다음 작업장으로의 이동, 선적 또는 재고로 이동시키고 이동 로트 크기를 지칭하기도 한다.

이 정보는 종종 전사적자원관리 또는 생산활동통제 시스템 내에만 존재하며 각 작업장은 해당 주문과 관련된 생산 주문 패킷 중에서 자신의 작업장 관련된 것만 볼 수 있다. 이 모든 결과들은 시스템에 입력되고 모든 승인과 확인 및 잔량이 시스템 내에서 일어난다.

'작업주문(work order)' 이라는 용어는 때로는 '생산주문(shop order)' 또는 '제조주문(manufacturing order)'의 동의어로 취급되지만 다음 사전적인 정의는 작업주문(work order)은 그 명칭의 주요 의미가 장비 유지 보수에 대한 승인임을 분명히 하고 있다.

> **작업주문(Work order)**
> 1) 도구 제조(tool manufacture) 또는 장비 유지보수(equipment maintenance)를 위해 기계 작업 현장(machine shop)에 지시하는 주문. 제조 주문과 혼동하면 안된다.
> 2) 유지보수 같은 활동 또는 제품에 대한 작업을 시작할 권한.

주문발행(order release) 프로세스

주문 발행 프로세스에서 생산주문 패킷이 발행된다.

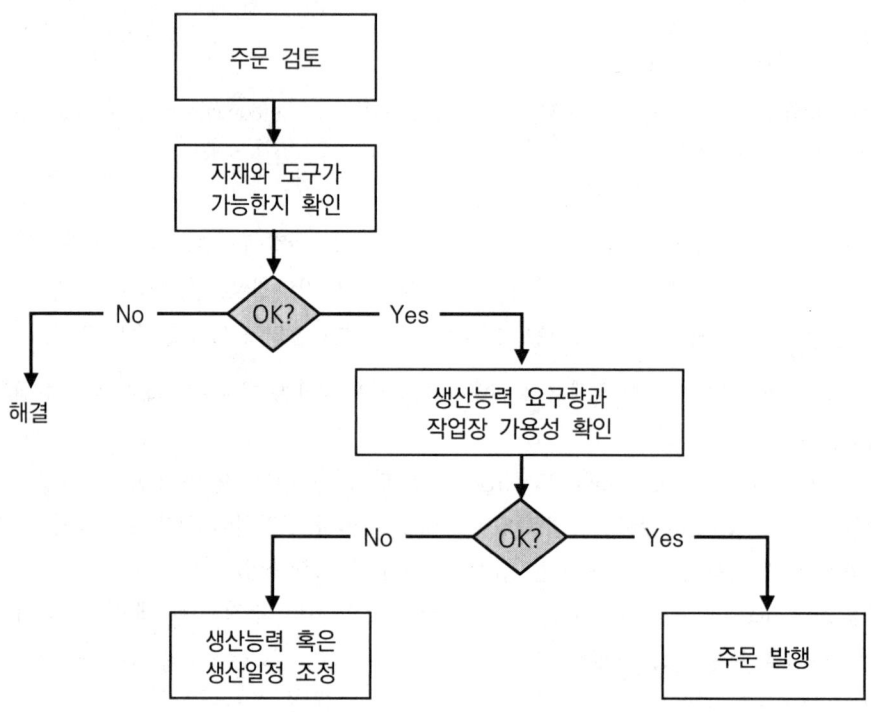

도표 12-10 작업 주문 발행 절차

'주문검토(review order)' 단계부터 생산 조정자는 주문을 검토한 다음 필요한 도구 및 자재를 사용할 수 있는지 확인한다. 만약 도구나 자재가 준비되지 않았을 경우, 재공중 재고 증가 문제나 일정수립 차이 문제 그리고 이들 준비 여부를 무시하고 주문이 발행되었더라면 발생할 수 있었을 고객 서비스 문제를 피하기 위해 주문 발행 전에 먼저 해결되어야 한다. 일단 해결되면 다음 단계는 '생산능력 요구사항 및 가용성 확인'이다. 이 두 가지 사항도 일단 일정수립이 올바르게 수행된 경우라면 문제가 없어야 한다. 상황이 변경된 경우 생산 조정자는 약간의 초과 근무를 승인하는 등 현재 일정을 진행할 수 있도록 조정할 수 있다. 그렇지 않으면, 일정의 재조정이 필요하다. 자원, 생산능력 및 가용성이 모두 문제없이 양호하면 주문이 생산 현장으로 발행된다.

12.5 생산능력 통제(Capacity control)

12.5.1 생산능력 통제 목표

> 💡 **생산능력 통제(Capacity control)**
> 생산 산출물(output)을 측정하여 이를 능력 계획(capacity plan)과 비교하고, 차이(variance)가 사전에 설정된 한계를 초과하는지 판단하고, 한계를 초과하면 계획을 조정하는 프로세스.

능력 통제는 제조계획통제(MPC) 프로세스에서 생산능력 검증의 가장 밑단의 유형이다. 이는 필요에 따라 관찰하고 통제하며 수정하는 방법으로 구현된다. 이 주제에서는 능력 통제의 목적을 먼저 설명한 후 생산관리 담당자가 과정(course)을 수정하기 위해 사용할 수 있는 방법을 설명한다. 이러한 통제 장치(control lever)에는, 제조 프로세스 유형에 따라 서로 상이한 두 가지 유형의 통제 방법인, 간헐적인(intermittent) 프로세스 유형에 사용되는 투입/산출 통제(input/output control)와 흐름(flow) 프로세스 유형에서 자재 흐름 속도를 통제하는데 사용하는 흐름통제(flow control)뿐만 아니라 우선순위 통제(작업 순시)도 포함된다. 간헐직인 프로세스는 두입/산출의 동제가 가능하나 라인 또는 연속 공정과 같은 흐름 프로세스는 오직 시작 부분에서만 투입 통제가 가능하기 때문이다. 일부 흐름 공정에는 흐름 공정의 복잡성에 따라 다른 위치에 통제점이 있으며 중간 통제점에서 문제를 감지하면 투입 통제점도 동시에 처리된다.

🔵 목표

생산능력 통제의 목적은 만기일을 맞추고 자원을 최대한 활용하는 것을 포함한다. 이러한 목표는 생산 현장의 주문 진행 상황을 통제함으로써 이루어지며, 이를 위해서는 제조 리드타임을 통제해야 한다. 작업전 대기시간 즉, 작업장에 도착했으나 아직 처리를 시작하지 않은 주문은 종종 제조 리드타임의 가장 큰 구성 요소인 경우가 많다. 이것은 간헐적인 제조 프로세스 유형에서 특히 그러하다. 종종 작업경로가 매우 다른 여러 주문이 동일한 작업장 생산능력에 대해 경쟁하고 있으며, 충돌을 일으키지 않고 일정을 계획하는 것이 매우 어렵기 때문이다. 작업 전 대기 지속시간(queue duration)을 통제하는 것은 종종 납기일을 충족시키고 자원을 최대한 활용하는 데 중요하다.

12.5.2 우선순위 통제(priority control)

> ♪ 우선순위 통제(Priority control)
> 계획을 실행하기 위해 제조 부서에 시작 날짜와 완료 날짜를 알리는 프로세스. 발송 목록은 일반적으로 현행 계획과 모든 진행중인 미완료 주문(open orders)들의 상태를 토대로 이런 날짜들과 우선순위를 제공하는데 사용되는 도구이다.
>
> ♪ 작업 순서(Operations sequencing)
> 생산능력(즉, 기존 인력 및 장비 가용성) 및 우선순위에 따라 각 작업장에서 실행할 실제 작업에 대한 단기 계획 기법. 결과로 작업에 대한 예상 완료 시간(projected completion times)과 설비에 대한 모의 대기(simulated queue) 수준 세트가 나온다.

기준생산일정(MPS)은 완제품의 납기일을 설정하고, 자재 소요량 계획은 이를 구성 부품의 납기일로 변환하며, 일정은 이러한 주문을 발행하여 생산능력 또는 자원 충돌을 최소화한다. 많은 제조 환경에서 공급 및 수요가 완전히 안정적이지 않기 때문에 우선 순위 통제가 필요하다.

- 고객은 재촉을 통해 납기일 또는 수량의 변경을 요청할 수 있다.
- 자재가 너무 늦게 또는 너무 빨리 도착할 수 있다.
- 폐기 또는 품질 불량이 기준치보다 높을 수 있다.
- 여러 주문의 납기일이 같거나 동일 작업장에서의 여러 주문을 동시에 처리해야 할 수도 있다.

작업 순서 지정(operations sequencing)은 재계획에 의존할 필요가 없을 때 우선 순위를 통제하는 데 사용되는 방법이다. 주문의 우선 순위를 통제하는 프로세스를 발송(dispatching)이라고 한다.

발송(dispatching)

> **발송(Dispatching)**
> 각각의 작업장에서 처리되어질 가용 작업들을 선택(selecting)하고 순서화(sequencing)하며 그리고 이런 작업을 작업자에게 배정(assignment)해 주는 것.

발송은 발송 목록을 사용하여 먼저 처리할 주문 번호를 현장 작업자에게 알린다. 발송 프로세스는 발송 규칙을 사용하여 이 순서를 결정한다.

발송 목록

도표 12-11 작업장 13의 발송 목록을 보여주는데, 이는 모터 제조업체의 용접 작업장 예이다.

Dispatch List 표준가용능력: 1일 16시간(1일 8시간 x 2교대)					작업장:13			명칭: 용접 작업장 날짜: 48	
주문 번호	부품 번호	주문 수량	가동준비 (시간)	가동 (시간)	총 (시간)	완료된 수량	남은 부하량 (시간)	작업 시작	종료일
X	200	35	0.15	12.3	12.4	28	2.45	47	48
Y	210	25	0.25	8.0	8.3	12	4.16	47	48
Z	300	80	0.15	20.0	20.2	0	20.15	48	49
총 가용 부하량(표준시간)							26.76		
대기 주문									
X	210	30	0.15	4.5	4.7	0	4.65	49	49
W	350	50	0.35	17.5	17.9	0	17.85	49	51
총 미래 부하량(표준시간)							22.50		

도표 12-11 작업장 13에 대한 발송 목록 예(모든 정보가 표시되지는 않음)

생산 조정자는 적어도 매일 발송 목록을 갱신하고, 작업장에 속한 작업자는 발송 목록을 참조하여 작업 순서를 결정한다. 발송 목록은 일반적으로 공장, 부서 및 작업장에 대한 정보, 적절한 순서로 작업주문, 생산해야 할 품목 번호, 총 주문 수량, 총 가동준비 및 가동 표준 시간, 남은 부하량, 표준 시간을 기준으로 예상되는 작업 시작 및 종료 날짜 등을 제공한다. 또한 다음 날 또는 향후에 시작하도록 예정된 대기 주문에 대한 정보도 포함한다.

발송 목록은 주문의 우선 순위를 설정하는 데 도움이 되는 발송 규칙(dispatch rule)을 사용하여 생성된다. 여기에 나와 있는 규칙 중 일부는 납기일을 준수하거나, 작업장 처리량을 최대화하거나, 재공중 재고를 최소화하는 것에서 다른 규칙보다 우수하지만, 이러한 모든 목표를 동시에 최적화하는 데 가장 적합한 만능 규칙은 없다. 다음은 몇 가지 일반적인 발송 규칙이다.

- 선착순(FCFS, first come, first served)
  작업장에서 작업을 받은 순서대로 완료한다. 이것은 기한 및 처리 시간을 무시하지만 일정이 잘 설계되고 안정적일 경우 효과적일 수 있다.

- 가장 빠른 주문 납기일(EDD, earliest job due date)
  작업은 자재소요량계획 시스템의 기본 산출과 일치하는 주문 전체를 기준으로 하여 가장 빠른 최종 단위 만기일로 완료되므로 EDD가 기본 선택사항이다. 이것은 작업처리 시간에 관계없이 납기일을 우선 시하며, 이는 일부 긴 작업 처리 시간을 가진 주문이 짧은 처리 시간을 가진 주문을 더 늦게 만드는 결과를 초래할 수도 있음을 의미한다.

- 가장 빠른 공정 납기일(ODD, earliest operation due date)
  작업의 우선순위가 해당 작업장 작업 기준으로 가장 빠른 납기일부터 먼저 완료된다. 위 EDD는 주문 전체를 기준으로 하는 반면 ODD는 해당 작업장에서 공정 기준으로 범위가 다소 좁다. 작업 기한은 처리 시간을 반영하기 때문에 기한 및 처리 시간 모두를 고려해야 한다.

- 최단 가공 시간(SPT, shortest process time)
  가공 시간이 가장 짧은 작업이 작업의 우선순위를 갖는다. 이것은 납기일을 무시하지만 전반적으로 처리된 작업량이 가장 많다.

- 긴급율(CR, critical ratio)
  실제 가공 시간을 남은 리드타임(즉, 남은 작업량의 시간)으로 나눈 값으로 작업장의 다른 주문과 비교하여 주문의 상대적 우선 순위를 나타내는 비율이다. 가장 낮은 비율부터 우선순위를 갖는 것이 원칙이다. 음(-)의 값은 가장 낮은 것으로 간주되며 -2는 -1보다 더 높은 우선 순위 갖는다. 다음은 다양한 비율 값의 의미이다.

- CR이 0 또는 음수일 경우: 신속하게 처리 요청. 주문이 현재 늦었음
- CR이 1.0 미만인 경우: 신속히 처리 요청. 주문이 일정보다 지연됨
- CR이 1.0인 경우: 주문이 예상 일정대로 진행됨.
- CR이 1.0보다 큰 경우: 주문이 일정보다 앞서있음

- 여유시간(slack time)
주문에 대한 남은 시간에서 주문에 대한 나머지 가동준비 및 가동시간의 합계를 뺀 시간. 여유시간이 가장 낮은 주문이 우선순위를 갖는다. 마찬가지로 작업당 여유시간은 여유시간을 나머지 공정(operation) 횟수로 나눈 값이며 가장 낮은 값이 가장 높은 우선 순위이다.

긴급율에 대한 공식을 아래에 소개된 도표 12-12의 주문 C의 예를 가지고 살펴보자. 주문 마감일은 제조일 기준 56일이고 현재 날짜는 48일이며 남은 작업량에 해당하는 리드타임은 16일이다.

$$긴급율(CR) = \frac{(만기일 - 현재\ 날짜)}{남은\ 리드타임} = \frac{실제\ 남은\ 시간}{남은\ 리드타임}$$

$$= \frac{(56일 - 48일)}{16일} = \frac{8일}{16일} = 0.5$$

이 경우 실제 남은 시간은 모든 작업에 대한 남은 총 리드타임(작업전 대기, 가동준비, 가동, 작업후 대기, 이동시간 포함)에 대해 칼렌다 상 남은 총 시간의 절반이다. 즉, 이 작업에 지연, 불량발생 등이 있었음을 의미한다. 긴급율이 규칙으로 사용되면 이 주문은 스케줄에 따른 주문 1.0보다 우선 순위가 높다.

도표 12-12는 이 다섯 가지 방법(여유시간은 표시되지 않음)을 기반으로 한 일련의 주문 우선 순위를 어떻게 비교하는지 보여준다. 서로 다른 규칙에 따라 순서 우선 순위가 달라지는 점에 유의하기 바란다.

주문 번호	작업장 13 프로세스 시간	작업장 13 작업 마감일	주문 도착일	주문 만기일	남은 리드타임	긴급율(CR)
A	2	46	41	47	6	-0.2
B	4	50	40	66	18	1.0
C	3	51	44	56	16	0.5
D	1	49	48	58	7	1.4

날짜: 48 일차 (단위: 일, 긴급율은 제외)

규 칙	순 서	순서 이유
FCFS	B, A, C, D	주문 도착일: 40, 41, 44, 48
EDD	A, C, D ,B	주문 만기일: 47, 56, 58, 66
ODD	A, D, B, C	작업 만기일: 46, 49, 50, 51
SPT	D, A, C, B	가공시간: 1, 2, 3, 4
CR	A, C, B, D	긴급율(CR): -0.2, 0.5, 1.0, 1.4

도표 12-12 발송규칙(dispatching rules) 비교

이 예에서 제조 칼렌다 기준으로 오늘 날짜는 48일째이므로 주문 A는 이미 늦었다. 특히 이 작업장에서도 늦기 때문에 몇 가지 방법 중 가장 높은 우선순위를 가진다. 긴급율은(47 - 48)/6 = -0.167이며 이는 도표에서 반올림처리 되었다. 주문 B는 긴급율이 (66 - 48)/18 = 1.0이므로 일정이 정상이다.

우선 순위 규칙에 따라 주문을 실행하면 현재 정상적인 일정인 주문일지라도 어느 순간 지체가 될 수 있다. 많은 투입값 또한 변경될 수 있다. 주문이 촉진되거나 지연될 경우 주문 및 작업 기한 날짜가 변경될 수 있다. 작업 처리 시간은 표준 시간을 기준으로 하기 때문에 변경될 가능성이 적지만, 고장 등의 문제로 인해 일시적으로 변경될 수 있다. 긴급율의 경우 시간의 흐름에 따라 주문이 처리되고 이에 따라 현재 날짜와 남은 리드타임이 매일 바뀌지만, 작업전 대기시간이 길어지면 리드타임이 문제될 수 있다. 따라서 이러한 작업순서 우선 순위의 많은 것이 시간이 지남에 따라 바뀔 수 있다. 그러나 가동준비 시간 추가되는 문제로 인해 이미 작업장에서 가동되고 있는 주문을 변경하는 것은 바람직하지 않을 수 있다. 순서 규칙에 대한 중요한 점은 사람들이 현장에서 실제로 구현해야 하기 때문에 너무 혼란스럽지 않아야 한다는 것이다. 일단 채택된 규칙은 일관성 있게 적용하는 것이 모범사례이다.

12.5.3 간헐적 프로세스 유형에서 투입/산출 통제
(Input/output control in intermittent process types)

제 1장에서 간헐적인 프로세스 유형에는 작업장(workcenter) 및 일괄(batch) 처리 유형이 포함됨을 배웠다. 이러한 유형은 작업장의 투입 및 산출을 관찰하여 통제할 수 있다.

> 💡 **투입/산출 통제(Input/Output control)**
>
> 작업장의 계획(planned)/실제(actual) 투입(inputs)과 계획/실제 산출(outputs)을 모니터링하는 능력 통제 기술. 각 작업장의 계획 투입/산출은 능력 소요 계획에 의해 개발되고 제조 관리(manufacturing management)에 의해 승인된다. 작업장에서 작업이 가용하지 않아서 작업장 산출(work center output)이 계획(plan)과 다르게 되는 시점을 식별하기 위해 계획 투입(planned inputs)과 실제 투입(actual input)이 비교된다. 또한 작업장내에서의 문제를 식별하기 위해 실제 산출(actual output)은 계획 산출(planned output)과도 비교된다.

투입 및 산출 통제의 목적에는 작업장의 재공중 재고 및 작업전 대기 시간을 목표하는 수준으로 유지하는 것을 포함한다. 이는 작업장으로의 작업 흐름 및 작업장 산출 속도, 즉 작업능력을 통제하여 수행된다. 도표 12-13은 생산능력에 대해 이전에 제시된 것과 동일한 깔때기 비유를 보여준다. 깔때기에 대한 투입이 표시되며 통제점이 있다.

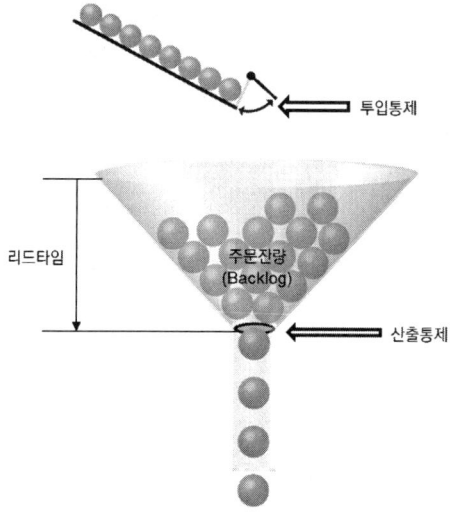

도표 12-13 투입 산출 통제

투입(input)을 통제하는 것은 일정수립 및 발송을 포함한다. 산출(output)을 통제하는 것은 예를 들어, 회사에서 작업과 관련 없는 일을 하는 데 소비하는 시간이나 시간외 초과 근무, 문제를 발견하고 수정하는 것과 같이 생산능력을 늘리거나 줄일 수 있는 방법을 찾는 것이다. 즉, 도표 12-13 비유 그림에서 깔때기 목 지점을 늘리거나 줄여서 시간당 산출을 늘리거나 줄인다. 납품 재촉, 직원 변경, 장비 수리 등이 포함된다. 생산능력 변경은 어려울 수 있으며 단기적으로 상한선이 있다.

능력소요량계획(CRP)은 각 작업장의 투입 및 산출을 시뮬레이션하고, 주문 발행 일정을 조정하여 이 흐름을 최적화하고, 발송은 우선 순위 규칙에 따라 주문을 조정한다. 그러나 생산 조정자는 작업장으로 들어오는 작업 흐름, 작업장의 상대적 성능과 재공중 재고, 그리고 작업전 대기 시간의 결과 수준을 잘 감시해야 한다. 이것은 투입/산출 보고서를 사용하여 수행된다.

투입/산출 보고서: 누적 차이 및 실제 주문잔량 비교

각 작업장별로 투입/산출 보고서가 생성된다. 해당 기간 동안 작업이 완료되고 실제 결과가 제출되면 계획값(planned value) 3세트를 실제값(actual value)과 비교한다. 도표 12-14는 작업장 13에 대한 투입/산출 보고서를 보여준다. 이 보고서는 일별 결과를 보여주지만, 주별 결과에도 사용될 수 있다.

작업장: 13		1일 생산능력: 16 시간				(모든단위: 표준시간)	
제조 칼렌다 날짜		48	49	50	51	52	합계
계획 투입		16	16	14	13	20	79
실제 투입		14	16	12	15	16	73
누적 편차		-2	-2	-4	-2	-6	-6
계획 산출		16	16	16	16	16	80
실제 산출		12	18	14	15	19	78
누적 편차		-4	-2	-4	-5	-2	-2
계획 주문잔량	8	8	8	6	3	7	
실제 주문잔량	8	10	8	6	6	3	

도표 12-14 작업장 13의 투입 산출 통제 보고서

보고서의 투입 부분은 작업이 작업장으로 얼마나 잘 전달되고 있는지를 결정하는 데 사용된다. 차이는 실제 값에서 계획된 값을 뺀 값이며 누적 차이는 시간 경과에 따라 이러한 차이들을 합산한 것이다. 투입 누적 차이는 다음과 같이 계산된다.

누적 차이(투입) = 이전 누적 차이 + 실제 투입(actual inputs) − 계획된 투입(planned inputs)
48일차 = 0시간 + 14시간 − 16시간 = −2시간
49일차 = −2시간 + 16시간 − 16시간 = −2시간

보고서의 산출 부분은 작업장의 성능 효율성을 나타내는데 사용되며 누적 차이 계산은 기본적으로 동일하다.

누적 차이(산출) = 이전 누적 차이 + 실제 산출(actual outputs) − 계획된 산출(planned outputs)
49일차 = −4시간 + 18시간 −16시간 = − 2시간

관행에 따라 계획된 값이 먼저 나열되지만 빼기 순서는 반대이다(실제-계획). 잘못된 순서로 빼기를 하면 답이 틀리게 된다.

도표 12-14에는 기초 주문잔량이 표시된다는 점에 유의한다. 이것은 이전 보고서의 내용이다. 계획 주문잔량 행과 실제 주문잔량 행은 다음 방정식을 사용하여 계산된다.

계획 주문잔량(backlog) = 이전 계획 주문잔량 + 계획된 투입 − 계획된 산출
52일차 = 3시간 + 20시간 − 16시간 = 7시간

실제 주문잔량(backlog) = 이전 실제 주문잔량 + 실제 투입 − 실제 산출
52일차 = 6시간 + 16시간 − 19시간 = 3시간

실제 주문잔량이 계획보다 작아지면 오류 발생의 여지가 줄어들지만 병목 혹은 잠재적인 병목에 필요한 자재가 부족해질 위험이 있다. 실제 주문잔량이 계획 이상으로 증가하면 재공중 재고가 증가할뿐만 아니라 제조 리드타임이 길어지고 납기일을 놓칠 위험이 있다. 이러한 정보를 감안하여, 생산 조정자는 어느정도 적거나 또는 그 이상의 투입/산출(생산능력)의 형태로 통제권을 행사할 수

있다. 수준이 너무 높거나 너무 낮을 경우, 계획된 투입 또는 산출 속도를 증가시키거나 감소시키는 것은 계획된 주문잔량을 변경하는 방법이 된다. 실제 산출량이 증가하거나 감소하면 실제 주문잔량이 증가하거나 감소한다.

12.5.4 흐름 통제(Flow control)

> **흐름 통제(Flow control)**
> 주로 생산 율(production rates)을 설정하고 이 속도에 맞춰 생산 작업을 부과하는 것에 기반해, 생산을 관찰하고 통제하는 특정 생산 통제 시스템.

흐름 통제는 라인(line) 및 연속(continuous) 공정 유형 및 린(lean) 생산에 사용된다.

라인/연속 프로세스 유형의 흐름 통제

라인 및 연속 공정 유형의 생산 목표가 중단 없는 생산 실행이기 때문에 능력 통제도 단순해진다. 가능하다면 공급속도가 수요속도에 일치하도록 생산속도를 설정해야 한다. 시스템의 기술적인 요구사항(예: 화학적 가공은 더 빠르거나 느려질 수 없음)으로 인해 속도가 유연하지 않을 수 있다. 이 경우 재고가 축적되는 것을 막기 위해 특정 시간에 생산라인을 정지할 수 있다. 라인이 최대 능력으로 작동중이면 산출을 늘리는 유일한 방법은 전체 공정을 재설계하거나 생산라인을 추가하는 것이다.

린(lean) 흐름 통제

린 시스템에서는 생산 흐름의 속도가 고객 수요의 비율인 택타임(takt time)에 의해 결정된다. 간반(kanban)은 상류 작업장에서 수요-끌기 요구량(demand-pull requirement)을 표시한다. 재공중 재고 수준은 간반 카드나 다른 유형의 신호에 대해 상자(bin)나 보관 구역(storage)의 적절한 품목의 수를 결정함으로써 통제된다. 관리자는 작업현장의 실제 재공중 재고 수준을 관찰하고 재공중 재고가 원하는 수준 이상으로 축적되는 경우 자원 균형 방법을 이용한다. 이것은 필요에 따라 작업장 자원을 조정하는 것을 포함한다.

12.5.5 피드백 및 보고(Feedback and reporting)

생산활동통제에서 생성된 일부 보고서는 이미 이 주제에서 다루어졌지만 제조, 회계 및 재무, 급여, 고객 서비스, 판매 및 지속적인 개선에 대한 정확한 정보를 수집하기 위해 장기 보고서도 작성된다. 생성된 보고서는 각 잠재 고객의 요구에 맞게 조정된다. 다음은 계획된 값과 비교하거나 전사적자원관리 기록과 비교될 필요가 있는 몇 가지 주요 정보들의 유형이다.

- 주문상태(order status)
  작업상태, 작업장 별 시작 및 완료 날짜 차이, 작업장 또는 부서별 투입/산출량 차이
- 예외보고서(exception reports)
  수량, 폐기 및 재작업 차이, 자재부족으로 인한 늦은 작업 주문
- 재고현황(inventory status)
  보유 재고 및 주문 재고 잔량, 재공중 재고 및 완제품 재고 수준의 변경
- 노무보고서(labor reports)
  제품별 사용된 노무 시간, 급여를 위한 작업자 시간
- 장비성과(equipment performance)
  장비 가동률 및 가동 중지 시간
- 재무와 회계 데이터(finance and accounting data)
  재공중 재고 및 완료된 완제품, 노무 시간, 간접비 할당 데이터, 원가 회계 및 재무제표 작성을 위한 기타 비용.

이 정보는 여러 부서에서 다른 방식으로 사용된다. 제조 계획 및 통제를 위한 주문 현황의 사용은 이미 언급하였다. 동일한 데이터가 판매에 의해 주문 납기약속에도 사용된다.

Operations Innovation Professional

13장

물적유통
Physical Distribution

13장 물적유통
Physical Distribution

13.1 물적유통 개요
    13.1.1 물적유통의 목표
    13.1.2 물적유통 개요
    13.1.3 물적유통 이해관계당사자
    13.1.4 총 비용 개념

13.2 유통재고
    13.2.1 유통재고계획 시스템 목표
    13.2.2 유통재고계획 시스템

13.3 운송
    13.3.1 운송 목표
    13.3.2 운송 및 창고
    13.3.3 운송수단
    13.3.4 운송자

13.4 창고업무
    13.4.1 창고업무의 목표
    13.4.2 창고 프로세스와 활농들
    13.4.3 재고위치 시스템
    13.4.4 공공창고 대 자체창고

핵심주제와 학습목표

- 부가가치를 창출하는 물적유통(physical distribution)
- 유통시스템 요구사항과 근원: 물류, 마케팅, 생산, 재무
- 밀기(push)와 끌기(pull), 유통소요량계획(DRP, distribution requirements planning)
- 운송수단(modes)과 운송자(carriers): 항공, 도로, 수상, 철도, 파이프라인, 복합모델
- 장거리 수송(line haul), 수거/배송(pickup/delivery), 터미널 취급(terminal-handling), 대금청구(billing)
- 역 물류(Reverse logistics)
- 창고가 특정 지역으로의 운송비를 절감함
- 입고(receiving), 적치(put-away), 보관(storage), 수거(picking), 포장(packaging), 사후 서비스, 선적
- 고정(fixed), 무작위/유동(floating), 구역(zone) 창고시스템
- 공공(public) 창고 대 자체(private) 창고

제조 과정을 통해 완제품이 완성되면 최종 고객에게 직접 또는 유통센터, 도매상, 소매상 같은 중간 고객에게 전달된다. 이 장에서는 수요 접점에 더 가깝게 제품을 확보하고자 하는 물적 유통(physical distribution) 기능이 어떻게 부가가치를 창출하는지를 알아본다. 그런 다음, 물류와 공급사슬관리, 마케팅, 생산 그리고 재무 등 물적 유통과 관계가 있는 이해당사자에 대해 논의한다. 그 후 유통 재고 계획에 있어서, 공장에서 밀어내는 방식인 밀기(push) 시스템과 그 반대 개념인 유통센터에 의해 당겨지는 끌기(pull) 시스템에 대해 장단점을 살펴본다.

물적유통은 아래 도표 13-1에서 점선으로 표시된 부분이며 유통소요량계획(DRP)을 다룬다. 유통소요량계획의 산출물은 결국 기준일정수립 시스템에 자동으로 연결될 수 있다.

이 장의 마지막 두 가지 주제는 창고의 수가 운송 비용뿐만 아니라 유통 리드타임에 영향을 미치기 때문에 상호 연관 있는 운송과 창고 보관에 관한 것이다.

항공, 도로, 수상, 철도, 파이프라인 그리고 복합 수송 등 운송 모드(modes)별 장단점을 함께 살펴보고, 운송자(carriers)의 형태인 공공, 계약, 자체 운송자의 특징에 대해 알아본다. 운송 비용의 유형에 대해서도 알아본다. 창고 보관 항목은 창고의 목표와 그 입고, 보관뿐만 아니라 고정(fixed), 무작위(random or floating), 그리고 구역(zone)으로 구분되는 창고 내에서의 기본적인 재고위치 방법을 탐구한다. 이 주제는 공공창고와 자체창고에 대한 검토를 하며 마무리된다.

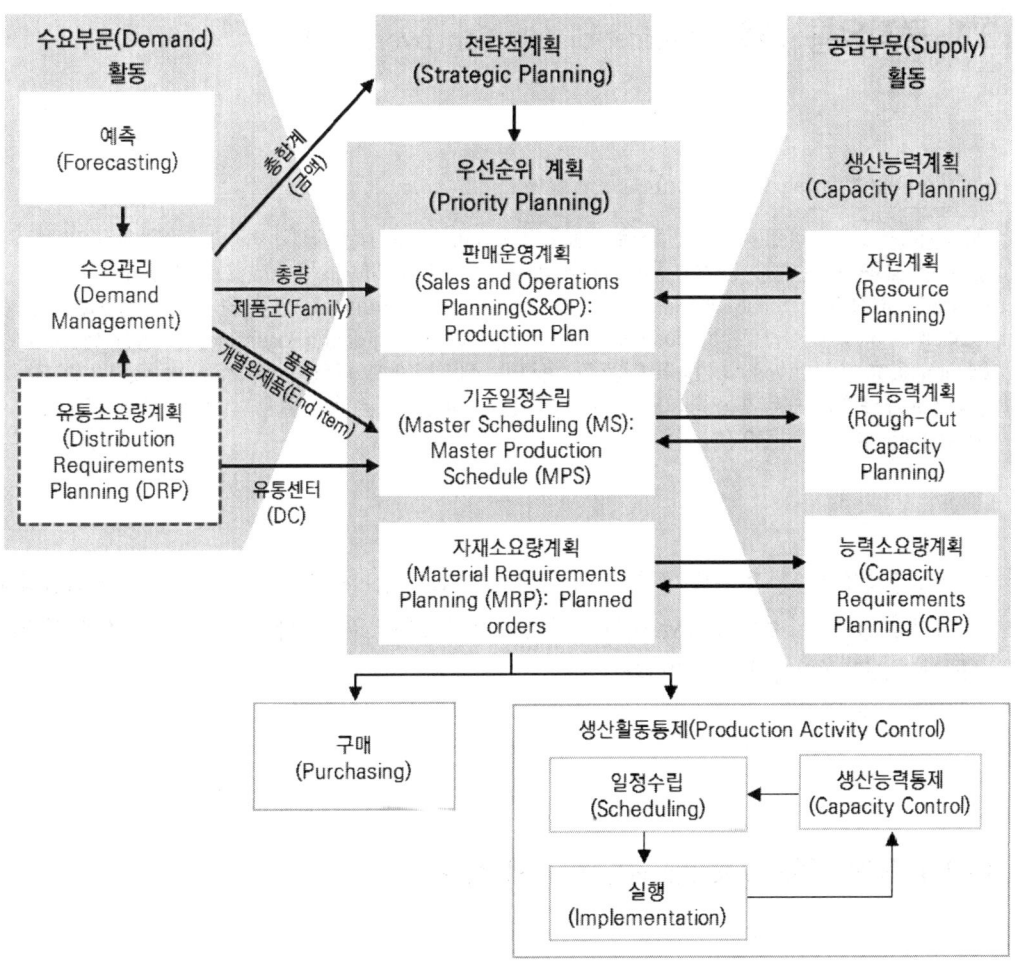

도표 13-1 제조계획통제(MPC)에서 유통소요량계획(DRP, distribution requirements planning)

13.1 물적유통 개요(Physical distribution overview)

> **물적유통(Physical distribution)**
> 제조업자에서 고객에 이르기까지 일반적으로 완제품 또는 서비스 부품 같은 자재의 이동과 관련된 활동. 이러한 활동에는 효과적인 관리에 필요한 운송(transportation), 창고 관리(warehousing), 재고 통제(inventory control), 자재취급(material handling), 주문 관리(order administration), 현장 및 위치 분석(site and location analysis), 산업 포장(industrial packaging), 데이터 처리(data processing) 및 통신 네트워크 (communications network)의 기능이 포함된다. 여기에는 제조업자에게 상품을 반환(return)하는 것뿐만 아니라 물적 유통과 관련된 모든 활동들을 포함한다. 많은 경우, 이런 이동은 하나 혹은 더 많은 현장 창고(field warehouses)를 통해 이루어진다.

첫 번째 주제에서는 물적 유통의 목표를 소개하고 활동의 개요를 살펴본다. 그 후, 공급사슬관리와 물류, 마케팅, 생산, 재무를 포함한 물적 유통의 이해관계자를 알아본다. 이 주제는 이전에 살펴본 총비용 개념으로 돌아가며 마무리한다.

13.1.1 물적유통(Physical distribution)의 목표

물적유통의 주된 목적은 수요가 적은 곳에서 수요가 많은 곳으로 제품을 옮겨서 제품의 효용(utility)이나 유용성을 높이는 것이다. 즉, 물류가 제품의 가용성(availability)을 제공한다. 가용성 목표의 일부는 물리적인 장소에 일부는 시간에 기반한다. 고객에게 효용을 제공하기 위해, 상품은 고객이 필요로 하는 시점에, 필요한 곳에 있어야 한다. 이것을 물류의 장소가치(place value)와 시간가치(time value)라고 한다.

두 번째 목표는 가치의 증가를 수익성있게(profitable) 제공하는 것인데, 이는 고객에게 편리한 시기와 장소에서 제품을 제공함으로써 가격 증가로 인한 이점이 이러한 서비스를 제공하는 비용보다 더 크다는 것을 의미한다. 이 가치를 수익성있게 제공하는 또 다른 전략은 시장 점유율 증대를 목표를 달성하면서 동시에 물적유통의 비용을 흡수하는 상이한 방식으로 이익을 얻는 것이다. 그러므로 지금까지 논의된 다른 분야와 마찬가지로 물적유통의 목적은 목표 수준의 고객서비스(수익성 있고 고객 충성도를 유지할 수 있는 정도)를 제공하는 것이다.

13.1.2 물적유통 개요

이 개요는 유통채널과 거래채널을 구분하는 것으로 시작한다. 그 다음 몇 가지 일반적인 물적유통 활동을 나열한다. 또한 현대의 유통이 어떻게 전 세계적으로 이루어지는지를 다루고, 역물류에 관한 몇 가지 중요 사항을 살펴본다.

유통채널(distribution channels)과 거래채널(transactional channels)

도표 13-2는 제 1장에서 살펴본 공급사슬 개요도로써 물적공급과 물적유통 모두를 다시 한번 보여준다. 물적공급(physical supply)은 원자재가 공급업체로부터 공장으로 향하는 것을 의미한다. 이것은 벌크(bulk) 형태로 이동하거나 보관하기 위해 전문적인 물류가 필요할지도 모른다. 물적유통(physical distribution)은 유통센터, 도매상 또는 소매상의 특정 네트워크인 한 개 이상의 유통채널을 사용하여 공장으로부터 출고된 완제품이 최종 고객까지로의 운송과 창고보관을 말한다.

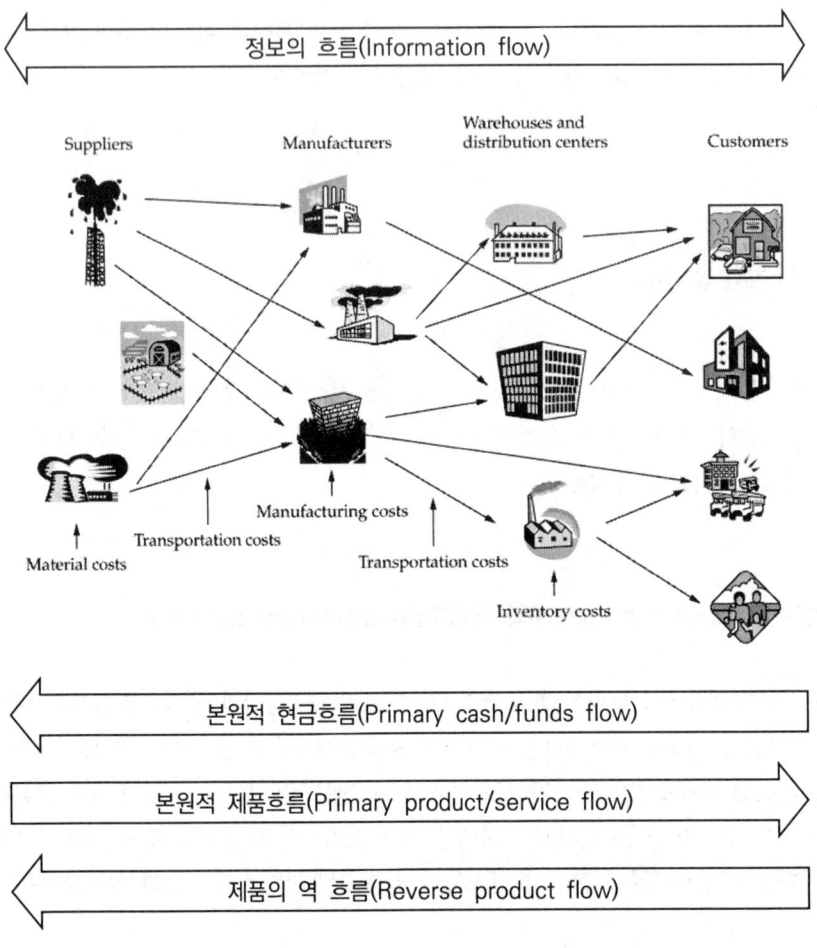

도표 13-2 공급사슬(supply chain)

아주 다양한 유통채널이 존재한다. 심지어 동일한 제품일지라도 어떤 특정 중간상을 건너뛰고 고객에게 직접 배송할 수 있기 때문에 사용 가능한 다수의 유통채널이 있을 수 있다. 제 1장에서 배운 내용을 다시 상기해 보자. 모든 도매업자와 같은 전체적인 범주의 중간상들을 계층/편대(echelon)라고 하며, 주어진 계층의 존재 혹은 활용의 여부는 그것들이 부가가치를 창출하는지 아닌지에 달려 있다. 우리 조직의 일부든 아니면 독립적이든 모든 공급사슬 파트너들은 그들이 소비하는 것보다 더 많은 부가가치를 창출할 때 존재 의미가 있다. 어떤 공급사슬은 다양한 채널을 사용하고 어떤 공급사슬에서는 거의 사용하지 않는 경우도 있다. 예를 들어, 어떤 공급사슬은 항상 도매상들과 함께 일하며, 다른 어떤 것들은 결코 그렇게 하지 않는다. 도표 13-2는 제품의 역 흐름을 다루는 역공급사슬(reverse supply chain)을 보여주는데, 다양한 이유로 제품이 공급사슬의 반대로 반품된다. 맨 위에는 자금 혹은 현금이 역 공급사슬로 흐르는데, 이것은 거래채널(transactional channels)의 일부이다.

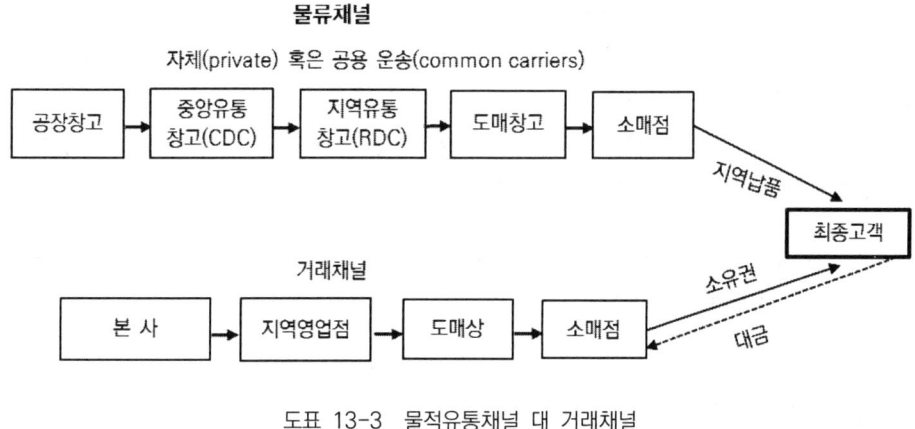

도표 13-3 물적유통채널 대 거래채널

> ☼ 유통채널(Distribution channel)
> 소비(consumption)를 통해 원자재로부터 제품이 이동하는 것을 따르는 유통 경로(distribution route).
> ☼ 거래채널(Transaction channel)
> 협상(negotiation), 판매(selling) 및 계약(contracting) 활동을 포함하여 상품 및 서비스의 소유권 변경을 다루는 유통망.

유통채널이 물리적인 유통을 다루는 동안, 거래채널에서는 관련 거래를 처리하는 것으로써 여기에는 채널의 상류로 자금(funds)이 흐르고 하류로는 소유권(ownership)이 이전되는 것을 모두 포함한다. 소유권 이전은 그 상품에 대한 권리를 다음 사람에게 이전함으로써 이루어진다. 손실 리스크의 이전도 있지만, 소유권 변경 시 꼭 필요한 것은 아니고 운송비나 보험료를 지불하는 사람의 이전도 있을 수 있다. 그래서 조직에서는 계약 상 발생하는 정확한 시점을 중요시한다. 이것은 운송에 대한 주제에서 더 많이 다룬다.

위 예는 대표적인 도소매 유통 모델을 보여주고 있다. 이 상품은 제조사가 소유하고 관리하는 중앙 유통센터(CDC, central distribution center)로 우선 옮겨진다. 그러나 종종 이들은 다른 공급업체들로부터 상품을 구매하는 독립 조직이다. 그곳으로부터 상품이 하나 혹은 그 이상 시장 가까운 근처의 지역 유통센터로 운송된다. 이렇게 하면 고객 주문에 대해 납품 시간을 줄일 수 있다. 도매업자는 유통센터에서 물량을 구입 후 특정 시장에 더 가깝게 유지하고 소매업자는 도매업자에게 상품을 주문한다. 그런 다음 고객들은 소매점 가게에 있는 상품을 구매해 가거나 혹은 소매업자로부터 직접 배송 받는다. 이것은 제품의 유형에 따라 설정할 수 있는 수많은 채널 중 하나라는 것을 명심해야 한다. 예를 들어 냉장고는 크기와 취급 난이도 때문에 소매업자에게 배송하여 소매점에 재고로 관리하는 것이 어렵기 때문에 비용 효과적이지 않다. 그 대신 소매업자는 전시품을 진열해 둔다. 소매업자가 고객에게 판매를 하면, 도매업자가 제품을 직접 고객에게 배송한다.

이 경우에 거래채널은 소매업자가 그 제품을 소유하지만, 아마도 판매 시점은 아주 잠깐 동안이다. 이것은 회계 처리 목적에 중요하다.

> **생산자 직송(Drop ship)**
> 제품의 타이틀(title)을 가질 수는 있지만 실제 취급, 보관, 배송을 하지 않음(즉, 한 공급업체를 다른 공급업체로 직접(directly) 선적하거나 공급업체가 직접 구매자의 고객에게 선적하도록 함)

물류 활동

다음은 물류에서 실행하는 대표적인 관련 활동의 일부이다.

- 운송(transportation)
  도로, 항공, 수상, 철도 또는 파이프라인 등을 이용한 상품의 물리적인 이동이다. 운송비가 통상 전체 유통비(distribution cost)의 가장 큰 비중을 차지한다.

- 유통재고를 관리(managing distribution inventory)
  유통채널의 어느 위치에 놓여 있든, 그 채널 내에 속해 있는 모든 완제품의 금액이다. 이것은 종종 유통비의 두 번째로 큰 부분을 차지하는 경우가 많다.

- 유통센터(창고) 관리

  재고 저장 위치는 운송비용을 절감 또는 고객을 위한 시간과 장소의 효용성을 증가시킴으로써 순 비용(net cost)을 줄인다.

- 재고통제

  유통재고 보안, 불출 절차, 재고 기록 실사를 포함한다.

- 자재취급(material handling)

  제품들이 물류창고 내/외부와 저장 장소를 오가는 이동 시에 발생한다. 재고유지비의 한 부분이며 보통의 경우 창고 비용의 가장 큰 부분이다. 장비와 자동화에 더 많이 투자함으로써 인건비를 줄일 수 있다. 노무와 장비 사용 사이의 교환거래에서의 선택은 장비에 대한 투자 수익뿐만 아니라 노임율과 관련이 있다. 투자를 정당화하기 위해서는 많은 물량을 필요로 할 수도 있다. 여기에는 수거(picking), 포장(packing), 분류(sorting) 등이 포함된다.

- 주문 관리(order administration)

  고객 주문, 주문 상태 추적, 지불 조건, 대금 청구, 취합, 서비스 등에 대한 비용이다. 이것은 비용을 상승시키고 리드타임을 증가시킨다. 중간자가 있을 때 고객과의 원활한 의사소통은 모든 유통 시스템의 중요한 구성 요소이다.

- 보호 포장(protective packaging)

  일반 소비자용 포장과 산업포장 등이 있다. 산업포장은 제품의 내용물을 보호하고 더불어 취급 수량을 줄여 주어 비용절감에도 기여한다.

  > 💡 보호 포장(Protective packaging)
  >
  > 창고 내의 재고를 보관(containment), 보호(protection) 및 식별(identification)할 수 있게 하는 자재의 포장(wrapping) 또는 덮음(covering). 자재는 이동 및 보관을 지원하고 보관 공간(storage space) 및 운송차량(transportation vehicles)의 크기(dimension)에 맞도록 담겨야 한다.

- 역물류(reverse logistics)

  뒤에서 별도로 다룸.

- 지연(postponement)

  물류 센터는 최종 조립과 같은 가벼운 제조를 수행하거나 국가별 포장, 문서, 전원 코드 등과 같은 기타 최종 차별화 활동을 수행할 수 있다. 지연은 제 2장 주제1에서 다루었다.

글로벌 유통(global distribution)

많은 공급사슬에서 유통은 전 세계의 여러 나라로 상품을 이동시킨다. 마찬가지로, 물적공급(physical supply)은 전 세계로부터 원자재를 조달한다.

글로벌 유통은 한 조직의 제품에 새로운 시장을 제공하지만, 동시에 경쟁자들이 세계 어느 곳으로부터도 나올 수 있다. 세계 일부 지역에서의 인건비와 제조비용은 다른 지역보다 훨씬 낮으며 장거리 운송도 예전만큼 제한적인 요소는 아니다. 표준화된 선적 컨테이너와 비교적 저렴한 요금으로 운송하는 컨테이너선 때문에, 이제 많은 제품에 대해 글로벌 유통은 대단히 비용 효과적이다. 컨테이너는 하역과 관련된 자재 취급 비용 없이도 철도 혹은 육상 교통 수단으로 옮겨질 수 있다. 그러나, 항공운송을 이용하지 않는 한, 글로벌 유통은 일반적으로 리드타임이 길어져 비용이 증가한다.

글로벌 유통은 한 국가나 한 대륙에 국한된 유통과 많은 유사성을 가지고 있지만, 그 복잡성이 더해지고 있다. 여기에는 상이한 언어를 사용하고 상이한 문화를 가진 거래 파트너나 상이한 휴일, 사업 관행 및 업무 윤리뿐만 아니라 여러 언어로 된 포장 및 선적서류와 다른 측정 시스템을 사용하는 것들이 포함된다. 환율 변동에 따른 가치 변동 위험을 줄이는 외화 환전 및 방법 등도 필요하다. 통관, 관세, 규제사항 차이에 대한 전문성이 필요하며, 분쟁 해결의 조직체와 관할권을 명시하는 국제적으로 유효한 계약을 사용할 필요가 있을 것이다. 시간대(time zones)는 또 다른 문제지만 인터넷이 하루 중 어느 때라도 거래가 이루어지도록 해주기 때문에 이것은 부분적으로 해결 가능하다.

많은 경우, 조직은 이러한 글로벌 복잡성을 관리하는데 도움을 줄 수 있는 제 3자에게 의존한다. 이러한 중간자들은 컨설턴트로부터 물품을 구입해 국제적으로 재판매하는 조직, 제 3자 물류(3PL) 제공업체라고 불리는 모든 물류 기능을 수행하는 조직에 이르기까지 다양한 형태를 취한다.

제3자 물류(3PL)

제품 배송 서비스(product delivery services)를 제공하는 제3자(third party)의 구매자 및 공급업체 팀. 이 제3자는 추가 공급사슬 전문성(expertise)을 제공할 수 있다.

이것은 조직이 자신의 핵심역량에 집중할 수 있게 하고, 또한 조직의 자체 물류 비용을 낮출 수도 있다. 3PL은 국내 물류에서도 가능하다.

관련 용어로는 제 4자 물류(4PL)가 있다. 4PL은 3PL과 유사하지만 4PL 당사자가 전체 물류 기능을 관리하여 다른 물류 사업자에게 하청하되, 업무 전체를 조정하고 감독한다. 즉 물류에 관한 일괄서비스(one-stop service)를 제공하는 조직체다.

또 다른 것으로는 국제 표준의 사용이 있다. 예를 들어, 국제상업용어의 약자인 인코텀즈(incoterms)는 계약에서 사용하기 위한 표준화된 국제무역용어이다.

> **인코텀즈(Incoterms)**
>
> 국제 상공 회의소(International Chamber of Commerce)에 의해 제정되어 외국 무역(foreign trade)에서 가장 일반적으로 사용되는 무역 조건(trade terms)를 해석하기 위해 국제적으로 인정된 규칙을 제공하고 거래에 참여하는 모든 당사자에게 지침을 제공하기 때문에 전 세계 상품 판매 계약에 관례적으로 포함된다.

예를 들어 구매 주문서에 CIF 로스앤젤레스, 미국 인코텀즈® 2020가 기재된 경우, 이는 CIF가 여기서 적용하고 있는 인코텀즈이기 때문에 판매자가 비용, 보험, 운임을 모두 지불하는 것을 의미하며, CIF는 해상과 내륙 수로에서만 사용하기 때문에 목적지는 로스앤젤레스 항구라는 것을 의미한다. 마지막으로 '2020'은 2020년 판의 규칙을 사용해야 한다고 명시하는 것이다. 인코텀즈의 다양한 형태는 운송 경로의 각 단계에 대한 비용(직접 비용과 보험 등 기타 비용)을 부담하는 주체, 통관 문서를 준비해야 하는 주체, 파손이나 도난 또는 유해 물질에 의한 환경 피해의 위험을 부담하는 주체가 누구인지를 정확하게 명시한다. 인코텀즈는 당사자 간의 소유권이 이전되는 시점을 또한 명시한다.

> **국제(때로는 국내) 선적 세금(shipping taxes), 수수료(fees), 문서(documents) 관련 용어**
>
> - 사전 선적 통지(ASN): 제품 선적에 대한 전자 데이터 교환(EDI) 통보.
> - 관세(duty): 수출, 수입 또는 상품의 소비와 사용에 정부가 부과하는 세금.
> - 관세(tariff): 수입 또는 수출에 대해 국가가 부과하는 세금 및 수수료의 공식 명세표(official schedule).
> - 화물 인환증(waybill): 선적과 관련된 선적 지시가 있는 상품 목록이 포함된 문서.
> - 선적 적하목록(shipping manifest): 선적 되는 물품을 열거하는 문서. 적하목록은 보통 화물이 단일 목적지 혹은 많은 목적지들로 배송되든지 여부에 관계없이 품목(items), 수량(piece count), 총무게(total weight) 그리고 목적지 이름(destination name)과 주소(address) 등을 열거한다.
> - 선하 증권(B/L, Bill of lading): 상품을 한 장소에서 다른 장소로 옮겨 지정된 사람에게 전달한다는 것을 동의하는 운송자(carrier)의 계약 및 영수증. 분실(loss), 손상(damage), 지연(delay)의 경우, 선하 증권은 운송 화물 청구(freight claims)의 근거가 된다.

> **화물 운송업체(Freight forwarder)**
>
> 운송자와 제품을 선적하는 조직 사이의 '중개자(middle man)'. 종종 더 낮은 대량 비용(lower bulk costs)을 이용하기 위해 적은 양의 선적들(smaller shipments)을 결합(combines)한다.
>
> **관세사(Customs broker)**
>
> 국제 선적에 필요한 서류 작업을 관리하고 적절한 채널을 통해 선적을 추적(track)하고 이동(move)시키는 사람.

역물류(reverse logistics)

> **역물류(Reverse logistics)**
>
> 반송(returns), 수리(repair), 재제조(remanufacture) 및 재활용(recycling)을 목적으로 제품 및 자재의 역 흐름에 전념하는(dedicated) 완전한(complete) 공급사슬.

역물류 프로세스는 최종 고객 또는 공급사슬 파트너에 의해 시작될 수 있는데(계약에 의해 허용된 경우), 팔지 않고 물류창고로 돌아오거나 불량품 또는 파손품 같은 것들이다. 그 정의는 제품들이 상류(upstream)로 반품될 수 있는 많은 이유들을 언급하고 있다. 이 경우 자산이 회수되거나 제품이 제조자에게 반환될 수 있다. 조직은 조직이 목표로 하는 수준의 고객서비스를 유지하는 동시에 반품 비용을 회피하는 특정 규칙을 이용한 프로세스를 사용하여 반품 승인을 요구할 수 있다. 자유로운 회수 정책은 매출을 늘릴 수 있지만, 역물류 비용이 만만치 않을 수 있다. 어떤 경우, 상품을 재판매할 수도 있지만 포장을 다시 하거나 수리를 해야만 한다. 수리는 인증이 필요할 수 있으며, 운송비를 누가 부담하는지도 명시되어야 한다. 재제조에는 중고품을 되사거나 혹은 새 물건을 할인해 주는 것이 포함된다.

> **재제조(Remanufacturing)**
>
> 1) 낡은 제품이 새로운 상태(like-new condition)로 복원되는 산업 프로세스. 대조적으로, 수리된 제품은 대개 본질성을 유지하며, 손상되었거나 심하게 마모된 부품만 교체되거나 수리된다.
> 2) 마모된(worn-out) 제품이 새로운 상태로 복원되는 제조환경.

중고품들은 몇 가지의 새 부품들을 사용하여 재가공 처리되고 재제조품으로써 판매된다. 예를 들어 캐터필러(Caterpillar)사는 산업용 차량에 이 방법을 적용한다.

> 💡 **환경 역물류(Green reverse logistics)**
> 포장재(packaging materials) 또는 중금속(heavy metals)과 같은 환경에 민감한 물질을 처분하는 공급업체의 책임.

역물류란 제조업자가 위험 물질을 회수하거나 폐기물을 줄이기 위해 프로세스를 적용하는 환경 물류의 한 부분이기도 하다. 재활용은 희귀하거나 위험한 물질을 회수하기 위한 것일 수 있다. 유럽연합(EU)의 법률같은 의무적인 프로그램은 제조사들이 소비자에게 아무런 비용 없이 특정 전자제품을 회수하도록 요구한다. 역물류는 재사용 가능한 포장을 반환하는데 사용할 수 있다. 이 산업용 포장은 제조사가 향후 납품에 사용할 수 있도록 쌓을 수 있는 통(bin) 등의 형태를 한다. 역물류는 많은 지역에서 회수되지만, 순 공급사슬에 비해 양이 상대적으로 적기 때문에 상당한 비용이 든다. 분류가 불규칙해서 물품의 재고를 반납하거나 유용한 부품을 회수하거나 재활용할 때 상대적으로 운송 및 자재 관리 비용이 높다. 역물류는 상당한 비용이 들기 때문에 순 공급사슬로부터 분리된 자체 공급사슬로 설계되고 관리되지 않는 한 이익을 감소시킬 수 있다. 많은 조직에서는 반품된 모든 상품을 제3자에게 판매하거나 역 공급사슬을 핵심역량으로 가지고 있는 조직에 아웃소싱한다.

13.1.3 물적유통 이해관계당사자(Physical distribution stakeholders)

물적유통의 요구사항들은 공급사슬 및 물류 관리자, 마케팅, 생산, 재무 관리자의 요구들을 포함한다.

🔍 공급사슬관리, 물류 및 물류 제공 업체

공급사슬관리 전문가들은 목표 고객서비스를 충족하는 동시에 총 시스템 비용을 최소화하는 것을 목표로 한다. 그들은 시스템 전체의 효율과 유효성을 증가시키기 위해 업무 부서와 회사를 넘어 일한다. 물류 관리자들은 보통 공급사슬 목표가 조직에서 정확하게 구현되도록 하기 위해 조직 내의 물적공급과 물적유통에 초점을 맞춘다. 제3자 물류와 같은 물류 공급자는 공급사슬 내의 하나 이상의 조직에 대해 이러한 공급사슬과 물류의 기능을 수행한다. 이해관계자들은 나중에 논의되는 바와 같이 주어진 서비스 수준에서 총 비용이 최소화되도록 재무와 협력하게 된다.

마케팅 및 4P

마케팅은 그 의사결정 사항들이 물적유통에 많은 영향을 미치기 때문에 유통의 중요한 이해당사자이다. 제 5장에 소개된 마케팅의 4P는 마케팅이 물리적인 유통을 위해 설정하는 많은 요건을 포함하고 있음을 언급하고 있다.

- 제품(product)
  제품의 특성을 명시하는 것을 일컫는데, 운송과 취급이 용이하도록 설계되어야 한다. 판매되는 제품의 믹스(다양성)는 창고비용과 운송비용에 영향을 미칠 것이다. 제품에 제공되는 서비스가 포함되며, 주문 자격요인과 수주 요인이 빠른 배송이라면 이것은 물류의 직접적인 요구사항이 될 것이다.

- 가격(price)
  가격은 제품의 가격이다. 재고 유지비용은 가격을 기반으로 계산되는데, 고가의 상품은 ABC 분류 중에서 A 또는 B 범주에 속하게 되기 때문에 보안, 자재 취급 등에 대한 관리상의 더 많은 주의를 요한다.

- 장소(place)
  상품을 판매하기 위한 위치, 즉 시장의 지리적인 위치, 물건을 그곳에 가져다주는 데 사용될 물적 유통채널, 그리고 고객들이 주문을 하는데 사용할 수 있는 판매 채널. 유통의 범위는 지역, 지방, 국가 또는 글로벌이 될 수 있으며 점점 더 정교한 관리를 필요로 한다. 유통채널의 각 조직체들은 이익을 증가시키는데 기여하지만 반면에 총 비용도 증가시킨다. 고객에 대한 혜택이 그들의 서비스에 대한 추가 비용을 지불할 만큼 충분히 커야 한다.

- 판매촉진(promotion)
  판매촉진에는 광고 및 판매팀과 재판매자 인센티브가 포함된다. 따라서 채널 파트너도 판매촉진에 참여할 수 있다. 또한 판매촉진은 다양한 지역에서 판매량을 증가시킬 수 있으며, 적절한 위치에 적절한 양의 재고 계획을 위한 판매촉진에 대한 정보를 필요로 한다.

생산(production)

생산은 여러 단계에서 물류와의 조율이 필요하다. 공장 계획 단계에서, 물적공급과 물적유통의 비용과 신뢰성이 동시에 고려되어야 한다. 가장 상위 단계에서 보자면, 철광석을 강철로 바꾸는 것처럼 무거운 원자재를 가공하여 비교적 가벼운 제품을 생산하는 조직은 그들의 공장을 원료 산지 또는 내륙 수로처럼 저렴한 수송망과 가까운 곳에 위치하길 원할 것이다. 이와는 반대로 물이 많이 첨가되는 탄산음료 제품처럼 생산 프로세스를 거치면서 제품을 더 무겁게 만드는 조직도 있다. 일반적으로 이러한 조직의 공장들은 고객 혹은 시장과 가까운 곳에 위치할 가능성이 높다.

유통센터가 조직의 상품을 유통할 때, 유통센터는 공장으로 직접 주문을 하기 때문에 주요 고객이 된다. 생산 부서가 유통센터와 의사소통해야 하는 결정적인 이유는 공급부족이나 가격상승의 경우, 채찍효과를 야기시키는 주문의 큰 변동을 맞추기 위해 생산능력을 변경하는 비효율로 인한 비용이 발생하기 때문이다. 유통센터와 그들의 고객은 공급사슬의 하류로부터 오는 수요 정보와 계획된 판매촉진과 같은 상세한 것들을 의사소통해야 한다. 공급사슬 관리자는 하류의 파트너들과의 관계와 의사소통을 개선하는데 참여한다.

재무(finance)

재무는 고객 서비스를 저해하지 않으면서도 비용을 최소화하여 수익성 극대화에 신경 쓴다. 이는 유통재고(distribution inventory) 관리에 대한 초점으로 이어진다. 유통재고의 비용은 평균 재고 수준을 낮추고 재고 회전율을 증가시킴으로써 낮출 수 있다. 따라서 재무는 채찍효과 완화, 리드타임 단축, 파트너와의 의사소통 향상에 신경써야 한다. 재무는 재고를 포함한 자산의 가장 효율적인 사용을 촉진하기 위해 총 비용 분석을 사용한다. 총 비용 개념에 대해서는 다음에 논의한다.

13.1.4 총 비용 개념(Total cost concept)

앞에서 논의한 바와 같이, 공급사슬관리는 전체 시스템 비용을 최소화하는데 초점을 둔다. 총 소유 비용에는 제품 내구성 같은 고려사항 뿐만 아니라 제품의 수명이 다할 때까지의 비용도 포함한다는 점을 상기해야 한다. 물류비용 포함 개념인 착지비용(landed cost)에 대한 개략적인 재무 분석을 할 때 종종 큰 비용만 고려하는 경우가 있다. 착지비용의 큰 비중을 차지하는 것이 재고 유지비용과 운송비용이다.

해외 원거리로의 물리적 유통에 가능한 운송수단은 해상 그리고 항공 두 가지가 있다. 컨테이너 선을 통한 해상 수송은 상대적으로 비용이 낮지만 리드타임이 길기 때문에 재고 유지비용이 높다. 운송 재고는 리드타임이 긴 경우 불확실성을 방지하기 위해 더 많은 안전재고를 유지해야 할 필요가 있다. 반대로 항공 운송은 운송비용은 매우 높지만, 리드타임이 매우 짧고 재고 유지비용 또한 매우 낮다. 운송일수가 짧으면, 실수요를 파악한 후에 재고 선적이 가능하다.

예를 들어, 재고유지비용이 하루에 $100, 해상 운송에는 45일이 소요, 컨테이너 당 운송비용은 $2,000 그리고 산업용 포장에 $500이 든다고 가정하자. 반대로 항공 화물은 컨테이너 하나에 $8,000가 들고, 일부 육상 수송을 포함하여 2일이 소요된다. 항공 운송은 덜 흔들리기 때문에 산업용 포장 비용은 $0이다. 도표 13-4는 부분적인 총 비용 분석의 요약이다.

비용(Cost)	항공(Air)	해상(Water)
운송비	$8,000	$2,000
재고유지비	$100 × 2 Days = $200	$100 × 45 Days = $4,500
산업포장	$0	$500
총비용	$8,200	$7,000

도표 13-4 항공운송 대 해상운송 총비용 비교

이 경우, 해상으로 운송하는 것이 덜 비싸다. 그러나 안전 재고의 차이 등 다른 고려사항을 고려하면 분석 결과가 달라질 수도 있다. 도표 13-5에는 어떤 상품들이 국제 운송에서 해상보다 항공을 이용하는 것이 더 나은지에 대한 이유를 설명하고 있다.

결정요소	항공(Air)	해상(Water)
화물 밀도 및 가치 (cargo density and value)	저중량, 고가의 품목에 적합	고중량, 벌크 품목에 적합
수요 패턴 (demand pattern)	동적인 수요에 가장 적합 (예를 들어 패션 의류)	안정적인 수요에 가장 적합
제조 유연성 대 저비용 (production flexibility versus low cost)	제조 유연성 최대화에 최적	비용을 최소화하는 것에 최적
안전재고 수준과 결품 (safety stock levels and stockouts)	안전재고 필요성 및 재고부족의 위험을 최소화	재고부족 위험을 줄이기 위해 높은 안전재고가 필요

도표 13-5 항공 대 해상운송 장단점 비교

일반적으로 가볍고 비싼 제품은 항공으로 운송하는 것이 더 저렴하고, 무겁고 저렴한 품목은 해상으로 운송하는 것이 더 저렴하다. 수요 패턴은, 총 비용의 관점에서 해상 운송이 긴 리드타임으로 인해 예측에 대한 의존도가 훨씬 더 큰 문제가 되고, 이를 고려할 필요가 있기 때문에 중요하다. 제조용 부품이 해상으로 운송된다고 가정할 때, 비용 절감이 생산 유연성 제약으로 인해 반감될 수 있다. 이러한 교환거래(tradeoffs)에 관련된 과잉재고, 안전재고 또는 결품 등이 분석에 반영될 필요가 있다.

마지막으로 어떤 시점에서는, 특히 리드타임을 줄일 수 있기 때문에 특정 품목을 현지에서 생산하는 것이 더 저렴할 것이다. 운송수단의 선택에는 다른 많은 유사한 교환거래들이 있다. 이것들은 나중에 다루어질 것이다.

13.2 유통재고(Distribution inventory)

유통재고는 재고생산(MTS) 제조환경에서 이슈가 되고, 어떻게 보충할지를 누가 결정하는지가 이번 논의의 주제이다. 이러한 결정에는 자율성(autonomy) 대 통제(control) 대 시스템 통합(system integration) 세 가지 방법들이 존재하고 어떤 방법을 채택할지는 통상적으로 공급사슬 파트너들

간의 협상을 필요로 한다. 각 결정에 따라 총 유통재고의 수준과 채찍효과의 관점에서 공장 수요의 변동성 모두에 심각한 영향을 끼치므로, 각 접근법의 장단점을 파악하는 것이 중요하다. 우선 유통재고계획 시스템의 목표를 살펴본 다음 주요 유형의 시스템에 대해 다룰 것이다.

13.2.1 유통재고계획(distribution inventory planning) 시스템 목표

유통재고계획 시스템의 목표는 공급사슬 파트너들과의 원활한 상호작용 그리고 최저 비용으로 목표 수준의 고객 서비스를 제공하는 것을 포함한다.

고객 서비스 목표는 각 재고 보관 위치에서 고객 서비스 목표 또는 충족율을 맞추는 것이다. 유통 네트워크는 흔히 중앙 공급 유통센터를 갖추고 있으며 이들이 지역 유통센터들에게 재고를 제공해주지만, 지역 유통센터는 수요 패턴에 따라 그들이 보유하고 있는 재고품이 다양할 수 있고, 어떤 품목들은 오직 수요에 대해서만 주문한다.

최소화하고자 하는 두 가지 주요 비용은 운송비와 자재취급비 및 다른 창고비용을 포함하는 유지비용이 있다. 공급자와의 효율적인 거래도 비용을 줄일 수 있으므로, 공장의 의견에 무조건 따르기보다는 주문크기가 정상보다 더 크거나 작을 때 그 이유를 잘 의사소통하는 등, 일정상의 문제를 최소화하는 것이 목표의 일부다.

유통재고계획의 관리 가능한 주요 비용은 자재 취급과 재고회전율이다. 자재 취급 횟수를 줄일 수 있는 방법을 모색하면 유지비용을 줄일 수 있다. 마찬가지로, 자재를 목적지로 더 빨리 이동하면 회전율을 더 빠르게 할 수 있다. 두 방법을 수행하는 한 가지 예는 크로스 도킹(cross-docking)이다. 이는 유통센터가 다양한 공급자에게서 납품된 단위화물들을 하역하고 재분류하여 곧바로 다른 유통센터 또는 하류의 고객들에게 보내는 것이다. 이렇게 하면 화물을 재고로 보관해 두었다가 나중에 다시 꺼내는 작업을 건너뛸 수 있기 때문에 자재취급을 최소화할 수 있다. 아울러 재고가 창고에 오랫동안 머무르지 않기 때문에 회전율을 높일 수도 있다.

13.2.2 유통재고 계획 시스템(Distribution inventory planning systems)

유통재고 계획 시스템의 3가지 주요 유형은 분권화된 통제를 하는 끌기(pull) 시스템, 중앙집중 밀기(push) 시스템 그리고 끌기와 밀기의 장점을 활용한 통합된 정보 시스템인 유통소요량계획(DRP, distribution requirements planning)이 있다.

끌기(pull) - 분산 형

> **분권화된 재고통제(Decentralized inventory control)**
> 각각의 재고 보관 위치(stocking location)에서 그 위치의 SKU에 대해 자체적으로 재고 의사 결정을 수행.

이것은 유통센터의 수요가 공급자로부터 재고를 끌어오기 때문에 끌기 재고 계획 시스템이라고도 불린다. 그러나 이것은 대개 단순히 재고를 끌어오는 주문이지, 최종 고객의 수요는 아니다. 그래서 분권화된 끌기 시스템은 제 11장의 주제 2와 3에서 다뤘던 독립수요 주문 시스템을 이용한다. 지역 유통센터(RDC, regional DC) 혹은 중앙 유통센터(CDC, central DC)에서 일반적으로 사용하는 재주문 방법은 주문점(order point) 시스템이다.

주문점 시스템을 사용할 때, 주문 수량은 고정되어 있지만 주문 시점은 사용량 정도에 따라 달라진다. 유통센터의 수요가 상대적으로 안정적이라고 가정하면, 주문 시점은 꽤 일정할 것이다. 하지만 여전히 중앙 공급에서 산발적인 덩어리(lumpy)의 수요가 발생하고, 공장에서는 훨씬 더 대량의 주문이 발생한다. 더욱이, 결품 발생 횟수를 최소화하기 위해 더 적은 횟수의 주문을 사용할 때 주문 크기는 훨씬 커지고 수요의 덩어리 정도는 더욱 과장된다.

끌기 시스템의 가장 큰 장점은 각 유통센터가 자율성을 갖게 되고, 그들이 알고 있는 지역 수요에 기반하여 주문 여부를 각자 결정할 수 있다는 것이다. 또한 다른 공급사슬 파트너와의 관계와 의사소통을 유지하는 비용을 절감하는 것을 포함한다. 가장 큰 단점은 이것이 채찍효과의 주요 원인이라는 것이다. 그외 단점으로는 다른 고객의 상황을 고려하지 않으며, 중앙 공급의 가용 재고를 보다 공정하게 분배하기 보다는 먼저 주문한 유통센터가 독차지할 수 있다는 것이다. 또 공장의 기준생산일정(MPS)의 필요성도 고려하지 않으며, 이러한 일정들이 산발적인 덩어리일 뿐만 아니라 주문 재촉으로 인해 혼란을 빚을 수도 있다. 이에 대한 한 가지 대응은 재고 계획을 중앙집중화하는 것이다.

밀기(push) - 중앙 집중식

> **중앙집중 재고통제(Centralized inventory control)**
> 한 사무실(one office) 또는 부서(department)에서 전체 회사(entire company)를 위해 실시되는 모든 재고 보관 단위에 대한 재고 의사 결정(inventory decision making).

수요, 판매촉진 등에 대한 정보를 바탕으로 중앙 유통센터에서 지역 유통센터로 밀어내기 때문에 밀기 재고 계획이라고도 불린다.

이 방법의 핵심 장점은 총 유통 재고 수준을 신중하게 관리할 수 있다는 것이다. 그러나 정의에서 알 수 있듯이, 조직이 자기 소유로 유통센터를 가지고 있을 때만 가능하다. 독립된 유통센터의 경우에는 재고를 보냈을 때, 혹 초과재고나 결품이 발생한다 할지라도 이를 수용한다는 상호간의 협약이 있어야 가능하다. 재고 수준은 중앙 계획 단계로 전달되서 사용된 재고를 보충하는 정보로 사용할 수 있으며, 장점으로는 조직이 계획된 판매촉진과 계절성 등을 예측에 포함시킬 수 있다는 점이다. 그러나 이 방법의 주요 단점은 수요에 대한 지역 정보가 충분히 또는 적시에 수집되지 않을 우려가 있으며 따라서 서비스 오류가 발생할 가능성이 더 높다는 점이다. 예를 들어 중앙 계획 단계는 여전히 지역 소매점의 판촉활동이나 주문 변화에 대한 정보를 가지고 있지 않을 수 있다. 이 때문에, 많은 조직이 유통소요량계획(DRP)이라고 하는 제 3의 선택사항을 선호한다.

유통소요량계획(DRP, distribution requirements planning)

> **유통소요량계획(DRP, Distribution requirements planning)**
>
> 지점 창고(branch warehouses)에서 재고를 보충(replenish)할 필요성을 결정하는 기능. 지점 창고 수준의 계획 주문이 MRP 논리를 통해 '전개(exploded)'되어 공급처의 총소요량(gross requirements)이 되는 시간경과 주문점(time-phased order point) 접근 방식이 사용된다. 다단계 유통망(multilevel distribution networks)의 경우, 이 전개 과정은 다양한 수준의 지역 창고(기준 창고, 공장 창고 등)를 통해 계속 진행될 수 있으며 기준생산일정(MPS)에 투입된다. 공급처에 대한 수요는 종속적으로 인식되고, 표준 MRP 논리가 적용된다.

정의에서 알 수 있듯이 자재소요량계획(MRP) 논리를 이해한다면 유통소요량계획(DRP) 논리를 이해하기가 쉽다. 지역 유통센터로부터 발행된 계획주문은 중앙 공급 유통센터의 총 소요량이 되고, 중앙 공급 유통센터의 계획주문 발행이 공장의 기준생산일정(MPS)에 수요예측 형태로 총소요량에 대한 투입요소가 된다. 따라서 대량 주문이 발행될 필요가 있을 때, 공장은 계획을 세우기 위한 시간을 더 많이 가질 수 있다.

> **시간경과 주문점(TPOP, Time-phased order point)**
>
> 전체 수요가 전개(explosion)를 통하지 않고 예측(forecast)에서 비롯되는, 독립수요(independent demand) 품목에 대한 MRP와 같은 시간 계획 논리 기법(time planning logic technique). MRP 논리가 종속 수요, 독립 수요 또는 이 둘의 조합을 가진 품목을 쉽게 처리할 수 있기 때문에 서비스(수리) 부품 계획뿐만 아니라 유통센터 재고를 계획하는 데 사용될 수 있다. 기간을 사용하여 평균 수요 대신에 불규칙한 불출(lumpy withdrawals)을 허용하는 접근 방식. 유통 환경에 사용되는 경우, 계획주문 발행은 기준 일정 종속 수요로 투입된다.

유통소요량계획은 끌기(pull)와 밀기(push)의 특성을 모두 가지고 있다. 현지 지역 유통센터는 계획주문을 자체 결정하기 때문에 수요에 대한 지역 고객에 잘 대응할 수 있다. 또한 그들이 실제 주문을 발행하기 전에 계획주문이 입력되어 중앙 공급처와 공장에서는 미래 수요에 대해 즉각적인 정보를 받기 때문에 공장에서의 평준화 생산에 도움을 준다. 시스템이 통합되기 때문에, 공장에서는 권장 계획주문이나 예외사항과 조치 메시지를 중앙 공급 유통센터로 제공할 수 있고 차례로 중앙공급 유통센터는 이러한 정보들을 지역 유통센터에 전달할 수 있다. 생산 계획자들은 모든 것이 통합된 재고 보관 장소의 재고 수준에 대한 좋은 정보를 얻게 될 것이다. 그들은 다양한 장소에서 서로 다른 계획된 주문 크기를 제안할 수 있다. 이렇게 하면 먼저 주문한 사람이 물량을 모두 가져가고 나머지는 결품이 발생하는 단점을 회피하는 대신 모든 지역에서 골고루 재고를 확보할 수 있다.

DC A 주차(week)	1	2	3	4	5	6	7	8
총 소요량							300	
기계획된 수취								
예상가용잔량	170	170	170	170	170	170	270	270
순 소요량							200	
계획주문 수취							400	
계획주문 발행					400			

DC A 주차(week)	1	2	3	4	5	6	7	8
총 소요량								500
기계획된 수취								
예상가용잔량	200	200	200	200	200	200	200	200
순 소요량								400
계획주문 수취								500
계획주문 발행						500		

중앙창고 주차(week)	1	2	3	4	5	6	7	8
총 소요량						900		
기계획된 수취								
예상가용잔량	500	500	500	500	500	200	200	200
순 소요량						600		
계획주문 수취						600		
계획주문 발행			600					

	로트크기 (수량)	리드타임 (주)	안전재고 (수량)
DC A	400	1	70
DC B	500	2	100
중앙창고	600	3	200

공장 주차(week)	1	2	3	4	5	6
총 소요량			600			
예상가용잔량	0	0	200	200	200	200
기준생산일정			800			

도표 13-6 유통소요량계획(DRP) 예

각 유통센터가 어떻게 특정 재고품에 대해 자체적인 로트크기, 리드타임 그리고 안전재고 수준을 가져가는지 주목하자. 각각은 순 요구량과 순 요구량에 기반한 계획주문 발행을 결정하기 위해 총 요구량을 예상가용잔량(PAB)으로 변경한다. 유통센터 A를 살펴보자. 유통센터 A의 리드타임이 1주 여서, 6주차에 계획주문 발행을 한다. 유통센터 B는 리드타임이 2주여서, 8주차에 계획주문 수령을 위해 6주차에 발행해야 한다. 400개 그리고 500개의 주문들은 합산되서 6주차에 900개의 총 소요량으로 중앙 공급 유통센터 그리드에 나타난다. 중앙 공급 유통센터에서 순 소요량을 계산하고 나서 600개의 로트 크기에 대해 계획주문 수령 일정을 잡는다. 그리고 리드타임 3주를 상쇄해서 기준생산일정 그리드에는 3주차에 계획주문 발행을 한다. 이것은 공장의 총 소요량이 되고, 일반 기준 일정수립 프로세스는 이것을 기준생산일정(MPS)으로 변환한다.

큰 그림에서 본 것 이외에도, 유통센터 A와 B 그리고 중앙 공급 유통센터에 대한 순 소요량도 표시된다는 점에 유의한다. 제 7장의 주제 3에서 논의한 자재소요량계획 계산 공식을 사용하여 7주차에 대한 유통센터 A의 순 소요량을 계산하면 다음과 같다.

순소요량(Net Requirements)
= 총소요량(Gross Requirements) − 기계획된 수취(Scheduled Receipts)
− 이전 예상가용잔량(Prior Projected Available)

유통센터 A의 7주차 순 소요량 = 300개 − 0개 − 170개 = 130개

그러나 이 유통센터에는 70개의 안전재고 소요량이 있기 때문에 이전 기간의 예상가용량은 아래 식과 같이 안전재고 소요량에 의해 감소되어야 한다.

순소요량(안전재고 포함) = 총소요량 − 기계획된 수취 − (이전 예상가용잔량 − 안전재고)

유통센터 A의 7주차 순 소요량(안전재고 포함)
= 300개 − 0개 − (170개 − 70개) = 300개 − 0개 − 100개 = 200개

안전재고를 설정하고 있을 때 자재소요량계획의 순 소요량에 대해 이와 같은 변경이 이루어질 것이다. 이러한 방법으로 예상가용잔량은 안전재고 수준 이하로 떨어지지 않을 것이다. 앞의 표의 다른 모든 순 소요량들도 안전재고를 고려한 뒤에 계산된 것이다.

13.3 운송(Transportation)

> 🎵 운송(Transportation)
> 조직 안팎으로의 재고의 이동과 이동 수단, 거래처 등과 관련된 활동들을 계획하고(planning), 일정수립을 하고(scheduling), 통제하는(controlling) 기능.
>
> 🎵 교통(Traffic)
> 입고되고 출고되는 자재 및 제품에 대해 가장 경제적인 분류(economic classification)와 선적 방법(method of shipment)을 책임지는 부서 혹은 기능

이번 주제는 운송의 목적을 논하는 것으로 시작한다. 그 후, 운송과 창고를 함께 다루는데, 유통 네트워크에서 이들 부분의 상호 관련성이 높기 때문이다. 여기서는 다양한 운송 수단(mode)과 운송자(carrier)를 포함한다.

13.3.1 운송 목표

운송의 목표는 운송 비용(cost)과 운송 시간(time)을 최소화하는 동시에 목표하는 고객 서비스 수준을 충족시키는 것이다. 운송 비용은 운송 비용 자체에 추가하여 재고 유지비용율과 운송일수로 계산되는 운송 중 재고의 유지비용이 더해진다.

고객 서비스 목표와 비용 또는 재고 최소화 간의 갈등과 더불어, 느린 운송은 일반적으로 운송 비용이 낮지만 유지비용이 높은 반면 빠른 운송은 일반적으로 반대의 상황이 나오는 교환거래(tradeoffs)가 발생한다.

13.3.2 운송 및 창고

유통 비용을 최소화하기 위해 운송 및 창고 보관이 어떤 식으로 함께 작동되는지를 이해하려면, 선적 패턴과 선적 비용을 알아야 한다.

🔍 선적 패턴

도표 13-7을 보면 선적 수단에 관계없이 일정한 선적 패턴이 있음을 알 수 있다. 판매자(선적인)로부터 지역 터미널로 운송되는 지역 배송, 그 후 이어지는 터미널 간 수송에 발생하는 장거리 운송(line-haul) 그리고 도착지 터미널부터 구매자(수하인)로 이어지는 최종 지역 운송 구간이 있다. 장거리 터미널 수송이 운송 여정의 대부분을 차지하며, 다른 부분들은 지역 배송(local delivery) 또는 수거(pickup) 그리고 배송(delivery)이라고 부른다.

도표 13-7 선적 패턴(shipping patterns)

> 💡 **터미널(Terminals)**
> 운송 시, 운송자(carriers)가 화물을 운송 수단에 적재(load) 하거나 하역(unload)하는 장소. 또한 지역 픽업 및 배송 서비스와 터미널간 장거리 운송(line-haul service)에 사용된다. 터미널에서 수행되는 기능에는 다른 경로 및 운송자와의 계량 연결(weighing connections), 차량 경로 지정, 발송(dispatching), 유지보수, 서류 작업 및 관리(administration)가 포함된다. 터미널은 운송자에 의해 혹은 공공에 의해 소유되거나 운영될 수 있다.

터미널은 터미널간 장거리 수송 수단에 따라 항구, 트럭 터미널, 철도 터미널, 공항 또는 파이프라인 터미널 등이 될 수 있다. 또 다른 선적 패턴은 판매자로부터 구매자로 직접 한 번에 이어지는 단일 여정이다. 이 패턴에서는 양극단에서의 자재취급을 포함한 터미널간 운송(line-haul)만 발생한다.

> **밀크런(Milk run)**
> 여러 공급업체의 혼합된 화물(mixed loads)을 픽업하는 정기적인 경로. 예를 들어, 다섯 공급업체가 매주 트럭 한 대 분량의 화물(truckload)을 보내 고객의 주간 요구사항을 충족시키는 대신 한 트럭이 고객의 공장에 배달하기 전에 매일 각 공급업체를 방문한다. 매주 5대의 트럭로드(truckload)가 출하되지만, 각 트럭로드에는 각 공급업체의 일일 소요량(daily requirement)이 포함되어 있다.

또 다른 패턴은 밀크런이라고 불리며, 이것은 물적 공급(인바운드)이나 물적 유통(아웃바운드)에서 수거와 배송의 일부로 행해질 수 있다.

선적 비용 및 운송자 요금

선적 비용에는 네 가지 기본 유형이 있다.

◆ 터미널간 장거리 비용(line-haul cost)

> **터미널간 장거리 비용(line-haul cost)**
> 운전자의 임금(wages) 및 사용 감가상각비(depreciation)를 포함하여 화물 컨테이너를 이동하는 운송자 기본 운영 비용. 이들은 거리당 비용, 선적 거리 및 이동된 중량에 따라 다르다.

터미널간 장거리 비용은 운송 여정 중에서 가장 큰 주요 비용이다. 사용 감가상각비란 차량 마모에 대한 요금을 말한다.

> **총 장거리 비용 (Total line-haul costs)**
> 선적 거리(distance)와 마일당 비용(cost per mile)에 따라 다르다.

총 장거리 비용은 거리가 가장 주된 요소이기 때문에 변동비용(variable cost)으로 간주된다. 운송수단도 마일 또는 킬로미터 당 비용에 영향을 미치기 때문에 요소가 될 수 있다. 총 장거리 비용은 무게에는 크게 의존하지 않는다. 차량의 중량은 보통 전체 총 중량의 대부분을 차지하므로, 빈 차량은 가득 실었을 때와 거의 동일한 비용을 부담한다. 비용은 마일 또는 킬로미터

당 요금에 마일 또는 킬로미터를 곱해서 추정한다. 예를 들어 마일 당 $3이고 거리가 1,000마일 이라면 비용은 $3,000이다. 단위를 기준으로 볼 때, 한 단위의 물품만 탑재되어 있다면, 비용은 단위당 $3,000이지만 500단위가 탑재되어 있다면 단위당 비용은 $6이 된다. 그래서 짐을 최대화하는 것이 우선이다. 무게를 기준으로 볼 때 1톤이 실렸다면, 톤 당 $3,000이고 8톤이 실렸다면 $3,000/8 = $375이다. 절감액은 한 비용에서 다른 비용을 빼서 계산할 수 있다.

◆ 수거(pick up) 및 배송 비용

> 💡 수거 및 배송 비용(Pickup and delivery costs)
> 각 선적 픽업과 해당 선적의 무게에 대한 운송자 부담 비용. 여러 소규모 선적물을 한 번에 통합하여 픽업하면 비용을 줄일 수 있다.

터미널로 보내기 위해 공급자 지역에서 수거하는 비용 또는 수취인에게 보내기 위해 도착지 터미널에서 수거하는 비용이다. 이 비용은 주로 거리보다는 수거품의 무게와 횟수에 따라 달라지는데, 작업에 소요되는 시간이 거리보다 더 중요한 비용 요소라는 것을 의미한다. 수거 및 배송 비용은 보통 원가 분석에서 고정비용으로 처리된다. 만약 두 번 대신 한 번의 통합 수거가 이루어진다면 비용을 절감할 수 있다. 마찬가지로, 무게를 줄일 수 있다면 비용을 절감할 수 있다.

◆ 터미널 처리 비용

> 💡 터미널 처리 비용(Terminal-handling charges)
> 1) 운송자 비용은 선적물을 적재, 처리 및 하차해야 하는 횟수에 따라 다르다. 선적물을 보다 적은 수의 화물로 통합(consolidating)하거나 만차(truckload)로 선적함으로써 비용을 줄일 수 있다.
> 2) 선적 선로의 경우, 선적 중에 하차(unloading) 및 적재(loading)하기 위해 컨테이너 터미널에 지불하는 비용. 이 비용은 선적항 또는 목적지의 선적 경로에 의해 부담된다.

이 비용은 자재 취급, 검사 그리고 세관에서 통관에 관련하여 터미널에서 부과하는 수수료이다. 이것은 고정비용이고, 적재와 하차를 포함한 자재 취급 횟수에 따라 달라진다. 만차된 화물은 종종 크레인 같은 대형 장비로 다루는 반면, 가득 차지 않은 화물은 다른 화물들과 통합해서 하역시킨다. 요금은 취급에 달려있기 때문에, 어떤 형태로든 통합을 하면 비용을 줄일 수 있다. 바코드 또는 다른 자동인식 방법을 사용함으로써 비용을 줄일 수도 있다.

◆ 청구서 작성 및 수금 비용
이는 위에서 언급한 서비스에 대한 지불에 관련된 고정 행정비용이다. 보다 적은 횟수의 선적과 적은 회수의 수거가 비용을 줄이는 방법이다.

운송 비용은 운송자(carriers)의 요금에 따라 크게 달라진다. 운송 서비스를 제공하는 조직인 운송사는 특정 국가에서 가격 규제를 받을 수도 있지만 운송은 대부분 지역에서는 규제에서 벗어나 있다. 운송사는 두 가지 기본 요금 구조를 사용하는데, 하나는 만차(TL, truckload 혹은 CL, containerload)일 경우이고 다른 하나는 만차되지 않은(LTL, less-than-truckload 혹은 LCL, less-than-containerload) 경우이다. 만차일 경우에는 만차 요금(TL rate)이라고도 부르지만 철도용에 해당되는 카로드(carload) 또는 수상용에 해당하는 컨테이너로드(containerload)와 같은 비슷한 용어도 존재한다. 만차되지 않은(LTL) 비용에 관련되어 추가적인 수거와 배송, 터미널에서의 취급, 자재 취급 그리고 청구서와 수금 비용 등이 발생하므로 이 서비스의 요금은 만차(TL) 선적보다 훨씬 높다. 최대 2배까지 높을 수 있다. 만차 배송은 단위당 요금이 낮을 뿐만 아니라 운송해야 할 총 하중의 횟수가 더 적기 때문에 훨씬 덜 비싸다. 조직들은 종종 만차 수량이나 그에 상응하는 정도로 물품을 구매할 것을 장려하기 위해 수량 할인이라는 유인책을 활용한다.

> **수량 할인(Quantity discount)**
> 구매 수량(quantity) 또는 가치(value)에 의해 결정되는 가격 인하 허용.

만차 운송의 한 가지 단점은 로트크기 재고, 혹은 주기재고를 만들고 이것이 총 재고 유지비용을 증가시킨다는 점이다. 이 단점은 유지비용이 상당히 높음으로 인해 만차 운송을 사용함으로써 얻는 비용 절감을 초과할 수도 있고 혹은 초과하지 않을 수도 있지만, 총 비용 분석에서는 고려해볼 요소가 될 수 있다. 만차(TL)와 비만차(LTL)에 따라 상이하게 적용하는 것 외에, 운송자는 어떤 화물이 실렸는지 그리고 어떻게 포장되었는지에 따라 다른 요금을 책정하기도 한다. 이러한 방식에 영향을 받는 몇 가지를 살펴본다.

- 위험 물질은 운송요금이 더 비싸고 특수차량과 공인된 취급자가 필요할 수 있다.
- 깨지기 쉽거나 냉동 또는 냉장품은 특수차량과 취급장비가 필요할 수 있다.
- 고가 상품은 보안 문제와 피해와 관련된 보상에 대한 운송자의 책임 증가에 대해 프리미엄 요금이 부과된다.

- 손상되기 쉬운 물품은 비용이 많이 들지만, 양질의 포장을 통해 손상 위험과 더불어 요금까지도 낮출 수 있다.
- 파레트화 된 것처럼 취급이 쉬운 물품은, 취급 장비가 더 많이 필요하거나 전문화된 취급 장비가 필요한 품목에 비해 요금이 낮다.

밀도(density)와 부피(volume) 사이에도 관계가 있다. 밀도가 낮은 상품, 즉 무게가 가벼운 상품은 가용한 공간을 더 빨리 채우고 적게 실리기 때문에 단위당 운송료가 높다. 밀도가 높은 상품은 단위당 비용이 비교적 적게 든다. 단, 물량을 최대화하기 전에 차량 하중 제한에 도달할 정도로 밀도가 높은 경우는 제외한다. 운송비를 절감하는 것은 각 여정에서 최대 적재량을 채우기 위한 작업이 포함된다. 일반적으로는, 출하되는 중량을 최대화하여 단위당 또는 중량당 장거리 운송 비용을 절감하는 것을 의미한다. 이 무게 한계에 도달하지 않은 물품들은 화물의 부피를 최대화하는 것이 작동된다.

비교적 덜 빈번한 노선인 경우 귀로화물을 위한 비용이 부과될 수 있다. 만약 운송자가 빈차로 회송하지 않고 만차 혹은 부분적인 물량 운송을 수행한다면 이러한 비용은 발생하지 않을 것이다.

> **귀로화물 운반(Backhauling)**
> 원래 목적지 지점에서 출발 지점으로 돌아오는 운송 차량의 프로세스. 미국의 경우 1980년 자동차 운송업법(Motor Carrier Act)은 고속 주행 상용 운송을 규제해제(deregulating)하여 운송자가 귀환 여정에 대한 계약을 하는 것을 허용했다. 귀로 화물(backhaul)은 전체, 부분 또는 빈 부하일 수 있다. 빈 귀로 화물을 회송이라고 부른다.

마지막으로, 운송자는 약속한 것보다 빠르게 혹은 더 많은 양을 요청하는 등의 재촉이나 지연에 대한 요금이나 프리미엄을 부과할 수 있다. 하차 시간을 초과할 경우 발생하는 비용은 운송 수단에 따라 유치(detention)와 체선(demurrage)으로 구분하여 부른다.

> **유치(Detention)**
> 지정된 적재(loading) 및 하차시간(unloading time)을 초과하여 유지될 때 적용되는 운송자가 부과하는 비용 및 수수료(도로인 경우).

> **체선료(Demurrage)**
> 철도 화물(rail freight) 및 선박(ships)이 지정된 적재 또는 하차 시간을 초과하여 보유될 경우 적용되는 운송자 비용 및 수수료(철도 혹은 수상인 경우).

창고 관리가 운송 비용을 절감할 수 있는 방법

만차(TL)와 비만차(LTL)간의 비용 차이에 기반할 때, 창고는 운송비 절감에 부가가치 역할을 할 수 있다. 그러나 창고도 역시 비용이 발생한다. 창고 비용에는 장비와 설비의 비용 그리고 자재 취급을 위한 인건비도 포함된다. 따라서 창고 사용으로 인한 비용 절감이 창고 비용 자체보다 더 높아야 한다. 창고가 부가가치를 창출하는 한 가지 예는 다수의 비만차(LTL)를 소수의 만차(TL)로 통합하여 장거리 운송을 하고 유통센터를 통해 각 지역의 고객들에게 배송하는 것이다. 도표 13-8은 그 차이를 보여준다.

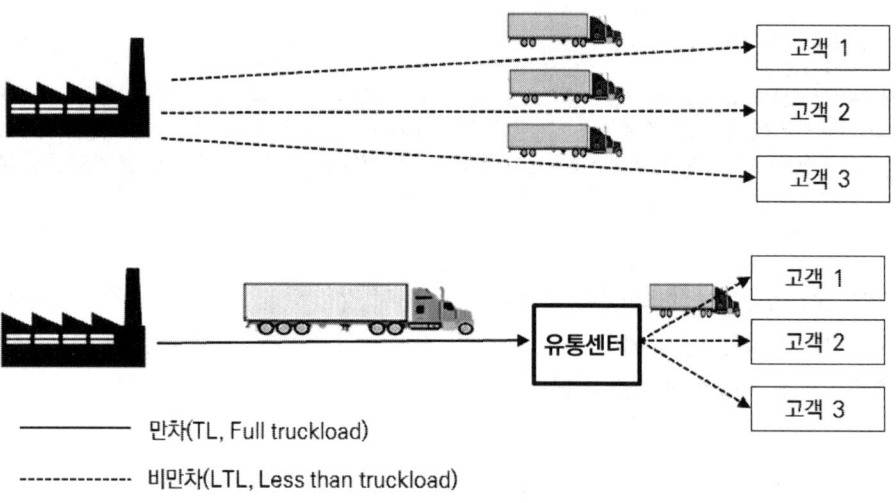

도표 13-8 만차(TL)와 비만차(LTL) 비교

첫번째 시나리오에서 주문은 별도의 비만차(LTL) 형태로 각각 고객에게 직접 전달된다. 두번째 시나리오는 하나의 만차(TL)로 통합하여 이것을 고객들 지역 근처의 유통센터로 보낸다. 유통센터에서는 지역 배송으로 짐을 나누고 배송하는데 이것을 브레이크 벌크(break-bulk)라고도 한다.

> **브레이크 벌크(Break-bulk)**
> 1) 동종 물품의 만차(truckloads), 철도 차량(railcars) 또는 컨테이너(containers)를 작고 적절한 수량으로 나누어 사용한다. 2) 브레이크 벌크(break-bulk) 활동을 전문으로 하는 유통 센터. 3) 컨테이너가 아닌 선박의 화물창에 직접 배치되는 화물꾸러미(bales), 박스 또는 나무 상자에 있는 유닛화된 화물(unitized cargo).

만약 두 번째 시나리오와 연관된 운송비와 창고 서비스의 비용이 첫 번째 시나리오에서의 비용보다 적다면, 유통센터는 가치를 증대한 것이다. 유통센터는 장거리 운송 전에 다양한 공급자로부터 온 비만차(LTL)를 만차(TL)로 통합해 많은 유사 부가가치 서비스를 제공한다.

> **화물 통합(Freight consolidation)**
> 비용 절감을 위해서나 운송 기능의 가동률을 높이기 위해 선적물 그룹화. 시장 영역(market area) 그룹화, 예정된 배송에 따른 그룹화 또는 공용 창고 및 화물들과 같은 제3자 공동 서비스(third-party pooling services)를 사용하여 통합될 수 있다.

소매업자에게 공급하는 유통센터나 보충물류 센터에서 화물을 통합하는 것을 제품 혼합(product mixing)이라고도 한다. 이는 고객이 상이한 다수의 공급자에게 다수의 개별 주문을 발행해야 하는 번거로움을 줄이는 장점을 제공한다.

유통센터 사용 여부에 대한 분석은 모든 선적에 대한 연간 분석을 통해 이루어지는 경우가 많다. 각각 대안의 비용을 계산하고, 가장 저렴한 방법이 선택되는 예를 살펴보자. 연간 선적량이 40,000톤이고 고객에게 개별적으로 직접 가는 비만차(LTL)의 비용이 톤 당 $100, 유통센터로 가는 만차(TL)의 비용이 톤 당 $50, 근거리 지역 배송의 비용은 톤 당 $10, 그리고 유통센터의 재고 유지비용이 톤 당 $12이라고 가정하자. 도표 13-9는 톤 수 계산과 톤 당 비용 계산 결과를 보여준다.

연간 수량(톤)	40,000 톤	
톤 당 LTL 직접비	$100	$4,000,000
LTL 총 직접비	$100	$4,000,000
톤당 DC 까지 장거리 TL	$50	$2,000,000
톤당 수거 및 납품	$10	$400,000
톤당 DC 유지비용	$12	$480,000
DC를 가진 TL 총비용	$72	$2,880,000
차액	$28	$1,112,000

도표 13-9 TL과 LTL 시나리오 가격 비교

이 경우, 고객 근거리에 유통센터를 유지하여 만차로 장거리 운송을 할 때 톤 당 $28 또는 전체가 40,000톤일 경우 $111.2만을 절감할 수 있다.

이러한 분석은 유통센터의 고정비용과 변동비용 요소를 구분지을 수도 있다는 점에 유의해야 한다. 예를 들어, 설비와 장비의 자본비용은 고정비용이다. 이것은 손익분기점 분석의 유형으로 나타날 수 있다. 특정 선적 물량이 손익분기점 이상일 경우, 유통센터를 사용하는 것이 유리할 것이다. 그 손익분기점 이하에서는 직접 개별 배송하는 것이 낫다.

운송물류의 다음 결정사항은 장거리 운송에 알맞은 운송 수단(modes)을 선택하는 것이다.

13.3.3 운송수단(Transportation modes)

운송수단으로는 수상, 철도, 도로, 항공, 파이프라인 및 복합운송 모델이 있다. 각각의 고유의 특성에 대해 알아보자.

> **통행로(Ways)**
> 통행권(right-of-way), 노반(roadbed), 트랙(tracks) 및 기타 물리적 시설(physical facilities)을 포함하여 운송자가 운영하는 경로. 정부가 소유하거나 운송자가 사적으로 소유하거나 혹은 자연적으로 제공될 수 있다.

수상/해상(water)

수상은 크게 해상(ocean)과 내륙 수로(inland waterway) 둘로 나누어진다. 해상 수송은 컨테이너선(containerships)뿐만 아니라 전문 운송을 위한 여러 종류의 많은 해양 선박을 포함한다. 내륙 수로는 강, 운하 등을 포함한다. 운송 매체는 자연적으로 제공되거나 정부에 의해 유지된다. 따라서 운송자는 여기에 자본 비용을 부담하지 않는다. 그러나 파나마 운하같은 댐이나 갑문을 사용하면 수로 사용료가 있을 수 있다. 터미널은 정부에서 제공할 수도 있지만, 사유 터미널이 보편적으로 되어가고 있다. 운송자는 터미널을 사용함에 따라 요금을 지불한다. 이러한 유형의 사용료는 모두 고객에게 전가된다. 운송자는 선박을 소유하거나 임대할 수 있는데, 이 비용이 운송자의 주요 자본비용이다.

수상 운송은 속도가 느리지만 대부분의 선박들이 대량의 화물을 취급할 수 있어 대량 운송 시 고정비용을 분산시킬 수 있기 때문에 단위당 가격이 저렴하다. 수상 운송은 밀도가 매우 높고, 가격이 낮은 광석 같은 것들을 옮길 수 있는 몇 안 되는 경제적인 선택 중 하나이다. 수상 운송은 리드 타임을 크게 증가시킬 수 있지만, 낮은 비용 때문에 여전히 현명한 선택이 될 수 있다. 이것은 선주와 위탁자 둘 다 수로에 위치해 있을 때, 둘 사이의 터미널 간 운송일 때만 사용 가능하다. 그렇지 않다면 어떤 형태의 지역 수거와 배송이 필요할 것이다.

철도(rail)

수상 운송처럼 철도 운송은 비용이 저렴하다. 하나의 기관차와 한 명의 승무원이 약 100칸의 열차를 운반할 수 있기 때문에 변동비용이 매우 낮고, 그 중 일부는 이중 적재될 수도 있다. 각각의 열차는 약 16만 파운드(~72,575kg)를 운송할 수 있다. 승차감은 거칠지만 마찰이 적어서 높은 연료 효율을 보인다. 여기에 더해 높은 운송 능력은 단위당, 무게 당 변동비용을 매우 낮게한다. 그러나 수상 운송과는 다르게, 철도 운영자들은 자신의 모든 철도 노선을 소유하고 유지해야 한다(미국의 경우이며 한국은 아직 완전 민영화되지 않아 국가에서 철도를 부설함). 따라서 철도 수송은 고정비용이 높고, 교통량이 많아 최대한 많은 단위로 비용을 분산시킬 수 있다. 운송량이 충분하지 않은 철도 노선은 운행되지 않는다.

철도는 내구성 좋고, 밀도가 높고, 가격이 낮은 상품에 적합한데, 그 이유는 특히 밀도가 높은 화물의 경우에 장거리 운송 비용이 도로 운송보다 훨씬 저렴하기 때문이다. 철도는 거친 노면으로부터 제품을 보호할 수 있다는 가정하에 장거리로 많은 종류의 화물을 운송하는 컨테이너 수송에 적합하다. 장거리 철도 운송의 속도는 좋지만, 지연이 문제가 될 수 있다. 지연은 노선 또는 터미널 환적에 대한 경쟁적 사용으로 발생할 수 있다. 유럽에서 지연과 추가 비용은 국가 간의 궤도가 상이함에 따라 발생한다(예, 스페인과 프랑스 사이). 또한 보내는 사람과 받는 사람이 모두 연결된 철로가 있지 않은 한, 수거와 도로 배송 비용이 적용될 것이다.

도로(road)

도로 운송은 하역 없이 컨테이너를 운반하는 것을 포함해 많은 종류의 단거리 그리고 특수 차량뿐만 아니라 세미(semis) 운송을 포함한다. 어떤 세미 운송은 두개 혹은 그 이상의 트레일러를 운반하는데, 인건비와 장비 비용을 낮춘다. 도로는 통상 정부에 의해 유지관리 되기 때문에 사용자는 일반적으로 관련 세금과 사용 요금만 지불하고 사용한다. 도로 운송용 터미널은 일반적으로 운송업자가 소유 및 운영하지만 정부 소유의 것도 있다. 차량은 자체 소유하거나 임대할 수 있지만, 철도에 비하여 자본 비용이 적게 든다. 인건비, 연료비, 차량 마모와 감가상각비 등 주요 비용이 다양하다. 도로 운송의 가장 큰 이점은 유연성인데, 직접 사용처까지 운송할 수 있다. 도로 운송은 모든 종류의 화물 수송에 이용되지만, 다양한 목적지로 소량을 운송할 때보다 효과적이다. 트럭 적재량은 최대 10만 파운드(약 45,359kg)까지 가능하기 때문에 철도의 적재량보다는 적다. 도로 운송은 비교적 빠르고 가격도 적당하며, 특히 만차 운송의 경우 더욱 그렇다. 그러나 장거리 운송 시 철도나 수상 운송보다는 비싸다.

항공(air)

항공 운송에는 전용 화물기(예: DHL)와 상업용 항공편의 화물 공간이 포함된다. 그러나 상업용 항공의 경우 승객과 승객용 짐을 우선으로 하고 화물은 거부될 수 있다. 항공은 가장 비싼 운송 수단이지만, 다른 어떤 형태보다 빠르다. 대부분의 기업들이 공항 근처에 위치하고 있지 않더라도 도착지에서 필요한 수거와 배송을 포함한 리드타임이 몇 주에서 하루 또는 이틀로 단축될 수 있다. 항공 운송은 화물에게 가장 부드러운 수단이지만 화물 공간과 중량 모두에 한계가 있기 때문에 최소한의 포장만 필요하다. 항공 비용은 주로 높은 연료비 및 기타 운영 비용과 항공사가 터미널 진입을 위해 지불하는 변동 비용이다. 터미널은 정부가 비용을 부담하지만, 임대 또는 소유한 항공기의 비용이 매우 높으며 항공사의 비용 중 가장 큰 부분을 차지한다. 공급자와 고객에게 허용 가능한 거리 내에 적절한 공항이 있어야 한다.

항공 운송은 일반적으로 높은 총 비용에도 불구하고 신속하게 처리해야 하는 경우뿐만 아니라, 고가품과 가벼운 상품 또는 신선 생선처럼 비싸고 썩기 쉬운 상품에 대한 현명한 선택이다. 어떤 산업에서는 항공이 본원적인 운송 수단일 수 있다. Lewis, Culliton과 Steele는 1956년 연구에서 비싼 부품인 경우 단일 창고를 사용하고 고객에게 항공을 통해 보내는 것이 여러 지역에 복수의 창고를 유지하는 것에 비해 총 비용 낮은 방안이 될 수 있다고 주장했다.

파이프라인(pipeline)

파이프라인은 많은 양의 액체 및 슬러리(slurry)를 이동시키지만 일반적으로 원유같은 한 가지 유형의 물질을 위해 건설된다. 굉장히 많은 자본 비용이 필요하지만 운영비용은 매우 저렴하다. 이를 활용할 수 있는 산업의 경우, 주요 대안인 철도보다 훨씬 저렴하다. 파이프라인은 날씨에 영향을 받지 않고 지속적으로 운영된다. 단점으로는 규제 장애물, 환경 문제 및 필요한 허가 때문에 신규 라인 승인을 받는데 수년이 걸리는 경우가 종종 있다. 파이프라인은 어디에서나 테러리스트의 공격에 노출되어 있다. 또한 전력 부족으로 운영에 차질이 생길 수 있을 수 있고 강철의 부식을 방지하기 위해 유지관리가 필요하다.

복합운송(intermodal)

> **복합운송(Intermodal transport)**
> 1) 각 모드의 최상의 기능을 결합한(combining) 다양한 유형의 장비로 이동하는 선적물. 2) 선적의 이동에 둘 이상의 운송 수단 모드 사용.

복합 운송은 장거리 운송에 사용되며, 특수 물류가 필요하다. 이것은 종종 컨테이너로 이루어지는데, 트럭으로 터미널까지 운송되고, 해양 운반선을 타고 도착지 터미널로 그리고 철도나 트럭 등으로 운반할 수 있다. 그 예로는 아시아에서 미국 서부 해안까지 상품을 운반하는 컨테이너선을 사용하고, 동부 해안으로 철도를 통해 컨테이너를 운반해 파나마 운하의 높은 요금을 회피할 수 있다.

13.3.4 운송자(Carriers)

우리는 이미 운송요금에 대해 살펴보았고, 이젠 운송자의 법적 분류에 대해 살펴보기로 하자. 이 분류는 과거에 특히 미국에서 운송자 규제가 심했을 때 더 중요했다. 규제는 나라마다 다르지만, 대부분의 국가는 요금이나 서비스와 관련된 규제가 거의 없다. 그러나 운송자는 특정 유형의 상품만 운송하도록 허락되기도 한다. 운송자는 크게 자체소유 운송자(private carrier)와 고용 운송자(for-hire carrier)로 나뉘어 진다.

> **자체소유 운송자(Private carrier)**
>
> 조직 내에서 운송을 독점적으로 제공하는 그룹. 이는 사적인 사용(private use)을 위해 조직이 소유하거나(owned) 임대한(leased) 운송 수단의 무리이다. 예를 들어, Frito Lay(미국 대표적인 스넥회사)는 자체 운송 수단(private fleet)을 사용한다. 자체 운송자는 자산(assets), 인력 채용(staffing), 유지보수(maintenance) 및 보험(insurance) 등에 대한 투자가 높다. 따라서 투자를 정당화하기 위해서는 모든 계절에 걸쳐 많은 양이 필요하다. 운송 분야에서 핵심 역량(core competency)을 보유하고 있는 이들이 적은 비용으로 더 잘 수행할 수 있으므로 투자 수익을 고려해야 한다.

> **고용 운송자(For-hire carrier)**
>
> 이들은 다른 이들에게 운송 서비스를 제공하는 운송자이다. 즉 자체소유 운송자의 반대 개념이다.

고용 운송자(for-hire carrier)는 다른 이들에게 운송 서비스를 제공하는 운송자이다. 그들은 다음과 같은 몇 가지 하위유형을 가지고 있다.

> **공용 운송자(Common carrier)**
>
> 어느 한 당사자에게 특별 대우를 제공하지 않고, 요금 부과(rates charged), 가정된 의무(liability) 및 제공 서비스에 관해 규제를 받는(regulated) 대중 이용가능한 운송. 일반 운송자는 연방 거래위원회(Federal Trade Commission)에서 주간 교통(interstate traffic)에 대한 대중의 편의와 필요성에 대한 증명서를 발급받아야 한다.

공용 운송자는 특정 유형의 상품을 운반하도록 그리고 해당 요금을 기꺼이 지불하려는 사람은 누구에게나 서비스를 제공하도록 허가를 받아 운송하는 자이다. 그러나 가격은 매우 경쟁적이고, 이 서비스는 일반적으로 신뢰성이 차별화 점이다.

> 💡 **계약 운송자(Contract carrier)**
> 일반 대중(general public)에게 서비스를 제공하지는 않지만 특정 계약(specific contract)에 따라 하나 혹은 제한된 수의 선적 업자를 위해 고용된 운송 수단 제공 운송자.

운송자들은 정식 계약에 따라 고객들에게 전용 운송 능력을 제공한다. 계약서에는 요금, 고객서비스 수준, 배송 세부사항이 명시되어 있다. 이 방식은 자산 투자나 관리 없이 자체소유 운송자의 이점을 얻을 수 있다.

운송자는 특정 지역이나 일정표에 한해 운영되는 등 보다 경쟁력 있는 가격 책정을 가능하게 하기 위해 서비스를 전문화할 수 있다. 특수 운송자의 한 예로는 만차 운송자가 있다.

> 💡 **특수 운송자(Specialty carriers) - 만차(TL, truckload) 운송자**
> 만차 선적물에 대해서만 배송/운임부과(deliver/charge) 하는 운송자

운송자 선택 요인은 대부분 가격에 좌우될 수 있지만, 결정의 다른 요소에는 조직의 핵심역량 및 원하는 수준의 통제, 확장성의 필요성 또는 원하는 수준의 고객서비스 제공 능력이 포함될 수 있다. 또 다른 선택은 DHL과 같은 패키지 운송 회사나 우편 서비스에 의존하는 것이다.

13.4 창고업무(Warehousing)

> **창고(Warehousing)**
> 생산 또는 유통 위치에서의 입고처리(receiving), 보관(storing), 선적(shipping)과 관련된 활동.

창고는 상품을 무기한 보관하는 것이 아니라 부가가치를 더하고 재고를 계속 넘겨야 한다는 것을 강조하기 위해 종종 유통센터라고 불린다.

> **유통센터(DC, distribution center)**
> 일반적으로 소매업체(소매 유통 센터), 도매업체, 고객(주문 이행 센터)에 대한 직접 선적으로 수요 중심이 신속한 유통을 위해 설계된 완제품(finished goods) 창고. 크로스 도킹(cross-docking) 창고는 또 다른 유형의 유통센터이다.

> **유통 창고(Distribution warehouse)**
> 물품을 대량의 균일한 로트로 수취하고 잠시 보관한 다음 고객이 요구하는 소액 주문으로 분해하는 시설. 신속한 이동(expeditious movement)과 취급(handling)이 강조된다.

이전 주제에서는 총 운송 비용 절감에 창고가 어떻게 부가가치를 창출하였는지를 보여주었다. 조직들은 또한 최적의 창고 수와 위치를 결정할 필요가 있다. 더 많은 창고를 보유할수록 일부 비용을 절감하는 동시에 다른 비용을 증가시킬 수 있으며, 리드타임을 줄임으로써 고객 서비스를 높일 수 있다.

이번 주제에서는 창고의 목적을 다루고, 창고에서 일어나는 일반적인 프로세스와 활동들을 설명한다. 또한 재고를 보관하는 위치 방법들을 검토하며, 공용(public) 창고와 자체(private) 창고 간의 장단점을 다룬다.

13.4.1 창고업무(warehousing)의 목표

창고업무의 핵심 목표는 공급사슬에 가치를 증대시키는 것이다. 가치를 부가하는 것은 창고 없이 직접 운송하는 것과 비교해 볼 때 총 비용을 절감할 수 있고, 고객에게 배송하는 리드타임을 줄이며, 배송 신뢰도의 향상 또는 다른 부가가치 서비스를 제공할 수 있다. 창고 서비스는 브레이크 벌크(break-bulk)와 화물 통합(freight consolidation)을 포함하며, 이후에 살펴보는 크로스 도킹(cross-docking)도 포함된다.

자재 취급(materials handling)의 효율성을 극대화함으로써 창고가 수용할 수 있는 비용으로 가치 창출을 할 수 있다.

> 💡 **자재 취급(Materials handling)**
> 유통센터 내부에서의 상품 이동 및 보관. 이는 자본 비용(capital cost)과 시설(facility) 운영 비용(operating costs)과 균형을 이루어야 한다.

창고에서는 처리량(throughput)을 높이고 재고 회전율(inventory turnover)을 극대화하도록 노력한다. 아울러, 제품을 안전하도록 손상으로부터 보호해야 한다. 유통센터(DC)에서 자재 취급 비용과 제품에 대한 손상 위험을 최소화하는 한 가지 방법은 가능한 한 물품을 단위화하여 취급하는 것이다. 창고 업무 및 운송을 위한 단위 화물(unit loads)을 생성하는 단위화(unitization)를 사용하여 수행할 수 있다. 단위 화물에는 케이스(case), 시트(sheet), 랙(rack), 파레트(pallet) 및 운송 컨테이너가 포함될 수 있다. 그런 다음 파레트 용 지게차와 같은 적절한 자재 취급 장비로 쉽게 화물을 처리할 수 있다.

> 💡 **단위화(Unitization)**
> 창고에서, 몇 개의 단위를 더 큰 단위로 통합하여 취급 수를 줄일 수 있다.
>
> 💡 **단위 화물(Unit load)**
> 많은 품목으로 구성된 선적 단위. 덩어리(mass)가 단일 단위로 픽업되거나 이동될 수 있도록 배열되거나 제한된 큰 자재(bulky material). 자재 처리 비용이 절감된다. 선적 전에 화물 운반대에서 종종 수축 포장(shrink-packed)된다.

창고업무(warehousing)란 생산 또는 유통 위치로 그리고 그 곳으로부터 자재를 수령, 보관 및 선적하는 것과 관련된 활동이다. 창고는 유통 센터(distribution center)라고 부르기도 하는데 이는 종종 상품을 무한정 기간 동안 보관하는 것이 아니라 재고 이동 과정을 돕는 역할을 하며 공급사슬에서 부가가치를 창출하는 기능을 하기 때문이다. 유통센터는 일반적으로 소매업체(소매 유통 센터), 도매 업체 또는 고객(주문 이행 센터)에 대한 직접 출하로 수요 중심의 신속한 유통을 위해 설계된 완제품 창고이다. 크로스 도킹 창고는 또 다른 유형의 유통 센터이다.

창고가 늘어나면 운송비가 절감되고, 고객에게 납기를 단축하며, 배송 신뢰성을 향상시키거나 기타 부가가치 서비스를 제공할 수 있다. 창고의 부가가치 서비스에는 앞에서 설명한 바와 같이 큰 화물을 작게 나누는 브레이크 벌크(break bulking) 및 혹은 그 반대 기능인 화물 통합(freight consolidation), 그리고 입고된 화물을 창고에 보관하지 않고 바로 배송 처리하는 크로스 도킹(cross-docking)이 포함된다.

13.4.2 창고 프로세스와 활동들(Warehousing processes and activities)

도표 13-10은 창고에서 수행할 수 있는 일부 프로세스 및 활동의 흐름도를 제공한다. 상단에서 시작하는 전사적자원관리(ERP) 시스템은 주문관리 시스템, 창고관리 시스템 및 운송관리과 상호 연결된다. 주문관리를 사용하여 고객 주문을 입력하고 관리한다. 창고는 주문에 따라 공급자의 주문관리 시스템과 연계할 수 있으며, 아웃바운드 측면에서는 창고가 아웃바운드 고객을 위한 주문을 처리할 수 있다. 창고관리시스템(WMS)은 창고 내에서 자재 처리를 관리하고 통제한다. 운송관리시스템(TMS)은 운송 일정을 잡고 운송비용을 통제하는 데 도움이 된다. 이러한 시스템은 거래와 통제의 관점에서 입력, 프로세스, 그리고 산출을 형성한다. 통제의 예로는 사기를 방지하기 위해 창고관리시스템에서 자재 이동에 대해 승인권자와 실제 자재 이동을 수행하는 담당자가 서로 확인할 수 있다.

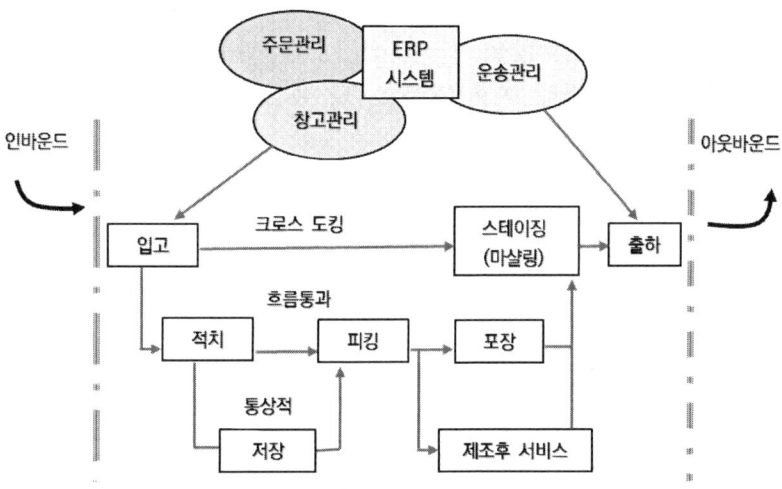

도표 13-10 창고업무 프로세스와 활동

　제품이 창고 부두에서 물리적으로 입고되면 크로스 도킹(cross-docking), 흐름 통과(flow through) 또는 전통적인(conventional) 기존 방법 등의 세 가지 기본 경로 중 하나를 사용할 수 있다. 일부 창고에서는 이러한 경로 중 하나만 사용할 수도 있다. 가장 빠른 경로는 크로스 도킹이며, 이 작업은 이 작업을 위해 특화된 유통센터에서 수행된다. 크로스 도킹은 재고 투자와 저장 공간 요구사항을 감소시키다.

> 💡 **크로스 도킹(Cross-docking)**
> 입고되는(incoming) 제품을 최종 목적지로 곧 바로 선적할 수 있도록 중간 창고(intermediate warehouses)에서 출하(outgoing) 선적물을 분류하고 포장하는 개념. 품목은 창고의 재고로 저장되지 않고 들어오는 운송 수단 도킹점(docking point)에서 나가는 차량(outgoing vehicle) 도킹점까지 운반된다.

　크로스 도킹(cross-docking)은 다양한 공급자들로부터 온 만차 화물을 하역하고, 중간 대기 구역으로 이동시킨다. 그 후 즉시 선적 구역의 트럭에 다른 분류로 적재한다. 예를 들어, 한 트럭에 컴퓨터 제조사로부터 컴퓨터 본체가 입고되고, 다른 트럭으로는 프린터가 입고되었다. 이들의 아웃바운드 차량에 소매점으로부터의 주문에 따라 컴퓨터와 프린터를 재구성 한뒤 물품을 싣고 바로 출하한다.

흐름 통과(flow through)는 처리량을 강조하지만, 선적의 일부 또는 전부를 피킹 구역에 바로 보충하는 것을 포함한다. 피킹 구역은 파레트화된 상품을 피킹을 위해 개별 수량이나 단위로 나누는 곳이다.

통상적인(conventional) 저장은 물품을 파레트용 저장 랙의 층에 보관하거나 혹은 곡물 및 자갈과 같은 벌크 품목의 경우 대량 저장 영역에 배치하는 것을 포함한다. 창고에서 수행되는 활동 중 중요한 내용들은 입고(receiving) - 적치(put-away) - 보관(storage) - 주문 챙기기(order picking) - 포장(packaging) - 출하(shipping)이다.

- ◆ 입고(receiving)

  > 입고(Receiving)
  > 자재의 물리적인 인수를 포함하는 기능으로서, 주문서(수량 및 파손)와의 일치 여부를 확인하기 위한 검사(inspection), 식별(identification) 및 저장 장소로의 전달(delivery), 수취보고서 준비로 구성됨.

  입고는 크로스 도킹을 위한 대기를 위해 파레트를 옮기거나 특정 위치에 놓는 준비 활동을 포함한다.

- ◆ 적치(put-away)

  피킹구역이나 저장 위치로 상품을 이동시키는 것을 말한다.

- ◆ 보관(storage)

  물리적 보안이나 순환 실사와 같은 재고실사 그리고 승인된 재배치 등과 같은 저장 위치 내에서 상품에 대해 수행되는 활동들.

- ◆ 주문 챙기기(order picking)

  피킹은 대개 창고관리시스템에 의해 승인되고 지시되지만, 종종 피킹 효율을 극대화하기 위해 사용할 경로를 나타낼 것이다. 구체적인 피킹 방법은 추후에 더 논의한다.

  > 피킹, 물품챙기기(Picking)
  > (일반적으로 하나 이상의 선적 주문에 대한 응답으로) 포장 영역(packaging area)으로 이동하기 위해 필요한 특정 수량의 제품을 선택하거나 '피킹'하고 그 자재가 한 위치에서 출하 위치로 이동되었음을 문서화하는 것.

창고에 보관된 물품은 영구적으로 창고에 머무는 것이 아니라 고객주문(customer order)이나 제조주문(manufacturing order)에 따라 이동을 하게 된다. 이동을 하기 위해서는 창고에 보관된 물품을 주문에 맞게 챙겨야 되는데 이를 피킹이라고 한다. 피킹은 일반적으로 창고관리시스템(WMS)에 의해 승인되고 지시되며, 이는 피킹 효율을 극대화하기 위한 피킹 사용 경로를 제시하는 경우가 많다. 예를 들어, 아마존은 로봇을 사용하여 상품을 물품을 챙기는 사람인 피커에 가져오게끔 하는 자동화도 가능하다.

- **포장(packaging)**
  포장은 산업용 포장을 더해서 운송물품을 손상으로부터 보호하는 것을 포함한다. 여기에는 개별 단위를 컨테이너 또는 박스에 배치하고, 주문을 파레트화하고 포장했을 때 딱 들어맞게 하고, 다른 단위 부하를 형성하는 것이 포함될 수 있다.

- **제조 후 서비스(post-manufacturing service)**
  지연(postponement)이나 기타 지연 제조 전략은 각 국가에 따른 전원공급기 추가, 문서 작업, 그리고 포장과 같은 지연된 차별화나 혹은 주문조립(ATO) 등에 관련하여 가벼운 제조(light manufacturing) 과정을 요구할 수도 있다.

- **스테이징(마샬링)(staging/marshalling)**
  스테이징 또는 마샬링에는 개별 주문들을 모으는 작업인데 파레트 재배열이나 다른 단위화물을 재배열 하는 것 등을 포함한다. 즉 개별 품목으로부터 파레트나 큰 상자, 혹은 단위화물로 만드는 작업을 포함하는데, 누락 또는 오류를 수정하고 배송 서류와 시스템 기록에서 지연된 주문 또는 기타 변동을 기록해 주문의 완전성을 확인한다.

- **출하(shipping)**
  배송에는 주문 확인, 선하증권과 기타 서류 준비와 창고관리시스템 또는 운송관리시스템의 지시에 따라 적절한 순서로 출발하는 차량에 적재하는 작업이 포함된다. 차량은 두 개 이상의 목적지를 이동할 수 있기 때문에 올바른 순서대로 적재해야 한다.

피킹 방법

피킹은 노동집약적일 수 있어서 비싸다. 사용되는 방법은 창고 비용에 영향을 미칠 수 있다.

개별주문 피킹(Discrete order picking)
다음 주문을 받기 전에 한 주문의 품목을 챙기는 주문 피킹 방식.

묶음 피킹(Batch picking)
제품 요구사항이 주문에 따라 취합(aggregated)되어 제품 위치로의 이동을 줄이는 주문 피킹 방식. 각 제품의 취합된 수량은 개별 주문이 생성되는 공통 영역(common area)으로 운송된다.

파도 피킹(Wave picking)
납품된 자재의 대기 시간을 최소화하기 위해 피킹 리스트 또는 품목을 선택하고 순서화하는 방식. 선적 주문은 공용 운송자 별(by common)로 또는 목적지(destination) 별로 결합된 파도 물결 형태로 피킹될 수 있으며 작업장(work centers)에 연관된 제조 주문(manufacturing orders)이 파도 물결처럼 처리된다.

네 번째 유형은 구역 피킹(zone picking)이다. 여기서 구역(zone)이란 어떤 주문 피킹을 위해 지정된 특정 창고 위치를 말한다.

구역(Zone)
주문 챙기는자(order picker)에 지정된 특정 창고 위치. 주문에 대한 품목을 선택할 때, 재고 피커는 자신의 영역 내에 있는 각 주문의 품목만 가져온다. 그 다음 피커는 자신의 영역에서 다음 주문을 챙긴다.

구역 피킹(Zone picking)
보다 효율적이고 신속한 주문 피킹을 위해 저장실(storeroom) 내의 영역별로 피킹 목록을 세분화하는 방법. 구역 선택 주문(zone-picked order)은 전달 전에 단일 위치(single location)로 그룹화되어야 하거나 작업장 같은 다른 위치로 전달되어야 한다.

피킹 목록(Picking list)
제조 주문(manufacturing orders) 또는 선적 주문(shipping orders)을 위해 선택해야 할 자재를 나열한 문서

13.4.3 재고위치 시스템(Inventory location systems)

창고에 물품을 보관하는 경우 재고를 배치하는 두 가지 방법으로는 고정 위치(fixed location) 및 유동/무작위 위치(floating/Random location) 시스템이 있으며 여기에 추가하여 구역(zone)이라는 혼합 방식이 있다.

> ☀ **고정 위치 저장(Fixed-location storage)**
> 비교적 영구적인 위치가 저장실(storeroom) 또는 창고(warehouse)에 있는 각 품목의 저장을 위해 할당되는 저장 방법. 무작위 위치 저장 시스템보다 부품을 저장하는데 더 많은 공간이 필요하지만 고정 위치는 익숙해지므로, 위치 파일(locator file)이 필요하지 않을 수 있다.
>
> ☀ **무작위 위치 저장(Random-location storage)**
> 부품이 창고에 도착했을 때 비어 있는 공간에 배치되는 보관 기법. 이 무작위 방식은 부품 위치를 식별하기 위해 위치 파일을 사용해야하지만, 보통 고정 위치 저장 방법보다 적은 저장 공간을 요구한다.
>
> ☀ **구역(Zone)**
> 고정 및 무작위 위치 방법의 특성 중 일부를 포함하는 창고 위치 방법. 구역 위치는 물리적 특성이나 사용 빈도에 따라 특정 종류의 항목을 보유한다.

고정 위치(fixed location) 저장 시스템은 상내직으로 영구적인 위치(permanent locations)를 사용하므로 물건이 어디 있는지 쉽게 알 수 있는 장점이 있으나 필요한 재고 저장 공간이 늘어나서 공간 이용 효율이 떨어지는 단점이 있다. 재고 입고 시에는 특정 최대 지정 공간이 필요하지만 평균 재고는 고정 수량 주문의 절반에 안전재고를 더한 값이므로 통상 약 50%의 재고 저장 위치를 활용한다고 친다면, 고정된 위치 특성상 빈 공간에 다른 물품을 저장할 수 없기 때문에 약 절반 정도의 창고가 비게 된다. 최근 들어 고정 위치 저장 방법은 일반적으로 창고 공간의 고비용과 무작위 위치 저장 업무를 관리할 수 있는 창고관리시스템의 광범위한 가용성으로 인해 인기가 감소하고 있다.

무작위 위치(floating location) 시스템(유동위치 보관이라고도 함)은 창고 공간 활용률에 큰 장점이 있다. 즉, 사용 가능한 빈 위치에 물품을 할당하여, 수직 보관 랙을 사용할 수 있기 때문에 3차원에서 창고 공간 사용을 극대화한다. 이 무작위 위치 방법은 컴퓨터가 물품 위치를 지정하는 창고관리시스템을 이용한다.

구역(zone)은 어떤 특정 유형에 따라 구역을 나누고 나누어진 구역 내에서는 고정위치 방법처럼 사용하는 것이다. 고정위치 및 유동위치의 장점을 활용하고자 시도된 혼합 방법이다. 무작위 구역이라고도 부르는데 항목 범주에 대한 구역을 설정하지만 해당 구역에서는 무작위 보관을 허용한다. 순수 무작위 시스템보다 유리한 점은 상품을 잘못 배치할 경우 전체 창고보다는 해당 구역만 탐색하면 된다는 것이다. 이 방법의 무작위 요소는 여전히 공간활용성 이점의 대부분을 제공한다.

> **파레트 위치(Pallet positions)**
> 표준 화물 파레트 크기에 따라 재고 저장 또는 운송을 위한 화물 파레트 수에 필요한 공간을 결정하는 계산. 화물 파레트 규격은 세계적으로 다양하지만, 일반적으로 지역 시장에서는 일정하다. 한국 규격은 1100mm x 1100mm이다. 이 용어는 저장 및 운송 요금을 인용하는 데 자주 사용된다.

위치(Location) 시스템	장점	단점
고정위치 시스템 (Fixed-location system)	• 찾기쉽고 기록유지 최소 • 낮은 정보시스템 비용 • 쉬운 피킹 • 작거나 단순한 창고에서 유용	• 평균적으로 50% 정도의 공간이 활용됨 • 높은 유지비용 • 창고 공간이 비쌀 경우 좋지못한 선택임
무작위 위치 시스템 (Random-location system)	• 공간 활용과 효율 최대화 • 크거나 복잡한 창고에 유용	• 정보 시스템과 피킹 기술에 대한 투자 필요 • 정보 시스템 정확도가 핵심
구역 (Zone)	• 공간 활용성 우수 • 재고 오차 수정 용이	• 훌륭하고 정확한 정보 시스템 필요

도표 13-11 재고위치 시스템 비교

창고에서 자재 취급업무 중 재고를 식별하여 데이터를 수집할 때 속도와 정확성 측면에서 효율을 높이기 위해 자주 사용되는 방법이 바코드(bar code)와 라디오주파수 식별(RFID)이다.

창고관리시스템(WMS)은 재고가 어디에 있는지 추적하고 피킹하는 사람들을 그 위치로 안내할 것이다. 발견하기 쉽지 않은 장소로 피킹하는 사람들을 효율적으로 안내하기 위한 다양하고 복잡한 방법들이 존재한다. 자동화된 저장 및 검색 시스템도 존재한다.

> **바코드(Bar code)**
> 전자 판독기에서 읽을 수 있는 인코딩된 정보를 나타낸다. 부품, 용기, 레이블 또는 기타 매체에 인쇄되거나 찍힌(stamped) 일련의 교차의(alternating) 막대/공란(bars and spaces). 바코드는 컴퓨터 시스템에 데이터를 적시에 정확하게 입력할 수 있게 한다.

> **라디오주파수 식별(RFID)**
> 전자 태그(electronic tags)를 사용하여 품목에 대한 데이터를 저장하는 시스템이다. 이 데이터에 접근하거나 검색하는 것은 특정 무선 주파수를 통해 이루어지며 근접(close proximity) 또는 가시선(line-of-sight) 접근이 필요하지 않다.

13.4.4 공공창고 대 자체창고(Public vs Private Warehousing)

기업에서 창고(warehouses)는 기업의 추구하는 전략에 따라 소유하고 운영할 수 있다. 즉 창고의 소유권(ownership)에 관한 의사결정은 전략적 수준의 결정이다. 직접 소유하면서 운영하는 자체(private) 창고, 제3자의 창고를 임대해서 사용하는 공공(public) 창고, 그리고 특수 물품 보관을 위한 특수(specialty) 창고의 운영은 기업이 처한 상황과 추구하고자 하는 공급사슬 전략에 따라 달라질 수가 있다.

자체 창고(private warehouses)를 유지하는 것이 바람직한 경우는 자체 물동량이 충분히 커야 되고 통상적으로 공장에서의 원자재 및 완세품 취급과 같은 생산물류를 위해서는 자체 창고를 유지하는 것이 일반적이다. 이러한 창고는 저장하는 물량과 선택한 저장 방법에 맞게 크기를 조정해야 한다.

공공 창고(public warehouses)는 제3자의 창고를 임대하여 사용하는 것으로서 자체 물동량이 크지 않아 자체 창고 유지가 고비용일 경우나 사업의 변동성에 따른 위험을 줄이고자 사용하는 방법이다. 주로 선착순(first come, first served)으로 사용 가능하거나 계약에 의한 전용공간(dedicated space by contract)을 확보하는 경우도 있다.

공공 창고는 조직이 핵심역량에 집중할 수 있게 하고, 과잉 설비(예: 급성장하는 제품의 경우)에 대한 빠른 해결책을 제공하고, 새로운 시장 진입을 테스트하고, 지역 창고로 사용하거나 계절성 제품 재고를 보관할 수 있다. 공공 창고의 장점은 유연하고 사용할 공간을 쉽게 늘리거나 줄일 수 있다는 점이다. 공공 창고 활용은 비용 절감 목적이 크지만 장기적일 경우 오히려 더 비쌀 수도 있음을 알아야 한다.

조직이 세금 또는 기타 수수료를 피할 수 있게 도와주는 특별한(specialty) 유형의 창고가 있다. 하나의 예는 보세창고(bonded warehouse)이다. 미국의 경우 미국 세관의 감독하에 운영되는 수입 상품 보관을 위해 미국 재무부 장관이 지정한 건물 또는 건물의 일부를 말한다.

> 보세 창고(Bonded warehouse)
> 미국 세관 감독(Customs supervision) 하에 운영되는 수입 상품 보관을 위해 미국 재무부 장관(US Secretary of the Treasury)이 지정한 건물 또는 건물의 일부. - 미국 기준 설명

참고 문헌

박성칠. Supply Chain 프로세스 혁신. 시그마인사이트컴, 2007

문흥기, 전찬우, 백종문 역. SCM 벤치마킹. 한울, 2016.

서용원, 박건수, 신광섭, 정태수. 공급사슬관리. 생능, 2016.

심창섭 역. 수요관리 모범사례. 가람, 2017.

APICS. *APICS Dictionary*, 16th edition. Chicago, Illinois: APICS, 2019.

Bicheno, John and Matthias Holweg. The Lean Toolbox: a Handbook for Lean Transformation, 5th edition. Johannesburg, South Africa: PICSIE Books, 2016.

Chapman, Stephen N., J. R. Tony Arnold, Ann K. Gatewood, and Lloyd M. Clive. *Introduction to Materials Management*, 8th ed. Boston: Pearson, 2017.

Chase, Charles. Demand-Driven Forecasting: A Structured Approach to Forecasting, 2nd edition. Hoboken, New Jersey: Wiley & Sons, 2013.

Day, George and Paul Schoemaker. "Scanning the Periphery." *Harvard Business Review*, 2005. Dennis, Pascal. Lean Production Simplified, 3rd edition. Boca Raton, Florida: CRC Press, 2015.

Epstein, Marc J. and Adriana Rejc Buhovac. *Making Sustainability Work: Best Practices in Managing and Measuring Corporate Social, Environmental, and Economic Impacts*. San Francisco: Greenleaf/Barrett-Koehler, 2014.

Faul C. Husby and Dan Swartwood. Fix Your Supply Chain. CRC Press, 2009

Hayes, Robert H. and Steven C. Wheelwright. "Link Manufacturing Process and Product Life Cycles." *Harvard Business Review*. January, 1979.

Jacobs, Robert, William Lee Berry, D. Clay Whyback, and Thomas E. Vollmann. *Manufacturing Planning and Control for Supply Chain Management*. New York: McGraw-Hill, 2011.

Juran, J.M. and J.A. DeFeo. Juran's *Quality Handbook*, 7th edition. New York: McGraw-Hill, 2016.

Kaplan, Robert S., and David P. Norton. "The Balanced Scorecard—Measures That Drive Performance." *Harvard Business Review*, January/February, 1992.

Kerzner, Harold. *Project Management: A Systems Approach to Planning, Scheduling, and Controlling*, 11th edition. Hoboken, New Jersey: Wiley & Sons, 2013.

Kotter, John P. *Leading Change*. Brighton, Massachusetts: Harvard Business Review Press, 2012.

Lewis, Jared. "What Kinds of Companies Choose Weighted Average Costing?" Chron.com (Houston Chronicle), smallbusiness.chron.com/kinds-companies-choose-weighted-average- costing- 37851.html.

Michael Gilliland. The Business Forecastig Deal. Wiley & Sons, 2010.

Our Common Future: Brundtland Report. Oxford: Oxford University Press, 1989.

Porter, Michael. *The Competitive Advantage: Creating and Sustaining Superior Performance.* New York: Free Press, 1985.

Ross, David. Distribution Planning and Control: Managing the Era of Supply Chain Management, 3rd edition. New York: Springer, 2015

Simchi-Levi, David, Philip Kaminsky, and Edith Simchi-Levi. *Designing and Managing the Supply Chain: Concepts, Strategies, and Case Studies*, 3rd edition. New York: McGraw-Hill/Irwin, 2008.

Slack, Nigel, Alistair Brandon-Jones, Robert Johnston, and Alan Betts. *Operations and Process Management: Principles and Practice for Strategic Impact*, 4th edition. Harlow, United Kingdom: Pearson, 2015.

Slack, Nigel and Michael Lewis. *Operations Strategy*. London: Pearson, 2015.

Thompson, Arthur A., Margaret Ann Peteraf, John Gamble, and A.J. Strickland. *Crafting and Executing Strategy: Concepts and Readings*, 20th edition. New York: McGraw-Hill Education, 2015.

"Towards the Circular Economy: Accelerating the Scale-Up Across Global Supply Chains." *World Economic Forum. January*, 2014.

Wallace, Thomas F. and Robert A. Stahl. Sales and Operations Planning: The How-to Handbook, 3rd edition. Cincinnati, Ohio: T.F. Wallace and Company, 2009.

색 인

제조혁신 전문가
Operations Innovation Professional

[ㄱ]

가동 시간(Run time) ······················· 298
가동률(Utilization) ························· 301
가동준비 시간(Setup time) ··············· 298
가동준비(Setup) ···························· 298
가용 능력(Capacity available) ············ 290
가용 재고(Available inventory) ··········· 233
가용시간(Available time) ·················· 301
가치분석(Value analysis) ·················· 102
가치사슬 분석(Value chain analysis) ······ 19
가치흐름(Value stream) ··················· 139
가치흐름도표(Value stream mapping) ··· 139
간반(Kanban) ······························· 131
간헐적 생산(Intermittent production) ···· 67
감모손(Shrinkage) ·························· 436
개략능력계획(RCCP, Rough-Cut Capacity Planning) ··· 221
개별주문 피킹(Discrete order picking) ··· 534
거래채널(Transaction channel) ··········· 497
게치 겐부츠(Genchi genbutsu) ··········· 130
겜바(Gemba) ································ 130
견적요청서(RFQ, Request for quotation) ··· 332
결품 비율(Stockout percentage) ········· 363
결품비용(Stockout costs) ·················· 377
경영계획(Business plan) ···················· 35
경제적 주문수량(EOQ, Economic order quantity) · 417
계약 운송자(Contract carrier) ············ 527
계약조건(Terms and conditions) ········· 337
계절성 재고(Seasonal inventory) ········· 370
계절성(Seasonality) ························ 156
계획 기간(Planning horizon) ············· 223
계획-실행-확인-조치(PDCA, Plan-do-check-action) ·· 136
계획용 자재명세서(Planning bill of material) ······· 256
계획주문 발행(planned orders release) ··· 266
계획주문 수취(planned orders receipt) ··· 266
계획주문(planned orders) ················· 277
고객(Customer) ······························ 15
고객관계관리(CRM) ························ 153
고객서비스(Customer service) ············· 28
고객의 소리(VOC, voice of the customer) ··· 102
고급 계획 일정수립(APS, Advanced planning and scheduling) ··· 78
고용 운송자(For-hire carrier) ············ 526
고정 위치 저장(Fixed-location storage) ··· 535
고정 재주문 주기 재고 모델(Fixed reorder cycle inventory model) · 431
고정 주문수량(Fixed order quantity) ···· 415
고정위치 제조(Fixed-position manufacturing) ········· 70
공급사슬 금융(Supply Chain Finance) ··· 344
공급사슬(Supply chain) ······················ 12
공급사슬관리(SCM, Supply chain management) ····· 12
공급사슬금융(Supply chain finance) ······ 342
공급사슬운영 참조모델 ······················ 43
공급업체 인증(Supplier certification) ···· 325
공급업체(Supplier) ·························· 15
공급업체(Supplier) ························· 318
공급업체와 파트너십(Supplier partnership) ··· 135
공급일수(Days of supply) ·················· 390
공급자 관리 재고(VMI, Vendor managed inventory) ·· 334
공급자관계관리(SRM) ······················ 325
공용 운송자(Common carrier) ············ 526
공장 균등 부하 ······························ 230
공장간 수요(Interplant demand) ········· 155
관리도(Control chart) ······················ 111
관세사(Customs broker) ··················· 502
교통(Traffic) ································· 514
구매 관련 용어들 ··························· 318
구매요청(Purchase requisition) ··········· 339
구매주문(Purchase order) ················· 339
구성품/조립품(Components) ················ 61
구역 피킹(Zone picking) ··················· 534
구역(Zone) ··································· 534
구역(Zone) ··································· 535
국제(때로는 국내) 선적 세금(shipping taxes), 수수료(fees), 문서(documents) 관련 용어 ··· 501
귀로화물 운반(Backhauling) ··············· 519

균형성과표(Balanced scorecard) ·············· 37
근본 원인 분석(Root cause analysis) ········· 113
근원에서의 품질(Quality at the source) ······· 120
기간 주문수량(Period order quantity) ········· 416
기계획된 수취량(Scheduled receipt) ·········· 267
기능적 레이아웃(Functional layout) ············ 71
기록 정확성(Record accuracy) ················ 436
기준 계획(Master planning) ···················· 77
끌기 시스템(Pull system) ····················· 127

[ㄴ]

납기 가능성 약속(Capable-to-promise) ········· 237
납기약속(ATP) ································· 233
납품 리드타임(Delivery lead time) ·············· 61
낭비(Waste) ································· 128
내부 가동준비 시간(Internal setup time) ······· 299
내부실패/불량 비용(Internal failure costs) ······· 96
내부적 예측 기법(intrinsic forecast method) ······ 173
누적리드타임(Cumulative lead time) ············ 224

[ㄷ]

다단계, 들여쓴, 요약된 자재명세서 ············· 253
다이나믹 디스카운팅(Dynamic Discounting) ····· 347
다임러 AG(Daimler AG) ······················· 349
단단계 자재명세서(Single-level bill of material) ··· 252
단위 원가(Unit cost) ·························· 388
단위 화물(Unit load) ·························· 529
단위화(Unitization) ··························· 529
단일조달 공급업체(Single-source supplier) ······ 331
대량 맞춤(Mass customization) ················· 62
데이터 거버넌스(Data governance) ·············· 81
델파이 기법(Delphi method) ··················· 170
도수분포도(Histogram) ························ 107
독립수요(Independent demand) ················ 155
동적 할인(Dynamic Discounting) ··············· 348
두 상자 재고 시스템(Two-bin inventory) ······· 429
드럼 일정(Drum schedule) ···················· 450
드럼-버퍼-로프(DBR) ························· 450
드론(Drones) ································· 89

[ㄹ]

라디오주파수 식별(RFID) ······················ 537
로봇 프로세스 자동화(Robotic Process Automation - RPA) ·· 87

로트 분할(Split lot) ··························· 449
로트 통제(Lot control) ························ 409
로트(Lot) ···································· 217
로트크기 재고(Lot-size inventory) ·············· 371
로트크기(Lot size) ···························· 413
리드타임 유형들(Types of lead times) ············ 61
리드타임 차감(Lead time offset) ··············· 263
리드타임(Lead time) ·························· 297
린 6 시그마(Lean six sigma) ·················· 114
린 생산(Lean production) ····················· 125

[ㅁ]

마케팅 관리(Marketing management) ··········· 148
만기일(Due date) ····························· 193
모듈화(Modularization) ························ 61
모품목(Parent item) ·························· 250
무작위 변동(Random variation) ················ 110
무작위 변동성(Random variation) ··············· 157
무작위 위치 저장(Random-location storage) ······· 535
무정지 생산 재고(Wall-to-wall inventory) ········ 396
무한 부하투입(Infinite loading) ················ 469
묶음 피킹(Batch picking) ····················· 534
물류(Logistics) ································· 20
물리적 공급(Physical supply) ·················· 318
물리적 재고(Physical inventory) ················ 435
미완료주문(open orders) ····················· 277
밀기 시스템(Push system) ···················· 126
밀크런(Milk run) ····························· 516

[ㅂ]

바코드(Bar code) ···························· 536
반복 제조(Repetitive manufacturing) ············ 69
발송(Dispatching) ···························· 479
방침 계획(Hoshin planning) ··················· 136
방침(Hoshin) ································· 136
배치(Batch) ·································· 217
버퍼 관리(Buffer management) ················ 455
버퍼(Buffer) ·································· 450
벤치마킹(Benchmarking) ······················ 114
변동 재고(Fluctuation) ························ 369
병목(Bottleneck) ····························· 447
보관처(Store) ································ 456
보세 창고(Bonded warehouse) ················ 538

보호 포장(Protective packaging) ·················· 499
보호용 생산능력(Protective capacity) ············· 456
복수조달 공급업체(Multi-sourcing) ················ 331
복합운송(Intermodal transport) ···················· 525
부가가치(Value added) ······························ 388
부채(Liabilities) ······································· 379
부하 평준화 ·· 230
부하(Load) ··· 291
부하량 프로파일(Load profile) ····················· 309
분권화된 재고통제(Decentralized inventory control) ·· 509
브레이크 벌크(Break-bulk) ·························· 521
블록체인(Blockchain) ·································· 84

[ㅅ]

사물인터넷(IoT – Internet of Things) ············· 84
사용처 목록(Where-used list) ······················· 257
사후정산(Backflush) ·································· 395
산포도(Scatter Diagram) ····························· 113
상류(Upstream) ··· 14
생산 라인(Production line) ··························· 69
생산계획 수립(Production planning) ·············· 197
생산계획(Production plan) ·························· 203
생산능력 계획(Capacity planning) ················· 289
생산능력 관련 비용(Capacity-related costs) ····· 378
생산능력 관리(Capacity management) ············ 289
생산능력 소요량계획(CRP, Capacity requirements planning) ·· 294
생산능력(Capacity) ··································· 288
생산성(Productivity) ·································· 304
생산자 직송(Drop ship) ······························· 498
생산자(Producer) ······································· 15
생산적인 능력(Productive capacity) ··············· 455
생산활동통제(PAC, production activity control) ····· 464
서비스 산업(Service industry) ······················· 16
서비스 수준(Level of service) ······················ 362
서비스(Service) ··· 51
선행지표(Leading indicator) ························· 171
성과 기준(Performance standard) ··················· 42
센서 및 텔레매틱스(Sensors and Telematics) ······ 85
센세이(Sensei) ··· 135
소요량 전개(Requirements explosion) ············· 262
속도(Velocity) ··· 388
손익분기점(Break-even point) ······················ 150
송장 금융(invoice financing) ························ 346

수거 및 배송 비용(Pickup and delivery costs) ······ 517
수량 할인(Quantity discount) ······················· 518
수송 재고(Transit inventory) ························ 372
수요 리드타임(Demand lead time) ·················· 28
수요계획(Demand planning) ························· 153
수요관리(Demand management) ···················· 147
수율(Yield) ··· 304
수주요인(Order winners) ······························ 30
순소요량(Net requirements) ························· 267
순환 실사(Cycle counting) ·························· 439
순환/주기(Cycle) ······································ 156
시각적 검토 시스템(Visual review system) ······· 430
시간 버킷(Time bucket) ······························ 164
시간 버퍼(Time buffer) ······························· 451
시간경과 주문점(TPOP, Time-phased order point) ·· 511
시간울타리(Time fence) ······························ 226
시어스 홀딩스(Sears Holdings) ····················· 350
시작일(Start date) ····································· 307
신고의 7가지 낭비(Shingo's seven wastes) ······ 129
신속한 작업변경(Quick changeover) ·············· 131
실현된 능력(Demonstrated Capacity) ·············· 303

[ㅇ]

아마존(Amazon) ·· 83
아웃소싱, 외주(Outsourcing, subcontracting) ······ 48
안돈(Andon) ··· 133
안전 리드타임(Safety lead time) ··················· 397
안전재고(Safety stock) ······························· 369
애로사슬 기법(CCM, Critical chain method) ······ 463
애로사슬(Critical chain) ······························ 463
여유시간(slack time) ································· 225
역경매(Reverse auction) ····························· 340
역물류(Reverse logistics) ···························· 502
역사적 유추법(Historical analogy) ················· 170
역팩토링(Reverse Factoring) ······················· 347
연속 생산(Continuous production) ·················· 69
연속 재고 기록(Perpetual inventory record) ······ 428
예방 유지보수(Preventive maintenance) ············ 98
예방비용(Prevention costs) ··························· 98
예상 가용잔량(PAB, Projected available balance) · 218
예상재고(Anticipation inventory) ··················· 370
예측 오차(Forecast error) ···························· 183
예측(Forecast) ··· 159

색인 543

예측하기(Forecasting) ································· 159
외부 가동준비 시간(External setup time) ············· 299
외부실패/불량 비용(External failure costs) ············ 96
외부적 예측 기법(Extrinsic forecasting method) ··· 171
요구된 능력(Capacity required) ························· 290
우선순위 통제(Priority control) ························ 478
우선순위/일정 계획(Priority planning) ················ 192
운송 재고(Transportation inventory) ················· 372
운송(Transportation) ···································· 514
운영관리(Operations management) ··················· 27
운영비용(Operating expense) ·························· 461
원-카드 간반 시스템(One-card kanban system) ··· 133
원가 혹은 비용(Costs) ····································· 47
원인결과 도표(Cause-and-effect diagram) ········· 105
웨어러블 기술 및 증강 현실(Wearable Technology and Augmented Reality) · 87
위탁 재고(Consignment) ································ 335
위험관리(Risk management) ···························· 22
위험회피 재고(Hedge inventory) ······················ 373
유엔 글로벌협약 관리 모델(UN Global Compact and Management Model) 32
유엔 글로벌협약(UN Global Compact) ················ 32
유일조달 공급업체(Sole-source supplier) ··········· 331
유지비용(Carrying cost) ································· 374
유치(Detention) ·· 519
유통 창고(Distribution warehouse) ·················· 528
유통센터(DC, distribution center) ··················· 528
유통소요량계획(DRP, Distribution requirements planning) · 511
유통채널(Distribution channel) ······················· 497
유한 부하투입(Finite loading) ························· 470
유한 전방 일정수립(Finite forward scheduling) ······ 471
유휴 능력(Idle capacity) ································ 456
이동 시간(Move time) ··································· 298
이동중 재고(In-transit inventory) ···················· 372
이익(Profit margin) ······································ 385
인공지능(Artificial Intelligence) ························ 83
인증된 공급업체(Certified supplier) ·················· 326
인코텀즈(Incoterms) ····································· 501
일반관리비(General and administrative expense) ·· 384
일반적으로 허용된 회계 원칙(GAAP, Generally accepted accounting principles) · 391
일반적인 원인(우연 원인)(Common causes (random causes)) · 110
일정수립 및 관련 용어들 ································· 210
입고(Receiving) ··· 532

[ㅈ]

자본(Owners' equity) ··································· 379
자원 명세서(Bill of resources) ························· 207
자원계획(Resource planning) ·························· 207
자율 및 자동 안내 차량(Autonomous and Automated Guided Vehicles - AGVs) ··· 88
자재 소요량 계획(MRP, Material requirements planning) ··· 245
자재 취급(Materials handling) ························ 529
자재관리(Materials management) ····················· 27
자재명세서 전개(Bill of material explosion) ········· 262
자재명세서(BOM, Bill of material) ··················· 248
자체소유 운송자(Private carrier) ····················· 526
작업 순서(Operations sequencing) ··················· 478
작업경로(Routing) ·· 295
작업자 유연성(Operator flexibility) ·················· 131
작업장(Work center) ···································· 297
작업전 대기 시간(Queue time) ························ 298
작업전 대기(Queue) ····································· 298
작업주문(Work order) ·································· 475
작업후 대기 시간(Wait time) ·························· 298
잡샵 일정수립(Job shop scheduling) ················ 468
재고 가용성 관련 정의들 ································· 233
재고 분리(Decoupling inventory) ···················· 364
재고 완충(Inventory buffer) ··························· 369
재고 정확성(Inventory accuracy) ···················· 436
재고 조정(Inventory adjustment) ···················· 438
재고 주문 시스템(Inventory ordering system) ······· 424
재고 통제(Inventory control) ························· 408
재고 회전율(Inventory turnover) ····················· 389
재고(Inventory) ··· 359
재고관리(Inventory management) ··················· 359
재고보관 단위(SKU, Stock keeping units) ·········· 396
재고생산(Make-to-stock) ································ 59
재고의 여러 유형(The following types of inventory) · 367
재무상태표(Balance sheet) ····························· 379
재제조(Remanufacturing) ······························ 502
적시생산 방식(JIT) ······································· 130
전개(Explode) ··· 262
전략적 계획(Strategic plan) ······························ 34
전방 일정수립(Forward scheduling) ················· 469
전사적 생산성 보전(TPM, Total productive maintenance) 134
전사적 품질경영(TQM, Total quality management) 94
전사적자원관리(ERP, enterprise resources planning) ··· 79
전술적 계획(Tactical plans) ······························ 42

전자데이터 교환(EDI) ·················· 81
전환 시간(Transit time) ··············· 298
절대평균편차(MAD) ····················· 184
정기적 재고(Periodic inventory) ········ 437
정시일정 성과(On-time schedule performance) ··· 362
정의, 측정, 분석, 향상, 통제(DMAIC, define, measure, analyze, improve, control) ··· 117
제3자 물류(3PL) ························ 500
제약(Constraint) ························ 447
제약된 능력자원(CCR, capacity-constrained resource) ·· 448
제약이론 회계(TOC accounting) ········ 460
제약이론(TOC, theory of constraints) ··· 446
제조 또는 구매(Make-or-buy) ············ 47
제조 철학(Manufacturing philosophy) ···· 56
제조 프로세스(Manufacturing process) ··· 56
제조계획통제(MPC, manufacturing planning and control) ··· 75
제조용 달력(Manufacturing calendar or Shop calendar) · 296
제조자원계획(MRP II, Manufacturing resource planning II) ·· 80
제조주문(Manufacturing order) ········· 475
제품 레이아웃(Product layout) ··········· 73
제품 믹스(Product mix) ················· 131
제품 원가(Product cost) ················ 385
제품 차별화(Product differentiation) ····· 35
제품군(Product family) ·················· 165
제품수명주기(Product life cycle) ········· 66
제품흐름 분석(VATI analysis) ············· 64
조달(Procurement) ······················ 318
조립 라인(Assembly line) ················· 69
조립 제조(Discrete manufacturing) ······· 69
종속수요(Dependent demand) ············ 155
종업원 권한부여(Employee empowerment) ··· 120
종업원 참여(EI, Employee involvement) ··· 120
주공정 기법(CPM, Critical path method) ··· 463
주기 시간(Cycle time) ·················· 447
주기성 재고(Cycle stock) ··············· 371
주기적 보충(Periodic replenishment) ···· 431
주문비용(Ordering costs) ··············· 376
주문생산 공장(Job shop) ················· 71
주문생산(Make-to-order) ················· 58
주문설계(Engineering-to-order) ·········· 58
주문약속(Order promising) ·············· 232
주문원가(Job costing) ··················· 394
주문입력(Order entry) ··················· 231
주문자격요인(Order qualifiers) ············ 30

주문잔량(Backlog) ······················ 195
주문조립(Assemble-to-order) ············· 58
주문포장(Package-to-order) ·············· 62
중앙집중 재고통제(Centralized inventory control) ·· 510
중첩된 일정(Overlapped schedule) ········ 474
지도카(Jidoka) ························· 133
지속 가능한 금융(Sustainable Finance) ··· 353
지속가능성(Sustainability) ················ 31
지속개선(Continuous improvement) ······ 118
지속적 보충(Continuous replenishment) ·· 335
지속적인 프로세스 개선(CPI, Continuous process improvement) ·· 118
지슈켄(Jishuken) ······················· 138
지연(Postponement) ····················· 62
지연된 주문(Backorder) ················· 164
지정할 수 있는 원인(특별 원인)(Assignable cause (special cause)) · 110

[ㅊ]

차이, 편차(Variance) ··················· 394
착지비용(Landed cost) ·················· 323
참여적인 설계/공학 혹은 동시공학(Participative design/engineering or concurrent engineering) · 47
창고(Warehousing) ······················ 528
창고로 직납(Dock-to-stock) ·············· 325
채찍효과(Bullwhip effect) ················· 23
체선료(Demurrage) ····················· 520
체크표(Check sheet) ···················· 104
총 비용(Total costs) ···················· 373
총 비용곡선(Total cost curve) ··········· 149
총 장거리 비용 (Total line-haul costs) ··· 516
총소요량(Gross requirement) ············ 267
총소유비용(TCO) ······················· 323
최소-최대 시스템(Min-max system) ······ 416
최종조립일정(FAS, Final assembly schedule) ······· 467
추세(Trend) ··························· 156
추적생산 방식(Chase production method) ··· 200
추적성(Traceability) ···················· 409
추적신호(Tracking signal) ··············· 187
측정 단위(Unit of measure) ············· 249

[ㅋ]

카이젠 대공습(Kaizen blitz) ············· 137
카이젠 이벤트(Kaizen event) ············ 137
카이젠(Kaizen) ························· 137
크로스 도킹(Cross-docking) ············· 531
클라우드 컴퓨팅 ························· 82

[ㅌ]

택타임(Takt time) ··· 131
터미널 처리 비용(Terminal-handling charges) ··· 517
터미널(Terminals) ··· 515
터미널간 장거리 비용(line-haul cost) ··· 516
톱니 표(Sawtooth diagram) ··· 420
통계적 프로세스 통제(SPC, Statistical process control) ··· 107
통제 한계(Control limit) ··· 111
통행로(Ways) ··· 522
투-카드 간반 시스템(Two-card kanban system) ··· 133
투입/산출 통제(Input/Output control) ··· 483
특수 운송자(Specialty carriers) ··· 527

[ㅍ]

파도 피킹(Wave picking) ··· 534
파레토 도표(Pareto chart) ··· 104
파레토 법칙(Pareto's law) ··· 410
파레트 위치(Pallet positions) ··· 536
파이프라인 재고(Pipeline stock) ··· 372
판매계획(Sales plan) ··· 197
판매시점(POS, point of sales) ··· 415
판매운영계획(S&OP) ··· 194
팩토링 ··· 345
퍼짐(Spread) ··· 109
페깅(pegging) ··· 257
페덱스(FedEx) ··· 348
페이스메이커(Pacemaker) ··· 229
편이/치우침(Bias) ··· 180
평균재고(Average inventory) ··· 206
평균재고(Average inventory) ··· 389
평준화/균등화 전략(Level strategy) ··· 201
평준화생산 방식(Level production method) ··· 201
폐기(Scrap) ··· 48
폐쇄형 순환 자재소요량계획(Closed-loop MRP) ··· 80
포괄손익계산서(Income Statement) ··· 382
포카요케(실수 방지)(Poka-yoke (mistake-proof)) ··· 139
표준능력(Rated capacity) ··· 300
표준시간(standard time) ··· 293
표준원가(Standard costs) ··· 394
품질 저하의 비용(Cost of poor quality) ··· 96
품질(Quality) ··· 94
품질(Quality) ··· 328
품질기능전개(QFD, Quality function deployment) ··· 100
품질비용(Quality costs) ··· 96
품질의 집(HOQ, house of quality) ··· 102
품질통제(Quality control) ··· 98
품질통제를 위한 7가지 기본 도구들(B7) ··· 103
프로세스 능력(Process capability) ··· 108
프로세스 배치(Process batch) ··· 299
프로세스 유연성(Process flexibility) ··· 131
프로세스 흐름 도표(Process flow diagram) ··· 106
프로젝트 관리(Project management) ··· 66
피아트 크라이슬러(Fiat Chrysler) ··· 348
피킹 목록(Picking list) ··· 534
피킹, 물품챙기기(Picking) ··· 532
핀테크(Fintech) ··· 351

[ㅎ]

하류(Downstream) ··· 14
한세이(Hansei) ··· 137
해당 소요분, 로트-대-로트(L4L, Lot-for-lot) ··· 414
핵심성과지표(Key performance indicator) ··· 42
허용오차(Tolerance) ··· 108
현 재고량(On-hand balance) ··· 233
현금창출력 회계(Throughput accounting) ··· 460
현금창출력(Throughput) ··· 447
현금흐름(Cash flow) ··· 386
현장 서비스(Field service) ··· 97
혼합모델 생산(Mixed-model production) ··· 231
혼합모델 일정수립(Mixed-model scheduling) ··· 231
화물 운송업체(Freight forwarder) ··· 502
화물 통합(Freight consolidation) ··· 521
확정 계획주문(Firm planned orders) ··· 277
환경 역물류(Green reverse logistics) ··· 503
효율(Efficiency) ··· 302
후방 일정(Backward scheduling) ··· 306
흐름 생산 공장(Flow shop) ··· 68
흐름 통제(Flow control) ··· 486
흐름 프로세싱(Flow processing) ··· 68
흐름도(Flowchart) ··· 106

[기타]

ABC 분류(ABC classification) ··· 410
U자형 생산라인(U-lines) ··· 72
What-if 분석(What-if analysis) ··· 40
3D 프린팅 ··· 86

4Ps ··· 148
5가지 왜(The five whys) ···························· 113
5가지 중점 단계(The five focusing steps) ············ 452
5S ··· 140
6 시그마(Six sigma) ································ 114

Index

[A]

ABC classification	410
AI	83
Amazon	83
Andon	133
Anticipation inventory	370
APS, Advanced planning and scheduling	78
Artificial Intelligence	83
Assemble-to-order	58
Assembly line	69
Assignable cause (special cause)	110
ATP	233
Autonomous and Automated Guided Vehicles – AGVs	88
Available inventor	233
Available time	301
Average inventory	206
Average inventory	389
Azure	82

[B]

B7	103
Backflush	395
Backhauling	519
Backlog	195
Backorder	164
Backward scheduling	306
Balance sheet	379
Balanced scorecard	37
Bar code	536
Batc	217
Batch picking	534
Benchmarking	114
Bias	180
Bill of material explosion	262
Bill of resources	207
Blockchain	84

BOM, Bill of material	248
Bonded warehouse	538
Bottleneck	447
Break-bulk	521
Break-even point	150
Buffer	450
Buffer management	455
Bullwhip effect	23
Business plan	35

[C]

C2FO	352
Capable-to-promise	237
Capacity	288
Capacity available	290
Capacity management	289
Capacity planning	289
Capacity required	290
Capacity-related costs	378
Carillion	349
Carrying cost	374
Cash flow	386
Cause-and-effect diagram	105
CCM, Critical chain method	463
CCR, capacity-constrained resource	448
Centralized inventory control	510
Certified supplier	326
Chase production method	200
Check sheet	104
Closed-loop MRP	80
Cloud Computing	82
Common carrier	526
Common causes (random causes)	110
Components	61
Consignment	335

Constraint ········· 447
Continuous improvement ········· 118
Continuous production ········· 69
Continuous replenishment ········· 335
Contract carrier ········· 527
Control chart ········· 111
Control limit ········· 111
Cost of poor quality ········· 96
Costs ········· 47
CPI, Continuous process improvement ········· 118
CPM, Critical path method ········· 463
Critical chain ········· 463
CRM ········· 153
Cross-docking ········· 531
CRP, Capacity requirements planning ········· 294
Cumulative lead time ········· 224
Cumulative lead time ········· 225
Customer ········· 15
Customer service ········· 28
Customs broker ········· 502
Cycle ········· 156
Cycle counting ········· 439
Cycle stock ········· 371
Cycle time ········· 447

[D]

Daimler AG ········· 349
Data governance ········· 81
Days of supply ········· 390
DBR ········· 450
DC, distribution cente ········· 528
Decentralized inventory control ········· 509
Decoupling inventory ········· 364
Delivery lead tim ········· 61
Delphi method ········· 170
Demand lead time ········· 28
Demand management ········· 147
Demand planning ········· 153
Demonstrated Capacity ········· 303
Demurrage ········· 520
Dependent demand ········· 155
Detention ········· 519

Discrete manufacturing ········· 69
Discrete order picking ········· 534
Dispatching ········· 479
Distribution channel ········· 497
Distribution warehouse ········· 528
DMAIC, define, measure, analyze, improve, control ········· 117
Dock-to-stock ········· 325
Downstream ········· 14
Drones ········· 89
Drop ship ········· 498
DRP, Distribution requirements planning ········· 511
Drum schedule ········· 450
Due date ········· 193
Dynamic Discounting ········· 347

[E]

EDI ········· 81
Efficiency ········· 302
EI, Employee involvement ········· 120
Employee empowerment ········· 120
Engineering-to-order ········· 58
EOQ, Economic order quantity ········· 417
ERP, enterprise resources planning ········· 79
Explode ········· 262
External failure costs ········· 96
External setup time ········· 299
Extrinsic forecasting method ········· 171

[F]

FAS, Final assembly schedule ········· 467
FedEx ········· 348
Fiat Chrysler ········· 348
Field service ········· 97
Finite forward scheduling ········· 471
Finite loading ········· 470
Fintech ········· 351
Firm planned orders ········· 277
Fixed order quantity ········· 415
Fixed reorder cycle inventory model ········· 431
Fixed-location storage ········· 535
Fixed-position manufacturing ········· 70
Flow control ········· 486
Flow processing ········· 68
Flow shop ········· 68

Flowchart ··· 106
Fluctuation ··· 369
For-hire carrier ··· 526
Forecast ··· 159
Forecast error ··· 183
Forecasting ··· 159
Forward scheduling ··· 469
Freight consolidation ··· 521
Freight forwarder ··· 502
Functional layout ··· 71

[G]

GAAP, Generally accepted accounting principles ··· 391
Gemba ··· 130
Genchi genbutsu ··· 130
General and administrative expense ··· 384
Green reverse logistics ··· 503
Gross requirement ··· 267

[H]

Hansei ··· 137
Hedge inventory ··· 373
Histogram ··· 107
Historical analogy ··· 170
HOQ, house of quality ··· 102
Hoshin ··· 136
Hoshin planning ··· 136

[I]

Idle capacity ··· 456
In-transit inventory ··· 372
Income Statement ··· 382
Incoterms ··· 501
Independent demand ··· 155
Infinite loading ··· 469
Input/Output control ··· 483
Intermittent production ··· 67
Intermodal transport ··· 525
Internal failure costs ··· 96
Internal setup time ··· 299
Interplant demand ··· 155
intrinsic forecast method ··· 173
Inventory ··· 359
Inventory accuracy ··· 436

Inventory adjustment ··· 438
Inventory buffer ··· 369
Inventory control ··· 408
Inventory management ··· 359
Inventory ordering system ··· 424
Inventory turnover ··· 389
invoice financing ··· 346
IoT - Internet of Things ··· 84

[J]

Jidoka ··· 133
Jishuken ··· 138
JIT ··· 130
Job costing ··· 394
Job shop ··· 71
Job shop scheduling ··· 468

[K]

Kaizen ··· 137
Kaizen blitz ··· 137
Kaizen event ··· 137
Kanban ··· 131
Key performance indicator ··· 42

[L]

L4L, Lot-for-lot ··· 414
Landed cost ··· 323
Lead time ··· 297
Lead time offset ··· 263
Leading indicator ··· 171
Lean production ··· 125
Lean six sigma ··· 114
Level of service ··· 362
Level production method ··· 201
Level strategy ··· 201
Liabilities ··· 379
line-haul cost ··· 516
Load ··· 291
Load leveling ··· 230
Load profile ··· 309
Logistics ··· 20
Lot ··· 217
Lot control ··· 409
Lot size ··· 413

Lot-size inventory ········· 371

[M]

MAD ········· 184
Make-or-buy ········· 47
Make-to-order ········· 58
Make-to-stock ········· 59
Manufacturing calendar or Shop calendar ········· 296
Manufacturing order ········· 475
Manufacturing philosophy ········· 56
Manufacturing process ········· 56
Marketing management ········· 148
Mass customization ········· 62
Master planning ········· 77
Materials handling ········· 529
Materials management ········· 27
Milk run ········· 516
Min-max system ········· 416
Mixed-model production ········· 231
Mixed-model scheduling ········· 231
Modularization ········· 61
Move time ········· 298
MPC, manufacturing planning and control ········· 75
MRP II, Manufacturing resource planning II ········· 80
MRP, Material requirements planning ········· 245
Multi-sourcing ········· 331
Multilevel, indented, and summarized bills ········· 253

[N]

Net requirements ········· 267

[O]

On-hand balance ········· 233
On-time schedule performance ········· 362
One-card kanban system ········· 133
open orders ········· 277
Operating expense ········· 461
Operations management ········· 27
Operations sequencing ········· 478
Operator flexibility ········· 131
Order entry ········· 231
Order promising ········· 232
Order qualifiers ········· 30
Order winners ········· 30
Ordering costs ········· 376
Outsourcing, subcontracting ········· 48
Overlapped schedule ········· 474
Owners' equity ········· 379

[P]

PAB, Projected available balance ········· 218
PAC, production activity control ········· 464
Pacemaker ········· 229
Package-to-order ········· 62
Pallet positions ········· 536
Parent item ········· 250
Pareto chart ········· 104
Pareto's law ········· 410
Participative design/engineering or concurrent engineering ········· 47
PDCA, Plan-do-check-action ········· 136
pegging ········· 257
Performance standard ········· 42
Period order quantity ········· 416
Periodic inventory ········· 437
Periodic replenishment ········· 431
Perpetual inventory record ········· 428
Physical inventory ········· 435
Physical supply ········· 318
Picking ········· 532
Picking list ········· 534
Pickup and delivery costs ········· 517
Pipeline stock ········· 372
planned orders ········· 277
planned orders receipt ········· 266
planned orders release ········· 266
Planning bill of material ········· 256
Planning horizon ········· 223
Poka-yoke (mistake-proof) ········· 139
POS, point of sales ········· 415
Postponement ········· 62
Prevention costs ········· 98
Preventive maintenance ········· 98
PrimeRevenue ········· 352
Priority control ········· 478
Priority planning ········· 192
Private carrier ········· 526
Process batch ········· 299

Process capability ··· 108
Process flexibility ··· 131
Process flow diagram ··· 106
Procurement ··· 318
Producer ··· 15
Product cost ··· 385
Product differentiation ··· 35
Product family ··· 165
Product layout ··· 73
Product life cycle ··· 66
Product mix ··· 131
Production line ··· 69
Production plan ··· 203
Production planning ··· 197
Productive capacity ··· 455
Productivity ··· 304
Profit margin ··· 385
Project management ··· 66
Protective capacity ··· 456
Protective packaging) ··· 499
Pull system ··· 127
Purchase order ··· 339
Purchase requisition ··· 339
Push system ··· 126

[Q]

QFD, Quality function deployment ··· 100
Quality ··· 94
Quality ··· 328
Quality at the source ··· 120
Quality control ··· 98
Quality costs ··· 96
Quantity discount ··· 518
Queue ··· 298
Queue time ··· 298
Quick changeover ··· 131

[R]

Random variation ··· 110
Random variation ··· 157
Random-location storage ··· 535
Rated capacity ··· 300
RCCP, Rough-Cut Capacity Planning ··· 221
Receiving ··· 532

Record accuracy ··· 436
Remanufacturing ··· 502
Repetitive manufacturing ··· 69
Requirements explosion ··· 262
Resource planning ··· 207
Reverse auctio ··· 340
Reverse logistics ··· 502
RFID ··· 537
RFQ, Request for quotation ··· 332
Risk management ··· 22
Robotic Process Automation - RPA ··· 87
Root cause analysis ··· 113
Routing ··· 295
Run time ··· 298

[S]

S&OP ··· 194
Safety lead time ··· 397
Safety stock ··· 369
Sales plan ··· 197
Sawtooth diagram ··· 420
Scatter Diagram ··· 113
Scheduled receipt ··· 267
SCM, Supply chain management ··· 12
SCOR, Supply Chain Operations Reference model ··· 43
Scrap ··· 48
Sears Holdings ··· 350
Seasonal inventory ··· 370
Seasonality ··· 156
Sensei ··· 135
Sensors and Telematics ··· 85
Service ··· 51
Service industry ··· 16
Setup ··· 298
Setup time ··· 298
Shingo's seven wastes ··· 129
Shrinkage ··· 436
Single-level bill of material ··· 252
Single-source supplier ··· 331
Six sigma ··· 114
SKU, Stock keeping units ··· 396
slack time ··· 225
Sole-source supplier ··· 331
SPC; Statistical process control ··· 107

Specialty carriers ······527
Split lot ······449
Spread ······109
SRM ······325
Standard costs ······394
standard time ······293
Start date ······307
Stockout costs ······377
Stockout percentage ······363
Store ······456
Strategic plan ······34
Supplier ······15
Supplier ······318
Supplier certification ······325
Supplier partnership ······135
Supply chain ······12
Supply Chain Finance ······342
Supply Chain Finance ······344
Sustainability ······31
Sustainable Financ ······353

[T]

Tactical plans ······42
Takt time ······131
Taulia ······352
TCO ······323
Terminal-handling charges ······517
Terminals ······515
Terms and conditions ······337
The five focusing steps ······452
The five whys ······113
The following types of inventory ······367
Throughput ······447
Throughput accounting ······460
Time bucket ······164
Time buffer ······451
Time fence ······226
TOC accounting ······460
TOC, theory of constraints ······446
Tolerance ······108
Total cost curve ······149
Total costs ······373
Total line-haul costs ······516
TPM, Total productive maintenance ······134

TPOP, Time-phased order point ······511
TQM, Total quality management ······94
Traceability ······409
Tracking signal ······187
Traffic ······514
Transaction channel ······497
Transit inventory ······372
Transit time ······298
Transportation ······514
Transportation inventory ······372
Trend ······156
Two-bin inventory ······429
Two-card kanban system ······133
Types of lead times ······61

[U]

U-lines ······72
UN Global Compact ······32
UN Global Compact and Management Model ······32
Uniform plant loading ······230
Unit cost ······388
Unit load ······529
Unit of measure ······249
Unitization ······529
Upstream ······14
Utilization ······301

[V]

Value added ······388
Value analysis ······102
Value chain analysis ······19
Value stream ······139
Value stream mapping ······139
Variance ······394
VATI analysis ······64
Velocity ······388
Visual review system ······430
VMI, Vendor managed inventory ······334
VOC, voice of the customer ······102

[W]

Wait time ······298
Wall-to-wall inventory ······396
Warehousing ······528

Waste	128
Wave picking	534
Ways	522
Wearable Technology and Augmented Reality	87
What-if analysi	40
Where-used list	257
Work center	297
Work order	475

[Y]

Yield	304

[Z]

Zone	534
Zone	535
Zone picking	534

[etc.]

3D Printing	86
3PL	500
4Ps	148
5S	140

저자 소개

심창섭 대표(brian.shim@ihime.co.kr), CPIM, CSCP, CLTD, SCOR-P

현　아이하임컨설팅㈜ 대표이사
　　APICS CPIM, CSCP Master Instructor
　　한국 SCM학회 산업계 이사

전　명지대 경영대학원 겸임교수
　　소프트웨어 그룹 본부장 - 한국 IBM
　　한국 지사장 - MRO Software Korea
　　대표이사 및 Asia Pacific Consulting Director - Aspentech Korea
　　시니어 ERP 및 SCP 컨설턴트 - SAP Korea
　　자재과장, 구매과장, Master Scheduler, MRP System Manager - HP Korea
주요관심 분야
Demand Management, Operation Management, S&OP, ERP, SCM, Global Logistics

---

| 개정 증보판 |　**제조혁신 전문가 (Operations Innovation Professional)**

발행	2019년 6월 30일
개정판	2025년 3월 10일
저자	심창섭
발행인	윤태건
펴낸 곳	도서출판 가람
주소	경기도 파주시 성재길 1-40 2층
전화	031) 948-0336~7
팩스	031) 948-0338
등록번호	406-2016-000141
E-mail	garam3322@naver.com
ISBN	979-11-89819-06-4
정가	36,000원

이 책은 저작권법에 보호를 받는 저작물이므로 무단전제와 무단복제를 금지하며 이 책 내용의 전부 또는 일부를 이용하려면 반드시 저작권자의 동의를 받아야 합니다.

이 도서의 국립중앙도서관 출판예정도서목록(CIP)은 서지정보유통지원시스템 홈페이지(http://seoji.nl.go.kr)와 국가자료종합목록 구축시스템(http://kolis-net.nl.go.kr)에서 이용하실 수 있습니다. (CIP제어번호:)